UNSER BAUHERREN-HANDBUCH

Karl-Gerhard Haas ▪ Rüdiger Krisch ▪ Werner Siepe ▪ Frank Steeger

Stiftung
Warentest

LIEBE LESERIN, LIEBER LESER.

Ein Haus bauen – davon träumen viele Menschen, und auch Sie haben sich das wohl vorgenommen, wenn Sie dieses Buch zur Hand nehmen. Nicht alle können diesen Traum wahr machen; die es können, tun es meistens nur einmal im Leben. Schon aus diesen Tatsachen heraus wird deutlich, welch enorme Bedeutung der Hausbau im Leben der Menschen üblicherweise hat.

Sie wollen also endlich raus aus der „Mietfalle", wo Sie Ihre monatlichen Zahlungen nie wiedersehen. Das Risiko von Mieterhöhungen oder eine Kündigung der Wohnung beziehungsweise des Hauses durch den Eigentümer wollen Sie hinter sich lassen. Sie haben fest vor, ein eigenes Zuhause zu erschaffen, in dem Sie Ihre persönlichen Gestaltungswünsche verwirklichen können und Sie eventuell auch besonderen Wohnkomfort nach Ihren Vorstellungen genießen können. Der eigene Garten als Lebensraum im Freien gehört zu Ihrer Vision vom künftigen Wohnen dazu. Und Sie legen Wert darauf, eine langfristige Perspektive bei Ihrem Lebensumfeld zu haben. Umzüge in andere Gegenden stehen bei Ihnen erst einmal nicht mehr auf dem Plan.

Für diesen Traum sind Sie auch bereit, sich bei anderen Ausgaben in Zukunft einzuschränken. Natürlich haben Sie dafür schon eine respektable Menge Geld angespart. Mindestens 20 Prozent des gedachten Kaufpreises können Sie kurzfristig mobilisieren und als Basis für Ihre Finanzierung einsetzen.

Sie sind dazu bereit, sich künftig selbst um die Erhaltung und Pflege Ihres Eigenheims zu kümmern, und Sie wissen, dass das manchmal ordentlich Zeit kostet und ins Geld gehen kann, wenn Reparaturen anstehen. Dass es trotzdem keine Garantie gibt, dass Sie Ihre Immobilie später einmal mit gutem Gewinn wieder zu Geld machen können, ist Ihnen klar. Es erschreckt Sie auch nicht, dass es in Zukunft unvermeidbar werden kann, das Haus wieder verkaufen zu müssen, wenn Sie die monatlichen Zahlungen an die Kreditgeber durch widrige Umstände möglicherweise nicht mehr leisten können. Sie setzen eher darauf, dass Ihr – bis dann hoffentlich schuldenfreies – Haus einen soliden Baustein Ihrer Altersabsicherung bildet.

Sie erwischen sich dabei, wie Sie zustimmend nicken, wenn Sie diese Zeilen lesen? Dann steht dem Projekt Eigenheim eigentlich nichts mehr im Wege. Damit Sie das erfolgreich schaffen können, haben wir hier das aus unserer Sicht und Erfahrung Nötige zusammengetragen, damit Sie ein in allen Belangen kompetenter Ansprechpartner und Bauherr werden.

INHALTSVERZEICHNIS

**VON BAUBEGINN
BIS BAUABNAHME**

SERVICE

DIE WUNSCHLISTE FÜRS TRAUMHAUS

BEDARFSGERECHTE HAUSPLANUNG

Das eigene Wohnhaus ist meist die mit Abstand größte Investition, die eine Familie jemals tätigt – aber nicht nur das: Vor dem Bauen muss man über viele Aspekte seines Lebens nachdenken und sich über Wünsche und Pläne für die Zukunft klar werden.

Im ersten Teil dieses Buches wollen wir versuchen, Ihnen eine Richtschnur an die Hand zu geben, die Ihnen bei diesen Überlegungen hilft und die wichtigsten Fragen nicht nur formuliert, sondern auch verschiedene mögliche Antworten anbietet und deren Folgen durchspielt. Angefangen bei der Suche nach einem geeigneten Grundstück über die Bedarfsermittlung bis hin zur Umsetzung in ein Projekt stellen wir Ihnen Ihre Möglichkeiten, aber auch manche Gefahren vor, damit Sie bewusst und mit soliden Informationen an die Planung Ihres eigenen Hauses herangehen können. Themen aus Bautechnik und Baudurchführung werden dann in späteren Kapiteln abgehandelt.

Wo wollen wir leben?

Einige der wichtigsten Entscheidungen über das neue Haus werden schon beim Grundstückskauf getroffen. Der Bauplatz beeinflusst die weitere Planung nicht nur durch seinen Kaufpreis (siehe „Die Finanzierung" ab Seite 101), sondern auch durch seine Lage und Beschaffenheit.

Die Lage des Wohnorts

Bei der Suche nach einem Bauplatz steht die Entscheidung für einen künftigen Wohnort an. Dabei ist fast immer vor allem die Entfernung zum Arbeitsplatz und zur Schule beziehungsweise Kindertageseinrichtung von entscheidender Bedeutung. Auch weitere relevante Infrastrukturen wie Sportanlagen, Einkaufsmöglichkeiten, Angebote zur Naherholung etc. sowie deren Entfernung zum eigenen Heim spielen eine große Rolle.

Wenn man für die täglichen Wege zur Arbeit, zum Lernort, zum Einkaufen große Entfernungen überwinden muss und dafür womöglich auf das Auto angewiesen ist, läuft man – neben dem für das Pendeln entstehenden Zeitaufwand – Gefahr, dass die Kosten für individuelle Mobilität sich entscheidend auf die Kalkulation der künftigen Lebenshaltungskosten auswirken.

Die weitere Entwicklung dieser Kosten ist zwar schwer auf den Euro genau zu prognostizieren, sie werden aber nach allen aktuellen Erkenntnissen auch in Zukunft stärker steigen als die allgemeine Inflation. Nicht kalkulierbar ist auch die politische Verlässlichkeit in Hinblick auf die steuerliche Entlastung der Berufspendler. Vor diesem Hintergrund sollte man sich vor dem Grundstückskauf kritisch folgende Fragen stellen:

▶ Wie weit (in Kilometern und Fahrzeit) ist mein Arbeitsplatz vom jeweiligen Bauplatz entfernt?
▶ Kann ich diese Distanz mit öffentlichen Verkehrsmitteln zurücklegen, oder brauche ich dafür unbedingt das Auto?
▶ Braucht die Familie künftig sogar ein zweites Auto, um die notwendige Mobilität sicherzustellen?

Das Ergebnis dieser Rechnung könnte in manchen Fällen sein, dass die zu erwartenden Kosten für Kauf und Betrieb eines zweiten (oder auch des ersten) Autos dafür sorgen, dass ein vermeintlich günstiger Bauplatz auf dem Land

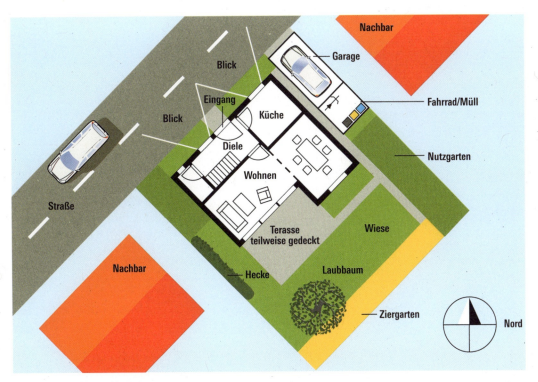

Unter „Lage" ist nicht nur zu verstehen, in welcher Umgebung das Haus steht, sondern auch, wie gut es in Bezug auf die örtlichen Gegebenheiten ausgerichtet ist. Hier sind die Nutz- und Wirtschafts- räume zur dunkleren und laute- ren Straßenseite ausgerichtet, die Wohnräume sind heller, ru- higer und bieten einen schönen Blick ins Grüne.

sich schon nach wenigen Jahren als kostspieli- ger erweist als ein teureres Grundstück in bes- serer Lage – von den ökologischen Folgen des Autoverkehrs ganz zu schweigen…

Lage des Grundstücks im Ort

Ein weiterer wichtiger Aspekt ist die Lage des Grundstücks im Ort. So zieht es junge Familien oft in Lagen an den Rändern von Städten, wo ihre jüngeren Kinder günstig in die Natur, zu Sportplätzen etc. gelangen können. Für Bau- herren ohne Kinder oder mit Kindern im Teen- ageralter ist oft der kurze Weg in die Stadt- beziehungsweise Ortsmitte mit ihren Möglich- keiten für Einkauf, Freizeitgestaltung und Kultur wichtiger, so dass sie zentrumsnahe Lagen bevorzugen. Dabei sind auch die Distanzen zu Haltestellen des öffentlichen Nahverkehrs so- wie dessen Betriebszeiten und Taktfrequenzen zu berücksichtigen.

▶ Kommen wir für alltägliche Verrichtungen wie Einkauf, Schulweg der Kinder etc. ohne Auto aus?

▶ Können sich die Kinder weitgehend selbst- ständig bewegen (zu Fuß, mit dem Fahrrad

oder per Bus oder Bahn), oder sind sie für Fahrdienste auf die Eltern angewiesen?

Wenn man sich auf den künftigen Wohnort und die Lage des künftigen Hauses festgelegt hat, kann die genauere Bewertung des Grund- stücks beginnen.

Grundstücksgröße

Die Größe des Grundstücks ist ein wichtiger Entscheidungsfaktor, nicht nur wegen der Frage, ob ein Haus in der gewünschten Dimen- sion überhaupt darauf Platz hat und sinnvoll angeordnet werden kann. Da sich die Quadrat- meterzahl des Baulands direkt auf den Preis auswirkt, steckt darin auch der Schlüssel zur Einhaltung des Kostenrahmens.

Grundstückszuschnitt

Ein gut geschnittenes Grundstück kann auch bei geringerer Größe erheblich besser nutzbar sein als eine größere Parzelle in ungünstiger Geometrie! Daher sollte man zuerst anhand des Lageplans versuchen, die folgenden Fra- gen zu beantworten:

Traumhafte Lage mit tollem Ausblick in die Natur… aber wie sieht es hier mit den täglichen Wegstrecken für die Familie aus?

▶ Ermöglicht das Verhältnis von Länge zu Breite einen günstigen Grundriss und die gewünschte Ausrichtung für das Haus?
▶ Auf welcher Seite des (geplanten) Hauses liegt der Garten?
▶ Wo kann ich das Auto (die Autos?) unterbringen?

Dabei spielt neben den Abmessungen des Flurstücks auch die Bebaubarkeit eine Rolle, die üblicherweise aus den Festsetzungen des dort gültigen Bebauungsplans hervorgeht. Näheres zu Bebauungsplänen finden Sie ab Seite 232.

Ausrichtung (Himmelsrichtung)

Unter der Ausrichtung eines Grundstücks versteht man die Himmelsrichtung, in die sich das darauf zu bauende Haus sinnvollerweise orientieren soll. Üblicherweise ist es günstig, wenn Bauplätze von Norden oder Osten her zugänglich sind, weil sich dann bei sinnvollem Grundstückszuschnitt hinter dem Haus ein geschützter Garten ergibt, der in Richtung Süden oder Westen ausgerichtet ist. Aus diesen Himmelsrichtungen scheint die Sonne am Mittag und

Nachmittag, somit zu den Zeiten, in denen Gärten überwiegend genutzt werden.

Es gibt aber auch Menschen, die ihren Garten am liebsten vormittags nutzen – für sie eignet sich ein von Westen erschlossener Bauplatz mit einem nach Osten ausgerichteten Hausgarten.

Entsprechend hat die Ausrichtung des Grundstücks eine entscheidende Bedeutung für die Besonnung des Hauses. Grundrisse von Wohngebäuden sind üblicherweise so gestaltet, dass sich die Wohnräume zum Garten hin öffnen. Zusammen mit dem bereits Gesagten bedeutet dies, dass die Sonne von der Gartenseite ins Haus einfällt, die (lautere) Straße möglichst auf einer anderen Seite liegen sollte, wie in der Skizze auf Seite 13 dargestellt.

Topografie

Viele Bauherren stellen sich ihr Haus auf einem ebenen Grundstück vor. Neben dem Wunsch nach einem gut nutzbaren Garten liegt dies oft schlicht daran, dass ein Wohnhaus in der Regel auf einem flachen Stück Land vorkommt, dass man das so gewöhnt ist.

Grundstücke in Hanglage gelten im Vergleich dazu als eingeschränkt nutzbar und bautechnisch schwierig. Wenn man nicht gerade ein Fertighaus unverändert aus dem Katalog bestellen will, ist dies ein bedauerliches Vorurteil: die technischen Probleme sind heutzutage fast immer gut lösbar, und die planerische Herausforderung einer Hanglage führt oft zu besonders reizvollen Ergebnissen.

Hanglagen bieten oft eine Aussicht über die benachbarte Bebauung hinweg, die im Haus erlebbar gemacht werden kann. In vielen Fällen lassen sich vielgestaltige Wohnlandschaften auf mehreren Ebenen auf besonders interessante Weise in Grundstücke in Hanglagen integrieren.

Ein weiterer Vorteil von Häusern am Hang liegt darin, dass sie den Zugang auf das Grundstück– und somit die Nutzung von privaten Freiräumen im Gelände – nicht nur auf einem Geschoss, sondern von mehreren Ebenen aus ermöglichen. So kann die Lage am Hang die Bereitstellung von unabhängigen Zugangswegen erleichtern, entweder für Einliegerwohnungen oder für einzelne Hausbewohner (zum Beispiel erwachsene Kinder) mit teilweise unabhängigen Wohnbereichen. Dadurch wird auch eine spätere Aufteilung des Hauses in mehrere Wohneinheiten möglich.

Wie groß muss es sein?

Der Frage nach dem Bedarf an Fläche, Räumen und Qualitäten kann man sich von verschiedenen Seiten nähern. Neben der bewertenden Betrachtung der derzeitigen Wohnsituation und der Formulierung der davon abweichenden Ansprüche und Wünsche empfehlen wir, eine Art „Drehbuch" für das künftige Familienleben zu erstellen, das die Liste vorhandener oder geplanter Räume mit weniger konkreten Vorstellungen von deren Nutzung hinterlegt.

Bestand – Bedarf – Drehbuch

Die Kombination dieser drei Annäherungsweisen an das Raum- und Nutzungsprogramm Ihres künftigen Hauses liefert Ihnen und Ihren Planern eine gute Grundlage für die weitere Arbeit. Auf Seite 16 können Sie in der Tabelle Ihre Ergebnisse übersichtlich auflisten.

Wie wird Wohnfläche berechnet?

Für die Berechnung von Wohnflächen sind einige Regelwerke im Umlauf, die mit unterschiedlicher Systematik arbeiten. Da es beim Bau und Kauf, aber auch bei der Vermietung von Wohnimmobilien immer um viel Geld geht, ist hier Vorsicht geboten.

Das im Alltag gebräuchlichste Regelwerk ist die Wohnflächenverordnung (WoFIV). Sie wurde zum 1.1.2004 eingeführt und hat die zuvor gültige II. Berechnungsverordnung ersetzt. Im geförderten Wohnungsbau muss die WoFIV angewandt werden, auf dem freien Wohnungsmarkt gibt es hingegen keine bindende Verordnung.

Die Wohnflächenverordnung definiert konkret, welche Flächen zur Wohnfläche gehören und welche nicht. Dies hängt einerseits von

Was gehört zur Wohnfläche?

Gebäudeteil	Wird die Fläche angerechnet?
Keller und Waschküchen	Nein
Abstellräume und Kellerersatzräume außerhalb der Wohnung	Nein
Abstellräume innerhalb der Wohnung (zum Beispiel Hauswirtschaftsraum)	Ja
Garagen	Nein
Wohnräume, Küche, Bad und WC	Ja
Flur	Ja
Abgetrenntes Treppenhaus	Nein
Unbeheizter Wintergarten	Zu 50 %
Beheizter Wintergarten	Ja
Balkon oder Terrasse	In der Regel zu 25 %[1]
Dachschrägen oder andere Raumteile mit Höhen unter 2 m, etwa unter Treppen: ▶ Grundfläche unter 1 m Höhe ▶ Grundfläche zwischen 1 und 2 m Höhe	 ▶ Nein ▶ Zu 50 %
Schornsteine, Vormauerungen, Pfeiler und Säulen, die höher als 1,50 m sind und deren Grundfläche mehr als 0,1 m² beträgt	Nein

1   In Ausnahmefällen, zum Beispiel bei besonders guter Ausstattung oder Lage auch zu 50 %; bei besonders schlechter Lage auch weniger als 25 %.

Hinweis: Angaben zur Wohnfläche nach Wohnflächenverordnung.

Ermittlung des Raumbedarfs

Raum	Derzeitige Wohnung Größe in m²	Wunsch- haus Größe in m²	Anmerkungen	Beispiel für Drehbuch
Eingangsbereich				
E1 Windfang				
E2 Garderobe			In Diele integrieren?	Viel Platz für Schuhe!
E3 Diele				Ordentliche Größe erwünscht für Empfang und Verabschiedung von Gästen, Abstellen von Einkäufen etc.
E4 Gäste-WC			Evtl. mit Dusche?	
Wohnbereich				
W1 Küche			Offen zum Essbereich?	
W2 Hauswirt- schaftsraum			Direkter Zugang von Küche; Waschmaschi- ne und ggf. Trockner hier oder im Keller?	
W3 Speisekammer			Im geheizten Gebäudevolumen?	Geheizt, daher nicht für Verderbliches ge- eignet; Ort für Tiefkühlschrank
W4 Esszimmer			Offen zur Küche?	Hauptsächlicher Familienraum, relativ groß
W5 Wohnzimmer			Gleichzeitig Medienzimmer?	Ausrichtung Süd-West: Nutzung überwiegend abends; Ort für Gastlichkeit mit Freunden
W6 Medien-Zimmer			z.B. Bibliothek, Raum für Stereoanlage, Fernseher, Video-Player, Computerspiele, ggf. Beamer-Projektion…	Nutzung überwiegend abends oder in abge- dunkeltem Zustand: Orientierung nicht arg wichtig
Individualräume				
I1 Schlafzimmer Eltern			Mit integriertem Arbeitsplatz?	Morgensonne erwünscht: Orientierung nach Osten
I2 Kinderzimmer 1			Zusammenschaltbar mit Kinderzimmer 2?	Nutzung tagsüber und abends: Orientierung Süd-West
I3 Kinderzimmer 2				
I4 Arbeitszimmer 1			Zusammenschaltbar?	Muss sich für Bildschirmarbeit eignen: gute Verschattung, Orientierung gern nach Norden
I5 Gästezimmer				
I6 Bad 1				Stellfläche für Trimmfahrrad / Ruder-Maschine
I7 Bad 2 / Duschbad				Geräumiges Regal für Handtücher erforderlich
Keller				
K1 Hobbyraum				Elektrische Ausstattung für Modelleisenbahn
K2 Heizung / Haustechnik				
K3 Abstellraum 1				
K4 Vorratsraum			Ohne Beton-Bodenplatte zum Einfangen der Kühle und Feuchtigkeit des Erdreichs	
K5 Wasch- und Trockenraum			Waschmaschine und ggf. Trockner hier oder im Bad oder Hauswirtschaftsraum?	Platz für fest installierte Wäscheleine! Wir wollen keinen Trockner…

der Art des Raumes ab, andererseits von seiner Höhe. Flächen unter Dachschrägen werden beispielsweise nur dann vollständig anrechenbar, wenn ihre lichte Höhe 2 Meter oder mehr beträgt. Unter einem Meter Höhe darf die Fläche nicht in der Berechnung auftauchen, zwischen 1 und 2 Metern wird sie nur zur Hälfte angerechnet.

Die Wohnfläche ist nach lichten Maßen zu ermitteln – das heißt, dass die fertige Wandoberfläche (zum Beispiel die Vorderkante des Fliesenbelags) maßgeblich sind. Pauschale Abzüge für Putz etc. sind in der WoFlV nicht vorgesehen.

Für die anrechenbare Wohnfläche von Balkonen und Terrassen gibt es einen Spielraum von 25 – 50 % der echten Grundfläche, was oft zur Bewertung der Wohnqualität genutzt wird: Eine überdachte Loggia in ruhiger Süd- oder Westlage kann beispielsweise höher bewertet werden als ein offener Balkon zur lauten Straße.

Neben der WoFlV könnte Ihnen auch gelegentlich die DIN 277 begegnen, die für die Ermittlung von Grundflächen und Rauminhalten im Hochbau und als Grundlage für die Berechnung von Kosten für die Herstellung und Bewirtschaftung von Gebäuden verwendet wird. Diese Norm bietet keine Definition des Begriffs Wohnfläche an, daher ist sie für die Anwendung beim Vergleich und Kauf von Häusern und Wohnungen nur bedingt geeignet.

Wenn Sie sich konkret mit Wohnflächenberechnungen beschäftigen und diese bewerten und vergleichen müssen, empfehlen wir folgende Maßnahmen:

▶ Bestehen Sie auf einer Berechnung der Wohnfläche nach der Wohnflächenverordnung – diese wird üblicherweise auch im Streitfall vor Gericht als Grundlage verwendet, wenn nichts anderes vereinbart ist.
▶ Lassen Sie sich das angewandte Regelwerk aushändigen und messen Sie einzelne Räume stichprobenartig nach – falls vorhanden, sollten Sie mindestens einen Raum überprüfen, der eine Dachschräge enthält.
▶ Wenn Sie verschiedene Angebote vergleichen, achten Sie darauf, dass diese nach demselben Regelwerk berechnet worden sind.

▶ Vereinheitlichen Sie vor dem Vergleich den Prozentsatz, mit dem Balkon oder Terrasse als Wohnfläche angerechnet werden.

Wenn Sie Ihre derzeitige Wohnung genau ansehen und ausmessen, sollten Sie nicht nur auf die Flächen der einzelnen Räume achten, sondern auch auf Ihre Qualitäten und Defizite:

▶ Sind die Raumhöhen für Sie ausreichend?
▶ Wie ist das Verhältnis von Länge zu Breite?
▶ Sind die Fenster des Raumes in die für seine Nutzung beste Himmelsrichtung orientiert (zum Beispiel das Wohnzimmer nach Westen, wenn es überwiegend abends genutzt wird)?
▶ Wie steht es um die Möblierbarkeit (zum Beispiel Stellflächen, Wandlängen, Störungen durch Heizkörper etc.)?
▶ Ist der Raum innerhalb der Wohnung an der für seine Nutzung richtigen Stelle gelegen (zum Beispiel das Esszimmer in der Nähe der Küche)?

Nach dieser gründlichen – quantitativen und qualitativen – Betrachtung Ihrer derzeitigen Wohnsituation sind Ihnen sicherlich nicht nur die wichtigsten Anforderungen an die künftige Wohnung klar geworden, sondern Sie haben vermutlich auch schon einige Ideen für deren Planung entwickelt. Wenn Sie diese nun in die vorbereitete Tabelle auf Seite 16 eintragen, können Sie neben den Angaben zu Größe und Zuschnitt der geplanten Räume schon erste Vorstellungen zu deren gewünschten Qualitäten hinsichtlich Lage innerhalb der Wohnung, Orientierung zu den Himmelsrichtungen und Möblierbarkeit formulieren. Dafür beantworten Sie am besten nochmals die im vorigen Absatz aufgelisteten Fragen.

Das so erstellte Raumprogramm kann eine solide Grundlage für die Planung des neuen Hauses sein. Wenn man sich nur darauf beschränkt, ergibt sich allerdings oft eine Wiederholung der vorhandenen Situation, ohne dass deren Mängel in Zukunft vermieden werden.

Daher schlagen wir vor, dass Sie sich darüber hinaus die künftige Nutzung des Hauses in einer Art „Drehbuch" vorstellen – zunächst ohne Zuordnung zu Räumen. Dabei empfiehlt

Viele Menschen träumen von so einem freistehenden Haus, aber es gibt auch günstigere und flächensparende Alternativen.

Doppelhäuser ermöglichen auf kleineren Grundstücken recht private Gärten und individuelle Gestaltungsmöglichkeiten.

es sich, verschiedene Szenarien – Alltag mit und ohne Kinder, Feste, Jahreszeiten – durchzuspielen und auf ihre Auswirkungen auf das Leben im Zuhause abzuklopfen.

Einfühlsame Planer können daraus im Zusammenhang mit dem Raumprogramm für das neue Haus ein Nutzungsprofil entwickeln, das die sachlichen Anforderungen mit den eher emotionalen Wünschen in Einklang bringt.

Schließlich sollte man bei der Bestimmung des Flächenbedarfs und Raumprogramms selbstverständlich auch immer den Kostenrahmen für das neue Haus im Blick haben. Es nützt wenig, sich in der Tabelle ein schönes Luftschloss zu erträumen, das man sich letztlich gar nicht leisten kann. Da dies für die meisten Bauwilligen eine entscheidende Rolle spielt, behandeln wir im übernächsten Kapitel einige wichtige Aspekte des kostengünstigen Bauens.

Die zu erwartenden Preise je Quadratmeter Wohnfläche sind leider von so vielen verschiedenen Bedingungen abhängig, die regional und entwurfsbezogen stark variieren, dass man guten Gewissens keine allgemeinen Orientierungswerte angeben kann. Hier hilft ein Blick auf den örtlichen Immobilienmarkt bei der Einschätzung des ortsüblichen Preisniveaus.

Wie lässt sich der Raumbedarf realisieren?

Das einzeln auf seinem Grundstück gebaute Haus ist nicht der einzige Gebäudetyp, in dem Sie sich den Traum vom Wohnen auf der eigenen Parzelle und in den eigenen vier Wänden erfüllen können. In Zeiten steigender Grundstückspreise müssen sich kostenbewusste Bauwillige nach günstigeren Alternativen auf kleineren Grundstücken umsehen. Wir stellen Ihnen die verschiedenen Möglichkeiten vor und erläutern ihre Vor- und Nachteile.

Freistehende Häuser (Einzelhaus ohne/mit ELW)

Das auf seinem Grundstück frei stehende Haus ist zweifellos das Idealbild der meisten Menschen, die den Bau eines Einfamilienhauses vorhaben. Der eigenständige Baukörper ohne „Nachbaranschluss" symbolisiert besonders klar die Definition und Abgrenzung des eigenen Eigentums und Einflussbereichs: „Hier kann ich unbeeinflusst von Anderen tun und lassen, was ich will.". Der Garten als Abstandsfläche definiert seine Grenzen und stellt sie unmissverständlich dar. Doch muss das Einzelhaus nicht unbedingt ein Einfamilienhaus sein. Im Folgenden gehen wir auch auf die Abtrennbarkeit von Wohnungen und auf das Thema Einliegerwohnung ein.

Gereihte Häuser
(Doppel-, Reihen- und Kettenhaus)

In Zeiten steigender Bodenpreise kann sich bei weitem nicht mehr jeder und jede Bauwillige einen Bauplatz für ein freistehendes Einzelhaus leisten. Der Kompromiss ist oft eine Doppelhaushälfte oder ein Reihenendhaus, das mit einer Wand an die benachbarte Hauseinheit angebaut ist, oder ein Reihenmittelhaus, das auf zwei Seiten an die benachbarten Häuser anschließt. Diese Bauformen kommen mit erheblich weniger Baugrund aus, weisen aber Einschränkungen hinsichtlich der Nutzbarkeit und Privatsphäre der Gärten auf.

Introvertierte Häuser (Atriumhaus)

Es gibt auch Haustypen, bei denen die Lage und Orientierung des Grundstücks keine große Rolle spielen, weil sie introvertiert und „auf sich selbst bezogen" sind: zum Beispiel durch die Gruppierung um einen oder mehrere Innenhöfe. So kann man nötigenfalls auch eine unerwünschte Umgebung ausblenden. Solche Atrium- und Winkelhäuser lassen sich auch gezielt aneinanderschieben und zu hohen Dichten gruppieren. Sie sollten aber nicht mehr als zweigeschossig sein, da nur dann die Besonnung der Hofbereiche und die Belichtung der Innenräume ausreichend ist.

Gestapelte Typen

Insbesondere an Orten mit hohen Grundstückspreisen kann es sinnvoll sein, sich auch über alternative Bauformen zu informieren, die bestimmte Eigenschaften des Einfamilienhauses in den Geschosswohnungsbau übertragen. So gibt es inzwischen viele Beispiele für mehrgeschossige Wohnanlagen, die gewissermaßen als „gestapelte" Reihenhäuser angelegt sind und deren obere Einheiten ihre Gärten auf den Dächern der darunter gelegenen Einheiten haben.

Ein grundlegender Nachteil dieser Bauformen ist natürlich das Fehlen des eigenen Grundstücks und – damit untrennbar verbunden – der Möglichkeit, bestimmte Entscheidungen ohne Einbeziehung anderer treffen zu können. Eigentümer dieser Wohnungen sind immer auch Teil einer Wohnungseigentümer-

Kurze Reihenhauszeile. Die persönliche Ungestörtheit endet hier spätestens im Gartenbereich.

Das Atriumhaus ist um einen abgeschirmten Hof- oder Gartenbereich herum angeordnet.

gemeinschaft (WEG) nach Wohnungseigentumsgesetz, die auf ihren (jährlich mindestens einmal anberaumten) Versammlungen die Entscheidungen über Instandhaltung, Verteilung der Nebenkosten etc. gemeinsam trifft.

Vor- und Nachteile verschiedener Gebäudetypen

Thema	Freistehendes Haus	Doppelhaus	Reihenhaus	Atriumhaus	Gestapelte Typen
Gestaltungsfreiheit	Sehr gut	Gut	Ordentlich	Entwurfsabhängig	Mäßig
Schutz vor Störungen durch Nachbarn	Sehr gut	Gut	Mäßig	Sehr gut	Gut
Ausnutzung des Grundstücks	Mäßig	Gut	Sehr gut	Entwurfsabhängig	Sehr gut
Nutzbarkeit des Gartens	Gut, aber: seitliche Abstandsflächen mäßig nutzbar	Gut, aber: seitliche Abstandsflächen mäßig nutzbar	Gut	Gut, sofern seitlich an den Nachbarn angebaut	Im Erdgeschoss gut
Unabhängigkeit von der Zustimmung anderer (z. B. Renovieren)	Sehr gut	Gut	Ordentlich	Ordentlich	Mäßig
Kostenniveau	Hoch	Geringer als EFH	Mäßig	Entwurfsabhängig	Günstig

Grundrisstypen

Eine Grundfrage bei der Suche nach dem richtigen Grundriss ist der Stellenwert des Familienlebens im Raumangebot des Hauses – und, als andere Seite, die Bedeutung der Privatsphären einzelner Haushaltsmitglieder.

Der Wohn- und Essbereich bildet in den meisten Häusern den „Marktplatz", auf dem sich die Bewohnerinnen und Bewohner des Hauses treffen und wo sie gemeinsam Zeit verbringen.

Dabei kommt insbesondere dem Essplatz und der Küche – die immer öfter zur Wohnküche verschmelzen – eine besondere Bedeutung zu: Dort findet im Rahmen der Zubereitung der Mahlzeiten und des eigentlichen Essens ein großer Teil der familiären Kommunikation statt. Dementsprechend ist in den meisten neuen Häusern ein eigenes Esszimmer aus dem Raumprogramm verschwunden: Der Essbereich verschmilzt stattdessen mit der Küche zur „Wohnküche". In vielen Familien ersetzt die Wohnküche im Sinne eines Familienraums schon heute das traditionelle Wohnzimmer.

Das klassische Wohnzimmer verliert hingegen zunehmend an Bedeutung, weil seine kommunikative Funktion zu großen Teilen auf Essplatz oder Wohnküche übergegangen ist. Dies schlägt sich auch darin nieder, dass Wohnzimmer in neuen Häusern immer kleiner

werden. Das Wohnzimmer wird neben seiner repräsentativen Bedeutung für den Empfang von Gästen vor allem zum Fernsehen und Musikhören genutzt. Durch die zunehmende Verschiebung des Medienkonsums vom Fernseher (im Wohnzimmer) hin zum Internet (mit mobilen Endgeräten, die per WLAN kommunizieren) wandern aber selbst diese Nutzungen zunehmend in die privaten Räume der Haushaltsmitglieder ab.

Diese werden heute als „Individualräume" bezeichnet. Allein der Begriff macht schon deutlich, dass damit nicht mehr nur Kinder- oder Elternschlafzimmer gemeint ist, sondern vollwertige Aufenthaltsbereiche, in denen neben dem nächtlichen Schlafen auch Arbeit, Spiel und Sport Platz haben sollen. Der Individualraum steht für den Rückzugsbereich des Einzelnen innerhalb der kollektiven Privatsphäre des Hauses und stellt insofern gewissermaßen eine „Wohnung im Haus" dar. Er muss allerdings diesem Anspruch auch gerecht werden und eine ausreichende Größe aufweisen, um zusätzlich zum Schlafen noch Platz zu bieten für einen Arbeitsplatz, eine Zone zum Entspannen und genügend Bewegungsraum.

Es gibt viele verschiedene Möglichkeiten, die erwähnten Räume und Nutzungen in Einfamilienhäusern zu ordnen und zu verteilen. Zur besseren Übersicht wollen wir im Folgenden

Eingang

Flur

Bad

Arbeiten

Eltern

Kind

Nutzungsneutrale Räume

Eingang

Flur

WC

Küche

Wohnen

Essen

Grundriss entlang des Flures

Eingang

WC

Diele

Küche

Wohnen

Essen

offener Grundriss

Ein Grundriss mit an einem Flur aufgereihten Räumen (Mitte) und ein komplett offener Grundriss (unten).

einige Typen von Grundrissen und Schnitten darzustellen und ihre Anwendungsgebiete sowie ihre Vor- und Nachteile beschreiben.

Offene Grundrisse

Offene Grundrisse mit ineinander übergehenden Wohnbereichen legen den Schwerpunkt auf die gemeinschaftlich genutzten Flächen, was bei begrenzter Größe allerdings auf Kosten der Rückzugsräume einzelner Bewohner geht. Die Wohnbereiche können zwar höchst attraktiv gestaltet werden, zu prüfen ist dann allerdings, ob die verbleibende Fläche und Qualität der Individualräume noch ausreichend sind.

Grundrisse mit Fluren

Man spricht von einseitig orientierten Grundrissen, wenn entlang des Flurs nur auf einer Seite (üblicherweise der Gartenseite des Hauses) Wohnräume und Individualräume angeordnet sind, auf der anderen Seite hingegen Nebenräume wie Bäder, Wirtschaftsräume und manchmal auch die Treppe. Diese Grundrisse eignen sich besonders gut für Grundstücke, die entweder zu einer Seite hin besondere Qualitäten – zum Beispiel eine besonders schöne Aussichtslage – aufweisen oder von einer anderen Seite besonders belastet sind – zum Beispiel durch Verkehrsgeräusche. Die einseitige Anordnung der Aufenthaltsräume ermöglicht sowohl eine optimale Nutzung von einseitigen Qualitäten des Grundstücks als auch eine konsequente Abschirmung von ebensolchen Nachteilen. Dieser Grundrisstyp eignet sich aber gleichzeitig nur für relativ geringe Gebäudetiefen und erzeugt üblicherweise deutlich langgezogene Baukörper, die sich besonders gut für schmale Grundstücke mit eingeschränkter Bebauungstiefe eignen. Im Verhältnis zur Wohnfläche ergeben sich dadurch zwangsläufig relativ großflächige – somit teure – Gebäudehüllen.

Besonders häufig finden sich in Einfamilienhäusern zweiseitig orientierte Grundrisse, wo die Aufenthaltsräume von einem Mittelflur aus erschlossen sind und sich in zwei gegenüberliegende Richtungen orientieren. Diese Grundrissform eignet sich besonders gut für Gebäude in Ost-West-Orientierung und wird oft für relativ tiefe Baukörper eingesetzt, weil die flach stehende Morgen- und Abendsonne weit in die Aufenthaltsräume eindringen kann.

Ein Nachteil dieser Bauweise liegt darin, dass die innenliegenden Flure oft ohne natürliches Tageslicht auskommen müssen und dadurch wenig attraktiv sind. Dies lässt sich mit etwas Geschick im Rahmen der Grundrissplanung abschwächen oder auch ganz verhindern, zum Beispiel durch Lichtkuppeln im Dach.

Entwurfsfaktoren

In den folgenden Abschnitten stellen wir einige Themen vor, über die Sie bei der Planung Ihres neuen Hauses nachdenken sollten, weil sie für die künftige Wohnqualität von entscheidender Bedeutung sind.

Ausrichtung des Gebäudes

Ein besonders wichtiges Kriterium für die Planung des Hauses und die Anordnung der Räume ist die Ausrichtung zu den Himmelsrichtungen. Wie bereits erwähnt, sollten Sie sich darüber nach Möglichkeit schon bei der Auswahl des Grundstücks Gedanken machen, da der Zuschnitt von Grundstück und Baufenster und die Vorgaben des Bebauungsplans meist die Entscheidung für Ausrichtung und Orientierung des Hauses vorbestimmen.

Früher war es üblich, dass Schlafräume nach Osten liegen, damit die Morgensonne die Menschen weckt und munter macht. Wohnräume waren hingegen nach Süden und Westen orientiert, weil man sich dort eher nachmittags und abends aufhält. Grundsätzlich gilt dies bis heute – allerdings kann es für bestimmte Nutzungsmuster durchaus sinnvoll sein, diese Konvention gezielt zu durchbrechen – zum Beispiel falls man nicht zu den üblichen Kernzeiten tagsüber arbeitet. Wenn die einzelnen Aufenthaltsräume in ihrer Nutzung nicht durch Größe, Zuschnitt oder Installation eindeutig vorbestimmt sind, lässt sich diese Zuordnung auch nachträglich ändern – siehe „Flexible Grundrisse" ab Seite 27.

Im Folgenden sind die Vor- und Nachteile der verschiedenen Himmelsrichtungen für die Orientierung von Räumen aufgelistet – in der Reihenfolge des Sonnenlaufs:

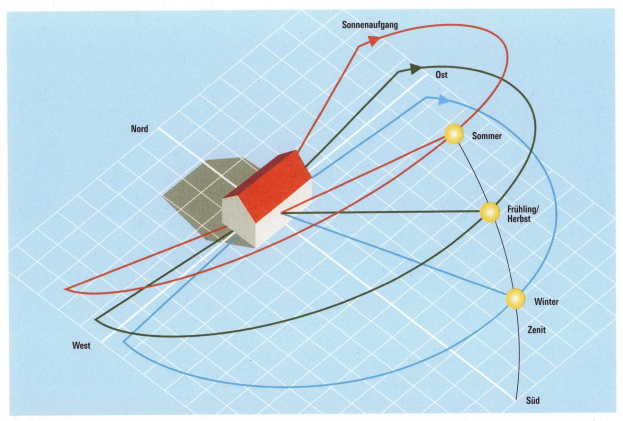

Im Sommer steht die Mittagssonne erheblich steiler als im Winter. Die Illustration stellt beispielhaft die Sonnenstände für Frankfurt am Main zu den Zeitpunkten der Sommersonnenwende (21. Juni), der Tag- und Nachtgleiche und der Wintersonnenwende (21. Dezember) dar. Die Sonne geht morgens im Osten auf und steht zunächst sehr niedrig am Himmel. Ihre Strahlen treffen dann flach auf die Erde und können daher durch Fenster tief in Räume eindringen. Über Mittag steht die Sonne im Süden steil am Himmel und kann durch Dachvorsprünge aus dem Haus ferngehalten werden. Nachmittags sinkt die Sonne kontinuierlich ab, bevor sie im Westen untergeht. Die tief stehende Abendsonne kann wiederum weit in die Räume eindringen und wird in ihrer Kraft oft unterschätzt.

▶ **OSTEN:** Nach dem Aufgang im Osten steht die Sonne zunächst noch flach am Himmel, ihre Strahlen können durch Fenster tief ins Hausinnere vordringen. Es war daher lange üblich, Küchen sowie Schlaf- und Kinderzimmer nach Osten auszurichten, da diese oft morgens genutzt werden und die Ostsonne beim Wachwerden hilft. In Abhängigkeit von persönlichen Vorlieben dürfte dies auch heute noch sinnvoll sein.

▶ **SÜDEN** gilt allgemein als die optimale Himmelsrichtung für die Ausrichtung von Aufenthaltsräumen, weil Südseiten im Tagesverlauf am längsten direktes Sonnenlicht bekommen. Allerdings ist diese großzügige

Besonnung beschränkt auf die Stunden rund um die Mittagszeit – morgens sind Südseiten noch nicht, abends nicht mehr direkt besonnt. Insofern betrifft die positive Bewertung der Südorientierung vor allem Räume, die tatsächlich tagsüber genutzt werden. Wer sein Haus berufsbedingt im Alltag vor allem morgens und abends bewohnt, dem mag die Morgen- und Abendsonne letztlich wichtiger sein als die mittägliche Südsonne. Südorientierte Räume eignen sich daher in der Nutzung von Familien besonders gut für Wohnräume und Kinderzimmer.
Im Süden ist der Sonneneinfallswinkel im Lauf der Jahreszeiten besonders unter-

schiedlich: In Dortmund steht die Sonne im Sommer mittags 62° hoch am Himmel, im Winter sind es nur 19°. Daher kommt dem Sonnen- und Blendschutz auf Südseiten eine besondere Bedeutung zu, da die kräftige Mittagssonne einerseits im Sommer leicht zur Überhitzung der Räume führen, andererseits im Winter unerwünschte Blendungen hervorrufen kann. Der Schutz vor sommerlicher Überhitzung lässt sich durch großzügige Dachüberstände gut erreichen, winterlicher Blendschutz kann auch mit innenliegenden Vorhängen gewährleistet werden.

▶ **WESTEN:** Die Westsonne steht zwar am Nachmittag tief am Himmel und scheint dadurch flach ins Haus, man sollte allerdings ihre Kraft nicht unterschätzen und daher auf Westseiten möglichst nicht auf außenliegenden Sonnenschutz verzichten (siehe Seite 35). Nach Westen sollte man Räume orientieren, die hauptsächlich am Nachmittag und Abend genutzt werden, also Wohnräume, Essplätze und gegebenenfalls Arbeitsräume.

▶ **NORDEN:** Selbst Nordseiten erhalten direktes Sonnenlicht, allerdings nur im Hochsommer in den Wochen vor und nach der Sommersonnenwende früh am Morgen sowie spätabends. Den größten Teil des Jahres muss man nicht damit rechnen, dass direkte Sonnenstrahlen von Norden ins Haus einfallen. Sonnenschutz ist daher überflüssig, Blendschutz kein allzu wichtiges Thema. In Wohnhäusern ist es sinnvoll, Bibliotheken und auch Wände, an denen Kunstwerke hängen sollen, nicht dem direkten Sonnenlicht auszusetzen. Auch für Arbeitsplätze und Küchen kann die Ausrichtung nach Norden günstig sein, sofern dort eine direkte Besonnung nicht ausdrücklich gewünscht ist.

Weitere Einflussfaktoren

Die Bedeutung der Himmelsrichtungen wird im Vergleich zu anderen Vor- und Nachteilen eines Hauses oder Grundstücks oft überbewertet: Wenn sich eine reizvolle Aussicht nach Norden bietet, wird man kaum die Aufenthaltsräume ausschließlich nach Süden ausrichten wollen. Und an heißen Sommertagen ist eine schattige, nach Osten oder Norden orientierte Terrasse oft ein gesuchter Lebensraum. Daher muss man sich im Vorfeld einer Planung die Vor- und Nachteile jeder Himmelsrichtung einzeln klar machen, die eigenen Vorlieben formulieren und dem geplanten Raumprogramm zuordnen.

Ein weiterer Aspekt, der in der richtigen Lage eine wichtige Rolle in der Planung jedes Einfamilienhauses spielen kann, ist die Aussicht. Der Entwurf kann sich dieser Grundstücksqualität völlig unterordnen und die Aussicht mittels einer großflächigen Verglasung ins Haus holen. Es kann allerdings ebenso

Vor- und Nachteile von mehrgeschossiger Bauweise

Kriterium	Vorteil	Nachteil
Grundstücksgröße	Kleinerer „Fußabdruck" ermöglicht Realisierung auf kleinerem Grundstück	Kleineres Grundstück bedeutet in der Regel weniger Nutzfläche im Garten.
Baukörper	Kompakte Baukörper: günstig hinsichtlich Wärmedämmung und Baukosten	Weniger Dachfläche zur Anbringung von Kollektoren
Kosten	Insgesamt kostengünstig durch kleineres Grundstück, kompakten Baukörper und platzsparende Erschließung	Treppen als Bauteile relativ kostspielig
Erschließung	Platzsparende Erschließung über Treppen	Barrierefreie Ausführung nur durch mechanische Hilfsmittel (Treppenlifter, Aufzug) erreichbar, daher mäßig geeignet für ältere und gehbehinderte Bewohner/innen

reizvoll sein, eine gegebene Aussicht in kleinen Öffnungen gezielt zu „rahmen" und auf bestimmte Blickverbindungen von innen nach außen zu konzentrieren.

Geschossigkeit

Die zur Bebauung vorgesehenen Grundstücke werden über die Jahre immer kleiner. Dies folgt einerseits aus politischen Vorgaben gegen den Flächenverbrauch, andererseits aus dem zunehmenden Kostendruck für Bauherren. Daher ist es heute nur noch auf wenigen Grundstücken möglich, das gewünschte Raumprogramm komplett ebenerdig auf einem Geschoss unterzubringen. Die meisten Einfamilienhäuser werden derzeit zweigeschossig errichtet, auf kleinen Grundstücken in städtischen Lagen sind immer öfter auch dreigeschossige Häuser zu finden.

Mehrgeschossige Häuser haben einerseits den Nachteil, dass Barrierefreiheit nicht per se gegeben und nur durch erheblichen technischen Mehraufwand erreichbar ist. Andererseits ist neben dem eigenen Garten oft gerade das Wohnen auf mehreren Geschossen eine Qualität, die das Einfamilienhaus als Bauform aus den anderen Wohnformen heraushebt.

So zeigt sich gerade in der dreidimensionalen Ausarbeitung oft die besondere Qualität von Einfamilienhäusern: Dies kann einerseits in der Gestaltung der Erschließungselemente (meistens Treppen), andererseits auch in der vertikalen Verbindung von Wohnbereichen über Lufträume, Galerien, Lichthöfe, Zwischenebenen oder ähnliche räumliche Elemente erzielt werden. Zudem lässt sich durch die sinnvolle Verteilung der Räume auf verschiedene Ebenen auch die erwünschte Abgrenzung von Wohnbereichen für Eltern und Kinder umsetzen.

Die Vor- und Nachteile der mehrgeschossigen Bauweise sind in der Tabelle auf der linken Seite zusammengefasst.
Eine besondere Form der mehrgeschossigen Häuser sind sogenannte Split-Level-Typen, in denen die Räume durch halb- oder drittelgeschossige Höhenversätze so auf den Ebenen verteilt werden können, dass eine kontinuierliche Raumfolge mit reizvollen Blickbezügen entsteht.

Die Dachform prägt den Charakter des Hauses ganz entscheidend, wobei der früher ungenutzte Dachboden weitgehend verschwunden ist.

Dachformen

Kaum ein Bauteil prägt die Gestalt des Hauses so sehr wie sein Dach. Theoretisch ist die Bandbreite der möglichen oberen Abschlüsse für Ihr Haus fast grenzenlos: Statt sie textlich zu beschreiben, haben wir Ihnen die im Einfamilienhausbau gängigen Dachformen auf Seite 26 vergleichend aufgezeichnet.

Allerdings ist die Auswahl der Dachformen meist entweder durch den Bebauungsplan vorgegeben oder – in Gebieten ohne gültigen Bebauungsplan – durch den Grundsatz der Einfügung in die umgebende Bebauung eng begrenzt (→ dazu Seite 233).

Die gängigsten Dachformen für Einfamilienhäuser sind derzeit bei den geneigten Dächern das Sattel- und das Walmdach. Daneben stehen das Flachdach und das zunehmend beliebte Pultdach. Auch wenn die Auswahl der Dachform stark vom persönlichen Geschmack abhängt, haben wir in der Tabelle auf Seite 27 einige sachliche Vor- und Nachteile der verschiedenen Dachformen zusammengestellt.

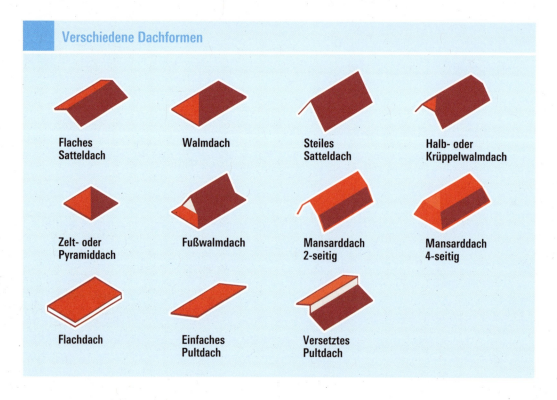

Verschiedene Dachformen

Flaches Satteldach

Walmdach

Steiles Satteldach

Halb- oder Krüppelwalmdach

Zelt- oder Pyramiddach

Fußwalmdach

Mansarddach 2-seitig

Mansarddach 4-seitig

Flachdach

Einfaches Pultdach

Versetztes Pultdach

Keller oder externer Abstellraum

Eine weitere grundlegende Entscheidung beim Hausbau betrifft die Unterbringung von Abstellflächen und Nebenräumen für die haustechnischen Komponenten, die Lagerung von Brennstoffen und ähnliches. Die traditionelle Lösung ist der Bau eines Kellers unter dem gesamten Haus, auf dem das Haus auch statisch zum Stehen kommt. Allerdings ist eine Unterkellerung des gesamten Hauses erfahrungsgemäß deutlich größer als unbedingt erforderlich. Selbstverständlich kann man die „überzählige" Fläche sinnvoll nutzen, zum Beispiel für Hobbyräume – sofern man sie sich leisten kann.

Auf Hanggrundstücken lässt sich die Kellerfläche üblicherweise besser optimieren, indem nur der hangseitige Teil des Hauses unterkellert wird (Teilunterkellerung).

Wenn Sie überlegen, ganz auf den Keller zu verzichten (vielleicht aus Kostengründen), müssen Sie sich über Alternativen Gedanken machen. Diese können darin bestehen, dass Sie Nebenräume in den oberirdischen Geschossen (zum Beispiel in sonst schlecht nutzbaren Bereichen der Dachgeschosse unter den Dachschrägen) einplanen. Denkbar ist auch der Bau eines Schuppens auf dem Grundstück (zum Beispiel im Verbund mit Garage oder Carport – Näheres hierzu ab Seite 326), der allerdings die nutzbare Gartenfläche einschränkt und im Gegensatz zum Keller für die Lagerung von Lebensmitteln, Papier oder Wertsachen nur bedingt geeignet ist.

Variabilität und Flexibilität

Wohnhäuser haben eine statistische Lebenserwartung von mehreren Generationen – es liegt daher auf der Hand, dass es nicht genügt, wenn sie ausschließlich den Anforderungen ihrer ersten Bewohner genau zum Zeitpunkt des ersten Einzugs gerecht werden. Selbst innerhalb eines einzigen Nutzungszyklus ändern sich die Bedürfnisse der Bewohner, allein schon durch Veränderungen der Familienzusammensetzung: Auszug der Kinder, Einzug der Großeltern – und nicht zuletzt die Folgen des eigenen Älterwerdens.

Darüber hinaus steht und fällt die Nachhaltigkeit des planerischen Konzepts mit der Anpassbarkeit der Struktur an die Ansprüche

Vor- und Nachteile von Dachformen

Kriterium	Flachdach	Satteldach	Pultdach	Walmdach	Krüppelwalmdach	Mansarddach
Eignung des Dachgeschosses für Wohnnutzung	Sehr gut geeignet (Vollgeschoss)	Geeignet, Belichtung über die geneigte Dachfläche allerdings nur durch aufwändige Gauben oder Querhäuser bzw. durch Dachflächenfenster möglich	Bei sinnvoller Geschosshöhe sehr gut geeignet	Geeignet, Belichtung allerdings nur durch aufwändige Gauben oder Querhäuser bzw. durch Dachflächenfenster möglich	Geeignet, Belichtung über die geneigte Dachfläche allerdings nur durch aufwändige Gauben oder Querhäuser bzw. durch Dachflächenfenster möglich	Geeignet, Belichtung über die geneigte Dachfläche allerdings nur durch aufwändige Gauben oder Querhäuser bzw. durch Dachflächenfenster möglich
Kosten	Kostengünstig	Kostengünstig	Sehr kostengünstig	Relativ aufwändig (viele Grate)	Aufwändig (viele Grate)	Sehr aufwändig (viele Grate)
Nutzbarkeit	Geeignet für Dachterrassen und -gärten	Dachterrassen als Einschnitte möglich, aber relativ aufwändig	Dachterrassen als Einschnitte möglich, aber relativ aufwändig	Dachterrassen als Einschnitte möglich, aber relativ aufwändig	Dachterrassen als Einschnitte möglich, aber relativ aufwändig	Dachterrassen als Einschnitte möglich, aber sehr aufwändig
Eignung der Dachfläche für die Anbringung von Kollektoren	Geeignet, aufgrund der für die Aufstellung erforderlichen Unterkonstruktionen aber relativ aufwändig	Gut geeignet	Bei richtiger Ausrichtung sehr gut geeignet	Gut geeignet	Gut geeignet	Geeignet

künftiger Nutzer, deren Identität und Haushaltsform natürlich nicht bekannt sind. Dementsprechend sollte man versuchen, entweder leistungsfähige, möglichst flexible beziehungsweise variable, oder aber neutrale, wenig personalisierte Grundrisse zu wählen. Letzteres widerspricht allerdings dem Wunsch vieler Bauherren, das Haus auf die eigenen Bedürfnisse maßschneidern zu lassen.

Flexible Grundrisse

Flexibel nutzbare Wohnungen sind besonders dann planerisch sehr anspruchsvoll, wenn man Veränderungen innerhalb einer Wohneinheit durch bewegliche Elemente wie Schiebetüren oder -wände in kurzen Rhythmen (im Extremfall mehrmals täglich) erreichen will. Alle Konzepte dieser Art haben ein grundsätzliches Problem gemeinsam: den internen Schallschutz. Möbel als Raumteiler und drehbare Wandelemente brauchen für ihre Beweglichkeit einigen Spielraum nach oben und unten und können Geräuschen daher kaum mehr Widerstand entgegensetzen als ein gewöhnlicher Vorhang. Selbst mobile Wände, die sich in fest angebrachten Schienen schieben lassen, sind konventionellen Wänden (ob massiv oder im Trockenbau) in ihrer Schallübertragung deutlich unterlegen. Wer schon einmal mit Teenagern über Lautstärke von Musikwiedergabe diskutiert hat, kennt die potentiellen Folgen für den Familienfrieden. Daher dürften kurzfristig flexible Grundrisse bis auf weiteres den „Nicht-Familien" vorbehalten bleiben.

Offene Strukturen

Eine zweite, baulich stärker festgelegte Möglichkeit stellen Häuser dar, die möglichst sparsam konstruiert und in ihrem Inneren für den Ausbau nach den Bedürfnissen und Wünschen der Bewohner freigehalten sind. Dafür eignen sich die Gebäudetypen besonders gut, deren Lasten nicht über Wände, sondern über Balken und Stützen (aus Holz, Stahl oder Beton) getragen werden. Zwischen den Stützen wird eine freie Einteilung der Wohnung durch Möbel oder leichte Trennwände möglich, die innerhalb der Außenwände beliebige Grundrisse vom vollständig freien Loft bis hin zum konventionellen Haus mit einzelnen Räumen möglich macht.

Nutzungsneutrale Räume

Ein anderes Konzept bietet zwar keine Flexibilität im engeren Sinn, steckt aber doch einen sinnvollen Rahmen für Veränderungen im Zusammenwohnen ab: Nutzungsneutrale Räume. Ein wichtiger Grund für die anhaltende Beliebtheit großbürgerlicher Wohnungen aus der Gründerzeit ist die einheitlich hohe Nutzungsqualität ihrer einzelnen Zimmer, von denen keines durch Größe, Zuschnitt oder Installationen auf eine bestimmte Nutzung festgelegt ist. Als Individualräume für die Mitglieder der Familie stellen sie gewissermaßen Wohnungen in der Wohnung dar und bieten zusätzlich zum Raum für Schlafen auch genug Fläche für einen Arbeitsplatz, eine Zone zum Entspannen und genügend Bewegungsraum. Diese Qualitäten erfordern erfahrungsgemäß eine gewisse Mindestgröße von 12 bis 14 Quadratmeter, einen an das Quadrat angenäherten Zuschnitt, eine gute natürliche Belichtung und durchdachte technische Installationen – auf dieser Fläche hat ein Elternschlafzimmer mit Ehebett und Einbauschrank ebenso Platz wie ein zweckmäßig möbliertes Kinderzimmer oder ein zeitgemäßer Arbeitsplatz. Dieses Konzept ist seit einiger Zeit auch für Einfamilienhäuser wieder aktuell.

Aufteilbarkeit

Ein großer Vorteil für die langfristige Anpassbarkeit des Hauses an sich wandelnde Wohnbedürfnisse ist die Möglichkeit einer späteren Aufteilung beziehungsweise Zusammenlegung der Wohnung/en. Sie muss allerdings idealerweise bereits beim Gebäudeentwurf bedacht und berücksichtigt werden, da man anderenfalls das Risiko eingeht, dass die dafür notwendigen baulichen Veränderungen an Gegebenheiten von Statik, Gebäudetechnik oder Zugänglichkeit scheitern. Die zur Aufteilung oder Zusammenlegung erforderlichen Durchgänge sollten sozusagen „auf Vorrat" hergestellt und dann temporär verschlossen werden, die Haustechnik muss sich für die Aufteilung in mehrere Heiz- und Schaltkreise eignen, und der interne Schallschutz sollte so ausgelegt sein, dass die Hauptwohnung und die von ihr abgetrennten Einheiten sich nicht gegenseitig stören.

Die Einliegerwohnung

Das bekannteste Beispiel für die Aufteilbarkeit eines Einfamilienhauses ist die abgetrennte Einliegerwohnung. Sie war am Ende des 20. Jahrhunderts sehr populär, weil die Vermietung von Wohnraum in Einfamilienhäusern steuerlich gefördert wurde. Seit dem Ende dieser Vergünstigungen sind Einliegerwohnungen seltener geworden.

Sofern sie als abgeschlossene Wohneinheiten im Gebäudeentwurf schon vorgesehen sind, können sie entweder von Anfang an vermietet oder zunächst selbst genutzt und später (zum Beispiel nach dem Auszug der Kinder) von der Hauptwohnung abgetrennt werden.

Auch ist es denkbar, Einliegerwohnungen später zumindest teilweise in das Haus zu integrieren, zum Beispiel wenn erwachsene Kinder weiterhin im Haus wohnen oder betagte Eltern beziehungsweise Großeltern zusätzlich einziehen wollen. Einliegerwohnungen eignen sich nötigenfalls auch zur Unterbringung von Pflegepersonal. Beachten Sie aber, dass jede dieser Möglichkeiten schon beim Entwurf bedacht sein will. Dann können Einliegerwohnungen einen sinnvollen Beitrag zur langfristigen Flexibilität und Nutzbarkeit des Hauses leisten.

Barrierefreies Wohnen

Die barrierefreie Auslegung von Wohngebäuden ist ein wichtiger Aspekt zur Sicherung ihrer langfristigen Nutzbarkeit und ihres Werterhalts. Wer will nicht bis ins hohe Alter im eigenen Haus wohnen können?

Daher ist es von entscheidender Bedeutung, dass Wohnungen auch für ältere, kranke oder behinderte Menschen sinnvoll nutzbar bleiben. Dies stellt besonders für Einfamilienhäuser, die heute in der Regel mehrgeschossig geplant werden, eine besondere Herausforderung dar. Während sich die haustechnische Ausstattung (siehe Seiten 293 ff.) zumindest teilweise nachrüsten lässt, muss man beim Zuschnitt von Funktionsräumen wie Küchen und vor allem Bädern erheblich mehr Platz einplanen, wenn sie sich später für die Benutzung mit Gehhilfe oder Rollstuhl noch eignen sollen. Dies führt folgerichtig zu spürbar höheren Erstellungskosten.

Die Norm zum barrierefreien Bauen trägt den Namen DIN 18040. Sie wurde im Jahr 2011 veröffentlicht und wird daher noch lange gültig sein. Teil 2 dieser Norm beschäftigt sich mit Wohngebäuden und enthält neben allgemeinen Richtlinien zum barrierefreiem Wohnen auch die Vorgaben zum rollstuhlgerechten Wohnungsbau. Unterlagen zur rechtlichen Erfüllung dieser Norm sind bei den Architektenkammern und den zuständigen Landesministerien in Form von Broschüren erhältlich, die auch die genauen Anforderungen für rollstuhlgerechte Erschließungselemente, Bäder und Küchen enthalten. Gute Architekten kennen sich mit diesem Thema aus und können ihre Bauherren dazu kompetent beraten. Allerdings wird man – gerade bei mehrgeschossigen Einfamilienhäusern – aus Platz- und Kostengründen nur selten die Normen in allen ihren Einzelaspekten befolgen können. Dennoch sollten folgende Aspekte des barrierefreien Bauens auch bei der Planung „normaler" Einfamilienhäuser beachtet werden.

Dusche, die auch für bewegungseingeschränkte Menschen bequem zu nutzen ist.

▶ **SCHWELLEN UND NIVEAUUNTERSCHIEDE** beim Boden sollten innerhalb von Häusern so weit wie möglich vermieden werden – nicht nur, um das Haus notfalls auch mit einer Gehhilfe oder sogar einem Rollstuhl benutzen zu können, sondern auch zur Vermeidung von Stolperfallen. Dies lässt sich innerhalb des Hauses durch die Grundrissgestaltung meistens gut erreichen, führt allerdings an Übergängen zwischen Innen- und Außenräumen, bei Hauseingängen, Terrassentüren etc. unweigerlich zu einem erhöhten bautechnischen Aufwand für die Abdichtung. Dieser Aufwand lohnt sich aber meist auf lange Sicht.

▶ Der **BEGINN UND DAS ENDE VON TREPPEN** sowie die Kanten einzelner Stufen sollten auch für Sehbehinderte deutlich erkennbar sein, und zwar sowohl beim Aufwärts- als auch beim Abwärtsgehen. Dies lässt sich besonders gut durch Helligkeitskontraste zwischen verschiedenen Materialien erreichen – und, falls dies nicht mit der gestalterischen Absicht vereinbar ist, auch später im Bedarfsfall vorübergehend nachrüsten.

▶ Schließlich sollte schon während der Planung auf **GRIFFSICHERHEIT** geachtet werden: So sollten häufig genutzte Treppen auch innerhalb des Hauses mindestens auf einer Seite mit einem Handlauf ausgestattet sein – oder dieser muss wenigstens nachgerüstet werden können.

Wer ganz sichergehen will, dass sein Haus auch im Falle einer Bewegungseinschränkung nutzbar bleibt, kann noch einen Schritt weiter gehen und die spätere Nachrüstung eines Treppenlifters oder sogar eines Aufzugs einplanen. Das bedeutet, dass die Integration eines ausreichend großen Schachtes in den Grundriss einzuplanen ist, von dem aus alle Ebenen des Hauses erreichbar sind. Dieser Schacht kann bis zum Einbau des Aufzugs durch Einziehen von provisorischen Decken (üblicherweise aus Holz) auf jedem Geschoss zum Beispiel als Abstellfläche genutzt werden. Die haustechnischen Aspekte des barrierefreien Bauens (zum Beispiel das Thema Hausnotruf) werden in den Kapiteln ab Seite 293 genauer behandelt.

Wiederverkaufswert

Auch wenn der Bau des eigenen Hauses meist die Erfüllung eines sehr persönlichen Traums ist (und sein sollte), sollte man neben der vielfältigen und langfristigen Nutzbarkeit (die in den vorhergehenden Absätzen behandelt wurde) die Anpassungsfähigkeit an geänderte Bedürfnisse nicht aus den Augen verlieren.

Dies nützt auch der Vermarktbarkeit im Falle eines Verkaufs, denn dann steht nicht mehr die Erfüllung der persönlichen Wünsche des ursprünglichen Bauherren im Vordergrund, sondern die Brauchbarkeit des Hauses für potenzielle Käufer. Aus diesem Grund sollten Sie sehr individuelle Grundrisslösungen, die ausschließlich für die eigene Familie maßgeschneidert sind, mit Vorsicht behandeln und auch auf universelle, geschmacksneutrale Qualitäten der Nutzung und Gestalt achten.

Ähnliches gilt für die Auswahl von sichtbaren Materialien: Nicht umsonst haben sich einige recht neutrale Oberflächenstandards wie die klassischen weißen Fliesen etabliert, die allgemein akzeptiert sind.

Kostengünstig bauen

Für nahezu alle Bauwilligen spielen die Kosten des Projekts eine ganz entscheidende Rolle, und zwar sowohl in Form des vorgegebenen Kostenrahmens als auch hinsichtlich der gewünschten Kostensicherheit. Das Budget fürs Haus ist begrenzt. Daher werden wir hier gezielt auf einige Grundvoraussetzungen für kostengünstiges Bauen eingehen.

Nachhaltig denken für Selbstnutzer

Wenn Sie ein Haus für die eigene Nutzung bauen, sollten Sie bei Ihren Entscheidungen zu den Kosten nicht nur die Herstellung des Gebäudes betrachten, sondern auch die laufenden Unterhalts- und Wirtschaftskosten für die ersten Jahrzehnte in Ihre Überlegungen einbeziehen.

Bei erfahrenen und professionellen Bauherren wie Banken, Kommunen und Finanzinvestoren, die regelmäßig bauen und als Selbstnutzer auch für den Betrieb und Unterhalt der entstandenen Gebäude aufkommen müssen, hat sich diese Erkenntnis längst durchgesetzt.

Hier werden bei der Auswahl von Bauweisen und Materialien sowie der Gebäudetechnik auch deren Betriebs- und Unterhaltskosten in die Gesamtrechnung einbezogen. Setzt man für diese Rechnung 20, 30 oder gar 40 Jahre Nutzungszeit an, verschieben sich oft die Prioritäten zugunsten von zunächst teureren, aber längerlebigen Baustoffen – und zugunsten von besseren Standards für Wärmeschutz und Gebäudetechnik.

Die ersten wichtigen Weichenstellungen zur Wirtschaftlichkeit eines Hauses finden schon früh im Planungsprozess statt, nämlich bei der Anordnung des Baukörpers und der Grundrissplanung. Was sinnvoll ist, erweist sich meistens auch als preiswert – daher tauchen einige in den vorigen Kapiteln bereits erwähnte Aspekte unter dieser Rubrik nochmals auf.

Fläche und Volumen kosten Geld

Die erste Faustregel zum kostensparenden Bauen versteht sich eigentlich von selbst, muss aber immer wieder ausgesprochen werden: Fläche und umbauter Raum kosten Geld.

Die wirkungsvollste Einsparmaßnahme ist daher der Verzicht auf Wohnfläche und Geschosshöhe. Überlegen Sie genau, wie viel Platz Sie tatsächlich brauchen und wie hoch Ihre Räume sein müssen – Ratschläge hierzu finden Sie ab Seite 32. Sie sollten allerdings nicht über das Ziel hinausschießen und vor lauter Sparwillen ein Haus planen, das Ihren Anforderungen später nicht mehr genügt.

Die Reduzierung der Raumhöhe senkt zwar ebenfalls die Baukosten, birgt aber erheblich weniger Einsparpotenzial als der Verzicht auf Wohnfläche. Mit anderen Worten: Ein kleinerer Raum mit etwas höherer Decke kann Ihnen manchmal gefühlte Großzügigkeit zu günstigeren Kosten bieten.

Kostenaspekte Keller und Gründung

Grundsätzlich gilt zwar, dass es immer günstiger ist, auf einen Keller zu verzichten, als ihn zu bauen. Bei genauerer Kalkulation stellt man allerdings meist fest, dass sich das Einsparpotenzial durch den Verzicht auf ein Untergeschoss meist in engen Grenzen hält – dies gilt

Einfacher Bau-
körper, wenige,
aber große Fens-
ter, schlichte
Details: gute
Voraussetzungen
für ein kosten-
günstiges Haus.

insbesondere für Massivbauten. Grund dafür ist die Tatsache, dass die Fundamente des Hauses in jedem Fall ohnehin bis in frostsiche-re Tiefe gegründet werden müssen, daher die Baugrube und die Wände des künftigen Kellers bereits in großen Teilen vorhanden sind. Aus-nahmen von dieser Regel sind unter anderem Bereiche mit hohem Grundwasserstand oder großem Überschwemmungsrisiko, wo eine be-sonders dichte und dadurch aufwendige Aus-führung des Kellers die Kosten deutlich in die Höhe treiben würden.

Ehrlicherweise muss man beim Verzicht auf den Keller auch die Erstellung der Neben-räume in den oberirdischen Geschossen oder den Bau eines Schuppens auf dem Grundstück mit den Einsparungen gegenrechnen.

Vertikale Optimierung

Da ein erheblicher Teil der Kosten eines Hauses von seinem Tragwerk bestimmt sind, liegen dort auch große Potenziale zur Erreichung günstiger Baukosten. Einfache Tragstrukturen zeichnen sich unter anderem dadurch aus, dass Wände weitestmöglich übereinander stehen und die Lasten so möglichst gerade und ohne „Umwe-ge" nach unten abgeleitet werden können.

Die Spannrichtung der Decken sollte ebenfalls in den verschiedenen Geschossen gleich sein, und ihre Spannweiten sollten über ein sinnvol-les Maß nicht hinausgehen. Grundsätzlich gel-ten diese Richtlinien für alle gängigen Materia-lien – bezüglich der kostengünstig umsetzba-ren Dimensionen gibt es allerdings gewisse Unterschiede. Schließlich hat das Material des Tragwerks einen direkten Einfluss auf die Flexi-bilität des Grundrisses und damit auf seine langfristige Anpassbarkeit.

Auch die Lage und Ausbildung der Sani-tärräume hat erhebliche Auswirkungen auf die Baukosten. So sollten Bäder und Küchen nach Möglichkeit nah beieinander, in verschiedenen Geschossen aber unbedingt übereinander lie-gen, damit die Wasser- und Abwasserleitungen möglichst auf kurzem, geradem Weg und in kompakten Schächten geführt werden können. Ganz besonders gilt dies für die Lage der Toilet-ten, deren Abwässer (aus nachvollziehbaren Gründen) Leitungen mit relativ großen Durch-messern benötigen, die so senkrecht wie ir-gend möglich verlaufen sollten.

Kosten für Gebäudehülle und Sonderbauteile

Allgemein gilt, dass die Gebäudehülle heute aufgrund der hohen Anforderungen bezüglich Dichtigkeit, Wärmedämmung, Sonnenschutz etc. einen besonders teuren Bestandteil des Hauses darstellt. Daher sind einfache Baukörper in klarer Geometrie fast immer günstiger in der Erstellung und im Unterhalt als vielgestaltige, zerklüftete Volumina mit Vor- und Rücksprüngen, Dachaufbauten, Einschnitten und ähnlichem.

Sonderformen wie Erker, Balkone, Wintergärten, Quergiebel, Dachgauben und ins Dach eingeschnittene Balkone führen zu zahlreichen Anschlusspunkten, deren Herstellung und Abdichtung Geld kostet. Darüber hinaus vergrößern sie neben der Oberfläche des Hauses die Erstellungskosten und die Wärmeverluste.

Auch im Innenraum erweisen sich einfache Grundrissgeometrien mit geraden Raumbegrenzungen üblicherweise als besonders kostengünstig, da Ecken und Kanten in der Herstellung aufwändig sind.

Kosten und Materialwahl

Die Materialien und Oberflächen für das neue Haus sollten Sie nicht nur anhand der kurzfristig erkennbaren Baukosten auswählen, sondern auch die Haltbarkeit der Baustoffe in Ihre Entscheidung einbeziehen.

Auf längere Sicht lassen sich so durch eine möglicherweise höhere Erstinvestition erhebliche Kosten sparen. Dabei geht es einerseits um die absolute Haltbarkeit eines Materials, andererseits um seine Eigenschaften bei der unvermeidlichen Alterung. Während beispielsweise eine Fassade aus lackiertem Holz regelmäßig neu gestrichen werden muss, wird eine Verkleidung aus naturbelassenem Holz – in den dafür geeigneten Holzarten – sich zwar mit der Zeit farblich verändern, aber nach der ersten Verwitterung nicht etwa schäbig, sondern angenehm patiniert aussehen. Dies wirkt sich selbstverständlich auch positiv auf den Werterhalt des Hauses aus.

Energiesparendes Bauen

Heutzutage spielen die Einsparung von Energie, die Senkung der Betriebskosten und andere ökologisch relevante Aspekte im Bauen eine große Rolle – auch bei der Planung von Einfamilienhäusern. Neben der Erkenntnis, dass die natürlichen Ressourcen begrenzt sind und man daher verantwortlich mit ihnen umgehen sollte, gibt es dafür auch ganz sachliche Gründe: Plant man ein Haus mit niedrigem Primärenergieverbrauch, erhält man in Deutschland vergünstigte Kredite von der Kreditanstalt für Wiederaufbau (KfW) und kann dadurch bei der Finanzierung erheblich sparen (siehe Seiten 127 ff.). Dabei sollten Sie sich unbedingt von kompetenten Fachleuten beraten lassen, die dann auch die für die Kreditanträge erforderlichen Formulare ausfüllen dürfen.

Energiesparendes Bauen ist insofern nicht nur ökologisch sinnvoll, sondern geht Hand in Hand mit Kostenbewusstsein: Ökologisches Verständnis wird immer mehr zu einem wichtigen Bestandteil der ökonomischen Gebäudeplanung. Die Schnittmenge wird angesichts steigender Energiepreise immer größer, sobald man bei der Planung die zu erwartenden Nutzungskosten einbezieht. Auch hier sollten Sie als Eigennutzer die Betrachtung nicht nur auf die Erstellungskosten beschränken, sondern die Gesamtkosten einschließlich der Betriebskosten über die geplante Nutzungszeit im Blick behalten.

Viele Entscheidungen, die den künftigen Energieverbrauch Ihres Hauses grundlegend beeinflussen, treffen Sie schon in den ersten Planungsschritten.

Noch davor bestimmt die Auswahl des Bauplatzes in erheblichem Maße die ökologischen Folgen Ihres Hausbaus, weil sich dessen Lage und Erschließung auf Ihren Energieverbrauch auswirken, schon durch die täglichen Fahrten mit dem Pkw oder öffentlichen Verkehrsmitteln. Später betreffen viele planerische Entscheidungen (zum Beispiel die Auswahl der Systeme und Energieträger für Heizung und Lüftung) die technische Gebäudeausrüstung – sie werden ab Seite 270 ff behandelt.

Andere Weichenstellungen folgen aus dem Gebäudeentwurf und erfordern die Kenntnis

Energiesparender Neubau, bei dem unter anderem Solarthermie und Photovoltaik ideal ins Dach integriert werden konnten.

einiger grundsätzlicher Zusammenhänge zum Gebäudevolumen, zur Stellung des Baukörpers zur Sonne, zur Ausbildung der Gebäudehülle hinsichtlich ihres Dämmverhaltens und des Verhältnisses zwischen offenen und geschlossenen Elementen sowie der Fähigkeit der Bauteile, Wärme zu speichern und kontrolliert wieder abzugeben.

Das A/V-Verhältnis

Die Gebäudehülle ist – wie bereits erwähnt – aufgrund der hohen an sie gestellten Anforderungen ein besonders teurer Bestandteil des Hauses. Darüber hinaus stellt sie die Oberfläche dar, durch die das Haus Wärme an seine Umgebung verlieren oder auch aus ihr aufnehmen kann.

Einfache, klar geschnittene Baukörper haben üblicherweise ein günstiges Verhältnis des umschlossenen Volumens (V) zur umschließenden Oberfläche (A), das in der Fachsprache als „A/V-Verhältnis" bezeichnet wird. Zerklüftete Baukörper sind folglich nicht nur teuer in der Erstellung, sondern erhöhen auch

tendenziell den Wärmeverlust (dadurch auch die Betriebskosten) und verschlechtern die Ökobilanz.

Ausrichtung des Gebäudes

Allgemein gilt, dass Fassaden nach Westen und Osten, besonders aber nach Süden zur Nutzung der von der Sonne auch im Winter eingestrahlten Energie größere transparente und transluzente Bauteile aufweisen sollten als Nordseiten, bei denen die Wärmedämmwirkung der Baustoffe im Vordergrund steht. Gleichzeitig muss für die verglasten Flächen zum Schutz vor sommerlicher Überhitzung unbedingt ein außenliegender Sonnenschutz vorgesehen werden – Näheres hierzu im Kapitel „Was ist Wohnkomfort?" (ab Seite 34).

Einfach verglaste Wintergärten, die in der Vergangenheit sonnenseitig an Häuser angebaut und üppig bepflanzt wurden, sind als besondere Wohnbereiche bis heute beliebt. In ihrer ursprünglich gedachten Funktion als klimatische Pufferräume haben sie sich allerdings nicht wirklich bewährt und sind inzwischen

Die Dachüberstände vergrößern die Fläche für Solarthermie- und Photovoltaikanlage, schützen im Hochsommer vor zu starker Einstrahlung und die Holzfassade auch vor Regennässe.

durch die Entwicklungen der Glas- und Fassadentechnik weitgehend überholt worden.

Wichtig für die Nutzung der Sonnenenergie sind hingegen die im Gebäude vorhandenen Speichermassen, die eingestrahlte solare Wärme aufnehmen, speichern und zeitversetzt, zum Beispiel nachts, wieder abgeben können. Dies gilt als wichtiges Argument zugunsten des Massivbaus in Mauerwerk und Beton, kann durch bauliche Maßnahmen aber auch im Holz- und Stahlbau gewährleistet werden.

Ökologisches Bauen

Viele Grundsätze des ökologischen Bauens gehen über die Einsparung von Heizenergie hinaus und beziehen sich auf die Eigenschaften der im Haus verwendeten Materialien. Jeder Baustoff hat seine ganz eigene Ökobilanz, die sich unter anderem aus dem Verbrauch von Energie für Rohstoffgewinnung, Verarbeitung und Transport zusammensetzt. Dass nachwachsende Rohstoffe wie Holz dabei üblicherweise gute Werte aufweisen, liegt auf der Hand – vorausgesetzt, sie wurden sinnvoll ab-

gebaut und weiterverarbeitet und mussten keine allzu großen Wege zurücklegen.

Zahlreiche Erkenntnisse aus der Materialforschung haben in den vergangenen Jahrzehnten belegt, dass von bestimmten Baustoffen bzw. ihren Abfallprodukten Ausdünstungen ausgehen, die Gesundheitsgefährdungen hervorrufen können. Dies hatte und hat erhebliche Auswirkungen auf das Baugewerbe: Materialien, die früher nur in der Nische der „Öko-Häuser" Anwendung fanden, sind inzwischen allgemein in der Bauwirtschaft eingeführt. Zahlreiche Veröffentlichungen zu diesem Thema ermöglichen eine vergleichende Bewertung und fundierte Auswahl der Baustoffe.

Was ist Wohnkomfort?

Die meisten Bauherren stellen sich ihr Einfamilienhaus als eine in sich geschlossene Welt für das Leben der Familie vor. Dennoch ist jedes Haus Einflüssen ausgesetzt, die nicht immer erwünscht sind.

Wohnkomfort spielt in der Diskussion der Qualitäten eines Hauses eine große Rolle, obwohl der Begriff nur ungenau abgegrenzt ist. Unsere Definition umfasst neben dem hier bereits diskutierten Aspekt Raumangebot die Kriterien Geräusch, Temperatur und Licht.

Schallschutz

Die Anforderungen an den baulichen Schallschutz aus den einschlägigen Normen sind hoch und können einen erheblichen baulichen Aufwand zur Folge haben. Allerdings gelten diese nur im Verhältnis zwischen verschiedenen Wohneinheiten, zum Beispiel müssen die Trennwände zwischen Doppelhaushälften üblicherweise zweischalig mit dazwischenliegender Schalldämmmatte ausgeführt werden, um die akustische Privatsphäre beider Wohneinheiten sicherzustellen.

Die Schallschutznormen gelten aber nicht innerhalb einer Wohneinheit. Trotzdem sollte man dieses Thema nicht unterschätzen und frühzeitig in die Planung einbeziehen.

Zum Wohnkomfort gehört heute, die schalltechnische Abtrennung zwischen dem gemeinschaftlichen Wohnbereich und den Individualbereichen so leistungsfähig auszubilden, dass gegenseitige akustische Störungen weitestgehend vermieden werden. Mögliche Maßnahmen zur Erreichung eines guten Schallschutzes werden ab Seite 244 im Kapitel „Wände" näher erläutert. Ein qualitativ guter Schallschutz im Gebäude fördert nicht nur die Lebensqualität jedes einzelnen Familienmitglieds, sondern ermöglicht auch eine spätere Aufteilung der Wohnung in mehrere Einheiten. Darüber hinaus steigert eine gute Schalldämmung bei einem späteren Wiederverkauf des Hauses immer auch den Verkaufspreis.

Schließlich kann der Schutz vor Verkehrslärm meist bereits im Rahmen der Grundrissplanung weitgehend gewährleistet werden, indem man die Aufenthaltsräume gezielt weg von Straßen, störender benachbarter Bebauung und bekannten externen Lärmquellen anlegt. Reicht das nicht aus, wird man notfalls auf bauliche Mittel wie Schallschutzfenster in Verbindung mit einer aktiven Be- und Entlüftung des Hauses zurückgreifen.

Sonnenschutz, Blendschutz, Überhitzungsschutz

Komplizierter ist das Thema Sonnen- und Einblickschutz: Hier müssen erwünschte Effekte wie möglichst viel Sonnenlicht im Winter und unerwünschte Störungen wie das Aufheizen der Räume im Sommer oder auch nachbarschaftliche Blickbeziehungen gegeneinander abgewogen und durch bewegliche Schutzmaßnahmen kontrolliert werden. Blendungen durch die flachstehende Wintersonne, unerwünschte Helligkeit und nachbarliche Einblicke lassen sich einfach und kostengünstig durch innenliegende Vorhänge, Rollos oder Lamellen verhindern.

Die einfallende Sonnenstrahlung wird beim Durchgang durch die Glasscheiben in Wärme umgewandelt. Der Schutz vor sommerlicher Überhitzung erfordert deshalb bauliche Elemente außerhalb des Gebäudes. Dafür stehen ganz unterschiedliche Systeme von den traditionellen Fensterläden bis zu modernen automatisch geregelten Außenjalousien zur Verfügung. In jedem Fall prägt der jeweilige außenliegenden Sonnenschutz ganz erheblich das Erscheinungsbild des Hauses im Wandel der Tages- und Jahreszeiten.

Besonders in der Dachschräge mit viel direkter Sonneneinstrahlung leistet eine außen liegende Schattierung gute Dienste.

Bauliche Gestaltung

Aus dem in den vorhergehenden Kapiteln Gesagten lassen sich einige Schlussfolgerungen ableiten, die als Empfehlungen für die bauliche Gestaltung von Häusern gelten sollten.

Einfachheit

Einfache, ruhige Baukörper ohne komplizierte Vor- und Aufbauten sind unabhängig von Moden, folgen also einer nachhaltigen, „unmodischen" Ästhetik, und verfügen gleichzeitig über ein günstiges Verhältnis zwischen Volumen und Gebäudehülle, das sich sowohl auf die Erstellungskosten als auch auf die Wärmeverluste und somit den Energieverbrauch positiv auswirkt.

Langlebige oder/und „in Würde alternde" Materialien kosten möglicherweise beim ersten Einbau mehr als die aktuell billigsten Baustoffe, haben aber deutlich bessere Aussichten, nach jahrelangem Gebrauch und der unvermeidlichen Änderung raumausstatterischer Trends auch nach Jahrzehnten noch zu gefallen. In einer immer mobileren Gesellschaft, die das häufige Wechseln des Wohnorts von vielen Beschäftigen verlangt, wäre eine weitere Verbreitung solcher Standards sicherlich wünschenswert.

Dieses Haus steht zwischen Häusern, die etwa 80 Jahre alt sind. Es übernimmt deren Grundfläche und Dachneigung und fügt sich dadurch harmonisch ein, spricht aber in allen Details eine zeitgenössische Sprache.

Ortsgebundenheit

Es hat sich bewährt, wenn Häuser in ihrer Gestaltung auf die baulichen Traditionen ihres Standorts Bezug nehmen. So ist ein Reetdachhaus mit verklinkerter Fassade in Oberbayern ebenso fehl am Platz wie ein Allgäuer Holzhaus an der Ostsee. Die meisten baulichen Traditionen sind einerseits aus der Verfügbarkeit von Materialien, andererseits aus der Tauglichkeit bestimmter Bauweisen für das regionale Klima entstanden. Daher haben sie bis heute einen Sinn. Beispielsweise hat die traditionelle Dachform von oberbayerischen Häusern viel mit den in dieser Region großen winterlichen Schneemengen zu tun, die durch die flache Neigung nicht vom Dach rutschen und aufgrund der breiten Dachüberstände die Zugangsbereiche des Hauses nicht beeinträchtigen. Eine gute Baugestaltung nimmt derartige Traditionen auf und verarbeitet sie entsprechend heutiger Bedürfnisse.

Das heißt gewiss nicht, dass jedes Haus aussehen soll, als stünde es schon seit hundert Jahren an seinem Ort. Aber die zurückhaltende Einfügung eines neuen Gebäudes in die vorgefundene Umgebung könnte manchem Wohngebiet wohl tun.

Angemessenheit

Wer freut sich nicht über ruhige Nachbarn? Dies gilt nicht nur für den Schallpegel, sondern auch für die bauliche Gestalt des Eigenheims. Rücksicht bei der Auswahl der Materialien und vor allem bei der Ausformung des Baukörpers trägt dazu bei, dass Sie mit Ihren Nachbarn künftig gute Beziehungen haben können. Orientieren Sie daher die Fenster, Balkone und Terrassen Ihres Hauses so, dass diese die Häuser und Grundstücke Ihrer Nachbarn möglichst wenig stören oder beeinträchtigen. Vermeiden Sie bestmöglich die Errichtung von Bauteilen, die Schatten zum Beispiel ausgerechnet auf die Terrasse Ihres Nachbarn werfen.

Und denken Sie beim Pflanzen von Bäumen immer daran, dass diese in den nächsten Jahren nicht nur nach oben wachsen, sondern auch in die Breite. Ihre Nachbarn werden es Ihnen danken – und sich hoffentlich ähnlich rücksichtsvoll verhalten.

SELBST BAUEN ODER KAUFEN?

Bevor Sie sich jetzt auf die Suche nach einem Bauplatz machen und damit beginnen, Ihre Anforderungen und Wünsche zu formulieren, müssen Sie einige grundlegende Entscheidungen treffen. Denn die Angebote für Grundstücke, Planungsdienstleistungen und das Bauen selbst können von vielen verschiedenen Seiten kommen. Die Auswahl, welche Art von Angebot Sie suchen, sollte ohne Zeitdruck getroffen werden. Dabei sind folgende Leistungsteile zu unterscheiden:

1 Die Suche nach dem Bauplatz und der Grundstückskauf
2 Der Entwurf und die Planung des Hauses
3 Der Bau des geplanten Hauses

Für jeden dieser Leistungsteile kommen verschiedene Anbieter in Betracht, die oft auch eine Kombination mehrerer Leistungen anbieten. Um gleich zu Beginn die wichtigsten Bezeichnungen einzuführen, haben wir in einem Infokasten auf Seite 38 die Akteure in der Bauwirtschaft zusammengestellt.

Bauen auf eigenem Grundstück

Ein Architekt kann Sie schon bei der Bewertung eines Grundstücks beraten, ob das für Ihre Bedürfnisse geeignet ist oder nicht. Wenn Sie bereits ein Grundstück geerbt oder ausgewählt und vielleicht auch schon gekauft haben, bleiben Ihnen immer noch mehrere Möglichkeiten, die Planung und den Bau des Hauses zu organisieren.

Bauen mit Architekten

Der Architekt ist ein (üblicherweise freiberuflicher) Dienstleister, der unabhängig von eigenen wirtschaftlichen Verflechtungen Ihre Interessen bezüglich des Bauprojekts vertritt. Aufgrund seiner Ausbildung, die neben der Kompetenz zum Entwerfen und Planen von Gebäuden auch die wichtigsten Kenntnisse zum Bauablauf und den technischen Regeln der an einer üblichen Baustelle beteiligten Gewerke einschließt, kann er Sie von den ersten Schritten bis zur Fertigstellung Ihres Hauses begleiten.

Die Planungskompetenz ist (neben der wirtschaftlichen Unabhängigkeit) die Stärke eines guten Architekten: er wird individuell auf Ihre Bedürfnisse eingehen und Ihnen ein Haus planen und entwerfen, das genau dafür maßgeschneidert ist. Andererseits müssen Sie sich, bevor Sie einen Architekten suchen und beauftragen, selbst um den Bauplatz kümmern.

INFO   WIE FINDE ICH DEN RICHTIGEN ARCHITEKTEN?

Die Suche und Auswahl des richtigen Architekten gehört zu den wichtigsten Entscheidungen, die Sie auf dem Weg zum eigenen Haus gehen müssen. Mit dem Architekten werden Sie über mehrere Monate bis Jahre nicht nur viel Zeit verbringen, sondern auch viele Geschmacksfragen entscheiden. Sie sollten daher einen Architekten auswählen, dessen Arbeit Sie überzeugt und dem Sie Vertrauen entgegenbringen können. Es gibt verschiedene Wege, sich nach guten Architekten umzusehen. Wir haben Ihnen die wichtigsten zusammengestellt:

▶ Erkundigen Sie sich im Freundes- und Bekanntenkreis, wenn möglich in der Gegend, in der Ihr künftiges Haus stehen soll. Wer schon mit einem Architekten an einem Projekt zusammen-

Wer ist wer auf dem Bau?

1	**Grundstücksverkäufer:** Von wem Sie den Bauplatz für Ihr Haus kaufen, können Sie auf dem freien Grundstücksmarkt entscheiden. Häufig wird Bauland von Städten und Gemeinden angeboten (die die Flächen manchmal von verschiedenen privaten Vor-Eigentümern gekauft und „umgelegt" haben), oft kann man es auch von Projektentwicklern, Baugesellschaften oder direkt von privaten Eigentümern erwerben. An der Abwicklung des Grundstücksgeschäfts ist oft ein Makler beteiligt.
2	**Makler:** Aufgabe des Maklers ist die Vermittlung von Immobilien (Grundstücken und Gebäuden) zum Kauf und zur Miete. Die meisten Makler arbeiten selbstständig. In Deutschland ist es üblich – aber nirgends vorgeschrieben –, dass der Verkäufer (bzw. Vermieter) den Makler beauftragt, aber der Käufer (bzw. Mieter) dessen Provision bezahlt.
3	**Architekt:** Aufgabe und Kompetenz des Architekten sind die Planung von Gebäuden und die Organisation und Überwachung von deren Erstellung. Üblicherweise arbeitet der Architekt freiberuflich, das heißt er ist grundsätzlich unabhängig von wirtschaftlichen Interessen der anderen am Bau Beteiligten, wie ab Seite 37 ausgeführt. Manche Bauträger und Fertighausfirmen haben als Mitarbeiter ausgebildete Architekten, die den Kunden bei der Erfüllung ihrer Wünsche behilflich sind – dies aber als Angestellte des Hausanbieters.
4	**Tragwerksplaner (Statiker):** Der Tragwerksplaner konzipiert und berechnet die Statik von Gebäuden und sorgt so dafür, dass sie dauerhaft stehen bleiben. Meist führt er auch den Wärmeschutznachweis für die Gebäudehülle durch.
5	**Fachplaner für Gebäudetechnik:** Die haustechnische Ausstattung wird sinnvollerweise geplant, ausgeschrieben und überwacht von Ingenieuren, die sich auf die Gewerke Heizungs- und Lüftungsbau, sanitäre Anlagen, elektrische Anlagen und Licht spezialisiert haben. Die Integration ihrer Arbeit in die übergeordnete Gebäudeplanung liegt beim Architekten.
6	**Generalunternehmer:** Ein Generalunternehmer erstellt ein Haus auf einem vom Bauherren gestellten Grundstück schlüsselfertig, das heißt er erbringt die Bauleistungen entweder in seiner eigenen Firma oder/und beauftragt sie bei dritten Firmen. Die Koordination der verschiedenen Firmen ist Teil der Leistung des Generalunternehmers. Wenn die Planung Teil der Leistung ist, spricht man von einem Totalunternehmer.
7	**Bauträger:** Ein Bauträger verkauft Häuser einschließlich der zugehörigen Grundstücke. Seine Leistung entspricht grundsätzlich der des Generalunternehmers, allerdings gehören beim Bauträger auch der Kauf und Verkauf des Grundstücks hinzu. Der Bauträger finanziert und baut zunächst auf eigenes Risiko, ist somit sein eigener Bauherr und verkauft anschließend das fertige Haus an den Erwerber.
8	**Handwerker/Handwerksbetriebe:** Beim individuellen Bauen in Einzelgewerken kümmern sich Handwerksbetriebe um die Ausführung der Bauleistungen. Sie setzen die Planung der Architekten und Fachplaner unter deren Aufsicht in die Realität um.

gearbeitet hat, kann dessen Arbeitsweise sowie seine Stärken und Schwächen beurteilen – und das trifft wahrscheinlich auf manche Ihrer Bekannten zu.

▶ Besuchen Sie die Internetauftritte der für Ihren künftigen Wohnort zuständigen Architektenkammer. Sie finden dort nicht nur die Architektenliste, sondern meist auch Informationen über preisgekrönte Gebäude und Verweise auf die Internetseiten von Architekten.

▶ Führen Sie mit den Architekten, die Sie in die engste Wahl genommen haben, ausführliche persönliche Gespräche. Lassen Sie sich von ihnen Beispiele ihrer bisherigen Arbeit zeigen, möglichst auch Telefonnummern früherer Bauherren geben, die Sie als Referenzen anrufen dürfen. Erklären Sie Ihre besonderen Vorstellungen und machen Sie sich ein Bild davon, wie die Architekten damit umgehen wollen. Die Adressen und Internetseiten der deutschen Architektenkammern finden Sie im Internet bei www.bak.de

In der Planungsphase setzt der Architekt Ihre Anforderungen und Wünsche nach den bereits beschriebenen Kriterien in ein genehmigungsfähiges und realisierbares Projekt um und berechnet dessen voraussichtliche Kosten.

Anschließend erstellt er die Ausführungspläne und schriftliche Verzeichnisse über den Leistungsumfang der erforderlichen Gewerke, auf deren Basis die Arbeiten ausgeschrieben werden.

Der Architekt prüft die Ergebnisse der Ausschreibungen und formuliert Empfehlungen für die Vergabe der Arbeiten.

In der Ausführungsphase übernimmt der Architekt neben der zeitlichen Koordination und regelmäßigen Überwachung der Baustelle auch die fachliche und rechnerische Prüfung der eingehenden Rechnungen. Nach der Fertigstellung des Hauses kümmert er sich um die Beseitigung allfälliger Mängel und um die Dokumentation der Baupläne für die Akten der Bauherrschaft. Das Vertragsverhältnis zwischen Ihnen und Ihrem Architekten ist ein Werkvertrag und rechtlich unabhängig von den Bauverträgen.

Allerdings hat die „klassische" Architektenbauweise (das heißt die Beauftragung eines Architekten mit dem vollen Leistungsbild und das anschließende Bauen mit einzelnen – vom Architekten über Ausschreibungen bestimmten und fachlich angeleiteten – Handwerksbetrieben) auch gewisse Nachteile: Ein guter Architekt wird zwar die Baukosten ehrlich kalkulieren, kann Ihnen aber keine Kostensicherheit im Sinne eines Festpreises bieten. Darüber hinaus haben Sie viele einzelne Vertragspartner (vom Grundstücksverkäufer über den Architekten und die Fachplaner bis hin zu mehreren ausführenden Firmen) und daher auch bei guter Beratung relativ viel Papierkram zu bewältigen.

Bauen mit Generalunternehmer oder -übernehmer

Sie können die Anzahl Ihrer Vertragspartner (und damit den Verwaltungsaufwand) bei Ihrem Bauvorhaben erheblich reduzieren, wenn Sie sich das Projekt von einem Generalunternehmer oder -übernehmer anbieten lassen. Dies geht grundsätzlich auf Basis einer vorgelegten Planung (die zum Beispiel ein von Ihnen zuvor beauftragter Architekt erarbeitet hat) – der Entwurf und die Ausführungsplanung können aber auch Teil Ihres Auftrags an den Generalunternehmer sein. In beiden Fällen haben Sie zumindest für die Bauausführung nur ein Vertragsverhältnis, das sämtliche Gewerke einschließt.

Wenn der Generalunternehmer die Planung erstellt, entfällt auch das Vertragsverhältnis mit dem Architekten. Dessen Honorar müssen Sie dadurch zwar nicht direkt bezahlen – allerdings wird der Generalunternehmer einen Betrag für die Planung (die er entweder extern vergibt oder durch einen eigenen Mitarbeiter erstellen lässt) in den Preis für das Haus einkalkulieren. Oft ist die Gestaltungsfreiheit bei über den Generalunternehmer geplanten Häusern geringer als beim Entwurf durch einen direkt beauftragten Architekten, da letzterer sich weder an bestimmte Bauweisen noch an standardisierte Hausentwürfe halten muss, die viele Generalunternehmer bevorzugen. Der Anbieter eines Typenhauses übernimmt dann vor der Bauleistung auch die Verantwortung für die Tauglichkeit der Planung – der mit ihm geschlossene Vertrag ist gleichzeitig ein Planungs- und ein Bauvertrag.

Wenn Sie also allein oder zu zweit in Ihrem künftigen Haus wohnen oder vielleicht fünf Kinder haben, werden Sie mit einem normalen Typenhaus vermutlich nicht glücklich, da es wahrscheinlich für eine durchschnittliche Familie mit 3–5 Personen geplant wurde. Viele Typenhäuser bieten zwar bestimmte Variationsmöglichkeiten, mit denen individuelle Wünsche berücksichtigt werden können – diese sind aber eng begrenzt. Weiter gehende Veränderungen machen dann Planungsänderungen erforderlich, die sich deutlich auf die Kosten auswirken können.

In jedem Fall müssen Sie sich schon vor Vertragsabschluss neben dem Hausentwurf auf sämtliche Materialien und Ausstattungsstandards festlegen, damit diese in der Baubeschreibung aufgeführt und so vertraglich vereinbart werden. Nachträgliche Veränderungen dieser Standards sind fast immer mit Kostenveränderungen verbunden, bei denen Ihr Verhandlungsspielraum aufgrund des bereits geschlossenen Hauptvertrags eng begrenzt ist. Nehmen Sie sich daher vor Vertragsabschluss reichlich Zeit zum Überlegen, und beziehen Sie die Folgekosten in die Kostenrechnung mit ein. Nähere Hinweise hierzu finden Sie im Kapitel „Kostengünstig bauen" ab Seite 30.

Generalunternehmer können durch Rahmenverträge mit ihren Subunternehmern bestimmte Bauleistungen oft günstiger anbieten, als es bei individueller Ausschreibung der einzelnen Gewerke erreichbar wäre. Allerdings lässt sich der GU selbstverständlich für seinen Zeitaufwand für die Koordination der Baustelle und gegebenenfalls die Bauleitung bezahlen und muss darüber hinaus eine gewisse Gewinnspanne zur Absicherung seines eigenen wirtschaftlichen Risikos einkalkulieren. Daher unterscheiden sich die Kosten von Häusern, die von GUs gebaut werden, meist nicht wesentlich von solchen, die individuell geplant und dann in einzelnen Gewerken ausgeschrieben wurden.

Umfang und Gliederung der Architektentätigkeit

A

Erarbeitung eines mit dem Bauherrn abgestimmten Planungskonzepts

✓ **Grundlagenermittlung (Leistungsphase 1):** Klären der Aufgabenstellung hinsichtlich Nutzungsanforderungen, Bauqualitäten, Kostenbudget und Terminen, Beratung zum gesamten Leistungsbedarf

✓ **Vorplanung (Leistungsphase 2):** Analyse der Grundlagen, Abstimmen der Zielvorstellungen, Erarbeitung eines Planungskonzepts (üblicherweise im Maßstab 1:200), Untersuchung alternativer Lösungsmöglichkeiten, Planskizzen mit erläuternden Angaben, Vorverhandlungen mit Behörden, Kostenschätzung

B

Ausarbeitung eines genehmigungsfähigen Entwurfs

✓ **Entwurfsplanung (Leistungsphase 3):** Erarbeitung des endgültigen Planungskonzepts mit zeichnerischer Darstellung des Gesamtentwurfs (üblicherweise im Maßstab 1:100), Objektbeschreibung mit Erläuterungen, Integration der Beiträge anderer an der Planung fachlich Beteiligter, Kostenberechnung

✓ **Genehmigungsplanung (Leistungsphase 4):** Erarbeiten und Einreichen der Vorlagen für die erforderlichen Genehmigungen und Zustimmungen, Anträge auf Ausnahmen und Befreiungen

C

Erarbeiten einer ausführungsreifen Lösung der Planungsaufgabe

✓ **Ausführungsplanung (Leistungsphase 5):** Durcharbeiten aller Ergebnisse bis zur ausführungsreifen Lösung, Detail- und Konstruktionszeichnungen im Maßstab 1:50 bis 1:1, zeichnerische Darstellung mit allen notwendigen Einzelangaben für Handwerker und Baufirmen

D

Erarbeitung der zuschlagsreifen Lösung

✓ **Vorbereitung der Auftragsvergabe (Leistungsphase 6):** Ermitteln und Zusammenstellen von Mengen als Grundlage für das Aufstellen der Leistungsbeschreibungen und -verzeichnisse, Koordination der Leistungsbeschreibung

✓ **Mitwirkung bei der Vergabe (Leistungsphase 7):** Einholen, prüfen und bewerten von Angeboten, Verhandlungen mit Bietern, Kostenanschlag, Kostenkontrolle durch Vergleich des Kostenanschlags mit der Kostenberechnung

E

Sicherstellung der Umsetzung der Planung in ein mangelfreies Gebäude

✓ **Bauüberwachung (Leistungsphase 8):** Überwachen der Baurealisierung auf Übereinstimmung mit der Baugenehmigung, den Ausführungsplänen und Leistungsbeschreibungen, Überwachung des Zeitplans, Unterstützung bei der Abnahme von Bauleistungen, Kostenkontrolle durch Überprüfung der Leistungsabrechnung, Kostenfeststellung

✓ **Objektbetreuung und Dokumentation (Leistungsphase 9):** Objektbegehung zur Mängelfeststellung vor Ablauf von Verjährungsfristen, Überwachung der Beseitigung von Mängeln, Mitwirken bei der Freigabe von Sicherheitsleistungen

Genauere Informationen zu den einzelnen Leistungsphasen, insbesondere den rechtlichen Aspekten innerhalb des Architektenvertrags, finden Sie ab Seite 193.

Bauüberwachung durch eigene Gutachter

Auch wenn Sie sich entschieden haben, die Planung Ihres neuen Hauses nicht durch einen „eigenen" (von Ihnen direkt beauftragten) Architekten erstellen zu lassen, kann seine Dienstleistung trotzdem für Sie nützlich sein. So kann ein Architekt in Ihrem Auftrag sowohl die Angebote von Generalunternehmern oder -übernehmern fachlich vergleichen als auch später in der Realisierungsphase die Qualität der erbrachten Leistungen sowie deren Übereinstimmung mit den Vertragsunterlagen (insbesondere der Baubeschreibung) prüfen. Diese externe Beratung sichert Ihnen eine finanziell unabhängige Überwachung der Leistungen der ausführenden Firmen.

Selbst (mit-)bauen

Wer kostengünstig bauen will und über Zeit und handwerkliches Talent verfügt, kann durch Eigenleistungen einiges Geld sparen. Diese in der Umgangssprache als „Muskelhypothek" bezeichnete Einsparmöglichkeit setzt allerdings voraus, dass Sie sowohl reichlich Zeit einbringen können als auch über handwerkliches Talent verfügen – zumindest in den Gewerken, die Sie selber ausführen wollen. Sie können sowohl einzelne Gewerke selbst ausführen – so ist es durchaus üblich, dass manche Bauherren die Malerarbeiten erledigen – als auch ganze Häuser als Bausätze aus dem Katalog kaufen.

Es ist dabei absolut zwingend erforderlich, dass Sie sich vor Beginn der Arbeiten genau über Ihren Versicherungsschutz informieren und gegebenenfalls eine Unfallversicherung abschließen, die Eigenleistungen auf dem Bau abdeckt. Dies gilt umso mehr, wenn Ihnen Verwandte und Freunde tatkräftig auf der Baustelle helfen wollen: deren Versicherungsschutz muss geklärt sein, sonst sind im Falle eines Unfalls spätere Konflikte programmiert.

Eine typische Falle für Bauherren ist, dass sie ihre eigene Tatkraft und Fähigkeiten anfangs erheblich überschätzen. Gehen Sie realistisch davon aus, dass Sie für jegliche Arbeit doppelt so lange brauchen wie ein Fachmann (der täglich nichts anderes tut, als in diesem Gewerk zu arbeiten), und setzen Sie den Wert einer eigenen Arbeitsstunde entsprechend bei etwa 20 Euro an. Dann können Sie schnell ausrechnen, dass Sie für 1 000 Euro Ersparnis 50 Stunden schuften müssen – also mehr als eine übliche Arbeitswoche.

In jedem Fall sollten Sie bei der Ausführung von Eigenleistungen einen erfahrenen Baufachmann (zum Beispiel einen Architekten oder Bauingenieur) als regelmäßigen Ansprechpartner zur Verfügung haben, den Sie bei Problemen kurzfristig erreichen können.

Bei allen Eigenleistungen muss Ihnen auch klar sein, dass Sie keinen Auftragnehmer als Vertragspartner haben, der Ihnen eine Gewährleistung schuldet und im Schadenfall den Schaden behebt. Auch das müssen Sie dann selbst erledigen – oder einen Handwerker dafür bezahlen.

Neubaukauf vom Bauträger

Sie können die Anzahl der Vertragsverhältnisse noch weiter verringern, wenn Sie ein Haus zusammen mit dem Grundstück kaufen. Unternehmen, die Ihnen den Bauplatz zusammen mit dem Bau des Hauses (das üblicherweise wiederum ein Typenhaus ist) anbieten, bezeichnet man als Bauträger. Wenn der Bauträger bereits im Besitz des Baugrunds ist, haben Sie nur noch einen Vertragspartner, in dessen Händen alle Fäden zusammenlaufen. Der Bauträgervertrag ist rechtlich eine Mischung aus Kaufvertrag (für das Grundstück) und Werkvertrag (für die Bauleistungen) und unterliegt somit den strengen kundenschützenden Vorschriften der Makler- und Bauträgerverordnung (MaBV).

Der Bauträger ist vielfach ein Unternehmen, das mit einer Stadt oder Gemeinde bei der Erschließung ganzer Quartiere kooperiert. Oft verkauft der Bauträger dabei nicht selbst das Grundstück, da dieses sich noch im Besitz der Gemeinde oder in Privatbesitz befindet. Dennoch können Grundstückskauf und Bauausführung dann im Paket angeboten (gekoppelt) werden, indem der Grundstückseigentümer seinen Verkauf an die Bedingung koppelt, dass Sie das Geschäft mit dem Bauträger abschließen. Somit bilden Grundstückskauf und Hausbau auch dann eine untrennbare wirtschaftliche Einheit. Da Sie in diesem Fall zwei Vertragspartner, aber eigentlich mit dem Bauträger nur einen Ansprechpartner haben, müssen Sie beim Vertragsabschluss sehr genau hinschauen.

Auch wenn man ein Haus samt Grundstück vom Bauträger kauft, kann es sich unter Umständen lohnen, einen eigenen Gutachter mit dem Vergleich von Angeboten und der gelegentlichen Überprüfung von Bauleistungen zu beauftragen.

Gebrauchtes Haus umbauen?

Wenn Sie dieses Buch zur Hand genommen haben, liegt die Vermutung nahe, dass Sie von einem Haus träumen, das nach Ihren Wünschen gebaut werden soll. Dennoch wollen wir auch in einigen Sätzen auf die Möglichkeit eingehen, ein gebrauchtes Haus zu kaufen und nach Erfordernis zu renovieren oder umzubauen. Diese Option hat auf den ersten Blick folgende Vorteile:

▶ Sie sehen, was Sie kaufen. Nach einer Besichtigung des ins Auge gefassten Hauses können Sie sich vorstellen, ob es Ihren Bedürfnissen entsprechen wird – und ob es Ihnen gefällt. Außerdem können Sie sich ein konkretes Bild von Ihrer künftigen Wohngegend machen und die Nachbarn sogar persönlich kennenlernen.

▶ Sie wissen, wann Sie umziehen können. Der Umzug in ein gebrauchtes Haus lässt sich meist genauer terminieren als der Einzug in ein neu zu bauendes Haus, sofern das Haus zu einem festen Termin übergeben wird und die Renovierungsarbeiten nicht allzu umfangreich ausfallen müssen.

▶ Sie müssen im ersten Schritt meist weniger Geld ausgeben. Addiert man allerdings zum Kaufpreis die Kosten für erforderliche Renovierungen oder Umbauten, die zur Anpassung des Hauses an den eigenen Bedarf nötig werden können, verschiebt sich nicht selten die Bilanz wieder zugunsten eines neuen Hauses.

Auch beim Kauf von Bestandsimmobilien raten wir Ihnen dringend, sich von Fachleuten beraten zu lassen. Ein erfahrener Makler vermag den Wert des ins Auge gefassten Hauses besser einzuschätzen als der Kunde selbst, ein Architekt kann Sie bezüglich der nötigen Renovierungen beraten und Pläne für allfällige Umbauten entwickeln. Meist lohnt es sich auch, einen qualifizierten Energieberater einzuschalten – dies ist meist ein Architekt, oft auch Bauingenieure oder Bauphysiker, manchmal auch erfahrene Handwerker –, der Sie über den Energieverbrauch des Hauses informieren und Maßnahmen für sinnvolle Energiesparmaßnahmen vorschlagen kann.

Fertigungsmethoden im Vergleich

Im Folgenden geben wir Ihnen einen kurzen Überblick über verschiedene Stufen planerischer und baulicher Individualität und Fertigungsgrade für Wohnhäuser.

Das Architektenhaus

Unter dem Begriff Architektenhaus versteht man ein Haus, das von einem Architekten ganz individuell entworfen, geplant und gebaut wird und gezielt auf die Bedürfnisse und Wünsche der Bauherren zugeschnitten werden kann. Ein Architektenhaus können Sie nicht aus dem Katalog bestellen, es entsteht im engen Dialog zwischen den Bauherren und dem Planungsteam, zu dem neben dem Architekten später auch die Fachingenieure für das Tragwerk und die Haustechnik gehören. Für diesen Dialog und das Formulieren und Diskutieren Ihrer Vorstellungen müssen Sie reichlich Zeit und Engagement mitbringen, damit das Ergebnis wirklich optimal zu Ihren Vorstellungen passt. Da es Architektenhäuser meist nur einmal gibt, müssen Sie sich Ihr künftiges Haus anhand von Zeichnungen und Modellen vorstellen und können kein Musterhaus besichtigen.

Einschränkungen bezüglich der Baustoffe und Bauweisen gibt es grundsätzlich nicht. Ein guter Architekt kann Ihnen Ihr neues Haus sowohl als Skelettbau aus Holz oder Stahl als auch in massiver Bauweise aus Mauerwerk, Stahlbeton oder wiederum Holz bauen und wird dabei sowohl mit Handwerksbetrieben arbeiten als auch auf vorgefertigte Materialien und Bauteile zurückgreifen.

Das Massivhaus

Von der Wortbedeutung her ist ein Massivhaus nichts anderes als ein Haus, bei dem die Wände sowohl die Räume voneinander abgrenzen als auch die Lasten des Hauses tragen. Die Funktionen Raumabschluss und Tragwerk sind somit in einem Bauteil, der massiven Wand, vereint. Als Baustoffe für tragende Wände eignen sich Mauersteine und Stahlbeton, in letzter Zeit wird aber auch die Massivbauweise aus Holz (nach dem Vorbild der Blockhütten) wieder zunehmend populär. Nähere Informationen zu den Baumaterialien finden Sie im Kapitel „Rohbau" ab Seite 241.

Im Sprachgebrauch der Immobilienwirtschaft wird die Bezeichnung Massivhaus allerdings über ihre bautechnische Wortbedeutung hinaus oft synonym mit dem Begriff Typenhaus verwendet, der im folgenden Absatz beschrieben ist.

Typenhaus

Typenhäuser basieren auf Musterentwürfen, die im Auftrag von Hausanbietern entwickelt werden, die den wiederholten Bau dieses Hauses anbieten wollen. Die Entwürfe verfolgen üblicherweise das Ziel, dem angenommenen Bedarf von möglichst vielen potenziellen Kunden zu entsprechen – meist dem der drei- bis fünfköpfigen Durchschnittsfamilie. Der Anbieter eines Typenhauses – üblicherweise ein Generalunternehmer – verantwortet zunächst die Planung, später dann die Bauleistung. Die Teile von Typenhäusern werden nicht industriell vorgefertigt, sondern von einzelnen Handwerksbetrieben in konventionellen Bauweisen auf dem Baugrundstück erstellt. Dabei können aber durchaus vorgefertigte Komponenten wie Decken- und Wandelemente zum Einsatz kommen.

Eingespart wird lediglich der Aufwand für die individuelle Planung und den Entwurf des Hauses. Die Bauzeit eines Typenhauses ist nicht oder nur unwesentlich kürzer als die eines individuell geplanten und gebauten Hauses. Die Gestaltungsfreiheit des Endkunden ist bei Typenhäusern geringer als beim Entwurf durch einen direkt beauftragten Architekten, da die Häuser in bestimmten Bauweisen und

Individuell geplantes Architektenhaus oder Typenhaus „von der Stange"? Die Unterschiede sind von außen auch für den Fachmann manchmal kaum zu erkennen.

nach standardisierten Hausentwürfen gebaut werden, die viele Generalunternehmer bevorzugen. Typenhäuser haben für Bauherren den Vorteil, dass sich ihre Kosten aufgrund der Erfahrung des Anbieters recht genau kalkulieren lassen. Zudem bekommen Sie eine genaue Vorstellung vom angebotenen Produkt, wenn Sie eine bereits gebaute Version des betreffenden Haustypen besichtigen können.

Fertighäuser

Der zentrale Unterschied zu den anderen Bauweisen liegt in der Produktionsweise: Fertighäuser entstehen in der Regel in Fabriken, aus Gründen der Herstellung und vor allem des Transportgewichts meist in Holz(ständer)bauweise. Sie werden dann in transportfähigen Einzelteilen an die Baustelle geliefert, üblicherweise in Form von Wand- und Deckenelementen, die bereits mit Fenstern und elektrischen Leitungen ausgestattet und weitgehend oberflächenfertig hergestellt sind. Vor Ort erfolgen nur noch die Endmontage auf einem vorbereiteten Keller oder einer Bodenplatte sowie der abschließende Ausbau.

Manche Bauherren denken beim Begriff Fertighaus noch an die billigen vorgefertigten Häuser der 1950er bis 1970er Jahre. Viele Fertighaushersteller haben allerdings in den letzten Jahrzehnten ihre Produktionstechnik weiter entwickelt, so dass sie heute neben standardisierten Modellen auch Häuser anbieten können, die individuelle Wünsche der Kunden erfüllen – entworfen entweder von der firmeneigenen Planungsabteilung oder auch von freien Architekten. Die meisten Hersteller von Fertighäusern sind heutzutage aber mindestens in der Lage, in einem gewissen Maß auf Änderungswünsche einzelner Käufer einzugehen. Diese sind umso leichter zu erfüllen, je weniger sie in die tragenden Strukturen des Hauses eingreifen. Die Ausstattung und die Oberflächen können meist problemlos an individuelle Vorstellungen angepasst werden.

Vorteile der Fertigbauweise sind einerseits die kurze Bauzeit, andererseits die Möglichkeit, sich das ins Auge gefasste Hausmodell in einer Ausstellung des Herstellers im Original ansehen zu können. In Sachen Haltbarkeit gibt es heute keine systembedingten Unterschiede

Auch Fertighäuser bieten heutzutage viel Spielraum für Sonderwünsche der Bauherren.

Wer handwerklich geschickt ist und tatkräftige Helfer im Freundes- und Familienkreis hat, kann durch Eigenleistungen am Bau einiges Geld sparen.

zwischen Fertighäusern und individuell gebauten Häusern mehr, ähnliches gilt für den Wertverlust. Allerdings kann man auch nicht mehr davon ausgehen, dass ein Fertighaus kostengünstiger ist als ein Massivhaus oder ein Architektenhaus – der Fertighausmarkt bietet heute Produkte nicht nur für den kleinen Geldbeutel, sondern auch für hohe Ansprüche an, was sich in den Preisen der verschiedenen Haustypen und Anbieter widerspiegelt.

INFO

SCHLÜSSELFERTIG UND BEZUGSFERTIG

Wenn Sie auf der Suche nach einem Massiv- oder Fertighaus sind, werden Ihnen in Zeitungsanzeigen oder im Internet häufig die Begriffe „schlüsselfertig" oder „bezugsfertig" begegnen. Mit gesundem Menschenverstand stellt man sich unter schlüsselfertig vor, dass man den Schlüssel im Schloss umdreht und das vollständig fertiggestellte Haus betritt. Leider sind beide Begriffe weder geschützt noch rechtlich klar definiert, deswegen ist hier besondere Vorsicht geboten. Erst ein Blick in die Vertragsunterlagen klärt verbindlich, was zu Ihrem schlüssel- oder bezugsfertigen Haus dazugehört und was nicht.

So kann bei bezugsfertigen Häusern durchaus noch die äußere Fassadenbekleidung fehlen, und selbst im schlüsselfertigen Bauen sind beispielsweise die Wandoberflächen (Malerarbeiten, Fliesen etc.) und Bodenbeläge nicht immer Teil der angebotenen Leistung. Die Außenanlagen sind selten im Angebot enthalten, obwohl zu ihnen essenzielle Dinge wie der Zugangsweg zum Haus oder das Eingangspodest gehören. Prüfen Sie daher die Kostenaufstellungen und Baubeschreibungen der Anbieter genau, bevor Sie einen Vertrag unterschreiben.

Ausbauhaus und Bausatzhaus

Wer auf seiner Baustelle auch selbst Hand anlegen will, interessiert sich möglicherweise für weitere Angebote der Haushersteller: als Selbstbauhäuser bezeichnet man Bausätze, deren Bestandteile (Baustoffe und Bauelemente) in den jeweils erforderlichen Mengen vom Anbieter zum Baugrundstück geliefert werden, deren kompletten Aufbau hingegen der Bauherr entweder selbst erledigt oder örtlichen Handwerkern überträgt.

Ausbauhäuser beschränken, wie der Name schon sagt, das Prinzip Selbstbau auf den Innenausbau des Hauses. Der Anbieter erstellt den Rohbau, meist einschließlich der Dacheindeckung, der Fenster und der Außenfassade, und überlässt Ihnen den kompletten Ausbau. Dafür können Sie üblicherweise verschiedene Ausbaupakete bestellen, in denen Ihnen die Materialien für die einzelnen Ausbaugewerke anwendungsfertig zur Verfügung gestellt werden.

In jedem Fall ist hier deutlich darauf hinzuweisen, dass man seine eigene Arbeitsleitung realistisch einschätzen und Spareffekte richtig „einpreisen" muss (→ Seite 40). Die Versuchung, sich hier die harten Fakten „schönzurechnen", ist erheblich.

Selbstbau- und Ausbauhäuser sind selbstverständlich ebenfalls Typenhäuser insofern, als sie auf standardisierten Entwürfen basieren. Bei diesen Bauweisen ist es besonders wichtig, dass Sie die Vertragsunterlagen, insbesondere die Baubeschreibung und die Leistungsaufstellung des Anbieters genau prüfen. Da der Anbieter zwar für die gelieferten Materialien und Bauteile, nicht aber für das fertige Produkt Gewährleistung übernehmen muss, empfiehlt sich zudem eine begleitende Beratung durch einen Baufachmann, die manchmal sogar Bestandteil des Lieferungsvertrags ist.

Ökohaus

Der Begriff Ökohaus (gelegentlich liest man auch „Bio-Haus") ist häufig als Lockmittel in Immobilienanzeigen zu lesen, obwohl er gar keine konkret definierte Bedeutung hat. Wie wir in den ersten Kapiteln dieses Buches beschrieben haben, hat ökologisches Bauen viele ganz verschiedene Facetten.

Manche Anbieter meinen mit einem Ökohaus ein Haus, das zu großen Teilen aus Holz und Holzwerkstoffen besteht. Das ist einerseits nicht falsch, da Holz ein nachwachsender Rohstoff ist, andererseits ist damit über den Energieverbrauch und die eventuell verbauten Schadstoffe noch nichts gesagt.

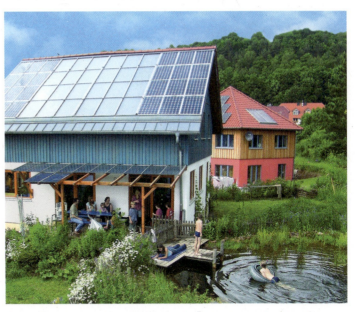

So stellen sich die meisten Bauherren ein Ökohaus vor – der Begriff kann aber viele Bedeutungen haben.

Oft wird das Wort „Öko" auch für Häuser mit niedrigem Energieverbrauch benutzt – hier ist es allerdings sinnvoller, die klar definierten Kategorien der Energieeinsparverordnung (EnEV) oder der Kreditanstalt für Wiederaufbau (KfW) zu verwenden, die im Kapitel „KfW-Programm Energieeffizient bauen" (→ Seite 129) aufgeführt sind.

Manchmal bezieht sich der Begriff Ökohaus auch auf den Verzicht auf Baumaterialien, die gesundheitsschädliche Stoffe enthalten könnten.

Da die Bezeichnung Ökohaus nicht eindeutig definiert ist, müssen Sie in jedem Fall genau hinterfragen, was der jeweilige Anbieter damit meint – und gegebenenfalls überlegen, was Ihnen diese Eigenschaften wert sind.

ENERGIE- UND UMWELTKONZEPTE

Die Art und Weise, wie Sie Ihr Wunschhaus heizen wollen, wirkt sich massiv auf Bauplanung und -details aus. In diesem Abschnitt gehen wir deshalb auf die Vor- und Nachteile verschiedener Arten der Heizung und Warmwasserbereitung ein und schildern die Konsequenzen für Bau und Budget. Auch eine mögliche eigene Stromerzeugung oder der Wunsch nach einem grünen Dach lassen sich optimal nur umsetzen, wenn sie schon in einer frühen Planungsphase bedacht werden. Schließlich gilt es, rund um das Thema Energie einige Vorschriften zu beachten.

Heiz- und Warmwassertechnik

Nicht nur die Art der Wärmeerzeugung ist – je nach Standort und persönlichem Wunsch – unterschiedlich. Auch für die Wärmeabgabe bieten sich verschiedene Techniken an.

Klassische Stahlheizkörper sind günstig – zulasten der Heizeffizienz.

Heizflächen

Unabhängig von der Art der Heizung sollten Sie als erstes überlegen, wie Sie die Wärme im Haus verteilen möchten. Gängig und in vielen Fällen auch günstig sind klassische Heizkörper, die es in verschiedensten Bauformen gibt. Die Alternative stellen Flächenheizungen dar, die in Form einer Wand- oder Fußbodenheizung realisiert werden. Dritte Möglichkeit: Verteilung der Wärme durch Luftschächte. Alle genannten Bauformen transportieren Wärme durch die Kombination mehrerer Prinzipien: Wärmestrahlung, Wärmeleitung und Konvektion.

▶ HEIZKÖRPER

Stahlheizkörper stellen die günstigste Art dar, Wärme zu verteilen. Ihr Einbau ist vergleichsweise einfach – auch nachträglich. Nur die Heizungsrohre müssen an ihre Aufstellorte verlegt werden. Heizkörper nehmen nur eine kleine Stellfläche weg, sollten aber in den meisten Fällen unter oder direkt neben einem Fenster oder einer Tür Platz finden, um unerwünschten Zug ("Luftwalze") zu vermeiden. Dies schränkt Sie unter Umständen bei der Raumplanung/-nutzung ein.

Heizkörper verteilen Ihre Wärme hauptsächlich durch Konvektion und zu einem kleinen Teil auch durch Wärmestrahlung. Ihr größter Schwachpunkt ist ihre vergleichsweise kleine Oberfläche. Sie hat zur Folge, dass die Heizung mit höherer Vorlauftemperatur (mit der das Wasser zu den Heizkörpern transportiert wird) betrieben werden muss – sie arbeitet also weniger effizient. In der Praxis: Ein gängiger Heizkörper hat eine Fläche von rund einem Quadratmeter. Er benötigt – abhängig von der Außentemperatur – etwa 65 Grad heißes Wasser, um im gesamten Raum die gewünschte Temperatur von beispielsweise 21 Grad Celsius zu erzielen. Wie viele Heizkörper welcher Größe es sein müssen, richtet sich nach der Heizlast, die vorab vom Architekten oder Heizungsbauer berechnet wird. Diese hängt im Wesentlichen von der Raumgröße und den verwendeten Baumaterialien ab.

Wegen ihrer mäßigen Effizienz sollten Heizkörper in einem Neubau oder grundsanierten Haus nur dann eingebaut werden, wenn andere Heizungsarten nicht praktikabel sind. Auch ein begrenztes Budget kann dennoch den Ausschlag dazu geben, sich letztlich für Heizkörper zu entscheiden.

▶ FUSSBODENHEIZUNG

Eine Fußbodenheizung arbeitet – ähnlich wie ein Holzofen – mit einem hohen Strahlungsanteil und steigert dadurch erheblich die Behaglichkeit. Moderne Fußbodenheizungen verteilen die Wärme durch im Boden verlegte Heizungsrohre aus Kunststoff, in denen Wasser zirkuliert. Wegen der großen wirksamen Fläche reichen hier geringe Vorlauftemperaturen. Vorteil: Ein Heizkessel in Brennwerttechnik (siehe Seite 53) und regenerative Energieerzeuger arbeiten wesentlich effizienter. Der Einsatz der früher gebräuchlichen Elektrofußbodenheizungen ist wegen ihres hohen Energieverbrauchs, wenn überhaupt, nur noch in einzelnen Räumen sinnvoll – nicht als primäre Heizquelle.

Logisch: Die Rohre sowie die Dämmung nach unten benötigen Platz. Es ist Aufgabe des Architekten, diesen Raum bei der Planung des Neubaus entsprechend zu berücksichtigen. Soll ein Altbau bei einer Grundsanierung mit einer Fußbodenheizung nachgerüstet werden, geht der Platz vom Fußbodenniveau ab: Türen müssen eventuell abgehobelt, Treppen angepasst werden. In Extremfällen scheitert der Einsatz von Fußbodenheizungen im Altbau daran.

Auch Ihr gewünschter Bodenbelag schränkt unter Umständen den Einsatz einer Fußbodenheizung ein. Ideal sind sie in Kombination mit Stein-/Fliesen- oder Laminatboden. Der Begriff Parkett ist nicht geschützt – unter dem Namen werden hauchdünne Holzböden ebenso angeboten wie zentimeterdicke Dielen. Handelsübli-

Hier wurde unter dem Holzfußboden eine Fußbodenheizung verlegt.

ches Mehrschichtparkett ist mit einer Höhe von acht Millimetern gut geeignet. Da Holz bei schwankenden Temperaturen und Luftfeuchtigkeiten „arbeitet", hängt es von Aufbau und Holzart ab, ob sich der Bodenbelag mit Fußbodenheizungen verträgt. Klären Sie mit Ihrem Lieferanten vorab, ob Ihr Wunschmaterial sich dafür eignet. Teppichboden und Fußbodenheizung spielen nur dann gut im Team, wenn spezielle, für Fußbodenheizungen geeignete Ware verlegt wird.

Ein weiterer Vorteil von Fußbodenheizungen: Sie wirbeln keinen Staub auf und stören das Milbenwachstum. Deshalb sind sie für Allergiker ideal.

Ihre Nachteile seien nicht verschwiegen: Sie reagieren träge auf Änderungen der Temperatureinstellung am Heizungsregler. Zudem vertragen sie sich nicht mit opulenter Raumausstattung: Teppiche oder sperrige Möbel behindern den Wärmetransport.

Moderne Fußbodenheizungen kann man auf zwei Arten einbauen: Entweder werden sie im Estrich eingegossen („ Nassverlegung ") oder durch Abstandhalter auf dem Estrich verlegt („Trockenverlegung"). Bei den Kosten schneiden beide Varianten ähnlich ab. Für das Eingießen der Heizungsrohre in den Estrich spricht die gleichmäßigere Wärmeverteilung im Boden. Zudem sind sie im Estrich vor Beschädigungen geschützt. Nachteilig ist: Die Rohre können erst in den Estrich gegossen werden, wenn der Bau relativ weit fortgeschritten und der Heizkessel betriebsbereit ist. Denn damit der Estrich sauber und ohne Risse abbindet, müssen die Rohre kontrolliert aufheizen. Dies müssen Sie bei der Bauplanung berücksichtigen. Weiterer Minuspunkt: Wenn die Rohre irgendwann einmal verstopfen oder undicht werden sollten, muss der Estrich aufgeklopft werden, um sie auszutauschen.

Bei der trockenen Verlegung bleiben die Rohre unter dem Fußboden zugänglich. Die Rohre können aber leichter beschädigt werden, falls einmal extremer Druck vom Bodenbelag auf sie übertragen wird.

▶ WANDHEIZUNG

Eine Wandheizung funktioniert ähnlich wie eine Fußbodenheizung. Nur werden die Rohre dort

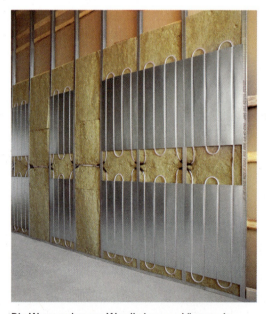

Die Wasserrohre von Wandheizungen können eingeputzt oder wie abgebildet in der Trockenbauwand montiert und anschließend verputzt werden.

in Mäandern an der Wand angebracht und eingeputzt („Nassbauweise"), oder in der Trockenbauweise mit Haltern auf dem Putz montiert und mit Gipskartonplatten verkleidet. Im typischen Einfamilienhaus sitzen die Heizungsrohre in den Außenwänden. Voraussetzung für einen sinnvollen Einsatz ist also, dass diese ausreichend gedämmt sind, was aber bei einem Neubau oder einer Grundsanierung der Fall ist.

Eine Wandheizung arbeitet ebenfalls mit geringen Vorlauftemperaturen und spielt deshalb besonders effektiv mit modernen Heizkesseln und regenerativen Energiesystemen zusammen. Der Nachteil einer Wandheizung liegt auf der Hand: Jeder eingeschlagene Nagel kann das Heizsystem beschädigen. Allerdings ist die Wandheizung überall dort einsetzbar, wo sich Fußbodenheizungen verbieten. Besonders bei Grundsanierungen empfiehlt sie sich deshalb als bessere Alternative zum klassischen Heizkörper.

▶ LUFTHEIZUNG

Eine der ältesten Möglichkeiten, Wärme in die Wohnräume zu leiten, ist die mit heißer Luft. Über Luftschächte, die im Boden eingelassen oder bodennah verlegt sind, strömt warme Luft in den Raum. Moderne Luftheizungen arbeiten im Verbund mit einer gesteuerten Lüftungsanlage (mehr dazu Seite 61). Die Wärme kann durch unterschiedliche Methoden erzeugt und durch Wärmetauscher in die Lüftung transportiert werden. In der Praxis kommen dieselben Wärmequellen wie für die anderen, bereits beschriebenen Heizungsarten in Betracht. Exklusiv mit einer Luftheizung spielen sogenannte Luft-Luft-Wärmepumpen zusammen – mehr dazu auf Seite 56. Auch Kachelöfen („Hypokausten") können eine Luftheizung mit Wärme versorgen (→ Seite 60).

Die Luftschächte benötigen große Querschnitte. Deshalb eignet sich eine Luftheizung eher für den Neubau. Bei der Grundsanierung kann sie nur zum Zuge kommen, wenn der Platz für diese Schächte zur Verfügung steht. Gitter und Filter halten Ungeziefer und Staub aus den Schächten. Die Luftheizung folgt Änderungen am Heizungsregler wesentlich schneller als Fußboden- oder Wandheizungen.

Warmwasseraufbereitung

In fast allen Fällen ist es sinnvoll, Heizungs- und Warmwasseranlage zu koppeln. Eine zentrale Heizquelle versorgt dann Heizflächen und Warmwasserhähne. Rohre transportieren Wärme und Wasser dorthin, wo sie gebraucht werden. Trotz identischer Heizquelle unterscheiden sich Wärme- und Warmwasserversorgung in Details; die Kreisläufe sind deshalb getrennt. So ist im Sommer die Heizung unnötig, auf warmes Wasser will man aber nicht verzichten. Die Heizungsanlage muss also so ausgelegt sein, dass sie Wasser unabhängig vom Heizbetrieb erwärmen kann. Dies kann beispielsweise eine thermische Solaranlage zur Brauchwassererwärmung übernehmen. Mehr dazu ab Seite 57 bei „Thermische Solaranlagen".

Soll warmes Wasser ständig und sofort an allen Zapfstellen bereitstehen, muss eine Zirkulationspumpe das Wasser im Rohrnetz des Hauses bewegen. Dieser Komfort kostet: Das Wasser kühlt durch das Umwälzen aus, muss also ständig aufgewärmt werden, und die Pumpe zieht Strom. Minimieren lassen sich die dadurch verursachten Energieverluste durch intelligente Zirkulationspumpen. Im einfachsten Fall unterscheiden sie zwischen Tag- und Nachtbetrieb. Ausgefeilte Modelle erlernen selbsttätig die typischen Warmwasser-Spitzenzeiten im Haus und laufen nur zu diesen auf voller Leistung.

Die Alternative zu Zirkulationspumpen ist: Wasserverschwendung. Pro Meter Rohrleitung zum Warmwasserspeicher muss je ein halber Liter Wasser transportiert werden. Konkret: Wenn Sie im Bad im ersten Stock duschen wollen, laufen typischerweise zehn bis 15 Liter kaltes oder lauwarmes Wasser durch den Hahn, bevor das Nass die gewünschte Temperatur erreicht. Wenn Sie einerseits nicht unnötig Wasser, andererseits nicht unnötig Energie verschwenden wollen, besprechen Sie mit Ihrem Heizungsbauer, an welchen Zapfstellen ständig warmes Wasser gewünscht wird – und wo nicht. Ein guter Kompromiss ist: Das Wasser fürs Bad wird von einer Zirkulationspumpe auf Temperatur gehalten. In der Küche macht es hingegen meist nichts, wenn die ersten Liter Wasser etwas kälter sind.

In fast allen Fällen gehört zur zentralen Warmwasserbereitung auch ein Warmwasserspeicher. Um Sie vor einer Infektion mit Legionellenbakterien zu schützen, muss das Warmwasser im Netz eine Temperatur von 60 Grad Celsius oder mehr haben. Bei bestimmten Heizungstypen ist dies ohnehin der Fall.

Manche Heizungsanlagen erreichen diese Temperatur aber nicht. Dann muss das gesamte System zum Desinfizieren einmal pro Woche auf mindestens 60 Grad aufgeheizt werden. Moderne Niedrigtemperaturheizungen erledigen dies selbsttätig, benötigen dafür aber zusätzliche Energie.

Energiequellen

Nicht nur die Art der Heizflächen hat Konsequenzen für Ihre Bauplanung. Auch Ihre Entscheidung für die Art der zentralen Wärme- und Warmwassererzeugung beeinflusst wesentlich bauliche Details Ihres Wunschhauses. Neben Ihren persönlichen Vorlieben und finanziellen Aspekten entscheidet die Verfügbarkeit der jeweiligen Energieträger vor Ort, welche Art der Heizung in Frage kommt. Eine erste Vorauswahl und Einschätzung erlaubt Ihnen unser Flussdiagramm auf Seite 50.

Fern- oder Nahwärme

Fern- und Nahwärme werden außerhalb der eigenen vier Wände produziert. Der Unterschied liegt in der Größe der wärmeerzeugenden Anlage und der Entfernung zu Ihrem Haus. Das spielt in den meisten Fällen bei den Kosten eine Rolle; technisch ist es jedoch für Ihr Haus unerheblich, ob der entsprechende Versorger vier oder 400 Gebäude bedient. Der wesentliche Unterschied von Fern- und Nahwärme zu anderen Wärmequellen ist: Die Wärme wird außerhalb Ihres Hauses erzeugt.

Der offensichtliche Nachteil diese Konzepts: Sie sind im Preis und bei der Versorgungssicherheit auf den Lieferanten angewiesen. Sollte beispielsweise durch einen unachtsamen Bauarbeiter die Zuleitung beschädigt werden, sitzen Sie im Kalten – unter Umständen mehrere Tage. Auch wenn Versorgungsprobleme bei dieser Heizungsart nicht ganz auszuschließen sind – in der Praxis sind sie sehr selten. Tatsächlich ist

Welcher Energieträger ist der richtige?

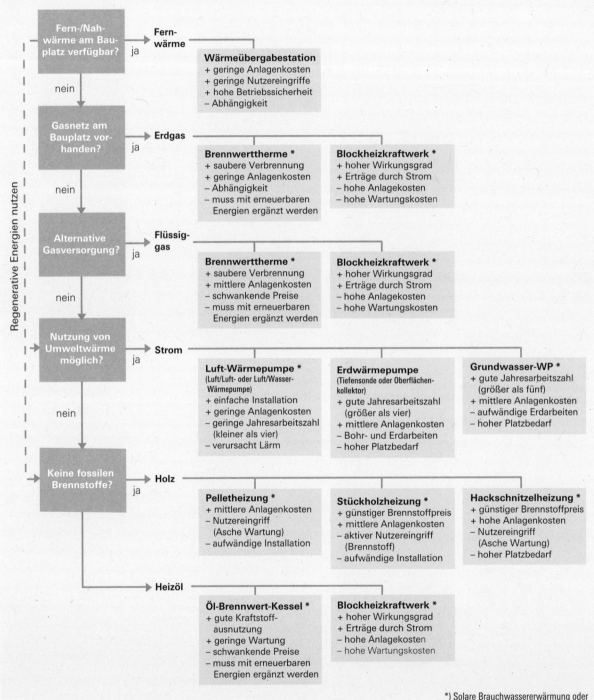

Regenerative Energien nutzen

Fern-/Nah-wärme am Bau-platz verfügbar? — ja → **Fern-wärme**

Wärmeübergabestation
+ geringe Anlagenkosten
+ geringe Nutzereingriffe
+ hohe Betriebssicherheit
– Abhängigkeit

nein

Gasnetz am Bauplatz vor-handen? — ja → **Erdgas**

Brennwerttherme *
+ saubere Verbrennung
+ geringe Anlagenkosten
– Abhängigkeit
– muss mit erneuerbaren Energien ergänzt werden

Blockheizkraftwerk *
+ hoher Wirkungsgrad
+ Erträge durch Strom
– hohe Anlagekosten
– hohe Wartungskosten

nein

Alternative Gasversorgung? — ja → **Flüssig-gas**

Brennwerttherme *
+ saubere Verbrennung
+ mittlere Anlagenkosten
– schwankende Preise
– muss mit erneuerbaren Energien ergänzt werden

Blockheizkraftwerk *
+ hoher Wirkungsgrad
+ Erträge durch Strom
– hohe Anlagekosten
– hohe Wartungskosten

nein

Nutzung von Umweltwärme möglich? — ja → **Strom**

Luft-Wärmepumpe *
(Luft/Luft- oder Luft/Wasser-Wärmepumpe)
+ einfache Installation
+ geringe Anlagenkosten
– geringe Jahresarbeitszahl (kleiner als vier)
– verursacht Lärm

Erdwärmepumpe
(Tiefensonde oder Oberflächen-kollektor)
+ gute Jahresarbeitszahl (größer als vier)
+ mittlere Anlagenkosten
– Bohr- und Erdarbeiten
– hoher Platzbedarf

Grundwasser-WP *
+ gute Jahresarbeitszahl (größer als fünf)
+ mittlere Anlagenkosten
– aufwändige Erdarbeiten
– hoher Platzbedarf

nein

Keine fossilen Brennstoffe? — ja → **Holz**

Pelletheizung *
+ mittlere Anlagenkosten
– Nutzereingriff (Asche Wartung)
– aufwändige Installation

Stückholzheizung *
+ günstiger Brennstoffpreis
+ mittlere Anlagenkosten
– aktiver Nutzereingriff (Brennstoff)
– aufwändige Installation

Hackschnitzelheizung *
+ günstiger Brennstoffpreis
+ hohe Anlagenkosten
– Nutzereingriff (Asche Wartung)
– hoher Platzbedarf

→ **Heizöl**

Öl-Brennwert-Kessel *
+ gute Kraftstoff-ausnutzung
+ geringe Wartung
– schwankende Preise
– muss mit erneuerbaren Energien ergänzt werden

Blockheizkraftwerk *
+ hoher Wirkungsgrad
+ Erträge durch Strom
– hohe Anlagekosten
– hohe Wartungskosten

*) Solare Brauchwassererwärmung oder Heizungsunterstützung möglich

die Betriebssicherheit von Fern- oder Nahwärme höher als bei eigenen Heizungsanlagen. Viele Heizkessel und Gasthermen bleiben ja schon kalt, wenn der Strom ausfällt.

Der große Vorteil der Fernwärme: Im Haus sparen Sie den Platz für einen Kamin, die Heiztechnik wie auch für den Brennstoffvorrat. Wenn überhaupt, muss nur ein etwa kühlschrankgroßer Wärmetauscher im Keller oder Technikraum installiert werden. Der Wärmetauscher sorgt sowohl für die Energie der Heizkörper als auch für die zentrale Warmwasseraufbereitung.

Fern- oder Nahwärme ist darüber hinaus effizient und umweltfreundlich: Da immer mehrere Haushalte gemeinsam versorgt werden (siehe schematische Abbildung unten), sind die sogenannten Anlagenverluste niedriger. Oft nutzen Lieferanten zum Befeuern nachhaltige Rohstoffe oder gar die Abwärme von Kraftwerken oder Industriebetrieben, die sonst ungenutzt in die Umwelt entweichen würde.

Stromheizung und -warmwasserbereitung

Bis in die 1980er Jahre wurde das Heizen mit Strom politisch und teilweise finanziell gefördert. Diese Art der Heizung ist aber weder besonders umweltfreundlich noch günstig. Strombeheizte Nachtspeicheröfen sind in kleinen Wohngebäuden ab 2020 in vielen Fällen ganz verboten. In Neubauten oder grundsanierten Altbauten verbietet sich eine Strom-Grundheizung. Wenn überhaupt, kann Strom dazu genutzt werden, einzelne Zonen zusätzlich zu beheizen. Beispiel: Im Bad hilft eine elektrische Bodenheizung gegen kalte Füße, würde also die klassischen Heizkörper nur unterstützen.

Die früher weit verbreiteten zentralen Elektro-Warmwasserspeicher sind wegen der schlechten Umweltbilanz und der hohen Strompreise im Neubau ebenfalls tabu. Heutzutage wärmt man Wasser nur im Ausnahmefall mit Strom. So ist es unter Umständen

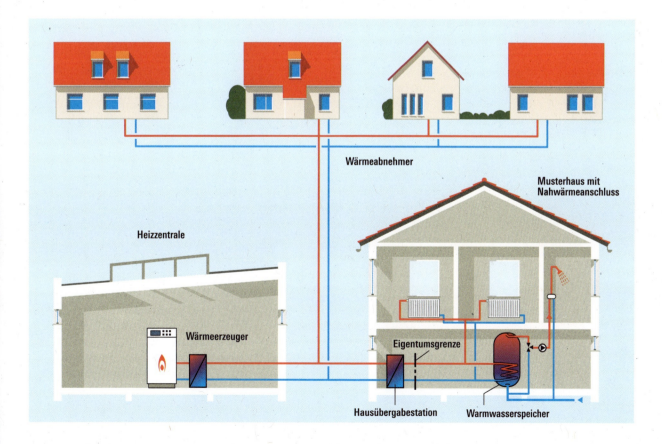

Wärmeabnehmer

Musterhaus mit Nahwärmeanschluss

Heizzentrale

Wärmeerzeuger

Eigentumsgrenze

Hausübergabestation

Warmwasserspeicher

Mit Gas lässt sich vergleichs- weise günstig und sauber heizen.

günstiger, Wasser an abgelegenen Zapfstellen durch einen elektronisch geregelten Durchlauf- erhitzer aufzuheizen als warmes Wasser dort- hin in meterlangen Rohren zu transportieren. Zudem können moderne Häuser so effizient gedämmt sein, dass es wirtschaftlich unsinnig ist, nur wegen des Warmwassers die Heizung mit höherer Temperatur zu betreiben. Auch dann ist ein Durchlauferhitzer an der Zapfstelle sinnvoller. Da bei einem Durchlauferhitzer kein Warmwasser gespeichert wird, sind Legionel- len kein Thema.

Heizen mit Rauchabzug

Die bislang genannten Heizenergieträger kom- men ohne Rauchabzug aus, umgangssprach- lich auch Schornstein oder Kamin genannt. Die im Folgenden detailliert erläuterten, mit Brenn- stoffen betriebenen Heizungen benötigen da- gegen einen durchgehenden Rauchabzug – und zwar für jede Brennstoffart einen eigenen. Ölkessel und etwa ein Kaminofen mit Holzfeue- rung dürfen nicht im selben Zug eines Rauch- abzugs enden. In einem Neubau bedeutet dies: Den eigentlichen Schornstein bilden ein oder mehrere doppelwandige Edelstahlrohre. Es

hängt von den Gegebenheiten des Baus ab, ob diese einfach unterm Putz verlegt oder in Betonfertigteilen vermauert werden. Sanieren Sie ein Haus mit vorhandenem, gemauertem Rauchabzug, kann es sein, dass Sie für die neue Heizung ein Edelstahlrohr (für eine Gas- Brennwertheizung reicht auch ein Kunststoff- rohr) in den Kamin einziehen lassen müssen. Für eine eventuelle zweite Heizungsart ist ein weiterer Rauchabzug in Form eines Edelstahl- rohrs am Gebäude nötig.

In jedem Fall sollten Sie Ihre Absichten mit dem für Sie zuständigen Bezirksschornstein- feger vorab klären. Denn Ihr Architekt muss wissen, welche Kamine welchen Umfangs er wo plant; der Schornsteinfeger soll die Anlage nach der Fertigstellung abnehmen. In Räumen, in denen Sie Zimmeröfen betreiben möchten, muss ein entsprechender Anschluss an den Rauchabzug vorgesehen werden. Diesen soll- ten Sie bei der Planung der Raumaufteilung und -nutzung einkalkulieren. Außerdem instal- liert der Kaminbauer im Haus einen oder meh- rere Zugänge zum Rauchabzug, die sogenann- ten Reinigungsklappen. Je nach Heizungsart benötigt er zwei- bis dreimal pro Heizperiode

Zugang zu ihnen. Dies müssen Sie ebenfalls bei Ihrer Raum- und Einrichtungsplanung bedenken. Ein wandhoher Schrank etwa vor einer Reinigungsklappe ist keine gute Idee. Falls Sie den Rauchabzug nur als eiserne Reserve planen, also um im Notfall einen Holzofen nutzen zu können, müssen Sie keine Kosten für den Kaminkehrer fürchten – er ist nur zuständig für tatsächlich genutzte Feuerungsanlagen.

Gasheizung

Die Zeiten, in denen das Heizen mit Gas deutlich günstiger war als das mit anderen Energieträgern, sind vorbei. Allerdings sind moderne Gasthermen als Zentralheizung preiswert in der Anschaffung, sauber in der Verbrennung (als Rauchabzug reicht meist ein Kunststoffrohr), energieeffizient, und im Falle von Erdgas brauchen sie keinen Raum für die Lagerung des Brennstoffs. Dieser Vorteil kann selbstverständlich zum Nachteil werden – wird das Gas nicht mehr geliefert, bleibt das Haus kalt.

Kurzfristig mehr Versorgungssicherheit bietet Ihnen ein eigener Flüssiggastank im Garten, den Sie mieten oder kaufen können. Er treibt – zusammen mit etwaigen Erdarbeiten – jedoch den Anlagenpreis in die Höhe. Zudem ist Flüssiggas als Brennstoff etwas teurer als Erdgas. Insgesamt sind Gas- und besonders Erdgasheizungen aber günstig im Unterhalt.

Aktuelle Gasheizungen sind als sogenannte Brennwerttherme ausgeführt. Sie arbeiten besonders effizient, weil sie auch die im Abgas enthaltene Wärmeenergie noch zum Heizen verwerten. Dadurch sind sie bei niedrigen Vorlauftemperaturen besonders sparsam. Brennwertthermen arbeiten deshalb sehr wirtschaftlich mit Fußboden- oder Wandheizungen zusammen.

Beim Einsatz klassischer Heizkörper empfiehlt sich hingegen eine Gas-Niedertemperaturtherme. Die ist günstiger in der Anschaffung, erreicht aber nicht die Energieeffizienz einer Brennwerttherme. Von Brennwertthermen versorgte Warmwasserspeicher werden zum Schutz vor Legionellen einmal pro Woche auf 60 Grad Celsius aufgeheizt; bei Niedertemperaturthermen ist dies nicht nötig. Privathaushalte

Auch Ölheizungen werden kompakt gebaut. Kessel und Warmwasserspeicher nehmen nur wenig Platz in Anspruch.

wird man nur im Ausnahmefall mit Gas aus regenerativen Quellen („Biogas") versorgen können. Anlagen, die mit fossilem Erd- oder Flüssiggas heizen, müssen deshalb durch erneuerbare Energien unterstützt werden. Zu den Vorschriften für Neubauten siehe Seite 69.

Mit Gas lässt sich nicht nur heizen, sondern auch ein Blockheizkraftwerk betreiben, das zusätzlich noch Strom liefert (→ Seite 63).

Ölheizung

Die klassische Art der Zentralheizung ist die Ölheizung. Moderne Kessel sind sehr wartungsarm und ähnlich günstig wie die Gasheizung. Im Unterschied zu Erdgas müssen Sie allerdings die Kosten für Tankraum, Heizöltanks und Ölpumpe berücksichtigen. Eine Gemeinsamkeit mit der Gasheizung ist: Es gibt sie als Brennwert- oder Niedertemperaturkessel. Der Brennwertkessel harmoniert optimal mit Fußboden- und Wandheizungen, der Niedertemperaturkessel mit Heizkörpern. Der Ölpreis schwankt aber stark; ob die zum Redaktionsschluss moderaten Kosten für Öl über die typische Lebensdauer eines Heizkessels einigermaßen stabil bleiben, kann niemand seriös vor-

Pellets sind praktisch, denn sie lassen sich automatisch zum Heizkessel transportieren. In ihnen werden Holzabfälle verwertet.

Hackschnitzel, Pellets oder Stückholz: Mit Holz lässt sich auf ganz unterschiedliche Arten heizen.

hersagen. Auch Ölheizungen sind nur noch bei Unterstützung durch erneuerbare Energiequellen erlaubt. Blockheizkraftwerke, die zusätzlich Strom liefern, können auch mit Heizöl betrieben werden. Mehr dazu ab Seite 63.

Heizen mit Holz

30 Prozent der Fläche Deutschlands sind mit Wald bedeckt. Als nachwachsender Rohstoff ist Holz reichlich vorhanden und noch günstig zu kaufen. Seit alters her bekannt und beliebt sind ja Kamine und Brennöfen mit Holzscheiten, die heutzutage allerdings nur noch als saisonale Zusatzheizung genutzt werden (siehe „Zusatzheizung" ab Seite 59). Um mit Holz als Brennstoff eine Zentralheizung zu betreiben, gibt es heute unterschiedliche Konzepte, die wir hier einzeln vorstellen.

▶ PELLETHEIZUNG

Als Pellets bezeichnet man zu kurzen Stäbchen gepresste Holzabfälle. Anfangs teilweise gehäuft auftretende Probleme mit der Pelletqualität sind seit Jahren behoben, wie schon unsere Tests im Jahr 2009 gezeigt haben.

Will man mit Holzpellets eine Zentralheizung betreiben, benötigt man einen Lagerraum, der wahlweise im Keller eingerichtet oder als Erdtank im Garten vergraben werden

kann. Die Befüllung der Reservoirs geht ebenso einfach vonstatten wie bei einem Öltank: Ein Tankwagen bläst die Pellets per Druckluft in den Lagerraum. Zwei Tonnen Pellets entsprechen in etwa dem Brennwert von 1 000 Litern Heizöl. Mit Pellets zu heizen, war zum Redaktionsschluss vergleichsweise preisgünstig.

Vom zentralen Lager transportiert eine Förderschnecke oder ein Saugrüssel die Pellets zum Kessel. Es gibt sowohl Brennwert- als auch Niedertemperaturkessel. Wie bei den bereits besprochenen Energieträgern Öl und Gas arbeiten Brennwertkessel besonders effektiv mit Fußboden- und Wandheizungen zusammen, Niedertemperaturkessel mit Heizkörpern. Zum Redaktionsschluss waren Pellet-Brennwertkessel aber noch deutlich teurer als Pellet-Niedertemperaturkessel, so dass es dennoch wirtschaftlich sein kann, auch eine Fußboden- oder Wandheizung mit einem Niedertemperaturkessel zu kombinieren.

Durch die Förderautomatik bedarf eine Pelletheizung im täglichen Betrieb ähnlich weniger Nutzereingriffe wie eine Gas- oder Ölheizung. Allerdings gilt es, drei- bis fünfmal pro Heizperiode den Kessel von Asche zu befreien. Da Pellets aus nachwachsenden Rohstoffen gewonnen werden, kann man sie als alleinigen Energieträger der Heizung nutzen.

▶ HACKSCHNITZEL

Das Heizen mit Holz-Hackschnitzeln funktioniert ähnlich wie das Heizen mit Pellets. Der wesentliche Unterschied: Pellets bestehen aus Holzabfällen, zu Hackschnitzeln werden ganze Bäume geschreddert. Hackschnitzel haben einen wesentlich geringeren Heizwert und benötigen für dieselbe Energiemenge deutlich mehr Lagerraum. Sie eignen sich deshalb in den meisten Fällen nicht, um damit Einfamilienhäuser zu heizen.

▶ STÜCKHOLZ

Das Befeuern einer Zentralheizung mit Stückholz rechnete sich zum Redaktionsschluss bereits dann, wenn Sie das Holz kaufen müssen. Noch günstiger wird es, wenn Sie eigenen Wald besitzen oder ein sogenanntes Flächenlos vom Förster zugeteilt bekommen. Folgerichtig gibt es auch für Stückholz Heizkessel. Dennoch will der Einsatz dieses Energieträgers gut überlegt sein, denn die Holzscheite müssen von Hand nachgelegt werden. In Kombination mit einem großen Pufferspeicher (Wassertank) reicht es zwar meist, den Kessel einmal täglich zu beschicken, dennoch ist der Komfort deutlich niedriger als bei anderen Holz- oder gar Öl- oder Gasheizungen. In den meisten Fällen wird eine Stückholzheizung deshalb als Ergänzung zu anderen Energieträgern genutzt („Bivalenzbetrieb").

Wärmepumpen

Das technische Pendant zu einem Kühlschrank ist eine Wärmepumpe: Während der Kühlschrank die Wärme aus seinem Inneren nach außen abführt, entzieht eine Wärmepumpe der Umgebung des Hauses Energie, um damit die Räume zu heizen. In einer Wärmepumpe wird ein Medium auf der wärmeabgebenden Seite unter Druck gesetzt und auf der wärmeaufnehmenden Seite entspannt. Bei diesem Medium handelt es sich um eine Spezialflüssigkeit („Fluid"), die bei Entspannung verdampft und unter Druck kondensiert. Der Fachmann spricht dabei von Phasenwechsel. Durch diesen Trick kann das Medium im Verdampfer selbst kleine Energiemengen aufnehmen, die es dann im Verflüssiger auf einem höheren Energieniveau als Heizwärme abgibt.

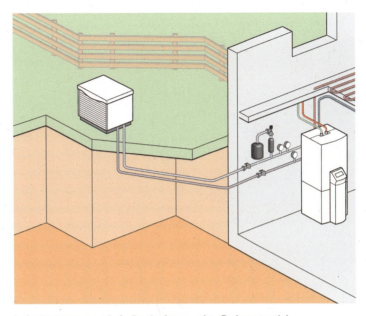

Luftwärmepumpen sind günstig, bergen aber Radaupotential.

Neben einer Quelle für die Umweltwärme braucht es noch Strom – er treibt einen Kompressor an, der das Fluid verdichtet. Trotz des vergleichsweise teuren Energieträgers „elektrischer Strom" arbeiten Wärmepumpen wirtschaftlich, denn sie erzeugen wesentlich mehr Energie als sie benötigen. Das Verhältnis zwischen eingesetzter elektrischer Energie und der nutzbaren Wärmeenergie beschreibt die Leistungszahl (COP, Coefficient of Performance) beziehungsweise aufs Jahr gemittelt die Jahresarbeitszahl (JAZ). Die Höhe der JAZ ist von der Wärmequelle abhängig.

Drei Wärmequellen kommen für die Heizung von Einfamilienhäusern in Frage: Außenluft-, Erdwärme- oder Grundwasser-Wärmepumpen. Allen Wärmepumpen ist gemein, dass ihre Effektivität bei steigender Arbeitstemperatur drastisch sinkt. Das bedeutet für nachgeschaltete Heizkörper, dass deren Vorlauftemperatur so gering wie möglich sein muss. In der Praxis werden deshalb meist Flächenheizungen (Fußboden oder Wand) mit Wärmepumpen kombiniert. Diese Eigenheit hat auch Folgen für die Warmwasserbereitung. Bei maximaler Effizienz der Wärmepumpe erreicht Wasser im Pufferspeicher nicht die legionellensichere Temperatur von 60 Grad Celsius. Ein

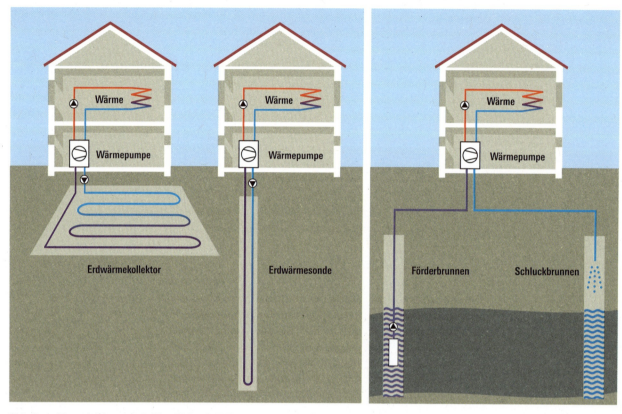

Erdwärme lässt sich immer mit Oberflächenkollektoren abschöpfen – diese schränken Sie aber in der Nutzung des Grundstücks ein. Mehr Freiheit bietet eine Tiefenbohrung – sie ist aber nicht immer möglich. Grundwasser-Wärmepumpen sind teuer, aber effizient.

Heizstab im Warmwasserspeicher, der sich selbsttätig wöchentlich einschaltet, kann bei dieser Art Wärmegewinnung die nötige Hygiene gewährleisten.

Ein zusätzlicher Vorteil von Wärmepumpen: Sie können je nach Ausbau im Sommer auch das Gebäude kühlen.

▶ LUFTWÄRMEPUMPEN

Die am einfachsten zu errichtenden und günstigsten, aber am wenigsten effektiven Wärmepumpen sind die Luft-Luft-Wärmepumpe und die Luft-Wasser-Wärmepumpe. Beide saugen Außenluft an, entziehen ihr einige Grad an Wärme und geben sie mit niedriger Temperatur wieder in die Umgebung.

Luft-Luft-Pumpen transportieren die der Außenluft entzogene Wärme durch Lüftungsanlagen in die Räume des Hauses, das Warmwasser wird meist elektrisch aufgeheizt. Luft-Wasser-Wärmepumpen geben die Wärme an einen Wasserbehälter („Pufferspeicher") ab. Sie spielen mit allen geschilderten Heizflächen zusammen und bereiten auch Warmwasser.

Achtung: Beide Luftwärme-Pumpentypen benötigen für den Betrieb große und unter Umständen laute Ventilatoren. Das kann nicht nur Sie stören, sondern auch Unfrieden mit den Nachbarn stiften.

▶ ERDWÄRMEPUMPEN

Wärmepumpen, die Erdwärme nutzen, sind effizienter als Luftwärmepumpen, ihre Installation ist aber teurer. Die Erdwärme kann auf zwei unterschiedliche Arten abgeschöpft werden: durch einen Oberflächenkollektor oder eine Tiefenbohrung.

Ein Oberflächenkollektor wird in einer Tiefe von etwa einem Meter im Garten vergraben. Nachteil: Es sind relativ große Flächen notwen-

Wärme von der Sonne ...

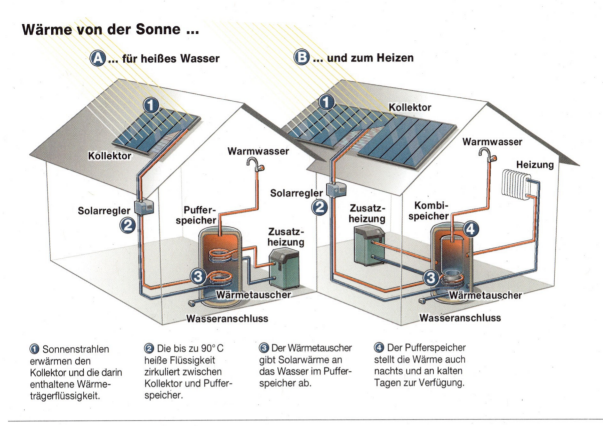

Ⓐ ... für heißes Wasser

Ⓑ ... und zum Heizen

① Kollektor

Kollektor

Warmwasser

Solarregler

② Pufferspeicher

Zusatzheizung

③ Wärmetauscher

Wasseranschluss

① Kollektor

Warmwasser

Heizung

Solarregler

② Zusatzheizung

Kombispeicher ④

③ Wärmetauscher

Wasseranschluss

① Sonnenstrahlen erwärmen den Kollektor und die darin enthaltene Wärmeträgerflüssigkeit.

② Die bis zu 90° C heiße Flüssigkeit zirkuliert zwischen Kollektor und Pufferspeicher.

③ Der Wärmetauscher gibt Solarwärme an das Wasser im Pufferspeicher ab.

④ Der Pufferspeicher stellt die Wärme auch nachts und an kalten Tagen zur Verfügung.

Sonnenkollektoren versorgen Ihr Haus die meiste Zeit des Jahres mit kostenlosem Warmwasser. Aufwendigere Anlagen unterstützen auch die Wohnraumheizung.

dig, und die Gartennutzung wird dadurch eingeschränkt.

Eine Tiefenbohrung ist nicht überall möglich und erfordert in jedem Fall eine Genehmigung durch die Behörden, da wasserführende Schichten durchstoßen werden könnten. Die maximal zulässige Bohrtiefe liegt derzeit bei einhundert Metern.

Die Grundwasser-Wärmepumpe ist im Privathaus die effizienteste, aber auch kostspieligste Form der Wärmepumpe und erfordert ebenfalls eine Genehmigung durch die zuständigen Behörden. Dazu muss der Bauherr zwei Wasserreservoire graben – einen Förder- und einen Schluckbrunnen, die quer zur Fließrichtung des Grundwassers angeordnet sein müssen. Die Wärmepumpe entzieht dann dem Wasser des Förderbrunnens einige Grad Wärme und leitet es in den Schluck- oder Sickerbrunnen.

Thermische Solaranlagen

Sonnenstrahlung enthält neben dem sichtbaren Licht eine große Portion Wärmestrahlung im infraroten Bereich. Diese Energie für das Warmwasser oder die Heizung nutzbar zu machen, ist die Aufgabe von Solarkollektoren. Es gibt sie vor allem in zwei Bauformen: Flachkollektoren bestehen aus einer Blechwanne mit aufgelegter Glasscheibe. Bei Vakuumkollektoren werden rund zehn Zentimeter dicke, luftleere Glasröhren zu Paneelen zusammengefasst.

Die Panels beider Ausführungen werden einfach aufs Dach geschraubt, idealerweise mit Südausrichtung. In ihnen sind schwarze Kupferrohre verbaut, an die zur besseren Wärmeaufnahme Absorberbleche angeschweißt sind. Bei kräftiger Sonneneinstrahlung erhitzt sich ein in den Rohren befindliches Gemisch aus Wasser und Frostschutzmittel („Wärmemedium").

Die Steuerung der Solarthermieanlage vergleicht über mehrere Sensoren die Temperatur an den Kollektoren mit der eines im Haus befindlichen Wassertanks, dem Pufferspeicher. Ist die Kollektortemperatur höher als die im Puffer, beginnt eine Pumpe, das Medium durch den Kreislauf zu fördern. Ein Wärmetauscher im Pufferspeicher überträgt die Sonnenenergie. Je nach Ausbau kann der Pufferspeicher das Warmwasser, das Heizungswasser oder auch beides gleichzeitig erwärmen. Für den Fall, dass keine Sonne scheint, wird das Wasser im Pufferspeicher mit einem Kessel, einem Heizstab oder einer Wärmepumpe erhitzt.

Die in Mitteleuropa nutzbare Sonnenenergie reicht aus, um die meiste Zeit des Jahres warmes Wasser ohne zusätzliche Energie zu erzeugen. Deswegen und wegen des geringeren Material- und Installationsaufwands machen sich Warmwasser-Solaranlagen schon nach wenigen Jahren bezahlt. Anders sieht es aus, wenn die Solaranlage auch Heizenergie liefern soll. Selbst bei üppiger und entsprechend kostspieliger Dimensionierung können die Systeme in der Heizperiode nur einen Teil der nötigen Wärme liefern, weshalb man von heizungsunterstützenden Systemen spricht. Die Hauptlast wird in den meisten Fällen eine mit fossiler oder regenerativer Energie gespeiste Heizung übernehmen. Dennoch lohnen sich warmwasser- wie heizungsunterstützende Solaranlagen: Sie liefern nicht nur kostenlose Wärme – außerhalb der Heizperiode können Sie Steuerung, Kessel und sonstige Aggregate der Hauptheizung ausschalten und damit nicht nur Brennstoff sparen, sondern auch den zum Betrieb der Anlage nötigen Strom.

▶ SOLARE WARMWASSERERWÄRMUNG

Eine solare Warmwasseranlage ist vergleichsweise einfach aufgebaut. Sie benötigt nur wenig Kollektorfläche – wie viel genau, muss berechnet werden. Der Erfahrungswert für einen Zweipersonenhaushalt liegt bei 3 m² für Flachkollektoren und 2 m² für Vakuumkollektoren (für einen Vierpersonenhaushalt bei 6 m² für Flachkollektoren oder 4 m² für Vakuumkollektoren). Statt eines großen Pufferspeichers, wie er bei einer heizungsunterstützenden Solaranlage nötig wäre, genügt ein kleinerer Warmwasserspeicher. Wenn die Sonne mal nicht scheint, wird dieser über den zentralen Wärmeerzeuger oder in Notfällen auch einen elektrischen Heizstab aufgewärmt.

▶ HEIZUNGSUNTERSTÜTZUNG

Während die Warmwasserbereitung mit Solarenergie ein überschaubares Unterfangen ist, sollte vor der Planung einer heizungsunterstützenden Solaranlage ein Fachmann um Rat gefragt werden. Der individuelle Energiebedarf Ihres Hauses muss vorab ermittelt, die daraus resultierende Kollektorfläche und die Größe des Pufferspeichers berechnet werden. Dieser muss wesentlich größer sein als bei einer solaren Warmwasseranlage, da fürs Heizen deutlich mehr Energie zwischengespeichert werden muss. Oft haben die um 1 000 Liter fassenden Puffer noch einen zweiten Tank eingebaut, der gleichzeitig auch das Warmwasser des Hauses bereitstellt. An sonnenarmen Tagen erwärmt ein angeschlossener Kessel den Pufferspeicher.

Die Effektivität einer solaren Heizungsunterstützung ist im Jahresverlauf sehr unterschiedlich. Im Winter etwa steigt die Sonne im Mitteleuropa kaum 20 Grad über den Horizont und scheint – wenn überhaupt – täglich nur wenige Stunden. Den größten Beitrag („Deckungsrate") zur Heizung leistet die Solaranlage deshalb im Frühling und im Herbst. Wenn die Raumheizung im Sommer abgeschaltet wird, arbeitet die Solaranlage weiter und liefert das warme Wasser. Übers Jahr gerechnet kann einen solche Anlage – abhängig von der Bausubstanz – 20 oder mehr Prozent der Heizenergie einsparen. Der tatsächliche Nutzen hängt indes von vielen Faktoren ab. Wie bei allen Energieträgern liegt auch hier das Hauptaugenmerk auf der Arbeitstemperatur. Die Vorlauftemperatur der Heizung soll so niedrig wie möglich sein. Deshalb beliefern heizungsunterstützende Solaranlagen Flächenheizungen wie Fußboden- oder Wandheizungen besonders effektiv. Derzeit (Stand 2017) fördert die Kreditanstalt für Wiederaufbau (KfW) heizungsunterstützende Anlagen im Rahmen der energetischen Sanierung mit den Finanzierungsprogrammen 152 (Kredit) und 430 (Zuschuss).

MIT SOLAR-WARMWASSER ZUSÄTZLICH SPAREN

Die beschriebenen Solaranlagen liefern Warmwasser zum Nulltarif. Sie können zusätzlich Energie einsparen, wenn Sie Maschinen, die warmes Wasser brauchen (etwa Spül- und Waschmaschinen), direkt an die Warmwasserleitung anschließen. Die Geräte müssen dann das Wasser nicht erst mit elektrischer Energie aufheizen, sondern bekommen gleich warmes Wasser geliefert. Völlig problemlos ist dies beim Geschirrspüler: Im Normalfall entspricht die Warmwassertemperatur derjenigen, die der Geschirrspüler braucht. Sollte die Temperatur mangels Sonne mal nicht ausreichen, kann immer noch der Heizstab der Maschine einspringen.

Bei der Waschmaschine ist es indes etwas schwieriger, da sie bei den verschiedenen Waschprogrammen unterschiedliche und manchmal auch niedrigere Wassertemperaturen benötigt. Hier hilft ein vor der Waschmaschine installierter Temperaturmischer. Dieser will aber vor jedem Waschgang auf die korrekte Temperatur justiert werden und kostet rund 200 €. Man muss lange waschen, damit er sich amortisiert – bei hohem Waschaufkommen rund fünf Jahre. Ist die Waschmaschine ohnehin betagt, kann sie durch ein Modell ersetzt werden, das selbst das Wasser auf die gewählte Temperatur bringt. Die Kosten für eine solche Maschine sind allerdings vergleichsweise hoch.

Zusatzheizung

Feuerstätten mit festen Brennstoffen – Kamine, Kachelöfen und Kaminöfen – erfreuen sich seit einigen Jahren steigender Beliebtheit. Kein Wunder, denn ihre Wärme hat einen hohen Strahlungsanteil, was die Benutzer als sehr angenehm empfinden. Die Auswahl ist fast unüberschaubar, da diese Heizungen sich in Funktion und Wirkung stark voneinander unterscheiden.

Wenn Sie in Ihrem neuen Haus einen der genannten Ofentypen betreiben wollen, sollten Sie nicht nur mit Ihrem Architekten Rücksprache halten, sondern auch in jedem Fall vor Beginn der Arbeiten den Bezirksschornsteinfeger befragen.

Öfen gibt es in den unterschiedlichsten Ausführungen. Sie können einen Raum oder das ganze Haus heizen. Ihr Betrieb muss schon bei der Planung des Gebäudes berücksichtigt werden.

Bis Ofen und Haus angenehm temperiert sind, müssen Sie mit einer längeren Wartezeit rechnen. Schneller geht es, wenn ein Hypokaust-Kachelofen warme Luft im Haus verteilt. Dieser will aber ständig beschickt werden.

Geschlossene Kamine und beide Kachelofentypen können durch eine elektronische Steuerung ergänzt werden, die Zu- und Abluft automatisch regelt und Sie rechtzeitig daran erinnert Brennstoff nachzulegen. Keine Angst: Die Öfen lassen sich auch benutzen, wenn der Strom ausfällt.

Die genannten Öfen sind ins Haus gemauert. Flexibler im Aufbau sind Kaminöfen, die auch unter der Bezeichnung Schwedenofen, Kanonenofen oder Werkstattofen firmieren. Eine weitere Variante dieses Typs ist der Küchenherd. Kaminöfen werden einfach aufgestellt und über ein Abgasrohr mit dem Rauchabzug verbunden. Je nach Modell und Zulassung können sie eine hohe Speicherwirkung haben und für mehrere Brennstoffarten (Briketts oder Pellets) geeignet sein.

Gemauerte Öfen und einige teure Ausführungen der Kaminöfen können die Zentralheizung unterstützen. Voraussetzungen sind, dass ein sogenanntes Wasserregister mit eingemauert beziehungsweise im Ofen integriert ist und die Zentralheizung über einen Pufferspeicher verfügt. Falls Sie sich für diesen Kombibetrieb entscheiden, müssen Architekt und Heizungsbauer die Rohre an den entsprechenden Stellen einplanen.

In einem Neubau empfiehlt sich bei allen Varianten (ausgenommen die Lustfeuer) wegen der Dichtheit des Gebäudes dringend ein Ofen mit Außenluftzuführung. So vermeidet man das Absaugen der bereits angewärmten Luft aus dem Raum. Zudem müssen Sie während des Betriebs keine Fenster öffnen und können in der Küche eine Dunstabzugshaube ohne Einschränkungen nutzen. Auch die in gut gedämmten Neubauten nötige Lüftungsanlage erfordert nur dann keine Eingriffe durch die Bewohner, wenn Öfen per Außenluft versorgt werden. Sie müssen dafür einen Wanddurchbruch und den Platz fürs Zuleitungsrohr berücksichtigen. Ihr Schornsteinfeger legt fest, wie groß der Wanddurchbruch sein muss.

Ein gemauerter Grundofen oder Grundkachelofen hat eine große Speichermasse. Deshalb muss er nur einmal am Tag eingeschürt werden.

Reine Zieröfen (auch „Lustfeuer" genannt) tragen nicht zur Heizung des Hauses bei. Zu ihnen zählen Ethanol- und offene Kamine. Ein Ethanolkamin kommt ohne Schornstein aus, verbraucht aber Frischluft.

Ein offener Kamin saugt im Betrieb beinahe genauso viel Wärme durch den Schornstein wie er erzeugt. Deshalb ist er nach dem Gesetzgeber nur für den gelegentlichen Betrieb erlaubt; in Neubauten gar nicht mehr. Die folgenden Feuerstätten tragen im Gegensatz dazu zur Heizung bei. Ihre Auslegung muss der Fachmann vorab berechnen, damit der jeweilige Raum angemessen beheizt werden kann.

Die im Neubau genehmigungsfähige Variante des offenen Kamins ist der Heizkamin. Ein metallener Brennraum mit Glasscheibe verbessert die Effektivität des Kamins dramatisch, da weniger warme Luft aus dem Raum gezogen wird.

Technisch verwandt ist der Kachelofen. Als Grundkachelofen wird er einmal eingeheizt, dann gibt er den ganzen Tag Wärme ab.

Lüftungsanlagen

Hausneubauten sind so dicht, dass fast keine Luft ausgetauscht wird. Das hat Folgen: Wenn Sie nicht regelmäßig die Fenster öffnen („Stoßlüftung"), kann die Luftfeuchtigkeit so stark ansteigen, dass Schimmel wächst und die Luft schlecht wird. Auch wenn Sie einen Ofen mit offener Flamme betreiben, müssten Sie immer wieder das Fenster öffnen. In allen Situationen verlieren Sie einen erheblichen Teil der Heizenergie. Denn im Zweifelsfall lüftet man zu lange und heizt buchstäblich zum Fenster hinaus. Eine Lüftung löst das Dilemma: Sie regelt den Luftaustausch und kann je nach Ausführung sogar noch Wärmeenergie zurückgewinnen. Auch wenn ihr Einbau im Neubau nicht zwingend vorgeschrieben ist, ist er empfehlenswert.

Die einfachste Art der Lüftung ist die Querlüftung. Sie besteht aus Lufteinlässen in Wohnräumen und mit Lüftern versehenen Auslässen in Feuchträumen (Küche, Bad etc.). Meist reichen die Türspalte, um die Luft vom Ein- zum Auslass zu saugen. Bei dicht schließenden Türen oder anderen baulichen Besonderheiten kann es nötig sein, einen Luftdurchlass einzuplanen. Außer dem Komfort bringt diese Art der Lüftung kaum Gewinne gegenüber der Stoßlüftung. Zwingend ist der Einbau eines Abluftventilators deshalb nur in Feuchträumen ohne Fenster. Alternativ saugt ein zentraler Lüfter über Rohrleitungen die Luft aus den Nassräumen ab.

Wesentlich aufwändiger ist es, die Zuluft über ein Rohrsystem einzuleiten. Vorteil: Über einen zentralen Wärmetauscher kann so die angewärmte Abluft die Zuluft erwärmen, die Zentralheizung und/oder die Warmwasserbereitung unterstützen. Die Grafik rechts zeigt eine moderne zentrale Lüftungsanlage mit integriertem Wärmetauscher.

Klimaanlagen

Neubauten und grundsanierte Altbauten sind gut gedämmt – das hält im Winter die Heizenergie im Gebäude und im Sommer die Wärme draußen. An sehr heißen Tagen ist diese Dämmung manchmal aber nicht ausreichend, um eine angenehme Raumtemperatur zu halten. Im typischen Einfamilienhaus dürften zentrale Klimasysteme zu aufwendig und teuer werden – Klimageräte für Schlaf- und eventuell Wohnräume können dennoch sinnvoll sein.

Die typischen Klimaanlagen bestehen aus Außen- und Inneneinheit – beide sind durch Rohre verbunden. Im Branchenjargon heißen sie Split-Klimaanlagen. Auf der Hauswand sitzt ein großer Ventilator, der per Leitung mit der Raumeinheit verbunden ist. Sollen mehrere Räume gekühlt werden, ist ein Multi-Split-Gerät richtig – dann versorgt eine Außen- mehrere Kühleinheiten. Für ihren Betrieb ist also ein Wanddurchbruch nötig. Da die Rohre in den meisten Fällen auch die Dämmschicht des Gebäudes durchdringen, sollte ihre Platzierung rechtzeitig mit dem Architekten diskutiert werden, damit die Außenhaut des Gebäudes keinen Schaden nimmt. In der Nähe der Inneneinheit muss ein Stromanschluss möglich sein – meist reicht eine konventionelle Netzsteckdose; Systeme für mehrere Räume erfordern unter Umständen einen Drehstromanschluss.

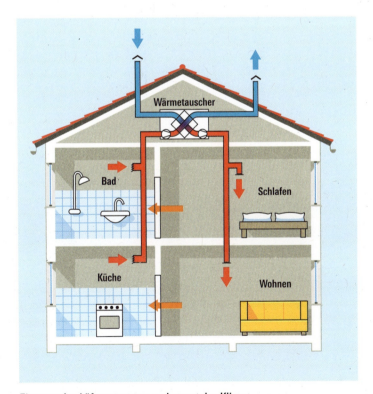

Ein zentrales Lüftungssystem verbessert das Klima in allen Räumen und kann die Heizung unterstützen.

Direktverbrauch mit Überschusseinspeisung

NEG
Zähler
Netz

Je nach Witterung produziert eine Solaranlage Strom und kann ihn gegebenenfalls ins öffentliche Netz einspeisen. Umgekehrt kann sie ihm auch Strom entnehmen, wenn die produzierte Energie nicht für den Bedarf der Hausbewohner reicht.

Die Ventilatoren der Außeneinheiten können Lärm erzeugen – falls Nachbarn in Hörweite wohnen, sollten Sie sich mit ihnen abstimmen und, sofern technisch machbar, das Bauteil etwas entfernt anbringen.

Selber Strom erzeugen

Seit dem für Deutschland beschlossenen Ausstieg aus der Atomkraft ist der Elektrizitätsmarkt in Bewegung. Viele Hausherren überlegen, selbst Strom zu erzeugen. Wie sinnvoll und wirtschaftlich dies ist, hängt stark von den Strom- und Anlagenpreisen ab. Deren Entwicklung ist ungewiss – im Rahmen dieses Ratgebers können wir Ihnen aber die Grundlagen der verschiedenen Techniken vermitteln. Eines sollten Sie aber vorab bedenken: Wenn Sie überschüssigen Strom verkaufen, also ins öffentliche Netz einspeisen wollen, gelten Sie gegenüber dem Finanzamt als Unternehmer, müssen also eventuelle Kosten für Steuerberater und Aufwand für die Steuererklärung kalkulieren. Zum Redaktionsschluss zeichnet sich ab, dass

es bei eigener Stromerzeugung wirtschaftlicher ist, überschüssigen Strom in geeigneten Akkus zwischenzuspeichern, als ihn zu verkaufen. Die Kreditanstalt für Wiederaufbau (KfW) fördert die Technik mit dem Finanzierungsprogramm 275. Wind-, Wasser- oder geothermische Stromerzeugung spielen im privaten Umfeld kaum eine Rolle. Für Einfamilienhäuser interessant sind Photovoltaik und Blockheizkraftwerke. Attraktiv könnte in Zukunft auch die Brennstoffzellentechnik werden. Aktuell sind erste Anlagen in der Erprobung, die aus Erdgas Strom erzeugen.

Photovoltaik

Die Technik: Durch Sonneneinstrahlung wird in Solarzellen durch den photoelektrischen Effekt Gleichstrom erzeugt. Gängige Solarzellen bestehen hauptsächlich aus Silizium. In der Praxis werden die Solarzellen meist auf dem Haus- oder einem eventuell vorhandenen Garagendach montiert. Falls Sie zusätzlich auch darüber nachdenken, mit Sonnenenergie zu heizen (→ Seite 57), bedenken Sie, dass Ihnen die Dachfläche nur einmal zur Verfügung steht. Es hängt von den Gegebenheiten vor Ort ab, ob es sinnvoll ist, Solarthermie und -stromerzeugung zu kombinieren oder nur eine der beiden Techniken zu nutzen.

Grundsätzlich gelten für Solarzellen ähnliche Voraussetzungen wie für Solarthermie, das heißt: Idealerweise zeigt das Dach nach Süden. Werfen Bäume oder größere Gebäude zu lange Schatten, kann der Einsatz nicht lohnend sein.

Solarpanele erzeugen Gleichstrom, im Haushalt ist aber Wechselstrom gefragt. Ein entsprechendes Bauteil, der Wechselrichter, formt den Strom um. Meist ist er im Keller bei der übrigen Haustechnik (siehe „Der Ausbau", Seiten 270 ff.) untergebracht. Das heißt: Vom Dach müssen Gleichstromleitungen zum Technikraum führen.

Wir erwähnten es bereits: Mit leistungsfähigen Akkus lassen sich die Nacht und trübe Tage überbrücken. Völlig autark in der Energieversorgung werden Sie dadurch nicht, denn bei längeren Schlechtwetterphasen sind irgendwann auch die Akkus leer. Auf einen Anschluss ans öffentliche Stromnetz für den Fall der Fälle sollten Sie also nicht verzichten – unabhängig davon, ob Sie planen, Leistungsspitzen Ihrer Stromerzeugung ins Netz zu speisen.

Sowohl die Preise für die Solarpanele als auch die sogenannte Einspeisevergütung (also der Preis, den Sie für den erzeugten Strom erhalten), sind Schwankungen unterworfen. Zum Redaktionsschluss war die künftige Ausgestaltung des Erneuerbare-Energien-Gesetzes (EEG) ungewiss. Wir haben beispielhaft für das Jahr 2017 berechnet, mit welchen Kosten und Erträgen Sie bei einem typischen Einfamilienhaus rechnen können.

Einen detaillierten Kostenrechner in Gestalt einer Excel-Tabelle bietet beispielsweise das Umweltinstitut München kostenlos an (www. umweltinstitut.org, Suchbegriff „Solar"). Die Stiftung Warentest bietet online (www.test.de) den „Renditerechner Solarstromanlagen" zum Download an und hat eine eigene Seite zur Photovoltaik eingerichtet, wo Sie wichtige Informationen und Neuerungen zum Thema bekommen: www.test.de/thema/photovoltaik.

Blockheizkraftwerke liefern Wärme und Strom, versorgen idealerweise aber mehrere Haushalte.

Vereinfachte Rechnung zum Solarertrag nach EEG

Typische Dachfläche	50 m²
Anlagenleistung	6 kWp
Kosten der Anlage	9 000 €
Ertrag pro Jahr	5 400 kWh
Vergütung durch Netzeinspeisung pro Jahr[1]	500 – 1 000 €
Amortisation nach	10 – 15 Jahren

1 abhängig vom Eigenbedarf, Aufbaudatum, Anlagenstandort

In unserer Rechnung spielt der Paneltyp eine wichtige Rolle. Zum Redaktionsschluss waren drei Bauarten aktuell: monokristalline, polykristalline und amorphe Solarzellen. Die technischen Details müssen Sie nicht interessieren; wichtig ist: Je effizienter die Panele sind, desto teurer sind sie auch. Die Herkunft der Solarpanele wird hingegen zunehmen irrelevant – mittlerweile beherrschen auch ausländische Hersteller die Technik und sind dabei meist noch wirtschaftlicher.

Die Panele können Sie bei entsprechender handwerklicher Begabung und sicherer Ein-

rüstung des Hauses selbst auf dem Dach montieren, für die Elektrik ist aber der Fachmann zuständig. Der Stromversorger kontrolliert den Anschluss an sein Netz und den Anschluss des Einspeisestromzählers. Steht Ihr Haus abseits der Nachbarschaft, müssen Sie sich eventuell auch über eine Diebstahlsicherung für die Solarpanele Gedanken machen. Schraubenschlösser, die sich nur mit dem passenden Schlüssel öffnen lassen, dürften die meisten Langfinger abschrecken.

Ein noch wichtigerer Sicherheitsaspekt: der Schutz der Feuerwehr bei einem immerhin möglichen Hausbrand. Die Solarpanele erzeugen bei Sonneneinfall ständig Strom und lassen sich nicht einfach abschalten. In der Vergangenheit haben Wehrmänner und -frauen deshalb schon bei Bränden untätig zusehen müssen, weil ihre Sicherheit wegen der unter Strom stehenden Panele nicht gewährleistet war.

Ganz lässt sich das Problem nicht beseitigen – klären Sie deshalb bei Abschluss der Gebäudeversicherung, dass ein solcher Fall abgedeckt ist.

Eine gewisse Sicherheit bieten immerhin sogenannte „PV-Feuerwehrschalter" (PV steht für Photovoltaik). Sie werden möglichst im Eingangsbereich oder an einer anderen, gut zugänglichen Stelle im Haus angebracht und trennen die Verbindung von den Solarpanelen zum Wechselrichter. So lässt sich immerhin sicherstellen, dass das Innere des Gebäudes vom Stromnetz getrennt ist, die Löschmannschaft also ungefährdet im Haus agieren kann.

Blockheizkraftwerke

Blockheizkraftwerke (BHKW) sind in der Regel stationäre Verbrennungsmotoren, die einen Generator antreiben. Gleichzeitig nutzen die Betreiber die Abwärme des Motors zum Heizen. Die kleinste Variante, sogenannte Mikro-BHKW, werden in Ein- oder Zweifamilienhäusern eingesetzt und meist mit Erdgas oder Flüssiggas betrieben. Es gibt aber auch Kleinkraftwerke für Heizöl, Bioöl oder Biogas. Einige wenige verwenden sogar Holz – die Holzvergaser-BHKW.

Mikro-BHKW werden wie Heizkessel im Keller verbaut. Sie müssen auf ihrem Sockel weich gelagert sein, damit sich ihre Schwingungen nicht aufs Haus übertragen. Zusätzlich sind sie gekapselt – ebenfalls, um Laufgeräusche im Wohnbereich zu vermindern. Sie bedürfen auch der Wartung: So müssen Sie im Mikro-BHKW wie bei einem Automotor regelmäßig das Öl wechseln.

Der beim Betrieb anfallende Strom wird von den Verbrauchern im Haus genutzt, Überschuss ins öffentliche Stromnetz eingespeist. Die Vergütung variiert je nachdem, mit welchem Brennstoff die Anlage betrieben wird. Zudem zahlt der Gesetzgeber je nach Abrechnungsmodell eine Steuerrückvergütung oder einen Bonus nach dem Energieeinspeisegesetz. Die Kombination aus Stromproduktion und Abwärmenutzung machen BHKW äußerst energieeffizient. Ihr Gesamtwirkungsgrad liegt bei über 80 Prozent.

Aber: Die günstigsten BHKW kosten rund doppelt so viel wie ein vergleichbarer Heizkessel und haben einen deutlich höheren Wartungsaufwand. Damit sich die Investition lohnt, muss die Wärmeabgabe des Motors in etwa dem Wärmebedarf des Hauses entsprechen. Meist eignen sich deshalb Mikro-BHKW nur für große Objekte. Wirtschaftlich sind sie für Mehrfamilienhäuser und Bauherrengemeinschaften. Falls Sie Partner in einem solchen Objekt sind, sollten Sie und Ihre Mit-Bauherren in der Planungsphase diskutieren, ob ein BHKW sinnvoll ist (siehe auch: Nahwärmeversorgung, Seite 49).

Wasser sparsam nutzen

Sie können Trinkwasser- und Abwassergebühren sparen und gleichzeitig die Umwelt schonen, wenn Sie das auf dem Grundstück verfügbare Wasser so weit wie möglich nutzen. Das beginnt beim Sammeln von Regenwasser für den Garten, führt über einen eigenen Brunnen und endet mit der Wiederverwendung von benutztem Wasser („Grauwasser") beispielsweise für die Toilettenspülung. Für die Planung wichtig: Welches Wasser wollen Sie wo einsetzen? Soll Brunnen-, Grau- oder Regenwasser an Zapfstellen im Haus oder Garten verfügbar sein, erfordert dies ein zweites, vom Trinkwassernetz unabhängiges Rohrleitungssystem und einen Wasserspeicher („Zisterne"). Dessen Bau, die gewünschten Zapfstellen und die damit verbundenen Kosten müssen Sie bei der Planung Ihres Hauses berücksichtigen. Für Pumpen oder sogenannte Hauswasserwerke (die Kombination von Pumpe und Druckbehälter) müssen Stromanschlüsse und ausreichend Platz vorgesehen werden. Details zur praktischen Umsetzung finden Sie im Kapitel „Regenwasser im Haushalt" (Seiten 291ff.).

Wie nachhaltig sind Bau- und Dämmstoffe?

Die verfügbaren Baustoffe für den Rohbau Ihres Hauses sind durch die Bank ökologisch unbedenklich – selbst Beton besteht letztlich nur aus Kiesel, Sand und Kalk. Deutlich differenzierter ist das Materialangebot für die Dämmung des Hauses – neben konventionellen Dämmstoffen sind auch viele ökologische Materialien verfügbar.

„Grüne" Dämmstoffe

	Blähton	Hanf/ Flachs	Holzfaser	Holzwolle	Kork	Perlite	Schaf-wolle	Schaum-glas	Vermi-kulit	Zellulose-fasern
Alternativ-/ Trivialname	—	—	Holz-weichfa-serplatte	„Sauer-kraut-platten"	—	—	—	—	Bläh-glimmer	
Material	Ton	Pflanzen-fasern	Holz	Holz	Rinde der Korkeiche	Lava-gestein	Schaf-wolle	Glas	Glimmer-schiefer	Altpapier
Preis	Niedrig	Mittel	Mittel	Mittel	Mittel	Mittel	Mittel	Hoch	Niedrig	Niedrig
Wärmeleitwert W/(mK), typisch (kleinere Werte besser)	0,1	0,04	0,04	0,06	0,045	0,05	0,04	0,04	0,07	0,04
Dicke der Dämmung bei U-Wert von 0,4 W/(m²K) in cm	25	10	10	15	11	13	10	10	18	10
Additive	—	Flamm- und Fäulnis-hemmer	Binde-mittel	Zement	Eventuell Harze	—	Flamm- und Fäulnis-hemmer	—	—	Flamm- und Fäulnis-hemmer
Brennbarkeit	Nicht brennbar	Normal entflamm-bar	Normal entflamm-bar	Schwer entflamm-bar	Normal entflamm-bar	Nicht brennbar	Normal entflamm-bar	Nicht brennbar	Nicht brennbar	Normal entflamm-bar
Verarbeitung	Schüttung	Matten	Platten	Platten	Schüt-tung, Platten	Schüttung	Platten	Platten	Schüttung	Platten, Flocken
Besonders geeignet für	Balken-decke, Hohl-räume	Dach, Ge-schossde-cke, Stän-derwerk	Fassade, Dach	Keller-decke	Fassade, Dach	Dach, Ge-schossde-cke, Stän-derwerk	Fassade, Dach, Ständer-werk	Boden	Balken-decke, Hohl-räume	Dach, Fassade, Hohl-räume
Vorteile	Druck-stabil, ver-rottungs-sicher	Gute Dämm-wirkung, einfach zu verar-beiten	Vielseitig verwend-bar, ein-fach zu verarbei-ten	Einfach zu ver-arbeiten	Druckfest	Druck-stabil, ver-rottungs-sicher	Einfach zu verar-beiten	Extrem druck-stabil, ver-rottungs-sicher	Druck-stabil, verrot-tungs-sicher	Gute Dämm-wirkung, einfach zu verar-beiten
Nachteile	Mäßige Dämm-wirkung		Anfällig für Fäulnis durch Feuchtig-keit	Mäßige Dämm-wirkung			Anfällig für Fäulnis durch Feuchtig-keit	Teuer	Mäßige Dämm-wirkung	Anfällig für Fäulnis durch Feuchtig-keit

Konventionelle Dämmstoffe

	Kalziumsilikat	Mineralfaser	Phenolharz (PF)	Polystyrol, expandiert (EPS)	Polystyrol, extrudiert (XPS)	Polyurethan (PUR)	Vakuumdämmplatten (VIP)
Alternativ-/ Trivialname	—	Glas- oder Steinwolle	—	Styropor	—	—	—
Material	Siliziumdioxid, Kalziumoxid	Sand, Kalkstein, Glas	Phenolharz	Polystyrol	Polystyrol	Polyurethan	Kunststoff
Preis	Hoch	Niedrig	Mittel	Niedrig	Mittel	Mittel	Hoch
Wärmeleitwert W/(mK), typisch (kleinere Werte besser)	0,06	0,035	0,022	0,035	0,035	0,025	0,006
Dicke der Dämmung bei U-Wert von 0,4 W/(m²K) in cm	15	9	6	9	9	6	2
Additive	Zellstoff	Bindemittel	—	—	—	—	—
Brennbarkeit	Nicht brennbar	Nicht brennbar	Schwer entflammbar	Normal entflammbar[1]	Normal entflammbar[1]	Normal entflammbar[1]	Nicht brennbar
Verarbeitung	Platten	Matten	Platten	Platten	Platten	Platten	Platten
Besonders geeignet für	Innendämmung, Fassade	Dach, Fassade, Ständerwerk	Dach, Fassade	Dach, Fassade	Dach, Fassade, Boden	Dach, Fassade, Boden	Fassade, Wärmebrücken
Vorteile	Verrottungssicher	Druckstabil, günstig	Sehr gute Dämmwirkung	Günstig	Druckstabil, verrottungssicher	Sehr gute Dämmwirkung	Maximale Dämmwirkung
Nachteile	Teuer						Teuer, verliert Wirkung bei Beschädigung

1 Unter mineralischem Putz schwer entflammbar

 INFO

DÄMMSTOFFWERTE KURZ ERKLÄRT
Der Wärmeleitwert beziehungsweise die Wärmeleitgruppe geben an, wie gut ein Material das Gebäude isoliert. Je kleiner der Wert, desto besser. Der U-Wert (Wärmedurchgangskoeffizient) ist eine aus dem Wärmeleitwert abgeleitete Rechengröße. In ihr fließt die Dicke von Dämm- und Baumaterial unmittelbar ein.

Konventionelle wie ökologische Dämmstoffe unterscheiden sich deutlich in ihren Material-

eigenschaften und im Preis. Die wichtigen Kriterien haben wir für Sie in einer Tabelle zusammengefasst. Die dämmende Wirkung (Wärmeleitfähigkeit) „grüner" Materialien ist meist schlechter – abzulesen am höheren Wärmeleitwert. Will man sie an der Fassade verwenden, steigt die Gesamt-Wandstärke. Dies wirkt sich auf Anbauten aus (etwa Hauseingänge oder Balkons).

Beim Neubau berücksichtigt dies Ihr Architekt bei der Planung; bei der Grundsanierung eines existierenden Gebäudes können manche dick auftragenden Materialien schwierig und im Extremfall auch gar nicht zu verbauen sein. In der Tabelle rechts haben wir in der fünften Reihe angegeben, wie dick der Dämmstoff rechnerisch sein muss, um den gebräuchlichen Wärmedurchgangskoeffizenten von 0,4 Watt/m² und Grad Kelvin zu erreichen.

Wie ökologisch ein Dämmstoff tatsächlich ist, hängt allerdings nicht nur vom Rohstoff selbst ab, sondern auch von den verwendeten Zuschlagstoffen. Flamm- oder Fäulnishemmer wie auch verschiedene Bindemittel sind meist wenig ökologisch. Im Zweifelsfall sollten Sie sich beim Hersteller über Beimischungen informieren. Die Zuschlagstoffe wirken sich auch auf die Entsorgung überschüssigen Baumaterials aus – manche Dämmstoffreste können nicht auf dem Bauhof entsorgt werden, sondern gehören in den Sondermüll.

Konventionelle wie ökologische Dämmstoffe sind unterschiedlich aufgebaut – je nach Material werden sie als Matte, Platte oder Schüttgut geliefert. Entsprechend lassen sie sich an unterschiedlichen Stellen des Gebäudes optimal verarbeiten.

Teiche

Einen Teich im eigenen Garten anzulegen ist nicht schwer, allerdings wollen einige Eckpunkte schon bei der Planung berücksichtigt sein. Es gilt: je größer, desto pflegeleichter und biologisch stabiler. Mit der Größe steigt aber auch der Aufwand beim Anlegen des Teiches. So bekommen Sie kleine Teiche – bis zwei mal zwei Meter, das entspricht etwa 1 000 Litern Volumen – noch als fertige Schalen aus umweltfreundlichem Polyethylen. Bei größeren Anlagen brauchen Sie zur Abdichtung eine Teichfolie aus PVC oder – umweltverträglicher – aus Naturkautschuk.

Das zweite wichtige Kriterium ist die Lage : Ein Teich braucht Sonne, damit Pflanzen wachsen können. Im Allgemeinen sollte die Sonnenscheindauer aber in der warmen Saison auf rund sechs Stunden am Tag begrenzt sein, da sonst Algen zu sehr wachsen und sich das Wasser zu stark aufheizt. Der Wunschweiher sollte auch nicht direkt unter einem Baum angelegt werden, da abfallendes Laub oder auch

Ein Schwimmteich erhöht den Freizeitwert Ihres Grundstücks erheblich.

Nadeln die Wasserqualität beeinträchtigen. Große Teiche kommen meist ohne Pumpe und Filteranlage aus, solange Sie die nicht mit Fischen besetzen. Bei Fischbesatz sind sie aber für alle am Einfamilienhaus praktikablen Teichgrößen in der Regel nötig. Denken Sie schon in der Planungsphase an die notwendige Stromversorgung für die Pumpe.

Teichschalen

Fertigteiche sind vorgeformt und mit einem Fassungsvermögen bis etwa 1 000 Liter zu kaufen. Treppenartig angelegte Flachwasserzonen am Rand und ein Tiefwasserbereich in der Mitte sorgen dafür, dass Pflanzen und Tiere ihre passenden Habitate finden können. Mitunter sind auch Filterebenen in die Schale eingebettet. Zum Einlassen des Teiches sind nur etwas Handarbeit und eine Schubkarre Sand notwendig – das sollte auch von Laien zu bewältigen sein. Die Schalen sind im Allgemeinen sehr stabil und langlebig.

Folienteiche

Große Teiche erfordern aufwendige Erdarbeiten. Je nach Umfang lassen sich die Erdarbeiten per Hand mit einer Schaufel oder einem gemieteten Mini-Bagger erledigen. Bevor die Folie

Dachbegrünungen verlangen nach einem strapazierfähigen, witterungsbeständigen Unterbau.

Die intensive Dachbepflanzung erfreut das Auge des Betrachters, bedeutet aber auch höheren Pflegeaufwand.

ausgelegt werden kann, muss in der ausgehobenen Grube auf der Teichfläche Sand gestreut und Wurzelschutz-Flies ausgelegt werden.

Die Teichfolien können in allen Größen bestellt werden. Alternativ kann der Teichbauer auch breite Folienstreifen von der Rolle kaufen. Die Streifen müssen Sie dann vor Ort zusammenschweißen oder -kleben. Auf die Folie wird eine Lage Kies aufgebracht. Abschließend wird der Rand bepflanzt. Größere Gewächse wie etwa Seerosen sollten zum Schutz der Folie in Körben gepflanzt werden.

Insgesamt sind auch Folienteiche sehr robust. Wichtig ist hier, dass die Folienränder einen Randwall bilden und dann bündig mit dem umgebenden Erdreich abschließen, damit sie nicht beschädigt werden.

Bauwerksbegrünungen

Bepflanzungen erfreuen nicht nur das Auge. Sie bilden eine Art natürliche Außenhaut eines Gebäudes. Viele Hausbauer denken deshalb über ein grünes Dach nach. Bepflanzte Dächer dämpfen auftreffende Wärme und Schall, dämmen also das Gebäude nach oben. Die Pflanzen beziehungsweise das Substrat schützen das eigentliche Dach vor Beschädigungen – sowohl mechanischer Art als auch durch UV-Licht. Schließlich nehmen begrünte Dächer Regenwasser auf – in vielen Gemeinden sinken dadurch Ihre Abwasserkosten. Oft wird ein grünes Dach auch finanziell gefördert. Damit nicht genug: Je nach Gebäude und Art der Begrünung ist das begrünte Dach das Herzstück eines Dachgartens.

Wie so oft haben die Vorteile ihren Preis: Begrünungen bedeuten zusätzliche Aufbauten auf dem Dach. Die wollen bezahlt werden; zudem müssen Sie mit dem Architekten klären, ob das Dach das Gewicht der Grünschicht tragen kann. Je nach Art der Begrünung müssen die Pflanzen später mehr oder weniger stark gegossen und gepflegt werden. Schließlich: Sollte ein begrüntes Dach jemals undicht werden, gestaltet sich die Suche nach dem Leck langwierig.

Ideal geeignet sind Flachdächer oder bis 25 Grad geneigte Dächer. Sie sind meist ohne Sicherungsmaßnahmen begehbar; das Grün

Gesetze, Verordnungen und Normen (Auswahl)

Gesetz zur Einsparung von Energie in Gebäuden (EnEG)	Das EnEG beschreibt den energiesparenden Umgang mit den Ressourcen. Sowohl die Gebäudehülle als auch die Anlagentechnik sind darin beschrieben. Es nimmt direkten Bezug auf die EnEV.
Erneuerbare-Energien-Wärmegesetz (EEWärmeG)	Das Gesetz legt für Neubauten fest, dass ein Anteil des Wärmebedarfs aus erneuerbaren Energien zu schöpfen ist. So sollten 15 % durch solarthermische Anlagen erzeugt werden. Pauschal gelten die Bedingungen als erfüllt, wenn in Ein- oder Zweifamilienhäusern mindestens eine Kollektorfläche von 0,04 m² pro Quadratmeter Nutzfläche erreicht wird. Alternativ können auch 50 % des Wärmebedarfs aus nachwachsenden Rohstoffen (Holz, Bioöl) oder Umweltwärme (Wärmepumpe) erzeugt werden.
Erneuerbare-Energien-Gesetz (EEG)	Das EEG widmet sich der Stromerzeugung. Es legt fest, dass elektrische Energie aus erneuerbaren Quellen bei der Einspeisung bevorzugt wird. Darüber hinaus ist dort die Vergütung beschrieben.
Kraft-Wärme-Kopplungsgesetz (KWKG)	Ziel des Gesetzes ist es, den Anteil der Kraft-Wärme-Kopplung durch Förderung, Modernisierung und Neubau zu erhöhen.
Energieeinsparverordnung (EnEV)	Regelt die energetischen Forderungen an Wohngebäude. Die EnEV legt Grenzwerte für den Primärenergiebedarf fest. In der Nebenbedingung bestimmt sie auch Maximalwerte für den Transmissionswärmeverlust. Zudem fordert sie einen Energiebedarfsausweis.
DIN V 18599	Bewertung und Berechnung der energetischen Qualität von Gebäuden. Dabei werden der Nutz-, End- und Primärenergiebedarf für Heizung, Kühlung, Lüftung wie auch für Trinkwarmwasser und Beleuchtung zusammengefasst.
DIN V 4108	Berechnung für den Wärmeschutz im Hochbau, Mindestanforderungen an den Wärmeschutz, klimabedingter Feuchteschutz sowie dessen Bemessungswerte, Berechnung des Jahresheizwärme- und des Jahresheizenergiebedarfs, Luftdichtheit von Gebäuden und Anforderungen an verwendete Dämmstoffe.
DIN EN 12831/ DIN 4701	Bewertung heiz- und raumlufttechnischer Anlagen, der Heizung, Lüftung und der Trinkwassererwärmung
DIN 4702	Anforderungen und Prüfung von Heizkesseln. Ermittlung des Nutzungsgrades und der Emissionen.
DIN EN 832	Verhalten von Gebäuden; Berechnung des Heizenergiebedarfs
DIN EN ISO 6946	Berechnung der Außenbauteile eines Gebäudes. Der Wärmedurchgangskoeffizient (U-Wert) der wärmeübertragenden Umfassungsfläche wird darin festgelegt.
DIN EN 13829	Prüfung der Luftdichtheit von Gebäuden (Blower-Door-Test)
DIN 4719	Anforderungen an Lüftungsanlagen sowie Kennzeichnung und Prüfung der Geräte
DIN 4726	Warmwasserflächenheizungen und Heizkörperverbindungen

lässt sich also bequem pflegen. Die Grundlage für die eigentliche Bepflanzung bildet – oberhalb der Dachabdichtung – zunächst ein Wurzelschutzflies. Darauf folgt eine Wasserrückhalte- und -ablaufschicht. Sie wird von einer Filterschicht vor Schmutz geschützt. In der äußersten Schicht, dem Pflanzsubstrat, wurzelt das eigentliche Grün.

Der Pflegeaufwand richtet sich nach dem Typ der Bepflanzung – extensiv oder intensiv. Extensive Bepflanzungen sind pflegeleicht; sie kommen zudem mit einer Gesamtschichtdicke ab fünf Zentimetern aus. Auf der dünnen Schicht wachsen nur anspruchslose Pflanzen, die auch in kargen Böden überleben und deshalb nur bei extremer Trockenheit gegossen werden müssen. Typisch sind Pflanzen der Gattung Sedum.

Wollen Sie Ihr Dach intensiv nutzen, setzt dies eine mindestens 20 Zentimeter dicke Gesamtschicht voraus. Darauf können Sie im Prinzip pflanzen, was das Herz begehrt – Rasen, Blumen oder Sträucher. Bei der Auswahl hilft ein Landschaftsarchitekt. Die Pflanzen verlangen in kurzen Abständen nach Wasser; außerdem muss das Dach regelmäßig auf Baumsprösslinge kontrolliert werden. Diese müssen Sie entfernen, da deren Wurzeln sonst das Dach zerstören.

Bewachsene oder grüne Fassaden sehen nicht nur schön aus, sie tragen auch zum "sommerlichen Wärmeschutz" nach EnEV bei. Man unterscheidet zwischen Pflanzen, die direkt am Mauerwerk hochwachsen und solchen, die eine Rankhilfe – etwa ein Gerüst – zum Wachsen benötigen. Das Mauerwerk muss für Rankpflanzen geeignet sein, also eine glatte Oberfläche haben, aus hartem Material bestehen und so stabil sein, dass es das Gewicht der Pflanzen tragen kann.

Efeu und Wilder Wein sind als Mauerbegrünung pflegeleicht. Kletterrosen und Blauregen blühen zwar im Sommer prächtig, bedürfen aber ständiger Aufmerksamkeit. Befürchtungen, das Pflanzenwerk locke mehr Ungeziefer ins Haus, sind fast immer unbegründet.

Gesetzliche Vorschriften

Wer ein Haus bauen will, muss eine Reihe von Gesetzen und Verordnungen beachten. Im Bereich der Energie ist dies in erster Linie die Energieeinsparverordnung (EnEV). In ihr wurden die Wärmeschutz- und die Heizungsanlagenverordnung vereint. Mit der EnEV versucht der Gesetzgeber, den Nachhaltigkeitsgedanken und europäische Klimaschutzziele umzusetzen. Die ersten Bestrebungen dazu begannen mit der Energiekrise im Jahre 1973, als die Abhängigkeit der bundesdeutschen Energieverbraucher von den fossilen Rohstoffen deutlich wurde. Da das Beheizen von Gebäuden mit rund einem Viertel des Gesamtenergiebedarfs zu Buche schlägt, bietet sich hier besonders viel Einsparpotential. Aktuell gilt die Novellierung der EnEV aus dem Jahre 2014. Sie hat die Anforderungen an Neubauten weiter verschärft. Hausbauer müssen weitere Vorschriften beachten. Die in Bezug auf Wärmeerzeugung und Gebäudedämmung relevanten listet die Tabelle auf Seite 69 auf. In den Verordnungen tauchen immer wieder folgende Begriffe auf:

INFO

PRIMÄRENERGIEBEDARF/-FAKTOR
Der Begriff Primärenergie (Formelzeichen Q_P) wurde eingeführt, um Energieträger qualitativ bewerten zu können. Der Gesetzgeber stuft durch den Primärenergiefaktor die verschiedenen Energieträger in ihrer Nachhaltigkeit ein und den Aufwand, der nötig ist, um sie von der Quelle zum Abnehmer zu befördern.
Nutzfläche: Die Nutzfläche (Formelzeichen A_N) ist ein rechnerischer Wert, der sich aus dem Gebäudevolumen in Abhängigkeit von der Raumhöhe ergibt. Nicht zu verwechseln ist sie mit der gängigen Berechnung der Wohnfläche.
Transmissionswärmeverlust: Dieser Wert (Formelzeichen H_T') bezeichnet den Energieverlust pro Quadratmeter der Außenflächen eines Hauses.

KASSENSTURZ: WAS KÖNNEN WIR UNS LEISTEN?

Nur knapp die Hälfte der bundesdeutschen Haushalte wohnt in den eigenen vier Wänden. Die Wohneigentumsquote, also der Anteil der vom Eigentümer selbst bewohnten Häuser und Wohnungen im Verhältnis zur Gesamtzahl der Häuser und Wohnungen, liegt in Deutschland nur bei 45 % (in den alten Bundesländern 49 % Eigentümerhaushalte und in den neuen Bundesländern 34 %). Damit liegt sie deutlich unter dem internationalen Durchschnitt von beispielsweise 60 % in allen Ländern der Europäischen Union. Nur im Vergleich zur Schweiz mit nur 38 % liegt sie höher.

Von 2006 bis 2010 ist die Wohneigentumsquote in Deutschland laut Statistischem Bundesamt von 42 auf 45 % gestiegen. Danach hat sie sich aber bis 2015 und heute nicht mehr erhöht. Relativ hoch ist die Wohneigentumsquote mit 57 % im Saarland und 53 % in Baden-Württemberg, am niedrigsten in Berlin mit 16 % und in Hamburg mit 24 %. In den Stadtstaaten Hamburg und Berlin dominieren ebenso wie in anderen Großstädten die Mieterhaushalte.

Die weitaus meisten Eigentümerhaushalte haben sich mit rund 70 % für ein Ein- oder Zweifamilienhaus entschieden. Die restlichen 30 % bewohnen ihre Eigentumswohnung selbst oder eine Wohnung in einem ihnen gehörenden Mehrfamilienhaus.

Den Traum von den eigenen vier Wänden wollen sich allerdings immer mehr Bundesbürger erfüllen. Unter den Familien mit Kindern finden sich die weitaus meisten Eigenheimbesitzer. An zweiter Stelle kommen kinderlose Paare. Nur 28 % der Singles im Westen und 20 % im Osten wohnen in den eigenen vier Wänden. Die Wohneigentumsquote liegt mit 57 % am höchsten bei den 60- bis 65-Jährigen und mit nur 28 % recht niedrig bei den 30- bis 40-Jährigen. Sprunghaft steigt sie auf 48 % bei den 40- bis 50-Jährigen. Das typische Alter der Bauherren und Neubaukäufer liegt bei rund 40 Jahren.

Das Eigenheim als Altersvorsorge ermöglicht in der Tat ein miet- und schuldenfreies Wohnen im Alter, sofern die Hypothekenschulden bis zum Ruhestand vollständig getilgt sind. Dadurch werden Rentner- und Pensionärshaushalte im Alter finanziell deutlich entlastet.

Allerdings müssen Sie im aktiven Berufsleben finanzielle Belastungen tragen, wenn Sie ein Haus bauen und in Ihre eigenen vier Wände einziehen wollen. Falls Sie die Frage „Können wir uns ein Haus überhaupt finanziell leisten?" nach einem ersten überschlägigen Kassensturz guten Gewissens mit Ja beantworten, bleibt noch die nächste Frage: „Wie viel Haus – Größe, Lage und Ausstattung – können wir uns leisten?" Um dies zu entscheiden, müssen Sie Ihre persönlichen Finanzen ordnen und genau überprüfen. Sie verschaffen sich dabei einen aktuellen Überblick über Ihre Vermögens- und Einkommensverhältnisse und gehen damit gut gerüstet in die Verhandlungen mit Ihren künftigen Kreditgebern bei Banken, Bausparkassen oder Versicherungen.

Die finanziellen Grenzen für den Bau eines künftigen Eigenheims werden durch drei Faktoren abgesteckt:

- ▶ Höhe Ihres Eigenkapitals
- ▶ Höhe Ihres verfügbaren Einkommens
- ▶ Höhe der Gesamtkosten des Eigenheims.

Deutlich gestiegene Grundstücks- und Baukosten sowie ein kräftiger Anstieg der Hauspreise in den letzten Jahren erschweren zwar vor allem in Ballungsgebieten den Neubau von Eigenheimen. Sofern jedoch genügend Eigenkapital vorhanden ist und das verfügbare Nettoeinkommen ausreicht, um angesichts deutlich gesunkener Hypothekenzinsen die finanzielle Belastung für Zins und Tilgung auf Dauer zu tragen, bleiben Eigenheime auch für Haushalte mit durchschnittlichem Einkommen noch erschwinglich.

EIGENKAPITAL ALS FINANZIELLE BASIS

Ohne eigene Geldmittel geht auch beim Hausbau nichts. Banken als Kreditgeber erwarten typischerweise, dass Sie ein Eigenkapital von mindestens 20 bis 30 % der Gesamtkosten in die Finanzierung einbringen. Mit diesen Eigenmitteln werden nicht nur die einmaligen Nebenkosten, die nicht zur Wertsubstanz beitragen, wie Grunderwerbsteuer sowie Notar- und Grundbuchgebühren finanziert. Auch ein möglicher niedrigerer Preis bei einem eventuellen Wiederverkauf Ihres neugebauten Hauses soll damit abgefangen werden. Banken setzen daher Risikoabschläge an, um den für die Kreditgewährung maßgeblichen niedrigeren Beleihungswert zu ermitteln.

Ähnlich wie ein Neuwagen kann auch ein Neubau-Eigenheim in den ersten Jahren nach Einzug an Wert verlieren, sofern in der Region Wertsteigerungen ausbleiben oder sogar Wertverluste zu verzeichnen sind. Schließlich müssen auch die Nebenkosten erst über eine Wertsteigerung wieder hereingeholt werden.

Eigenkapitalquote

Für selbstbewohnte Eigenheime gilt die Regel „Soviel Eigenkapital wie möglich, soviel Fremdkapital wie nötig". Je höher die Eigenkapitalquote, desto geringer sind daher Ihre finanziellen Risiken. Eigenmittel in Höhe von über 30 % der Gesamtkosten für das neugebaute Haus sind eine ausreichende Quote. 20 % der reinen Kosten (Grundstücks- und Gebäudekosten) beziehungsweise des reinen Kaufpreises beim Neubaukauf sollten in aller Regel die Untergrenze bilden. Zusätzlich sollten die Nebenkosten wie Grunderwerbsteuer, Notar- und Grundbuchgebühren und eventuell eine Maklerprovision komplett aus Eigenmitteln bestritten werden.

Eine Vollfinanzierung des Neubau-Eigenheims ohne Eigenkapital ist grundsätzlich abzulehnen, auch wenn vielleicht einige ausländische Banken dies anbieten. Ganz abgesehen davon, dass ein voll fremdfinanziertes Eigenheim einhergeht mit einem deutlich höheren Zinssatz für das aufzunehmende Hypothekendarlehen, sind die Risiken einfach zu hoch.

Nur in absoluten Ausnahmefällen sollte eine Finanzierung ohne Eigenkapital in Betracht kommen, zum Beispiel bei langfristig angelegtem Vermögen, das nicht kurzfristig oder nur mit Verlusten zu Geld gemacht werden kann. Auch Höher- und Spitzenverdiener ohne vorhandenes Eigenkapital könnten ausnahmsweise das neugebaute Haus komplett mit Kredit finanzieren, falls sie die finanzielle Belastung für Zins und Tilgung bequem aus ihrem hohen Nettoeinkommen tragen können. Abgesehen von diesen seltenen Ausnahmefällen muss es bei der Forderung nach einem Eigenkapitaleinsatz in Höhe von 20 bis 30 % der Gesamtkosten bleiben.

Eigenkapital im Verhältnis zu Gesamtkosten

Da die Immobilienpreise in Deutschland nach einer längeren Durststrecke seit 2009 wieder deutlich angestiegen sind, erhöhen sich auch die Preise für Neubau-Eigenheime beziehungsweise die Grundstücks- und Baukosten. Bei steigenden Gesamtkosten für die eigenen vier Wände und einer gleichbleibenden Eigenkapitalquote von beispielsweise 25 % erhöht sich dann auch der Eigenkapitalbedarf in Euro. Bei Gesamtkosten in Höhe von 400 000 € sind bereits 100 000 € Eigenkapital erforderlich.

Nach der Tabelle (→ Seite 74) beträgt das notwendige Eigenkapital zwischen 40 000 und

150 000 €, wenn man eine Eigenkapitalquote von 20 bis 30 % und Gesamtkosten für das Eigenheim in Höhe von 200 000 bis 500 000 € zugrunde legt. Steigen die Gesamtkosten beispielsweise um 50 000 €, erhöht sich auch der Eigenkapitalbedarf um jeweils 10 000 bis 15 000 €.

Eigenkapital in Abhängigkeit von Gesamtkosten

Gesamtkosten	20 % Eigenkapital	25 % Eigenkapital	30 % Eigenkapital
200 000 €	40 000 €	50 000 €	60 000 €
250 000 €	50 000 €	62 500 €	75 000 €
300 000 €	60 000 €	75 000 €	90 000 €
350 000 €	70 000 €	87 500 €	105 000 €
400 000 €	80 000 €	100 000 €	120 000 €
450 000 €	90 000 €	112 500 €	135 000 €
500 000 €	100 000 €	125 000 €	150 000 €

Wie hoch die Gesamtkosten für ein Neubau-Eigenheim in der Praxis tatsächlich ausfallen, hängt von drei Faktoren ab:

▶ **GRÖSSE:** Wohnfläche und Grundstücksfläche in Quadratmetern
▶ **LAGE:** Wohn- und Verkehrslage je nach Region und Stadt sowie Mikrolage innerhalb einer Stadt
▶ **AUSSTATTUNG:** innere Qualität eines Hauses, z. B. Sanitär- und Heizungsbereich einschließlich Energieeffizienz

Eigenheimpreise

Der Verband deutscher Pfandbriefbanken (VDP) hat seit 2003 rund 3 Millionen Immobilienkäufe ausgewertet. Die VDP-Datenbank enthält also Preise, die von Haus- oder Wohnungskäufern tatsächlich gezahlt werden. Laut VDP sind die Immobilienpreise in den Ballungsgebieten und Universitätsstädten deutlich stärker gestiegen als im Landesdurchschnitt. Bei Einfamilienhäusern lagen sie im 4. Quartal 2016 zwischen 3,5 und 10,6 % über dem entsprechenden Vorjahreswert.

Finanztest hat für 31 Städte (außer den sieben Top-Städten München, Stuttgart, Frankfurt, Köln, Düsseldorf, Hamburg und Berlin noch 24 weitere Städte) und 19 Landkreise die VDP-Immobilienpreise zum Stand Ende 2016 nach drei Kriterien veröffentlicht (—› Finanztest 8/2017 oder unter www.test.de , Suchwort „Immobilienpreise"):

▶ Preise in €/m² Wohnfläche von Einfamilienhäusern (Geschossfläche macht 60 % der Grundstücksfläche aus) oder Eigentumswohnungen (mit einer Wohnfläche von rund 70 Quadratmetern), die im Jahr 2000 oder später gebaut oder vollständig saniert wurden, sowie
▶ Preise innerhalb der Städte und Gemeinden getrennt nach sehr guter, guter und mittlerer Lage
▶ sowie getrennt nach sehr guter, guter, mittlerer und einfacher Ausstattung.

Trotz rasant steigender Immobilienpreise in Großstädten und in manchen Landkreisen kann sich ein Immobilienkauf noch immer lohnen. Doch nicht jede Region in Deutschland eignet sich gleichermaßen für das Immobilieninvestment. Die Tabellen von Finanztest sagen, wo die Aussichten günstig sind. Sie enthalten außer den Preisen für Einfamilienhäuser in 25 Städten und Kreisen auch Immobilien- und Mietpreise für Eigentumswohnungen in 50 Städten und Kreisen – differenziert nach Lage und Ausstattung. Beispielhaft werden auf Seite 75 die Preise für Einfamilienhäuser in 21 größeren Städten (davon 6 im Osten) genannt.

Zusätzlich enthält die Untersuchung eine Beispielrechnung, wie Käufer eine 100-Quadratmeter-Eigentumswohnung in guter Lage mit guter Ausstattung in 20 Jahren abbezahlen können. Nach Freischalten des Themas erhalten Sie Zugriff auf das 27-seitige PDF „Immobilienpreise 2016" mit allen Daten und zusätzlich auch auf den Download des Excel-Immobilienpreisrechners. Mit diesem Excel-Rechner können Sie sogar für 54 Städte und 51 Landkreise ermitteln, mit welchem Kaufpreis Sie für Ihre Wunschimmobilie ungefähr rechnen müssen. Dabei berücksichtigt der Rechner automatisch Kaufnebenkosten für Grunderwerbsteuer, Notar- und Grundbuchgebühren und die ortsübliche Maklerprovision. Dazu ermittelt der Rechner, wie viel Geld Sie monatlich für die Finan-

Preise von **Einfamilienhäusern** in 20 Städten und 5 Landkreisen, deren Baujahr oder vollständige Sanierung nach dem Jahr 2000 liegt.[1]

Lage	Preis pro m² je nach Ausstattung (in €)				Lage	Preis pro m² je nach Ausstattung (in €)			
	Sehr gut	Gut	Mittel	Einfach		Sehr gut	Gut	Mittel	Einfach
Berlin, Bundeshauptstadt					**Köln, Stadt**				
Sehr gute Lage	5 435	4 900	4 430	——[2]	Sehr gute Lage	4 290	3 730	3 375	——
Gute Lage	4 545	4 095	3 705	3 695	Gute Lage	3 950	3 430	3 110	3 100
Mittlere Lage	3 815	3 435	3 115	3 100	Mittlere Lage	3 705	3 220	2 915	2 910
Bremen, Stadt					**Leipzig, Stadt**				
Sehr gute Lage	3 715	2 685	2 465	——	Sehr gute Lage	2 625	2 290	2 120	——
Gute Lage	3 415	2 465	2 265	1 880	Gute Lage	2 405	2 105	1 950	1 660
Mittlere Lage	3 175	2 290	2 105	1 745	Mittlere Lage	2 320	2 025	1 880	1 605
Dortmund, Stadt					**Magdeburg, Landeshauptstadt**				
Sehr gute Lage	2 895	2 605	2 285	——	Sehr gute Lage	2 020	1 760	1 635	——
Gute Lage	2 625	2 365	2 080	2 045	Gute Lage	1 900	1 655	1 540	1 435
Mittlere Lage	2 430	2 190	1 925	1 890	Mittlere Lage	1 850	1 615	1 500	1 405
Dresden, Landeshauptstadt					**Mainz, Landeshauptstadt**				
Sehr gute Lage	2 870	2 545	2 380	——	Sehr gute Lage	4 335	3 675	3 330	——
Gute Lage	2 675	2 375	2 215	2 105	Gute Lage	4 105	3 480	3 155	3 145
Mittlere Lage	2 540	2 250	2 105	2 000	Mittlere Lage	4 020	3 405	3 080	3 075
Düsseldorf, Landeshauptstadt					**München, Landeshauptstadt**				
Sehr gute Lage	5 950	4 875	4 415	——	Sehr gute Lage	9 145	8 385	7 595	——
Gute Lage	5 475	4 485	4 060	4 050	Gute Lage	7 660	7 025	6 360	6 340
Mittlere Lage	4 865	3 980	3 605	3 595	Mittlere Lage	6 870	6 300	5 695	5 685
Erfurt, Landeshauptstadt					**Nürnberg, Stadt**				
Sehr gute Lage	2 380	2 025	1 895	——	Sehr gute Lage	4 100	3 655	3 355	——
Gute Lage	2 290	1 945	1 820	1 365	Gute Lage	3 985	3 555	3 260	2 895
Mittlere Lage	2 090	1 775	1 665	1 250	Mittlere Lage	3 890	3 465	3 175	2 820
Frankfurt am Main, Stadt					**Potsdam, Landeshauptstadt**				
Sehr gute Lage	5 955	4 955	4 485	——	Sehr gute Lage	4 180	3 730	3 345	——
Gute Lage	5 220	4 340	3 935	3 920	Gute Lage	3 750	3 345	3 000	2 835
Mittlere Lage	4 750	3 955	3 580	3 570	Mittlere Lage	3 535	3 150	2 825	2 675
Freiburg im Breisgau, Stadt					**Rostock, Hansestadt**				
Sehr gute Lage	4 450	3 915	3 740	——	Sehr gute Lage	2 830	2 430	2 215	——
Gute Lage	4 345	3 825	3 660	3 595	Gute Lage	2 710	2 325	2 120	1 630
Mittlere Lage	4 095	3 605	3 440	3 390	Mittlere Lage	2 600	2 235	2 035	1 560
Hamburg, Freie und Hansestadt					**Saarbrücken Regionalverband**				
Sehr gute Lage	4 825	4 200	3 800	——	Sehr gute Lage	2 945	2 295	2 090	——
Gute Lage	4 235	3 680	3 335	3 320	Gute Lage	2 665	2 070	1 890	1 615
Mittlere Lage	3 845	3 345	3 030	3 020	Mittlere Lage	2 500	1 945	1 775	1 510
Hannover Region					**Stuttgart, Landeshauptstadt**				
Sehr gute Lage	3 475	2 880	2 630	——	Sehr gute Lage	6 255	5 150	4 665	——
Gute Lage	3 030	2 520	2 305	2 275	Gute Lage	5 880	4 845	4 390	4 380
Mittlere Lage	2 775	2 310	2 110	2 085	Mittlere Lage	5 615	4 625	4 190	4 175
Kiel, Landeshauptstadt									
Sehr gute Lage	2 970	2 735	2 485	——					
Gute Lage	2 725	2 505	2 280	2 250					
Mittlere Lage	2 525	2 335	2 120	2 090					

1 Die Preise wurden für Gebäude mit einer Geschossflächenzahl (Verhältnis zwischen Geschossfläche und Grundstücksgröße) von 0,6 ermittelt. Stand: vdpResearch 4. Quartal 2016

2 —— = Entfällt (keine ausreichenden Daten vorhanden).

zierung und Bewirtschaftung der Immobilie ausgeben müssen.

Erschwinglichkeitsindex

Der Anstieg der Hauspreise und Gesamtkosten für Neubau-Eigenheime ab 2009 wird nach Schätzung von Experten noch einige Jahre anhalten. Dieser Preis- und Kostenanstieg sollte Sie aber als künftigen Bauherrn oder Neubaukäufer nicht zu sehr abschrecken. Den eher schlechten Nachrichten über steigende Immobilienpreise stehen gute Nachrichten über ein infolge der Staatsschulden- und Eurokrise extrem gesunkenes Niveau der Hypothekenzinsen gegenüber. Dies erlaubte im Frühjahr 2017 Immobilienfinanzierungen zu historisch niedrigen Hypothekenzinsen von beispielsweise 1,5 bis 2 % mit einer Zinsbindung für die nächsten 15 bis 20 Jahre.

Ob ein Eigenheim aus finanzieller Sicht für durchschnittliche Haushalte angesichts steigender Preise und sinkender Hypothekenzinsen erschwinglich ist, kann anhand des vom Center for Real Estate (CRES) im Auftrag des Immobilienverbands IVD entwickelten Erschwinglichkeitsindex abgelesen werden. Der Index von 100 wird erreicht, wenn ein durchschnittlicher Haushalt 25 % seines verfügbaren Einkommens aufwenden muss, um den aufgenommenen Kredit in Höhe von 75 % der Gesamtkosten für ein Einfamilienhaus mit mittlerem Wohnwert bedienen zu können. Dieser Index von 100 traf im Jahr 2010 genau zu. Dazu ein vereinfachtes Rechenbeispiel:

Gesamtkosten für ein Neubau-Eigenheim	**320 000 €**
Eigenkapitalquote 25 %, als Eigenmittel	80 000 €
Fremdkapitalquote 75 %, als Kredit	240 000 €
Jährliche Belastung für Kapitaldienst 5 % (Sollzins 3 %, Tilgungssatz 2 %)	12 000 €
Monatliche Belastung für Zins und Tilgung	1000 €
Verfügbares Familien-Nettoeinkommen	4 000 €
Belastungsquote 1 000 von 4 000 €	**25 %**

Seit dem Jahr 1997 ist der Erschwinglichkeitsindex von damals 50 auf 110,5 im Jahr 2015 gestiegen, was nahezu ausschließlich auf das drastisch gesunkene Zinsniveau zurückzufüh-

ren ist. Immerhin haben sich die Zinssätze für Hypothekendarlehen in den letzten 15 Jahren mehr als halbiert.

Liegt der Index über 100, könnte die Belastung für Zins und Tilgung sogar auf unter 25 % eines Familien-Nettoeinkommens von 4 000 € beziehungsweise unter 33 % von 3 000 € Nettoeinkommen sinken. Möglich wäre dies, wenn die Hypothekenzinsen relativ stärker sinken als die Hauspreise steigen. Beispielsweise macht bereits eine Senkung des Hypothekenzinses um einen halben Prozentpunkt einen Preisanstieg von rund 10 % wett.

Ein Neubau-Eigenheim kann daher trotz steigender Gesamtkosten weiterhin erschwinglich sein, wenn die Niedrigzinsphase weiter anhält und sich dadurch eine tragfähige Belastung für die Bedienung des Hypothekendarlehens ergibt.

Ihre private Vermögensbilanz

Da Sie spätestens beim ersten Kreditgespräch mit einer Bank nach der Höhe Ihres Eigenkapitals gefragt werden, geht kein Weg an der genauen Erfassung Ihrer eigenen finanziellen Mittel vorbei.

Falls Sie überhaupt keine Schulden (zum Beispiel Ratenkredit beim Autokauf, Dispokredit auf laufendem Bankkonto oder Kreditkartenschulden) haben, ist Ihr Eigenkapital vor dem Bau Ihres Eigenheims identisch mit Ihrem Vermögen. Um zu entscheiden, ob das gesamte Vermögen in die Finanzierung des Eigenheims eingesetzt werden soll, ist eine Aufgliederung der einzelnen Vermögensteile wie in der folgenden Checkliste sinnvoll.

Geldmittel, die sofort oder kurz- bis mittelfristig verfügbar sind und nur geringe Zinsen bringen, eignen sich zum Eigenkapitaleinsatz für ein Eigenheim besonders gut.

Über Guthaben auf Girokonten und Tagesgeldkonten können Sie sofort verfügen. Guthaben auf Sparbüchern sollten Sie rechtzeitig kündigen, um keine Vorschusszinsen zahlen zu müssen.

Checkliste Vermögensbestand

1	**Sofort verfügbare Geldmittel:** ✓ Bargeld und Guthaben auf Girokonto ✓ Guthaben auf Tagesgeldkonten
2	**Kurz- bis mittelfristig verfügbare Geldmittel:** ✓ Festgeldguthaben ✓ Sparguthaben ✓ Sparbriefe ✓ Bundesschatzbriefe
3	**Jederzeit veräußerbare Anlagen:** ✓ Bundesanleihen und Bundesobligationen ✓ Sonstige Anleihen und Pfandbriefe ✓ Aktien ✓ Anteile an Renten-, Aktien- oder offenen Immobilienfonds ✓ Gold
4	**Immobilienvermögen und Beteiligungen:** ✓ Wert des eigenen bezahlten oder ererbten Grundstücks ✓ Verkehrswert einer bisher selbstgenutzten oder vermieteten Immobilie ✓ Anteile an geschlossenen Immobilienfonds, Schiffsfonds oder an anderen geschlossenen Fonds
5	**Langfristig angelegtes Geldvermögen:** ✓ Bausparguthaben ✓ Kapitallebensversicherung oder private Rentenversicherung (mit aktuellem Rückkaufswert) ✓ Angespartes Guthaben in Riester- oder Rürup-Verträgen

Sparbriefe und Festgelder bei Banken und Sparkassen sind jedoch grundsätzlich nicht kündbar. Sie werden erst am Ende der Laufzeit zurückgezahlt, können aber bis zum Rückzahlungstermin beliehen werden.

Börsenfähige Wertpapiere und Anteile an Investmentfonds können durch Verkauf jederzeit zu Geld gemacht werden. Sie zählen daher ebenfalls zum sofort verfügbaren Eigenkapital. Meist bietet es sich an, zumindest einen Teil der Wertpapiere oder Fondsanteile quasi als finanzielle Reserve im Wertpapierdepot zu belassen.

Ihre finanzielle Basis verbessert sich, wenn Sie bereits Grundvermögen besitzen. Das eigene Baugrundstück, das Sie ererbt oder bereits bezahlt haben, können Sie direkt als Eigenkapital in die Finanzierung einbringen.

Bewohnen Sie bereits ein Einfamilienhaus oder eine Eigentumswohnung selbst, und wollen Sie zum Beispiel aufgrund eines beruflich bedingten Ortswechsels auf ein neues Eigenheim umsteigen, sollten Sie einen Verkauf in Erwägung ziehen. Übersteigt der Veräußerungserlös die Restschulden deutlich, können Sie diesen Vermögensüberschuss direkt als Eigenkapital für das neue Eigenheim verwenden.

Tipp: Verkaufen Sie in diesem Fall unbedingt zuerst Ihr bisheriges Eigenheim, bevor Sie ein neues Eigenheim bauen.

Nur in den seltensten Fällen werden Sie als künftiger Eigenheimbesitzer auf vermietete Immobilien oder Anteile an geschlossenen Immobilienfonds zurückgreifen können. Selbst wenn Ihnen eine vermietete Eigentumswohnung oder ein Anteil an einem geschlossenen Immobilienfonds gehört, ist ein überstürzter Verkauf fast immer mit finanziellen Nachteilen verbunden.

Reines Eigenkapital

Unter dem reinen Eigenkapital sind die Geldmittel zu verstehen, die Sie sofort in die Finanzierung Ihres neu zu bauenden Eigenheims einsetzen können. Dazu ein einfaches Rechenbeispiel in Form einer Vermögensbilanz:

Vermögensbilanz mit Ermittlung des Eigenkapitals

Vermögen		Kapital	
Bankguthaben	5 000 €		
Tagesgeld	10 000 €	Eigenkapital	80 000 €
Bausparguthaben[1]	21 000 €		
Bundesanleihen	23 000 €		
Aktien	13 000 €		
Aktienfonds	8 000 €		
	80 000 €		80 000 €

1 Zuteilungsreifer Bausparvertrag in 6 Monaten, Bausparsumme 50 000 €

In diesem Beispiel stehen immerhin Eigenmittel in Höhe von 80 000 € sofort beziehungsweise kurzfristig zur Verfügung. Bei einer Eigenkapitalquote von 25 % der Gesamtkosten dürfte das Traumhaus somit insgesamt 320 000 €

kosten. Rund 240 000 € müssten dann als Hypotheken- und Bauspardarlehen aufgenommen werden, wovon rund 30 000 € auf das Bauspardarlehen entfallen.

Bei einer Eigenkapitalquote von nur 20 % wären sogar Gesamtkosten für das Haus in Höhe von 400 000 € finanzierbar. Wenn aber eine Eigenkapitalquote von 30 % angestrebt oder von den Kreditgebern gefordert wird, dürfte das Haus nur insgesamt rund 267 000 € kosten. Zwar gilt die Grundregel „Je höher (niedriger)

Was tun mit Bausparverträgen?

▶ **Eine Kündigung des Bausparvertrags** zwecks Auszahlung des Bausparguthabens empfiehlt sich nur, wenn die aktuellen Zinsen für Hypothekendarlehen von Banken ausnahmsweise unter den Zinsen für Bauspardarlehen liegen. Meist ist eine sechsmonatige Kündigungsfrist einzuhalten. Bei einer Auszahlung des Bausparguthabens vor Ablauf dieser Frist müssen Sie eventuell Vorschusszinsen zahlen. Prüfen Sie, ob die Abschlussgebühr von 1 bis 1,6 % der Bausparsumme zurückgezahlt wird. Achten Sie außerdem darauf, dass Ihr Anspruch auf Wohnungsbauprämie und Arbeitnehmersparzulage trotz Unterschreitung der Einkommensgrenzen verfällt, sofern die siebenjährige Sperrfrist noch nicht abgelaufen ist.

▶ **Im Normalfall** sollten Sie den gesamten Bausparvertrag in die Finanzierung Ihrer eigenen vier Wände einbringen. Steht die Zuteilung des Bausparvertrags und damit der Bausparsumme unmittelbar bevor, erhalten Sie praktisch zweimal Geld von der Bausparkasse – Eigenkapital in Höhe des Bausparguthabens einschließlich Guthabenzinsen und Fremdkapital in Höhe des zinsgünstigen Bauspardarlehens. Wichtig: Das Bauspardarlehen zählt als nachrangige Hypothek und ermöglicht es Ihnen, ein Hypothekendarlehen zu zinsgünstigen Konditionen an erstrangiger Stelle bei einer Bank aufzunehmen.

▶ **Eine kurzfristige Zwischenfinanzierung** zu niedrigen Zinsen bietet sich an, wenn die Zuteilung des Bausparvertrags nach Erreichung des Mindestsparguthabens voraussichtlich innerhalb der nächsten zwei Jahre erfolgen wird. Auf die Zuteilung sollten Sie aber dann verzichten, wenn ein Hypothekendarlehen der Bank noch zinsgünstiger zu haben ist als ein Bauspardarlehen.

die Eigenkapitalquote, desto sicherer (unsicherer) die Finanzierung". Zusätzlich gilt aber auch: „Je niedriger (höher) die Eigenkapitalquote, desto höher (niedriger) können die Gesamtkosten für das Eigenheim sein".

Aus Sicherheitsgründen sollten Sie sich immer für den Einsatz einer höheren Eigenkapitalquote entscheiden, sofern Sie genügend Eigenmittel haben. Allerdings sollten Sie zusätzlich eine Sicherheits- beziehungsweise Liquiditätsreserve von drei Nettomonatsgehältern bilden, um für unvorhergesehene Ausgaben gewappnet zu sein. Es ist nicht sinnvoll, auch den letzten verfügbaren Euro ins Eigenheim zu stecken.

Geld in Bauspar- und Versicherungsverträgen

Ist Ihr Geld langfristig in Bauspar- oder Versicherungsverträgen gebunden, sollten Sie sich zunächst nach den aktuellen Bausparguthaben und Rückkaufswerten der Kapitallebensversicherung oder privaten Rentenversicherung erkundigen. Bei bereits abgeschlossenen Riester-Verträgen wäre zu überlegen, das angesparte Vermögen einschließlich der staatlichen Zulagen förderunschädlich als zusätzliches Eigenkapital in die Baufinanzierung einzubringen.

Eigenkapitalersatzmittel

Liegt Ihr reines Eigenkapital deutlich unter den im Beispiel genannten 80 000 € beziehungsweise die Eigenkapitalquote für Ihr geplantes Neubau-Eigenheim unter 20 %, wird Ihr finanzieller Spielraum automatisch enger. Sie müssen aber in diesem Fall Ihre Eigenheimpläne nicht gleich aufgeben.

Wenn Ihr reines Eigenkapital zur Finanzierung des Eigenheims tatsächlich nicht ausreicht, könnte die mögliche Lösung in sogenannten Eigenkapitalersatzmitteln liegen. Dies sind Eigenkapital ersetzende Geldmittel, die weder zum reinen Eigenkapital noch zum üblichen Bankkredit zählen.

Ihr Vorteil: Aus Sicht der Banken gelten auch indirekte Eigenmittel wie Wohnungsbauförderungs-, Arbeitgeber- und Verwandtendarlehen als Eigenkapital im weiteren Sinne. Diese nicht von Banken gewährten Darlehen ersetzen praktisch Eigenkapital (daher „Eigenkapital-ersatzmittel") und nehmen eine Sonderstellung zwischen reinem Eigenkapital und Bankdarlehen ein. Bei der Berechnung der Eigenmittel und der entsprechenden Eigenkapitalquote werden sie bei der Bank mitgezählt.

Weiterer Vorteil: Einige Banken zählen auch die zinsgünstigen Darlehen der staatlichen Kreditanstalt für Wiederaufbau (KfW), die bis zu 50 000 € betragen und an zweit- beziehungsweise nachrangiger Stelle im Grundbuch abgesichert werden, zu den Eigenkapitalersatzmitteln.

Checkliste Eigenkapitalersatzmittel

1	✓ **Wohnraumförderungsdarlehen** (Landesdarlehen wie zum Beispiel öffentliche Baudarlehen und Familienzusatzdarlehen, eventuell auch zinsgünstige Darlehen von Kommunen und Kirchen)
2	✓ **Arbeitgeberdarlehen**
3	✓ **Verwandten- oder Bekanntendarlehen**
4	✓ **Policendarlehen bei Lebensversicherungen** (Darlehen in Höhe des Rückkaufswerts)
5	✓ **Evtl. Darlehen der Kreditanstalt für Wiederaufbau** (maximal 50 000 €)
6	✓ **Selbsthilfe beziehungsweise Eigenleistung des Bauherren** (sogenannte Muskelhypothek)

ÖFFENTLICHE BAUDARLEHEN UND FAMILIEN-ZUSATZDARLEHEN: Öffentliche Baudarlehen und Familienzusatzdarlehen werden meist zinslos gewährt. Eventuell vergeben auch größere Städte und Kommunen sowie Kirchen entsprechende Wohnraumförderungsdarlehen, wobei üblicherweise bestimmte Einkommensgrenzen gelten. Daher kommen diese geförderten Baudarlehen in der Regel nur für Durchschnittsverdiener-Familien mit Kindern in Frage.

ARBEITGEBER- UND VERWANDTEN-DARLEHEN: Arbeitgeber-, Verwandten- oder Bekanntendarlehen zeichnen sich in der Regel durch besonders günstige Zins- und Rückzahlungsmodalitäten aus. Sie sollten sich nicht scheuen, Ihren Arbeitgeber oder Ihre Verwandten (auch Eltern und eventuell Schwiegereltern) danach zu fragen. Selbstverständlich sollten Sie den mit Verwandten, Freunden oder Bekannten abgeschlossenen Darlehensvertrag schriftlich fixieren und auf besonderen Wunsch Ihres privaten Darlehensgebers auch mit einer Eintragung dieses Darlehens an letztrangiger Stelle im Grundbuch einverstanden sein.

SPEZIALFALL POLICENDARLEHEN: Ein Policendarlehen in Höhe des Rückkaufswerts einer bestehenden Kapitallebensversicherung oder privaten Rentenversicherung wird grundsätzlich zu veränderlichen Zinssätzen herausgegeben. Nachteil: Sie zahlen Zinsen und gleichzeitig weiter Versicherungsbeiträge. Wenn die Zinssätze für Policendarlehen ausnahmsweise unter den üblichen Hypothekenzinssätzen liegen, lohnt sich die Aufnahme eines Policendarlehens. Ist dies wie fast immer nicht der Fall, sollten Sie ein Policendarlehen nur aufnehmen, wenn Sie damit Ihre Eigenkapitalquote erhöhen und infolge des geringeren Kreditbedarfs bei der Bank Ihre Finanzierung erst dadurch sicherstellen können.

SPEZIALFALL MUSKELHYPOTHEK: Wenn Sie als Bauherr selbst mit anpacken und Ihre Muskelhypothek einsetzen, können Sie beträchtliche Summen sparen. Allerdings sollten Sie Ihre Eigenleistung nicht unrealistisch hoch ansetzen. Überschätzen Sie also nicht Ihre eigenen handwerklichen Fähigkeiten und unterschätzen Sie nicht den beträchtlichen Zeitaufwand, der zu Ihren Bauherrenaufgaben hinzukommt.

Bei geplanten Selbsthilfeleistungen sollten Sie den Wert der Selbsthilfe durch schriftliche Erklärungen Ihres Architekten oder Ihres Betreuungsunternehmens untermauern. Bei der Beantragung von Wohnraumförderungsmitteln ist dies sogar zwingend vorgeschrieben.

Als Wert der Selbsthilfe wird der Betrag anerkannt, der gegenüber den üblichen Kosten

Was tun mit Lebensversicherungen?

▶ **Haben Sie in der Vergangenheit** eine kapitalbildende Lebensversicherung abgeschlossen, können Sie die Versicherungsansprüche in Höhe der geschätzten Ablaufleistung zur Sicherung und Tilgung eines noch aufzunehmenden Darlehensteilbetrags an den Kreditgeber abtreten. Eine regelmäßige Tilgung entfällt, da Sie quasi als Tilgungsersatz Versicherungsbeiträge zahlen.

▶ **Dringend ist davon abzuraten**, durch Kündigung der laufenden Kapitallebensversicherung sofort an Geld zu kommen. Sie erhalten zwar Ihr Guthaben in Höhe des aktuellen Rückkaufswerts ausgezahlt. Enttäuscht werden Sie aber feststellen, dass dieser Rückkaufswert im Vergleich zu der bisher gezahlten Beitragssumme außerordentlich niedrig ausfällt. Läuft der Versicherungsvertrag erst einige Jahre, führt die Kündigung infolge der Belastung mit Vertriebs- und Verwaltungskosten fast immer zu Verlusten.

der Unternehmerleistung erspart wird. Wie hoch die Ersparnis im Einzelnen ausfällt, richtet sich nach der Arbeitszeit und den üblichen Lohnkosten für eine Handwerkerstunde. Material- und Maschinenkosten können Sie mit Ihrer Eigenleistung also nicht einsparen. Neben handwerklichen Fähigkeiten ist vor allem eine robuste Gesundheit vonnöten.

Vorsicht ist geboten, wenn Sie die von Banken geforderte Eigenkapitalquote von mindestens 20 % der Gesamtkosten zum weitaus größten Teil nur durch Selbsthilfeleistungen erfüllen können.

Bestehende Schulden

Bisher wurde so getan, als ob das Vermögen (ohne Wert des Neubau-Eigenheims) identisch mit dem Eigenkapital sei. Dies ist aber nur der Fall, wenn keine laufenden Schulden (ohne Hypothekenschulden für das noch zu finanzierende Eigenheim) bestehen.

Eventuell vorhandene Schulden müssen aber erst vom Vermögen abgezogen werden, um das reine Eigenkapital zu ermitteln. Praktisch ziehen Sie wie ein Unternehmer Bilanz

und stellen die Restschulden den Vermögenswerten gegenüber.

Der Überschuss des Vermögens über die Restschulden stellt dann Ihr Eigenkapital dar.

Checkliste zur Ermittlung von Restschulden

1	✓ **Ratenkredite** (Restschulden für Kauf von Konsumgütern wie Auto, Möbel usw.)
2	✓ **Überziehungskredite** (in Anspruch genommener Dispositionskredit auf laufendem Girokonto)
3	✓ **Kreditkartenschulden** (in Anspruch genommener Kredit auf Ihrem Kreditkartenkonto)
4	✓ **Hypotheken- und Bauspardarlehen** (Restschulden für bereits vorhandene Immobilie wie beispielsweise eine vermietete Eigentumswohnung, also ohne Darlehen für noch zu finanzierendes Eigenheim)
5	✓ **Sonstige Schulden** (zum Beispiel noch nicht bezahlte Rechnungen, noch zu leistende Steuernachzahlung, persönliche Darlehen an Verwandte oder Bekannte)

Die Höhe der Restschulden können Sie den jährlichen Darlehenskontoauszügen Ihrer Kreditgeber entnehmen.

Ihre Kreditwürdigkeit leidet, falls Sie noch mit Raten- und Überziehungskrediten belastet sind. Dazu ein Beispiel in Form einer Bilanz, die im Ergebnis wie im bekannten Beispiel (ohne Schulden) zu einem Eigenkapital in Höhe von 80 000 € führt:

Bilanz mit Vermögen und Schulden

Vermögen		Kapital	
Tagesgeld	10 000 €		
Bausparguthaben[1]	21 000 €	Ratenkredit (Restschuld)	12 000 €
Bundesanleihen	33 000 €	Dispokredit	3 000 €
Aktien	23 000 €	Eigenkapital	80 000 €
Aktienfonds	8 000 €		
	95 000 €		95 000 €

[1] Zuteilungsreifer Bausparvertrag in 6 Monaten, Bausparsumme 50 000 €

In diesem Fall sollten vorrangig Vermögenswerte in Höhe von 15 000 € (zum Beispiel Bundesanleihen, Aktien oder Anteile an Aktienfonds) verkauft werden, um mit dem erhaltenen Veräußerungserlös die Restschulden aus Ratenkredit und Dispositionskredit auf einen Schlag abzulösen. Der Vermögensbestand sinkt zwar dadurch auf 80 000 €, andererseits fallen aber auch alle Schulden weg.

Bilanz ziehen

Generell lohnt es sich, eine private Bilanz über die Vermögens- und Schuldverhältnisse sowohl vor dem Bau des Eigenheims zu ziehen – wie in den genannten beiden Beispielen – als auch nach Fertigstellung, Finanzierung und Einzug in die eigenen vier Wände. Bei Gesamtkosten von 320 000 € (einschließlich Nebenkosten von 20 000 € für Grunderwerbsteuer, Notar- und Grundbuchgebühren) und einem Eigenkapitaleinsatz von beispielsweise 65 000 € sähe die Bilanz nach Einzug in das Eigenheim beispielsweise wie folgt aus:

Bilanz nach Einzug ins Eigenheim

Vermögen		Kapital	
Eigenheim	320 000 €	Hypotheken-darlehen	226 000 €
Bankguthaben	5 000 €	Bauspar-darlehen[1]	29 000 €
Tagesgeld	10 000 €	Eigenkapital	80 000 €
	335 000 €		335 000 €

1 Bauspardarlehen 29 000 € = Bausparsumme 50 000 € minus Bausparguthaben 21 000 €

Um eine finanzielle Reserve für unvorhergesehene Ausgaben zu haben, empfiehlt es sich, das nicht in den Hausbau inklusive neuer Wohnungseinrichtung (zum Beispiel neue Küche) gesteckte restliche Eigenkapital von 15 000 € auf dem laufenden Bankkonto (5 000 €) und dem Tagesgeldkonto (10 000 €) liegen zu lassen. Schließlich kann es auch den neuen Eigenheimbesitzern passieren, dass eine neue Waschmaschine angeschafft werden muss oder eine größere Reparatur beim Privatwagen anfällt. In der Regel sollten Sie für diese Liqui-

Was tun mit laufenden Riester-Verträgen?

▶ Das **mit Zulagen und Zinsen angesparte Vermögen** aus Riester-Verträgen können Sie komplett entnehmen, um es als Eigenkapital für den ab dem Jahr 2008 erfolgten Bau oder Kauf eines Eigenheims zu verwenden.

▶ Ihr Riester-Vermögen können Sie auch für eine Sondertilgung bei einem älteren Darlehensvertrag verwenden und müssen damit nicht mehr wie früher damit bis zum Renten- bzw. Pensionsbeginn warten.

▶ Seit November 2008 können Sie Wohn-Riester-Darlehen **bei Banken oder Bausparkassen** aufnehmen, bei denen die Riester-Beiträge einschließlich Zulagen direkt in die Tilgung fließen.

ditätsreserve einen Betrag von drei Nettomonatsgehältern vorsehen.

Es ist auch für Eigenheimbesitzer sinnvoll, wie ein Unternehmer alljährlich Bilanz zu ziehen. Dabei werden Sie erfreulicherweise feststellen, dass die Hypotheken- und Bauspardarlehen durch die laufende Tilgung von Jahr zu Jahr geringer werden und somit das Eigenkapital erhöhen, sofern der Wert des Eigenheims nicht fällt. Steigt Ihr Eigenheim wie erwartet im Wert, profitieren Sie doppelt – von steigendem Immobilienvermögen auf der einen und von sinkenden Immobilienschulden auf der anderen Seite. Dabei sollte Ihr Tilgungsplan so angelegt sein, dass spätestens im Rentenalter keine Schulden mehr auf Ihrem Eigenheim lasten und Sie somit Ihre eigenen vier Wände im Ruhestand miet- und schuldenfrei genießen können. Der lange Weg von der Planung eines Eigenheims bis zu dessen vollständiger Entschuldung hätte sich dann endlich ausgezahlt.

EINKOMMEN UND BELASTBARKEIT

Ob Sie sich die eigenen vier Wände finanziell leisten können, hängt neben den vorhandenen Eigenmitteln vor allem von der Höhe Ihres Nettoeinkommens ab. Sie sollten die aufgenommenen Hypothekenschulden einschließlich Zinsen aus Ihrem laufenden Einkommen zurückzahlen können, ohne sich finanziell allzu sehr zu belasten. Die Belastung aus Schuldendienst, also für Zins und Tilgung, sowie für die Bewirtschaftung des Eigenheims muss also aus Ihrem verfügbaren Einkommen auf Dauer tragbar sein.

Neben Ihrem Eigenkapital einschließlich eventueller Eigenkapitalersatzmittel stellt Ihr laufendes Einkommen die zweite Messgröße dar, um Ihre finanziellen Grenzen beim Bau eines Eigenheims auszuloten. Je mehr vom Nettoeinkommen nach Abzug aller feststehenden Kosten und laufenden Lebensunterhaltskosten für die finanzielle Belastung aus dem Eigenheim übrig bleibt, desto besser. Oder anders ausgedrückt: Nach Abzug der Belastung aus dem Eigenheim und allen übrigen fixen Kosten muss noch genügend Geld verbleiben, um die Kosten für den laufenden Lebensunterhalt zu decken.

Belastungsquote

Verständlicherweise gilt der Grundsatz „Je höher (niedriger) das Einkommen, desto größer (kleiner) die Belastbarkeit".

Wer viel verdient, kann einen größeren Teil seines Einkommens für Zins und Tilgung der aufzunehmenden Schulden aufbringen. Die Belastungsquote gibt an, wie viel Prozent des Nettoeinkommens auf die Belastung aus Kapital- beziehungsweise Schuldendienst (also auf Zins und Tilgung) entfallen.

Eine Faustregel besagt, dass die Belastungsquote des Hauseigentümers nicht über 30 bis 40 % des Nettoeinkommens hinausgehen sollte. Noch günstiger sind selbstverständlich Belastungsquoten von nur 20 bis 25 %.

Ein Vergleich mit typischen Mietbelastungsquoten kann hilfreich sein. Üblicherweise macht die monatliche Kaltmiete bis zu 25 % des vom Rheinisch-Westfälischen Institut (RWI) in Essen ermittelten durchschnittlichen Nettoeinkommens von 3 050 € je Haushalt eines Ehepaars beziehungsweise von 1 650 € je Single-Haushalt aus.

Laut Statistischem Bundesamt geben die Mieter im Jahr durchschnittlich 22,5 % ihres Einkommens für die Nettokaltmiete aus, die im bundesweiten Durchschnitt bei rund 7 €/m² Wohnfläche im Monat liegt.

Hinzu kommen noch die Neben- beziehungsweise Betriebskosten von schätzungsweise 8 % des Einkommens, sodass die Mietbelastungsquote als Bruttowarmmiete (also Nettokaltmiete plus Neben-/Betriebskosten) auf rund 30 % des monatlichen Nettoeinkommens steigt.

Die Eigenheimbelastungsquote wird in aller Regel höher liegen, da das Neubau-Eigenheim normalerweise mehr Wohnfläche aufweist als die vorher angemietete Wohnung. Statt der monatlichen Nettokaltmiete zahlen Sie als Hauseigentümer Zins und Tilgung an Ihre Bank. Diese Belastung aus Kapitaldienst wird auch in einer Niedrigzinsphase üblicherweise rund 30 % des Nettoeinkommens ausmachen.

Hinzu kommt die Belastung für die Bewirtschaftung des neugebauten Eigenheims, wozu auch die laufenden Kosten für Instandhaltung und Modernisierung gehören, die ein Mieter üblicherweise nicht trägt.

Einschließlich der laufenden Bewirtschaftungskosten von rund 10 % des monatlichen Nettoeinkommens wird dann die Eigenheimbelastungsquote als Bruttobelastung aus Kapitaldienst und Bewirtschaftung in Prozent des monatlichen Nettoeinkommens auf rund 40 % steigen, auch wenn mit einem neugebauten Energiesparhaus gegenüber einer gemieteten Wohnung Heiz- und Warmwasserkosten eingespart werden.

Schließlich muss auch der Hauseigentümer „kalte" Betriebskosten wie Grundsteuer, Müllabfuhrgebühren, Feuerversicherungsprämie, Strom- und Kaltwasserkosten bezahlen. Außerdem muss er eine Instandhaltungsrücklage für kommende Reparaturen am und im Haus mit einkalkulieren.

Belastung im Verhältnis zum Nettoeinkommen

Laut Statistischem Bundesamt lagen die durchschnittlichen Nettoeinkommen im Jahr 2015 je nach Haushaltstyp zwischen 1 953 und 4 713 €:

Durchschnittliche Nettoeinkommen pro Monat

Haushaltstyp	Nettoeinkommen
Alleinstehender (Single-Haushalt)	1 953 €
Alleinerziehender	2 235 €
Ehepaar ohne Kind	3 859 €
Ehepaar mit Kindern unter 18 Jahren	4 713 €

Das Nettoeinkommen einschließlich Kindergeld und Elterngeld macht im Durchschnitt aller Haushalte 3 218 Euro aus bei einem durchschnittlichen Bruttoeinkommen von 4 196 € im Monat.

In der folgenden Tabelle (→ rechts oben) werden für monatliche Nettoeinkommen zwischen 2 000 und 5 000 € die monatlichen Belastungen für Zins und Tilgung (sog. Belastung aus Kapitaldienst) bei einer Belastungsquote zwischen 20 und 40 % ausgewiesen. Die zusätzliche Belastung für Betriebs- und Instandhaltungskosten (sog. Belastung aus Bewirtschaftung) wird in dieser Rechnung nicht berücksichtigt.

Belastung in Abhängigkeit vom Nettoeinkommen

Nettoein-kommen	20 % Belastung	25 % Belastung	30 % Belastung	35 % Belastung	40 % Belastung
2 000 €	400 €	500 €	600 €	700 €	800 €
2 500 €	500 €	625 €	750 €	875 €	**1 000 €**
3 000 €	600 €	750 €	900 €	**1 050 €**	1 200 €
3 500 €	700 €	875 €	**1 050 €**	1 225 €	1 400 €
4 000 €	800 €	**1 000 €**	1 200 €	1 400 €	1 600 €
4 500 €	900 €	1 125 €	1 350 €	1 575 €	1 800 €
5 000 €	**1 000 €**	1 250 €	1 500 €	1 750 €	2 000 €

Eine monatliche Belastung aus Kapitaldienst in Höhe von 1 000 beziehungsweise 1 050 € ist durch Fettdruck hervorgehoben. Sie führt bei einem monatlichen Nettoeinkommen von 2 500 € zu einer recht hohen Belastungsquote von 40 %, während bei einem relativ hohen Familien-Nettoeinkommen von 4 000 € dafür nur 25 % aufgewendet werden müssen.

Belastung in Niedrigzinsphasen

Die monatliche Belastung von 1 000 € für Zins und Tilgung eines Baukredits kann in einer Niedrigzinsphase mit Hypothekenzinsen zwischen 1 und 3 % durchaus als typisch gelten. Bei einem Sollzins von nur 2 % und einer jährlichen Tilgung von 2 % zuzüglich ersparter Zinsen ist damit ein Baukredit von insgesamt 300 000 € darstellbar. Dazu eine Rechnung:

4 % Zins- und Tilgungssatz von (2 % Zins + 2 % Tilgung)	300 000 €
= Jährliche Belastung von für Zins und Tilgung	12 000 €
: 12 Monate	
= Monatliche Belastung von für Zins und Tilgung	1 000 €

Das Problem: Erst nach knapp 35 Jahren wäre dieser Baukredit vollständig getilgt. Wenn die Zinsbindung mit festen 2 % über 20 Jahre laufen soll, verbleibt am Ende der Laufzeit noch eine relativ hohe Restschuld von 152 602 €.

Im günstigen Fall mit einem festen Zinssatz von nur 2 % über die gesamte Laufzeit von 20 Jahren wäre eine völlige Entschuldung nur dann erreicht, wenn der jährliche Tilgungssatz auf 4,07 % zuzüglich ersparter Zinsen angehoben und dadurch zu einer nur auf 1 518 € steigenden monatlichen Belastung führen würde.

Die Kombination aus 3 % Sollzins und 2 % Tilgung erfordert hingegen bei einem Baukredit von 300 000 € eine höhere monatliche Belastung von 1 250 und führt nach 20 Jahren noch zu einer Restschuld von 135 849 €. Eine völlige Entschuldung bereits nach 20 Jahren wäre nur möglich, wenn der Tilgungssatz auf 3,66 % und die monatliche Belastung dementsprechend auf 1 664 € steigen würde.

Die typische Bauherrenfamilie mit ein oder zwei Kindern wird auf ein monatliches Familien-Nettoeinkommen zwischen 3 000 und 4 000 € kommen. Bei einer Belastungsquote von durchschnittlich 30 % des Nettoeinkommens für Zins und Tilgung wird sich die monatliche Belastung für Zins und Tilgung zwischen 900 und 1 200 € bewegen. Damit wäre bei einem Zins- und Tilgungssatz von zusammen 6 % der Darlehenssumme ein Baukredit zwischen 180 000 und 240 000 € möglich. Bei einem Zins- und Tilgungssatz von nur 5 % läge die Baukreditsumme allerdings zwischen 216 000 und 288 000 €.

Ihr monatliches Nettoeinkommen

Es wird Ihnen nicht schwerfallen, die Höhe Ihres monatlichen Nettoeinkommens zu ermitteln. Bei Angestellten ist unter monatlichem Nettoeinkommen zunächst das monatliche Bruttogehalt abzüglich Arbeitnehmeranteil zur Sozialversicherung (gesetzliche Renten-, Arbeitslosen-, Kranken- und Pflegeversicherung) und Lohnsteuer (inkl. Solidaritätszuschlag und eventuell Kirchensteuer) zu verstehen. Bei Beamten tritt der Beitrag für die private Krankenversicherung und die soziale Pflegepflichtversicherung an die Stelle des Arbeitnehmeranteils, da Beamte keine Beiträge für die Renten- und Arbeitslosenversicherung zahlen müssen.

Bei Angestellten wird das monatliche Nettogehalt im Jahr 2017 wie folgt berechnet:

Monatliches Bruttogehalt
– Arbeitnehmeranteil zur Sozialversicherung [1]
– Lohnsteuer inkl. Solidaritätszuschlag und eventuell Kirchensteuer [2]
= **Monatliches Nettogehalt**

[1] insgesamt 20,525 % des Bruttogehalts für gesetzliche Renten-, Arbeitslosen-, Kranken- und Pflegeversicherung bei Angestellten mit mindestens einem Kind (für Kinderlose 20,775 %), und zwar 9,675 beziehungsweise 9,925 % Beitrag für gesetzliche Kranken- und Pflegeversicherung bis zu einer Beitragsbemessungsgrenze von 4 350 € sowie 10,85 % Beitrag für gesetzliche Renten- und Arbeitslosenversicherung bis zur Beitragsbemessungsgrenze von 6 350 € West € (Stand 2017)

[2] Lohnsteuer für Alleinstehende nach Lohnsteuerklasse I, für verheiratete Alleinverdiener nach III und für verheiratete Doppelverdiener nach III/V beziehungsweise IV/IV in 2017

Bei Familien und Alleinerziehenden mit Kindern kommt das Kindergeld zum Nettogehalt hinzu (jeweils 192 € für das 1. und 2. Kind sowie 223 € für das 3. Kind und jedes weitere Kind).

In der Tabelle auf Seite 85 oben werden beispielhaft Familien-Nettoeinkommen für einen Angestelltenhaushalt mit einem Kind bei monatlichen Bruttogehältern zwischen 3 000 und 6 000 € aufgeführt.

Jährliche Urlaubs- und Weihnachtsgelder sowie sonstige Einmalzahlungen erhöhen zwar das Jahresbruttogehalt, sollten aber aus Sicherheitsgründen nicht in eine Erhöhung des monatlichen Nettoeinkommens umgerechnet werden. Besser ist es, diese zusätzlichen Gelder als finanzielle Reserve für nicht geplante Ausgaben vorzusehen.

Das Nettoeinkommen kann sich noch durch Zusatzeinkünfte erhöhen wie beispielsweise

▶ Minijob-Lohn bis 450 €
▶ Laufende Zinseinnahmen auf Spar-, Tagesgeld- und Festgeldkonten sowie auf sonstige Zinspapiere
▶ Mietüberschüsse aus vermieteten Immobilien, falls Mieteinnahmen einschließlich Umlagen über den Zins- und Tilgungszahlungen und den gesamten Bewirtschaftungskosten für das Mietobjekt liegen.

Ihr frei verfügbares Einkommen

Ihr monatliches Nettoeinkommen wird durch feststehende (fixe) Kosten vermindert, sodass Sie nur über das nach Abzug der laufenden festen Kosten verbleibende Einkommen frei verfügen können. Zu den festen Kosten eines Haushalts zählen typischerweise

▶ Kfz.-Steuer, Autohaftpflicht- und Voll-kaskoversicherung für Privatwagen
▶ Bahncard oder Monatsticket für Zugfahrten
▶ Rundfunk- und Fernsehgebühren
▶ Flatrate für Telefon und Internetzugang sowie Abogebühren für Zeitungen und Zeitschriften
▶ Versicherungsbeiträge (z.B. für Privathaftpflicht-, Berufsunfähigkeits-, Risikolebens-, Hausrat-, Unfall- oder Rechtsschutzversicherung)
▶ Beiträge für Altersvorsorge (z.B. Kapitallebensversicherung, private Rentenversicherung, Riester- oder Rürup-Verträge)
▶ Bausparbeiträge
▶ Feste Sparraten für Bank- oder Fondssparpläne
▶ Raten für bestehende Kredite (z.B. Ratenkredite, nicht Hypothekendarlehen für vermietete Immobilien oder das Neubau-Eigenheim)
▶ Unterhaltszahlungen an geschiedenen Ehegatten und Kinder.

Um sich einen genauen Überblick über das frei verfügbare Einkommen zu verschaffen, ist die Erfassung der festen Kosten unverzichtbar. Dazu zählen nicht nur die jeden Monat anfallenden Fixkosten, sondern auch die vierteljährlich, halbjährlich oder jährlich zu zahlenden Ausgaben, die entsprechend durch 3, 6 oder 12 Monate zu teilen sind.

Monatlich anfallende feste Kosten	_____ €
+ Vierteljährliche feste Kosten _____ € : 3 pro Monat	_____ €
+ Halbjährliche feste Kosten _____ € : 6 pro Monat	_____ €
+ Jährliche feste Kosten _____ € : 12 pro Monat	_____ €
= **Feste Kosten pro Monat insgesamt**	_____ €

Nettoeinkommen in Abhängigkeit vom Bruttogehalt

Bruttogehalt insgesamt[1]	1. Gehalt[2]	2. Gehalt[3]	Familien-Netto-einkommen[4]
3 000 €	3 000 €	——	2 384 €
3 500 €	3 500 €	——	2 676 €
4 000 €	4 000 €	——	2 951 €
4 000 €	2 500 €	1 500 €	3 017 €
4 500 €	3 000 €	1 500 €	3 314 €
5 000 €	3 000 €	2 000 €	3 528 €
5 500 €	3 500 €	2 000 €	3 820 €
6 000 €	4 000 €	2 000 €	4 095 €

1 Monatliches Bruttogehalt insgesamt eines Angestelltenhaushalts in 2017 (verheirateter Alleinverdiener ist Angestellter oder beide miteinander verheirateten Verdiener sind Angestellte)

2 1. Gehalt des höher verdienenden Angestellten (gleichzeitig Alleinverdiener, wenn Ehegatte nicht berufstätig ist), versteuert nach Lohnsteuerklasse III mit 1 Kind

3 2. Gehalt des geringer verdienenden Angestellten bei Doppelverdienern, versteuert nach Lohnsteuerklasse V mit 1 Kind

4 Familien-Nettoeinkommen nach Abzug des Arbeitnehmeranteils zur Sozialversicherung und Lohnsteuer inkl. Solidaritätszuschlag (ohne Kirchensteuer) vom Bruttogehalt plus Kindergeld von 192 € für ein Kind

Die meisten Haushalte unterschätzen die Höhe dieser festen Kosten pro Monat. Häufig machen allein diese fixen Kosten (ohne Wohnkosten als Mieter oder Eigentümer und ohne Lebensunterhaltskosten) 20 bis 30 % des Nettoeinkommens aus.

Die vollständige Rechnung zur Ermittlung des frei verfügbaren Einkommens lautet daher:

Bruttoeinnahmen (z.B. Bruttogehalt, Zins- und Mieteinnahmen)
− Gesetzliche Abzüge (Sozialabgaben und Steuern)
+ Kindergeld
= **Nettoeinkommen**
− Feste Kosten
= **Frei verfügbares Einkommen**

Mindestbehalt

Wenn Sie vom frei verfügbaren Einkommen noch die Kosten für die gemietete Wohnung (Nettokaltmiete plus Nebenkosten) beziehungsweise für das selbstbewohnte Eigenheim

(Zinsen und Tilgung für Baudarlehen plus Kosten der laufenden Bewirtschaftung) abziehen, bleiben die veränderlichen (variablen) Kosten für den Lebensunterhalt übrig.

Sicherlich ist es mühsam, diese Lebensunterhaltskosten direkt über ein regelmäßig geführtes Haushaltsbuch zu erfassen. Um dennoch die ungefähre Höhe der laufenden Lebensunterhaltskosten für Ernährung, Bekleidung und Schuhe, Körper- und Gesundheitspflege, Hausratgegenstände, Auto und Verkehr, Kommunikation (Bücher, Zeitungen und Zeitschriften, Telefon, Handy und Internet) und Persönliches (Bildung, Unterhaltung, Sport, Hobbys, Reisen, Urlaub) zu erfahren, empfiehlt sich quasi ein Probelauf per Haushaltsbuch über drei Monate, in denen Sie alle Lebensunterhaltskosten ermitteln und daraus einen durchschnittlichen Monatsbetrag ermitteln. Oft reicht es schon, die regelmäßigen Barabhebungen oder Belastungen der Kreditkarten für mehrere Monate zahlenmäßig zu sammeln.

Kreditgeber gehen meist von Faustregeln für den Mindestbehalt aus, der nur die Kosten des laufenden Lebensunterhalts umfasst. Dies ist also der Betrag, der nach Abzug aller festen Kosten einschließlich der Kosten für das Wohnen in der bisher gemieteten Wohnung oder dem künftigen Eigenheim verbleibt. Dieser Mindestbehalt liegt bei rund 750 € für eine Einzelperson plus mindestens 250 € für jede weitere im Haushalt lebende Person (z.B. Ehegatte, Kinder). Bei einer Familie mit zwei Kindern wäre der Mindestbehalt dann mit rund 1 500 € anzusetzen.

Der Mindestbehalt ist dann im Laufe der Jahre wegen des laufenden Anstiegs der Verbraucherpreise nach oben anzupassen. Bei einer Inflationsrate von beispielsweise 2 % pro Jahr wäre der Mindestbehalt nach 5 Jahren um 10 % zu erhöhen und nach 10 Jahren bereits um 22 %.

Achten Sie als künftiger Eigenheimbesitzer vor allem darauf, dass Ihnen nach Abzug aller festen Kosten und der Belastung für das Eigenheim noch ein ausreichender Betrag für den Lebensunterhalt verbleibt. Es lohnt nicht, sich für das erträumte Eigenheim so krummzulegen, dass die persönlichen Bedürfnisse nicht

mehr erfüllt werden können oder gar eine zusätzliche Konsumverschuldung in Kauf genommen wird.

Ob eine Baufinanzierung für Sie machbar ist, hängt also davon ab, ob Sie die folgenden Fragen mit einem eindeutigen JA beantworten können:

Checkliste: Wann eine Baufinanzierung machbar ist

1	✓ Bleibt nach Abzug der Belastung aus Kapitaldienst und Bewirtschaftung für das Eigenheim sowie von sonstigen fixen Kosten noch ein Mindestrückbehalt von 750 € pro Person plus 250 € für jede weitere Person im Haushalt übrig, um die laufenden Kosten des Lebensunterhalts zu decken?
2	✓ Bleibt nach Abzug aller fixen Kosten und Kosten des Lebensunterhalts laut Haushaltsbudget noch genügend Geld übrig, um die Kosten für Zins, Tilgung und Bewirtschaftung des Eigenheims (Belastung aus Kapitaldienst und Bewirtschaftung) zu decken?
3	✓ Bleibt außer Miete und Nebenkosten für Ihre bisher gemietete Wohnung plus bisherige monatliche Sparrate noch ein weiterer Sparbetrag übrig, um die künftige Belastung aus Kapitaldienst und Bewirtschaftung für das Eigenheim auf Dauer zu tragen?
4	✓ Wird die voraussichtliche Eigenheimbelastung aus Kapitaldienst und Bewirtschaftung unter 50 % beziehungsweise die Belastung aus Kapitaldienst unter 40 % Ihres Familien-Nettoeinkommens liegen?

Ihr monatliches Budget

Um einen genauen Überblick über Ihr monatliches Budget zu gewinnen, sollten Sie als Bauherr alle Nettoeinnahmen und Ausgaben (außer der bisher gezahlten Miete einschließlich Nebenkosten) erfassen. Dieses Budget stellen Sie vor Einzug ins Eigenheim auf, um die noch tragbare Belastung für Kapitaldienst und Bewirtschaftung Ihres Hauses zu ermitteln. Nach Einzug sollten Sie das Budget auf der Ausgabenseite um diese laufende Belastung erweitern. Falls der finanzielle Spielraum danach zu eng wird, sollten Sie versuchen, bestimmte unnötige Kosten einzusparen.

In Ihrem monatlichen Budget können Sie nun alle laufenden Einnahmen und Ausgaben (zunächst ohne bisherige Miete und künftige Belastung für das Eigenheim) gegenüberstellen:

Monatliches Budget

Einnahmen	Ausgaben
▶ Nettogehalt des Hauptverdieners	**Feststehende Ausgaben**
▶ Nettogehalt des Ehegatten	▶ Autoversicherung und Kfz.-Steuer
▶ Eventuell Lohn aus Minijob	▶ Rundfunk-, Fernseh-, Telefon- und Zeitungsgebühren
▶ Eventuell Einkünfte aus unternehmerischer Tätigkeit	▶ Bauspar- und Versicherungsbeiträge
	▶ Sparraten für Fondssparpläne
▶ Kindergeld	▶ Raten für bestehende Kredite
▶ Zinserträge	▶ Unterhaltszahlungen
▶ Mieterträge	**Veränderliche Ausgaben** (eigentliche Lebenshaltungskosten)
	▶ Nahrungs- und Genussmittel
	▶ Schuhe und Bekleidung
	▶ Körper- und Gesundheitspflege
	▶ Bildung und Unterhaltung
	▶ Verkehrsmittel
	▶ Sonstiges (Hobbys, Geschenke)

▶ **Arbeitsblätter zur Einnahmen- und Ausgabenrechnung finden Sie in unserer Praxismappe „Finanzierung".**

Belastung für Bewirtschaftung ermitteln

Es kommt nun darauf an, wie viel Geld Ihnen nach Abzug aller laufenden Ausgaben vom Nettoeinkommen verbleibt, um damit Zins und Tilgung für das Darlehen sowie für die Bewirtschaftung des Eigenheims aufzubringen.

Monatliches Familien-Nettoeinkommen
− Laufende Ausgaben (feste und veränderliche Kosten)
= Mögliche Belastung für Eigenheim

− Belastung aus Bewirtschaftung (laufende Betriebs- und Instandhaltungskosten)
= **Belastung aus Kapitaldienst (Zins und Tilgung für Hypothekendarlehen)**

Die Belastung aus Bewirtschaftung (also für laufende Betriebs-, Verwaltungs- und Instandhaltungskosten des Eigenheims) können Sie grob ermitteln, indem Sie die Wohnfläche mit einem Erfahrungswert pro m² Wohnfläche multiplizieren.

Beispiel: 150 m² Wohnfläche x 3 € / m² Wohnfläche = monatlich 450 € an laufenden Bewirtschaftungskosten.

Um einen brauchbaren Erfahrungswert für die Betriebskosten (ohne Verwaltungs- und Instandhaltungskosten) zu ermitteln, lohnt ein Blick auf den Betriebskostenspiegel des Deutschen Mieterbunds für vermietete Wohnungen. Danach lagen die auf Mieter umlagefähigen Betriebskosten, die üblicherweise auch als Nebenkosten bezeichnet werden, bei durchschnittlich 3,18 € / m² Wohnfläche im Jahr 2014. Sie teilen sich wie folgt auf:

▶ Feste Betriebskosten (z. B. Grundsteuer, Müllabfuhr, Feuerversicherung, Gebäude- und Schonsteinreinigung, Straßenreinigung, Antenne/Kabel, Aufzug, Hausmeister, Gartenpflege): 1,45 € / m² Wohnfläche
▶ Kalte Verbrauchskosten (Kaltwasser- und Abwasserkosten): 0,34 € / m² Wohnfläche
▶ Warme Verbrauchskosten (Heiz- und Warmwasserkosten): 1,39 € / m² Wohnfläche.

Bei Ihrem Eigenheim, das Sie selbst bewohnen werden, entfallen üblicherweise die Kosten für Gebäude- und Straßenreinigung, Aufzug, Hausmeister und Gartenpflege, da Sie weder Aufzug noch Hausmeister benötigen und die Gebäude- und Straßenreinigung sowie Gartenpflege selbst übernehmen werden. Rechnet man diese Kosten in Höhe von 0,63 € aus dem Betriebskostenspiegel heraus, sinken die festen Betriebskosten für das Eigenheim auf 0,82 € / m² Wohnfläche und werden somit fast halbiert.

Zu den Kalt- und Abwasserkosten von 0,34 € / m² Wohnfläche kommen noch die

Stromkosten von beispielsweise 0,30 €/m² hinzu, sodass die kalten Verbrauchskosten im Durchschnitt 0,64 €/m² Wohnfläche ausmachen, zusammen mit den festen Betriebskosten also 1,46 €/m² Wohnfläche.

Die Höhe der warmen Verbrauchskosten für Heizung und Warmwasser hängt ganz entscheidend von der Energieeffizienz Ihres Neubau-Eigenheims ab. Da neugebaute Einfamilienhäuser wesentlich niedrigere Heiz- und Warmwasserkosten aufweisen als der Durchschnitt aller Mietwohnungen, müsste eine Halbierung der genannten warmen Verbrauchskosten auf rund 0,75 €/m² Wohnfläche möglich sein.

Daher sollten Sie bei Ihrem Eigenheim mit folgenden Betriebskosten rechnen:

Feste Betriebskosten	0,82 €/m²	Wohnfläche
+ Kalte Verbrauchskosten	0,64 €/m²	Wohnfläche
+ Warme Verbrauchskosten	0,75 €/m²	Wohnfläche
= Gesamte Betriebskosten	2,11 €/m²	Wohnfläche

Die laufenden Betriebskosten machen somit rund 2 €/m² Wohnfläche aus. Bei einer Wohnfläche von 150 m² kämen dann monatlich 300 € an Betriebskosten zustande.

Verwaltungskosten für die Haus- oder Mietverwaltung kommen für Sie als Selbstnutzer Ihrer eigenen vier Wände nicht infrage. Die geringen Verwaltungsarbeiten im Zusammenhang mit Abrechnungen gegenüber der Stadtverwaltung, den Stadtwerken oder anderen Energieversorgungsträgen werden Sie selbst durchführen.

Instandhaltungskosten werden bei Neubauten in den ersten Jahren auch nicht entstehen. Auf lange Sicht ist es aber sinnvoll, eine jährliche Instandhaltungsrücklage von mindestens 0,50 €/m² Wohnfläche und Monat (ab dem 6. Jahr) und von mindestens 1 € monatlich pro m² (ab dem 12. Jahr) zu bilden und dieses Geld als finanzielle Reserve auf einem Tagesgeldkonto zu parken. Bei einer Wohnfläche von 150 m² wären das monatlich noch einmal 150 € beziehungsweise jährlich 1 800 €.

Insgesamt dürften die Betriebs- und Instandhaltungskosten für ein neugebautes Ei-

genheim über 3 €/m² Wohnfläche und Monat nicht hinausgehen, also nicht über 450 € pro Monat bei einer Wohnfläche von beispielsweise 150 m².

Tragfähige Belastung aus Kapitaldienst

Wenn Sie alle laufenden monatlichen Ausgaben einschließlich der künftigen Ausgaben für die Bewirtschaftung Ihres Eigenheims von Ihrem monatlichen Nettoeinkommen abziehen, kennen Sie Ihre monatliche Belastbarkeit für den Kapitaldienst. Sie gibt Ihnen an, wieviel Sie maximal für Zins und Tilgung der Hypothekendarlehen aufbringen können.

Tragfähig ist eine Belastung aus Kapitaldienst, die maximal 40 % Ihres Familien-Nettoeinkommens ausmacht und genügend Geld zur Bestreitung des laufenden Lebensunterhalts und zur Deckung aller festen sonstigen Kosten übrig lässt.

Sie sollten Ihre Belastbarkeit für das Eigenheim auf keinen Fall so überstrapazieren, dass Sie künftig auf alle Annehmlichkeiten des Lebens wie Hobbys und Urlaubsreisen zugunsten der eigenen vier Wände ganz verzichten müssen.

Eigenheimbelastung statt Mietbelastung

Die Eigenheimbelastung setzt sich aus der Belastung aus Bewirtschaftung (ca. 2 bis 3 €/m² Wohnfläche und Monat) und der Belastung aus Kapitaldienst für Zins- und Tilgungszahlungen zusammen. Diese Gesamtbelastung sollte auf keinen Fall über 50 % Ihres Nettoeinkommens hinausgehen, da sonst weniger als die Hälfte Ihres Nettoeinkommens für andere feste Kosten und die Lebensunterhaltskosten übrig bleibt.

Die Mietbelastung als Belastung aus Nettokaltmiete, Nebenkosten und zusätzlichen Stromkosten für die Mietwohnung liegt durchschnittlich bei 30 % des Nettoeinkommens.

Typischerweise steigt die Eigenheimbelastungsquote schon dadurch an, dass Sie von einer kleineren Mietwohnung auf ein relativ großes Einfamilienhaus umsteigen. Allein die meist um 25 bis 50 % größere Wohnfläche führt zu einer höheren Belastungsquote, bezogen auf das Netto-Familieneinkommen.

Nur wenn Sie die Eigenheimbelastung mit einer Mietbelastung für ein gleich großes und gleich ausgestattetes Haus in gleicher Wohn- und Verkehrslage vergleichen, kommen Sie auf etwa gleich hohe Belastungsquoten. Liegt die Eigenheimbelastung in diesem Fall sogar unter der Mietbelastung, gilt zumindest für die Anfangszeit der Spruch „Bauen schlägt Mieten".

Mehr Geld durch geringere Ausgaben

Wird Ihnen die finanzielle Belastung für das Eigenheim zu hoch, sollten Sie alles daran setzen, alle sonstigen Ausgabenblöcke einmal genau zu durchforsten und auf Einsparpotentiale zu untersuchen. In einigen Fällen gelingt Ihnen die Kostenersparnis, ohne große Abstriche bei Ihrem gewohnten Lebensstandard zu machen.

Mehr Geld durch geringere Ausgaben
Kostenersparnisse lassen sich erzielen durch:

1	✓ **Geringere Versicherungsbeiträge** Kündigung von überflüssigen oder zu teuren Versicherungen und Wahl kostengünstigerer Versicherer
2	✓ **Geringere Autokosten** Umsteigen auf preis- und kostengünstigeres Auto, Senkung der Benzinkosten durch wirtschaftlicheres Fahren oder teilweise Nutzung von öffentlichen Verkehrsmitteln
3	✓ **Geringere Telefonkosten** Wahl einer kostengünstigen Flatrate oder von besonders niedrigen Tarifen der Telefonanbieter
4	✓ **Geringere Stromkosten** durch Wahl eines günstigeren Stromtarifs oder Wechsel des Stromanbieters
5	✓ **Geringere sonstige Energiekosten** durch Wechsel des Anbieters, sparsameren Verbrauch bei Wasser und Heizung oder andere gezielte Energiesparmaßnahmen
6	✓ **Geringere Bankgebühren** zum Beispiel Wegfall von Kontoführungsgebühren bei gebührenfreien Gehaltskonten

Die Beispiele lassen sich beliebig fortsetzen. Je mehr Sie bei den laufenden Ausgaben sparen, desto mehr Geld bleibt für die Belastung aus Kapitaldienst beim Eigenheim übrig.

Mehr Geld durch höhere Einnahmen
Grundsätzlich können Sie Ihre finanzielle Situation auch durch höhere Nettoeinnahmen verbessern. Auch dann steht Ihnen mehr Geld zur Verfügung. Kostensenkungsmaßnahmen sind eben nicht alles.

Mehr Geld durch höhere Nettoeinkünfte

1	✓ Ein höheres Nettoeinkommen kann durch eine längst fällige Gehaltserhöhung, durch zusätzliche Nebeneinkünfte oder durch höhere Ersparnisse bei der Lohn- und Einkommensteuer erfolgen.
2	✓ Nutzen Sie vor allem alle legalen Möglichkeiten, mehr Geld durch weniger Steuern zu bekommen. Vergessen Sie nicht die Fülle von steuerlichen Abzugsmöglichkeiten bei den Werbungskosten, Sonderausgaben und außergewöhnlichen Belastungen. Sie drücken dadurch das zu versteuernde Einkommen und damit die zu zahlende Einkommensteuer nach unten.
3	✓ Schichten Sie Ihre auf Spar-, Tages- und Festgeldkonten zu Mini-Zinsen liegenden Gelder auf Anbieter mit höheren Zinsen oder attraktivere Geldanlagen um.

Bleibt trotz Senkung der Ausgaben und Steigerung der Nettoeinkünfte nur ein geringer Einnahmenüberschuss übrig, wird Ihr Belastungs- und Kreditrahmen zwangsläufig recht eng. Sie müssen sich dann notgedrungen mit einem bescheideneren Eigenheim als Einstieg begnügen, wenn Sie auf die eigenen vier Wände nicht verzichten wollen.

KREDITRAHMEN UND GESAMTKOSTENGRENZE

Ihr Traum vom Eigenheim muss aus finanzieller Sicht erfüllbar sein. Wenn Sie nicht jahrzehntelang auf die Verwirklichung Ihres Traums vom Eigenheim verzichten wollen, müssen Sie sorgfältig prüfen, ob Sie sich die eigenen vier Wände schon heute finanziell leisten können. Der Kassensturz bei Eigenkapital und Einkommen zeigt Ihnen, ob Ihre persönlichen Einkommens- und Vermögensverhältnisse den Aufstieg vom Mieter zum Eigentümer zum gegenwärtigen Zeitpunkt zulassen. Der Kassensturz sollte dabei sowohl Ihre private Vermögensbilanz als auch Ihr privates Budget erfassen. Vorhandenes Eigenkapital und Einkommen als finanzielle Faktoren entscheiden maßgeblich darüber, wie teuer ihr Eigenheim werden darf.

Der übliche Weg

Viele Haus- und Wohnungseigentümer in spe gehen am Anfang den umgekehrten Weg. Sie wählen zunächst ein für sie geeignetes Grundstück einschließlich des darauf noch zu errichtenden Hauses aus und fragen erst danach, ob das alles finanzierbar ist. Wenn die Finanzierung dann aber mit waghalsigen Tricks „passend gemacht" wird, ist die finanzielle Katastrophe fast schon vorgezeichnet. Der Traum von den eigenen vier Wänden wird dann zum Albtraum und endet im schlimmsten Fall mit der Zwangsversteigerung des geliebten Eigenheims.

Der übliche Weg „Erst investieren, dann finanzieren" birgt etliche Risiken. Ausgehend von den geschätzten Gesamtkosten für das Neubau-Eigenheim wird nach Abzug des vorhandenen Eigenkapitals der aufzunehmende Baukredit von beispielsweise 250 000 € ermittelt. Um die monatliche Belastung so niedrig

wie möglich zu halten, wird auch in einer Tiefzinsphase wie 2017 eine Zinsbindung von nur 5 oder 10 Jahren gewählt sowie eine niedrige Anfangstilgung von nur 1 % pro Jahr zuzüglich der durch die laufende Tilgung ersparten Zinsen.

Im Prinzip werden die hohen sechsstelligen Gesamtkosten des Eigenheims von beispielsweise 300 000 € und einem Baukredit von 250 000 € „heruntergerechnet" auf eine möglichst dreistellige monatliche Belastung in Höhe von beispielsweise nur 700 € für Zins und Tilgung des noch aufzunehmenden Hypothekendarlehens.

Finanzielle Lücken entstehen bei dieser recht waghalsigen Rechnung, wenn folgende Probleme auftreten:

► Gesamtkosten fallen höher aus als geschätzt.
► Eigenkapital ist tatsächlich niedriger als angenommen.
► Anfängliche Belastung aus Zins und Tilgung steigt nach Ablauf der Zinsbindung deutlich.
► Laufende Belastung aus Bewirtschaftung des Eigenheims wird unterschätzt beziehungsweise völlig unterschlagen.

Bei höheren Gesamtkosten beziehungsweise höheren Baukrediten ist eine Nachfinanzierung die zwangsläufige Folge. Wird die laufende Belastung für Zins, Tilgung und Bewirtschaftung zu niedrig angesetzt, schrumpft das nach Abzug der Eigenheimbelastung und aller sonstigen feststehenden Kosten noch für den Lebensunterhalt frei verfügbare Einkommen.

Der andere Weg

Der andere Weg geht von Ihren persönlichen Vermögens- und Einkommensverhältnissen aus und ermittelt durch „Hochrechnen" den Kreditrahmen sowie die objektbedingten Gesamtkosten des Eigenheims. Auf diesem Wege erfahren Sie, wieviel Haus Sie sich tatsächlich finanziell leisten können. Sie können sich dann gezielt auf die Suche und Auswahl eines geeigneten Eigenheims begeben, das sich Ihren finanziellen Verhältnissen anpasst.

Das gedankliche Motto sollte daher sein: „Erst finanzieren, dann investieren". Setzen Sie sich auf Grund Ihrer privaten Finanzen zunächst einen Kreditrahmen und ein Preislimit für Ihr Neubau-Eigenheim. Anschließend konzentrieren Sie sich auf die objektbedingten Faktoren wie Wohn- und Verkehrslage, Größe und Grundrissgestaltung, äußerer Zustand und Ausstattung des Hauses.

Der alternative Weg geht also von Ihrer nachhaltig tragbaren monatlichen Belastung für Zins, Tilgung und Bewirtschaftung eines Eigenheims laut Ihrem persönlichem Budget aus. Unter Berücksichtigung des aktuellen Niveaus der Hypothekenzinsen bei mindestens zehnjähriger Zinsbindung und einer Anfangstilgung von mindestens 2 % pro Jahr rechnen Sie dann die monatliche Belastung für Zins und Tilgung auf den möglichen Kreditrahmen hoch. Zuletzt zählen Sie Ihr vorhandenes Eigenkapital zum Kreditrahmen hinzu und bestimmen so die Gesamtkostengrenze für Ihr Eigenheim.

Vorgegeben sind bei dieser Hochrechnung also Ihre monatlich tragbare Belastung sowie Ihr Eigenkapital einschließlich eventueller Eigenkapitalersatzmittel. Gesucht werden der dazu passende Kreditrahmen sowie die Gesamtkostengrenze.

Finanzierungsregeln

Beachten Sie auf jeden Fall Faustregeln zur Eigenkapital- und Belastungsquote, die eine Aussage über die Finanzierbarkeit Ihres Bauvorhabens ermöglichen. Grundsätzlich sollten die Eigenkapitalquote zwischen mindestens 20 und 30 % der Gesamtkosten liegen und die Belastungsquote für den Kapitaldienst zwischen höchstens 30 und 40 % des Nettoeinkommens.

Faustregeln zur Eigenkapital- und Belastungsquote

1 Goldene Finanzierungsregel
Eigenkapital mindestens ein Drittel der Gesamtkosten, Belastung aus Kapitaldienst unter 30 % des Nettoeinkommens

2 Silberne Finanzierungsregel
Eigenkapital mindestens 25 % der Gesamtkosten, Belastung aus Kapitaldienst unter 35 % des Nettoeinkommens

3 Bronzene Finanzierungsregel
Eigenkapital mindestens 20 % der Gesamtkosten, Belastung aus Kapitaldienst höchstens 40 % des Nettoeinkommens.

Sicherlich stellen goldene, silberne und bronzene Finanzierungsregel nur grobe „Daumenregeln" dar. Die Finanzierbarkeit eines Eigenheims anhand von einfachen Faustregeln zu überprüfen und „über den Daumen zu peilen", erscheint aber allemal besser als das allzu blauäugige Hineinschliddern in ein finanzielles Abenteuer. Schließlich stellt der Bau eines Eigenheims für die weitaus meisten Bundesbürger die größte Investition und Finanzierung in ihrem Leben dar.

Nur in begründeten Ausnahmefällen sollten Sie von den genannten Finanzierungsregeln abweichen. Bei sehr hohen Nettoeinkommen kann die Eigenkapitalquote auch unter 20 % betragen und sogar auf Null fallen. Dies ist beispielsweise denkbar, wenn Sie als einkommensstarker Bauherr in einer extremen Niedrigzinsphase finanzieren und Ihr bereits gebildetes Geldvermögen nicht angreifen wollen.

Bei einem hohem Netto-Familieneinkommen und gleichzeitig geringem beziehungsweise fehlendem Eigenkapitaleinsatz kann die Belastungsquote notfalls auch über 40 % liegen.

Im Zweifel hat das verfügbare Nettoeinkommen ein größeres Gewicht als das vorhandene Eigenkapital. Dabei kommt es nicht nur auf die Höhe, sondern auch auf die Sicherheit des Nettoeinkommens ab. Ihre Kreditwürdigkeit steigt beispielsweise, falls Sie als Beamter auf Lebenszeit oder als Angestellter in einem Großbetrieb schon viele Jahre beschäftigt sind. Je sicherer Ihr Arbeitsplatz und damit Ihr Einkommen, desto höher Ihre Bonität aus Sicht der Kreditgeber.

Mit der Ermittlung Ihrer individuellen Eigenkapital- und Belastungsquote sowie der Beachtung der Finanzierungsregeln einschließlich der Ausnahmefälle haben Sie Ihre finanziellen Grenzen grob abgesteckt. Sie wissen nun, was Sie sich finanziell leisten können und wie viel Ihr Eigenheim alles in allem kosten darf.

Kreditrahmen

Ihr persönlicher Kreditrahmen gibt an, bis zu welcher Höhe Sie ein Hypothekendarlehen zur Finanzierung Ihres Eigenheims aufnehmen können. Diese Kreditgrenze hängt entscheidend von der maximal tragbaren Jahresbelastung und dem langfristigen Belastungssatz für Zins und Tilgung ab.

Berechnung des persönlichen Kreditrahmens

Monatliche Belastbarkeit
x 12 Monate
= Jahresbelastung
x Vervielfältiger (100 : Zins- und Tilgungssatz)
= Kreditrahmen

Liegt Ihre maximal tragbare Jahresbelastung beispielsweise bei 12 000 € (monatlich 1 000 € x 12 Monate), und legen Sie eine langfristige Kombination aus 2 % Zins und 3 % Tilgung (also eine Belastung von 5 %) für Ihr Darlehen zugrunde, errechnet sich ein Kreditrahmen von 240 000 €.

Monatliche Belastbarkeit	1 000 €
x 12 Monate	x 12
= Jahresbelastung	12 000 €
x Vervielfältiger (100 : 5 %)	x 20
= Kreditrahmen	240 000 €

Höhere Tilgung statt höherer Kreditrahmen

In extremen Niedrigzinsphasen wie in 2016 und 2017 kann es Ihnen gelingen, einen Zinssatz von 2 % und weniger über 15 oder gar 20 Jahre fest zu vereinbaren. Da sich der Vervielfältiger dann bei einem niedrigeren Tilgungssatz von 2 % auf 25 (= 100 : 4) erhöht, könnte der Kreditrahmen sogar auf 300 000 € erweitert werden. Meist ist es jedoch besser, den Tilgungssatz auf jährlich 3 % zu erhöhen und dann mit dem gleichen Vervielfältiger und Kreditrahmen wie im genannten Beispiel zu rechnen. Erfreulicher Effekt: Statt erst nach 34,7 Jahren (bei 2 % Zins und 2 % Tilgung) wären Sie die Eigenheimschulden „schon" nach 25,6 Jahren (bei 2 % Zins und 3 % Tilgung) los, sofern der Zinssatz für die gesamte Laufzeit gelten würde.

Die Vereinbarung eines festen Zinssatzes über die gesamte Laufzeit ist allerdings nur unter Inkaufnahme eines Zinszuschlags möglich. Beispiel: 2,5 % Zins und 3 % Tilgung (zusammen also 5,5 %) über 24,3 Jahre. Bei einem Volltilgerdarlehen mit einer Gesamtlaufzeit bis zu 20 Jahren erheben die Banken in der Regel aber keinen Zinszuschlag, sondern gewähren unter Umständen sogar einen kleinen Zinsrabatt.

Vervielfältiger

Der sogenannte Vervielfältiger gibt an, mit welchem Faktor man die jährliche Belastung aus Kapitaldienst multiplizieren muss, um den Kreditrahmen zu ermitteln. Dieser Vervielfältiger (auch Multiplikator genannt) – beziehungsweise das x-Fache der Jahresbelastung – hängt ganz offensichtlich von der Höhe des Zins- und Tilgungssatzes ab und kann wie folgt berechnet werden:

Vervielfältiger = 100 : Zins- und Tilgungssatz

Beispiel: Bei einem Zinssatz von 2 % und einem Tilgungssatz von 2 % beträgt der Belastungssatz (als Zins- und Tilgungssatz) 4 %.

Also lautet der Vervielfältiger 25 (= 100 : 4). Der Kreditrahmen würde dann das 25-Fache der Jahresbelastung ausmachen.

Vervielfältiger in Abhängigkeit vom Zins- und Tilgungssatz

Zinssatz[1]	Tilgungs-satz[2]	Belas-tungssatz[3]	Verviel-fältiger[4]
1 %	1 %	2 %	50fach
1 %	2 %	3 %	33,3fach
2 %	1 %	3 %	
2 %	2 %	4 %	25fach
3 %	1 %	4 %	
2 %	3 %	5 %	20fach
3 %	2 %	5 %	
4 %	1 %	5 %	
2 %	4 %	6 %	16,7fach
3 %	3 %	6 %	
4 %	2 %	6 %	
5 %	1 %	6 %	
2 %	5 %	7 %	14,3fach
3 %	4 %	7 %	
4 %	3 %	7 %	
5 %	2 %	7 %	
6 %	1 %	7 %	
2 %	6 %	8 %	12,5fach
3 %	5 %	8 %	
4 %	4 %	8 %	
5 %	3 %	8 %	

1 Sollzins pro Jahr in Prozent
2 Tilgung pro Jahr in Prozent
3 Sollzins- und Tilgungssatz als Gesamtbelastung pro Jahr in Prozent
4 Vervielfältiger als x-Faches (100 : Belastungssatz)

Kreditrahmen in Abhängigkeit von Monatsbelastung sowie Zins- und Tilgungssatz

Monats-belastung in Euro	Kreditrahmen in Euro bei einem Belastungssatz (Zins- und Tilgungssatz) in % von insgesamt				
	3 %	4 %	5 %	6 %	7 %
500	200 000	150 000	120 000	100 000	86 000
550	220 000	165 000	132 000	110 000	94 000
600	240 000	180 000	144 000	120 000	103 000
650	260 000	195 000	156 000	130 000	111 000
700	280 000	210 000	168 000	140 000	120 000
750	300 000	225 000	180 000	150 000	128 000
800	320 000	240 000	192 000	160 000	137 000
850	340 000	255 000	204 000	170 000	145 000
900	360 000	270 000	216 000	180 000	154 000
950	380 000	285 000	228 000	190 000	163 000
1 000	**400 000**	**300 000**	**240 000**	**200 000**	**172 000**
1 050	420 000	315 000	252 000	210 000	180 000
1 100	440 000	330 000	264 000	220 000	189 000
1 150	460 000	345 000	276 000	230 000	197 000
1 200	480 000	360 000	288 000	240 000	206 000
1 250	500 000	375 000	300 000	250 000	214 000
1 300	520 000	390 000	312 000	260 000	223 000
1 350	540 000	405 000	324 000	270 000	231 000
1 400	560 000	420 000	336 000	280 000	240 000
1 450	580 000	435 000	348 000	290 000	248 000
1 500	600 000	450 000	360 000	300 000	257 000

In der Tabelle auf Seite 93 links oben finden Sie die Vervielfältiger für Belastungssätze von 2 bis 8 % mit unterschiedlichen Varianten bei den Zins- und Tilgungssätzen:

Auch in Niedrigzinsphasen ist ein jährlicher Belastungssatz von mindestens 6 % ratsam. Hierzu ein Beispiel aus der Tabelle „Vervielfältiger": Je niedriger der Zinssatz (zum Beispiel 2 statt 3 %), desto höher fällt dann der Tilgungssatz (zum Beispiel 4 beziehungsweise 3 %) aus, und desto schneller wird das Darlehen getilgt. Bei einem sehr niedrigen Zinssatz von 2 % könnte dann der jährliche Tilgungssatz also auf 4 % steigen. Daher sind in der Tabelle beim Zins- und Tilgungssatz auch verschiedene Kombinationsmöglichkeiten angegeben.

Monatsbelastung und Kreditrahmen

In der Tabelle auf Seite 93 oben rechts wird der Kreditrahmen in Abhängigkeit von Monatsbelastungen zwischen 500 und 1 500 € sowie einem Belastungssatz (als Zins- und Tilgungssatz) zwischen 3 und 7 % angegeben. Der Kreditrahmen laut Tabelle reicht von minimal 86 000 € (bei nur 500 € Monatsbelastung und einem hohen Belastungssatz von 7 %) bis zu 600 000 € (bei hohen 1 500 € als Monatsbelastung und einem extrem niedrigen Belastungssatz von nur 3 %).

In Fettdruck ist der Kreditrahmen für eine Monatsbelastung von 1 000 € und einen Zins- und Tilgungssatz zwischen 3 und 7 % hervorgehoben. Für diesen Fall errechnet sich ein Kreditrahmen zwischen 172 000 € (bei 7 % Belastungssatz) und 400 000 € bei einem Belastungssatz von nur 3 % pro Jahr.

Kreditrahmen individuell berechnen

Setzen Sie sich unbedingt ein persönliches Kreditlimit. Wenn Ihre monatliche Belastung über einen krummen Betrag lautet oder der Zins- und Tilgungssatz kein glatter Prozentsatz ist, können Sie Ihren Kreditrahmen nach der folgenden Kompaktformel auch selbst berechnen:

Kreditrahmen = Monatsbelastung x (1200 : Zins- und Tilgungssatz)	
Maximal tragbare Monatsbelastung	1 175 €
Fester Sollzinssatz über 20 Jahre	2,50 %
Jährlicher Tilgungssatz	3 %
Zins- und Tilgungssatz	5,50 %
Kreditrahmen 1175 x (1200 : 5,5) = 1175 x 218,2 =	256 364 €
abgerundet auf	255 000 €

Zur Kontrolle können Sie der Tabelle (Seite 93 oben rechts) bei den nächstgelegenen glatten Werten von 1 200 € Monatsbelastung und 6 % Zins- und Tilgungssatz einen Kreditrahmen von 240 000 € entnehmen.

Anhand der auf Seite 96 oben stehenden Tabelle „Wieviel Kredit ist drin?" können Sie Ihren Kreditrahmen in Abhängigkeit von Monatsrate (500 bis 1 500 € wie oben), Gesamtlaufzeit des Darlehens (20, 25 oder 30 Jahre) und Zinssatz (2, 3 oder 4 %) bestimmen. Die möglichen Darlehenssummen liegen dann zwischen 83 000 und 406 000 €.

Liegt Ihr Kreditrahmen fest, wissen Sie, wieviel Darlehen Sie sich finanziell leisten können. Wieviel Haus Sie sich leisten können, errechnet sich dann aus der Summe von Kreditrahmen und Eigenkapital.

Baukredit + Eigenkapital = Gesamtkosten

Einkommen und Eigenkapital stecken bekanntlich die finanziellen Grenzen für die Investition in ein Eigenheim ab. Eine Finanzierungslücke zwischen dem vorhandenen Kapital aus Darlehen und Eigenmitteln einerseits und den tatsächlichen Investitionskosten andererseits sollten Sie durch sorgfältige finanzielle Planung auf jeden Fall vermeiden.

Liegen Ihre monatliche Belastbarkeit und Ihre einsetzbaren Eigenmittel fest, können Sie Ihren Kreditrahmen und die Gesamtkostengrenze recht einfach bestimmen.

Kreditrahmen
+ Eigenkapitalersatzmittel
+ Reines Eigenkapital
= Gesamtkosten des Eigenheims

Beachten Sie, dass die Gesamtkosten des Eigenheims nicht identisch mit Grundstückspreis und Baukosten oder reinem Neubau-Kaufpreis für das Haus sind. Sie müssen alle einmaligen Nebenkosten beim Bau oder Kauf mit einrechnen. Die Gesamtkosten beim Neubaukauf liegen in den meisten Bundesländern mindestens 6,5 % über dem Kaufpreis, falls keine Maklerprovision anfällt. In den Bundesländern Nordrhein-Westfalen, Saarland, Schleswig-Holstein und Brandenburg sind es sogar 8 %, da die Grunderwerbsteuer inzwischen auf 6,5 % erhöht wurde.

Im Falle einer zusätzlich vom Käufer zu zahlenden Maklerprovision steigen die Kaufnebenkosten für das Grundstück beziehungsweise das Neubau-Eigenheim bereits auf 10 bis 15 %. Hinzu kommen eventuell Wertschätzungsgebühren und die Kosten für die Grundschuldbestellung und -eintragung in Höhe von rund 0,5 % der Darlehenssumme. Bei Neubauten sind außerdem eventuelle Bauzeit- beziehungsweise Bereitstellungszinsen für den Zeitraum vom Baubeginn bis zum Einzug ins Eigenheim oder bis zur Bereitstellung der Darlehensmittel zu berücksichtigen.

Im Extremfall können die Kauf- und Finanzierungsnebenkosten somit über 15 % des Grundstückspreises beziehungsweise des Komplettpreises beim Kauf eines Neubau-Eigenheims ausmachen.

Ihre Gesamtkostengrenze

	Monatliche Belastung	1000 €
x	12 Monate	x 12
=	Jahresbelastung	12 000 €
x	Vervielfältiger (100 : 5)	x 20
=	Kreditrahmen	240 000 €
+	Eigenkapital	80 000 €
=	Gesamtkostengrenze	320 000 €

Mit einer maximalen monatlichen Belastung von 1000 €, einem Belastungssatz von 5 % und 80 000 € Eigenkapital lassen sich so Gesamtkosten von 320 000 € finanzieren.

Wenn die Neubaukosten für ein Einfamilienhaus mit beispielsweise 150 m² Wohnfläche 300 000 € inklusive 5 % Grunderwerbsteuer und 1,5 % Notar- und Grundbuchgebühren auf den Grundstückspreis ausmachen, und die Zusatzkosten bei rund 20 000 € liegen, kämen Gesamtkosten von 320 000 € heraus.

An Zusatzkosten fallen beispielsweise Finanzierungsnebenkosten (eventuell Wertschätzungsgebühren, Bauzeit- und Bereitstellungszinsen sowie Notar- und Grundbuchkosten für die Grundschuldbestellung und -eintragung), Kosten für den Umzug und eventuell Neuanschaffungen im Eigenheim an.

Ermittlung der tatsächlichen Gesamtkosten

Wenn Sie Kosten beim Einfamilienhaus einsparen wollen oder aus finanziellen Gründen sogar müssen, sollten Sie bei der Kostenstruktur an-

setzen. Laut Institut für Städtebau (IfS) in Bonn setzen sich die Kosten wie folgt zusammen.

Baukosten für Roh- und Ausbau

Die Ermittlung der Baukosten (Rohbau und Innenausbau) kann nach der II. Berechnungsverordnung erfolgen. Der Architekt wird DIN 276 für die Kosten im Hochbau und DIN 277 für die Berechnung des umbauten Raumes zugrunde legen.

Bei einer Grobschätzung geht man beispielsweise von reinen Baukosten in Höhe von 1000 €/m² Wohnfläche oder 250 € pro Kubikmeter umbautem Raum aus. Dabei wird unterstellt, dass ein Quadratmeter Wohnfläche rund vier Kubikmeter umbautem Raum entspricht:

	Reine Wohnfläche 150 m²	
x	Faktor 4	
=	Umbauter Raum	600 m³
x	250 €/m³	
=	Reine Baukosten	150 000 €

Der Faktor 4 wird bei vollständiger Unterkellerung des Einfamilienhauses und nicht ausgebautem Dachgeschoss regelmäßig überschritten. Schließlich gehen der nicht zu Wohnzwecken genutzte Vollkeller sowie das noch nicht ausgebaute Dachgeschoss in die Berechnung des umbauten Raumes mit ein, obwohl eine reine Wohnfläche zunächst einmal nicht entsteht. Dabei wird das noch nicht ausgebaute Dachgeschoss mit einem Drittel der Kubikmeter berücksichtigt.

Anteilige Kosten bei einem Einfamilienhaus

Grundstück	25 %
Baugrube und Erschließung	9 %
Keller	7 %
Rohbau	20 %
Innenausbau	20 %
Baunebenkosten	13 %
Außenanlagen	6 %
Gesamtkosten	**100 %**

Wie viel Kredit ist drin? Mithilfe dieser Tabelle kann ein Kreditnehmer ausrechnen, wie hoch ein Darlehen sein kann, wenn er für die Monatsraten einen festgelegten Betrag zur Verfügung hat und den Kredit innerhalb einer bestimmten Laufzeit abzahlen will.
Beispiel: Eine Familie kann eine Monatsrate von 1 000 Euro aufbringen. In spätestens 30 Jahren soll der Kredit abgezahlt sein. Bei einem Zinssatz von 3 Prozent kann die Familie bis zu 237 000 Euro Kredit aufnehmen.

Monatsrate (in €)	Laufzeit 20 Jahre Maximales Darlehen bei Zinssatz			Laufzeit 25 Jahre Maximales Darlehen bei Zinssatz			Laufzeit 30 Jahre Maximales Darlehen bei Zinssatz		
	2 %	3 %	4 %	2 %	3 %	4 %	2 %	3 %	4 %
500	99 000	90 000	83 000	118 000	105 000	95 000	135 000	119 000	105 000
600	119 000	108 000	99 000	142 000	127 000	114 000	162 000	142 000	126 000
700	139 000	126 000	116 000	165 000	148 000	133 000	189 000	166 000	147 000
800	158 000	144 000	132 000	189 000	169 000	152 000	216 000	190 000	168 000
900	178 000	162 000	149 000	212 000	190 000	171 000	244 000	213 000	189 000
1 000	**198 000**	**180 000**	**165 000**	**236 000**	**211 000**	**189 000**	**271 000**	**237 000**	**209 000**
1 100	218 000	198 000	182 000	260 000	232 000	208 000	298 000	261 000	230 000
1 200	238 000	216 000	198 000	283 000	253 000	227 000	325 000	285 000	251 000
1 300	257 000	234 000	215 000	307 000	274 000	246 000	352 000	308 000	272 000
1 400	277 000	252 000	231 000	330 000	295 000	265 000	379 000	332 000	293 000
1 500	297 000	270 000	248 000	354 000	316 000	284 000	406 000	356 000	314 000

Schon der Faktor 5 (statt 4) verteuert die reinen Baukosten um 25 % oder um 37 500 € in unserem Beispiel.

Der Kubikmeterpreis von 250 € ist ein Erfahrungswert für Einfamilienhäuser mit normaler Ausstattung. Bei luxuriöser Ausstattung kommen Sie mit 250 € pro Kubikmeter nicht aus. Andererseits kann der Preis pro Kubikmeter bei kostengünstiger Bauweise deutlich unter 250 € fallen.

Die reinen Baukosten teilen sich ungefähr je zur Hälfte in Kosten für den Rohbau und den Innenausbau auf. Nur in seltenen Fällen liegt der Rohbau-Anteil über 50 % der reinen Baukosten.

Reine Baukosten in Höhe von 150 000 € könnten nach den Richtwerten der Architektenkammer Nordrhein-Westfalen somit wie folgt aufgegliedert werden:

Grobgliederung der Kostenanteile für Roh- und Ausbau

Rohbau	
Erdarbeiten	8 000 €
Maurer- und Betonarbeiten	50 000 €
Zimmerarbeiten	6 000 €
Dachdecker- und Klempnerarbeiten	8 000 €
Gesamtkosten (48 %)	72 000 €

Innenausbau	
Putzarbeiten	8 000 €
Estrich-, Bodenbelag-, Werkstein- und Fliesenarbeiten	12 000 €
Schreiner- und Glaserarbeiten	12 000 €
Sanitärarbeiten	10 000 €
Elektroarbeiten	5 000 €
Heizungsmontage	10 000 €
Treppenbau	8 000 €
Maler- und Anstricharbeiten	7 000 €
Sonstige (Schlosser usw.)	6 000 €
Gesamtkosten (52 %)	78 000 €

Gesamte Baukosten

Zu den reinen Baukosten von 150 000 € kommen noch rund 15 % Baunebenkosten und 5 % für Außenanlagen hinzu, sodass die gesamten Baukosten auf 180 000 € steigen:

Gesamte Baukosten

Rohbaukosten	72 000 €
+ Ausbaukosten	78 000 €
= Reine Baukosten	150 000 €
+ 15 % Baunebenkosten	22 500 €
+ 5 % Kosten der Außenanlagen	7 500 €
= Baukosten insgesamt	180 000 €

Gesamtkosten für den Hausbau

Viele Bauherren und Käufer unterschätzen, was das ganze Drumherum kostet. Listen Sie deshalb einmal alle möglichen Kosten für den Hausbau genau auf:

Grundstückskosten

Kaufpreis

+ Grunderwerbsteuer (3,5 bis 6,5 % vom Kaufpreis, je nach Bundesland)

+ Notarkosten für Kaufabwicklung (zirka 1 % vom Kaufpreis)

+ Grundbuchkosten für Eigentumsumschreibung (zirka 0,5 % vom Kaufpreis)

+ Maklerprovision

+ Erschließungskosten (Ver- und Entsorgung, Straßenanlieger- und Vermessungsgebühren)

+ Herrichtungskosten (Abbruch vorhandener Gebäude, Rodung, Beseitigung von Altlasten)

= Grundstückskosten

Gebäudekosten

Baukosten (einschließlich Keller oder Bodenplatte, Erdarbeiten und Baustelleneinrichtung)

+ Kosten für Außenanlagen (Wege, Einfriedungen, Gartenanlage sowie Weiterführung der Ver- und Entsorgungsleitungen vom Hauptkanal zum Haus)

+ Honorare für Architekten und Ingenieure

+ Gebühren für behördliche Prüfung und Baugenehmigung

= Gebäudekosten

Finanzierungskosten

Notar- und Grundbuchgebühren für Grundschuldbestellung (zirka 0,5 % der Darlehenssumme)

+ Bauzeitzinsen (wie Bereitstellungszinsen)

+ Wertermittlungsgebühr

= Finanzierungskosten

Gesamtkostenermittlung

Grundstückskosten

+ Gebäudekosten

+ Finanzierungskosten

+ Sonstige Kosten (zum Beispiel für Umzug und notwendige Neuanschaffungen)

= Gesamtkosten

Die Kalkulation für den Bau eines Einfamilienhauses einschließlich Grundstücks- und Zusatzkosten könnte dann wie folgt aussehen:

Kalkulation der Gesamtkosten beim Hausbau

Kaufpreis des Grundstücks (500 m² x 200 €)	100 000 €
+ 6,5 % Kaufnebenkosten	6 500 €
+ Erschließungskosten	13 500 €
= Grundstückskosten	120 000 €
+ Baukosten insgesamt	180 000 €
= Grundstücks- und Baukosten	300 000 €
+ Zusatzkosten [1]	20 000 €
= Gesamtkosten	320 000 €

[1] Finanzierungsnebenkosten, Kosten des Umzugs und Einrichtungen

Gesamtkosten für den Hauskauf

Kaufpreise für den Neubau eines Einfamilienhauses einschließlich Grundstück durch einen Bauträger werden von den getrennt ermittelten Grundstücks- und Baukosten mehr oder weniger abweichen. In aller Regel wird der Neubau-Kaufpreis wegen des einkalkulierten Bauträgergewinns über den Grundstücks- und Baukosten für ein vergleichbares Objekt liegen.

Gesamtkosten beim Kauf einer Immobilie

Kaufpreis

+ Grunderwerbsteuer (3,5 bis 6,5 % vom Kaufpreis, je nach Bundesland)

+ Notarkosten für Kaufabwicklung (zirka 1 % vom Kaufpreis)

+ Grundbuchkosten für Eigentumsumschreibung (zirka 0,5 % vom Kaufpreis)

+ Maklerprovision

+ Erschließungskosten (falls noch offen)

+ Kosten für Modernisierung und Instandsetzung

+ Notar- und Grundbuchgebühren für Grundschuldbestellung (zirka 0,5 % der Darlehenssumme)

+ evtl. Wertschätzungsgebühr

+ Sonstige Kosten (zum Beispiel für Umzug und notwendige Neuanschaffungen)

= Gesamtkosten

Gesamtkostengrenze

Die Gesamtinvestitionskosten errechnen sich bei Bau oder Neubaukauf eines Eigenheims aus den Baukosten oder dem Kaufpreis nebst sämtlicher Bau- oder Kaufnebenkosten.

Zu den objektbedingten Gesamtinvestitionskosten treten dann noch Finanzierungsnebenkosten sowie sonstige Nebenkosten (zum Beispiel Umzugskosten oder Kosten für neue Möbel) hinzu.

Beim Bau einer Immobilie werden Grundstückskosten (reiner Grundstückspreis plus Grundstücksnebenkosten und Erschließungskosten, steuerlich als „Anschaffungskosten für das Grundstück" bezeichnet) und Bau- beziehungsweise Gebäudekosten (reine Baukosten plus Baunebenkosten und Kosten für Außenanlagen, steuerlich als „Fertigstellungskosten" bezeichnet) zunächst getrennt ermittelt. Die Summe von Grundstücks- und Gebäudekosten stellt dann die Höhe der Gesamtinvestitionskosten dar.

Wird die Immobilie gekauft, errechnen sich die Anschaffungs- beziehungsweise Gesamtinvestitionskosten aus dem reinen Kaufpreis plus der Kaufnebenkosten.

Einmalige Nebenkosten

Häufig werden die beim Bau oder Neubaukauf anfallenden einmaligen Nebenkosten ebenso unterschätzt wie die nach Einzug laufend zu zahlenden Nebenkosten für das Eigenheim. Beim Bau oder Kauf eines Neubau-Eigenheims kann dies fatale Folgen haben, wenn die Finanzierungsmittel nicht ausreichen und eine teure Nachfinanzierung erfolgen muss.

Zu den einmaligen Nebenkosten beim Bau oder Neubaukauf sowie der Finanzierung eines Eigenheims zählen alle Kosten, die nicht in den reinen Baukosten beziehungsweise im reinen Kaufpreis sowie in dem anfänglichen effektiven Jahreszins für die Hypothekendarlehen enthalten sind. Insgesamt gibt es drei Gruppen von einmaligen Nebenkosten:
▶ Baunebenkosten
▶ Kaufnebenkosten
▶ Finanzierungsnebenkosten.

Baunebenkosten

Die Baunebenkosten fallen vorzugsweise an in Form von:
▶ Honorare für Architekten
▶ Honorare für Ingenieur- und Statikleistungen
▶ Gebühren für behördliche Prüfung und Baugenehmigung
▶ Prämien für Bauversicherungen.

Üblicherweise werden diese Kosten mit 15 % der reinen Baukosten einkalkuliert. Die gesamten Gebäudekosten setzen sich dann aus den reinen Baukosten („Gebäudekosten im engeren Sinne"), den Baunebenkosten sowie den Kosten für Außenanlagen (Wege, Einfriedungen, Gartenanlage sowie Weiterführung der Ver- und Entsorgungsleitungen vom Hauptkanal zum Haus) zusammen.

Wenn man die Kosten für Außenanlagen pauschal mit 5 % der reinen Baukosten ansetzt, liegen die gesamten Gebäudekosten einschließlich Baunebenkosten und Kosten für Außenanlagen somit rund 20 % über den eigentlichen Gebäude- beziehungsweise Baukosten. Es ist daher grob fahrlässig, diese einmaligen Nebenkosten zu niedrig anzusetzen oder in der Kalkulation sogar ganz zu vernachlässigen.

Kaufnebenkosten

Kaufnebenkosten fallen im Zusammenhang mit dem notariellen Abschluss eines Kaufvertrags für das Grundstück oder für das Haus einschließlich Grundstück beim Neubaukauf vom Bauträger an.

Mit folgenden Kauf- beziehungsweise Anschaffungsnebenkosten müssen Sie als Bauherr beziehungsweise Neubaukäufer eines Eigenheims rechnen:

▶ Grunderwerbsteuer in Höhe von 3,5 bis 6,5 % vom reinen Kaufpreis
▶ Notargebühren für die Kaufabwicklung rund 1 % des Kaufpreises
▶ Grundbuchgebühren für die Auflassungsvormerkung und spätere Eigentumsumschreibung im Grundbuch rund 0,5 % des Kaufpreises
▶ Eventuell Maklerprovision (Courtage) in Höhe von 3,57 bis 7,14 % des Kaufpreises, je nach Region und Vereinbarung für die Vermittlung von Grundstück oder Haus einschließlich Grundstück.

Seit 2007 können die Bundesländer die Höhe des Grunderwerbsteuersatzes selbst bestimmen. Sechs Bundesländer (Baden-Württemberg, Rheinland-Pfalz, Niedersachsen, Bremen, Mecklenburg-Vorpommern und Sachsen-Anhalt) haben den Satz mittlerweile kräftig von ehemals 3,5 auf nunmehr 5 % des Kaufpreises erhöht.

Fünf Bundesländer (Nordrhein-Westfalen, Saarland, Schleswig-Holstein, Thüringen und Brandenburg) berechnen sogar 6,5 % Grunderwerbsteuer. In Berlin und Hessen werden 6 % fällig und in Hamburg 4,5 %. Nur in Bayern und Sachsen ist es bisher beim alten Grunderwerbsteuersatz von 3,5 % geblieben (Stand Frühjahr 2017).

Auch wenn Sie als Käufer keine Maklerprovision zahlen müssen, kommen an Kaufnebenkosten je nach Bundesland zwischen 5 und 8 % des Kaufpreises zusammen. Mit einer Maklerprovision können es sogar bis fast 15 % sein!

Es kommt aber nicht nur auf die Höhe der entsprechenden Sätze für Grunderwerbsteuer, Notar- und Grundbuchgebühren und Maklerprovision an, sondern vor allem auch auf die Bemessungsgrundlage. Dies kann der Kaufpreis für das Grundstück oder der Kaufpreis für das gesamte Eigenheim einschließlich Grundstück sein.

Um beträchtliche Kaufnebenkosten zu sparen, können Bauherren zwei separate Verträge abschließen – den Kaufvertrag für das Grundstück und den Bauvertrag für das Gebäude. Der Verkäufer des Grundstücks oder ein ihm nahestehendes Unternehmen darf aber nicht gleichzeitig Bauträger oder Generalunternehmer sein und damit auch verantwortlich für die Errichtung des Gebäudes. Liegt eine solche Doppelfunktion vor, geht das Finanzamt von einem einheitlichen Vertragswerk aus mit der missliebigen Folge, dass die Grunderwerbsteuer vom Kaufpreis für Grundstück und Gebäude berechnet wird. Ähnliches wird in der Regel für die Notar- und Grundbuchgebühren sowie die Maklerprovision gelten.

Insbesondere beim Kauf des Neubau-Eigenheims vom Bauträger berechnen sich die gesamten Kaufnebenkosten vom einheitlichen Kaufpreis. Der Neubaukäufer hat wegen der deutlich höheren Bemessungsgrundlage daher immer deutlich höhere Kaufnebenkosten als der Bauherr.

Damit die Kaufnebenkosten beim Bauherrn tatsächlich nur vom reinen Grundstückspreis berechnet werden, sollten zwei völlig verschiedene Verträge vorliegen – einer für den Kauf des Grundstücks von A und ein anderer für die Errichtung des Gebäudes durch B. Dabei dürfen A und B weder identisch noch wirtschaftlich miteinander verbunden sein. Prüfen Sie daher alle Verträge genau beziehungsweise lassen Sie das gesamte Vertragswerk von Ihrem Steuerberater prüfen.

Finanzierungsnebenkosten

Auch die einmaligen Nebenkosten im Zusammenhang mit der Baufinanzierung (sogenannte Finanzierungs- beziehungsweise Kreditnebenkosten) müssen in die Gesamtkostenschätzung mit einbezogen werden. Darunter fallen folgende Positionen:

▶ Notargebühren für die Grundschuldbestellung rund 0,25 % der Darlehenssumme

▶ Grundbuchgebühren für die Grundschuldeintragung rund 0,25 % der Darlehenssumme

▶ Bauzeitzinsen während der Bauphase
(meist in Form von Bereitstellungszinsen in
Höhe von 0,25 % pro Monat für den bereitgestellten beziehungsweise abgerufenen
Darlehensbetrag nach einer Karenzzeit von
3 oder 6 Monaten, wenn die Auszahlung
nach Baufortschritt erfolgt)

▶ Bereitstellungszinsen (beim Neubaukauf für
die bereitgestellte und noch nicht abgeru-
fene Darlehenssumme, beim Bau mit Auszahlung in Raten nach der Bauträgerverordnung in Form von Bauzeitzinsen)

▶ Eventuell Teilauszahlungsgebühren bei Auszahlung der Darlehenssumme in Raten
(entbehrlich, da bereits zusätzliche Bauzeit-
beziehungsweise Bereitstellungszinsen berechnet werden)

▶ Eventuell Wertschätzungsgebühren von ca.
0,2 % der Darlehenssumme oder als fester
Betrag (ebenfalls entbehrlich, werden von
den Banken in der Regel nicht mehr in
Rechnung gestellt)

▶ Eventuell Provision oder Honorar an Dritte
für Finanzierungsvermittlung beziehungsweise -beratung (entbehrlich, falls die Bau-
finanzierungsberatung nur durch die Bank
erfolgt).

Bescheideneres Eigenheim zur Kostensenkung

Übersteigen die kalkulierten Gesamtkosten des
Wunschobjekts ganz eindeutig Ihre finanziellen
Möglichkeiten, müssen Sie auf die Kosten-
bremse treten und auf ein bescheideneres
Eigenheim ausweichen.

Auch ein relativ bescheidenes Eigenheim
kann eine weitaus höhere Wohn- und Lebensqualität bieten als eine gemietete Wohnung.
Ihre Belastung für Zins und Tilgung sinkt
zwangsläufig, wenn die Gesamtkosten wesentlich niedriger ausfallen im Vergleich zu Ihrem
Traumhaus.

Damit der Traum von den eigenen vier
Wänden finanziell kein Albtraum wird, sollte Ihr
Budget maßgeblich über Art, Größe, Lage,
Qualität, Baualter und Preis Ihres Eigenheims

bestimmen. Je niedriger monatliches Nettoeinkommen und Belastbarkeit liegen, desto
mehr Abstriche sollten Sie bei Ihrer Wunschimmobilie wagen.

 BESCHEIDENHEIT BEIM EIGENHEIM
Bevor Sie den Gürtel im täglichen Leben
schmerzhaft eng schnallen, sollten Sie
prüfen, ob es nicht andere Optionen gibt,
die Ausgaben zu begrenzen.
Art: Reihenhaus statt freistehendes Einfamilienhaus,
Eigentumswohnung statt Reihenhaus
Größe: Hausgrundstück kleiner als 500 m², Wohn-
fläche kleiner als 150 m²
Lage: Ballungsrand statt Großstadt, ländliche Um-
gebung statt Mittelstadt, gute Lage statt Top-Lage
Qualität: Verzicht auf Unterkellerung statt groß-
flächiges Kellergeschoss, mittlere bis gute Ausstattung statt Luxus
Baualter: Älteres Haus kaufen statt Neubau, ge-
brauchte statt Neubau-Eigentumswohnung
Preis: Kostengünstiges Bauen statt aufwändige
Bauweise.

Ihr Eigenheim hat sich nach Ihrem Budget zu
richten und nicht umgekehrt. Ihr vorrangiges
Ziel muss es sein, Ihre monatliche Belastung
für Ihr Haus so gering wie möglich zu halten.
Verlassen Sie sich nicht allein auf aktuell niedrige Hypothekenzinsen, sondern streben Sie
von vornherein eine maßvolle Verschuldung
an. Bei niedrigen Gesamtkosten und Hypothekendarlehen bekommen Sie die Zins- und Til-
gungsbelastung am besten in den Griff.

DIE FINANZIERUNG

Leider reichen die eigenen Mittel fast nie aus, um die eigenen vier Wände zu finanzieren. Eine vollständige Eigenkapitalfinanzierung stellt daher die absolute Ausnahme dar.

Es geht also kein Weg an einer Kredit- oder Fremdfinanzierung vorbei. Verständlicherweise fürchten sich viele potentielle Bauherren vor einer hohen Verschuldung. Eine sichere und zugleich zinsgünstige Fremdfinanzierung ist daher oberstes Gebot.

Am Anfang steht ein geeignetes Finanzierungskonzept für künftige Hauseigentümer, die ihr Eigenheim selbst bewohnen wollen. In nahezu allen Fällen fahren Sie mit dem klassischen Hypotheken- beziehungsweise Annuitätendarlehen einer Bank oder einem speziellen

Wohn-Riester-Darlehen einer Bausparkasse am besten.

Dazu sollte die Suche nach finanziellen Hilfen von Vater Staat kommen. Bund und Länder stellen eine Vielzahl von Möglichkeiten bereit, um Haus- und Wohnungseigentümern finanziell unter die Arme zu greifen. Die staatlichen Hilfen reichen über zinslose oder zinsgünstige Landesmittel sowie zinsgünstige Kredite der KfW (Kreditanstalt für Wiederaufbau) bis zu staatlich geförderten Wohn-Riester-Darlehen.

Als Baugeldanbieter treten Banken und Sparkassen, Bausparkassen und Versicherungen auf. Es geht für Sie darum, die Finanzierungslösung zu finden, die kostengünstig und für Sie am besten geeignet ist.

FINANZIERUNGSKONZEPT FÜR SELBSTNUTZER

Das individuell geeignete Finanzierungskonzept hängt vor allem von der Nutzungsart der Immobilie ab. Wird das Haus von Ihnen als Eigentümer selbst genutzt, sollte Ihr Konzept völlig anders aussehen als für Vermieter von Haus oder Wohnung.

Der Selbstnutzer eines Eigenheims sollte mehr Eigenkapital einsetzen als ein Vermieter und eine schnellere Entschuldung durch eine höhere regelmäßige Tilgung anstreben. In einer Niedrigzinsphase sollte der Selbstnutzer zudem den vereinbarten Zinssatz länger festschreiben lassen als ein Vermieter.

Das Finanzierungskonzept für Selbstnutzer besteht insgesamt aus fünf Teilkonzepten mit den dazu passenden Finanzierungszielen:

1 **KAPITALKONZEPT:** so viel Eigenkapital wie möglich, so viel Fremdkapital beziehungsweise Baudarlehen wie nötig

2 **ZINSKONZEPT:** Festzinsdarlehen mit möglichst langer Zinsbindung in Niedrigzinsphasen, Wahl des zinsgünstigsten Baugeldanbieters und des optimalen Zeitpunkts für die Festlegung der Zinskonditionen

3 **TILGUNGSKONZEPT:** regelmäßige Tilgung mit mindestens 1 % der Darlehenssumme pro Jahr zuzüglich ersparter Zinsen, in Niedrigzinsphase Erhöhung der Anfangstilgung auf 2 oder 3 %, zusätzliche Vereinbarung von Tilgungssatzwechsel und Sondertilgung im Darlehensvertrag

4 BELASTUNGSKONZEPT: Belastung aus Kapitaldienst, also aus Zins und Tilgung, muss aus dem Einkommen nachhaltig tragbar sein

5 FÖRDERKONZEPT: Zulagen bei Wohn-Riester-Darlehen für selbstbewohntes Eigenheim, KfW-Mittel und Landesmittel für Selbstnutzer.

Diese fünf Teilkonzepte (Kapital-, Zins-, Tilgungs-, Belastungs- und Förderkonzept) müssen zusammen ein schlüssiges Gesamtkonzept ergeben, das einzig und allein auf Ihre individuellen Einkommens- und Vermögensverhältnisse abgestellt ist.

Drei Hauptelemente der Immobilienfinanzierung

Entsprechend der Einteilung in Finanzierungskonzepte sind drei Elemente der Immobilienfinanzierung vorrangig zu betrachten:

Zins, Tilgung und Belastung stellen die drei klassischen Bausteine jeder Baufinanzierung dar. Grundsätzlich muss zwischen Zins als Preis für das zur Verfügung gestellte Darlehen und Tilgung als teilweise oder vollständige Rückzahlung des Darlehens unterschieden werden. Unter Belastung ist dann die Summe aus Zins und Tilgung zu verstehen.

Beim Vergleich von Kreditangeboten spielt der Effektivzins (auch „anfänglicher effektiver Kreditzins" oder „Gesamteffektivzins" genannt) in Prozent der Darlehenssumme die entscheidende Rolle. Er gibt an, wie teuer das Darlehen tatsächlich ist – abgesehen von bestimmten Kreditnebenkosten (zum Beispiel Wertschätzungsgebühren oder Bauzeit- beziehungsweise Bereitstellungszinsen).

Im Gegensatz zum Soll- beziehungsweise Nominalzins bei 100 % Auszahlung des Darlehens berücksichtigt der jährliche Effektivzins auch, dass die Zins- und Tilgungszahlungen meist monatlich fällig sind und verrechnet werden. Beispiel: Ein Sollzins von 2 % pro Jahr entspricht einem Effektivzins von 2,02 % bei monatlicher Zins- und Tilgungsverrechnung. Sollzins und Effektivzins wären nur identisch, wenn die Zins- und Tilgungsrate am Ende eines Jahres fällig wäre oder der Sollzins unter 1 %

läge. Seit dem 21.3.2016 werden auch die Kosten der dinglichen Sicherung (notarielle Bestellung und grundbuchliche Eintragung von Grundschulden) bei der Berechnung des Effektivzinses berücksichtigt. Dadurch steigt er um ca. 0,02 bis 0,05 Prozentpunkte gegenüber früher. Geleistete Tilgungsbeträge sind keine Kosten, sondern dienen der Verminderung von Schulden und damit der Erhöhung des Reinvermögens. Die Belastung aus Kapital- beziehungsweise Schuldendienst ergibt sich schließlich aus der Summe von Zinsaufwand und Tilgung.

Finanzierungslösungen von Baugeldanbietern

Drei Baugeldanbieter treten typischerweise auf dem Markt für Baufinanzierungen auf: Banken und Sparkassen, Bausparkassen sowie Versicherungsgesellschaften. Diese drei Institutsgruppen bieten unterschiedliche Lösungen bei der Immobilienfinanzierung an:

1 BANKENLÖSUNG: Klassisches Hypothekendarlehen mit regelmäßiger Tilgung, sogenanntes Annuitätendarlehen, eventuell auch Festdarlehen gegen Tilgungsaussetzung

2 BAUSPARLÖSUNG: Zinsgünstiges Bauspardarlehen nach Zuteilung des Bausparvertrags, eventuell auch Kombikredit als Vorausdarlehen mit gleichzeitigem Abschluss eines Bausparvertrags und späterer Ablösung durch ein Bauspardarlehen

3 VERSICHERUNGSLÖSUNG: Tilgungsfreie Versicherungshypothek mit endfälliger Tilgung als Kombinationsmodell Festdarlehen/Kapitallebensversicherung, eventuell auch Annuitätendarlehen mit langer Zinsbindungsfrist von 15 oder 20 Jahren.

Mittlerweile bieten auch Versicherungsgesellschaften klassische Hypothekendarlehen mit regelmäßiger Tilgung an und verzichten auf den Abschluss von Verträgen für Kapitallebensversicherungen. Meist haben sie sich dabei auf Annuitätendarlehen mit langen Laufzeiten von 15, 20 oder noch mehr Jahren spezialisiert, die von Banken nicht so häufig angeboten werden.

Andererseits sind Banken und Sparkassen ausnahmsweise auch bereit, Festdarlehen in Kombination mit bereits länger bestehenden

Tipps für die Finanzierung

▶ **Kombinieren.** Oft ist es günstig, das Bankdarlehen mit einem Darlehen der staatlichen KfW-Förderbank zu kombinieren. Auch wenn die Zinsen eher durchschnittlich sind, kann der KfW-Kredit die Finanzierung Ihres Eigenheims billiger machen. Denn einige Banken behandeln ihn wie Eigenkapital. Rutscht dadurch die Finanzierungssumme unter 60 % Prozent des Immobilienwerts, bekommen Sie das Bankdarlehen zum günstigsten Zins.

▶ **Einkommensunabhängig.** Sie können KfW-Kredite über Banken und Sparkassen beantragen. Im Gegensatz zu den meisten anderen staatlichen Hilfen gibt es die Kredite der bundeseigenen Förderbank unabhängig von der Höhe des Einkommens.

▶ **Wohnraumförderung von Ländern, Kommunen und Kirchen.** Alle Bundesländer bis auf Berlin, Bremen und Mecklenburg-Vorpommern haben eigene Programme, um den Bau oder Kauf von Wohnungen zu fördern. Dazu gehören zinslose oder zinsgünstige Darlehen, einmalige Baukostenzuschüsse oder Aufwendungshilfen, die laufende Kreditbelastungen senken. Die Hürden sind allerdings hoch: Gefördert werden oft nur Familien mit Kindern. Und wenn die Mittel für ein Jahr ausgeschöpft sind, gehen neue Antragsteller leer aus. Für fast alle Förderprogramme gelten Einkommensgrenzen. Chancen auf Länderförderung haben allerdings längst nicht nur Geringverdiener. **Förderung durch Bundesländer.** Richtlinien, Kontaktadressen und einen interaktiven Förderrechner für alle Bundesländer gibt es im Internetportal: www.baufoerderer.de
Förderung durch Kommunen und Kirchen. Informationen finden Baufinanzierer im Onlineportal www.aktion-pro-eigenheim.de

▶ **Förderung von Baudenkmälern.** Wer ein Gebäude, das in einem Sanierungsgebiet liegt, oder eine unter Denkmalschutz stehende Immobilie saniert, kann diese Kosten beim Finanzamt auch als Selbstnutzer steuerlich absetzen: Zehn Jahre lang erkennt der Fiskus jeweils 9 % der Sanierungs- bzw. beziehungsweise Modernisierungskosten bei Selbstnutzung des Baudenkmals als Sonderausgaben an. Die Arbeiten dürfen erst nach Abschluss des Kaufvertrags beginnen. Kaufen Sie ein Baudenkmal aber nicht nur aufgrund der Steuerersparnis. Gerade deshalb werden Baudenkmäler oft überteuert angeboten.

Kapitallebensversicherungen zu vergeben, die zur Sicherung und Tilgung des Darlehens abgetreten werden.

Schließlich bieten Bausparkassen immer häufiger einen Kombikredit aus anfänglichem Vorausdarlehen und späterem Bauspardarlehen an. Beim Vorausdarlehen wird die laufende Tilgung ersetzt durch zu leistende Bausparbeiträge auf einen neu abgeschlossenen Bausparvertrag. Nach Zuteilung des Bausparvertrags wird das Vorausdarlehen durch die Ansparsumme und das Bauspardarlehen abgelöst. Anschließend wird das Bauspardarlehen wie ein klassisches Hypothekendarlehen regelmäßig getilgt, allerdings mit einem recht hohen Tilgungssatz.

Nirgends lässt sich so viel Geld einsparen wie bei der Finanzierung eines Eigenheims. Bauherren und Neubau-Eigenheimkäufer können sich den harten Wettbewerb unter den Baugeldanbietern zunutze machen. Da die Zinsen aus versteuertem Einkommen zu zahlen sind und bei selbstbewohnten Eigenheimen steuerlich nicht abzugsfähig sind, schlagen diese besonders stark zu Buche.

Finanzierungsmix mit ergänzenden Baudarlehen

Ein klassisches Hypothekendarlehen von der Bank beziehungsweise Versicherung oder ein Kombikredit von der Bausparkasse ist aber nicht alles. Ein optimaler Finanzierungsmix für die eigenen vier Wände gerade auch unter dem Gesichtspunkt der Minimierung der Zinskosten bezieht noch andere Darlehen wie die hier genannten mit ein:

▶ **WOHN-RIESTER-DARLEHEN** von Banken oder Bausparkassen mit staatlicher Förderung der Tilgung eines Darlehens zum Bau oder Kauf eines Eigenheims (Riester-Zulage plus eventuell Steuerersparnis für Riester-Beiträge bis zu 2 100 € pro Arbeitnehmer im Jahr)

▶ **ZINSGÜNSTIGE DARLEHEN DER KFW** (Kreditanstalt für Wiederaufbau) bis zu 50 000 € im Nachrang zum Bankdarlehen

▶ **ZINSLOSE ODER ZINSGÜNSTIGE** Landesmittel vor allem für Familien mit Kindern bei

Unterschreiten bestimmter Einkommensgrenzen

▶ **ZINSGÜNSTIGE DARLEHEN** von Kommunen oder Kirchen

▶ **ZINSGÜNSTIGE ARBEITGEBER-** oder Verwandtendarlehen.

Vermietete Wohnung im Eigenheim

Das für Selbstnutzer empfehlenswerte Finanzierungskonzept (hohes Eigenkapital, lange Zinsbindung in Tiefzinsphasen, höherer Tilgungssatz als 1 %) ist für Vermieter von Häusern und Wohnungen weniger geeignet. Zwar will auch der Vermieter seine Zinskosten minimieren und die Belastung aus Kapitaldienst (Zins und Tilgung) niedrig halten. Doch es gibt einen ganz wesentlichen Unterschied: Vermieter können die Schuldzinsen steuerlich von den Mieteinnahmen absetzen. Dies lässt es oft geraten erscheinen, auf ein niedriges Fremdkapital und eine schnelle Entschuldung zu verzichten.

Wenn Sie eine Teilvermietung Ihres im Übrigen selbstbewohnten Eigenheims planen, werden Sie ebenfalls Vermieter. Drei Möglichkeiten stehen Ihnen dabei zur Verfügung:

▶ Einfamilienhaus mit Einliegerwohnung

▶ Zweifamilienhaus mit zwei abgeschlossenen Wohnungen

▶ Haus mit zwei Eigentumswohnungen.

BEISPIEL FÜR EIN FINANZIERUNGS-KONZEPT BEI TEILVERMIETUNG
Ein Neubau-Eigenheim mit 150 m² Wohnfläche und 300 000 € Gesamtkosten (davon 100 m² selbstbewohnt mit anteiligen Gesamtkosten von 200 000 € und 50 m² vermietet mit anteiligen Gesamtkosten von 100 000 €), vorhandenes Eigenkapital 75 000 €, Kreditsumme insgesamt 225 000 €.

▶ **Volle Fremdfinanzierung** der anteiligen Gesamtkosten von 100 000 € für die vermietete Wohnung, falls diese abgeschlossen ist beziehungsweise als rechtlich selbstständige Eigentumswohnung gilt. Vorteil: Hypothekenzinsen von beispielsweise 2 000 € pro Jahr bei einem Sollzins von 2 % steuerlich voll abzugsfähig statt nur 1 500 € bei einem anteiligen Darlehen von nur 75 000 € für die vermietete Wohnung.

▶ **Volle Konzentration** des Eigenkapitals von 75 000 € auf die selbstgenutzte Wohnung. Vorteil: hierauf Darlehen in Höhe von nur 125 000 € mit jährlichen Zinsen von 2 500 €, die steuerlich nicht abzugsfähig sind.

▶ **Mieteinnahmen** von beispielsweise 4 800 € (= 400 € netto kalt pro Monat x 12 Monate, entspricht bei 50 m² Wohnfläche einer monatlichen Nettokaltmiete von 8 € pro m²) sind steuerpflichtig.

▶ **Verbilligte Vermietung an Angehörige oder Bekannte:** Sämtliche Schuldzinsen und anteilige Gebäudeabschreibungen für die vermietete Wohnung sind steuerlich voll abzugsfähig, wenn die verbilligte Miete mindestens 66 % der ortsüblichen Vergleichsmiete beträgt (Beispiel: 300 statt 400 € x 12 Monate = 3 600 € im Jahr).

▶ **Steuerersparnis**, wenn Schuldzinsen (zum Beispiel 2 000 € = 2 % von 100 000 €) und anteilige Gebäudeabschreibung (zum Beispiel 1 600 € = 2 % von 80 000 € anteiligen Gebäudekosten) zusammen mit beispielsweise 3 600 € über den Mieteinnahmen liegen und dadurch ein steuerlicher Verlust aus Vermietung entsteht, der mit positiven Einkünften aus Arbeitnehmertätigkeit oder selbstständiger Tätigkeit verrechnet werden kann. Im Beispielfall mit verbilligter Vermietung entsteht jedoch kein steuerlicher Verlust, da die jährliche Miete ebenfalls bei 3 600 € liegt.

▶ **Finanzierungstipp:** Zwei Darlehensverträge für selbstbewohnten und vermieteten Teil des Eigenheims abschließen, die nicht nur verschiedene Darlehenssummen enthalten, sondern auch mit unterschiedlichen Zins- und Tilgungskonditionen ausgestattet sind.

▶ **Steuertipp:** Steuerberater konsultieren, um eine steuerlich saubere Trennung der beiden Wohnungen vorzubereiten (zum Beispiel Aufteilung der Gesamtkosten schon im Bau- beziehungsweise Bauträgervertrag, Abgeschlossenheitsbescheinigung der Gemeinde, zwei Grundbuchblätter bei zwei Eigentumswohnungen im Haus).

KLASSISCHES HYPOTHEKENDARLEHEN

Die typische Bankenlösung für die Baufinanzierung bei Eigenheimen sieht ein klassisches Hypotheken- beziehungsweise Annuitätendarlehen vor. Hierbei wird eine jährlich gleichbleibende Leistungsrate für Zins und Tilgung zugrunde gelegt, die Annuität (lat. annus = das Jahr) genannt wird. Diese Leistungsrate wird auch als Belastung aus Kapital- beziehungsweise Schuldendienst bezeichnet.

Sinn macht eine gleichbleibende Annuität beziehungsweise Jahresrate bei Festzinsdarlehen, wenn der Sollzins (früher „Nominalzins" genannt) für eine bestimmte Zinsbindungsfrist von beispielsweise 5, 10, 15 oder 20 Jahren festgelegt wird.

Das klassische Hypothekendarlehen wird zins- und tilgungstechnisch wie ein Ratenkredit bei Konsumkäufen auf Pump abgewickelt. Die festen Raten enthalten einen Zins- und Tilgungsanteil. Fast alle Banken sehen monatliche feste Raten vor. Dazu wird die Jahresrate durch 12 Monate geteilt. Vereinzelt kommen

auch noch viertel- oder halbjährliche Leistungsraten vor, die aber ebenfalls aus der gleichbleibenden Jahresrate (Annuität) abgeleitet werden. Die monatliche Ratenzahlung dominiert jedoch.

Da die Zinsen immer nur von der jeweiligen Restschuld berechnet werden, nimmt der Zinsanteil von Jahr zu Jahr beziehungsweise von Monat zu Monat ab, während der Tilgungsanteil um die durch die Rückzahlung ersparten Zinsen in gleichem Maße steigt. Die ersparten Zinsen werden also für die schnellere Tilgung verwendet. Während die jährliche beziehungsweise monatliche Leistungsrate gleichbleibt, ändert sich deren Zusammensetzung aus Zins- und Tilgungsanteil laufend. Dies ist der Grund dafür, dass ein Annuitätendarlehen mit einem jährlichen Tilgungssatz von 1 beziehungsweise 2 % pro Jahr zuzüglich ersparter Zinsen nicht erst in 100 beziehungsweise 50 Jahren vollständig getilgt ist, sondern in einem deutlich kürzeren Zeitraum.

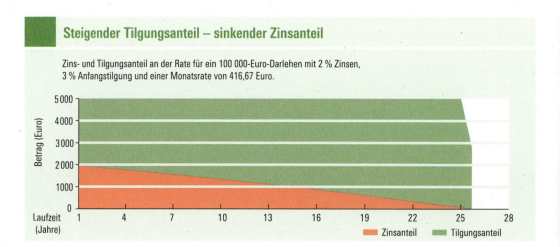

Steigender Tilgungsanteil – sinkender Zinsanteil

Zins- und Tilgungsanteil an der Rate für ein 100 000-Euro-Darlehen mit 2 % Zinsen, 3 % Anfangstilgung und einer Monatsrate von 416,67 Euro.

Betrag (Euro) — Laufzeit (Jahre)

■ Zinsanteil ■ Tilgungsanteil

Steigender Tilgungsanteil – sinkender Zinsanteil

Wie der Zinsanteil bei einem Annuitätendarlehen von 100 000 € mit 2 % Sollzins und 3 % Tilgung ständig zunimmt, während der Tilgungsanteil einschließlich der ersparten Zinsen von Jahr zu Jahr steigt, zeigt die Abbildung auf Seite 106 unten.

Funktionsweise des Annuitätendarlehens

Das typische Annuitätendarlehen geht von einem jährlichen Tilgungssatz von nur 1 % der Darlehenssumme zuzüglich ersparter Zinsen aus. Selbstnutzer müssen aber daran interessiert sein, höhere Tilgungen zu vereinbaren und damit Tilgungsdauer sowie die gesamte Zinslast zu verkürzen. Dies ist vor allem dann anzuraten, wenn das Zinsniveau gesunken und daher ein höherer Tilgungssatz auch finanziell zu verkraften ist.

Wenn Sie beispielsweise ein Hypothekendarlehen von 240 000 € zu einem Sollzins von 2 % und einem Tilgungssatz von 2 % bei einer Bank aufnehmen und mit Ihrer Bank eine Zinsbindung bis zur völligen Entschuldung vereinbaren könnten, würden Sie 34,7 Jahre lang jährlich 9 600 € beziehungsweise monatlich 800 € an Zins und Tilgung zahlen. Ihr Gesamtzinsaufwand bis zur vollständigen Entschuldung würde bei 93 120 € liegen und Ihre Gesamtbelastung für Zins und Tilgung bei 333 120 €:

Sollzins	2 %
+ Tilgungssatz	2 %
= **Belastung pro Jahr** (4 % von 240 000 €)	9 600 €
Gesamtbelastung über 34,7 Jahre (9 600 € x 34,7)	330 120 €
– Darlehenssumme	240 000 €
= **Gesamtzinsaufwand nach 34,7 Jahren**	93 120 €

Mit einem Tilgungssatz von jährlich 3 % zuzüglich ersparter Zinsen können Sie die Tilgungsdauer auf 25,6 Jahre verkürzen und den Gesamtzinsaufwand auf 67 200 € vermindern:

Sollzins	2 %
+ Tilgungssatz	3 %
= **Belastung pro Jahr** (5 % von 240 000 €)	12 000 €
Gesamtbelastung über 25,6 Jahre	307 200 €
– Darlehenssumme	240 000 €
= **Gesamtzinsaufwand nach 25,6 Jahren**	67 200 €

Bei einem Tilgungssatz von 4 % wären Sie Ihre Hypothekenschulden bereits nach rund 20 Jahren los und hätten bis dahin nur einen Gesamtzinsaufwand von 44 000 €.

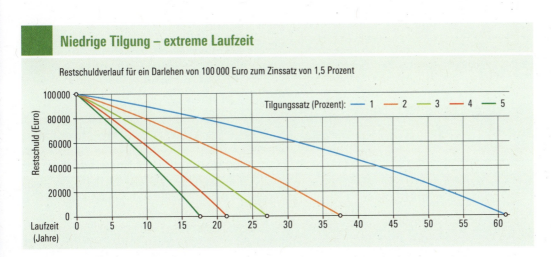

Niedrige Tilgung – extreme Laufzeit

Restschuldverlauf für ein Darlehen von 100 000 Euro zum Zinssatz von 1,5 Prozent

Tilgungssatz (Prozent): — 1 — 2 — 3 — 4 — 5

Hohe Tilgung – kurze Laufzeit

Ganz offensichtlich gilt also bei gleich hohem Sollzins die Regel: „Je höher Tilgungssatz und jährliche Belastung, desto niedriger Tilgungsdauer und Gesamtzinsaufwand". Die Abbildung auf Seite 107 macht diese Regel für ein Darlehen von 100 000 € mit 1,5 % Sollzins und 1 bis 5 % Tilgung auch anhand des Restschuldverlaufs deutlich.

Zins- und Tilgungsplan

Wie ein Annuitätendarlehen bei einer Zinsbindung bis zur völligen Entschuldung in der Praxis tatsächlich funktioniert, zeigt ein vollständiger Zins- und Tilgungsplan, den Sie beispielsweise auch selbst mit dem Kredit- und Tilgungsrechner von FINANZtest aufstellen können, siehe www.test.de/Baudarlehen-Kredit-und-Tilgungsrechner-1159351–0

Der auf Seite 109 dargestellte Zins- und Tilgungsplan für ein Hypothekendarlehen von 100 000 € mit einem Sollzins von 2 % und einem Tilgungssatz von 3 % zuzüglich ersparter Zinsen ist der Einfachheit halber verkürzt auf Jahresbasis über die rund 25,6 Jahre dargestellt, da nur die Jahresbeträge für Zinsen, Tilgung und die Restschulden zum jeweiligen Ende eines Jahres genannt werden. Tatsächlich werden die Zins- und Tilgungsraten aber monatlich geleistet, so dass im vollständigen Zins- und Tilgungsplan auf Monatsbasis sogar 307 Zahlungsabschnitte (= 25,6 Jahre x 12 Monate).

Volltilgerdarlehen

Es handelt sich in unserem Rechenbeispiel um ein Volltilgerdarlehen, da die Darlehenssumme nach 25,6 Jahren vollständig getilgt ist. Die Auswertung der Tabelle ergibt folgende Zahlen:

Jahresbelastung (5 % von 100 000 € Darlehen)	5 000 €
Gesamtbelastung (5 000 € x 25,6 Jahre)	128 000 €
– Darlehenssumme	100 000 €
= Gesamtzinsaufwand	28 000 €

Der Gesamtzinsaufwand macht also nur rund 22 % der Gesamtbelastung aus, während die Summe aller Tilgungsbeträge gut 78 % der Gesamtbelastung ausmacht.

Wie der Zins- und Tilgungsplan zeigt, liegt die Restschuld nach zehn Jahren noch bei 67 % der Darlehenssumme. Ende des 15. Jahres sind es noch 48 %, aber bereits Ende des 20. Jahres nur noch 26 %. Dies zeigt, wie rasant die Entschuldung in späteren Jahren fortschreitet. Nach 25 Jahren liegt die Restschuld nur noch bei knapp 3 % der ursprünglichen Darlehenssumme.

Volltilgerdarlehen von Versicherungen

Volltilgerdarlehen über die gesamte Laufzeit von 25,6 Jahren wie in unserem Beispielfall beziehungsweise Annuitätendarlehen mit einer sehr langen Zinsbindungsfrist von 15, 20, 25 oder 30 Jahren werden neuerdings verstärkt auch von Versicherungsgesellschaften angeboten. Teilweise winken Banken beim Wunsch nach einer langen Zinsbindung über 20 oder mehr Jahre ab.

Bei Laufzeiten von 15 oder 20 Jahren sind die Annuitätendarlehen der Versicherer allerdings meist um einige Zehntel Prozentpunkte teurer. Ein Vergleich der Effektivzinsen von klassischen Hypothekendarlehen der Banken und Versicherer lohnt sich.

Allianz, Ergo, Hannoversche Allgemeine und andere Versicherer lassen sich auch auf Kreditlaufzeiten von 25 oder 30 Jahren ein. Sie wissen, dass lange Kreditlaufzeiten in einer Niedrigzinsphase besonders bei jüngeren und auf Sicherheit bedachten Bauherren-Familien gut ankommen. Nach Angaben des Gesamtverbands der Versicherungswirtschaft (GDV) haben Versicherer im Bereich der privaten Baufinanzierungen bereits Kredite im Volumen von rund 55 Milliarden € vergeben. Damit liegen sie aber noch unter den 56,5 Milliarden €, die allein die ING-Diba-Bank an Baufinanzierungskrediten gewährt hat.

Meist werben die Versicherer nicht ausdrücklich mit ihrem neuen Angebot von Festzinsdarlehen mit langen Laufzeiten. Schließlich zählen Festzins- beziehungsweise Annuitätendarlehen zum typischen Kreditgeschäft der

Banken. Außerdem wollen die Versicherungsgesellschaften gegenüber ihren Versicherten im Bereich der Kapitallebensversicherung und privaten Rentenversicherung nicht publik machen, dass sie das Geld ihrer Versicherten zum Teil auch in niedrig verzinsten Baukrediten anlegen. Nicht selten wird erst bei der Aufnahme eines Annuitätendarlehens über einen Baugeldvermittler klar, dass hinter dem Angebot in Wirklichkeit ein Versicherer steckt. Ihnen als Bauherr, der ein Festzinsdarlehen mit möglichst langer Laufzeit oder sogar ein Volltilgerdarlehen wünscht, sollte das letztlich egal sein.

Flexibel tilgen

Volltilgerdarlehen sind nicht jedermanns Geschmack. Sie erfordern viel Disziplin und enthalten starre Rückzahlungsbedingungen. Darauf muss sich niemand einlassen. Eine überlegenswerte Alternative zum Volltilgerdarlehen ist ein Darlehen mit flexibler Tilgung. Dabei zurren Sie zwar den Zinssatz für eine von Ihnen gewünschte Zinsbindungsdauer von beispielsweise 15 Jahren fest, behalten sich aber alle Möglichkeiten bei der Tilgung offen.

Den anfänglichen Tilgungssatz von beispielsweise 2 % können Sie laut Darlehensvereinbarung beispielsweise zweimal erhöhen oder senken. Dadurch wird der Tilgungssatz variabel und kann sich in einer Spanne von 1 bis 5 % bewegen. Je nachdem, wie sich Ihre finanziellen Verhältnisse entwickeln, können Sie den vereinbarten Tilgungssatz von 2 % auf 3, 4 oder 5 % anheben bei steigendem Nettoeinkommen oder auch senken auf einen Mini-Tilgungssatz von 1 %, sofern das Geld mal knapp wird

Eine zweite Möglichkeit zur flexiblen und schnelleren Tilgung verschafft Ihnen die Vereinbarung einer jährlichen Sondertilgung von bis zu 5 % der anfänglichen Darlehenssumme. In Einzelfällen lassen Banken sogar eine Sondertilgung bis zu 10 % zu.

Die Kombination von flexibler regelmäßiger Tilgung durch Ratenwechsel und jährlicher Sondertilgung stellt den Königsweg dar, falls Sie Ihr Darlehen so schnell wie möglich tilgen wollen und finanziell auch können. Rund 60 % der von Finanztest rund 80 befragten Banken

Zins- und Tilgungsplan für ein Annuitätendarlehen von 100 000 €

Jahr	Jahresrate	Zinsen	Tilgung	Restschuld
1	5 000 €	1 972 €	3 028 €	96 972 €
2	5 000 €	1 911 €	3 089 €	93 884 €
3	5 000 €	1 849 €	3 151 €	90 732 €
4	5 000 €	1 786 €	3 214 €	87 518 €
5	5 000 €	1 720 €	3 280 €	84 238 €
6	5 000 €	1 654 €	3 346 €	80 892 €
7	5 000 €	1 587 €	3 413 €	77 479 €
8	5 000 €	1 518 €	3 482 €	73 997 €
9	5 000 €	1 447 €	3 552 €	70 444 €
10	5 000 €	1 376 €	3 624 €	66 820 €
11	5 000 €	1 303 €	3 697 €	63 122 €
12	5 000 €	1 228 €	3 772 €	59 350 €
13	5 000 €	1 152 €	3 848 €	55 503 €
14	5 000 €	1 074 €	3 926 €	51 577 €
15	5 000 €	995 €	4 005 €	47 572 €
16	5 000 €	914 €	4 086 €	43 486 €
17	5 000 €	832 €	4 168 €	39 317 €
18	5 000 €	748 €	4 252 €	35 065 €
19	5 000 €	662 €	4 338 €	30 727 €
20	5 000 €	574 €	4 426 €	26 301 €
21	5 000 €	485 €	4 515 €	21 786 €
22	5 000 €	394 €	4 606 €	17 179 €
23	5 000 €	301 €	4 699 €	12 480 €
24	5 000 €	206 €	4 794 €	7 686 €
25	5 000 €	109 €	4 891 €	2 795 €
26	2 813 €	18 €	2 795 €	0 €
Gesamt	**127 813 €**	**27 813 €**	**100 000 €**	--

Sollzinssatz 2 % und **Tilgungssatz 3 %** zzgl. ersparter Zinsen = insgesamt 5 % pro Jahr bis zur Entschuldung nach 25,6 Jahren (Volltilgerdarlehen); **jährliche Belastung** (Annuität) 5 000 € = 5 % von 100 000 €; monatliche Zahlung und Verrechnung für **Zins und Tilgung** 416,67 € = 5 000 € : 12 Monate; **effektiver Jahreszins** 2,02 % p.a.; **Summe aller Zins- und Tilgungszahlungen** 127 813 € = 25,6 Jahre x 5 000 €; darin enthalten **Gesamtzinsaufwand** 27 813 € und **Gesamttilgung** 100 000 €.

boten solche Tilgungsvarianten an. Und diese flexiblen Kredite sind in der Regel nicht einmal teurer als herkömmliche Kredite mit starrer Tilgung.

Umfang und Anzahl der Ratenwechsel während der Zinsbindung unterscheiden sich in den Angeboten dennoch erheblich. Bei einigen Banken ist ein Tilgungssatz von 1 bis 10 Prozent wählbar, bei den meisten aber von 1, 1,5 oder 2 bis zu 5 Prozent. Mal erlauben die Banken insgesamt nur einen oder zwei Tilgungssatzwechsel, ein anderes Mal aber drei Wechsel oder sogar beliebig viele nach einer Sperrfrist von zwei Jahren.

Übersichtlicher sind die Angebote zur jährlichen Sondertilgung bis zu 5 Prozent der Darlehenssumme. Wer dieses Sondertilgungswahlrecht wahrnimmt, zahlt zwar weiterhin die gleich hohe Monatsrate für Zins und Tilgung bis zum Ende der Zinsbindung. Mit jeder Sondertilgung sinken aber die jeweiligen Restschulden und damit die darauf entfallenden Zinskosten. Entsprechend steigt bei gleicher Monatsrate der Tilgungsanteil, so dass dadurch die Restschuld mit Ablauf der Zinsbindungsfrist sinkt.

Die Angst vor hohen Vorfälligkeitsentschädigungen und damit evtl. hohen Strafzinsen bei vorzeitiger Rückzahlung des Darlehens wird dadurch zumindest kleiner. Zudem können Darlehen mit 15- oder 20-jähriger Zinsbindung auch schon nach Ablauf von 10 Jahren mit einer Kündigungsfrist von 3 Monaten gekündigt werden, ohne dass dann eine Vorfälligkeitsentschädigung fällig wird.

Einige Banken bieten mittlerweile auch Kredite mit freier Kündigungsoption an. Trotz fest vereinbarter Zinsen über beispielsweise 15 Jahre kann der Kunde sein Darlehen nach Ablauf einer Sperrfrist von zwei oder drei Jahren jederzeit zurückzahlen. Allerdings lassen sich die Banken diese Kündigungsoption mit einem im Zins enthaltenen Zuschlag von 0,25 bis 0,30 Prozentpunkten gegenüber einem Darlehen ohne Kündigungsoption bezahlen.

„So flexibel wie das Leben" titelte Finanztest in der Dezemberausgabe 2016 und stellte in einer umfangreichen Tabelle alle Kredite von fast 50 Banken mit dem Recht auf Ratenwechsel und Sondertilgungen vor.

Tilgungsdauer richtig einschätzen

Bei Volltilgerdarlehen mit einer Zinsbindung bis zum Ende der Darlehenslaufzeit kann die Tilgungsdauer exakt berechnet werden, sofern Sollzinssatz und Tilgungssatz bekannt sind. Je niedriger das Niveau der Baugeldzinsen liegt, desto mehr lohnt es sich, ein Festzinsdarlehen bis zur völligen Entschuldung aufzunehmen. Die Belastung aus Zins und Tilgung bleibt dabei bis zur letzten Rate auf gleicher Höhe (sogenanntes Konstantdarlehen). Dies verschafft Hauseigentümern eine hohe Zins- und Kalkulationssicherheit.

Der mögliche Nachteil einer Festlegung auf sehr lange Sicht wiegt nicht allzu schwer. Auch ein Volltilger- beziehungsweise Konstantdarlehen mit einer Laufzeit von deutlich über zehn Jahren können Sie zum Ende des zehnten Jahres mit einer Kündigungsfrist von sechs Monaten kündigen, um es vorzeitig zurückzuzahlen oder eine Anschlussfinanzierung mit dann eventuell noch niedrigeren Festzinsen zu vereinbaren.

Tilgungsdauer in Jahren in Abhängigkeit von Zins- und Tilgungssatz

Zinssatz[1]	Tilgungssatz[2]		
	1 %	2 %	3 %
1 %	72,3 Jahre	40,7 Jahre	28,9 Jahre
1,5 %	61,1 Jahre	37,3 Jahre	27,0 Jahre
2 %	55 Jahre	34,7 Jahre	25,6 Jahre
2,50 %	**50,2 Jahre**	**32,5 Jahre**	**24,3 Jahre**
3 %	46,3 Jahre	30,6 Jahre	23,1 Jahre
3,50 %	43 Jahre	29 Jahre	22,1 Jahre
4 %	40,3 Jahre	27,5 Jahre	21,1 Jahre
4,50 %	37,8 Jahre	26,2 Jahre	20,4 Jahre
5 %	35,9 Jahre	25,1 Jahre	19,7 Jahre

1 Sollzins als jährlicher Zinssatz in % der Darlehenssumme (der anfängliche effektive Jahreszins liegt bei monatlicher beziehungsweise vierteljährlicher Zahlung höher)

2 Jährlicher Tilgungssatz in % der Darlehenssumme zuzüglich ersparter Zinsen

Die Tabelle über die Tilgungsdauer bei einer Zinsbindung bis zur vollständigen Tilgung des Darlehens (siehe links) verdeutlicht, dass die Tilgungsdauer mit höherem Tilgungssatz sinkt, sofern ein gleicher Sollzinssatz angenommen wird (zum Beispiel 32,5 Jahre bei einem Tilgungssatz von 2 % und nur 24,3 Jahre bei 3 % Tilgung statt 50 Jahre bei einer Anfangstilgung von 1 %, sofern der Zinssatz 2,5 % beträgt).

Die Tabelle zeigt auch, dass die Tilgungsdauer bei steigenden Sollzinsen sinkt (zum Beispiel nur rund 25 Jahre bei einem Zinssatz von 5 % statt 32,5 Jahre bei 2,5 % Zins), sofern der Tilgungssatz wie in diesem Fall bei 2 % verharrt. Es wäre aber ein schwerer Fehlschluss zu glauben, dass ein höherer Zinssatz deswegen besser wäre.

Eine einfache Rechnung beweist das genaue Gegenteil: 25 Jahre x 7 % Belastung (5 % Zins und 2 % Tilgung) ergeben eine Gesamtbelastung von 175 % der Darlehenssumme. Bei 32,5 Jahren x 4,5 % Belastung (2,5 % Zins und 2 % Tilgung) kommen Sie aber auf nur 146 % Gesamtbelastung und haben zudem noch 7,5 Jahre mehr Zeit, um diese niedrigere Belastung vollständig abzutragen.

Niedrigere Zinssätze sind selbstverständlich immer besser als höhere, auch wenn dies bei einer Anfangstilgung von nur einem Prozent mit einer vergleichsweise höheren Tilgungsdauer einhergeht. In Niedrigzinsphasen mit Sollzinsen unter 4 oder sogar unter 3 % ist es vielmehr geboten, eine höhere Tilgung von 2 oder gar 3 % pro Jahr zuzüglich ersparter Zinsen zu vereinbaren.

In der Finanzierungspraxis sind glatte, also ganzzahlige Sollzins- und Tilgungssätze wie in der Tabelle auf Seite 110 eher die Ausnahme. Wenn Sie die Tilgungsdauer auch bei „krummen" Zins- und Tilgungssätzen schnell und zuverlässig berechnen wollen, können Sie zu der folgenden Formel greifen:

Formel zur Berechnung der Tilgungsdauer

$$n = [\ln (1 + p/t)] : [12 \ln (1 + p/1200)]$$

1 mit n = Tilgungsdauer in Jahren, p = Sollzinssatz, t = Tilgungssatz, ln = logarithmus naturalis

Die folgende Berechnungsanleitung zeigt, wie Sie bei einem Sollzins von beispielsweise 2,65 % und einem Tilgungssatz von 3,35 % (zusammen also Belastungssatz von 6,0 %) vorgehen können.

Sollzins p = 2,65 % und Tilgungssatz t = 3,35 %

Sollzins p : Tilgungssatz t	2,65 : 3,35 = 0,791 (gerundet)
Zwischenergebnis plus 1	0,791 + 1 = 1,791 (gerundet)
ln = logarithmus naturalis davon	ln 1,791 = 0,5828 gerundet (Zähler)
Sollzins p geteilt durch 1200	p : 1200 = 2,65 : 1200 = 0,0022083 (gerundet)
Zwischenergebnis plus 1	0,0022083 + 1 = 1,0022083 (gerundet)
ln = logarithmus naturalis davon	ln 1,0022083 = 0,002206 (gerundet)
Zwischenergebnis mal 12	0,002206 x 12 = 0,026472 (Nenner)
Endergebnis = Zähler geteilt durch Nenner	0,5828 : 0,0226472 = 22 Jahre (gerundet)

Auch ohne Auf- oder Abrundungen bei den Zwischenergebnissen käme eine rechnerisch exakte Tilgungsdauer von 22 Jahren und 6 Tagen heraus. Typischerweise heben sich kleine Auf- und Abrundungen beim Endergebnis weitestgehend auf. In unserem Fall kann das Endergebnis auf volle 22 Jahre abgerundet werden, da die letzte Rate für den 264. Monat einschließlich der letzten 6 Tage geleistet wird.

Selbstverständlich können Sie auch einfach spezielle Rechner im Internet verwenden, die bei gegebenem Sollzins und Tilgungssatz die Tilgungdauer berechnen.

Volltilgerdarlehen mit 20jähriger Zinsbindung bieten mittlerweile immer mehr Banken an. Bei der Allianz Versicherung ist auch eine Zinsbindung über die Gesamtlaufzeit von 25 Jahren möglich. Bei einigen Instituten wie Deutsche Bank, Münchener Hypothekenbank und Hannoversche Leben oder Vermittlungsgesellschaften (Baugelddiscounter im Internet) kann man sogar Hypothekendarlehen mit einer 30jährigen Zinsfestschreibung erhalten.

Tilgungssatz in Abhängigkeit von Zinssatz und Tilgungsdauer

Zinssatz[1]	Tilgungsdauer[2]			
	30 Jahre	25 Jahre	20 Jahre	15 Jahre
1 %	2,86 %	3,52 %	4,52 %	6,18 %
1,50 %	2,64 %	3,30 %	4,29 %	5,95 %
2 %	2,44 %	3,09 %	4,07 %	5,72 %
2,50 %	2,24 %	2,88 %	3,86 %	5,50 %
3 %	2,06 %	2,69 %	3,66 %	5,29 %
3,50 %	1,89 %	2,51 %	3,46 %	5,08 %
4 %	1,73 %	2,33 %	3,27 %	4,88 %
4,50 %	1,58 %	2,17 %	3,09 %	4,68 %
5 %	1,44 %	2,02 %	2,92 %	4,49 %

1   Soll- beziehungsweise Nominalzins als jährlicher Zinssatz in % der Darlehens-
    summe (der anfängliche effektive Jahreszins liegt bei monatlicher beziehungs-
    weise vierteljährlicher Zinszahlung höher)

2   Gesamtlaufzeit des Darlehens bis zur vollständigen Tilgung

Sofern die vollständige Tilgung bereits nach 10, 15 oder maximal 20 Jahren geplant ist, sind bei einigen Banken sogar um bis zu einen viertel oder gar halben Prozentpunkt geringere Soll-zinssätze möglich. Allerdings wird dieser Zins-rabatt häufig mit dem Verzicht auf Sondertil-gungen erkauft. Zudem können Standardkredite über 20 Jahre ohne Zinsrabatt ebenso zinsgüns-tig oder sogar noch günstiger sein als Volltilger-darlehen mit Zinsrabatt.

Tilgungssatz richtig berechnen

Bei Volltilgerdarlehen können Sie auch eine fes-te Tilgungsdauer wählen (zum Beispiel 25 Jahre Darlehenslaufzeit bei einem Bauherrenalter von 40 Jahren und einem dann schuldenfreien Ei-genheim mit 65 Jahren) und den zum aktuellen Hypothekenzinssatz passenden Tilgungssatz berechnen.

Die Tabelle über den Tilgungssatz bei einer Zinsbindung bis zum Ende der Darlehenslauf-zeit (siehe oben) weist für eine Tilgungsdauer von 15 bis 30 Jahre und Zinssätze zwischen 1 und 5 % die dementsprechend erforderlichen Tilgungssätze aus.

Dabei gilt selbstverständlich die Regel „Je kürzer die Tilgungsdauer bei gleichem Zinssatz,

desto höher der Tilgungssatz". Bei einem sehr niedrigen Zinssatz von beispielsweise 2 % und gleichzeitig 30 Jahren Tilgungsdauer benötigen Sie nur einen Tilgungssatz von 2,44 %. Ihre jährliche Belastung macht somit nur 4,44 % der Darlehenssumme aus, und die Gesamtbe-lastung schaukelt sich allein wegen der langen Darlehenslaufzeit auf rund 133 % hoch.

Bei einer Tilgungsdauer von nur 20 Jahren steigt zwar der Tilgungssatz auf 4,07 % und die jährliche Belastung auf 6,07 % der Darlehens-summe. Die Gesamtbelastung sinkt aber we-gen der höheren jährlichen Belastung und der damit verbundenen um 10 Jahre geringeren Laufzeit des Darlehens auf rund 121 %. Höhe-rer Tilgungssatz und höhere Jahresbelastung führen also immer auch zu einer geringeren Gesamtbelastung. Bei steigenden Zinssätzen und gleicher Tilgungsdauer sinkt der erforderli-che Tilgungssatz einschließlich der ersparten Zinsen. Der Grund liegt in der höheren Zinser-sparnis, die bei einem höheren Zinssatz logi-scherweise auch höher ausfällt. Da die erspar-ten Zinsen der Tilgung zugeschlagen werden, kann der Tilgungssatz sinken. Umgekehrt steigt der Tilgungssatz zuzüglich ersparter Zin-sen, falls der Zinssatz bei gleicher Tilgungsdau-er sinkt.

Bei „krummen" Zinssätzen und Darlehens-laufzeiten können Sie den Tilgungssatz auch mit Ihrem Taschenrechner berechnen, sofern der eine x^y-Taste hat:

Berechnung des Tilgungssatzes

$$t = p : [(1 + p:1200)^{12n} - 1]$$

1   mit t = Tilgungssatz, p = Sollzinssatz, n = Tilgungsdauer

Die Berechnungsanleitung rechts oben soll Ihnen zeigen, wie Sie den richtigen Tilgungs-satz bei 2,75 % Sollzins und 24,5 Tilgungsjah-ren ermitteln. Sie benötigen also nur den Soll-zins p und die Tilgungsdauer n, um bei monatli-cher Ratenzahlung den exakten Tilgungssatz zu berechnen.

Sollzins p = 2,75 % (Zähler), Tilgungsjahre n = 24,5

Sollzins p	p : 1200
geteilt durch 1200 = 2,75 : 1200 = 0,0022917 (gerundet)	
Zwischenergebnis plus 1 0,0022917 + 1 = 1,0022917	
Tilgungsjahre mal 12	24,5 x 12 = 294
Zwischenergebnis	$1,0022917^{294}$
hoch 270	= 1,96 (gerundet)
Zwischenergebnis	1,96 − 1
minus 1	= 0,096 (gerundet)
Endergebnis:	**2,75 : 0,0964**
Tilgungssatz	**= 2,86 %**

Bei einem Tilgungssatz von 2,86 % und einem Sollzins von 2,75 % errechnet sich somit ein jährlicher Belastungssatz von 5,61 %. Nach 24,5 Jahren macht die Gesamtbelastung in diesem Falle rund 137 % der Darlehenssumme aus.

Vorteil: Der höhere Tilgungssatz führt nicht nur zu einer schnelleren Entschuldung, sondern auch zu einer niedrigeren Gesamtbelastung für Zins und Tilgung.

ABSCHNITTS-FINANZIERUNG

Volltilgerdarlehen mit einer Zinsbindung bis zur völligen Entschuldung sind bisher immer noch die Ausnahme. Sie sind aber insbesondere in einer Niedrigzinsphase mit Gesamteffektivzinsen von 3 % oder gar unter 2 % über die gesamte Darlehenslaufzeit eine Überlegung wert und für sicherheitsorientierte Eigenheimbesitzer durchaus empfehlenswert.

Die Regel stellt aber immer noch die Abschnittsfinanzierung dar. Hierbei werden die Zinsen beim Annuitätendarlehen nur für einen bestimmten Abschnitt (Zinsbindungsfrist oder -dauer genannt) von beispielsweise 5, 10 oder 15 Jahren festgelegt. Bei einer üblichen Anfangstilgung von 1 oder 2 % zuzüglich ersparter Zinsen bleibt am Ende der Zinsbindungsfrist immer eine mehr oder weniger hohe Restschuld bestehen. Dies führt dazu, dass nach Ablauf der Zinsbindung eine Anschlussfinanzierung mit eventuell höheren Zinsen erfolgt, sofern die Restschuld nicht auf einen Schlag beglichen werden kann.

Da der feste Sollzins bei der Abschnittsfinanzierung über beispielsweise 10 Jahre um bis zu ein Prozentpunkt niedriger liegt im Vergleich zu einem Volltilgerdarlehen mit beispielsweise 25 oder 30 Jahren, können während der ersten Zinsbindungsdauer laufend Zinskosten eingespart werden. Dieser Zinsvorteil wird aber dann zunichte gemacht, wenn der neue Sollzins bei der Anschlussfinanzierung deutlich über dem Sollzins bei der Erstfinanzierung liegt.

Geld sparen durch Kreditvergleiche

Wer beim Vergleich der Zinskonditionen den günstigsten Baugeldanbieter erwischt, kann viel Geld sparen. Bei den günstigsten Anbietern zahlen Sie für das gleiche Darlehen zuweilen nicht einmal halb so viele Zinsen wie bei den teuren Banken. Der Zinsunterschied kann sich bei einem Darlehen von 200 000 € mit 20 Jahren Zinsbindung schnell bis auf rund 30 000 Euro summieren.

Finanztest lieferte im Januarheft 2017 dazu folgendes Beispiel: Bei einem Sollzins von 2,60 % sind Zinskosten in Höhe von insgesamt 66 135 € über 20 Jahre fällig. Liegt der Sollzins aber nur bei 1,67 %, fallen die Zinskosten mit 37 460 Euro um tatsächlich 28 675 Euro niedriger aus. Beim Vergleich der Zinskonditionen von 70 Banken, Versicherern und Darlehensvermittlern schnitten die Vermittler besonders günstig ab. Die niedrigsten Zinsen gab es bei diesen Baugelddiscountern sowie den Banken, die ausschließlich oder teilweise Immobiliendarlehen anderer Institute vermitteln.

Top-Anbieter im Jahr 2016 waren Vermittler oder Banken, die sich der Onlineplattform Planethome, einer ehemaligen Tochter der Hypovereinsbank, bedienten. Günstige Immobilienkredite gab es auch bei den Branchengrößen Interhyp und Dr. Klein unter den Baugelddiscountern.

Banken, die nur oder überwiegend auf eigene Produkte setzen, landen im Vergleich dazu abgeschlagen auf den hinteren Plätzen. Dies traf laut Finanztest zumindest in 2016 beispielsweise auf die meisten Sparkassen und Genossenschaftsbanken zu, aber auch auf die Deutsche Bank, Postbank und ING-Diba.

Lange Zinsbindung in Niedrigzinsphasen

Generell gilt auch bei der Abschnittsfinanzierung die Regel „Niedrige Zinsen – lange Zinsbindung" in einer Niedrigzinsphase mit 3 % oder gar unter 2 % anfänglichem Effektivzins. In einer solchen Phase, wie sie für die Jahre 2014 und 2015 typisch war und möglicherweise noch für weitere Jahre sein wird, sollten Sie die Hypothekenzinssätze für mindestens 15 oder gar 20 Jahre festschreiben lassen.

Auch wenn Sie eine 15- oder 20jährige Zinsbindung wählen, können Sie das Hypothekendarlehen zum Ende des 10. Jahres mit einer Frist von sechs Monaten kündigen, falls das

Zinsniveau dann unter dem anfänglichen Effektivzins liegt.

Überlegenswert wäre noch eine Aufspaltung des Gesamtdarlehens (zum Beispiel 240 000 €) in zwei Drittel mit sehr langer Zinsbindung von 15, 20 oder 25 Jahren (zum Beispiel 160 000 €) und in ein Drittel mit relativ kurzer Zinsbindung von maximal 5 Jahren (zum Beispiel 80 000 €, 5 Jahre fest oder zu variablen Zinsen). Mit diesem Zinsbindungssplitting minimieren Sie das Zinsänderungsrisiko beim größeren Darlehen mit sehr langer Zinsbindung und nutzen gleichzeitig die Chance, das kleinere Darlehen nach deutlich kürzerer Zinsbindung teilweise abzulösen oder auf eine eventuell immer noch zinsgünstige Anschlussfinanzierung einzugehen.

Kurze Zinsbindung in Hochzinsphasen

Eine „mittlere Zinsphase" kann man bei Effektivzinsen zwischen 4 und 6 % annehmen. Liegen die effektiven Hypothekenzinsen aber über 6 oder gar über 7 %, liegt eine Hochzinsphase vor. Nun lautet die Zinsbindungsregel „Hohe Zinsen – kurze Zinsbindung".

Bei hohen Hypothekenzinsen können Sie sich für ein Vorschaltdarlehen entscheiden, bei dem Sie nach einem Jahr auf ein Festzinsdarlehen mit mehrjähriger Zinsbindung umsteigen.

Möglich wäre in einer Hochzinsphase auch die Vereinbarung von Hypothekendarlehen mit variablen (veränderlichen) Zinssätzen, die nur „bis auf Weiteres" gelten. Dann könnten Sie nach einer Kündigungsfrist von drei Monaten auf ein Darlehen mit festen Zinsen umsteigen. Üblicherweise liegen die variablen Zinssätze, die sich am Inter-Banken-Zins EURIBOR orientieren, unter den festen Zinssätzen. Der EURIBOR (Euro Interbank Offered Rate) ist ein Dreimonatszins, zu dem sich Banken untereinander auf dem europäischen Geldmarkt für drei Monate Geld ausleihen. Üblicherweise schlägt die Bank mindestens einen Prozentpunkt auf den EURIBOR auf, um die variablen Zinsen für ein Baugelddarlehen zu ermitteln.

Sie sparen zwar bei einem solchen Darlehen mit variablen Zinsen vorübergehend Zinskosten, gehen allerdings auch das Risiko eines schnellen Zinsanstiegs ein. Wegen dieses Zinsänderungsrisikos eignet sich ein variables Darlehen bei der Eigenheimfinanzierung höchstens mit einer kleinen Teilsumme als Ergänzung zu einem Festzinsdarlehen.

Unschlüssige oder eher vorsichtige Kreditnehmer entscheiden sich in einer Hochzinsphase für einen Cap-Kredit, also ein Hypothekendarlehen mit einer Zinsobergrenze (engl. cap = Deckel). Der im Prinzip variable Zins geht also über diese Zinsobergrenze nicht hinaus. Da meistens zugleich auch eine Zinsuntergrenze eingezogen wird, handelt es sich praktisch um einen „Von-Bis-Zins". Für die Zinsabsicherung nach oben zahlen Sie eine Cap-Prämie.

Eventuell kommt auch in der Hochzinsphase ein Zinsbindungssplitting für Sie in Frage. Hierbei teilen beziehungsweise splitten Sie das Hypothekendarlehen in ein größeres Teildarlehen mit einer 10-jährigen Zinsbindungsfrist und einem höheren Effektivzins, während Sie für das kleinere Teildarlehen nur eine Zinsbindungsfrist von 5 Jahren oder variable Zinsen wählen. Allerdings sollten Sie eine zu große Stückelung der gesamten Darlehenssumme auf drei oder mehr Teilbeträge vermeiden, da die Banken Zinszuschläge bei kleinen Teildarlehensbeträgen verlangen und Sie außerdem leicht den Überblick über die Gesamtfinanzierung verlieren könnten.

Restschuldberechnung

Jede Bank wird Ihnen bei der von Ihnen gewählten Abschnittsfinanzierung (zum Beispiel 15 Jahre Zinsbindung mit einem Sollzins von 2 % und einer Anfangstilgung von 3 %) einen Zins- und Tilgungsplan für die ersten 15 Jahre vorlegen, dem Sie die Restschuld am Ende der Zinsbindungsfrist entnehmen können.

Auch Kreditrechner im Internet (zum Beispiel www.test.de/rechner) leisten dies, wenn Sie die entsprechenden Daten über Darlehenssumme, Sollzins, Anfangstilgung und Dauer der Zinsfestschreibung eingeben.

In der Tabelle „Restschulden bei Darlehenssumme von 100 000 €" (siehe Seite 116) sind beispielhaft die Restschulden bei einer Darlehenssumme von 100 000 € und einem Tilgungssatz von 2 % für unterschiedliche Sollzinssätze von 3 bis 7 % aufgeführt. Liegt Ihre

benötigte Darlehenssumme beispielsweise bei 250 000 €, brauchen Sie die errechneten Restschulden nur mit dem Faktor 2,5 zu multiplizieren. Bei niedrigeren „krummen" Sollzinssätzen wie beispielsweise 2,55 oder 3,15 % und anderen Tilgungssätzen wie 1 oder 3 % verwenden Sie einen Kreditrechner oder errechnen die Restschuld anhand einer relativ komplizierten Berechnungsformel.

Die Höhe der Restschuld am Ende der Zinsbindungsfrist benötigen Sie später, wenn Sie eine Anschlussfinanzierung suchen. Sie haben nun zwei Möglichkeiten: Entweder schließen Sie einen neuen Darlehensvertrag mit einer neuen Bank über diese Restschuld ab, oder Sie bleiben bei Ihrer Bank und verlängern (prolongieren) Ihr Darlehen hinsichtlich der neuen Zins- und Tilgungskonditionen.

Bei einer Darlehensprolongation wird Ihre Bank meist vorschlagen, den Belastungssatz von beispielsweise bisher 5 % (Sollzins 2 % und Tilgungssatz 3 % zuzüglich ersparter Zinsen) beizubehalten und bei gesunkenem beziehungsweise gestiegenem Sollzins für die Anschlussfinanzierung den Tilgungssatz entsprechend zu erhöhen beziehungsweise zu vermindern.

Die Tabelle verdeutlicht, dass die Tilgungsdauer bei einem höheren Zinssatz verkürzt wird und die jeweiligen Restschulden schneller sinken. Dem Tilgungssatz von 2 % werden die ersparten Zinsen zugeschlagen, die bei höherem Zinssatz selbstverständlich auch höher ausfallen.

Unabhängig davon ist aber ein niedrigerer Zinssatz sehr viel besser, da die Gesamtbelastung zusammen mit der zweiprozentigen Tilgung zuzüglich ersparter Zinsen fällt.

Bei der Kombination von 3 % Sollzins und 2 % Tilgung liegt der Gesamtzinsaufwand über gut 30 Jahre nur bei rund 52 900 € und die Gesamtbelastung bei 152 900 €, während bei einem Sollzins von 7 % und ebenfalls 2 % Tilgung nach gut 21 Jahren ein Gesamtzinsaufwand von 93 945 € und eine deutlich höhere Gesamtbelastung von 193 945 € anfällt.

Wer die Restschuld bei höheren beziehungsweise niedrigeren Darlehenssummen und „krummen" Zins- und Tilgungssätzen

Restschulden bei Darlehenssumme von 100 000 € und Tilgungssatz von 3 % p.a.
zuzüglich ersparter Zinsen bei unterschiedlichen Sollzinssätzen von 2 % bis 5 %

Jahre	Restschulden in € bei einem Sollzins von						
	2 %	2,50 %	3 %	3,50 %	4 %	4,50 %	5 %
1	96 972	96 965	96 958	96 951	96 944	96 937	96 930
2	93 884	93 854	93 824	93 794	93 764	93 734	93 704
3	90 732	90 664	90 595	90 525	90 455	90 383	90 312
4	87 518	87 393	87 267	87 139	87 010	86 879	86 746
5	84 238	84 040	83 838	83 633	83 425	83 214	82 998
6	80 892	80 602	80 305	80 003	79 694	79 380	79 059
7	77 479	77 076	76 665	76 243	75 811	75 370	74 918
8	73 997	73 462	72 913	72 349	71 770	71 176	70 565
9	70 444	69 756	69 048	68 317	67 565	66 789	65 989
10	66 820	65 957	65 065	64 142	63 188	62 200	61 179
11	63 123	62 062	60 960	59 818	58 632	57 401	56 124
12	59 351	58 067	56 731	55 340	53 891	52 382	50 810
13	55 503	53 972	52 374	50 703	48 957	47 131	45 223
14	51 577	49 774	47 884	45 901	43 822	41 640	39 350
15	47 572	45 469	43 257	40 928	38 477	35 896	33 178
16	43 486	41 056	38 489	35 779	32 915	29 889	26 689
17	39 317	36 530	33 577	30 446	27 126	23 605	19 869
18	35 065	31 891	28 515	24 924	21 102	17 033	12 699
19	30 727	27 134	23 299	19 205	14 832	10 159	5 163
20	26 301	22 256	17 925	13 283	8 306	2 969	0
21	21 786	17 256	12 386	7 150	1 515	0	0
22	17 179	12 129	6 680	798	0	0	0
23	12 480	6 872	800	0	0	0	0
24	7 686	1 482	0	0	0	0	0
25	2 795	0	0	0	0	0	0
26	0	0	0	0	0	0	0

So hoch ist die Restschuld in Prozent des Anfangsdarlehens[1].

Damit lässt sich die Restschuld für beliebige Kreditbeträge nach 10, 15 und 20 Jahren ermitteln.

Tilgungssatz	Sollzinssatz				
	2,00 %	2,50 %	3,00 %	3,50 %	4,00 %
Restschuld nach 10 Jahren (Prozent)					
1 %	88,94	88,65	88,35	88,05	87,73
2 %	77,88	77,31	76,71	76,09	75,48
3 %	66,82	65,96	65,06	64,14	63,19
4 %	55,76	54,61	53,42	52,19	50,92
Restschuld nach 15 Jahren (Prozent)					
1 %	82,52	81,82	81,09	80,31	79,48
2 %	65,05	54,56	62,17	60,62	58,98
3 %	47,57	45,47	43,26	40,93	38,48
4 %	30,10	27,29	24,34	21,24	17,97
Restschuld nach 20 Jahren (Prozent)					
1 %	75,43	74,09	72,64	71,09	69,44
2 %	50,87	48,17	45,28	42,19	38,87
3 %	26,30	22,26	17,92	13,28	8,31

1 Monatliche Raten, monatliche Zins- und Tilgungsverrechnung.

selbst berechnen will, kann die recht kompliziert anmutende Restschuldformel benutzen.

Schreiben Sie sich die Rechnung mit Ihren Echtzahlen erst einmal auf und rechnen das dann durch.

Formel zur Berechnung der Restschuld

$$R = D - D \times (t:p) \, [(1 + p:1200)^{12n} - 1]$$

Hierbei bedeuten:

R = Restschuld in Euro nach Ablauf der Zinsbindungsfrist (z. B. 15 Jahre)

D = ursprüngliche Darlehenssumme in Euro

t = anfänglicher Tilgungssatz in %

p = Sollzinssatz in %

n = Länge der Zinsbindungsfrist in Jahren

Dazu ein Beispiel: Bei einer Darlehenssumme von 250 000 €, einem Sollzins von 2 % mit 15 Jahren Zinsbindung und einer Anfangstilgung von 3 % errechnet sich mit der Formel bei monatlicher Zins- und Tilgungszahlung eine Restschuld von 118 929 € nach 15 Jahren. Also wären bis dahin 131 071 € beziehungsweise rund 52 % der ursprünglichen Darlehenssumme getilgt. Der Belastungssatz macht insgesamt nur 5 % (Sollzins 2 % plus 3 % Anfangstilgung) aus.

Um die Restschuld nach 15 Jahren noch weiter zu senken, könnte sich die Erhöhung auf einen Belastungssatz auf 6,25 %, also auf einen Tilgungssatz von 4,25 % empfehlen. In diesem Falle würde sich die Restschuld nach 15 Jahren auf 64 316 € reduzieren. Folglich wären bereits 185 683 € beziehungsweise 74 % der Darlehenssumme von 250 000 € bereits nach 15 Jahren getilgt.

„Krumme" Sollzins- und Tilgungssätze bis zu zwei Stellen nach dem Komma sind im Darlehensgeschäft der Banken gang und gäbe. Sie sollten solche krummen Sätze also nicht fürchten, wenn Sie damit Ihrem Ziel eines niedrigen Zinsaufwands und einer schnelleren Entschuldung näher kommen.

FINANZIERUNGS-STRATEGIEN

Ihre Finanzierungsstrategie vor Abschluss eines Darlehensvertrags zur Finanzierung Ihres Eigenheims sollte sich vornehmlich auf die drei Hauptelemente jeder Baufinanzierung – Zins, Tilgung und Belastung – konzentrieren. Entsprechend dieser Dreiteilung gibt es auch drei spezielle Strategien für eine optimale Finanzierung:

▶ Zinsstrategien
▶ Tilgungsstrategien
▶ Belastungsstrategien.

Zinsstrategien: Zinsaufwand minimieren

Um den laufenden Zinsaufwand und vor allem den Gesamtzinsaufwand bis zum Ende der Darlehenslaufzeit so weit wie möglich zu verringern, müssen Sie die folgenden Punkte berücksichtigen:

▶ Sollzins, Effektivzins und Kreditnebenkosten
▶ Länge der Zinsbindung
▶ Höhe der Beleihung
▶ Vergleich der Zinskonditionen unter Anbietern
▶ Zinstiming vor Darlehensabschluss.

Sollzins

Der Sollzins (früher „Nominalzins" genannt) gibt Ihnen den Zinssatz pro Jahr in Prozent der Darlehenssumme an. Bei 2 % Sollzins und einer Darlehenssumme von 240 000 € zahlen Sie also im ersten Jahr 4 800 € Zinsen an Ihre Bank, wenn Sie die Tilgung des Darlehens aussetzen oder Zins und Tilgung ausnahmsweise erst am Ende des ersten Jahres zahlen. Achten Sie darauf, dass es sich immer um einen Sollzins bei 100prozentiger Auszahlung des Darlehens handelt.

Wenn weniger als 100 % des Darlehens ausgezahlt werden, sinkt zwar der Sollzins. Sie müssten aber weiterhin die volle Darlehenssumme zurückzahlen. Die Differenz zwischen 100 % der Darlehenssumme und dem Auszahlungskurs von beispielsweise 95 % nennt man Disagio beziehungsweise Damnum. In diesem Beispielfall würde das Disagio also 5 % der Darlehenssumme ausmachen.

Ein Disagio lohnt sich – wenn überhaupt – nur bei vermieteten Immobilien, wenn Sie es steuerlich absetzen können. Bei selbstbewohnten Eigenheimen ist ein Disagio steuerlich nicht abzugsfähig und so nicht zu empfehlen.

Effektivzins

Ob ein Hypothekendarlehen vergleichsweise teuer ist oder nicht, hängt bei Abschnittsfinanzierungen mit Vereinbarung einer bestimmten Zinsbindungsfrist vom anfänglichen effektiven Jahreszins ab. Dieser Effektivzins für die Dauer der Zinsbindung liegt nur geringfügig über dem Sollzins, sofern das Darlehen zu 100 % ausgezahlt wird und monatliche beziehungsweise vierteljährliche Zins- und Tilgungszahlungen mit sofortiger Verrechnung vereinbart werden. Nur im Ausnahmefall einer jährlichen Zins- und Tilgungszahlung sind Sollzins und anfänglicher Effektivzins gleich.

Bei Volltilgerdarlehen kommt es auf den Gesamteffektivzins für die gesamte Darlehenslaufzeit an. Auch bei der Baufinanzierung über eine Bausparkasse sollten Sie sich auf jeden Fall den Gesamteffektivzins ausrechnen lassen, der nicht nur die Darlehensphase, sondern auch die Bausparphase mit erfasst. Bei Wohn-Riester-Darlehen der Bausparkassen ist die Angabe des Gesamteffektivzinses sogar Pflicht.

Ein alter Spruch, der aber unverändert seine Gültigkeit hat: „Drum prüfe, wer sich ewig bindet."

Kreditnebenkosten

Kreditnebenkosten wie Wertschätzungsgebühren, Bereitstellungszinsen oder Kosten der Grundschuldbestellung und -eintragung in Höhe von rund 0,5 % der Darlehenssumme gehen in die Berechnung des Effektivzinses grundsätzlich nicht ein.

In der Bauphase kommen Sie an Bereitstellungszinsen von beispielsweise 0,25 % pro Monat des noch nicht in Anspruch genommenen Darlehensbetrags in der Regel nicht vorbei, da die Teilbeträge gemäß dem Baufortschritt abgerufen werden. Einige Banken berechnen in diesem Fall noch zusätzliche Teilzahlungszuschläge, die Sie aber nicht akzeptieren sollten.

Unser Tipp : Setzen Sie als Bauherr alles daran, eine möglichst lange Karenzzeit ab sechs Monaten durchzusetzen, in der keine Bereitstellungszinsen berechnet werden.

▶ **Musterrechnungen und Arbeitsblätter zu den Bereitstellungszinsen finden Sie in unserer Praxismappe „Finanzierung".**

Zinsbindungsregeln

Die Zinsbindungsregel „Niedrige Zinsen – lange Zinsbindung" sollten Sie in einer Tiefzinsphase auch dann einhalten, wenn der Soll- und Effektivzins mit der Dauer der Zinsbindung steigt. Typischerweise liegt der Zins umso höher, je länger der Festzins gebunden ist. Meist liegt der Effektivzins für eine 15jährige Zinsbindung 0,25 bis 0,50 Prozentpunkte über dem Effektivzins für eine Zinsbindung von 10 Jahren. Einerseits zahlen Sie zwar mehr an Zinsen. Auf der anderen Seite gewinnen Sie aber eine Zinssicherheit über einen längeren Zeitraum.

Zinsaufschläge bei hohem Beleihungswert

Je höher die benötigte Darlehenssumme in Prozent der Gesamtkosten ausfällt, desto eher müssen Sie mit einem Zinszuschlag rechnen. Üblicherweise setzen Banken 90 % der angemessenen Gesamtkosten eines Eigenheims als Beleihungswert an.

Das vergleichsweise zinsgünstigste Hypothekendarlehen erhalten Sie, wenn die von Ihnen benötigte Darlehenssumme nicht über 60 % des Beleihungswerts hinausgeht, was rund 54 % der angemessenen Gesamtkosten entspricht.

Bei 80 % des Beleihungswerts wird die Bank einen Zinszuschlag von 0,1 bis 0,2 Prozentpunkten erheben, bei 100 % des Beleihungswerts beziehungsweise 90 % der angemessenen Gesamtkosten sogar 0,3 bis 0,4 Prozentpunkte.

Nutzen Sie deshalb nach Möglichkeit zuteilungsreife Bauspardarlehen oder KfW-Darlehen im Wohneigentumsprogramm (bis zu 50 000 € möglich), die an zweitrangiger Stelle im Grundbuch abgesichert werden, damit das Hypothekendarlehen der Bank im erstrangigen Teil nicht über 60 % des Beleihungswerts hinausgeht.

Vergleich von Zinskonditionen

Der Vergleich der aktuellen Zinskonditionen unter verschiedenen Baugeldanbietern ist für Sie unverzichtbar. Nutzen Sie die Zinstabellen von Finanztest, die zu Beginn eines jeden Monats unter www.test.de/hypothekenzinsen veröffentlicht werden. Diese Tabellen finden Sie auch in der Zeitschrift Finanztest, die an jedem dritten Mittwoch eines Monats erscheint (→ beispielsweise Finanztest 9/2015 „Immobilienkredite", Seite 92).

Tagesaktuelle Zinskonditionen können Sie zusätzlich unter www.fmh.de erfahren. Dort gibt es eine besonders große Auswahl von besonders zinsgünstigen Baugeldanbietern, zu denen auch die Internetplattformen der Baugeldvermittler zählen.

Zinstiming

Zur hohen Schule im Bereich der Zinsstrategie gehört auch das richtige Zinstiming. Jeder Kreditnehmer möchte verständlicherweise den Zeitpunkt erwischen, zu dem die Hypothekenzinsen auf einem absoluten Tiefstand liegen. Dies wird allerdings auch Profis nicht gelingen.

Sie brauchen ja das Kapital zu einem bestimmten Zeitpunkt. Begnügen Sie sich daher damit, vor Abschluss des Darlehensvertrags Tag für Tag die Zinskonditionen miteinander zu vergleichen und aus dem Zinstrend den wahrscheinlich günstigsten Zeitpunkt für die Festlegung der Zinskonditionen durch Ihre Bank zu erwischen.

Tilgungsstrategien: Schnelle Entschuldung lohnt

Um eine rasche Entschuldung des Eigenheims zu ermöglichen, bietet sich gerade in Tiefzinsphasen ein ausgefeiltes Tilgungskonzept an. Statt der üblichen Tilgung von jährlich 1 % der Darlehenssumme zuzüglich ersparter Zinsen sollte der Selbstnutzer einen höheren Tilgungssatz von 2 oder gar 3 % wählen. Immer mehr Banken bieten ihren Kreditnehmern an, die Höhe des jährlichen Tilgungssatzes während der vereinbarten Zinsbindungsfrist ein oder zwei Mal zu ändern, um die monatliche Belastung an veränderte Einkommensverhältnisse anzupassen. Neben dieser Flexibilität bei der Höhe des Tilgungssatzes ist es ratsam, ein Sondertilgungsrecht von jährlich 5 bis zu 10 % der Darlehenssumme zu vereinbaren.

Flexible Tilgung

Daher empfiehlt sich folgende „Dreifach-Strategie", um eine größtmögliche Tilgungsflexibilität zu erreichen:

▶ **ANFANGSTILGUNG:** mindestens 1 %, in Niedrigzinsphasen 2 oder 3 %
▶ **TILGUNGSSATZWECHSEL:** ein oder zwei Mal während der Zinsbindungsfrist, zum Beispiel nach 5 oder 8 Jahren
▶ **SONDERTILGUNG:** 5 bis 10 % der Darlehenssumme pro Jahr.

Mit speziellen Wohn-Riester-Darlehen der Banken und Bausparkassen lässt sich die Entschuldung besonders gut beschleunigen, wenn beispielsweise pro Jahr insgesamt 4 200 € an Riester-Beträgen für beide Ehegatten zur laufenden Tilgung eingesetzt werden. Eine Familie mit zwei Kindern erhält 678 € an Grund- und Kinderzulage vom Staat, so dass sich der Eigenaufwand auf 3 522 € pro Jahr reduziert. Hinzu kommen je nach Einkommen zusätzliche Steuerersparnisse, die ebenfalls zur Tilgung eingesetzt werden können.

Belastungsstrategien: Belastung nachhaltig tragen

Beim Belastungskonzept geht es darum, eine nachhaltig tragbare monatliche Belastung aus Kapital- beziehungsweise Schuldendienst, also für Zins und Tilgung der Darlehen, sicherzustellen. Um die gesamte Belastung für das Eigenheim zu erfassen, sollte noch die Belastung aus Bewirtschaftung (zum Beispiel Strom-, Heiz- und Wasserkosten, Grundsteuer, Feuerversicherungsprämie, Instandhaltungskosten) hinzugerechnet werden. Diese Belastung aus Kapitaldienst und Bewirtschaftung muss aus dem laufenden Einkommen aufgebracht werden.

Zusätzliche Restschuldversicherung

Im Todesfall des Hauptverdieners sollte der überlebende Ehegatte von der Belastung aus Kapitaldienst befreit sein. Dies geschieht durch den Abschluss einer Risiko-Lebensversicherung. Am besten wählt man eine spezielle Restschuldversicherung über preisgünstige Direktversicherer wie Europa oder Ontos, bei der sich die finanzielle Absicherung für den Todesfall genau an die aus dem Finanzierungsplan der Bank ergebende jeweilige Restschuld anpasst.

Konstante, steigende oder fallende Belastung

Grundsätzlich sind drei Belastungsstrategien für die laufende Belastung aus Kapitaldienst (Zins und Tilgung) denkbar:

► **KONSTANTE BELASTUNG**, zum Beispiel Volltilgerdarlehen bis zur vollständigen Entschuldung mit gleichbleibender Annuität

► **STEIGENDE BELASTUNG**, zum Beispiel niedrige Anfangsbelastung durch anfängliche Tilgung von nur 1 %, die nach 10 Jahren auf 2 % und nach 15 Jahren auf 3 % zuzüglich ersparter Zinsen steigt

► **FALLENDE BELASTUNG**, zum Beispiel höhere anfängliche Tilgung von 3 %, die nach 10 Jahren auf 2 % und nach 15 Jahren auf 1 % zuzüglich ersparter Zinsen sinkt, oder spezielles Ratentilgungsdarlehen mit gleich hohen Tilgungssätzen und -beträgen, aber sinkenden Zinszahlungen wegen der fallenden Restschulden.

Ein einfacher **Zins- und Tilgungsplan** mit einer Darlehenssumme von 100 000 €, einer gleichbleibenden Tilgungszahlung von 4 000 € pro Jahr und einem Sollzinssatz von 2 %

Jahre	Tilgung	Zinsen	Belastung	Restschuld
1	4 000 €	2 000 €	6 200 €	96 000 €
2	4 000 €	1 920 €	5 920 €	92 000 €
3	4 000 €	1 840 €	5 840 €	88 000 €
4	4 000 €	1 760 €	5 760 €	84 000 €
5	4 000 €	1 680 €	5 680 €	80 000 €
6	4 000 €	1 600 €	5 600 €	76 000 €
7	4 000 €	1 520 €	5 520 €	72 000 €
8	4 000 €	1 440 €	5 440 €	68 000 €
9	4 000 €	1 360 €	5 360 €	64 000 €
10	4 000 €	1 280 €	5 280 €	60 000 €
11	4 000 €	1 200 €	5 200 €	56 000 €
12	4 000 €	1 120 €	5 120 €	52 000 €
13	4 000 €	1 040 €	5 040 €	48 000 €
14	4 000 €	960 €	4 960 €	44 000 €
15	4 000 €	880 €	4 880 €	40 000 €
16	4 000 €	800 €	4 800 €	36 000 €
17	4 000 €	720 €	4 720 €	32 000 €
18	4 000 €	640 €	4 640 €	28 000 €
19	4 000 €	560 €	4 560 €	24 000 €
20	4 000 €	480 €	4 480 €	20 000 €
21	4 000 €	400 €	4 400 €	16 000 €
22	4 000 €	320 €	4 320 €	12 000 €
23	4 000 €	240 €	4 240 €	8 000 €
24	4 000 €	160 €	4 160 €	4 000 €
25	4 000 €	80 €	4 080 €	0 €
Gesamt	100 000 €	26 000 €	126 000 €	

Zahlen erfassen und Kalkulationen durchspielen sind mühsam, lohnen sich aber im Endeffekt meistens.

Ratentilgungsdarlehen

Das spezielle Ratentilgungsdarlehen , das Sie nur auf besonderen Wunsch von Ihrer Bank angeboten bekommen, funktioniert wie folgt: Sie vereinbaren einen festen Sollzins von beispielsweise 2 % über die gesamte Laufzeit von 25 Jahren und zusätzlich einen festen Tilgungssatz von 4 % der Darlehenssumme. Der Zinsanteil sinkt wie beim Annuitätendarlehen, da sich die Zinsen von der jeweiligen Restschuld

berechnen. Da jedoch der Tilgungsanteil im Gegensatz zum Annuitätendarlehen gleich bleibt, sinkt die Belastung von Jahr zu Jahr (siehe Beispiel auf Seite 121).

Diese von 6 000 € im 1. Jahr auf 4 080 € im 25. Jahr fallende Jahresbelastung wird nur für Hauseigentümer in Frage kommen, die steigende Lebenshaltungskosten in den nächsten Jahren durch eine sinkende Belastung aus Kapitaldienst für ihr Eigenheim auffangen wollen. Nachteilig ist aber die relativ hohe Anfangsbelastung von 6 % der Darlehenssumme im ersten Jahr. Bei einer Darlehenssumme von beispielsweise 240 000 € wären dann bereits 14 400 € jährlich beziehungsweise 1 200 € pro Monat fällig. Eine solch hohe Anfangsbelastung können sich weniger Eigenheimbesitzer finanziell leisten.

Das Ratentilgungsdarlehen mit konstanten Tilgungsraten und sinkenden Belastungen hat jedoch auch einen Vorteil: Es führt wegen der höheren Belastung in den ersten Jahren zu einem niedrigeren Gesamtzinsaufwand im Vergleich zu einem Annuitätendarlehen mit 2 % Zins und 3,09 % Tilgung über 25 Jahre bei jährlicher Zins- und Tilgungszahlung. Beim Annuitätendarlehen läge der Gesamtzinsaufwand für 25 Jahre bei 305 400 € und damit um 3 000 € höher im Vergleich zum Ratentilgungsdarlehen.

Auch rechentechnisch bietet das Ratentilgungsdarlehen einen Vorteil, da man auf komplizierte Berechnungsformeln verzichten kann und nur die Grundrechenarten nebst Prozentrechnung beherrschen muss. Ein einfacher Taschenrechner reicht zur Berechnung von Zins, Tilgung und Belastung sowie zur Erstellung des vollständigen Zins- und Tilgungsplans aus.

WOHN-RIESTER-DARLEHEN

Grundsätzlich haben Sie drei Möglichkeiten, staatlich geförderte Riester-Verträge für die Finanzierung Ihres neugebauten Eigenheims zu nutzen:

▶ Komplette und förderungsunschädliche Entnahme des in einem Riester-Vertrag angesparten Guthabens, um es unmittelbar als Eigenkapital für den Bau oder Neubaukauf eines Eigenheims zu verwenden (Eigenkapitalbildung für Eigenheim)

▶ Entnahme des Kapitals aus dem geförderten Riester-Vertrag, um eine selbst genutzte Immobilie zu entschulden (Entschuldung eines Eigenheims zum Rentenbeginn oder vorher)

▶ Verwendung von Riester-Beiträgen und Zulagen für die Tilgung eines Wohn-Riester-Darlehens bei einem selbstgenutzten Eigenheim sowie zusätzlich für Bausparbeiträge bei einem Wohn-Riester-Darlehen der Bausparkassen (Förderung von Bausparbeiträgen und laufender Tilgung).

Falls Sie früher bereits einen Riester-Vertrag abgeschlossen haben, sollten Sie das angesparte Riester-Vermögen als Eigenkapital für die Finanzierung Ihrer eigenen vier Wände verwenden. Sie erhöhen dadurch Ihre Eigenkapitalquote und reduzieren die aufzunehmende Darlehenssumme.

Banken, Bausparkassen und Versicherungen bieten für Selbstnutzer auch Immobiliendarlehen mit Riester-Förderung an. Diese sogenannten Wohn-Riester-Darlehen sind zunächst einmal ganz normale Immobilienkredite, für die Kreditnehmer Raten aus Zins und Tilgung zahlen. Doch für die laufende Tilgung des Darlehens und Bausparbeiträge für einen noch anzu-

sparenden Bausparvertrag bekommen sie Zulagen und Steuervorteile wie für einen Riester-Sparvertrag, falls sie Haus oder Wohnung selbst nutzen.

Sinkende Belastung durch Riester-Zulagen

Vorteil: Da die jährlichen Riester-Zulagen (154 € Grundzulage für jeden Arbeitnehmer-Ehegatten und 185 € Kinderzulage für jedes vor 2008 geborene Kind, sonst 300 €) direkt für die Tilgung beziehungsweise den Bausparbeitrag verwandt werden, sinkt die eigene finanzielle Belastung für das Eigenheim gegenüber ungeförderten Darlehen oder die Tilgungsdauer verkürzt sich, wenn selbst finanzierte Tilgung und Bausparbeitrag um die Zulagen erhöht werden.

Letztlich führt ein gefördertes Riester-Darlehen daher entweder zur Verminderung der Nettobelastung (als Bruttobelastung minus Zulagen) oder zur Verkürzung der Tilgungsdauer. Die „eingesparten" Zulagen bei der laufenden Belastung beziehungsweise die „eingesparten" Tilgungsjahre nach vollständiger Entschuldung des Wohn-Riester-Darlehens sind die entscheidenden Vorteile gegenüber einem ungeförderten Darlehen mit ansonsten gleichen Zins- und Tilgungskonditionen.

Der Nachteil einer Versteuerung des Riester-Vermögens im Rentenalter wiegt nicht allzu schwer, da das Riester-Vermögen auf einem fiktiven Wohnförderkonto nur mit 2 % bis zum Ende der Laufzeit des Wohn-Riester-Darlehens verzinst wird und die Steuerzahlung entweder ratenweise vom Rentenbeginn bis zum 85. Lebensjahr oder auf einen Schlag mit einem Nachlass von 30 % zum Rentenbeginn aufgebracht werden muss.

Die Vorteile der staatlichen Förderung durch Zulagen und eventuell zusätzliche Steuerersparnisse in der Anspar- beziehungsweise Tilgungsphase überwiegen den Nachteil der nachgelagerten Besteuerung, da diese erst in der Rentenphase mit einem üblicherweise deutlich niedrigeren Steuersatz erfolgt.

Wohn-Riester-Regeln

Als Hauseigentümer müssen Sie bei Wohn-Riester-Darlehen allerdings einige strenge Regeln unbedingt einhalten, damit die staatliche Förderung durch Zulagen und eventuell zusätzliche Steuerersparnisse nicht wegfällt:

▶ Sie müssen Ihr Eigenheim nach 2007 angeschafft oder gebaut haben und selbst darin wohnen.

▶ Nach Verkauf Ihres Eigenheims muss der Verkaufserlös innerhalb von spätestens 4 Jahren in den Bau oder Kauf eines zweiten Eigenheims investiert werden.

▶ Eine vorübergehende Vermietung infolge eines beruflichen Umzugs muss zeitlich befristet und der Wiedereinzug ins Eigenheim spätestens mit 67 Jahren erfolgen.

▶ Sie zahlen das Wohn-Riester-Darlehen spätestens bis zum 68. Lebensjahr zurück.

Staatliche Zuschüsse helfen, dem erträumten Ziel näher zu kommen.

▶ Sie versteuern ab Rentenbeginn das mit fiktiv 2 % Zins aufgebaute Riester-Vermögen als „Eigenheimrente" spätestens ab dem 68. Lebensjahr entweder ratenweise bis zum 85. Lebensjahr oder auf einen Schlag mit einem Nachlass von 30 % des auf dem fiktiven Wohnförderkonto angesammelten Riester-Vermögens.

▶ Der Kreditvertrag muss von der Bundesanstalt für Finanzdienstleistungsaufsicht zertifiziert sein.

Sie können das Riester-Vermögen auch für den altersgerechten Umbau Ihres selbstgenutzten Eigenheims verwenden. Die Funktionsweise von Wohn-Riester ist in der Tat recht kompliziert. Dennoch sollte Sie das nicht abschrecken, sofern Sie handfeste finanzielle Vorteile mit Wohn-Riester-Darlehen genießen können.

Wohn-Riester-Darlehen von Banken

Kreditnehmer können mit einem Wohn-Riester-Darlehen von Banken grundsätzlich viel Geld sparen. Dies setzt aber voraus, dass die Zinskonditionen für diese speziellen Darlehen nicht schlechter sind im Vergleich zu ungeförderten Darlehen.

Meist sind Wohn-Riester-Darlehen aber etwas teurer als ungeförderte Darlehen. Der Zinszuschlag bei Wohn-Riester-Darlehen macht zuweilen 0,2 bis 0,3 Prozentpunkte aus.

Die Banken begründen den Zinszuschlag bei Riester-Darlehen mit dem erhöhten Beratungs- und Verwaltungsaufwand. Eine ganze Reihe von Banken und Sparkassen bietet überhaupt keine Wohn-Riester-Darlehen an und verweist stattdessen nur auf Angebote der mit ihnen kooperierenden Bausparkassen, zum Beispiel die Sparkassen auf die Landesbausparkassen (LBS) oder die Volks- und Raiffeisenbanken auf die Bausparkasse Schwäbisch Hall.

Bietet eine Bank Annuitätendarlehen mit und ohne Riester-Förderung an, sollte der Effektivzins aus Sicht des Kreditnehmers gleich hoch sein oder nur geringfügig darüber liegen (zum Beispiel 0,1 bis maximal 0,2 Prozentpunkte). Falls der Effektivzins für geförderte Wohn-Riester-Darlehen aber deutlich über dem Zins für ungeförderte Darlehen liegt (zum Beispiel ein halber Prozentpunkt wie im obigen Beispiel), kann dieser Zinszuschlag die staatlichen Zulagen im Extremfall auffressen.

Dies sollten Sie als künftiger Eigenheimbesitzer nicht akzeptieren. Es macht keinen Sinn, wenn der Fördervorteil von Riester-Verträgen durch Zulagen und eventuell zusätzliche Steuerersparnisse zum großen Teil oder sogar ganz wieder zunichte gemacht wird durch einen hohen Zinszuschlag.

Ein einfaches Rechenbeispiel mag dies verdeutlichen: Die Anfangstilgung soll 2 % von 210 000 € Darlehen ausmachen, also 4 200 €. Bei zwei Arbeitnehmer-Ehegatten mit zwei vor 2009 geborenen Kindern summieren sich Grund- und Kinderzulagen für zwei getrennte Riester-Darlehensverträge auf 678 € im Jahr, dies sind 0,16 % des anfänglichen Tilgungsbeitrags von 4 200 €.

Wenn der Zinszuschlag für das durch Zulagen geförderte Wohn-Riester-Darlehen nun 0,16 Prozentpunkte beträgt, wird die Belastung aus Sollzins von beispielsweise 2,56 % (2,40 % Zins für ungefördertes Darlehen plus 0,16 Prozentpunkte Zuschlag für Riester-Darlehen) und selbst aufgebrachter Tilgung in Höhe von 1,84 % (2 % Tilgung für ungefördertes Darlehen minus 0,16 Prozentpunkte Zulagen für Riester-Darlehen) insgesamt genauso hoch sein wie beim ungeförderten Darlehen. In beiden Fällen käme eine jährliche Gesamtbelastung von 4,40 % der Darlehenssumme heraus. Das Wohn-Riester-Darlehen wäre nicht günstiger als das ungeförderte Darlehen.

Wohn-Riester-Darlehen von Bausparkassen

Die Bausparkassen haben sich im Gegensatz zu den meisten Banken und Sparkassen auf Wohn-Riester-Darlehen spezialisiert. Sie erheben in der Regel keinen Zinszuschlag gegenüber ungeförderten Darlehen oder bieten die speziellen Wohn-Riester-Darlehen zuweilen sogar mit einem kleinen Zinsrabatt an.

Fast immer handelt es sich dabei um Kombikredite für Selbstnutzer von Eigenheimen. Diese Kombination aus Bauspar-Sofortfinanzierung mit einem Vorausdarlehen und einem späteren Bauspardarlehen nach Zuteilung

des Bausparvertrags sowie Riester-Zulagen für Bauspar- und Tilgungsbeiträge stellt besonders in einer Tiefzinsphase eine ideale Lösung dar. Dies gilt vor allem dann, wenn die Wohn-Riester-Darlehen der Bausparkassen wie üblich als Volltilgerdarlehen bis zur völligen Entschuldung nach 18 bis 28 Jahren angeboten werden und der Gesamteffektivzins auf sehr niedrigem Niveau liegt.

Anfang Februar 2017 boten die Bausparkassen zinssichere Riester-Kombikredite als Volltilgerdarlehen mit Gesamtlaufzeiten von 18 bis 28 Jahren an. Bei der LBS Südwest gab es den Riester-Kombikredit bei einer Laufzeit von 18 Jahren bereits zu einem Gesamteffektivzins von nur 1,67 %. Im Modellfall eines Kredits von 180 000 € bei einem Hauskaufpreis von 250 000 Euro lag die Monatsrate zwischen 936 € bis zur Zuteilung und 941 € nach Zuteilung des Bauspardarlehens. Insgesamt waren 202 656 € zu zahlen, also nur 22 656 € mehr im Vergleich zur Höhe des Riester-Kombikredits.

Der Gesamteffektivzins für Riester-Kombikredite der LBS West mit der längsten Laufzeit von 28 Jahren lag bei 2,30 %. Im Durchschnitt war eine Monatsrate von 700 € zu zahlen.

Die übrigen 12 Bausparkassen boten Anfang Februar 2017 Riester-Kombikredite für Laufzeiten von 18 Jahren bis 26 Jahren und 4 Monaten zu Gesamteffektivzinsen zwischen 1,79 % (LBS Saar bei einer Laufzeit von 18 Jahren und 1 Monat) und 2,58 % (BHW mit einer Laufzeit von 23 Jahren und 11 Monaten) an.

Volltilgerdarlehen der Bausparkassen mit einer Gesamtlaufzeit von 18 bis 28 Jahren ohne Riester-Förderung kosteten effektiv im Durchschnitt etwa so viel wie die Riester-Kombikredite für die gleiche Laufzeit.

Nicht nur die nahezu identischen Effektivzinsen sprechen für die Riester-Kombikredite der Bausparkassen. Auch dank der Riester-Zulagen und evtl. zusätzlichen Steuerersparnisse schneidet das Wohn-Riester-Darlehen einer Bausparkasse besser ab als ein ungeförderter Kombikredit von der gleichen Bausparkasse.

Mögliche Risiken bei Wohn-Riester-Darlehen

1	✓ **Bindungsrisiko:** Mit Wohn-Riester-Darlehen der Bausparkassen binden Sie sich über eine lange Laufzeit von 18 bis 28 Jahren. Die Höhe der monatlichen Belastung und laufenden Tilgung ist im Gegensatz zu Wohn-Riester-Darlehen der Banken nicht flexibel.
2	✓ **Förderrisiko:** Um die Fördervorteile der Wohn-Riester-Rente zu bekommen, müssen Sie die eigenen vier Wände auf Dauer und auch im Renten- beziehungsweise Pensionsalter selbst bewohnen. Ausnahmen: Beim Verkauf des ersten Eigenheims und gleichzeitigem Bau oder Kauf eines zweiten Eigenheims bleibt die Förderung bestehen. Gleiches gilt, wenn das Eigenheim infolge eines beruflichen Umzugs nur zeitweise nicht mehr selbst genutzt, sondern vermietet wird. Die vorübergehende Vermietung muss aber zeitlich befristet und der spätere Wiedereinzug muss beabsichtigt sowie spätestens mit 67 Jahren erfolgt sein. Wenn diese Bedingungen nicht erfüllt werden, ist dies förderschädlich. Das heißt, Zulagen und eventuell zusätzliche Steuerersparnisse müssen zurückgezahlt werden.
3	✓ **Steuerrisiko:** Die Wohn-Riester-Rente (offiziell als „Eigenheimrente" bezeichnet) wird nachgelagert besteuert. Die jährlichen Riester-Beträge inklusive Riester-Zulagen werden auf einem fiktiven Wohnförderkonto mit 2 % verzinst. Das angesammelte Riester-Guthaben wird ab Rentenbeginn (spätestens mit vollendetem 68. Lebensjahr) bis zum 85. Lebensjahr Jahr für Jahr versteuert. Statt der laufenden jährlichen Steuerzahlung kann die Steuer auf einen Schlag mit dem persönlichen Steuersatz gezahlt werden unter Inanspruchnahme eines Abschlags in Höhe von 30 % des Riester-Guthabens. Die spätere Steuerzahlung im Rentenalter muss also bereits im Finanzierungsplan berücksichtigt werden. Wohn-Riester-Darlehen schneiden aber auch nach Berücksichtigung der nachgelagerten Besteuerung besser ab als nicht geförderte Kombikredite der Bausparkassen und Annuitätendarlehen der Banken, da die Zulagen- und Steuervorteile in der Darlehensphase über den Steuerzahlungen in der Rentenphase nach völliger Entschuldung liegen. Hauptgrund dafür ist der im Rentenalter durchweg deutlich niedrigere persönliche Steuersatz.
4	✓ **Altersvorsorgerisiko:** Mit dem Wohn-Riester-Darlehen für ein selbstbewohntes Eigenheim steht das miet- und schuldenfreie Eigenheim im Alter eindeutig an erster Stelle der Altersvorsorge. Eine zusätzliche „Geld-Riester-Rente" über Riester-Versicherungen, Riester-Fondssparplan oder Riester-Banksparplan scheidet dann aber aus. Wenn Sie nicht anderweitig betrieblich oder privat vorsorgen, könnten Sie im Rentenalter trotz miet- und schuldenfreien Wohnens im Eigenheim knapp bei Kasse sein. Daher empfiehlt es sich für Arbeitnehmer, eine zusätzliche Betriebsrente aufzubauen und/oder eine zusätzliche private Altersvorsorge in Angriff zu nehmen.

Riester-Zulagen bei Bausparverträgen

Maximal 4 200 € pro Jahr können verheiratete Arbeitnehmer und Beamte zulagebegünstigt in einen Wohn-Riester-Vertrag investieren und damit den Bausparbeitrag in der Ansparphase sowie die laufende Tilgung des Wohn-Riester-Bauspardarlehens bedienen.

Bei einer Familie mit zwei Arbeitnehmern beziehungsweise Beamten und zwei vor 2008 geborenen Kindern steuert der Staat allein an Zulagen jährlich 678 € bei, so dass der Eigenbeitrag vor eventuell zusätzlichen Steuerersparnissen auf 3 522 € sinkt.

In der ersten Phase (Vorausdarlehen und Bausparvertrag) können die 4 200 € einschließlich Zulagen für die Zahlung des Bausparbeitrages verwandt werden. Nach beispielsweise zehn Jahren kommt dann bereits ein Bausparguthaben von 42 000 € plus Guthabenzinsen zusammen. Um ein Mindestsparguthaben inkl. Guthabenzinsen von 60 000 € beziehungsweise 40 % einer Bausparsumme von 150 000 € zu erreichen, müsste noch ein zusätzlicher Sparbeitrag (zum Beispiel aus der Anlage der Steuerersparnisse) in den Bausparvertrag fließen.

In der zweiten Phase nach Zuteilung des Bausparvertrags werden die jährlich 4 200 € aus dem Wohn-Riester-Vertrag zur teilweisen Tilgung des Bauspardarlehens von maximal 90 000 € eingesetzt.

Somit wird der staatlich geförderte Wohn-Riester-Vertrag gleich doppelt genutzt – zunächst zur Zahlung von Bausparbeiträgen zwecks Aufbau des Bausparguthabens bis zur Zuteilung und später zur Zahlung von Tilgungsbeiträgen für das Bauspardarlehen nach Zuteilung des Bausparvertrags.

Niedrige Zinsen und eine hohe staatliche Förderung machen aus Wohn-Riester-Darlehen von Bausparkassen die ideale Finanzierung fürs Eigenheim. Von den günstigsten Bauspar-Angeboten profitieren allerdings nur Bauherren mit ausreichendem Eigenkapital. Mindestens 20 % der angemessenen Gesamtkosten müssen Sie selbst aufbringen.

Der maximale Kombikredit geht in aller Regel über 72 bis 80 % des Neubau-Kaufpreises beziehungsweise der reinen Gesamtkosten (ohne Nebenkosten) nicht hinaus. Also müssen bis zu 28 % des reinen Kaufpreises beziehungsweise der reinen Gesamtkosten sowie die kompletten Nebenkosten mit Eigenmitteln finanziert werden.

Risiken bei Wohn-Riester-Darlehen

Trotz aller Pluspunkte für Wohn-Riester-Darlehen insbesondere von Bausparkassen sollten Sie als künftiger Hauseigentümer aber auch einige mögliche Risiken bedenken. Wir haben diese in der Checkliste „Mögliche Risiken bei Wohn-Riester-Darlehen" auf Seite 126 zusammengefasst.

Wenn Sie diese vier genannten Risiken in Kauf nehmen wollen, führt eigentlich kein Weg an einem Wohn-Riester-Darlehen vorbei. Lassen Sie sich auf keinen Fall durch die Kompliziertheit dieser speziellen Eigenheimfinanzierung abschrecken. Verlangen Sie hartnäckig von Ihrer Bank, Sparkasse oder Bausparkasse ein Angebot und lassen Sie sich einen vollständigen Finanzierungsplan als Zins- und Tilgungsplan bis zur völligen Entschuldung sowie einen Plan zur Zahlung der späteren Steuer auf das angesammelte Riester-Vermögen im Rentenalter geben.

KFW-DARLEHEN FÜRS EIGENHEIM

Der Bund fördert die Finanzierung von Eigenheimen nicht nur über die Wohn-Riester-Rente, sondern auch über zinsgünstige Darlehen der Kreditanstalt für Wiederaufbau (KfW). Nähere Informationen über aktuelle Zins- und Tilgungskonditionen der verschiedenen KfW-Programme erfahren Sie unter www.kfw.de oder am KfW-Infotelefon 0800 / 5 39 90 02.

Die staatliche KfW-Förderbank vergibt die Darlehen aber nicht direkt an Bauherren und Käufer von Neubau-Eigenheimen. Sie müssen den KfW-Kredit über Ihre Hausbank oder eine andere Bank beantragen, die dann Ihre Unterlagen an die KfW weiterleitet. Dafür erhält die „durchleitende Institution", wie sie offiziell heißt, eine geringe Provision von der KfW. Sie sollten den Antrag für ein KfW-Darlehen sinnvollerweise bei der Bank stellen, die auch den Löwenanteil Ihrer Baufinanzierung übernimmt.

Für die Finanzierung von Eigenheimen sieht die KfW zwei spezielle Kreditprogramme vor:
- ▶ KfW-Wohneigentumsprogramm mit einem Höchstkredit von 50 000 € für Bau oder Neubaukauf eines Eigenheims
- ▶ KfW-Programm „Energieeffizient bauen" mit einem Höchstkredit von ebenfalls 50 000 € für den Neubau von Niedrigenergiehäusern.

KfW-Wohneigentumsprogramm

Den Kredit in Höhe von maximal 50 000 € im KfW-Wohneigentumsprogramm müssen Sie bei Ihrer Hausbank beantragen, bevor Sie Ihr Eigenheim bauen oder kaufen. Mitte März 2017 gab es diesen Kredit bei zehnjähriger Zinsbindung zu folgenden Zins- und Tilgungskonditionen:

► Effektivzins 0,75 % (Sollzins auch 0,75 %) bei einer Zinsbindung von 5 Jahren und einer Gesamtlaufzeit von 10 bis 25 Jahren

► Effektivzins 1,36 % (Sollzins 1,35 %) bei einer Gesamtlaufzeit von 10 bis 25 Jahren und zwischen 2 und 5 tilgungsfreien Anfangsjahren je nach Laufzeit und Wunsch des Kunden.

Empfehlenswert ist eine möglichst lange Zinsbindung und Gesamtlaufzeit, also beispielsweise die Kombination von 10-jähriger Zinsbindung und 25-jähriger Laufzeit. Die ersten 3 Anfangsjahre könnten dann tilgungsfrei sein, um die anfängliche Belastung zu senken. Auf jeden Fall sollte aber Vorsorge dafür getroffen werden, dass nach Ablauf der 10-jährigen Zinsbindung das Zinsniveau höher liegt als heute.

Nachrangige Absicherung

Die Kredite im KfW-Wohneigentumsprogramm (Programm-Nummer 124) liegen meist auf dem Zinsniveau der üblichen Hypothekendarlehen oder leicht darunter. Doch auch bei identischem Zinsniveau besitzen sie den Vorteil, dass sie im Grundbuch nachrangig besichert werden und dadurch den Spielraum für ein zinsgünstiges Hypothekendarlehen der Bank im erststelligen Bereich (sogenannte erstrangige beziehungsweise 1a-Hypothek) erhöhen. Außerdem erkennen manche Banken den KfW-Kredit als Eigenkapitalersatzmittel beziehungsweise Eigenkapital an, so dass die Anforderung an eine ausreichende Eigenkapitalquote von Ihnen leichter zu erfüllen ist.

Achten Sie darauf, dass die Standardkonditionen der Banken nur für den erstrangigen Teil gelten, der bei 60 % des Beleihungswerts beziehungsweise rund 50 % der angemessenen Gesamtkosten liegt. Die Zinskonditionen des KfW-Kredits beziehen sich jedoch auf den zweitrangigen Teil.

Bei einer Gesamtbetrachtung kann es also durchaus sein, dass eine Kombination aus zinsgünstigem Hypothekendarlehen bis 60 % des Beleihungswerts zu einem Sollzins von 1,20 % und zinsgünstigem KfW-Kredit über 20 % des Beleihungswerts zu 1,35 % Sollzins bei 10-jähriger Zinsbindung insgesamt vorteilhafter ist als

ein Hypothekendarlehen in Höhe von 80 % des Beleihungswerts mit einem Sollzins von 1,30 % und mehr, falls der Zinsaufschlag bei der Bank mindestens einen Zehntel Prozentpunkt ausmacht.

Zins- und Tilgungsplan für KfW-Kredit

Zumindest unter dem Gesichtspunkt einer niedrigen Anfangsbelastung ist auch die Tilgungsfreiheit für beispielsweise die ersten drei beziehungsweise fünf Jahre ein Vorteil, da Sie in diesen Anfangsjahren nur Zinsen auf den KfW-Kredit zahlen. Ab dem 4. beziehungsweise 6. Jahr steigt die Belastung aus Zins und Tilgung dann allerdings an. Sie sollten sich daher den Zins- und Tilgungsplan für eine Laufzeit von beispielsweise 20 Jahren und eine 10-jährige Zinsbindung genau ansehen. Im Beispiel auf Seite 129 oben vervierfacht sich beispielsweise die Belastung ab dem 4. Jahr, da nun die Tilgung mit 5,05 % zuzüglich ersparter Zinsen einsetzt.

Beispiel für einen Zins- und Tilgungsplan

Kreditbetrag	50 000 €
Gesamtlaufzeit	20 Jahre
Tilgungsfrei	3 Anfangsjahre (1. bis 3. Jahr)
Zinsbindung	10 Jahre
Sollzins	1,35 %
Anfängliche Tilgung	3,91 % ab 4. Jahr laut KfW
Zins- und Tilgungszahlung	monatlich

Am Ende des 10. Jahres verbleibt also noch eine Restschuld von 35 656 € beziehungsweise 71 % des ursprünglichen Kreditbetrags. Nachteilig ist, dass Sie keine über die im Zins- und Tilgungsplan vorgesehene regelmäßige Tilgung hinausgehende außerplanmäßige Tilgung leisten dürfen. Wollen Sie den KfW-Kredit vor Ablauf der 10-jährigen Zinsbindung vollständig oder per Sondertilgung zurückzahlen, müssen Sie aber keine Vorfälligkeitsentschädigung zahlen. Halten Sie die vereinbarte Zinsbindungsfrist ein, unterbreitet Ihnen die KfW-Bank nach Ablauf ein Verlängerungs- beziehungsweise

Prolongationsangebot, das Sie annehmen oder ablehnen können.

Wenn die Zinsen für Kredite nach dem KfW-Wohneigentumsprogramm zwischen dem Eingang Ihres Darlehensantrags bei der KfW und dem Tag der Darlehenszusage durch die KfW gesunken sind, erhalten Sie den Kredit zu dem günstigeren Zins am Tag der Zusage. Im umgekehrten Fall, wenn die Zinsen zwischen Antragseingang und Zusagetag gestiegen sind, bleibt es beim früheren Zins. Sie können also sicher sein, dass Sie immer die im Vergleich besten Zinskonditionen bekommen.

KfW-Programm Energieeffizient bauen

Das energieeffiziente Bauen wird von der KfW ebenfalls mit zinsgünstigen Krediten bis zu einer Höchstgrenze von 100 000 € je Wohnung gefördert. Bei Neubau-Eigenheimen muss es sich um Niedrigenergiehäuser handeln, bei denen der KfW-Effizienzhaus-Standard höchstens 55 oder 40 % des Primärenergiebedarfs eines entsprechenden Neubaus nach der Energieeinsparverordnung ausmacht.

Mit dem KfW-Programm „Energieeffizient bauen" (Programm-Nummer 153) soll der Neubau oder Ersterwerb von neuen Wohngebäuden gefördert werden. Dazu gehört auch der Bau oder Neubaukauf eines Eigenheims.

Bei Teilvermietung eines Eigenheims sind die anteiligen Bau- beziehungsweise Gebäudekosten für den selbstgenutzten Teil förderfähig. Der Höchstkredit von 50 000 € kann dann auch für die vermietete Wohnung des neu erstellten Niedrigenergiehauses beantragt werden. Zusammen mit dem Kredit für die selbstgenutzte Wohnung sind es also 100 000 € insgesamt. Die Zins- und Tilgungskonditionen sahen Anfang März 2017 bei zehnjähriger Zinsbindung wie folgt aus:

▶ Effektivzins 1,46 % (Sollzins 1,45 %) bei einer Zinsbindung von 10 Jahren und einer Gesamtlaufzeit von 20 Jahren
▶ Effektivzins 2,07 % (Sollzins 2,05 %) bei einer Zinsbindung von 20 Jahren und einer Gesamtlaufzeit von ebenfalls 20 Jahren.

Die Zinssätze lagen somit über den vergleichbaren Konditionen beim KfW-Wohneigentums-

Zins- und Tilgungsplan für KfW-Darlehen über 10 Jahre[1]

Jahre	Annuität	Zinsen	Tilgung	Restschulden
1	750 €	675 €	0	50 000 €
2	750 €	675 €	0	50 000 €
3	750 €	675 €	0	50 000 €
4	2 630 €	663 €	1 967 €	48 033 €
5	2 630 €	636 €	1 994 €	46 039 €
6	2 630 €	609 €	2 021 €	44 018 €
7	2 630 €	582 €	2 048 €	41 970 €
8	2 630 €	553 €	2 077 €	39 893 €
9	2 630 €	526 €	2 104 €	37 789 €
10	2 630 €	497 €	2 130 €	35 656 €
Summe	**20 4235 €**	**6 091 €**	**14 344 €**	

1 Konditionen vom 3.3.2017 für: KfW-Darlehen nach Wohneigentumsprogramm: Darlehenssumme 50 000 €, 10 Jahre Zinsbindung, Sollzins 1,35 %, Effektivzins 1,36 %, drei tilgungsfreie Anfangsjahre, danach anfänglicher Tilgungssatz 3,91 %

programm oder bei einigen Banken. Ein zusätzliches Bonbon in Form eines nicht rückzahlbaren Tilgungszuschusses von bis zu 15 % des Darlehens je nach Effizienzhaus-Standard gibt es allerdings noch oben drauf. Unter dem Strich lohnt sich also auch ein KfW-Darlehen für das energieeffiziente Bauen.

KfW-Programme im Doppelpack

Eine Kombination des KfW-Wohneigentumsprogramms mit dem KfW-Programm „Energieeffizient bauen" ist möglich und kann dann zu einem zinsgünstigen Höchstkredit von insgesamt 150 000 € bei einem nur selbstbewohnten Eigenheim führen, und zwar 50 000 € für das Neubau-Wohneigentum selbst und zusätzlich 50 000 € für den energieeffizienten Neubau. Weitere KfW-Programme beziehen sich auf das Energieeffiziente Sanieren, Heizen mit erneuerbaren Energien bei der Umstellung einer vor 2009 installierten Heizungsanlage und das altersgerechte Umbauen. Sie betreffen also ausschließlich Altbauten. Eine Kombination der beiden KfW-Programme für den Bau oder Kauf eines Eigenheims mit diesen speziellen Programmen für bereits bestehende Wohngebäude ist daher nicht möglich.

WOHNRAUMFÖRDERUNG DURCH LÄNDER, KOMMU-NEN UND KIRCHEN

Während die staatliche Förderung von Eigenheimen durch Zulagen bei der Tilgung von Wohn-Riester-Darlehen und zinsgünstige KfW-Kredite unabhängig von Einkommensgrenzen erfolgt, ist die Wohnraumförderung der Bundesländer, Kommunen und Kirchen fast immer einkommensabhängig.

Das seit dem 1.1.2002 geltende Wohnraumförderungsgesetz (WoFG) hat das frühere Zweite Wohnungsbaugesetz (II. WoBauG), das fast ausschließlich die Förderung des Wohnungsneubaus bezweckte, abgelöst. Im Gegensatz zu früher will man die Fördermittel gezielter für Haushalte mit niedrigen Einkommen, kinderreiche Familien und Alleinerziehende verwenden. Außerdem wird nicht nur der Neubau

Es gibt meist mehr Förderprogramme, als man anfangs glauben mag.

gefördert, sondern auch der Kauf und die Modernisierung von bereits bestehenden Häusern und Wohnungen, die vom Käufer oder Modernisierer selbst genutzt werden.

Förderprogramme der Bundesländer

Einige Länder wie Mecklenburg-Vorpommern, Berlin und Bremen haben die Wohnraumförderung aus finanziellen Gründen zurückgefahren oder sogar ganz eingestellt. In allen anderen Bundesländern haben noch am ehesten Familien mit zwei und mehr Kindern eine Chance auf günstige Landesmittel, sofern sie bestimmte Einkommensgrenzen unterschreiten.

Der Antrag auf Förderung ist über die Stadt- oder Kreisverwaltung zu stellen, in der Regel ist das Amt für Wohnungswesen als Bewilligungsbehörde zuständig. Da die Richtlinien zur Wohnraumförderung von Land zu Land und von Jahr zu Jahr unterschiedlich sind, sind rechtzeitige Informationen unerlässlich.

Der Baubeginn oder Abschluss eines Kaufvertrags beim Kauf vom Bauträger darf erst nach Erhalt der Förderzusage erfolgen. Falls tatsächlich Landesmittel bewilligt werden, können diese aus zinsgünstigen öffentlichen Baudarlehen, zusätzlichen Familienzusatzdarlehen und/oder Aufwendungsdarlehen zur Senkung der monatlichen Belastung aus Kapitaldienst bestehen.

Einen guten Überblick über Förderrichtlinien, Adressen und spezielle Förderrechner bietet das Internetportal www.baufoerderer.de. Ist der Fördertopf leer, gehen allerdings die Antragsteller leer aus.

Fördervoraussetzungen

Meist sind es drei persönliche Voraussetzungen, die der Bauherr oder Neubaukäufer eines Eigenheims erfüllen muss:

▶ Gesamteinkommen aller Haushaltsangehörigen unterhalb der Einkommensgrenze, die abhängig von der Haushaltsgröße ist (zum Beispiel im Ersten Förderweg Nettoeinkommen von 12 000 € pro Jahr für eine Person beziehungsweise 18 000 € für zwei Personen zuzüglich 4 100 € für jede weitere zum Haushalt zählenden Person plus 500 € für jedes zum Haushalt gehörende Kind).

▶ Eigenkapitalquote von in der Regel mindestens 15 % der Gesamtkosten.

▶ Mindestrückbehalt in Höhe von beispielsweise 1 000 € monatlich für den laufenden Lebensunterhalt eines Ehepaars nach Abzug der monatlichen Belastung aus Kapitaldienst und Bewirtschaftung plus 250 € pro Kind.

Das Gesamt- beziehungsweise Nettoeinkommen errechnet sich bei Arbeitnehmern wie folgt:

Jahresbruttoeinkommen

– pauschal 30 % für Steuern und den Arbeitnehmeranteil zur Sozialversicherung

– dem Arbeitnehmerpauschbetrag von 1 000 €

Das Jahresbruttoeinkommen kann daher bei Arbeitnehmerhaushalten mit ein beziehungsweise zwei Personen bis zu 17 140 beziehungsweise 25 710 € im Jahr ausmachen. Sofern keine Sozialversicherungsbeiträge oder keine Steuern anfallen, werden pauschal nur 10 % vom Bruttojahreseinkommen abgezogen.

Außer diesen Pauschalen werden bei der Ermittlung des Netto- beziehungsweise Gesamteinkommens noch weitere Frei- und Abzugsbeträge berücksichtigt wie

▶ 4 000 € Freibetrag für junge Ehepaare, die beide noch nicht das 40. Lebensjahr vollendet haben und noch keine fünf Jahre verheiratet sind, oder

▶ 600 € Abzugsbetrag bei Alleinerziehenden für jedes kindergeldberechtigte Kind unter 12 Jahren.

Landesmittel wie beispielsweise Aufwendungsdarlehen zur Senkung der monatlichen Belastung kann es eventuell geben, wenn die Einkommensgrenzen um nicht mehr als beispielsweise 20, 40 oder 60 % überschritten werden.

Beispiel: Förderrichtlinien in Nordrhein-Westfalen

In Nordrhein-Westfalen sehen die Förderrichtlinien beispielsweise bei der Förderung eines Neubau-Eigenheims Folgendes vor (Stand Frühjahr 2017):

Fördervoraussetzungen:

▶ Haushalt mit mindestens einem Kind oder einem schwerbehinderten Haushaltsangehörigen

▶ Gesamteinkommen des Haushalts unterhalb der Einkommensgrenze

▶ Mindestens 15 % der Gesamtkosten als Eigenleistung davon die Hälfte eigene Geldmittel oder belastungsfreies Grundstück

▶ Förderung nur zulässig, wenn durch die Belastung nicht die wirtschaftliche Existenzgrundlage gefährdet wird, daher beispielsweise erforderlicher Mindestrückbehalt nach Abzug der Belastung aus Kapitaldienst und Bewirtschaftung des Eigenheims sowie anderer Zahlungsverpflichtungen

Fördergelder:

▶ Baudarlehen als Grund- beziehungsweise Förderpauschale in Höhe von 46 000 bis 78 000 € je nach Kostenkategorie der Gemeinde (in Düsseldorf mit Kostenkategorie K 3 beispielsweise 78 000 €) plus Kinderbonus je Kind 10 000 € plus Stadtbonus für bestimmte Orte bis zu 20 000 € plus Zusatzdarlehen 10 000 € für barrierefrei errichtetes Objekt

▶ 0,5 % Zins plus 0,5 % laufende Verwaltungskosten, zusammen also 1 % des Baudarlehens als Kosten in den ersten 10 Jahren Zinsbindung plus 1 % Tilgung zuzüglich ersparter Zinsen, außerdem einmalige Verwaltungskosten von 0,4 % der Darlehenssumme.

Förderprogramme der Kommunen und Kirchen

Rund 600 Städte und Gemeinden vergeben verbilligte Bauplätze, zahlen Zuschüsse oder bieten den Bauherren beziehungsweise Neubaukäufern eines Eigenheims zinsgünstige Darlehen an. Diese Förderungen der Kommunen gibt es unabhängig von Landesmitteln der jeweiligen Bundesländer und von Mitteln der staatlichen KfW-Förderbank.

Liegt das Neubau-Eigenheim in einem Sanierungsgebiet, kann man zusätzliche Mittel aus dem Bund-Länder-Programm zur Städtebauförderung bekommen.

Auch die Kirchen machen zuweilen Förderangebote. Die „Aktion pro Eigenheim" hat einen umfassenden Überblick über die Förderangebote der katholischen und evangelischen Kirche zusammengestellt. So vergeben sieben katholische Bistümer zinsgünstige oder sogar zinslose Darlehen an bauwillige Familien. Zusätzlich bestellen 14 katholische Bistümer sowie 20 evangelische Landeskirchen Erbbaurechte, mit denen Bauherren im Vergleich zum Kauf eines Grundstücks Geld sparen können.

Beispielsweise vergibt die Erzdiözese Freiburg Grundstücke im Erbbaurecht zu einem verbilligten Erbbauzins von nur 2,4 statt 4 % in den ersten sieben Jahren an Familien mit zwei Kindern.

Eine Datenbank zur Förderung durch Städte und Kirchen ist unter www.aktion-pro-eigenheim.de zu finden. Auskünfte gibt es auch direkt vor Ort bei der Stadt- oder Kirchenverwaltung.

SONSTIGE STAATLICHE FÖRDERUNGEN

Außer der staatlichen Förderung von Eigenheimen über Zulagen zur Tilgung von Wohn-Riester-Darlehen und zinsgünstigen Kredite von der KfW-Bank gibt es noch weitere Fördermaßnahmen, die mehr oder weniger unbekannt sind:

- ▶ Steuerersparnis für Eigenheim unter Denkmalschutz
- ▶ Steuerersparnis für häusliches Arbeitszimmer
- ▶ Steuerermäßigung für häusliche Dienstleistungen
- ▶ Wohnungsbauprämie und Arbeitnehmersparzulage
- ▶ Lastenzuschuss und Wohneigentumssicherungshilfe.

Steuerersparnis für Eigenheime unter Denkmalschutz

Für Kosten von Baumaßnahmen bei denkmalgeschützten Eigenheimen können Sie als Selbstnutzer nach § 10 f EStG zehn Jahre lang je neun Prozent der Herstellungskosten als Sonderausgaben steuerlich abziehen, also insgesamt 90 % der Baukosten. Das Finanzamt erkennt bei selbstgenutzten Eigenheimen unter Denkmalschutz aber nur Baukosten als Modernisierungskosten an, die zuvor vom Denkmalschutzamt genehmigt worden sind. Gleiches gilt für Eigenheime in Sanierungsgebieten, bei denen man als Nachweis eine Bescheinigung der zuständigen Gemeindebehörde benötigt.

Wer ein geeignetes Eigenheim unter Denkmalschutz oder in einem Sanierungsgebiet findet und den Hindernislauf über die Denkmalschutz- oder Gemeindebehörde erfolgreich absolviert, kann beträchtlich Steuern sparen.

Er sollte aber darauf achten, dass die Steuerersparnisse nicht mit deutlich höheren Baukosten einhergehen. Steuern sparen darf nicht das Hauptziel für künftige Eigenheimbesitzer sein.

Dazu ein Beispiel:

Gesamtkosten eines Eigenheims unter Denkmalschutz	320 000 €
Davon förderfähige Baukosten für Modernisierung des Baudenkmals	200 000 €
Steuerlich abzugsfähig als Sonderausgaben pro Jahr (= 9 % von 200 000 €)	18 000 €
Insgesamt über 10 Jahre steuerlich abzugsfähig	180 000 €
Persönlicher Steuersatz	30 %
Gesamte Steuerersparnis (= 30 % von 180 000 €)	54 000 €

In den alten Bundesländern sind nur bis zu 5 % der für eine Selbstnutzung geeigneten Immobilien denkmalgeschützt, in den neuen Bundesländern hingegen bis zu 50 %. Um die relativ hohe Steuerersparnis auch tatsächlich zu erhalten, sollten Sie die Denkmalschützer frühzeitig einbinden. Die Steuerersparnis für Selbstnutzer gibt es zudem nur, wenn der Kaufvertrag für Grundstück und Haus vor Modernisierungsbeziehungsweise Sanierungsbeginn unterschrieben wurde.

Wenn Sie das denkmalgeschützte Eigenheim später Ihren Kindern mietfrei überlassen wollen, kann das Finanzamt die Selbstnutzung und damit die Steuerersparnis aberkennen. Dies gilt nach einem Urteil des Bundesfinanzhofs, wenn das Kind älter als 25 Jahre ist (Az. X R 13/10) und weder Bundeswehrzeit noch Zivildienst diese Altersgrenze zusätzlich erhöhen.

Steuerersparnis für häusliches Arbeitszimmer

Das häusliche Arbeitszimmer im Eigenheim können Sie als Arbeitnehmer steuerlich mit bis zu 1 250 € im Jahr unter „Werbungskosten aus nichtselbstständiger Arbeit" absetzen, sofern für die berufliche Tätigkeit kein anderer Arbeitsplatz zur Verfügung steht (zum Beispiel bei Lehrern an gewöhnlichen Schulen, nicht aber bei Hochschullehrern).

Unbeschränkt steuerlich abzugsfähig sind die Kosten für das häusliche Arbeitszimmer nur dann, wenn das Arbeitszimmer den Mittelpunkt der gesamten beruflichen oder beruflichen Betätigung bildet.

Die Kosten des häuslichen Arbeitszimmers werden anteilig aus den gesamten laufenden Kosten für das Eigenheim (Zins- und Bewirtschaftungskosten) ermittelt. Zusätzlich ist eine anteilige Abschreibung für den auf das Arbeitszimmer entfallenden Gebäudeanteil zu berücksichtigen.

Dazu eine Beispielrechnung für ein Eigenheim mit 150 m² Wohnfläche und einem 12 m²-Arbeitszimmer:

Zinskosten insgesamt (2 % von 240 000 € Darlehen)	4 800 €
Bewirtschaftungskosten insgesamt (150 m² x 3 € x 12 Monate)	5 400 €
Abschreibungen insgesamt (2 % von 200 000 € Gebäudekosten)	4 000 €
Werbungskosten insgesamt (4 800 € + 5 400 € + 4 000 €)	14 200 €
Anteil des Arbeitszimmers (12 m² von 150 m² in %)	8 %
Anteilige Werbungskosten für häusliches Arbeitszimmer (8 % von 14 200 €)	1 136 €
Maximal steuerlich abzugsfähig als Werbungskosten	1 250 €
Tatsächlich steuerlich abzugsfähig	1 136 €

Bei einem 15 qm großen Arbeitszimmer lägen die anteiligen Werbungskosten für das häusliche Arbeitszimmer allerdings mit 1 420 Euro über dem maximal abzugsfähigen Betrag von 1 250 Euro pro Jahr.

Je aufwändiger die Handwerkerleistungen, desto mehr Arbeitslohn kann man steuermindernd verrechnen.

Steuerermäßigung für häusliche Dienstleistungen

Seit dem Jahr 2006 können Sie nach § 35a Absatz 3 EStG auch Handwerkerleistungen für Arbeiten in Ihrem Eigenheim steuerlich geltend machen. Allerdings gilt dies nur für spätere Renovierungs- und Modernisierungsarbeiten wie beispielsweise Austausch von Fenster und Türen oder Modernisierung des Badezimmers, nicht aber für handwerkliche Tätigkeiten am Neubau.

Aus der Handwerkerrechnung müssen die anteiligen Arbeits- beziehungsweise Lohnkosten einschließlich Mehrwertsteuer schlüssig hervorgehen. Die Materialkosten sind also herauszurechnen.

20 % der Lohnkosten von maximal 6 000 € können direkt von der Steuerschuld abgesetzt werden, das sind höchstens 1 200 € im Jahr. Es handelt sich dabei um einen direkten Abzug von Ihrer Steuerschuld im Sinne einer Steuerermäßigung beziehungsweise -vergütung, nicht um eine indirekte Steuerersparnis wie beispielsweise bei anteiligen Werbungskosten für das häusliche Arbeitszimmer.

Außer Handwerkerleistungen können auch die Aufwendungen für sogenannte haushaltsnahe Dienstleistungen (zum Beispiel Fenster-putzen, Rasenmähen oder Kinderbetreuung) einschließlich eventuell Pflegeleistungen zu einer direkten Steuerermäßigung führen. Der direkt von der Steuerschuld abzuziehende Betrag macht 20 % der Aufwendungen von maximal 20 000 € aus, also höchstens 4 000 € pro Jahr.

Handwerksleistungen und haushaltsnahe Dienstleistungen sind, sofern beide vorliegen, klar voneinander abzugrenzen. Als haushaltsnah gelten typischerweise Dienstleistungen, die von selbstständigen oder sozialversicherungspflichtigen Helfern erbracht werden, während handwerkliche Tätigkeiten von Profis, also von Handwerksunternehmen, erledigt werden.

Bei Minijobbern im Haushalt, die als Haushaltshilfe tätig sind, können außerdem 20 % des Lohns inklusive Abgaben, von 2 550 €, maximal also 510 € im Jahr, als Steuerermäßigung direkt von der Steuerschuld abgesetzt werden.

Wohnungsbauprämie und Arbeitnehmersparzulage

Als Bausparer können Sie die staatliche Bausparförderung nutzen, sofern Sie bestimmte Einkommensgrenzen unterschreiten. Eine Wohnungsbauprämie von jährlich 45,06 € für Alleinstehende beziehungsweise 90,11 €

für Verheiratete erhalten Sie, wenn Ihr zu versteuerndes Einkommen unter 25 600 € bei Alleinstehenden beziehungsweise 51 200 € bei Verheirateten beträgt und der jährliche Bausparbeitrag inklusive Guthabenzinsen bei mindestens 512 beziehungsweise 1 024 € liegt. Die Wohnungsbauprämie wird dem Bausparkonto jedes Jahr gutgeschrieben, falls Sie die Voraussetzungen erfüllen und einen entsprechenden Antrag auf die Wohnungsbauprämie bei Ihrer Bausparkasse einreichen. Ab 2009 gilt für neu abgeschlossene Bausparverträge die zusätzliche Voraussetzung, dass der Bausparvertrag tatsächlich für Bau, Kauf oder Modernisierung eines selbst bewohnten Eigenheims genutzt wird.

Arbeitnehmer können nach dem Gesetz über Vermögenswirksame Leistungen auch noch eine Arbeitnehmersparzulage in Höhe von jährlich 42,20 € pro Arbeitnehmer auf ihren Bausparvertrag erhalten, falls ihr zu versteuerndes Einkommen unter 17 900 € bei Alleinstehenden beziehungsweise unter 35 800 € bei Verheirateten liegt und der Bausparbeitrag mindestens 470 € im Jahr ausmacht. Sind beide Ehegatten Arbeitnehmer und leisten sie insgesamt einen Bausparbeitrag von 940 € jährlich, verdoppelt sich die Arbeitnehmersparzulage auf 84,60 €.

Lastenzuschuss und Wohneigentums-Sicherungshilfe

Auf einen bundeseinheitlich geregelten Lastenzuschuss als Zuschuss zur monatlichen Belastung für Kapitaldienst und Bewirtschaftung haben Eigentümer einer selbst genutzten Wohnimmobilie einen Rechtsanspruch, wenn ihr Einkommen bestimmte Grenzen unterschreitet und die monatliche Belastung für sie nicht mehr aus dem Familieneinkommen getragen werden kann. Die Höhe des Lastenzuschusses hängt vom Familieneinkommen, der Haushaltsgröße und der zuschussfähigen Belastung ab.

Was beim Eigentümer Lastenzuschuss heißt, wird beim Mieter Mietzuschuss genannt. Für beide – Eigentümer und Mieter – gelten im Prinzip die gleichen Vorschriften nach dem Wohngeldgesetz. Wohngeld als finanzielle Hilfe für das Wohnen gibt es eben nicht nur für Mieter, sondern auch für Eigentümer. Nähere Details über den Lastenzuschuss können in finanzielle Not geratene Hauseigentümer bei ihrem örtlichen Wohnungsamt erfahren.

Der Lastenzuschuss kommt allerdings wohl nur für Geringverdiener mit einer relativ geringen Belastung aus Kapitaldienst und Bewirtschaftung in Frage. Diese sollten sich beim Unterschreiten der Einkommensgrenze – zum Beispiel infolge von Arbeitslosigkeit – nicht scheuen, einen Lastenzuschuss beim Wohnungsamt zu beantragen. Sofern alle Voraussetzungen erfüllt sind, muss der Lastenzuschuss beispielsweise auch bei Hartz-IV-Empfängern, die in den eigenen vier Wänden wohnen, gezahlt werden.

Wohneigentums-Sicherungshilfe

Einige Bundesländer wie Nordrhein-Westfalen leisten darüber hinaus auf Antrag Wohneigentums-Sicherungshilfe für Eigentümer, die ein mit Landesmitteln gefördertes Eigenheim bewohnen. Sinn dieser speziellen Hilfe ist es, notleidenden Hauseigentümern beizustehen und einer drohenden Zwangsversteigerung ihres Eigenheims vorzubeugen beziehungsweise die Einstellung eines bereits laufenden Versteigerungsverfahrens zu ermöglichen.

Unter dem Stichwort „Konsolidierung geförderten Wohneigentums" unterstützt die NRW.Bank Darlehensnehmer mit geringen Einkommen durch verschiedene Leistungen, wenn nach der Förderung eine besondere Notlage eintritt und die Förderdarlehen noch nicht vollständig zurückgezahlt wurden. Mögliche Maßnahmen sind insbesondere Beratungsleistungen und Verhandlungen mit den beteiligten Gläubigern, Erstellung eines Konsolidierungsplans, Stundungen bzw. Ratenzahlungen oder befristete Veränderungen der bestehenden Darlehenskonditionen (z.B. Senkung von Zinsen und/oder Tilgung). Aber auch die Gewährung von Wohneigentumssicherungshilfe in Form zusätzlicher rückzahlbarer Darlehen sowie die Unterstützung beim Verkauf des Objekts kommen als eventuell geeignete Maßnahmen infrage.

VERSICHERUNGEN RUND UMS EIGENHEIM

Bei der Finanzierung von Haus und Wohnung sind drei Versicherungen besonders wichtig:

▶ Risikolebens- beziehungsweise Restschuldversicherung zur Absicherung der Hinterbliebenen, falls der Kreditnehmer (zum Beispiel Hauptverdiener) stirbt

▶ Feuer- beziehungsweise Wohngebäudeversicherung, eventuell zusätzlich Elementarschaden- und Öltankversicherung, sowie Hausratversicherung

▶ Spezielle Bauversicherungen für Bauherren.

Die Restschuldversicherung

Bei Annuitätendarlehen sinkt die Restschuld infolge regelmäßiger Tilgung bis zum Ende der Laufzeit. Daher empfiehlt sich eine preisgünstige Restschuldversicherung, bei der sich der Versicherungsschutz exakt der jeweiligen Restschuld beim Annuitätendarlehen anpasst. Dies ist besonders leicht bei Volltilgerdarlehen zu kalkulieren.

Diese Restschuldversicherungen mit jährlicher Anpassung an den vorliegenden Tilgungsplan kosten bei einem Darlehen von 200 000 € (Nominalzins 2 %, Tilgungssatz 4 %, Laufzeit 20 Jahre mit Restschuld von 3 500 € am Ende der Laufzeit) beim günstigsten Versicherer Europa nur 64 Euro im ersten Jahr (zum Stand 1. April 2017). Der Barwert aller über 20 Jahre gezahlten Beiträge liegt nur bei 1 063 Euro. Der Barwert gibt an, wie viel Geld bei Vertragsabschluss aktuell zur Verfügung stehen müsste, um alle künftigen Versicherungsbeiträge abzudecken. Je höher der Barwert, umso teurer ist der Versicherungsschutz.

Der teuerste Anbieter im Test von Restschuldversicherungen mit jährlicher Anpassung an den Tilgungsplan verlangt beispiels-

weise einen jährlichen Beitrag von 150 Euro. Der Barwert aller Beiträge über 20 Jahre liegt dann bei 2 397 €.

Restschuldversicherungen, bei denen der Schutz zunächst gleich bleibt und dann um einen konstanten Prozentsatz sinkt, sind nur zweite Wahl, da der Versicherungsschutz in den ersten fünf Jahren höher ist als nötig. Daher sind diese Tarife auch etwas teurer als bei der ersten Variante mit jährlicher Anpassung des Versicherungsschutzes an den Tilgungsplan.

Eine Restschuldversicherung mit jährlicher Anpassung der Versicherungssumme entsprechend der fallenden Restschulden laut Tilgungsplan sollte zumindest für jeden Darlehensnehmer, der mit seiner Familie in die eigenen vier Wände einzieht, Vorrang genießen. Damit soll vermieden werden, dass die Familie beim Tod des Hauptverdieners das Eigenheim wegen zu hoher Restschulden aufgeben muss. Stirbt der Hauptverdiener, sollte die Versicherungsleistung so hoch sein, dass sie das Darlehen auf einen Schlag ablöst und somit den hinterbliebenen Angehörigen ein schuldenfreies Haus ermöglicht. Die Beiträge für die Restschuldversicherung hängen von folgenden Faktoren ab:

▶ Gesamtlaufzeit des Darlehens

▶ Höhe der jeweils abzusichernden Restschulden laut Tilgungsplan

▶ Eintrittsalter , Geschlecht und Gesundheitszustand des Versicherten.

Man muss nicht gleich das Angebot der Banken, Sparkassen oder Bausparkassen zur Risikolebens- oder Restschuldversicherung annehmen. Direktversicherer bieten oft günstigere Tarife.

Teure Zusatzversicherungen vermeiden

Die Restschuldversicherung im engeren Sinne dient nur zur Absicherung der Hinterbliebenen im Todesfall und ist daher lediglich eine spezielle Risikolebensversicherung.

Darüber hinaus bieten Banken oder Versicherer aber auch noch Zusatzversicherungen an für Arbeitsunfähigkeit durch Krankheit und / oder Arbeitslosigkeit.

Diese Zusatzversicherungen bei Verdienstausfall durch Arbeitsunfähigkeit oder Arbeitslosigkeit sollen die Weiterzahlung der laufenden Kreditraten durch die Versicherung sicherstellen. Da diese Zusatzversicherungen meist sehr teuer sind, sollten Sie diese vermeiden und stattdessen nur die Mindestabsicherung für den Todesfall wählen.

Eine Berufsunfähigkeitsversicherung geht im Übrigen deutlich über die Restschuldversicherung bei Arbeitsunfähigkeit durch Krankheit hinaus. Auch wenn sie nichts unmittelbar mit einer Versicherung rund ums Eigenheim zu tun hat, ist ein Abschluss einer privaten Berufsunfähigkeitsversicherung für Arbeitnehmer beziehungsweise einer speziellen Dienstunfähigkeitsversicherung für Beamte empfehlenswert.

Bestehende Kapitallebensversicherungen

In der Kapitallebensversicherung ist eine Absicherung für den Todesfall bereits enthalten. Falls eine Kapitallebensversicherung aber weder vorhanden noch geplant ist, sollte unbedingt eine Risikolebensversicherung in Form der bereits vorgestellten Restschuldversicherung abgeschlossen werden.

Das Kombinationsmodell Festdarlehen + Kapitallebensversicherung, bei dem ein tilgungsfreies Darlehen durch die Ablaufleistung aus einer Kapitallebensversicherung auf einen Schlag abgelöst werden soll, eignet sich grundsätzlich nicht für Selbstnutzer. Dennoch kann es sinnvoll sein, bereits länger laufende Versicherungsverträge in die Baufinanzierung einzubauen. Bereits vor Jahren abgeschlossene Kapitallebensversicherungen lassen sich auch für die Finanzierung von Eigenheimen nutzen. Bei vor dem Jahr 2005 abgeschlossenen Verträgen sind die Erträge nach einer Laufzeit von zwölf Jahren weiterhin steuerfrei. Oftmals bieten sie noch den damaligen Garantiezins von 4 % auf den nach Abzug von Vertriebs- und Verwaltungskosten und Prämie für die Risikolebensversicherung verbleibenden Sparanteil.

Es empfiehlt sich, bei der Versicherungsgesellschaft den aktuellen Rückkaufswert zu erfragen oder der jährlichen Standmitteilung zu entnehmen. Außerdem sollte die Höhe der garantierten und aktuell prognostizierten Ablaufleistung vorliegen. Die bereits bestehende Police kann dann wie folgt verwandt werden:

► Kündigung und Verwendung des aktuellen Rückkaufswerts als Eigenkapital für das selbstbewohnte Eigenheim (in den ersten Jahren ungünstig, da wegen der geringen Rückkaufswerte meist mit finanziellen Verlusten verbunden).

► Policendarlehen in Höhe des Rückkaufswerts und Weiterzahlung der laufenden Beiträge (sinnvoll bei niedrigen Zinsen für das Policendarlehen, das als Eigenkapitalersatzmittel dient).

► Abtretung der Police als Tilgungsersatz für ein Festdarlehen von einer Versicherung oder einer Bank.

Die Kombination von Festdarlehen und Kapitallebensversicherung ist als klassische Versicherungslösung, wenn überhaupt, nur bei der Finanzierung von vermieteten Immobilien sinnvoll. Dabei wird die bei Annuitätendarlehen übliche regelmäßige Tilgung ersetzt durch die sogenannte endfällige Tilgung. Das heißt: Die Ablaufleistung aus der Kapitallebensversicherung löst am Versicherungsende die Darlehensschuld auf einen Schlag ab. Vorteil für den Vermieter: Er kann die Schuldzinsen steuerlich absetzen. Wenn dann der Hypothekenzinssatz nach Steuern für das Festdarlehen unter die Ablaufrendite für die Kapitallebensversicherung fällt, kann sich das Kombinationsmodell für ihn lohnen. Dies gilt vor allem dann, wenn die Ablaufleistung aus einer vor 2005 abgeschlossenen Kapitallebensversicherung steuerfrei zufließt. In diesem Fall werden auf der Anlageseite praktisch steuerfreie Erträge erzielt, während auf der Finanzierungsseite steuerlich abzugsfähige Zinskosten anfallen.

Wenn Sie Ihr Eigenheim aber vollständig selbst bewohnen und auch nicht teilweise vermieten, können Sie die Zinskosten steuerlich nicht absetzen. Bei einer nach ab 2005 abgeschlossenen Kapitallebensversicherung wären sogar die später anfallenden Erträge als Überschuss der Ablaufleistung über die aufgebrachte Beitragssumme zur Hälfte mit Ihrem persönlichen Steuersatz zu versteuern. Die Ablaufrendite nach Steuern wird daher insbesondere in einer Niedrigzinsphase deutlich unter dem Zinssatz für das aufgenommene Hypothekendarlehen liegen. Wer seine eigenen vier Wände bewohnt, sollte das Kombinationsmodell Festdarlehen + Kapitallebensversicherung daher auf jeden Fall meiden.

Wohngebäudeversicherung

Darlehensgeber verlangen regelmäßig die Vorlage einer Feuerversicherungspolice. Eine solche Feuer- beziehungsweise Wohngebäudeversicherung schützt Sie finanziell beispielsweise in dem Fall, dass Ihr Haus abbrennt oder dass ein größerer Wasserschaden entsteht. Die Versicherung sollte Schäden durch Feuer, Sturm, Hagel und Leitungswasser abdecken.

Beim Kauf einer gebrauchten Immobilie müssen Sie vom Voreigentümer dessen Police nicht übernehmen. Vergleichen Sie die Kosten mit anderen Angeboten, und wechseln Sie dann den Versicherer, wenn Sie ein günstigeres Angebot finden.

Die Versicherungsprämie richtet sich nach Wohnort, Bauart, Baujahr, Wohnfläche, Geschosszahl und dem gewählten Leistungsumfang. Für den umfassenden Schutz eines am 1. Juli 2015 bezugsfertigen Neubaus mit 120 m² Wohnfläche und gehobener Ausstattung lag der jährliche Beitrag laut Finanztest 5/2016 je nach Standort und Versicherer zwischen 121 und 541 €. Der Versicherungswert 1914 sollte 22 000 Goldmark betragen, was einem Neubauwert in 2015 von 293 000 € entsprach. Die Prämien für die Wohngebäudeversicherung wurden 2016 insbesondere für schon länger bestehende Häuser stark erhöht.

Die Feuerrohbauversicherung kommt während der Bauphase für Schäden im Rohbau aufgrund eines Brandes auf. Bauherren sollten diese bereits über die Wohngebäudeversicherung laufen lassen, obwohl die eigentlich nur die wichtigsten Risiken durch Feuer, Sturm und Leistungswasser nach Fertigstellung des Hauses abdeckt. Einige Wohngebäudeversicherer decken Feuerschäden innerhalb der ersten sechs Monate des Rohbaus ab und verlängern diese Deckung auf Wunsch um weitere sechs Monate.

Elementarschaden- und Öltankversicherung

Eine zusätzliche Elementarschadenversicherung kommt für Hochwasserschäden auf, die beispielsweise durch überflutete Keller entstehen. Sie greift nicht nur bei Überschwemmung, sondern auch bei Rückstau, Erdbeben, Erdrutsch, Erdsenkung sowie bei Schneedruck und Lawinen. Leider ist dieser Schutz in Gebieten, die für eine erhöhte Hochwassergefahr bekannt sind, gar nicht zu bekommen. Der Schutz für Gebäude in anderen Gebieten ist nur in Kombination mit einer Wohngebäudeversicherung gegen einen Aufpreis zu haben.

Eine zusätzliche Öltankversicherung (auch Gewässerschaden-Haftpflichtversicherung genannt) ist Hauseigentümern zu empfehlen, die mit Öl heizen. Damit sollen Schäden abgedeckt werden, die Öl im Grundwasser oder in Fließgewässern anrichten kann. Der Schutz kostet bei einem oberirdischen Heizöltank mit einem Fassungsvermögen bis 10 000 Liter ab 30 Euro pro Jahr und für einen unterirdischen Tank bis 5 000 Litern beim günstigsten Anbieter 37 Euro im Jahr. Die Öltankversicherung gibt es auch als Zusatz zur privaten Haftpflichtversicherung, die ohnehin ein absolutes Muss für jeden sein sollte.

Spezielle Bauversicherungen

Zu den speziellen Bauversicherungen für Bauherren zählen vor allem die Bauherren-Haftpflichtversicherung und die Bauleistungsversicherung.

Während die Bauherren-Haftpflichtversicherung zahlt, wenn fremde Personen durch die Baustelle zu Schaden kommen, zahlt die Bauleistungsversicherung für eigene, unvorhersehbare Schäden am Bau.

Hier würde die Elementarschadenversicherung die Bewohner vor einer existenziellen Belastung schützen.

Bauherren-Haftpflichtversicherung

Auf einer Baustelle kann viel passieren: Ein spielendes Kind stürzt in die Baugrube und verletzt sich schwer, oder ein Autofahrer verursacht wegen herumfliegender Planen einen Unfall. In diesen Fällen haftet der Bauherr – und zwar unbegrenzt. Das kann schnell in die Hunderttausende gehen.

Für alle, die ein Haus bauen, ist daher eine Bauherren-Haftpflichtversicherung unerlässlich. Diese kommt meist für eine Bauzeit von bis zu zwei Jahren für Schäden auf, die sonst der Bauherr selbst zahlen müsste, sogar wenn er den Schaden grob fahrlässig verursacht hat. Der Versicherer prüft außerdem, ob Ersatzansprüche überhaupt gerechtfertigt sind und trägt die Kosten einer gerichtlichen Auseinandersetzung. Mitversichert sind auch Pflichten, die der Bauherr schon während der Bauphase hat, etwa seine Streupflicht im Winter.

Die Bauherrenhaftpflicht kostet einen einmaligen Betrag, der abhängig von der Bausumme ist. Für den Bau eines 250 000 € teuren Ein- (oder auch Zwei-)familienhauses zum Beispiel kostet sie laut Finanztest 5/2017 zwischen rund 83 und 192 €.

Auch Eigenleistungen gehen in die Bausumme ein, und zwar mit dem Preis, den ein Handwerker dafür nehmen würde. Dazu muss, wer Eigenleistungen erbringt, mehr Prämie zahlen: Einige Versicherer verlangen den Zuschlag erst für Eigenleistungen im Wert von über 25 000 €, andere schon für die ersten 1 000 €.

Nach Ende der Bauzeit muss er die Risiken, die für ihn als Haus- und Grundbesitzer entstehen, entweder durch seine private Haftpflichtversicherung decken oder durch eine Haus- und-Grundbesitzer-Haftpflichtversicherung. Das hängt davon ab, ob er die Immobilie nach Fertigstellung selbst bewohnt oder vermietet.

Bauleistungsversicherung

Wenn während der Bauphase der Rohbau oder Baumaterialien zerstört oder beschädigt werden, kann das bei einer knappen Kalkulation den Finanzierungsplan und damit den gesamten Bau gefährden. Solche Risiken deckt die Bauleistungsversicherung ab. Sie kommt auf für Elementarereignisse wie Erdbeben, Witterungseinflüsse wie Wolkenbruch, Orkan, Überschwemmungen, mutwillige Zerstörung durch

Unbekannte, Ungeschicklichkeit und Fahrlässigkeit von Bauarbeitern sowie Diebstahl von bereits fest eingebautem Material.

Um es klar zu sagen: Im Ernstfall rettet diese Versicherung das Eigenheim. Schließlich werden viele Bauherren kaum in der Lage sein, einen beispielsweise von einem schweren Unwetter zerstörten Rohbau auf eigene Kosten nochmals neu zu errichten.

Bei einer Bausumme von 250 000 € bot die WGV mit 250 € die kostengünstigste Bauleistungsversicherung an, wie ein Prämienvergleich in Finanztest 5/2017 zeigte. Der teuerste unter 21 Anbietern verlangte 669 €.

Das Absichern durch eine Haftpflichtversicherung

▶ **Versicherungssumme.** Achten Sie auf eine hohe Versicherungssumme. Sie sollte mindestens drei Millionen € pauschal für Personen- und Sachschäden betragen. Viele Gesellschaften bieten nur niedrigere Leistungsgrenzen an.
▶ **Grundstück.** Schließen Sie die Bauherrenhaftpflicht bereits beim Grundstückskauf ab, wenn Sie absehen können, dass das Gebäude innerhalb von zwei Jahren fertig gestellt wird. Die Haftpflicht für das unbebaute Grundstück wird so bereits vor Baubeginn ohne Zusatzkosten mitversichert.
▶ **Um- und Ausbau.** Prüfen Sie bei kleineren Bauvorhaben, ob eventuelle Schäden schon mit Ihrer privaten Haftpflichtversicherung abgedeckt sind. Das ist – je nach Versicherer – für Bausummen von 10 000 bis 100 000 € der Fall. Einige Tarife begrenzen die Bausumme gar nicht.
▶ **Helfer.** Private Helfer, die auf Ihrer Baustelle anpacken, müssen Sie bei der Bau-Berufsgenossenschaft anmelden. Für Ansprüche aus Arbeitsunfällen leistet die Bauherrenhaftpflicht nämlich nicht. Wichtig: Um die Absicherung durch die Berufsgenossenschaft nicht zu gefährden, müssen Sie deren Unfallverhütungsvorschriften einhalten.
▶ **Grundstückshaftpflicht.** Wenn zwischen Kauf des Grundstücks und Baubeginn ein längerer Zeitraum von beispielsweise mehr als zwei Jahren liegt, empfiehlt sich zusätzlich eine Grundstücks-Haftpflichtversicherung. Diese Versicherung tritt ein, wenn zum Beispiel auf dem noch unbebauten Grundstück spielende Kinder zu Schaden kommen, weil das Grundstück möglicherweise nicht richtig abgesichert ist.

Doch auch die Bauleistungspolice deckt bestimmte Schäden nicht oder nur mit entsprechender Zusatzvereinbarung ab. So sind auf der Baustelle gelagerte Materialien zwar gegen Beschädigung, nicht aber gegen Diebstahl gesichert. Nicht versichert sind auch Schäden durch normale Witterungseinflüsse wie Frost, Pfusch am Bau, unterlassene übliche Schutzmaßnahmen der Baufirmen, An- und Umbauten an der Altbausubstanz sowie Feuer.

Da die Bauleistungsversicherung diese nicht deckt, sollten Sie – wie bereits erwähnt – schon zu Baubeginn eine Wohngebäudeversicherung abschließen. Feuerschäden am Rohbau sind dann bereits während der Bauphase für sechs bis zwölf Monate beitragsfrei mitversichert (sogenannte Feuerrohbauversicherung).

Private Unfallversicherung
Sie sollten als Bauherr unabhängig von gesetzlichen Leistungsansprüchen alle Bauhelfer aus dem Freundes- und Verwandtenkreis bei der regional zuständigen Berufsgenossenschaft oder speziellen Bauhelfer-Unfallversicherung anmelden.

Nicht gesetzlich versichert sind die Bauherren selbst und ihre Ehepartner. Sie können sich freiwillig über die Bauberufsgenossenschaft versichern. Das kostet rund 350 Euro im Monat. Bauherren können sich mit einer privaten Unfallversicherung auch zusätzlich versichern. Guten Versicherungsschutz gibt es schon ab rund 100 Euro im Jahr. Auch für Bauhelfer ist eine private Unfallversicherung sinnoll. Die Leistungen aus der gesetzlichen Unfallversicherung sind begrenzt. Eine zusätzliche Entschädigung ist oft nötig, um Lücken im Schutz auszugleichen.

Hausratversicherung
Nach dem Einzug ins Eigenheim müssen Sie Ihre meist schon bestehende Hausratversicherung vermutlich aufstocken, da Ihre eigenen vier Wände fast immer eine größere Wohnfläche als Ihre bisher gemietete Wohnung aufweisen und sich auch mehr Hausratgegenstände ansammeln. Aktuelle Konditionen der Versicherer finden Sie immer auf www.test.de mit einer Suche nach der gewünschten Versicherung.

VON BANKEN UND BEHÖRDEN

Der richtige Finanzierungs-Mix aus Hypothekendarlehen der Banken oder Wohn-Riester-Darlehen der Bausparkassen einerseits sowie zusätzlichen Förderdarlehen der KfW, Länder oder Kommunen andererseits ist die Grundlage für eine sichere und zinsgünstige Finanzierung Ihres Neubau-Eigenheims.

An einer erfolgreichen Kreditverhandlung mit der Bank oder Bausparkasse bzw. der Bewilligungsbehörde führt dennoch kein Weg vorbei. Diese läuft in drei Stufen ab:

► Geschickte Vorbereitung
► Erfolgreiches Kreditgespräch
► Sicherer Vertragsabschluss.

Eine gründliche und geschickte Vorbereitung stellt die beste Voraussetzung für ein erfolgreiches Kreditgespräch mit Banken oder Behörden dar. Wenn Sie sich mit Ihrer Bank oder einem anderen Finanzierungsinstitut in dem vor Ort oder am Telefon geführten Kreditgespräch über alle Finanzierungskonditionen geeinigt und die Förderzusage der Bewilligungsbehörde in Händen haben, steht einem sicheren Abschluss des Darlehensvertrags und einer erforderlichen Grundschuldbestellung beim Notar nichts mehr im Wege.

Lösen Sie sich von der immer noch sehr verbreiteten Vorstellung, dass Sie Ihre Bank oder die Behörde als Bittsteller gnädigst um die Gewährung eines Darlehens bitten müssten. So eine unterwürfige Bittsteller-Haltung ist völlig fehl am Platz.

Beim Umgang mit der Bank geht es schlicht und einfach um ein Geschäft. Ihre Bank will als Kreditgeber ein für sie lukratives Kreditgeschäft abschließen und damit Geld verdienen. Das ist ihr gutes Recht.

Sie als potentieller Kreditnehmer benötigen einen Kredit und wollen die Kreditkosten so weit wie möglich minimieren. Das ist Ihr gutes Recht. Als „Kostenminimierer" haben Sie sicherlich keinen schlechteren Ruf als der leider immer noch anzutreffende „Bittsteller".

Es ist somit völlig klar, dass Bank – sprich Kreditgeber – und Sie als Kreditnehmer grundsätzlich unterschiedliche Interessen haben. Das wird aber beide nicht daran hindern, in offene Verhandlungen einzutreten und einen möglichst fairen Interessensausgleich herbeizuführen.

Das Kredit- bzw. Finanzierungsgeschäft unterscheidet sich insofern überhaupt nicht von anderen Geschäften. In der Praxis dominiert jedoch häufig immer noch der Banker mit seinem oft zur Schau getragenen Informations- und Wissensvorsprung. Es liegt an Ihnen, diesen Vorsprung abzubauen und ein gleichberechtigter Gesprächs- und Verhandlungspartner zu werden.

Ihr Bestreben sollte es sein, auf gleicher Augenhöhe mit Ihrer Bank zu verhandeln. Dies wird Ihnen eher gelingen, wenn Sie die mit Fachbegriffen gespickte Bankersprache verstehen und vorab ausreichend Informationen über die Finanzierungspraxis Ihrer Bank oder Bausparkasse einholen.

Der Umgang mit Bewilligungsbehörden bei der KfW und den als Anlaufstellen für Landesmittel oder Fördermittel der Kommunen in Frage kommenden Wohnungsämtern sieht anders aus. Hier können Sie nicht über die Zins- und Tilgungskonditionen der Förderdarlehen verhandeln. Es geht für Sie ganz allein darum, den Antrag vollständig auszufüllen und alle geforderten Unterlagen einzureichen, um eine Förderzusage zu erhalten.

Es bringt nichts, sich über die lange Bearbeitungsdauer Ihres Antrags oder das nicht immer bürgerfreundliche Verhalten der Sachbearbeiter in den Behörden aufzuregen. Ihnen stehen keine Banker, sondern Beamte oder Angestellte im öffentlichen Dienst gegenüber, die sich halt an die Förderrichtlinien und anderen Vorschriften zu halten haben. Bei berechtigten Einwänden und Beschwerden sollte Ihr Grundsatz lauten: „Höfliche Hartnäckigkeit hilft". Schimpfen Sie nicht in Gegenwart von Beamten über die lästige Bürokratie, sondern halten Sie sich lieber an den Spruch des Bürokratie-Kritikers Parkinson, der einmal sagte: „Bürokraten bekämpft man am besten, indem man ihre Vorschriften genau befolgt".

Bedauerlicherweise liegt bei vielen Bürgern die Hemmschwelle beim Umgang mit Beamten und Behörden noch höher als beim Umgang mit Bankern und Kreditinstituten. Es gibt genügend Beamte und Angestellte in den Ämtern, die gerade Bauherren hilfreich zur Seite stehen, deren Fragen geduldig beantworten und auch den einen oder anderen guten Tipp geben.

Vorbereitung

Banker aus der Baukreditabteilung sowie Baugelddiscounter im Internet jonglieren täglich mit aktuellen Sollzinsen für Hypothekendarlehen in Abhängigkeit von der Zinsbindungsdauer (zum Beispiel 10, 15 oder 20 Jahre) und der Höhe des Kreditbedarfs (zum Beispiel 60, 70 oder 80 Prozent des Kaufpreises). Sie kennen daher das momentane Zinsniveau und die jeweilige Zinsstruktur quer durch alle Laufzeiten besser als Sie.

Die Effektivzinssätze für Hypothekendarlehen bewegen sich in einer relativ engen Spanne. Beim zinsgünstigsten Anbieter sparen Sie im Vergleich zum teuersten Kreditgeber im Durchschnitt einen halben Prozentpunkt. Dies klingt wenig. Bei hohen sechsstelligen Darlehenssummen (zum Beispiel 200 000 €) und langer Zinsbindung (zum Beispiel 15 Jahre) sparen Sie aber immerhin pro Jahr 1 000 € und über 15 Jahre insgesamt 15 000 € ein, wenn Sie sich für das zinsgünstigste Angebot entscheiden und die laufende Tilgung bei dieser

Überschlagsrechnung außer acht lassen. Die Suche und Auswahl des zinsgünstigsten Kreditgebers zahlt sich also in barer Münze aus.

In Wirklichkeit ist die Ersparnis noch größer, wenn man eine laufende Tilgung berücksichtigt. Beispiel: Bei gleicher jährlicher Belastung von 6 % des Darlehens von 200 000 € führt das zinsgünstigere Kreditangebot (2 % Sollzins und 4 % Tilgung zuzüglich ersparter Zinsen) im Vergleich zum teureren Angebot (2,5 % Sollzins und 3,5 % Tilgung zuzüglich ersparter Zinsen) nach 15 Jahren zu einer um gut 12 000 € niedrigeren Restschuld (60 191 € statt 72 761 €).

Es gilt somit der Grundsatz „Kleine Ursache (nur 0,5 Prozentpunkte Zinsunterschied) – große Wirkung (hohe fünfstellige Ersparnis)".

Daher lohnt es sich immer, schon im Vorfeld der Finanzierung einen Vergleich der Zinskonditionen bei verschiedenen Kreditgebern vorzunehmen. Ein taggenauer und damit zeitnaher Konditionenvergleich kann schon über das Internet (zum Beispiel www.fmh.de) erfolgen. Außerdem können Sie die aktuellen Zinskonditionen auf eigene Faust durch Anrufe bei der Baukreditabteilung von Banken erfragen. Man wird Ihnen die aktuellen Standardkonditionen telefonisch durchgeben. Am besten fragen Sie nach den Sollzinsen bei 100 % Auszahlung sowie den Effektivzinsen, und zwar getrennt für unterschiedliche Zinsbindungsfristen (zum Beispiel zehn oder 15 Jahre). Etwa fünf Telefonanrufe reichen erfahrungsgemäß aus, um einen brandaktuellen Überblick über die aktuellen Hypothekenzinsen zu gewinnen. Selbstverständlich sollten Sie unbedingt auch Ihre Hausbank konsultieren.

Haben Sie nach dem Konditionenvergleich einige Banken in die engere Wahl gezogen, sollten Sie alles dransetzen, eine vorläufige Darlehenszusage zu bekommen. Dies setzt voraus, dass Sie einen Darlehensantrag oder zumindest eine Darlehensanfrage stellen.

Ein aussagefähiges Darlehensangebot erhalten Sie aber nur, wenn Sie der von Ihnen ausgewählten Bank bereits einige Unterlagen über Ihre Einkommens- und Vermögensverhältnisse sowie über die zu finanzierende Immobilie überlassen.

Bereiten Sie sich auf Ihre Gespräche mit den Kreditgebern gut vor.

Sie können Ihre Darlehensanfrage bzw. Ihren Darlehensantrag auf bankeigenen Formularen stellen, die Sie sich vorher von der Bank zusenden lassen und diese ausfüllen. Erfahrungsgemäß hinterlassen Sie aber einen noch besseren Eindruck, wenn Sie Darlehensanfrage bzw. -antrag formlos stellen und als Anlage eine fast schon professionell gestaltete Unterlagenmappe beifügen.

INFO IHRE UNTERLAGEN FÜR DAS KREDITGESPRÄCH

Da jeder Kreditgeber ganz besonders auf die drei B's (Bonität, Beleihung, Belastung) achtet, empfiehlt sich folgende Gliederung der Unterlagenmappe:
► Persönliche Verhältnisse: Angaben zu Ihrer Person und Ihrer Familie
► Wirtschaftliche Verhältnisse: Einkommens- und Vermögensverhältnisse, insbesondere monatliches Brutto- und Nettogehalt, außerdem Einkommen anderer Familienmitglieder und vorhandenes Eigenkapital
► Beleihungsobjekt: Angaben zur Immobilie und Höhe der Investitionskosten
► Finanzierung: Finanzierungsplan und Höhe der monatlichen Belastung.

Jede Immobilienfinanzierung setzt von Seiten der Bank eine sorgfältige Prüfung der Bonität des potentiellen Darlehensnehmers, des Beleihungsobjekts und der persönlichen Belastbarkeit voraus. Vor allem will Ihr Kreditgeber wissen, ob Sie kreditwürdig sind und eine ausreichende Bonität besitzen. Die Bonitätsprüfung erstreckt sich auf die Prüfung der Kreditwürdigkeit des Darlehensnehmers. Im Gegensatz zur Kreditfähigkeit, die lediglich Volljährigkeit (Vollendung des 18. Lebensjahrs) voraussetzt, geht es bei der Kreditwürdigkeit um die Frage, ob der Darlehens- bzw. Kreditnehmer auf Grund der persönlichen und wirtschaftlichen Verhältnisse einen Kredit erhalten kann.

Seit der Ende März 2016 in Kraft getretenen Wohnimmobilienkreditrichtlinie (WIKR) müssen die Banken noch gründlicher prüfen, ob der Kunde den Kredit auch über die gesamte Laufzeit bedienen kann. Praktisch heißt das, dass ältere Kunden auch bei hohen Sicherheiten und Eigenkapital keine Finanzierung mehr zustande bekommen, da die Rückzahlung bis zum Lebensende unter Umständen nicht mehr gewährleistet werden kann. Auch bei jungen Familien wird geprüft, ob das Eigenheim beispielsweise wegen Einkommensausfall bei der Kindererziehung spätestens zum Ruhestandsbeginn schuldenfrei ist.

Folgende Bereiche werden dabei unterschieden:

▶ Persönliche Kreditwürdigkeit: Beruf und Dauer des Beschäftigungsverhältnisses, Alter und Familienstand mit Zahl der Kinder
▶ Sachliche Kreditwürdigkeit: wirtschaftliche Verhältnisse, also Einkommens- und Vermögensverhältnisse.

Bei der Prüfung der Einkommensverhältnisse werden folgende Angaben verlangt:

▶ Monatliches Nettogehalt, Jahresbruttoverdienst und letztes zu versteuerndes Einkommen
▶ Monatliche Ausgaben für Lebenshaltung und sonstige Zahlungsverpflichtungen
▶ Einnahmenüberschuss.

Die Vermögensverhältnisse werden auf Grund folgender Daten überprüft:

▶ Höhe des Geld- und Grundvermögens ohne Beleihungsobjekt (Bank- und Bausparguthaben, Wertpapiere und Investmentfonds, Kapitallebensversicherungen, Immobilien ohne Beleihungsobjekt, Beteiligungen)
▶ Schulden ohne neu aufzunehmende Hypothekenschulden für das Beleihungsobjekt (Überziehungskredite, Ratenkredite, Hypothekendarlehen mit der jeweiligen Restschuld)
▶ Geplanter Eigenkapitaleinsatz.

Nahezu alle Banken sind dazu übergegangen, die Kreditwürdigkeit mit Hilfe eines Kreditscoring, also einem Punktesystem zu überprüfen. In jedem Falle werden routinemäßig Auskünfte bei der Schufa (Schutzgemeinschaft für allgemeine Kreditsicherung) eingeholt. Die Schufa ist eine Gemeinschaftseinrichtung der kreditgebenden Wirtschaft. Ihr gehören rund 20 000 Banken und Sparkassen, Versandhäuser und andere warenkreditgebende Unternehmen an.

Seit 1.4.2010 können Verbraucher ein Mal jährlich eine kostenlose Auskunft von der Schufa darüber verlangen, was über sie gespeichert wurde. Außerdem muss ihnen der persönliche „Score" mitgeteilt werden. Diese kostenlose Selbstauskunft nebst Score-Wert sollten Sie sich auf jeden Fall besorgen.

Im „Score" werden nicht nur harte Fakten wie beispielsweise unbezahlte Rechnungen berücksichtigt, sondern auch weiche Merkmale wie Wohnort, Alter, Familienstand, Zahl der Bankkonten oder Zahl der Umzüge. Unter www.schufa.de ist ein Muster der „Datenübersicht nach Paragraf 34 Bundesdatenschutzgesetz" zu finden. Einen Musterbrief, mit dem die Auskunft angefordert werden kann, sowie weitere Informationen hat der Bundesdatenschutzbeauftragte im Internet unter www.bfdi.bund.de veröffentlicht. Der Bundesverband der Verbraucherzentralen hat unter www.vzbw.de eine Liste aller bekannten Auskunfteien in Deutschland mit Adressen online gestellt.

Ein vom Bundesverbraucherschutzministerium im Auftrag gegebener Prüfbericht ergab,

Zum Beleihungsobjekt. Mit diesen Unterlagen sind Sie bestens für das Kreditgespräch vorbereitet.

1	**Objektangaben** ✓ Lage des Objekts: Straße, Postleitzahl, Ort ✓ Art des Objekts: Einfamilienhaus, Doppelhaushälfte, Reihenhaus etc. ✓ Nutzung des Objekts: reine Selbstnutzung/Selbstnutzung und Teilvermietung ✓ Alter des Objekts: Baujahr ✓ Umbauter Raum in Kubikmetern ✓ Grundstücksfläche in Quadratmetern ✓ Reine Wohnfläche in Quadratmetern ✓ Zusätzliche Nutzfläche in Quadratmetern
2	**Objektunterlagen und Dokumente als Anlagen** ✓ Aktueller beglaubigter Grundbuchauszug ✓ Auszug aus dem Liegenschaftsbuch und Abzeichnung der Flurkarte ✓ Feuerversicherungsnachweis ✓ Gesamtkostenschätzung oder Kaufvertragsentwurf (falls bereits vorhanden) ✓ Lichtbilder (Amateuraufnahmen) vom Grundstück
3	**Bautechnische Unterlagen** ✓ Baupläne, Baubeschreibung, Baugenehmigung, Wohnflächenberechnung, Berechnung des umbauten Raumes
4	**In Ihre Unterlagenmappe sollten Sie auch noch Folgendes legen:** ✓ eine Gesamtkostenaufstellung ✓ einen vorläufigen Finanzierungsplan sowie ✓ eine überschlägige Belastungsrechnung

dass fast 45 % der zur Score-Berechnung herangezogenen Daten falsch oder unvollständig waren. Falls Sie Ihren Score-Wert mit den angegebenen Daten kennen, können Sie falsche Angaben korrigieren lassen.

Die endgültige Beleihungsprüfung durch den Kreditgeber erfolgt eventuell erst nach Abschluss des Kaufvertrags und nach Erteilung einer vorläufigen Darlehenszusage. Dennoch sollten Sie schon im Vorfeld Angaben und Unterlagen über das Beleihungsobjekt vorlegen. Ihr Kreditgeber will schließlich einen ersten Eindruck über die grundsätzliche Beleihbarkeit Ihrer Immobilie gewinnen. Er bzw. seine Bank will sich am fraglichen Objekt schadlos halten, falls Sie als Darlehensnehmer wider Erwarten finanziell ausfallen sollten.

Das Kreditgespräch

Nach Einreichung Ihrer Darlehensanfrage nebst Unterlagen werden Sie im Normalfall schon einige Tage später ein Schreiben der Bank in Ihren Händen halten. Darin erklärt sich das Finanzierungsinstitut grundsätzlich bereit, ein Hypothekendarlehen zu gewähren. Der Text könnte etwa wie folgt lauten:

„Wir bestätigen dankend den Eingang Ihrer Darlehensanfrage nebst Unterlagen. Nach Vorprüfung dieser Unterlagen sind wir – vorbehaltlich einer endgültigen Beleihungsprüfung – grundsätzlich bereit, Ihnen ein Darlehen in der gewünschten Höhe von ………€ zu gewähren. Hierfür können wir Ihnen heute freibleibend die folgenden Konditionen anbieten…"

Es handelt sich bei einem derartigen Schreiben um eine vorläufige Darlehenszusage. Die Unverbindlichkeit wird meist mit folgenden Worten unterstrichen:

„Wir bitten Sie um Verständnis dafür, dass wir das Darlehen erst nach Vorlage aller Unterlagen (insbesondere der notariellen Abschrift des Kaufvertrages) und einer Wertschätzung des Beleihungsobjekts verbindlich zusagen können. Aufgrund der Veränderlichkeit des Geld- und Kapitalmarktes können wir Ihnen die genannten Konditionen nur freibleibend anbieten".

Es ist jedoch auch möglich, dass Ihre Bank Ihnen direkt ein Darlehensangebot mit den folgenden Worten unterbreitet:

„Wir danken Ihnen für Ihre Anfrage und erklären uns vorbehaltlich der endgültigen Bewilligung nach abschließender Beleihungsprüfung bereit, Ihnen ein durch Grundpfandrecht gesichertes Darlehen bis zu ………€ zur Verfügung zu stellen. Für das Darlehen bieten wir Ihnen freibleibend zurzeit folgende Konditionen an:

………………………………………………

Wenn Sie von unserem Angebot, das für uns bis zum ………………verbindlich ist, Gebrauch machen wollen, bitten wir Sie, die beiliegende Annahmeerklärung zu unterschreiben und bis zum vorstehenden Termin zurückzusenden. Danach gelten gegebenenfalls andere Konditionen. Zur endgültigen Darlehensbewilligung bitten wir Sie, uns neben der unterzeichneten Annahmeerklärung eine Abschrift des notariellen Kaufvertrages zuzusenden."

Es ist nun allerhöchste Zeit, einen Termin für das Kreditgespräch zu vereinbaren. Dies gilt insbesondere für den Fall, dass sich das Niveau der aktuellen Hypothekenzinsen nach oben bewegt.

Die Kreditgeber werden Ihre Angaben für die Finanzierung intensiv durchleuchten.

Wie den obigen Schreiben zu entnehmen ist, liegt eine endgültige Bewilligung Ihres gewünschten Darlehens noch nicht vor. Auch die angegebenen Konditionen sind noch nicht das letzte Wort und lassen Ihnen noch Spielraum bei der finanziellen Verhandlung mit der Bank.

Also schlägt jetzt die Stunde für ein erfolgreiches Kreditgespräch mit der Bank. Besonders geschickt verhalten Sie sich, wenn Sie die entscheidenden Knackpunkte vorher schon einmal herausarbeiten. Dabei hilft Ihnen ein gedanklicher Kniff: Worauf würden Sie besonders achten, wenn Sie einen Kredit an einen Dritten zu vergeben hätten? Die Antwort wird Ihnen sicherlich nicht schwerfallen. Kreditgebern und Bankern kommt es bei der Finanzierung von Eigenheimen auf die Sicherheit an. Sie möchten auf Nummer sicher gehen, dass der Kreditnehmer das Darlehen inkl. Zinsen auch pünktlich und auf Dauer bedienen kann. Im Vordergrund stehen daher die folgenden besonderen Prüfpunkte:

▶ Sicherheit des Arbeitsplatzes (besonders sicher bei Beamten und Arbeitnehmern im öffentlichen Dienst)
▶ Höhe des nachweisbaren Nettoeinkommens

▶ Höhe des einsetzbaren Eigenkapitals
▶ Nachhaltig tragbare Belastung für Zins und Tilgung
▶ Eventuell Mithaftung des Ehegatten
▶ Hohe Werthaltigkeit des Objekts.

Letztlich geht es also wieder um die Prüfung von Bonität, Beleihung und Belastung, also die genannten 3 B's.

Die Bonitätsprüfung bezieht sich auf Ihre persönliche und sachliche Kreditwürdigkeit, also vor allem auf die Sicherheit des Arbeitsplatzes sowie Ihre Einkommens- und Vermögensverhältnisse.

Die Beleihungsprüfung erstreckt sich auf die Prüfung der Beleihungsunterlagen sowie die Ermittlung eines Beleihungswerts für die zu finanzierende Immobilie.

Die Bank wird den Beleihungswert auf Grund einer eigenen oder fremden Wertschätzung des Objekts ermitteln. Der Beleihungswert soll ein dauerhaft erzielbarer Wert sein, der bei einem späteren freihändigen Verkauf unter normalen Umständen jederzeit erzielt werden kann.

In der Regel liegt der Beleihungswert bei Wohnimmobilien 10 bis 20 % unter dem Kaufpreis bzw. den angemessenen Gesamtkosten bei Neubauten.

Erst zuletzt, also nach Prüfung von Bonität des potentiellen Darlehensnehmers und Beleihbarkeit des Objekts, steht die konkrete Finanzierung an. Aufbauend auf einem Finanzierungsplan wird Ihr Banker insbesondere bei einem selbstbewohnten Eigenheim prüfen, ob Sie die aus Darlehenssumme sowie Zins- und Tilgungskonditionen errechnete Belastung aus Kapitaldienst, also laufende Zinsen und Tilgungen, aus Ihrem Einkommen auf Dauer tragen können. Diese Belastungsprüfung fällt bei Eigenheimen in der Regel strenger aus als bei Mietobjekten mit relativ sicher fließenden Mieteinnahmen.

Je mehr Pluspunkte Sie bei den 3 B's (Bonität, Beleihung, Belastung) sammeln, desto reibungsloser geht Ihre Finanzierung über die Bühne. Wer mit seinen Pfunden wuchern kann, wird auch im Konditionenpoker um Zins und Tilgung die besseren Karten ausspielen können.

Mit Einschränkungen gilt der Grundsatz „Wer hat, dem wird gegeben". Beispielsweise kursiert der Satz, dass man einen Kredit dann am leichtesten bekommt, wenn man ihn am wenigsten braucht. Von Mark Twain stammt der Spruch: „Ein Bankier ist ein Kerl, der Regenschirme verleiht, wenn es schön ist, und sie zurückfordert, wenn es zu regnen anfängt".

Sie können jedoch – um im Bild zu bleiben – selbst für schönes Wetter sorgen, indem Sie Ihren Gesprächspartner bei der Bank mit einer aussagefähigen Unterlagenmappe konfrontieren und als selbstbewusster Kreditnehmer mit ihm über die genaue Konditionengestaltung diskutieren. Sie sind nicht Bittsteller, sondern potentieller Geschäftspartner der Bank.

Grundsätzlich ist zwischen Rahmenkonditionen (zum Beispiel Darlehenshöhe, Sicherheiten, Tilgungsmethode) und reinen Zinskonditionen (zum Beispiel Sollzins und Effektivzins bei unterschiedlichen Zinsbindungsfristen sowie Finanzierungsnebenkosten) zu unterscheiden. Taktisch klug gehen Sie vor, wenn Sie das Gespräch zunächst auf die Rahmenkonditionen lenken und nicht sofort mit der Tür sprich dem Zinssatz ins Haus fallen.

Ihr Gegenüber hat sich anhand Ihrer Einkommens- und Vermögensverhältnisse schnell ein Urteil über die Finanzierbarkeit Ihrer Immobilie und insbesondere über die Höhe der Darlehenssumme gebildet. Falls ein Eigenkapital von mindestens 20 % der Gesamtkosten vorhanden ist, wird dieser Punkt meist umgehend abgehakt.

In der Frage der Sicherheiten kommen Sie an einer grundbuchlichen Absicherung des Hypothekendarlehens und Ihrer persönlichen Haftung für die aufgenommenen Schulden nicht vorbei. Geben Sie aber nicht voreilig zusätzliche Sicherheiten aus der Hand wie beispielsweise die Abtretung einer Kapitallebensversicherung oder die grundbuchliche Belastung einer anderen Immobilie aus der Hand.

Die Mithaftung Ihres Ehegatten in Form eines gemeinsamen Darlehensvertrags oder zumindest einer Mitverbindlichkeitserklärung werden Sie nicht vermeiden können, wenn Sie die Immobilie gemeinsam erwerben und/oder mit Ihrem Ehegatten im gesetzlichen Güterstand der Zugewinngemeinschaft leben.

Die Unterschrift des Ehegatten ist aber entbehrlich, wenn Sie den Kaufvertrag allein abschließen und Alleineigentümer der Immobilie werden. Ihre Bank wird auf die Mithaftung Ihres Ehegatten verzichten, wenn die Eheleute zusätzlich Gütertrennung vereinbart haben.

Ihr Ziel sollte es sein, den gesamten Darlehensbetrag oder zumindest den allergrößten Teil im zinsgünstigen Erstrang (sog. 1a-Hypothek über 60 % des Beleihungswerts) zu erhalten. Geht Ihr Darlehenswunsch über diesen erstrangigen Teil hinaus, sollten Sie den Banker offen auf die Konditionen für den zweitrangigen Teil des Hypothekendarlehens (sog. 1b-Hypothek) ansprechen.

Relativ undramatisch geht es bei der Frage der Tilgungsmethode zu. Zumindest bei der Finanzierung von selbstgenutzten Häusern und Wohnung ist die regelmäßige Tilgung von mindestens ein Prozent der Darlehenssumme zuzüglich der durch die laufende Rückzahlung ersparten Zinsen eindeutig zu favorisieren. Diese annuitätische Tilgung sollten Sie in Niedrigzinsphasen auf mindestens zwei oder gar drei Prozent pro Jahr erhöhen, um am Ende der

Lassen Sie es sich nicht nehmen, einen Darlehensvertrag vor der Unterschrift in Ruhe durchzulesen und zu prüfen.

Zinsbindungsdauer geringere Restschulden zu erreichen. Außerdem sollten Sie auf jeden Fall die Möglichkeit einer Sondertilgung in Höhe von fünf bis zehn Prozent der Darlehenssumme pro Jahr während der Zinsbindungsfrist vereinbaren, evtl. auch einen möglichen Wechsel des Tilgungssatzes (zum Beispiel zwei- bis dreimal nach oben oder unten).

Je schneller Sie sich mit Ihrem Banker über die hier genannten Rahmenkonditionen einigen können, desto mutiger können Sie nun beim Poker um die Zinskonditionen auftreten. Grundsätzlich gilt die Regel: Mit steigender Bonität verbessern sich die Zinskonditionen. Werfen Sie also Ihre – vorausgesetzt einwandfreie – Bonität in die Waagschale und fragen Sie Ihre Bank ohne Scheu nach Sonderkonditionen.

Die am Telefon oder im Schreiben der Bank genannten Zinssätze sind Standardkonditionen für erstrangige Darlehen im Massengeschäft (auch Normal- oder Regelkonditionen genannt). Sie müssen diese Standardkonditionen nicht akzeptieren, sondern können die Zinssätze mit viel Geschick um bis zu einen viertel Prozentpunkt herunterhandeln. Dabei hilft es Ihnen,

wenn Sie auf Konditionen von Konkurrenzinstituten verweisen können.

Schnell- und Volltilger, die über einen relativ hohen Tilgungssatz das Darlehen bis zum Ende der 10- bis 20-jährigen Zinsbindungsfrist vollständig tilgen, haben dabei besonders gute Chancen und können einen Zinsrabatt von bis zu einem halben Prozentpunkt aushandeln. Diese Gelegenheit bietet sich vor allem bei der Anschlussfinanzierung, wenn nur noch eine geringe Restschuld zu tilgen ist und die Belastung aus niedrigeren Zinskosten und deutlich höherer Tilgung bequem aufgebracht werden kann.

Beißen Sie bei den Hauptkonditionen wie Soll- bzw. Effektivzinsen auf Granit, sollten Sie zumindest versuchen, diese Hauptkonditionen für das gesamte Darlehen (also 1a- und 1b-Hypothek) festzuzurren. Außerdem sollten Sie um so stärker bei den Nebenkonditionen wie Karenzzeit bei Bereitstellungszinsen oder Wertschätzungsgebühren verhandeln und diese nicht in den Effektivzins eingerechneten Kreditnebenkosten so weit wie möglich auf Null drücken. Bei Baugelddiscountern und Bausparkassen haben Sie in aller Regel nur die Möglich-

keit, über die Höhe dieser Finanzierungsnebenkosten zu verhandeln. Die Hauptkonditionen
für Soll- und Effektivzins bei Internetanbietern
sind schon aus Wettbewerbsgründen meist so
scharf kalkuliert, dass Sie diese nicht herunterhandeln können.

Bewegt sich Ihr Banker weder bei den
Haupt- noch bei den Nebenkonditionen, sollten
Sie sich nicht scheuen, auf bessere Konditionen der Konkurrenz hinzuweisen und dies auch
glaubhaft zu belegen. Der Wink mit der Konkurrenz bewirkt oftmals Wunder.

Verderben Sie sich beim Zinspoker aber
nicht alle Sympathien dadurch, dass Sie unrealistisch hohe Zinsrabatte von beispielsweise
mehr als einen halben Prozentpunkt verlangen.
Sie riskieren dabei, dass der Banker das Gespräch mangels Erfolglosigkeit abbricht. Un-
klug ist es auch, um den letzten Zehntel oder
gar Hundertstel Prozentpunkt zu feilschen und
das Kreditgespräch wegen ein paar hundert
Euro Zinsersparnis über eine Laufzeit von
15 Jahren noch im letzten Moment platzen zu
lassen.

Vertragsabschluss

Wenn Sie sich mit Ihren Kreditgebern über alle
Rahmen- und Zinskonditionen der Darlehen
geeinigt haben, ist das weitere Verfahren im
Prinzip nur noch Formsache. Es geht nun
hauptsächlich darum, das Verfahren so zu beschleunigen, dass einer zügigen Auszahlung
der Darlehen nichts mehr im Wege steht.
Schließlich möchten Sie teure Bereitstellungszinsen für bereits bewilligte, aber noch nicht
ausgezahlte Darlehen vermeiden.

Als erstes schließen Sie einen schriftlichen
Darlehensvertrag ab. Meist wird Ihnen die
Bank einen bereits komplett ausgefüllten und
von ihr unterschriebenen Vertrag zusenden mit
der Bitte, diesen Vertrag gegenzuzeichnen. Da
der Darlehensvertrag wie jeder Vertrag durch
Antrag und Annahme zustande kommt, stellt
die Zusendung des von der Bank bereits unterschriebenen Darlehensvertrags rechtlich nichts
anderes als einen Antrag dar. Mit Ihrer Unterschrift nehmen Sie dann diesen Antrag an. Damit ist der Darlehensvertrag rechtswirksam abgeschlossen.

Darlehensvertrag. Folgende Vertragsdaten muss jeder
Darlehensvertrag enthalten:

1	**Vertragsparteien** ✓ Darlehensgeber und Darlehensnehmer
2	**Darlehenshöhe** ✓ Darlehenssumme nominal und Auszahlungssumme
3	**Zinsen** ✓ Sollzins, evtl. Disagio/Damnum, anfänglicher effektiver Jahreszins
4	**Kosten** ✓ nicht im anfänglichen effektiven Jahreszins enthaltene Kreditnebenkosten wie Bereit-stellungszinsen, Wertschätzungsgebühren, Teilzahlungszuschläge
5	**Zinsbindungsfrist bei Festzinsdarlehen** ✓ Geltungsdauer der Zinskonditionen, falls keine variablen Zinsen vereinbart wurden
6	**Tilgung** ✓ jährlicher Tilgungssatz zuzüglich ersparter Zinsen bei Annuitätentilgung, Tilgungsersatz durch Kapitallebensversicherung oder Bau-sparvertrag
7	**Belastung** ✓ monatliche bzw. vierteljährliche Rate für Zins und Tilgung, Gesamtbelastung für die Dauer der Zinsbindung
8	**Sicherheiten** ✓ dingliche Absicherung über Grundschuld oder Hypothek, Übernahme der persönlichen Haftung, evtl. Zusatzsicherheiten

Immer mehr Banken verlangen den Abschluss
des Darlehensvertrags schon vor dem notariell
beurkundeten Abschluss des Kaufvertrags.
Dies hat für Sie den Vorteil, dass Ihre Immobilienfinanzierung sichergestellt ist und beim Notartermin zusammen mit dem Kaufvertrag auch
bereits die erforderliche Grundschuld bestellt
wird. Sie brauchen dann nicht ein zweites Mal
beim Notar erscheinen.

Der Haken bei der Sache: Kommt der notarielle Kaufvertrag nicht zustande, müssen Sie
eine Nichtabnahmeentschädigung an die Bank
zahlen, sofern Sie das bereits fest zugesagte
Darlehen auch nicht für eine andere Immobilie
verwenden.

Beim Notar werden die Verträge verbindlich geschlossen.

Unser Tipp : Gehen Sie jeden Passus im Darlehensvertrag auf versteckte Fallen durch und haken Sie beim künftigen Kreditgeber nach, wenn Sie etwas nicht verstanden haben. Eventuell lassen Sie den Darlehensvertrag nebst allgemeinen Darlehensbedingungen zuvor von einem Finanzierungsfachmann prüfen.

Übertriebene Angst ist jedoch fehl am Platze, da Sie durch das Verbraucherkreditgesetz, das Gesetz über die Allgemeinen Geschäftsbedingungen und andere gesetzliche Vorschriften weitgehend geschützt werden.

Einen späteren Kreditverkauf können Sie bereits im Darlehensvertrag ausschließen. Allerdings verlangen einige Banken dafür einen Zinsaufschlag, was den Kredit unnötig verteuert. Nach dem Urteil des Bundesgerichtshofs vom 30.3.2010 (Az. XI ZR 200/09) wird der Kredit- bzw. Darlehensnehmer vor rechtswidrigen Zwangsvollstreckungen bei Kreditverkäufen vor dem August 2008 wirksam geschützt.

Bei Immobilienfinanzierungen ist die dingliche Absicherung durch Eintragung eines Grundpfandrechts (Grundschuld, Hypothek, Rentenschuld) in der Abteilung III des Grundbuchs gang und gäbe.

Die Grundschuld ist die Belastung eines Grundstücks zugunsten eines Gläubigers. Im Gegensatz zur Hypothek braucht der Grundschuld keine konkrete Forderung des Grundschuldgläubigers zugrunde zu liegen. Die Grundschuld ist somit rein formal eine „Schuld ohne Grund" und kann daher auch zugunsten

des Eigentümers bestellt und eingetragen werden (sogenannte Eigentümergrundschuld).

Der Grundschuld wird heute fast immer der Vorzug gegeben, weil sie deutlich flexibler ist als eine Hypothek. So kann beispielsweise nach Teilrückzahlung eines durch die Grundschuld gesicherten Darlehens problemlos ein neues Darlehen aufgenommen werden, ohne dabei eine neue Eintragung in das Grundbuch vornehmen zu müssen. Außerdem kann die Grundschuld zugleich mehrere Forderungen, deren Höhe oft schwankt, sichern.

Die Grundschuld wird meist brieflos als Buchgrundschuld mit 15 bis 18 % Jahreszinsen zugunsten der Gläubigerbank im Grundbuch eingetragen. Die in der Abteilung III des Grundbuchs eingetragenen „dinglichen" Zinsen von beispielsweise 15 % dienen aber nur zur pfandmäßigen Absicherung der Zinsansprüche des Gläubigers. Zu zahlen sind natürlich nur die „schuldrechtlichen" Zinsen laut abgeschlossenem Darlehensvertrag. Mit Eintragung der Grundschuld sichert sich die Bank nur ein dingliches Recht gegenüber dem Kreditnehmer und Eigentümer der Immobilie. Das heißt, sie kann sich im Falle der Zwangsversteigerung aus dem Pfandobjekt befriedigen.

Üblicherweise wird die Grundschuld notariell anhand eines vom Kreditgeber vorgelegten Formulars, der Grundschuldbestellungsurkunde , bestellt. In dieser Urkunde unterwirft sich der Eigentümer der Immobilie der sofortigen Zwangsvollstreckung in den belasteten Grundbesitz und übernimmt die persönliche Haftung für die Zahlung des Geldbetrages, dessen Höhe der vereinbarten Grundschuld entspricht.

Die fast schon furcherregend klingende Unterwerfungsklausel (sogenannte dingliche Zwangsvollstreckungsunterwerfung) hat meist folgenden Wortlaut:

„Wegen aller Ansprüche aus dieser Grundschuld unterwirft sich der Eigentümer der sofortigen Zwangsvollstreckung in der Weise, dass die Zwangsvollstreckung aus dieser Urkunde gegen den jeweiligen Eigentümer zulässig ist".

Selbstverständlich kann eine Zwangsversteigerung nur eingeleitet werden, wenn Sie mit Zins- und Tilgungszahlungen in Rückstand geraten sind und das Darlehen von der Bank gekündigt wird. Sofern Sie die im Darlehensvertrag vereinbarten Zins- und Tilgungsleistungen regelmäßig von Ihrem Konto abbuchen lassen, haben Sie nichts zu befürchten.

Die dingliche Absicherung kann sowohl bei Realkrediten, die bis zur jeweiligen Beleihungsgrenze des Objekts gewährt werden, als auch bei Personalkrediten erfolgen. Dinglich gesicherte Realkredite stehen an erstrangiger (1a-Hypothek) oder an nachrangiger Stelle (1b-Hypothek).

Manche Darlehensnehmer erschrecken auch bei folgendem Satz, den der Notar pflichtgemäß vorliest:

> „Die Grundschuld ist fällig. Sie ist von heute an mit 15 vom Hundert jährlich zu verzinsen. Die Zinsen sind jeweils am 31. Dezember nachträglich zu entrichten. Ferner wird eine einmalige Nebenleistung von 10 vom Hundert des Grundschuldbetrages geschuldet".

Mit dem in der Grundschuldbestellungsurkunde genannten Zinssatz von beispielsweise 15 % sowie der einmaligen Nebenleistung von 10 % sichert sich die Gläubigerbank ebenfalls nur dinglich ab für den Fall, dass die Zinsen bei der Anschlussfinanzierung extrem steigen oder Verzugszinsen bei Zinsrückständen fällig werden. Auch diese utopisch hohen „dinglichen Zinsen" stellen praktisch nur ein Pfandrecht dar. Für die Zinszahlung kommt es allein auf die „schuldrechtlichen Zinsen" laut Darlehensvertrag an.

Der Kreditgeber wird neben der dinglichen Absicherung fast immer auch die Übernahme der persönlichen Haftung durch den Eigentümer und Darlehensnehmer verlangen. Eine in der Grundschuldbestellungsurkunde enthaltene Klausel kann daher lauten:

> „Der Eigentümer übernimmt als Gesamtschuldner die persönliche Haftung für die Zahlung eines Geldbetrages, dessen Höhe der vereinbarten Grundschuld (Kapital und Nebenleistungen) entspricht. Er unterwirft sich insoweit der sofortigen Zwangsvollstreckung aus dieser Urkunde in sein gesamtes Vermögen. Die Bank kann die persönliche Haftung unabhängig von der Eintragung der Grundschuld und ohne vorherige Zwangsvollstreckung in den Grundbesitz geltend machen".

Auch diese persönliche Haftung setzt voraus, dass der Darlehensnehmer schuldhaft Pflichten aus dem Darlehensvertrag (z. B. Zinsrückstände über mindestens drei Monate) verletzt hat.

Wenn Eheleute eine Immobilie wie üblich je zur Hälfte erwerben, werden auch beide den Darlehensvertrag unterschreiben und die Grundschuld eintragen lassen nebst Übernahme der persönlichen Haftung durch beide Ehegatten.

Weitere Zusatzsicherheiten können erforderlich werden, wenn sich der Darlehensgeber mit der dinglichen Absicherung auf dem Beleihungsobjekt und der Übernahme der persönlichen Haftung durch die Darlehensschuldner nicht zufrieden gibt. Denkbar sind folgende zusätzliche Kreditsicherheiten:

► Zusätzliche dingliche Absicherung auf einer weiteren Immobilie des Darlehensnehmers
► Bürgschaft eines Drittschuldners (bei Privatbürgen in Form der selbstschuldnerischen Bürgschaft)
► Abtretung der Versicherungsansprüche aus einer zur Sicherung und Tilgung des Darlehens abgeschlossenen Kapitallebensversicherung
► Abtretung der Ansprüche aus einem Bausparvertrag bei Vorausdarlehen
► Verpfändung bzw. Abtretung von Bankguthaben, Sparbriefen, Wertpapieren oder Fondsanteilen
► Abtretung von Lohn- und Gehaltsansprüchen.

Vermeiden Sie, wenn möglich, solche Zusatzsicherheiten, die Sie in Ihrer finanziellen Handlungsfreiheit stark einschränken. Eine „Übersicherung" sollten Sie keinesfalls akzeptieren.

In der Regel wird das Darlehen erst nach Eintragung der Grundschuld ausgezahlt. Um zu erreichen, dass die Auszahlung bereits vor der Grundschuldeintragung erfolgt, ist ein Treuhandauftrag bzw. eine Rangbescheinigung des Notars erforderlich. In diesem Fall könnte die Auszahlungsmitteilung der Bank folgendermaßen lauten:

„Sehr geehrter Herr Notar,

wir überweisen Ihnen auftragsgemäß
.... € zu treuen Händen. Über diesen Betrag dürfen Sie verfügen, wenn sichergestellt ist, dass unsere Grundschuld rangrichtig eingetragen wird. Folgende Rechte dürfen unserer Grundschuld vorgehen bzw. gleichstehen:
Abt. II: Nr. ....
Abt. III: ./.

Nach rangrichtiger Eintragung der Grundschuld ist uns von Ihnen eine beglaubigte Grundbuchblattabschrift zu übersenden. Bitte bestätigen Sie uns auf der beigefügten Durchschrift dieses Schreibens den Geldeingang und die Übernahme des Treuhandauftrages. Unser Darlehensnehmer erhält eine Durchschrift dieses Schreibens. Die mit der Abwicklung des Treuhandauftrages verbundenen Kosten gehen zu dessen Lasten.

Mit freundlichen Grüßen, XY-Bank"

Der Notar wird im Fall eines Immobilienkaufs den Auszahlungsbetrag des Darlehens zusammen mit den von Ihnen eingesetzten Eigenmitteln auf das Konto des Verkäufers überweisen. Über die Kosten der Grundschuldbestellung und -eintragung (Kredit- bzw. Finanzierungsnebenkosten bzw. Kosten der dinglichen Sicherung) in Höhe von etwa 0,5 Prozent der Grundschuldsumme erhalten Sie später Rechnungen des Notars sowie des Amtsgerichts, meist zusammen mit den Notar- und Gerichtskosten über die Eigentumsumschreibung (Kaufnebenkosten) in Höhe von zirka 1,5 Prozent des Kaufpreises. Außerdem wird das Finanzamt noch die Grunderwerbsteuer in Höhe von 3,5 bis 6,5 Prozent des Kaufpreises je nach Bundesland einfordern.

GRUNDSTÜCK- UND HAUSSUCHE

DER MAKLER

Viele Grundstücksgeschäfte werden unter Mitwirkung eines Maklers abgewickelt. Makler werden sowohl von Käufern wie auch von Verkäufern beauftragt. Für den Verkäufer des Grundstücks hat das den Vorteil, dass er sich nicht selbst mit der Vermarktung befassen muss. Für den Kaufinteressenten kann der Vorteil darin liegen, dass er sich die Marktkenntnisse des Maklers zunutze macht und viel Zeit bei der Suche nach geeigneten Objekten spart.

In Kauf nehmen muss man dabei, dass ein Makler, egal ob vom Käufer oder Verkäufer beauftragt, nicht ohne Vergütung tätig wird. Seinen Lohn erhält er regelmäßig aber nur, wenn das Geschäft zum Abschluss kommt. Der Makler hat daher ein eigenes Interesse daran, dass ein Verkauf zustande kommt, und zwar mit möglichst wenig Aufwand für ihn selbst. Der Makler steht daher häufig als Vermittler zwischen den Parteien.

Der Maklervertrag als Grundlage für den Maklerlohn

Grundlage für eine Pflicht zur Zahlung von Maklerlohn ist der wirksame Abschluss eines Maklervertrags. Meist beauftragt der Verkäufer den Makler mit der Vermakelung des Grundstücks, dann schuldet grundsätzlich er den Maklerlohn. Allerdings gilt das seit dem 1. Juni 2015 eingeführte gesetzliche Bestellerprinzip, das heißt, dass grundsätzlich derjenige, der den Makler beauftragt, diesen auch zahlen muss. Das gilt zwingend aber nur für die Vermittlung von Wohnraummietverträgen und nicht für Immobilienkaufverträge, so dass bei Kaufverträgen wegen der auch im Maklerrecht geltenden Vertragsfreiheit der Verkäufer den Makler auch unter der Bedingung beauftragen kann, dass dieser sich den Maklerlohn vom Käufer beschaffen muss. Dann liegt zwischen Verkäufer und Makler kein Maklervertrag, sondern ein Auftrag vor. Denn ohne das Versprechen eines Maklerlohns besteht kein Maklervertrag im Sinne des Gesetzes.

Der Makler kann trotzdem makelnd tätig werden. Er muss dann aber darauf bedacht sein, sich seinen Maklerlohn vom Käufer zu holen. Dazu muss er mit dem Interessenten beziehungsweise Erwerber einen vergütungspflichtigen Maklervertrag abschließen.

Das muss nicht zwingend ein schriftlicher Vertrag sein. Viel öfter liegt es so, dass ein Interesse an einem bestimmten Objekt erst entsteht, wenn der Makler das zu vermittelnde Objekt über Exposés, Prospekte und/oder Internetplattformen anbietet. Ein schriftlicher Maklervertrag wird in solchen Fällen zumeist nicht geschlossen. Vielmehr findet sich dann in den Werbeunterlagen ein Hinweis auf das Provisionsverlangen des Maklers. Also zum Beispiel: „Provision i. H. v. XY % des Kaufpreises ist vom Käufer zu zahlen."

Achtung: Wenn Sie sich als Erwerber dann Unterlagen zum Objekt schicken lassen oder einen Besichtigungstermin mit dem Makler vereinbaren, genügt das regelmäßig für den Abschluss eines Maklervertrags!

Denn auch ein mündlicher Vertragsabschluss oder ein Vertragsabschluss, der sich aus den Umständen ergibt, ist möglich und wirksam. Die Verpflichtung zur Zahlung der Maklerprovision kann sich dabei schon daraus ergeben, dass ein Interessent – nachdem er von den Kosten in Kenntnis gesetzt wurde – auf den Makler zugeht und diesen bittet, Maklerleistungen zu erbringen. Allerdings muss der Makler dabei die Kostenpflichtigkeit seiner Tätigkeit gegenüber dem Interessenten deutlich offen legen, wenn sich diese nicht schon aus den Gesamtumständen ergibt. Da Makler auch kostenfrei tätig werden können, ist Letzteres für den Makler im Regelfall schwer nachzuweisen.

Natürlich kann auch ein Kaufinteressent einen Makler mit der Suche nach einem geeigneten Grundstück beauftragen. Dann ist im Regelfall der Käufer verpflichtet, für die erfolgreiche Suche zu zahlen. Erfolgreich ist die Suche dann, wenn aufgrund der Tätigkeit des Maklers ein Grundstücksvertrag geschlossen wird.

Auch hier sind aber wiederum andere Vereinbarungen möglich. So kann mit dem Makler individuell vereinbart werden, dass dieser sich seine Vergütung vom Verkäufer des Grundstücks beschaffen muss oder dass sich beide Parteien die Maklergebühren jeweils hälftig teilen müssen.

Schlussendlich kann der Makler sowohl mit dem Verkäufer als auch mit dem Käufer einen Maklervertrag schließen. Ein Verbot, einen solchen sogenannten Doppelmaklervertrag abzuschließen, gibt es nicht. Für den Makler besteht in solchen Fällen aber eine erhöhte Gefahr, dass er seinen Anspruch auf Maklerlohn durch Fehlverhalten gegenüber einer der Parteien verlieren kann (→ „Der unwirksame Maklervertrag ...", Seite 157).

Wenn Sie mit einem Makler in Kontakt stehen, klären Sie am besten früh und schriftlich, für welche Leistungen ein Maklerhonorar in welcher Höhe vereinbart ist.

Rechtsgültigkeit des Kaufvertrags

Alle klassischen Maklerverträge haben gemeinsam, dass gemäß § 652 Abs. 1 Satz 1 BGB eine Maklerprovision nur dann fällig wird, wenn es tatsächlich zu einem rechtlich wirksamen Abschluss eines Grundstückskaufvertrags kommt.

Vorverträge oder unter einer Bedingung geschlossene Verträge lösen noch keinen Provisionsanspruch aus.

Schwierig zu beurteilen ist die Frage, ob ein Provisionsanspruch besteht, wenn der Grundstückskaufvertrag zunächst abgeschlossen, aber dann aufgrund eines Rücktritts oder einer Anfechtung rückabgewickelt wird. Haben die Vertragsparteien ein Rücktrittsrecht bis zu einem bestimmten Zeitpunkt vereinbart, so wird dieses wie eine vertragliche Bedingung behandelt. Wird dann von dem Rücktrittsrecht Gebrauch gemacht, entfällt der Anspruch auf Maklerlohn.

Erfolgt der Rücktritt aber etwa wegen Mängeln des Grundstücks (Kontaminierung etc.) oder weil der Käufer den vereinbarten Kaufpreis nicht aufbringen kann, bleibt der Maklerlohn

bestehen. Der zur Zahlung des Maklerlohns Verpflichtete kann diesen aber gegebenenfalls von der nicht vertragstreuen Partei als Schadenersatz einfordern.

Ein bereits wirksam entstandener Anspruch auf Maklerlohn entfällt wieder, wenn der Vertrag von Käufer oder Verkäufer wegen Irrtums oder arglistiger Täuschung angefochten wurde. In diesem Fall wird der Vertragsabschluss unwirksam und der Vertrag über das Grundstück gilt als von Anfang an nicht geschlossen. Hier war der Makler letztlich nicht erfolgreich und muss empfangenen Maklerlohn zurückzahlen. Der Anspruch auf den Maklerlohn entfällt auch, wenn ein Rücktritt wegen Mängeln am Grundstück erklärt wurde, die eine Anfechtung erlaubt hätten. Denn dann ist der Käufer so zu stellen, als habe er das Provisionsversprechen nicht abgegeben.

Sollte der Makler eine Reservierungsgebühr in seinen AGB vereinbart haben, ist diese Klausel bei Nichtzustandekommen des Kaufvertrags nach § 307 Abs. 1 BGB unwirksam bzw. nach § 125 BGB formunwirksam. Nach § 812 Abs. 1 BGB ist daher die Gebühr an den Verbraucher zurückzuerstatten , da sich in dem Fall für den Verbraucher kein nennenswerter Vorteil aus der aufgenötigten Gebühr ergibt.

Nachweis- oder Vermittlungsmakler

Je nach vertraglicher Vereinbarung kann sich die Leistung des Maklers, die dieser für den Anspruch auf Maklerlohn zu erbringen hat, unterscheiden.

Der Nachweismakler muss genaue Angaben über den Verkäufer machen, sodass der Interessent mit diesem in Verhandlungen treten kann. Ebenfalls muss der Makler über die Vertragsbereitschaft des Verkäufers informieren. Kommt dann der Kaufvertrag (über das Grundstück) zustande, ist der Maklerlohn grundsätzlich verdient. Es kommt aber nicht darauf an, ob der Makler an den weiteren Verhandlungen zwischen Verkäufer und Käufer mitwirkt. Notwendig ist nur, dass die Maklertätigkeit für den Vertragsabschluss wesentlich war, der konkrete Vertrag ohne den Makler also nicht zustande gekommen wäre. Exposéangaben in einem Internet-Immobilienportal werden von vielen Gerichten nicht als provisionspflichtige Marklerleistung anerkannt.

Kennt der Käufer das Kaufobjekt schon, bevor es ihm vom Makler angeboten wird, ist die Maklertätigkeit für den Vertragsabschluss nicht ursächlich und dem Makler steht keine Provision zu. Den Nachweis muss allerdings der Erwerber führen. Entsprechend häufig kommt es hier zu der Behauptung eines Kaufinteressenten, er habe das Angebot bereits vorher gekannt, was dann zum Streit über den Anfall der Maklerprovision führt.

Der Vermittlungsmakler dagegen lässt sich die Vergütung nicht allein für den Nachweis einer Vertragsabschlussmöglichkeit versprechen, sondern zusätzlich für das unmittelbare oder mittelbare Einwirken auf den Willensentschluss des vorgesehenen Vertragspartners. Notwendig ist, dass die Abschlussbereitschaft des künftigen Vertragspartners gefördert wird, wobei hier nicht der Bauherr, sondern die jeweils andere Kaufvertragspartei gemeint ist.

Um den Vergütungsanspruch entstehen zu lassen, muss die vermittelnde Maklertätigkeit wesentlich und wenigstens mitursächlich für den Abschluss des Grundstücksvertrags gewesen sein, wie es so schön juristisch formuliert heißt. Anders als beim Nachweismaklervertrag scheidet der Anspruch auf Maklerlohn aber nicht schon dadurch aus, dass der Auftraggeber des Maklers Objekt und Vertragspartner schon vorher kannte. Denn der Vermittlungsmakler muss noch die Vermittlungsleistung im Sinne des Einwirkens auf den künftigen Ver-

tragspartner erbringen. Diese Variante der Maklerbeauftragung ist aus Sicht des Auftraggebers vorzuziehen.

Sonderfall Zwangsversteigerung

Bewirbt der Makler ein bestimmtes Objekt durch Prospekte oder im Internet, wird dieses dann aber im Rahmen der Zwangsversteigerung veräußert, gehen die meisten Gerichte davon aus, dass der Makler keinen Vergütungsanspruch hat. Das ist unabhängig davon, ob er als Nachweis- oder Vermittlungsmakler auftrat, denn bei der Zwangsversteigerung wird kein Kaufvertrag abgeschlossen. Vielmehr geht das Eigentum durch einen Hoheitsakt, den Zuschlag in der Zwangsversteigerung, über. So etwas sieht das Maklerrecht als Vergütungsgrundlage nicht vor. Im Rahmen der Vertragsfreiheit können aber auch hiervon zugunsten des Maklers abweichende Vereinbarungen getroffen werden.

Identität von Angebot und Kaufvertrag

Da die Maklertätigkeit zum Abschluss des Hauptvertrags beigetragen haben muss, muss der letztlich abgeschlossene Kaufvertrag dem entsprechen, was Inhalt des Maklerauftrags war. Gefordert wird insoweit, dass der Vertragsinhalt mit den Vorgaben im Maklervertrag noch gleichwertig ist. Ist das nicht der Fall, wird kein Maklerlohn geschuldet.

Wenn also etwa ein vom Makler erstellter Prospekt ein 500 m² großes Grundstück in der Stadt B anpreist, nach Nennung des Verkäufers aber mit diesem ein Vertrag über ein 4 000 m² großes Grundstück in der Stadt C geschlossen wird, fehlt es an dieser Voraussetzung. Ein Maklerlohn ist dann nicht geschuldet.

Wenn aber ein Maklervertrag ein Grundstück zu einem Preis von 50 000 € vorsieht, dann aber eine Einigung bei 46 000 oder 54 000 € erfolgt, wird eine Vergütungspflicht bestehen. Anders wäre das nur, wenn ein bestimmter Kaufpreis ausdrücklich als Bedingung für die Zahlung des Maklerlohns vereinbart wurde.

Allein durch ein Nachverhandeln des geforderten Preises für das Grundstück (oder Haus) wird der Anspruch auf Maklerlohn im

Regelfall nicht ausgeschlossen und kann so nicht gespart werden. Ob die Identität besteht, ist daher eine Frage des Einzelfalls.

Schwierig zu beurteilen ist die Situation, wenn Strohleute ins Spiel kommen. Wenn also etwa Person A einen Makler mit der Suche nach einem Grundstück beauftragt und dieser ein Grundstück vermittelt, dann aber Person A die notwendigen Informationen an Person B weitergibt und Person B dann kauft, bedeutet das nicht zwangsläufig, dass Person A keinen Maklerlohn zahlen muss. Hier kommt es auf die Details des Einzelfalls an.

Häufig sehen Maklerverträge zudem Klauseln vor, die Schadenersatzansprüche gegen den Kaufinteressenten auslösen, wenn durch Weitergabe von Informationen Makleransprüche bewusst umgangen werden (sollen).

Der unwirksame Maklervertrag – kein Anspruch auf Maklerlohn

Das gesetzliche Leitbild des Maklervertrags ist ein Drei-Personen-Verhältnis zwischen Makler, Verkäufer und Käufer. Liegt ein solches Verhältnis nicht vor, besteht auch kein Maklervertrag. So etwa, wenn der Verkäufer selber neben dem Kaufpreis zusätzlich noch eine Maklergebühr verlangt. Die Rechtsprechung nimmt hierzu eine weitreichende, wirtschaftliche Betrachtung vor. Kein gültiger Maklervertrag besteht zum Beispiel, wenn eine Maklerfirma das Grundstück ihres Geschäftsführers vermakelt oder der Makler auf sonstige Weise wirtschaftlich im Lager des Verkäufers steht, also nur ein Strohmann-Makler ist (sogenannte Verflechtung).

Allein die Tatsache, dass der Makler mit seiner Tätigkeit gesetzliche Regelungen nicht erfüllt oder gegen Standesrecht verstößt, bedeutet nicht, dass er für seine erfolgreiche Tätigkeit keinen Maklerlohn verlangen kann. So verlangt § 34 Gewerbeordnung zum Beispiel, dass der Makler eine entsprechende Zulassung besitzt. Das Fehlen einer solchen Zulassung führt aber nicht zur Unwirksamkeit des Maklervertrags. Der Käufer bleibt weiterhin zu Zahlung der Provision verpflichtet.

Gleiches gilt, wenn ein Verstoß gegen die MaBV (Makler- und Bauträgerverordnung) vor-

liegt. Auch wenn mit der Maklertätigkeit gegen das Standesrecht bestimmter Berufe verstoßen wird, bedeutet das nicht automatisch, dass kein Maklerlohn geschuldet wird. Die Rechtsprechung ist insoweit sehr zurückhaltend.

So können trotz berufsrechtlicher Beschränkungen auch Rechtsanwälte, Steuerberater und Architekten wirksame Maklerverträge schließen. Ein Erwerber sollte also nicht darauf spekulieren, mit Nichtmaklern Maklerleistungen zu vereinbaren, ohne dafür bezahlen zu müssen.

Die grobe Pflichtverletzung des Maklers kann zum Wegfall der Maklerprovision führen. Eine solche liegt etwa vor, wenn der Bauherr bezüglich der verkehrswesentlichen Eigenschaften des Grundstücks belogen wird.

Kein Geld erhält der Makler ferner, wenn er entgegen den Festlegungen im Maklervertrag für beide Parteien (Käufer und Verkäufer) tätig wird (§ 654 BGB). Ohne ausdrückliche Vereinbarung ist dem Makler eine solche Doppeltätigkeit grundsätzlich aber erlaubt. Wenn Sie also wünschen, dass der Makler nicht auch für die andere Partei tätig wird, müssen Sie das schriftlich regeln, das heißt einen Einzelmaklervertrag schließen. Ist dem Makler Doppeltätigkeit erlaubt, verliert er seinen Maklerlohn aber dann, wenn er als Doppelmakler die Interessen eines Vertragspartners verletzt. Das kann bei der Tätigkeit für beide Parteien schnell einmal der Fall sein. Denn mit der Tätigkeit als Doppelmakler geht die Verpflichtung zu strenger Un-

Der Makler kann nur ein Honorar verlangen, wenn er Ihnen ein Objekt vermittelt, das seinem Auftrag entspricht.

parteilichkeit einher. Wird gegen diese, etwa durch einen Eingriff in die Preisverhandlungen, in erheblicher Weise verstoßen, kann der Anspruch auf Maklerlohn entfallen.

Der Einzelmaklervertrag ist vom Alleinmaklervertrag zu unterscheiden. Beim Alleinmaklervertrag verpflichtet sich der Auftraggeber keinen anderen bzw. weiteren Makler zu beauftragen oder gar nur diesem zusammenzuarbeiten. Verstößt der Auftraggeber hiergegen und kommt der Kaufvertrag aufgrund des Tätigwerdens des anderen Maklers zustande, so kann der „Alleinmakler" dennoch seine Provision (abzüglich ersparter Aufwendungen) vom Auftraggeber verlangen. Im schlimmsten Fall zahlen Sie dann die Provision zweimal. Daher sollten Sie sich vor Abschluss des Maklervertrages diesen sehr aufmerksam durchlesen.

Widerrufsrecht

Der BGH hat seinem Urteil vom 07.07.2016 –I ZR 68/15 entschieden, dass ein im Internet abgeschlossener Maklervertrag den Fernabsatzregelungen unterfällt und daher dem Auftraggeber – sofern er ein Verbraucher ist – ein Widerrufsrecht zusteht.

Nach dieser Rechtsprechung sind Objektangaben eines Maklers in einer Suchmaschine, die einen potentiellen Immobilienkäufer veranlassen, sich an den Makler zu wenden, noch kein Angebot auf Abschluss eines Maklervertrags. Ein konkludentes Angebot auf Abschluss eines Maklervertrags liegt aber vor, wenn der Makler das Exposé mit an den potentiellen Käufer gerichteter E-Mail übersendet. Bittet der potentielle Käufer in einer E-Mail um die Vereinbarung eines Besichtigungstermins, liegt hier eine konkludente Annahme des Angebots auf Abschluss eines Maklervertrags vor.

Bei einem zwischen einem Maklerunternehmen und einem Verbraucher ausschließlich unter dem Einsatz von E-Mail, Telefax und/oder Telefon zustande gekommenen Maklervertrag handelt es sich um einen Fernabsatzvertrag, der widruflich ist. Nach der Umsetzung der Fernabsatzrichtlinie 2011/83/EU gilt dies seit dem 13.06.2014 auch für alle Verträge, die außerhalb der Geschäftsräume des Maklers geschlossen worden sind.

In all diesen Fällen steht dem Verbraucher ein Widerrufsrecht zu. Er kann innerhalb von 14 Tagen nach Vertragsschluss diesen ohne Angabe von Gründen widerrufen. Über das Widerrufsrecht ist der Verbraucher durch den Makler schriftlich zu belehren. Zudem muss der Verbraucher auf das Muster-Widerrufsformular aus dem EGBGB hingewiesen werden. Macht der Verbraucher von seinem Widerrufsrecht Gebrauch, so sind gemäß § 355 Abs. 3 BGB die empfangenen Leistungen unverzüglich zurück zu gewähren. Ein Provisionsanspruch für bereits erbrachte Leistungen besteht gemäß § 361 BGB nicht. Wurde über das Widerrufsrecht nicht ordnungsgemäß belehrt, so hat dies zur Folge, dass der Verbraucher den Vertrag gemäß § 356 Abs. 3 BGB bis zu einem Jahr und 14 Tagen widerrufen kann.

Sollten Sie nach ordnungsgemäßer Belehrung über Ihr Widerrufsrecht den Makler allerdings anweisen, mit seiner Tätigkeit vor Ablauf der Widerrufsfrist zu beginnen, so bedeutet das Ihren Verzicht auf das Widerrufsrecht.

Die Beweislast für die Belehrung zum Widerrufsrecht sowie für gegebenenfalls erfolgte Anweisungen trägt der Makler.

Was darf der Makler kosten?

Die übliche für die Vermakelung eines Grundstücks zu zahlende Provision schwankt in den einzelnen Bundesländern erheblich. Bei einem Maklervertrag über Grundstücke wird eine Provision von 3 bis 7 % des Kaufpreises zuzüglich Mehrwertsteuer üblich sein. Das hängt von der Marktlage und der Attraktivität des Objekts ab und ist von Ort zu Ort unterschiedlich. Die Provisionshöhen können jederzeit verhandelt werden, wobei der Makler dazu keine Veranlassung mehr hat, wenn der Vertrag erst einmal geschlossen ist. Er wird aber abzuwägen haben, ob er in der Provision nachgibt, wenn ansonsten das gesamte Geschäft daran zu scheitern droht, denn dann bekommt er gar nichts.

Der Makler bekommt die Mehrwertsteuer als Aufschlag auf den vereinbarten Maklerlohn nur erstattet, wenn das vereinbart wurde. Ohne ausdrückliche Vereinbarung wird angenommen, dass der angegebene Preis bereits der Endpreis inklusive Mehrwertsteuer ist.

VERSCHIEDENE WEGE ZUM EIGENEN HAUS

Der Markt bietet unterschiedliche Optionen, um zum eigenen Haus zu kommen. Maßgeblich für die Entscheidung werden letztlich finanzielle und qualitative Aspekte sein. Beide Aspekte sind nach den folgenden Modellen realisierbar, wenn die richtigen Vertragspartner gefunden werden.

Die klassische Architektenbauweise

Die Verwirklichung individueller Vorstellungen in Bezug auf Raumprogramm, Größe, Formensprache, Ausstattung und Bauqualität ist die Domäne der klassischen Architektenbauweise. Wird der Architekt mit allen üblicherweise erforderlichen Architektenleistungen beauftragt, spricht man von einer Vollbeauftragung.

Hierbei verpflichtet der Bauherr einen Architekten seiner Wahl, auf seinem Grundstück unter Berücksichtigung der durch den Architekten zu ermittelnden Wünsche des Bauherrn ein Haus zu planen. Diese klassische Architektenbauweise bietet einem Bauherrn im Vergleich zu allen übrigen Formen des Erwerbs einer eigenen Immobilie das größte Maß an Flexibilität. Von der Kopie eines bereits existierenden Gebäudes unter Rückgriff auf standardisierte Bauprodukte bis hin zur Errichtung eines Unikats unter Verwendung neuer oder historischer Baustoffe und vorhandener Bausubstanz ist damit alles möglich. Ob und in welchem Umfang der Bauherr Eigenleistungen erbringt, ist bei der Architektenbauweise allein die Entscheidung des Bauherrn.

Üblicherweise hat ein Bauherr bei Beauftragung eines Architekten bereits eine ungefähre Vorstellung, wie sein Haus später aussehen soll. Er weiß dann aber in der Regel noch nicht genau, wie das fertige Haus im Einzelnen aussehen wird und folglich auch nicht, was es kostet und welche Zeit für seine Errichtung benötigt wird. Dies konkretisiert sich erst im Zuge der weiteren Planung, teilweise auch erst im Stadium der Bauerrichtung. Die hieraus resultierenden Risiken in wirtschaftlicher und zeitlicher Hinsicht wird ein Bauherr mit einem guten Architekten aber in den Griff bekommen. Das gilt jedenfalls dann, wenn der Bauherr

- ► seinen Architekten sorgsam auswählt,
- ► den Vertrag mit dem Architekten richtig gestaltet (→ „Der Vertragsabschluss", Seite 188),
- ► dem Architekten rechtzeitig die richtigen Planungsvorgaben (Größe, Standard, Budget, Terminsituation) macht,
- ► ihm ausreichend Zeit für die Planung lässt und
- ► an seinen Planungsvorgaben und den abgestimmten Planungen in der Realisierungsphase festhält.

Entsprechendes gilt natürlich auch später für die Auswahl, Beauftragung und Abstimmung mit den Fachplanern. Das sind die Planer, die spezielle Kenntnisse für zum Beispiel Statik, Baugrund oder Gebäudetechnik mitbringen.

Der Erfolg des Bauvorhabens hängt ferner davon ab, dass Sie als Bauherr seriöse, kompetente und hinreichend leistungsfähige Firmen für die Bauausführung beauftragen.

Die Entscheidung, ein Architektenhaus zu bauen, bedeutet dabei noch keine Festlegung auf die Zahl der zu beauftragenden Firmen und die Art ihrer Beauftragung. Von der Beauftragung einzelner Gewerke auf Grundlage einer detaillierten Planung und Ausschreibung bis hin zur

Übertragung der Errichtung des Bauvorhabens auf nur ein einziges Unternehmen auf der Grundlage einer funktionalen Beschreibung ist alles möglich. Der Architekt wird den Bauherrn hier beraten (→ „Vorbereitungen", Seite 332).

Je genauer die Planung und je detaillierter das vom ausführenden Unternehmen umzusetzende Leistungsverzeichnis ist, desto geringer ist das Kostenrisiko der Baufirma. Der höhere Planungsaufwand für den Bauherrn und seinen Architekten wird daher in der Regel mit einem günstigeren Preis bei der Ausführung belohnt.

Ein Bauherr kann zu besseren Preisen kommen, wenn er die zu beauftragende Bauleistung nach Einzelgewerken aufteilt und für diese einzelnen Gewerke jeweils hierauf spezialisierte Firmen sucht und so den Generalunternehmerzuschlag einspart.

Diese Vorgehensweise erfordert jedoch einen erheblichen Planungsvorlauf und ist mit einem nicht zu unterschätzenden Aufwand bei Beauftragung und Koordination der einzelnen Firmen verbunden.

Die Entscheidung für oder gegen den Bau mit einem Architekten sagt daher auch noch nichts über die Kosten aus. Ob das Architektenhaus teurer oder günstiger als ein Haus vom Bauträger oder Fertighaushersteller wird, hängt von den Wünschen des Bauherrn, der Planung des Architekten und den Verträgen mit den ausführenden Firmen ab.

Generalübernehmer/ Fertighaushersteller

Der Generalübernehmer bietet dem Bauherrn die Übernahme der Planungs- und der Bauleistungen an. Er ist zu unterscheiden von einem Generalunternehmer, der allein die Gesamtheit der Bauleistungen erbringt, also die Ausführung der Arbeiten. Statt verschiedener ausführender Firmen und Planer beauftragt der Bauherr hier nur eine einzige Firma. Für die Erbringung der Leistungen beauftragt diese dann häufig Subunternehmer.

Der Generalübernehmer übernimmt die Planungsleistungen ganz oder erst ab einem bestimmten Stadium. Nur für die Beschaffung der Baugenehmigung muss er dabei einen Architekten oder bauvorlageberechtigten Ingenieur beschäftigen.

Übernimmt der Generalübernehmer nur Teile der Planung, muss die übrige notwendige Planung durch den Bauherrn beigebracht werden. Das empfiehlt sich in der Regel für Sie nicht, da die Koordinationsaufgaben dann bei Ihnen als Bauherr verbleiben. Wenn Sie nicht beruflich „vom Bau" sind, werden Sie das mangels Erfahrung kaum in der notwendigen Weise wahrnehmen können.

Empfehlenswert sind daher allein Verträge mit Generalübernehmern, in denen die gesamten Planungs- und Bauleistungen „aus einer Hand" kommen. Trotzdem ist es in der Praxis durchaus üblich und auch vertretbar, mit der

Der Generalübernehmer sollte am besten die gesamten Planungs- und Bauleistungen „aus einer Hand" liefern.

Das Fertighaus wird komplett gekauft, geliefert und in kürzester Zeit aufgebaut.

Planung bis zur Genehmigungsplanung einen Architekten zu beauftragen und danach alle weiteren Planungen durch einen Generalübernehmer erbringen zu lassen.

Der Generalübernehmer ist gegenüber dem Bauherrn für die Gesamtleistung verantwortlich. Neben dem Koordinationsaufwand übernimmt er damit gegenüber dem Bauherrn das Risiko, dass seine Nachunternehmer ihre Leistungen nicht rechtzeitig oder nicht in der geschuldeten Qualität erbringen. Hervorzuheben ist hier das Schnittstellenrisiko, wenn also verschiedene Gewerke an den gleichen Bauteilen arbeiten. Treten Mängel in der Ausführung auf, muss unter den verschiedenen beteiligten Baufirmen erst der richtige Verursacher gefunden werden, bevor eine Inanspruchnahme erfolgen kann. Und das müssen Sie erst einmal belegen können, vor allem, wenn die Zeit drängt und es auf Ihrer Baustelle zügig weitergehen soll.

Beim Generalübernehmer stellt sich das Problem nicht, da sämtliche Leistungen in seiner Hand liegen. Für einen Mangel ist also er allein Ihnen gegenüber verantwortlich.

Beim Architektenvertrag ist das Schnittstellenrisiko bei der Übernahme der baulichen Leistungen durch einen Generalübernehmer allein auf die Abgrenzung „Planungsfehler durch den Planer oder Ausführungsfehler durch das Bauunternehmen" begrenzt.

Jedem Bauherrn muss bewusst sein, dass der Generalübernehmer wie auch der Generalunternehmer diese Leistungen und Risiken in sein Angebot einpreisen muss. Die „zusätzliche" Vergütung für Planungs- und Koordinationsaufwand wird dabei häufig nicht extra ausgewiesen, sondern steckt in dem Gesamtpreis, den er mit dem Bauherrn vereinbart. Allerdings muss dieser Preis nicht zwangsläufig höher sein als bei einer Vergabe nach Einzelgewerken. Das dann nicht, wenn der Generalübernehmer /

Beim Bauen mit dem Fertighaushersteller haben Sie für alle Bauleistungen nur einen Vertragspartner. Umso wichtiger ist, was unter „alle" genau zu verstehen ist.

Generalunternehmer durch geschickte Koordination der einzelnen Leistungen auf der Baustelle und gebündelten Einkauf von Material Effektivitätsgewinne erzielen kann oder aufgrund seiner Erfahrung und Stellung im Markt Nachunternehmerleistungen günstiger einkaufen kann, als das der einzelne Bauherr könnte. Ob das der Fall ist oder ob der günstige Preis nur dadurch zustande kommt, weil minderwertige Materialien kalkuliert wurden beziehungsweise Leistungen noch gar nicht kalkuliert wurden, ist für einen privaten Bauherrn vor Vertragsab-

schluss nur schwer zu erkennen. Das zeigt sich meist erst, wenn der Generalübernehmer/-unternehmer mit Nachträgen kommt, also Zusatzvergütung verlangt.

Auch wenn ein Generalübernehmer Leistungen übernimmt, für die sonst der Architekt des Bauherrn verantwortlich ist, sollte sich ein Bauherr gut überlegen, ob er aus Kostengründen wirklich auf die Beauftragung eines Architekten verzichten will. Denn während der Architekt als Sachwalter des Bauherrn bei Problemen auf der Baustelle allein Ihre Interessen vertreten und Ihnen zur Seite stehen muss, darf und wird der Generalübernehmer primär seine eigenen wirtschaftlichen Ziele verfolgen. Das wird sich insbesondere bei Verhandlungen über Nachträge, Verzug mit der Bauausführung und bei während der Arbeiten zutage tretenden Mängeln zeigen, wo der Bauherr sich dann dem Generalübernehmer allein gegenüber sieht. Hier wird ein privater Bauherr in der Regel nicht beurteilen können, ob das, was ihm sein Vertragspartner erzählt, so wirklich zutrifft.

Dem Bauherrn muss bei Beauftragung eines Generalübernehmers auch bewusst sein, dass dieser eine viel stärkere Verhandlungsposition hat als eine Firma, die lediglich ein einzelnes Gewerk für den Bauherrn ausführen soll. Denn für den Bauherrn stellt es ein viel größeres wirtschaftliches Risiko dar, sich von seinem Generalübernehmer zu trennen, als ein Einzelgewerk zu kündigen. Auch eine Insolvenz des Generalübernehmers wird einen Bauherrn viel stärker treffen, als wenn nur ein einzelnes Gewerk betroffen ist. Den Komfort, für die Bauausführung nur einen verantwortlichen Ansprechpartner zu haben, erkauft sich ein Bauherr also mit einer Einschränkung an Flexibilität und der Zunahme an wirtschaftlicher Abhängigkeit. Auf die Auswahl eines leistungsfähigen und seriösen Generalübernehmers muss man daher weit mehr Aufmerksamkeit verwenden, als bei der Beauftragung eines Einzelgewerks.

Ähnlich verhält es sich mit Fertighausherstellern. Die übernehmen ebenfalls regelmäßig die Planungs- und Bauleistungen. Allerdings werden die Planungsalternativen durch das Programm des Typenhausherstellers eingeschränkt. Denn um die Baukosten zu reduzieren, hat der

Hersteller standardisierte Bauteile entworfen. Häufig werden vorgefertigte Bauteile nach einer vom Typen- oder Fertighaushersteller vorgegebenen Bauplanung zusammengefügt. Die hier dem Bauherrn noch gegebenen Gestaltungsspielräume hängen dann allein vom Programm des jeweiligen Anbieters ab. Die Beauftragung eines Architekten durch den Bauherrn ist für Planung und Ausführung nicht mehr erforderlich. Änderungen in der grundsätzlichen Konzeption des Hauses sind bei vielen Anbietern in der Regel aber nur noch begrenzt möglich.

Problematisch ist es, wenn der Fertighaushersteller nicht alle Planungen übernimmt. Aus Haftungsgründen wird der Bauherr häufig verpflichtet, ein Bodengutachten selbst in Auftrag zu geben. Das muss er zwar auch bei der Begleitung durch einen Architekten. Allerdings übernimmt der Bauherr hier schon Koordinationsaufgaben, für die er nicht geschult ist. Wüssten Sie zum Beispiel, wie Sie einen qualifizierten Gutachter finden oder erkennen können und wie Sie den Auftrag für den Bodengutachter formulieren müssten?

Kauf vom Bauträger

Ein Unternehmer, welcher neben Planung und Bauleistung auch das Grundstück liefert, wird als Bauträger bezeichnet. Wegen der Mitübertragung eines Grundstücks oder Grundstücksanteils müssen diese Verträge vor einem Notar beurkundet werden. Es handelt sich um einen Kaufvertrag mit Bauerrichtungsverpflichtung. Lediglich die Gewährleistung für die Bauleistung richtet sich nach dem Werkvertragsrecht des BGB. Dabei macht es keinen Unterschied, ob das Gebäude bereits neu errichtet ist oder sich noch im Planungsstadium befindet. Ob Sie auf die Planung noch Einfluss nehmen können, hängt von der Bereitschaft des Bauträgers ab. Die Gestaltungsmöglichkeiten beschränken sich hier in der Regel auf Ausstattungsdetails. Man wird daher auch nicht mehr vom Bauherrn als vielmehr vom Käufer oder Erwerber sprechen.

Treten Probleme mit dem Bauträger auf, ist es wegen der Mitübertragung des Grundstücks schwieriger, dem Bauträger während der Bauausführung zu kündigen, um die angefangene

Teilzahlungen nach Baufortschritt gemäß MaBV: Eine der Makler- und Bauträgerverordnung entsprechende **Fälligkeitsklausel im Bauträgervertrag** kann so lauten: „Die Höhe der vom Erwerber zu zahlenden Raten legt der Veräußerer nach seinem freien Ermessen entsprechend dem tatsächlichen Bauablauf fest, wobei er sie nur aus den folgenden Vom-Hundert-Sätzen zusammensetzen und **höchstens sieben Teilbeträge** anfordern darf:

25,0 %	nach Abschluss der bauvorbereitenden Erdarbeiten
28,0 %	nach Rohbaufertigstellung, einschließlich Zimmererarbeiten
5,6 %	für die erfolgte Herstellung der Dachflächen und Dachrinnen
2,1 %	für die erfolgte Rohinstallation der Heizungsanlagen
2,1 %	für die erfolgte Rohinstallation der Sanitäranlagen
2,1 %	für die erfolgte Rohinstallation der Elektroanlagen
7,0 %	für den erfolgten Fenstereinbau, einschließlich der Verglasung
4,2 %	für den erfolgten Innenputz, ausgenommen Beiputzarbeiten
2,1 %	für den gelegten Estrich
2,8 %	für die erfolgten Fliesenarbeiten im Sanitärbereich
8,4 %	nach Bezugsfertigkeit und Zug um Zug gegen Besitzübergabe
2,1 %	für die erfolgten Fassadenarbeiten
3,5 %	nach vollständiger Fertigstellung
95,0 %	
5,0 %	**Der Restbetrag von 5 % ist zur Zahlung fällig, wenn** a) entweder ein in der Bundesrepublik Deutschland zum Geschäftsbetrieb befugtes Kreditinstitut oder ein Kreditversicherer dem Erwerber eine Sicherheit für die rechtzeitige Herstellung des Werkes ohne wesentliche Mängel in Höhe von mindestens 5 % des Kaufpreises gestellt hat und die betreffende Erklärung dem Erwerber zugegangen ist, frühestens aber, wenn die genannten Grundvoraussetzungen vorliegen und mit den Erdarbeiten zu dem vertragsgegenständlichen Bauvorhaben begonnen worden ist, oder b) wenn das Vertragsobjekt rechtzeitig und ohne wesentliche Mängel fertiggestellt ist. Ist dies nicht der Fall, bestimmt sich die Fälligkeit nach den gesetzlichen Bestimmungen. Ob entsprechend vorstehender Buchstaben a) oder b) verfahren wird, bestimmt der Veräußerer."
100,0 %	

Sofern einzelne Leistungen nicht anfallen, ist der jeweilige Vom-Hundert-Satz anteilig auf die übrigen sieben Raten zu verteilen. Bevor überhaupt eine Rate angefordert werden darf, müssen bestimmte **Grundvoraussetzungen** vorliegen. Insbesondere muss eine Eigentumsvormerkung zugunsten des Käufers im Grundbuch eingetragen und muss die Lastenfreistellung gesichert sein. Die so berechneten Raten sind zur Zahlung fällig, wenn die der angeforderten Rate entsprechenden Arbeiten durchgeführt sind, nicht aber vor Eintritt der vorgenannten Grundvoraussetzungen und nicht vor Ablauf von zehn Tagen, nachdem der Veräußerer den Erwerber zur Zahlung unter Vorlage einer Bestätigung des Bauleiters über den Baufortschritt aufgefordert hat.

Bauleistung selbst fertig zu stellen. Der Bauträger wird sich weigern, ohne vollständige Bezahlung das Eigentum am Grundstück auf den Käufer zu übertragen. Will sich der Käufer von dem Vertrag mit dem Bauträger durch Rücktritt gänzlich lösen, verliert er den Anspruch auf Übertragung des Grundstücks.

Anders als bei dem Bau auf eigenem Grundstück sind damit die bereits erbrachten Bauleistungen keine Sicherheit für die vom Käufer geleisteten Abschlagszahlungen. Diese Sicherungslücke hat der Gesetzgeber durch die Makler- und Bauträgerverordnung (MaBV) zu schließen versucht. Danach soll ein Bauträger Zahlungen nur in dem Umfang entgegennehmen dürfen, wie er dem Käufer Sicherheit für den Fall des Scheiterns beziehungsweise der Rückabwicklung des Vertrags bietet. Die MaBV definiert bestimmte Schritte des Eigentumserwerbs und des Baufortschritts, die erreicht sein müssen, bevor ein Bauträger von Ihnen Zahlungen verlangen darf (→ Seite 163).

In diesem Zusammenhang spielen auch Bürgschaften eine große Rolle. Trotz dieser Sicherungsrechte kann eine Insolvenz des Bauträgers den Bauherrn vor erhebliche Probleme stellen; insbesondere dann, wenn der Bau noch nicht weit fortgeschritten ist.

Die Bauherrengemeinschaft oder Baugruppe

Eine Renaissance erlebt gegenwärtig die Schaffung von Immobilienbesitz im Rahmen einer Bauherrengemeinschaft oder Baugruppe. Dabei schließen sich Bauherren zusammen, um auf einem gemeinsamen Grundstück ein Bauvorhaben zu verwirklichen.

Bauherrengruppen entstehen insbesondere dort, wo z. B. im innerstädtischen Bereich der Erwerb des Baugrunds dem Einzelnen unüberwindbare finanzielle Hürden stellt und Kosten optimiert werden sollen. Im Regelfall gibt es einen Initiator, der zu einem bebaubaren Grundstück ein Konzept mitbringt. In einem ersten Schritt wird eine Baugruppe gebildet, die eine Gesellschaft bürgerlichen Rechts darstellt. Gesellschaftszweck dieser GbR ist zunächst die Planung des Objekts – oft zu fest vorgegebenen Kosten – und gegebenenfalls

die Suche nach weiteren Mitgliedern. Im zweiten Schritt erfolgen der Erwerb des Grundstücks und die bauliche Errichtung. In einem letzten Schritt kann, muss aber nicht zwingend, eine Wohnungseigentümergemeinschaft gegründet werden.

Der einzelne Bauherr ist Bestandteil der Baugruppe und muss sich genau ansehen, mit wem zusammen er dieses Unterfangen angehen will. Die häufig anzutreffende Rechtsmeinung, jedes Mitglied der Baugruppe hafte nur für seinen Anteil, ist so pauschal nicht richtig. Es gibt auch keine GbR mit beschränkter Haftung. Eine Beschränkung der Haftung lässt sich nur dadurch realisieren, dass die durch die Baugruppe beauftragten Verträge genau diese Haftungsbeschränkung gegenüber Dritten vorsehen. Es müssen Regeln zur Vertretung der GbR, zum Ausscheiden eines nicht mehr zahlungsfähigen Gesellschafters usw. getroffen werden. Man muss sich einfach klar machen, dass es sich hier um ein Gesamtbauprojekt handelt, welches in Schwierigkeiten gerät, wenn die Finanzierung einzelner nicht oder nicht mehr gesichert ist. Die funktionierende Baugruppe bedarf daher umfangreicher Vertragswerke, die zwingend von Juristen überprüft werden sollten.

Eine Bauherrengemeinschaft oder -gruppe hat die Wahl, ob sie in klassischer Architektenbauweise bauen will oder einen Generalübernehmer beauftragt. Bauherrengemeinschaften werden häufig von einem Architekten initiiert, der dann für die einzelnen Bauherren auch die gemeinsame Planung und Bauüberwachung übernimmt. Je mehr Bauherren beteiligt sind, desto größer wird der Abstimmungs- und Koordinationsaufwand. Das gilt insbesondere dann, wenn gestalterische Vorstellungen, finanzielle Möglichkeiten und die Bereitschaft der Mitglieder zu Eigenleistungen sehr verschieden sind. Es gilt: Soll das gemeinsame Projekt ein Erfolg werden, muss die Planung frühzeitig abgestimmt werden und sollte während der Ausführung nicht mehr wesentlich geändert werden. Die Kostenvorteile werden daher durch ein geringeres Maß an Flexibilität und einen erhöhten Abstimmungsaufwand mit den übrigen Bauherren erkauft.

DAS GRUNDSTÜCK

Soll gebaut werden, beginnt der Weg zur eigenen Immobilie mit der Suche nach einem geeigneten Grundstück. Eigentum am eigenen Haus setzt in Deutschland regelmäßig das Eigentum an dem Grundstück voraus, auf dem das Haus steht. Würde auf einem gemieteten oder gepachteten Grundstück gebaut, würde das Gebäude automatisch (§ 946 BGB) dem Vermieter oder Verpächter aufgrund seiner Stellung als Grundstückseigentümer gehören. Auf gemieteten oder gepachteten Flächen können daher nur Anlagen errichtet werden, welche

nicht wesentliche Bestandteile des Grundstücks werden sollen. Diese sind dann bei Beendigung der Miete oder Pacht in der Regel wieder zu beseitigen. In der DDR war das anders. Soweit dort – insbesondere zu Erholungszwecken – Gebäude auf fremden Grund errichtet worden waren, sind diese dem bundesdeutschen Recht fremden Zustände zwischenzeitlich durch das Sachenrechtsbereinigungsgesetz geändert worden. Eine nach wie vor existierende Sonderstellung nimmt das Erbbaurecht ein (→ „Erbbaurecht", Seite 166).

Auch für anspruchsvolle Grundstücke lassen sich Häuser mit hohem Wohlfühlfaktor erschaffen.

Wege zum Grundstück

Ein Grundstück kann erworben werden durch Kauf, Tausch, Schenkung, Erbfolge oder auch im Rahmen der Zwangsversteigerung. In allen diesen Fällen können eine oder mehrere Personen Eigentümer des Grundstücks werden. Sind mehrere Personen Eigentümer des Grundstücks, werden sie auch gemeinsam Eigentümer des darauf errichteten Gebäudes.

Denkbar ist auch, dass sich verschiedene Personen zum Zwecke des Erwerbs des Grundstücks oder zur Errichtung eines Bauwerks zusammenschließen. Das nennt man dann Gesellschaft bürgerlichen Rechts. Nach aktueller Rechtsprechung können auch solche GbR inzwischen grundbuchfähig sein. Wegen der Formvorschriften beim Erwerb von Grundeigentum sollte auch die Gründung einer solchen GbR durch einen Notar beraten werden.

Für die Frage, wer Eigentümer ist, kommt es nicht darauf an, wer die Bauarbeiten erbringt oder die Kosten hierfür trägt. Hierüber sollte sich jeder im Klaren sein, der auf einem Grundstück bauen will, welches ihm nicht oder nicht allein gehört.

Bauen Sie zum Beispiel auf dem Grundstück Ihrer Schwiegereltern, werden allein diese Eigentümer des Hauses. Oder baut ein Bauherr auf einem Grundstück, das er als Teil einer Erbengemeinschaft erhalten hat, gehört das Haus auch allen anderen Erben.

Um hier spätere Konflikte zu vermeiden, ist es dringend zu empfehlen, vor dem ersten Spatenstich grundbuchrechtlich sicherzustellen, dass nur die Personen Eigentümer des Grundstücks sind, die auch das Bauvorhaben betreiben wollen.

Das kann dadurch geschehen, dass die übrigen Miteigentümer ihr Eigentum an dem Grundstück abgeben oder ein größeres Grundstück zwischen den Miteigentümern in Teilflächen aufgeteilt wird. Diese Aufteilung muss in notarieller Form erfolgen und dann auch im Grundbuch nachvollzogen werden.

Ist das Grundstück für eine tatsächliche Teilung zu klein, weil die dadurch entstehenden Grundstücke keine vernünftige Bebauung mehr zuließen (Abstandsflächenrecht, Erschließung), kann die Bildung von Sondereigentum nach dem Wohnungseigentumsgesetz einen Ausweg bieten. Soll nur eine Teilfläche eines anderen Grundstücks genutzt werden, kann hierfür eine Grunddienstbarkeit vereinbart und im Grundbuch eingetragen werden. Häufig geschieht das, um Zufahrten, Abstandsflächen oder Versorgungsleitungen dauerhaft zu sichern.

INFO

DAS GRUNDBUCH ist ein öffentliches Grundstücksregister, welches bei den Grundbuchämtern geführt wird. Darin werden die Eigentümer des Grundstücks und dessen dingliche Belastungen (zum Beispiel Hypotheken, Grundschulden, dingliche Nutzungsrechte Dritter, Vorkaufsrechte etc.) ausgewiesen.

Das Grundbuch ist mit dem sogenannten öffentlichen Glauben ausgestattet. Das heißt, im Vertrauen auf das Grundbuch kann eine darin ausgewiesene Rechtsposition (Eigentum, Grundschuld) selbst dann erworben werden, wenn sie tatsächlich nicht besteht. Andererseits kann niemand ein Grundstück gutgläubig erwerben, wenn bereits aus dem Grundbuch hervorgeht, dass vor ihm ein anderer das Grundstück erwerben soll.

Ein derartiger Hinweis im Grundbuch ist die sogenannte Vormerkung. Diese ist wichtig, da die Abwicklung eines Grundstückskaufvertrags und die Eintragung von Eigentumsänderungen beim Grundbuchamt längere Zeit in Anspruch nehmen kann.

Erbbaurecht

Kein eigenes Grundstück im Rechtssinne hat ein Bauherr, wenn er das Grundstück nicht kauft, sondern „nur" ein Erbbaurecht hieran erwirbt. Das Erbbaurecht wird aber rechtlich wie ein Grundstück behandelt. Durch die Einführung des Erbbaurechts nach dem Ersten Weltkrieg wollte der Gesetzgeber weniger vermögenden Bevölkerungsschichten die Möglichkeit zum Bauen geben. Statt das Grundstück zu kaufen, wird lediglich ein Erbbaurecht bestellt, für das der Bauherr dann einen jährlichen Erbbauzins zahlt. Erbbaurechte werden vor allem von Kommunen, Kirchen und Stiftungen vergeben, die ihre Grundstücke dauerhaft behalten und dennoch durch eine nicht von ihnen zu ver-antwortende Bebauung wirtschaftlich nutzen wollen. Erbbaurechte werden in der Regel für einen Zeitraum zwischen 66 und 99 Jahren be-stellt, es sind aber auch andere Laufzeiten mög-lich. Das aufgrund eines Erbbaurechts errich-tete Bauwerk gilt als wesentlicher Bestandteil des Erbbaurechts und nicht des Grundstücks.

Eigentümer des Bauwerks ist dadurch somit der Erbbauberechtigte und nicht der Grundstückseigentümer. Anders als beim Bau-en auf einem gepachteten Grundstück muss der Erbbauberechtigte nach Ablauf der verein-barten Dauer des Erbbaurechts das errichtete Gebäude nicht vom Grundstück entfernen. Es geht vielmehr in das Eigentum des Grund-stückseigentümers über, wofür dieser dem Erbbauberechtigten den Gebäudewert vergü-ten muss. Erbbaurechte können wie ein Grund-stück veräußert, vererbt und belastet werden. Der Wiederverkaufswert ist aber in der Regel geringer als bei einem Haus auf eigenem Grundstück.

Der Kauf eines unbebauten Grundstücks

Die wohl häufigste Form des gezielten Grund-erwerbs als Voraussetzung für einen Hausbau stellt der Kauf eines Grundstücks dar. Wer neu bauen will, sucht dabei üblicherweise nach einem möglichst unbebauten Grundstück. Die

Suche danach kann je nach Region deutlich schwieriger sein als die nach einem kompeten-ten Architekten, zuverlässigen Bauunternehmen oder dem passenden Fertighausanbieter. Neben praktischen Überlegungen hinsichtlich Lage, Größe und Preis sind bei der Grundstückssuche auch rechtliche Belange zu beachten.

Vor allem muss die beabsichtigte Bebauung auf dem Grundstück überhaupt rechtlich zu-lässig sein (ausführlich zum Bauplanungs- und Bauordnungsrecht vgl. „Das öffentliche Bau-recht", Seiten 230 ff.).

Vor dem Kauf eines Grundstücks müssen Sie sich als Erwerber daher zwingend Gewiss-heit darüber verschaffen, ob Sie Ihren Bau-wunsch auf dem Grundstück überhaupt reali-sieren dürfen. Bestehen schon konkrete Vor-stellungen, was gebaut werden soll, empfiehlt es sich, jetzt auch schon einen Architekten hin-zu zu ziehen.

Mit dem Erwerb eines Grundstücks findet regelmäßig bereits eine erste Festlegung in Bezug auf das zu errichtende Haus statt. So hängt vom Grundstück ab, ob die beabsichtig-te Nutzung dort zulässig ist und welche Be-schränkungen es bezüglich der bebaubaren Fläche, der insgesamt zulässigen Nutzfläche, der Anordnung des Gebäudes auf dem Grund-stück (Baulinien, Baufluchten) und der Gestal-tung (zulässige Geschosszahl, Gestaltungssat-zungen) gibt.

Typisches Neu-baugebiet mit reichlich Platz für neue Bau-vorhaben.

Bevor die Baugrube ausgehoben werden kann, müssen die Eigentumsverhältnisse am Grundstück zweifelsfrei und verbindlich feststehen.

Sollten sich diese Fragen vor dem Kauf nicht eindeutig klären lassen, muss in dem Kaufvertrag zwingend eine Regelung zur beabsichtigten Nutzung aufgenommen werden. Versichert der Verkäufer im Vertrag, dass die beabsichtigte Nutzung zulässig ist, hat der Käufer Gewährleistungsansprüche gegen den Verkäufer, wenn sich dies im Nachhinein als unzutreffend herausstellt. Er wird dann von dem Vertrag zurücktreten und Ersatz der ihm entstandenen Schäden verlangen können.

Ist ein Verkäufer zu einem derartigen Versprechen nicht bereit, muss wenigstens ein Rücktrittsrecht für den Fall vereinbart werden, dass die beabsichtigte Nutzung tatsächlich nicht zulässig ist. Aber auch hier muss der Bauherr sich über die Nutzbarkeit des Grundstücks Gewissheit verschaffen, bevor er weitere Investitionen in das Grundstück tätigt und den Kaufpreis zahlt.

So etwas lässt sich durch eine Bauvoranfrage beim Bauamt zu klären. Hierfür muss noch keine vollständige Genehmigungsplanung eingereicht werden.

Ebenfalls möglichst noch vor dem Kauf sollten Sie sich über die Bodensituation infor-

mieren. Hohes Grundwasser, Fels oder nicht tragfähiger Untergrund kann die Kosten für Aushub, Gründung und Abdichtung eines Kellers extrem in die Höhe schießen lassen. Dabei sollte auch berücksichtigt werden, dass in einigen Regionen die Grundwasserstände stetig steigen und Niederschläge zunehmen.

Ein wirtschaftlich kaum kalkulierbares Risiko können ferner Altlasten im Boden (zum Beispiel Verunreinigungen durch Chemikalien) darstellen. Im Kaufvertrag wird der Verkäufer regelmäßig seine Haftung für Altlasten ausschließen und lediglich erklären, dass ihm von Altlasten nichts bekannt sei. Einen Anspruch gegen den Verkäufer hat der Käufer bei Altlasten dann nur, wenn er beweisen kann, dass der Verkäufer hier und bewusst gelogen hat. Ein Käufer sollte sich daher vor dem Kauf zumindest informieren, wie das Grundstück zuvor genutzt wurde. Ergeben sich hieraus Anhaltspunkte für eine mögliche Belastung, sollte dazu eine Regelung in den Kaufvertrag aufgenommen werden.

Auch archäologische Funde können eine Baumaßnahme verzögern. Wer ein Grundstück in einem Gebiet erwirbt, wo mit historischen

Siedlungsstrukturen gerechnet werden muss, sollte zumindest Zeit für archäologische Untersuchungen einplanen. Ferner können in vielen Gebieten Deutschlands noch Kampfmittel im Boden verborgen sein. Die Freiheit von derartigen Kampfmitteln ist ebenfalls vor Beginn von Erdarbeiten zu überprüfen. Auch das sollte einkalkuliert werden.

Der Erwerb eines bereits bebauten Grundstücks

Insbesondere in Ballungsräumen nimmt die Zahl der noch unbebauten, aber bebaubaren Grundstücke stetig ab. Auch wer eigentlich neu bauen will, wird sich daher bereits bebaute Grundstücke ansehen. Soll ein bereits bebautes Grundstück genutzt werden, hat das den Vorteil, dass in der Regel die Erschließung mit Versorgungsträgern (Wasser, Strom etc.) bereits gegeben ist. Ferner mag die vorhandene Bausubstanz für das eigene Vorhaben teilweise oder sogar ganz verwertbar sein. Aber auch hier ist wie beim unbebauten Grundstück zu klären, ob die beabsichtigte Nutzung überhaupt zulässig ist.

Die Tatsache, dass auf dem Grundstück bereits ein Gebäude steht, bedeutet nicht, dass es auch für den beabsichtigten Zweck genutzt oder ein Gebäude vergleichbarer Art und Größe dort neu errichtet werden darf. Soll die ursprünglich vorhandene Nutzung geändert werden (zum Beispiel ein ursprünglich gewerblich genutztes Gebäude für Wohnzwecke), wird eine neue Baugenehmigung erforderlich. Eine solche wird beispielsweise in einem reinen Gewerbegebiet aber nur in den seltensten Fällen erteilt werden; und das selbst dann, wenn vom Erwerber praktisch keine baulichen Veränderungen geplant sind. Das Gleiche kann passieren, wenn ein landwirtschaftlich genutztes Gebäude in Wohnungen umgebaut werden soll.

Für den Erwerb eines bereits bebauten Grundstücks kann sprechen, dass sich auf diesem ein Gebäude befindet, welches Bestandsschutz genießt, während ein Neubau an gleicher Stelle nunmehr unzulässig wäre. So beispielsweise ein einzeln stehendes Wohnhaus im Außenbereich, also außerhalb bestehender Siedlungsstrukturen. Hier muss allerdings darauf geachtet werden, dass dieser Bestandsschutz nicht durch eine zwischenzeitliche Unterbrechung der Nutzung verloren gegangen ist. Dazu sollte sich ein Käufer vom Verkäufer im Kaufvertrag eine Zusicherung geben und im Zweifelsfall auch Nachweise über die Nutzung (zum Beispiel Rechnungen von Versorgern) zeigen lassen. Ein Bestandsschutz kommt allerdings nicht in Betracht, wenn die Nutzung nie zulässig war. Allein auf den äußeren Schein darf sich ein Erwerber dabei nicht verlassen.

Dass zum Beispiel eine Laube jahrelang geduldet wurde, bedeutet nicht, dass dies auch in Zukunft so sein muss! Ist der Bestandsschutz wichtig, muss bei der weiteren Planung darauf geachtet werden, dass dieser nicht durch zu weit reichende Eingriffe in die vorhandene Gebäudesubstanz verloren geht. Vor unüberlegten Abrissarbeiten sei daher gewarnt.

Mit dem vollständigen Abriss eines Hauses geht der Bestandsschutz in jedem Fall verloren. Der Erhalt bestehender Bausubstanz kann daher geboten sein, auch wenn dies technisch oder wirtschaftlich keinen Sinn macht.

Weitergehende Einschränkungen in Bezug auf die Nutzung vorhandener Bausubstanz können bestehen, wenn das Gebäude unter Denkmalschutz steht. Diese Gebäude sind in einer Denkmalliste geführt. Bauliche Veränderungen sind in dann nur mit Zustimmung der Denkmalbehörde zulässig.

Einschränkungen können ferner bestehen, wenn für das Grundstück Ensembleschutz besteht. So können zum Beispiel bestimmte dörfliche Strukturen geschützt sein, woraus sich dann Beschränkungen für die Art und Lage von Neubauten ergeben.

Stehen auf dem zu erwerbenden Grundstück Gebäude unmittelbar neben Nachbargebäuden, ist ebenfalls Vorsicht geboten. Hier darf die Nachbarbebauung nicht durch einen geplanten Abriss beeinträchtigt werden. Dabei ist daran zu denken, dass sich die Bestandsgebäude möglicherweise gegeneinander stützen. Auch trotz mangelhafter Gründung eines Nachbarhauses ist der abreißende Bauherr dann für den im Zuge des Abrisses eintretenden Schaden verantwortlich. Das Gleiche gilt, wenn das Nachbargebäude durch Aushubarbeiten für die eigene Baugrube seinen Halt verliert. Ohne Bodengutachten und Hinzuziehung eines Statikers wird sich hier kaum beurteilen lassen, ob Zusatzkosten für den Verbau aufgrund angrenzender Gebäude entstehen. Sind aufgrund des Neubaus Stabilisierungsmaßnahmen auf dem Nachbargrundstück nötig, bedarf es hierfür der Zustimmung des Nachbarn. Hängt die Nutzbarkeit des zu erwerbenden Grundstücks hiervon ab, sollte vor dem Kauf geklärt werden, ob der Nachbar seine Zustimmung erteilt und was er hierfür verlangt. Dies ist dann in einer Nachbarvereinbarung zu regeln (→ Seite 182).

Soll die vorhandene Bausubstanz ganz oder in Teilen weitergenutzt werden, ist sie bereits bei Auswahl des Grundstücks zu über-

prüfen. Aus einem Befall mit Hausschwamm, der Behandlung mit giftigen Holzschutzmitteln, einer unzureichenden Statik, Asbest, PAK in der Dacheindichtung, ungenügender Feuchtigkeitsisolierung und so weiter können sich ganz erhebliche Kosten ergeben, die eine Sanierung unwirtschaftlich machen. Dies ist bei der preislichen Bewertung des Grundstücks zu beachten. Denn die Gewährleistung für derartige Mängel am Bestand wird in einem Grundstückskaufvertrag regelmäßig ausgeschlossen. Dieser Gewährleistungsausschluss für nicht bekannte Mängel ist üblicher Weise auch nicht verhandelbar. Für Bestandsimmobilien trifft der Spruch „Augen auf, denn Kauf ist Kauf" daher weitestgehend zu.

DER GRUNDSTÜCKS-KAUFVERTRAG

Der Abschluss eines vollständigen Grundstückskaufvertrags vor einem Notar ist das Herzstück des Grunderwerbs. Bevor der Grundstückskaufvertrag nicht notariell beurkundet ist, entfaltet er keine Wirksamkeit (§ 873 Abs. 2 BGB).

Tätigt ein Bauherr in Erwartung auf einen noch nicht notariell beurkundeten Grundstückskauf bereits Aufwendungen und geht er hierfür Verpflichtungen ein (zum Beispiel Bodenuntersuchungen, Beauftragung eines Architekten, Kauf eines Fertighauses etc.), und verweigert der Verkäufer dann die notarielle Beurkundung, wird der Käufer für den ihm hierdurch entstandenen Schaden in der Regel keinen Ersatz vom Verkäufer verlangen können!

Ist ein geeignetes Grundstück gefunden, und haben sich Käufer und Verkäufer über die wesentlichen Punkte des Verkaufs verständigt, ist der nächste Schritt daher zwingend die Beurkundung des Kaufvertrags vor einem Notar.

Ein notarieller Kaufvertrag kann auch dadurch wirksam zustande kommen, dass der Verkäufer vor einem Notar ein notarielles Angebot zum Abschluss eines ihm vorliegenden Grundstückskaufvertrags abgibt und der Käufer dieses Angebot vor einem anderen Notar annimmt. Beim Verkauf von Wohnungseigentum durch Bauträger an ortsfremde Käufer wird dieses Verfahren häufig gewählt. Wer die Notarkosten trägt, können die Parteien vereinbaren.

Für rechtsgültige Kaufverträge über Grundstücke ist der Notar verpflichtend vorgeschrieben.

Üblicherweise ist dies jedoch der Käufer des Grundstücks.

Der Vertragsentwurf

Anders als ein Anwalt, der nur die Interessen des ihn beauftragenden Mandanten zu verfolgen hat, ist ein Notar zur Neutralität verpflichtet. Es sollte daher egal sein, ob der Notar vom Käufer oder Verkäufer vorgeschlagen wird. Bestehen bei einer Vertragspartei aber Bedenken, weil der von der anderen Partei vorgeschlagene Notar mit dieser offensichtlich in ständiger Geschäftsbeziehung steht, kann die Auswahl eines anderen Notars sinnvoll sein.

Sie sollten zum Beispiel misstrauisch werden, wenn der Verkäufer auf eine kurzfristige Beurkundung außerhalb der Geschäftszeiten oder des Büros des Notars drängt. Bei der wirtschaftlichen Bedeutung, die der Veräußerung eines Grundstücks zukommt, wird sich jeder gute Notar angemessen Zeit nehmen.

Jeder Notar hält für Grundstückskaufverträge eigene Muster vor. Haben sich die Parteien auf einen Notar verständigt, wird dieser das Grundbuch einsehen und anhand des ihm von den Parteien mitgeteilten Verhandlungsergebnisses einen Kaufvertrag entwerfen beziehungsweise sein vorhandenes Muster entsprechend anpassen. Dabei wird er die zentralen Punkte des Kaufvertrags wie Kaufpreis, Zeitpunkt der Übergabe des Grundstücks, Zeitpunkt der Kaufpreiszahlung, vom Verkäufer gegebenenfalls noch vorzunehmende Aufräumarbeiten, Zusicherungen oder Gewährleistungsausschlüsse ausformulieren.

Diesen Vertragsentwurf wird er dann mit der Bitte um Überprüfung und Ergänzung Käufer und Verkäufer übersenden. Das muss nach dem Beurkundungsgesetz wenigstens zwei Wochen vor dem angestrebten Beurkundungstermin erfolgen. Die Vertragsparteien haben dann genug Zeit, den Entwurf ihrerseits zu prüfen und sich über gewünschte oder erforderliche Konkretisierungen und Änderungen zu verständigen. Diese Überprüfungsfrist ist nicht verzichtbar, und der Notar muss im Sinne des Verbraucherschutzes jedes Ansinnen ablehnen, eine Beurkundung vor Ablauf der 14-Tages-

Vor dem Gang zum Notar können Sie den oft komplexen Kaufvertrag über ein Grundstück auch von einem spezialisierten Anwalt überprüfen lassen.

Frist vorzunehmen, selbst wenn die Urkundsbeteiligten dies wünschen.

Wünscht eine Partei Änderungen, sollte das im Vorfeld mit der anderen Seite und dem Notar abgestimmt werden, und nicht erst am Beurkundungstermin.

Die Erstellung des Entwurfs des Kaufvertrags ist mit den Gebühren des Notars für die Beurkundung abgegolten oder wird vom Notar separat berechnet, wenn es später nicht zu einer Beurkundung kommt. Es ist daher in der Regel nicht nötig, selbst einen Rechtsanwalt mit der Erstellung des Grundstückskaufvertrags zu beauftragen. Es kann aber durchaus lohnenswert sein, den Vertragsentwurf des Notars einer juristischen Prüfung durch den eigenen Anwalt zu unterziehen. Vereinbaren Sie dann vor der Prüfung durch den eigenen Anwalt mit diesem, was er dafür berechnet.

Der Notar wird den vollständigen Vertrag im Beurkundungstermin verlesen. Ist der Vertrag vorher zwischen den Parteien abgestimmt worden, spricht nichts dagegen, wenn der Notar die Kaufvertragsurkunde im Beurkundungstermin sehr zügig vorliest. Das ist bei Notaren normal. Das sollte einen Erwerber aber nicht davon abhalten, bei unklaren Passagen nachzu-

fragen. Diese wird der Notar sodann erläutern. Schließlich ist der Vertrag von den Parteien zu unterzeichnen.

Ein Grundstückskaufvertrag ist relativ komplex. Das hat zwei Ursachen. Zum einen muss der Notar dafür Sorge tragen, dass der Verkäufer den Kaufpreis nur erhält, wenn die Übertragung des Eigentums an den Käufer im Grundbuch gesichert ist. Dabei muss auch gewährleistet sein, dass alle im Grundbuch ausgewiesenen Rechte zur Löschung kommen, es sei denn, diese werden beim Kauf mit übernommen. Dieser Vorgang kann einige Zeit in Anspruch nehmen.

Niemals darf der Vollzug des Vertrags zugunsten einer der Vertragsparteien erfolgen, wenn nicht die Erfüllung der Verpflichtung gegenüber der anderen Partei gesichert ist. Die Abläufe sind in standardisierten Notarverträgen daher streng vorgegeben, und der Notar darf nicht davon abweichen.

Der Vertrag muss zudem alle Absprachen zwischen Käufer und Verkäufer enthalten. Nicht beurkundete Nebenabreden machen einen Grundstückskaufvertrag schwebend unwirksam, das heißt, sind nicht alle Absprachen beurkundet worden, kann sich jede Partei bis zur Eigentumsumschreibung ohne besonderen Grund wieder von dem Vertrag lösen.

Macht der Verkäufer den Vorschlag, nur einen Teil des Kaufpreises im Vertrag auszuweisen, um Notarkosten und Grundsteuer zu sparen, und den Rest direkt an den Verkäufer zu zahlen, sollten Sie sich als Käufer keinesfalls darauf einlassen. Sie verlieren dann rechtliche Ansprüche, wenn es nachträglich irgendwelche Reklamationen beim Verkauf gibt.

Sie verhalten sich gegenüber dem Steuerfiskus in jedem Fall ordnungswidrig und es kann ein Bußgeld verhängt werden, bei wissentlichem und willentlichem Vorgehen liegt sogar eine Straftat vor.

Im Notartermin ist grundsätzlich alles zu beurkunden, was zwischen den Parteien bis dahin vereinbart wurde und mit dem Kaufvertrag inhaltlich zusammenhängt. Haben sich die Parteien also nach Übersendung des Entwurfs zum Beispiel darauf verständigt, dass der Käufer ein Bestandsgebäude abreißen, der Verkäufer aber die beim Abriss ausgebauten Fenster erhalten soll, wäre das im Notartermin noch in die Urkunde aufzunehmen.

Abwicklung des Grundstückskaufvertrags

Ein Grundstückskauf wird mehr oder weniger nach folgendem Muster ablaufen:

▶ **IST DIE BEURKUNDUNG** erfolgt, wird der Notar als erstes die Eintragung einer sogenannten Vormerkung auf Übertragung des Eigentums auf den Käufer in das Grundstück beantragen. Das geschieht regelmäßig noch am Tag der Beurkundung. Die Vormerkung bewirkt zwar noch nicht den Eigentumsübergang, verhindert aber, dass das Grundstück zum Nachteil des Käufers vor dessen Eintragung noch wirksam an einen anderen veräußert oder belastet wird. Sie stellt sicher, dass wenn später der Antrag auf Eigentumsumschreibung gestellt wird, dieser an der Stelle im Grundbuch eingetragen wird, der durch die Vormerkung gesichert ist. Alle später beim Grundbuchamt eingehenden Anträge sind damit gegenüber der Vormerkung nachrangig. Wird

der Vormerkungsberechtigte als Eigentümer eingetragen, kann er die Löschung aller nach seiner Vormerkung erfolgten Einträge verlangen, die er nicht bewilligt hat.

▶ **FINANZIERT EIN KÄUFER** den Eigentumserwerb auf Kredit, wird er diesen von einer Bank nur erhalten, wenn er dafür eine Sicherheit leistet. Soll die Sicherheit das zu kaufende Grundstück sein, muss der Verkäufer, der zu diesem Zeitpunkt ja noch Eigentümer des Grundstücks ist, eine an seinem Grundstück zu Gunsten der Bank des Käufers zu bestellende Sicherheit genehmigen. Das wird er ebenfalls bereits in der notariellen Urkunde tun. Regelmäßig sollte sich in dem Notarvertrag aber bereits eine Löschungsbewilligung für den Fall befinden, dass der Kaufvertrag nicht bis zum Ende abgewickelt wird. Der Verkäufer stellt dadurch sicher, dass er das Grundstück dann auch unbelastet von der Sicherheit der Bank zurück erhält.

▶ **IST DIE RANGGERECHTE** Eintragung der Eigentumsvormerkung zu Gunsten des Käufers – und gegebenenfalls der Grundschuld zur Absicherung seiner ihn finanzierenden Bank – im Grundbuch gesichert, wird der Notar den Kaufpreis anfordern. Da der Eigentumserwerb bereits durch die Vormerkung und die beim Notar hinterlegte Urkunde mit der Willenserklärung des Verkäufers zum Eigentumswechsel gesichert ist, kann die Zahlung des Kaufpreises direkt an den Verkäufer erfolgen. Eine Zahlung über das Konto des Notars ist nicht erforderlich. Das kann aber geboten sein, wenn der Notar von dem Kaufpreis bestimmte auf dem Grundstück liegende Rechte ablösen oder den Kaufpreis auf verschiedene Personen verteilen soll und direkte Zahlungen durch den Käufer nicht praktikabel wären. Der Notar muss hierüber besonders belehren.

▶ **FÜR DEN EIGENTUMSÜBERGANG** ist neben der Einigung der Parteien vor einem Notar die Eintragung des Eigentumsübergangs im Grundbuch erforderlich. Die Grundbücher werden beim Grundbuchamt geführt, in dessen Bezirk das Grundstück liegt. Die Grundbuchämter dürfen Einträge ins Grundbuch in der Regel nur vornehmen, wenn die einzutragende Erklärung vor einem Notar oder Gericht zu Protokoll gegeben wurde. Bereits in dem Beurkundungstermin werden die Parteien daher gegenüber dem Notar alle Erklärungen abgeben, die für den späteren Vollzug des Kaufvertrags im Grundbuch erforderlich sind. Allerdings wird der Notar die notarielle Urkunde mit diesen Erklärungen nicht aus der Hand geben, bis sichergestellt ist, dass beide Vertragspartner die darin übernommenen Verpflichtungen auch vollständig erfüllt haben. Bis dahin erhalten diese lediglich Abschriften ohne die für das Grundbuchamt relevanten Erklärungen. Das sind insbesondere die sogenannte Auflassung (Einigung über den Eigentumswechsel) und der Antrag auf Eintragung des neuen Eigentümers.

▶ **HIERFÜR HAT DER** Verkäufer bereits in der notariellen Kaufvertragsurkunde die sogenannte „Auflassungserklärung" abgegeben. Diese wird der Notar jetzt beim Grundbuchamt einreichen. Von dieser Erklärung wird der Notar nur nach den Vorgaben des Vertrags und regelmäßig erst nach vollständiger Kaufpreiszahlung Gebrauch machen. Letzteres kann bei Verträgen mit Bauträgern zum Problem werden, wenn der Kaufpreis wegen Mängeln am Bauwerk nicht vollständig gezahlt wird. Dann muss dem Notar nachgewiesen werden, dass der Restkaufpreis aufgrund einer Aufrechnung erloschen und die Verpflichtung zur Kaufpreiszahlung damit vollständig erfüllt ist.

▶ **SIND AUCH ALLE** weiteren Eintragungsvoraussetzungen erfüllt (zum Beispiel Nachweis über Zahlung der Grunderwerbsteuer, Verzichterklärung eines Vorkaufsberechtigten, steuerliche Unbedenklichkeitsbescheinigung etc.), wird das Grundbuchamt den Käufer als neuen Eigentümer in das Grundbuch eintragen. Erst damit wird dieser im

Rechtssinne Eigentümer. Da das aber eine Weile dauern kann, wird im Grundstückkaufvertrag in der Regel vereinbart, dass Nutzen und Lasten bereits zu einem früheren Zeitpunkt, zum Beispiel mit Zahlung des Kaufpreises auf den Käufer übergehen. Der Käufer darf ab diesem Zeitpunkt das Grundstück bereits wie ein Eigentümer benutzen. Gleichzeitig hat er alle mit dem Grundstück verbundenen Kosten zu tragen und muss die Verkehrssicherung übernehmen.

▶ **NICHT SELTEN WIRD** in notariellen Urkunden zu Gunsten des Verkäufers aufgenommen, dass sich der Käufer wegen des Kaufpreises der sofortigen Zwangsvollstreckung unterwirft. Zahlt er dann bei Fälligkeit des Kaufpreises nicht, kann der Verkäufer aus der notariellen Urkunde die Zwangsvollstreckung betreiben. Er muss also nicht erst vor einem Gericht auf Zahlung des Kaufpreises klagen. Betreibt der Verkäufer aufgrund einer Zwangsvollstreckungsunterwerfung im Kaufvertrag die Vollstreckung, muss sich vielmehr der Käufer bei Gericht um Vollstreckungsschutz bemühen, wenn er seine Inanspruchnahme für sachlich nicht gerechtfertigt hält. Allerdings sind Zwangsvollstreckungsunterwerfungen in Grundstückkaufverträgen ohne Fälligkeitsnachweis in der Regel unwirksam.
Anders liegt es dagegen bei Grundschulden, die zur Finanzierung im Grundbuch des noch zu erwerbenden Grundstücks eingetragen sind. Hier ist eine sofortige Zwangsvollstreckung ohne den Nachweis der Fälligkeit ganz regelmäßig zulässig. Der Notar wird Sie daher bei der Grundschuldbestellung über die damit verbundenen Risiken besonders intensiv aufklären.

ERWERB DURCH ERSTEIGERUNG

Wirtschaftlich kann es interessant sein, ein Grundstück auf dem Wege der Versteigerung zu erwerben. Versteigerungen finden beispielsweise zur Auflösung einer Eigentümergemeinschaft (zum Beispiel Erbengemeinschaft) oder als Zwangsversteigerung bei wirtschaftlichen Schwierigkeiten des Eigentümers statt.

In einem Zwangsversteigerungsverfahren soll ein Grundstück im Interesse des bisherigen Eigentümers wie auch der Gläubiger zu einem möglichst hohen Preis und ohne längere Verhandlungen veräußert werden.

Hierzu wird zunächst der Verkehrswert ermittelt. Das geschieht in der Regel durch das Verkehrswertgutachten eines Sachverständigen. Das Verkehrswertgutachten ist für die potentiellen Bieter die wichtigste Informationsquelle über das Grundstück, da eine Besichtigung häufig nicht möglich ist. Der vom Sachverständigen ermittelte Verkehrswert wird dann regelmäßig vom Gericht per Beschluss festgesetzt. Anhand dieses Verkehrswerts berechnet sich die untere Grenze, unter der das Grundstück im ersten Versteigerungstermin nicht versteigert werden darf.

Werden im Versteigerungstermin nicht mindestens 5/10 des Verkehrs-

werts geboten, ist der Zuschlag von Amts wegen zu versagen.

Werden mehr als 5/10, aber weniger als 7/10 des Verkehrswerts geboten, ist auf Antrag eines Berechtigten zunächst der Zuschlag ebenfalls zu versagen. Es ist dann ein zweiter Termin durchzuführen. In diesem gelten die Wertgrenzen dann nicht mehr.

Der Versteigerungstermin selbst wird durch Aushang im Amtsgericht und Veröffentlichung im Amtsblatt (im Internet einsehbar), teilweise auch durch Anzeige in einer örtlichen Tageszeitung oder an der Gemeindetafel öffentlich bekannt gemacht. Handelt es sich um den zweiten Termin, wird in der Bekanntmachung angegeben, dass die Wertgrenzen entfallen sind.

Im Versteigerungstermin selbst wird ein „geringstes Gebot" aufgestellt. Dieses setzt sich aus den vom Ersteigerer zu zahlenden Verfahrenskosten und Steuern so-

wie dem Geldwert vorrangiger Grundbucheintragungen zusammen, die abzulösen sind. Achtung: Diese Kosten muss ein Bieter zu dem Gebot noch hinzurechnen, das er in der Versteigerung abgibt!

Um sicher zu stellen, dass in dem Versteigerungstermin nur ernst gemeinte Gebote abgegeben werden, kann vom Bieter sofort nach Abgabe des Gebotes eine Sicherheit verlangt werden. Stellt er diese nicht, wird sein Gebot nicht berücksichtigt. Die Sicherheit beträgt in der Regel 10 % des Verkehrswerts. Sie wird üblicherweise durch Bankbürgschaft geleistet. Möglich ist aber auch eine vorherige Überweisung der Sicherheit an das Gericht oder bestimmte Schecks. Eine Leistung der Sicherheit in bar ist nicht mehr möglich.

Das Eigentum an dem versteigerten Grundstück geht mit Verkündung der Zuschlagserteilung auf den Meistbietenden über. Ab diesem Zeitpunkt kann er die Räumung und Herausgabe des Grundstücks verlangen und trägt dessen Lasten. Er muss sich daher von diesem Zeitpunkt an um das Grundstück kümmern.

Die Verantwortlichkeit für Zubehör geht hingegen bereits mit dem Ende des Versteigerungstermins auf den Meistbietenden über. Befindet sich auf dem Grundstück werthaltiges oder gefährliches Zubehör, muss er dies als Meistbietender daher sofort nach dem Ende des Versteigerungstermins sichern.

Anders als beim regulären Kauf vom Eigentümer stehen dem Ersteigerer keine Gewährleistungsansprüche gegen den Voreigentümer zu. Zeigen sich nach dem Zuschlag Mängel, kann er weder kündigen noch vom Erwerb zurücktreten. Von daher wäre es wichtig, das Grundstück beziehungsweise das Haus vor der Versteigerung besonders gründlich zu untersuchen. Aber gerade das ist bei Zwangsversteigerungen häufig nicht möglich. Vielmehr muss die Entscheidung, sich an der Versteigerung zu beteiligen, binnen kurzer Zeit und lediglich im Vertrauen auf ein Gutachten getroffen werden. Hierin liegt dann auch der Grund, weshalb bei einer Versteigerung häufig nur niedrigere Preise als bei freihändigem Verkauf erzielt werden können.

DIE VERTRAGS-PARTNER BEIM BAU

BAUEN MIT DEM ARCHITEKTEN

Ist das gewünschte Baugrundstück gefunden, und steht die Finanzierung, soll es jetzt an die Realisierung des Traumes gehen. Für die Durchführung einer erfolgreichen Baumaßnahme bedarf es einer ganzen Anzahl von Spezialisten.

Dem Bauherrn selbst kann in der Regel nicht zugemutet werden zu wissen, welche Fachplaner und Unternehmen notwendig sein werden. Die zentrale Figur beim Planen und späteren Bauen mit dem Architekten ist daher der Architekt. Dieser muss Sie über die notwendigen Planer und ausführenden Unternehmen aufklären. Zu seinen Leistungspflichten gehört es auch, die Leistungen aller anderen Planungs- und Baubeteiligten zu koordinieren und in eine einheitliche Planung zusammenzuführen. Nicht umsonst ist die Suche nach dem passenden Architekten ebenso schwierig wie die Suche nach einem guten Mediziner oder Juristen. Ein Architekt, der ein genialer Baumeister für Bürohäuser oder Pflegeheime ist, muss keinesfalls die Erfahrung oder den Sinn dafür haben, welche Bedürfnisse der einzelne Bauherr hat. Oder anders ausgedrückt: Sie gehen mit Ihren Bauchschmerzen auch nicht zum Zahnarzt.

Nehmen Sie sich Zeit bei der Suche nach Ihrem Architekten. Lassen Sie sich nicht allein von finanziellen Gesichtspunkten leiten. Lassen Sie sich von zufriedenen Bekannten oder tätigen Bauherren Architekten empfehlen. Reden Sie mit diesen, lassen Sie sich die Vorgehensweise erläutern, und besichtigen Sie mit diesen die bereits realisierten Projekte anderer Bauherren. Werden Sie misstrauisch, wenn sich kein Bauherr finden lässt, der bereit wäre, stolz sein Bauvorhaben zu präsentieren. Sprechen Sie mit den einzelnen Bauherren über das Auftreten von Mängeln und den Verlauf der Kosten. Ein guter Architekt wird Verständnis für dieses Ansinnen haben, denn immerhin baut man nicht all zu oft in seinem Leben. Wenn dann auch die Chemie stimmt, ist der erste wichtige Schritt getan.

Der Architekt begleitet die Bauherren meist durch die gesamte Bauzeit.

IHRE BAUPARTNER

Beim Bauen sind zahlreiche Spezialisten beteiligt, die ihre zugewiesene Funktion in der vorgegebenen Zeit zu erfüllen haben. Diese sollen im Folgenden kurz vorgestellt werden.

Je nach Baumaßnahme werden nicht immer alle Genannten für die Durchführung einer Baumaßnahme erforderlich sein. Der Architekt berät Sie über die Notwendigkeit und den Umfang der Beauftragung anderer Baupartner. Beim Vertragsabschluss mit dem Bauträger, Generalübernehmer oder Fertighaushersteller liegt es in der Hand Ihres Vertragspartners zu entscheiden, wer hinzu gezogen wird.

Die vertraglichen Strukturen und Inhalte, die Verträge mit jedem Vertragspartner enthalten sollten, werden im Kapitel „Die Verträge mit den Baubeteiligten" (siehe Seiten 190 ff.) dann näher dargestellt. Die Betonung liegt hier bewusst auf dem Wort Partner. Wenn man einmal voraussetzt, dass auch Ihre Auftragnehmer den Begriff ernst nehmen, sollten beide Seiten daran interessiert sein, Probleme, die sich beim Bauen zwangsläufig immer wieder ergeben, partnerschaftlich und möglichst konfliktfrei zu lösen. Das mag zwar nicht in allen Fällen möglich sein, jedoch muss sich jeder Bauherr darüber im Klaren sein, dass unnötige Streitigkeiten nicht nur Zeit und Nerven, sondern auch zusätzliches Geld kosten.

Der Architekt

Die Berufsbezeichnung Architekt ist in Deutschland geschützt. Sie setzt die Eintragung in die Architektenliste der Architektenkammer eines Bundeslands voraus. Um dort eingetragen zu sein, muss der Architekt im Regelfall ein erfolgreich abgeschlossenes Architekturstudium und eine Haftpflichtversicherung nachweisen. Eine besondere Berufserfahrung ist damit allerdings nicht verbunden. Neben dem klassischen Berufszweig des Architekten, der Gebäudeplanung umfasst, gibt es Innenarchitekten (Planung von Innenräumen), Garten- und Landschaftsarchitekten und Stadtplaner.

Für Architekten und Ingenieure gibt es mit der Honorarordnung für Architekten und Ingenieure (HOAI) ein eigenes Vergütungsrecht.

Der Jurist

Natürlich hat ein Jurist nichts mit dem Bauen als solches zu tun. Beim professionellen Bauen gehört er allerdings bereits in der Anfangsphase mit dazu. Viele Bauherren haben aus Erfahrung gelernt, dass geschickt abgefasste Verträge Risiken minimieren. Die in „Rechtscharakter von Verträgen am Bau" (siehe Seiten 186 ff.) gefilterten Regelungsinhalte sollen den Vertragsparteien helfen, den Vertrag reibungslos abzuwickeln. Hier haben Juristen die größere Erfahrung, welche Streitpunkte auftreten können, und sie sollten dazu beitragen, diese zu vermeiden oder Risiken zu begrenzen.

Rechtsanwälte müssen bei der Rechtsanwaltskammer ihrer Niederlassung eingetragen und haftpflichtversichert sein. Eine besondere Berufserfahrung ist damit noch nicht nachgewiesen. Als Ausweis hierfür dient die Fachanwaltsbezeichnung, die nur bei entsprechender Erfahrung und Fortbildung in einem bestimmten Rechtsgebiet geführt werden darf. Der Spezialist für den Bereich Bauen ist der Fachanwalt für Bau- und Architektenrecht.

Auch für Anwälte gibt es ein gesondertes Vergütungsrecht, das Rechtsanwaltsvergütungsgesetz (RVG). Kostenlos einsehen können Sie es online bei www.gesetze-im-internet.de/bundesrecht/rvg/gesamt.pdf. Bei einer baubegleitenden Beratung sollte eine Vergütung aber unabhängig davon ausgehandelt werden.

der DIN 4020 müssen Aufbau und Beschaffenheit von Boden und Fels im Baugrund sowie die Grundwasserverhältnisse ausreichend bekannt sein, um insbesondere die Standsicherheit und die Gebrauchstauglichkeit eines Bauwerkes und die Auswirkungen der Baumaßnahme sicher beurteilen zu können. Die Untersuchungen müssen immer objektbezogen durchgeführt werden. Dazu gibt es Spezialisten, die Tragwerksplaner, Geologen oder geotechnisch ausgebildete Bauingenieure sind. Es gibt keine spezielle Zulassung für Baugrundgutachter. Reine Geologen können zwar auch den Baugrund untersuchen, werden aber in der Regel nicht die Abhängigkeit zwischen einem Bauwerk und dem Baugrund beurteilen können. Baugrunduntersuchungen werden in drei geotechnische Kategorien unterteilt, die sich nach dem Schwierigkeitsgrad des Bauwerks und des Baugrunds sowie den besonderen geologischen Verhältnissen unterscheiden. Des Weiteren beeinflussen Art, Größe und Konstruktion des Bauwerks, die Topographie, geologische und hydrogeologische Verhältnisse die Art der Untersuchung. Es können Aufschlussbohrungen notwendig werden, um die Grundlage für die Begutachtung zu ermitteln und Rammsondierungen, um die Lagerungsdichte von Lockergesteinsschichten im Baugrund ermitteln zu können.

Vor Beginn der Bauarbeiten muss die Statik von einem Prüfstatiker überprüft und abgesegnet worden sein.

Die Fachplaner

Die Fachplaner ergänzen die Architektenplanung in speziellen Aufgabenbereichen. Nicht jeder Architekt ist in der Lage, die Statik eines Gebäudes zu errechnen oder die Heizungsanlage richtig auszulegen. Es gibt eine Vielzahl von Fachplanern, wobei wir uns hier nur auf die regelmäßig wiederkehrenden und am häufigsten Bemühten beschränken wollen.

Bodengutachter

Von wesentlicher Bedeutung für die weitere Planung ist, wie tragfähig der Boden des Grundstücks ist, wo das Grundwasser steht oder ob zum Beispiel eine Abdichtung gegen Schichtenwasser oder drückendes Wasser erforderlich wird.

Zahlreiche Rechtsstreitigkeiten entstehen gerade dadurch, dass ein Bodengutachten nicht eingeholt wurde oder falsch war. Nach

Statiker / Tragwerksplaner

Der Statiker, auch Tragwerksplaner genannt, erstellt den Tragsicherheitsnachweis für ein Bauwerk und bemisst die Statik. Unter Baustatik versteht man die Lehre von der Berechnung der Auflagergrößen, Schnittgrößen und Verschiebungsgrößen für ein vorgegebenes Tragsystem und für vorgegebene, meist ruhende Lasten sowie weitere Einwirkungen (zum Beispiel Temperaturänderungen, Auflagerverschiebungen). Der Statiker errechnet die tragende Konstruktion, die Lasten in Fundamente beziehungsweise andere Konstruktionen weiterleitet. Kurz also: Der Tragwerksplaner gewährleistet durch die richtige Dimensionierung der Konstruktionsteile, dass das geplante Haus auch unter widrigen Umständen stabil ist und nicht einstürzt.

Der Standsicherheits- wie der Tragsicherheitsnachweis sind Voraussetzung für die öffentlich-rechtliche Genehmigungsfähigkeit eines jeden Gebäudes. Nach den letzten Bauordnungsrechtsnovellen ist allerdings nur noch beim zwingenden Genehmigungsverfahren die Statik zusammen mit dem Bauantrag zur Prüfung einzureichen. Für alle anderen Bauvorhaben reicht eine spätere Vorlage.

Die Statik ist dem Gesetzgeber so wichtig, dass diese noch einmal überprüft wird. Der Planer kann hier einen Prüfstatiker frei auswählen. Ausnahmen gibt es verschiedentlich, je nach Bundesland, in dem gebaut wird. Dann schickt das zuständige Bauamt einen Prüfstatiker.

Gleichwohl muss die Statik vor Bauausführung von einem Prüfstatiker überprüft werden. Dieser nimmt dabei die Interessen der Bauordnungsbehörde wahr. Er prüft die wesentlichen konstruktiven Fragen (zum Beispiel Bodenplatte, die Statik der Decken und Wände).

Erhebt der Prüfstatiker Einwendungen, kann der Bauherr zwar dagegen klagen. In der Praxis führt das im Regelfall aber dazu, dass die Statik zu überarbeiten ist. In einigen Bundesländern kann der Prüfstatiker im Zweifel die sofortige Einstellung der Bauarbeiten anordnen. Fertighausanbieter bieten häufig die Leistungen des Prüfstatikers gleich mit an. Diese Verfahrensweise ist aber nicht in allen Bundesländern zulässig.

Planer für technische Gebäudeausrüstung

Die Begriffe Haustechnik, Technische Gebäudeausrüstung (TGA), Gebäudetechnik und Versorgungstechnik beschreiben alle dasselbe Themengebiet. Eine genaue Abgrenzung der Begriffe ist nur schwer möglich. Bei Wohngebäuden spricht man regelmäßig von Haustechnik und Gebäudetechnik. Dazu zählen alle technischen Installationen, die in Räumen und Gebäuden der energetischen (Heizung, Beleuchtung) und stofflichen (Wasser, Luft) Versorgung beziehungsweise der Entsorgung aller Abfallprodukte (Abwasser, Müll) dienen.

Der Zweck ist, das Gebäude für die Bewohner benutzbar zu machen. Dazu gehören die notwendigen Ausstattungen eines Gebäudes wie der Anschluss an die Kanalisation, Stromversorgung oder Beleuchtung. Weiter umfasst sie auch alle zusätzlichen Anlagen, die zur Automatisierung von Arbeitsvorgängen in Gebäuden eingesetzt werden (z. B. Aufzüge).

INFO

TECHNISCHE GEBÄUDEAUSRÜSTUNG NACH HOAI

Die HOAI unterteilt die technische Gebäudeausrüstung in acht Anlagengruppen, wovon für den Hausbau regelmäßig nur die ersten drei von Relevanz sind:

1 **Gas-, Wasser-, Abwasser- und Feuerlöschtechnik (GWA)**
Zu diesem Bereich zählen zum Beispiel Sanitärtechnik mit Wasseraufbereitung und Abwasserbehandlung, Druckluft / Staubsauganlagen; Schwimmbadtechnik; Löschanlagen (Hydrantenanlagen, Sprinkleranlagen, Schaumlöschanlagen, Gaslöschanlagen, u. a.).

2 **Wärmeversorgungs-, Brauchwassererwärmungs- und Raumlufttechnik (WBR)**
Zu diesem Bereich zählen alle Anlagen und Einrichtungen für Heizung und Kälte; Warmwasserbereitungsanlagen und Thermische Solaranlagen; Wärmepumpen, BHKW; Klima-, Lüftungs-, Entlüftungs-, Entrauchungsanlagen; Prozesslufttechnische Anlagen; Kälte- und Kühltechnik, Kühldecken.

3 **Elektrotechnik (ELT)**
Zu diesem Bereich zählen alle Anlagen der Stromversorgung; Blitzschutz- und Erdungsanlagen; Beleuchtungs- und lichttechnische Anlagen, Notbeleuchtung; Fernmelde- und Informationstechnische Anlagen („Schwachstrom" wozu insbesondere Nachrichtentechnik, Medientechnik, Haustelefon, Haussprechanlage, Lautsprecheranlage (ELA), Durchsageanlage (PA), Antennenanlage, Computernetzwerke zur Verbindung von PCs und von Telefonen, Funksysteme zur Gebäudeautomatisierung und Sicherheitstechnik zählen); Gefahrenmeldeanlagen; Blitzschutzanlagen; Brandschutztechnik (im Gegensatz zu baulichem Brandschutz); Hausalarm; Zutrittskontrolle und Gebäudeautomation.

Baubetreuer sollen die Bauherren organisatorisch unterstützen und fachlich beraten. Die Berufsbezeichnung ist aber nicht gesetzlich geregelt.

Projektsteuerer

Die Projektsteuerung nimmt klassische Bauherrenaufgaben wahr. Sie umfasst insbesondere die Koordinierung des Projekts, die Erstellung und Überwachung der Termin- und Zahlungspläne sowie die laufende Information des Bauherrn und das rechtzeitige Herbeiführen von dessen Entscheidungen. Es gibt hier Überschneidungen zum Pflichtenbereich des Architekten. Gewöhnlich rechtfertigen sich die zusätzlichen Kosten für einen Projektsteuerer nur bei der Umsetzung komplexer und aufwendiger Baumaßnahmen.

Baubetreuer

Der „Baubetreuer" ist gewissermaßen der Projektsteuerer für die kleine Bauaufgabe. Er empfiehlt sich bei allen Vorhaben, in denen kein Architekt involviert ist. Im Idealfall handelt es sich um eine bauerfahrene Person, die den Bauherrn bei dem Bau organisatorisch unterstützt und fachlich berät. Anders als ein Architekt schuldet ein Baubetreuer jedoch keinen Erfolg. Das Berufsbild ist nicht geregelt. Die Tätigkeit als Baubetreuer setzt weder ein Studium noch eine bestimmte praktische Erfahrung voraus. Ein Standesrecht oder eine gefestigte Rechtsprechung für den Baubetreuer gibt es nicht. Anders als ein Architekt muss ein Baubetreuer auch keine Haftpflichtversicherung vorhalten. Ein Bauherr sollte daher sehr gut überlegen, ob er statt eines Baubetreuungsvertrags nicht doch gleich einen Architekten- oder Ingenieurvertrag – und sei es mit eingeschränktem Leistungsauftrag – abschließt.

Ausführende Unternehmen

Während die bislang aufgeführten Baubeteiligten im Wesentlichen an der Vorbereitung der Umsetzung beteiligt sind, ist das bauausführende Unternehmen für die Errichtung des Bauwerks zuständig. Wie bei den Planern gibt es auch hier unterschiedliche Aufgabenbereiche beziehungsweise Gewerke (Erd-, Maurer-, Beton-, Estrich-, Zimmerer-, Dachdecker-, Klempner-, Putz-, Maler-, Fliesen-, Sanitär-, Bodenbelagsarbeiten, Fenster, Haustechnik etc.).

Beauftragt der Bauherr mit allen Gewerken nur eine einzige Firma, handelt es sich um einen Generalunternehmer.

Wird der Bauausführende direkt durch den Bauträger, Generalübernehmer oder Fertighaushersteller beauftragt, besteht kein direktes Vertragsverhältnis zwischen dem Bauherrn und dem ausführenden Unternehmen (auch Subunternehmer genannt). Dann ist der Bauträger der anzusprechende Vertragspartner und nicht zum Beispiel der Parkettleger.

Ein Exkurs:
Vereinbarung mit dem Nachbarn

„Es kann der Frömmste nicht in Frieden leben, wenn es dem bösen Nachbarn nicht gefällt." Niemals bewahrheitet sich dieser Satz so sehr wie beim Bauen. Allerdings wird wohl auch selten so viel Anlass für Konflikte geboten. Die Einschätzung, wer hier der „Frömmste" und wer der „Böse" ist, wird daher naturgemäß bei den Beteiligten eine unterschiedliche sein. Was dem Einen die notwendigen Schritte zur Verwirklichung seines Lebenstraums sind, mag der Andere als rücksichtslose Belästigung, unzumutbare Beeinträchtigung und nicht hinzunehmende Entwertung seines eigenen Grund-

Probleme auf der Baustelle und Beschwerden der Nachbarn während der Bauzeit sollten immer möglichst schnell und einvernehmlich geregelt werden.

stücks empfinden. Nicht umsonst finden sich im öffentlichen Bauplanungsrecht, in Verordnungen zum Immissionsschutz, in den Nachbarschaftsgesetzen der Länder und im BGB zahlreiche Vorschriften, die die Rechte und Pflichten von Nachbar und Bauherr umfassend regeln. Im Konfliktfall wird notfalls von einem Gericht anhand dieser Regelungen entschieden werden, was ein Bauherr auf seinem Grundstück darf und was nicht.

So weit sollte es aber ein Bauherr erst gar nicht kommen lassen. Zum Einen kann die gerichtliche Klärung dieser Ansprüche viel Zeit in Anspruch nehmen, das Bauvorhaben dadurch verzögern und verteuern. Zum Anderen kann kein Bauherr ein Interesse daran haben, das Verhältnis zu seinen Nachbarn mit einem Rechtsstreit zu belasten, der lange über die reine Bauzeit hinaus nachwirken und die Atmosphäre für lange Zeit vergiften kann.

Um das Konfliktpotenzial eines Bauvorhabens mit Blick auf die Nachbarn zu verringern, bietet sich der Abschluss einer Nachbarvereinbarung an. Hierbei werden die Rechte und Pflichten des Bauherrn und des Nachbarn in Ergänzung oder Abänderung zu den bestehenden gesetzlichen Regelungen bezogen auf das konkrete Bauvorhaben festgelegt. Soll das Grundstück des Nachbarn für die Baumaßnahme über das in den Nachbarschaftsgesetzen verankerte Maß hinaus zeitweilig oder sogar dauerhaft in Anspruch genommen werden, ist eine Nachbarvereinbarung sogar unvermeidlich. Es gibt auch Fälle, in denen die Baugenehmigung erst mit Vorlage einer nachbarrechtlichen Erklärung erteilt wird (siehe Seiten 240 ff.).

Für Inhalt und Form einer Nachbarvereinbarung gibt es dabei keine zwingend einzuhaltenden Vorgaben. Lediglich für die Eintragung von Baulasten und Grunddienstbarkeiten bedarf es der notariellen Form. Anderenfalls wird das Grundbuchamt keine Eintragung vornehmen. Hierfür ist es aber nicht erforderlich, bereits die gesamte Nachbarvereinbarung notariell beurkunden zu lassen. Was Inhalt der Nachbarvereinbarung wird, hängt von der Art der beabsichtigten Baumaßnahme ab. Danach kann es sinnvoll sein, folgende Punkte in einer Nachbarvereinbarung zu regeln:

Herstellung der bauplanungs- rechtlichen Zulässigkeit

Es gibt Bauvorhaben, die ohne die Mitwirkung des Nachbarn bauplanungsrechtlich nicht zulässig sind. So zum Beispiel, wenn die Abstandsflächen des geplanten Gebäudes nicht auf dem eigenen Grundstück liegen oder der Anschluss des Grundstücks an das öffentliche Straßennetz (Erschließung) nicht gegeben ist. Hier wird eine Baugenehmigungsbehörde eine Baugenehmigung nur dann erteilen, wenn der Nachbar zustimmt, dass die Abstandflächen auf seinem Grundstück liegen oder die Zufahrt über sein Grundstück erfolgt und diese Zustimmung dauerhaft durch Eintragung einer Grunddienstbarkeit oder Baulast gewährleistet ist. Die Bereitschaft des Nachbarn zu einer derartigen Inanspruchnahme seines Grundstücks und die Gegenleistung hierfür kann Bestandteil einer Nachbarvereinbarung sein. Soll die Zufahrt dauerhaft über das Nachbargrundstück erfolgen, werden auch Abreden über die Instandhaltung der Zufahrt zu treffen sein.

Inanspruchnahme des Nachbargrund- stücks für Baumaßnahmen

Zwingend ist eine Abrede mit dem Nachbarn auch, wenn dessen Grundstück dauerhaft in Anspruch genommen werden soll. Eine derartige dauerhafte Inanspruchnahme liegt zum Beispiel vor, wenn die eigene Baumaßnahme eine Nutzung des Nachbargrundstücks erforderlich macht. So kann zum Beispiel eine Verstärkung der eigenen Baugrube durch Einbringen einer Betonsuspension im Hochdruckinjektionsverfahren (HDI) unterhalb des Bauwerks des Nachbarn oder das Einbringen von Bohrpfählen notwendig werden, die nach Durchführung der Maßnahme im Erdreich des Nachbarn

verbleiben. Entsprechendes gilt, wenn Versorgungsleitungen über das Nachbargrundstück verlaufen sollen.

Zeitlich begrenzte Inanspruchnahmen des Nachbargrundstücks sind nach den Nachbarrechten der Länder zum Teil auch ohne Vereinbarung zulässig, das heißt vom Nachbarn zu tolerieren. Zu denken ist hier insbesondere an das Hammerschlags- und Leiterrecht, wenn eine Grenzwand vom eigenen Grundstück aus nicht erreichbar ist. Für die nachträgliche Dämmung von Bestandsgrenzwänden ist hier sogar ausnahmsweise ein Überbau zulässig. Gleichwohl empfiehlt es sich auch hier, den Umfang einer Inanspruchnahme vorher in einer Nachbarvereinbarung festzulegen. Erst recht gilt das in rechtlich nicht geklärten Graubereichen wie dem Überschwenken des Nachbargrundstücks mit einem Kran.

Sie brauchen auf jeden Fall die Zustimmung des Nachbarn für eine Inanspruchnahme seines Grundstücks, wenn Sie hierdurch lediglich Bauabläufe optimieren beziehungsweise Kosten senken wollen, so beispielsweise, wenn Aushubmaterial von Ihrem Grundstück auf dem Nachbargrundstück zwischengelagert werden soll, wenn die Baugrube unter Inanspruchnahme des Nachbargrundstückes abgeböscht wird, um keinen Verbau machen zu müssen, oder wenn Baustellenverkehr statt über die eigene Zufahrt leichter über das Nachbargrundstück abgewickelt werden soll.

Beweissicherung vor Baubeginn

Führt Ihre Baumaßnahme zu Schäden am Nachbargrundstück oder dessen Gebäuden, werden Sie als Bauherr diese verschuldensunabhängig ersetzen müssen. Das gilt auch dann, wenn die Ursache der Schäden nicht mehr eindeutig geklärt werden kann, diese aber typischerweise mit den vom Bauherrn vorgenommenen Arbeiten zusammenhängen.

STREITIGKEITEN WEGEN SCHÄDEN VERMEIDEN

Wenn Sie als Bauherr vermeiden wollen, dass Ihr neuer Nachbar Sie für gar nicht von Ihnen verursachte Altschäden haftbar machten will, sollten Sie den Zustand des oder der Nachbargebäude(s) vor Beginn der Bauarbeiten dokumentieren, am einfachsten durch eine Reihe von Fotoaufnahmen oder Videos.

Die Vereinbarung einer entsprechenden Beweissicherung ist typischer Inhalt einer Nachbarvereinbarung. Wenn es rechtlichen Bestand haben soll, sollten sich die Parteien in der Nachbarvereinbarung auf einen Gutachter, den Zeitpunkt der Begutachtung und die Verbindlichkeit des Gutachtens einigen. Die Kosten einer entsprechenden Begutachtung trägt üblicherweise der Bauherr.

Vereinbarung zu Mietausfall / Nutzungsentschädigung / Kompensation

Ist das Nachbargrundstück vermietet, wird der Nachbar Mietausfälle durch die Baumaßnahme befürchten. Ob ein Mieter tatsächlich zur Mietminderung berechtigt ist, hängt allerdings vom Umfang der Beeinträchtigung und der Ortsüblichkeit beziehungsweise Vorhersehbarkeit der Baumaßnahmen ab.

Mieter haben hier häufig deutlich überzogene Vorstellungen, in welchem Umfang eine Mietminderung gerechtfertigt ist. Allein die Tatsache, dass der Mieter wegen der Baumaßnahme die Miete mindern darf, bedeutet zudem nicht, dass der bauende Nachbar hierfür aufkommen muss. Entscheidend hierfür ist vielmehr, inwieweit sein Bau Emissionen verursacht, welche über das vom Nachbarn hinzunehmende Maß hinausgehen. Das kann deutlich mehr sein, als ein Mieter hinnehmen muss. Sinnvollerweise sollten Sie als Bauherr gleichwohl in der Nachbarvereinbarung eine Abrede treffen, wie mit Ansprüchen der Mieter des Nachbarn umgegangen werden soll. Das empfiehlt sich schon deshalb, um einen Nachbar davon abzuhalten, aus Sorge vor Mietminderungen gegen den Bau vorzugehen.

Denkbar ist hier auch, dass sich der Nachbar verpflichtet, mehr Belastungen durch Ihre Baustelle hinzunehmen, als rechtlich geboten wäre, und dass er dafür dann eine finanzielle Kompensation erhält.

Der das Projekt planende Architekt muss seinen Bauherrn darüber informieren, in welchem Umfang eine Inanspruchnahme des Nachbargrundstücks erforderlich und dessen Beeinträchtigung zu erwarten ist. Dieser ist daher bei der Abstimmung über den Abschluss und den Inhalt einer Nachbarvereinbarung mit heranzuziehen.

RECHTSCHARAKTER VON VERTRÄGEN AM BAU

Wesentlich für das Verständnis ist zu wissen, dass der ganz überwiegende Teil der Verträge Werkverträge nach § 631 BGB sind. Bei Werkverträgen ist der Vertrag nur dann ordnungsgemäß erfüllt, wenn das vertraglich Geschuldete vollständig und im Wesentlichen mangelfrei erbracht wurde. Im Gesetz heißt es dazu:

INFO „**DER UNTERNEHMER** (Architekt, Bauunternehmer etc.) hat dem Besteller (Bauherrn) das Werk frei von Sach- und Rechtsmängeln zu verschaffen. **Das Werk ist frei von Sachmängeln**, wenn es die vereinbarte Beschaffenheit hat. Soweit die Beschaffenheit nicht vereinbart ist, ist das Werk frei von Sachmängeln,

1. wenn es sich für die nach dem Vertrag vorausgesetzte, sonst

2. für die gewöhnliche Verwendung eignet und eine Beschaffenheit aufweist, die bei Werken der gleichen Art üblich ist und die der Besteller nach der Art des Werkes erwarten kann."

Was die vereinbarte beziehungsweise die nach dem Vertrag vorausgesetzte Verwendung ist, sagt der Vertrag. Das, was dort niedergelegt ist, ist auch zu erfüllen. Der werkvertragliche Erfolg bemisst sich daher nicht allein danach, ob ein Haus abgeliefert wird. Das Haus muss, um die vertraglich vereinbarte Beschaffenheit zu erreichen, alle Kriterien erfüllen, die in der Baubeschreibung oder anderswo im Vertrag niedergelegt wurden. Der Bestimmung und Festlegung des Leistungsprogramms kommt daher – gleich ob bei Bauunternehmen oder Planern – im Werkvertragsrecht große Bedeutung zu.

Haben die Parteien eine Beschaffenheit der Leistung weder durch vertragliche Beschreibung, noch durch Aufstellung eines Leistungsverzeichnisses oder sonst wie bestimmt, ist der werkvertragliche Erfolg nur dann eingehalten, wenn das abgelieferte Resultat dem entspricht, was bei Werken der gleichen Art üblich ist und was der Besteller nach der Art des Werkes erwarten kann. Untere Grenze dessen, was erwartet werden kann, sind die „allgemein anerkannten Regeln der Technik", wie es so schön heißt. Unter diesen versteht die Rechtsprechung die geltenden technischen Baubestimmungen und Normen. Nach allgemeinem Rechtsverständnis sind technische Baubestimmungen ein wesentlicher Teil der allgemein anerkannten Regeln der Technik in Verbindung mit bewährten Baukonstruktionen und -verfahren sowie anerkannter Fachliteratur.

Es ist allgemein davon auszugehen, dass die anerkannten Regeln der Technik in den geltenden DIN-Normen und vergleichbaren Normen liegen. Ausführungsrichtlinien einzelner Hersteller gehören aber im Regelfall nicht dazu.

Zu beachten ist auch, dass einige DIN-Vorschriften bereits seit geraumer Zeit bestehen und nicht mehr dem aktuellen Stand der Technik entsprechen. So kann ein Besteller zum Beispiel heutzutage bei einer „gehobenen Wohnraumausführung" immer erwarten, dass nicht lediglich die Trittschallwerte nach der DIN 4109 eingehalten werden, sondern ein hochwertigerer Trittschallschutz.

Im Wesentlichen handelt es sich hier aber um technische Fragen, die der unterstützende Architekt in Ihrem Sinne zu klären hat.

Nach den anerkannten Regeln der Baukunst dürfen Sie verlangen, dass eine normale Hauswand tatsächlich senkrecht ist.

Gleich, ob nun eine konkrete Beschaffenheit vereinbart wurde oder nur eine Ausführung nach den allgemeinen anerkannten Regeln der Technik, in jedem Fall verlangt die Rechtsprechung, dass das Werk seine Funktion erfüllt. Es interessiert nicht, ob die technische Norm eingehalten wurde, wenn es durch das Dach tropft oder im Keller Wasser steht. Dann ist der werkvertragliche Erfolg nicht erfüllt.

Werden vertragliche Vereinbarungen zu Ausführungen getroffen, die unterhalb der allgemein anerkannten Regeln der Technik liegen, ist zwar eine vertragliche Beschaffenheit vereinbart worden. Auf diese kann sich der Werkunternehmer allerdings nur dann berufen, wenn er den Auftraggeber über die Folgen dieser Vereinbarung in allen Konsequenzen aufgeklärt hat.

Die vereinbarte Beschaffenheit und die allgemein anerkannten Regeln der Technik definieren den werkvertraglichen Erfolg (= Sollzustand des Werkes). Jede Werkleistung muss abgenommen werden (→ „Regelungen zur Abnahme", Seite 215), damit die Gewährleistungsfrist zu laufen beginnt und der Werklohn fällig wird. Abnahmereif ist das Werk aber nur dann, wenn das Ergebnis zum Zeitpunkt der Fertigstellung (= Istzustand des Werkes) dem geforderten Sollzustand entspricht. Daraus erwachsen dem Bauherrn zahlreiche Rechte (→ „Regelungen zu Mängeln…", Seite 217).

Und noch ein weiterer Rechtsgedanke prägt alle Verträge am Bau: das Gebot zur Kooperation. Immer wieder kommt es über den Umfang und die Qualität der zu erbringenden Leistung zu Streit. Wird vom Auftraggeber eine Leistung gefordert, deren Beschaffenheit nicht eindeutig beschrieben ist, wird der Auftragnehmer, also der Ausführende darin eine zusätzliche Leistung sehen, die eine zusätzliche Vergütung auslöst. Gerade zur Klärung dieser „Graubereiche" ist partnerschaftliches Verhalten geboten.

Aus diesem Gedanken heraus hat auch der Bundesgerichtshof das Kooperationsgebot am Bau etabliert. Dieses besagt – nicht nur bei Nachtragsverhandlungen –, dass die Parteien eines Bauvertrags aktiv zur Mitwirkung an der Lösung beziehungsweise Beseitigung aufgetretener Probleme oder Unregelmäßigkeiten, zu gegenseitigen Informationen (zum Beispiel frühzeitige Anzeige des erweiterten Leistungsbedarfs) sowie besonders zur gegenseitigen Rücksichtnahme verpflichtet sind. Das Kooperationsprinzip umspannt sämtliche vertraglichen Beziehungen der am Bauvertrag Beteiligten und findet zum Teil Ausfluss in den Bestimmungen der Vergabe- und Vertragsordnung für Bauleistungen – Teil B (VOB/B). Nach der Rechtsprechung des BGH sind die Kooperationspflichten unmittelbar bei der Beurteilung der weiteren, sich aus dem Vertrag ergebenden Rechte und Pflichten zu berücksichtigen.

DER VERTRAGS-ABSCHLUSS

Die Verträge mit den zuvor aufgezählten potentiellen Vertragspartnern kommen im Wesentlichen auf die gleiche Art und Weise zustande. Diese Verträge richten sich nach dem Zivilrecht, mithin nach dem BGB. Ein Vertragsabschluss erfordert danach Angebot und Annahme. Ist einer der Verhandelnden mit dem ihm unterbreiteten Angebot nicht einverstanden, so kann er der Gegenseite einen veränderten Vorschlag unterbreiten. Der Vertrag kommt erst zustande, wenn beide Seiten mit den Änderungen einverstanden sind.

Angebot und Annahme bedürfen keiner besonderen Form. Besonderheiten bestehen hier nur für den Grundstückskaufvertrag und den Vertrag mit dem Bauträger (→ „Der Grundstückskaufvertrag", Seiten 170 ff.). Diese Verträge müssen notariell beurkundet werden.

Eine Schriftform ist nur für die Wirksamkeit von Honorarvereinbarungen in Architekten- und Ingenieurverträgen erforderlich. Es empfiehlt sich aber natürlich trotzdem, dass Sie alle Verträge schriftlich vereinbaren, schon allein zu Beweiszwecken.

Inhaltlich müssen nur Minimalvoraussetzungen eingehalten werden. Danach haben die Vertragspartner die Leistung und die Vergütung festzulegen. Für die Rechtswirksamkeit von Dienst- und Werkverträgen muss nicht einmal eine Vergütung vereinbart werden. Ist darüber eine Einigung nicht erfolgt, aber die Leistung nur gegen Vergütung zu erwarten, ist die ortsübliche Vergütung geschuldet (§§ 612 Abs. 2; 632 Abs. 2 BGB). Diese bemisst sich dann danach, was für Leistungen gleicher Art und Güte in demselben Umfang zum Zeitpunkt des Vertragsabschlusses und am Ort des Bauvorhabens nach allgemeiner Auffassung zu zahlen

gepflegt wird. Die Feststellung solcher üblichen Preise setzt voraus, dass die fraglichen Leistungen in zahlreichen Einzelfällen unter gleichen Verhältnissen erbracht werden. Die übliche Vergütung wird regelmäßig als Preisspanne ermittelt. Werden Leistungen vereinbart, die in der HOAI geregelt werden, ergibt sich der Vergütungsanspruch direkt daraus.

Achtung: Auch wenn Angebot und Annahme nicht schriftlich fixiert wurden, kann der Vertragsabschluss trotzdem aus den Umständen heraus folgen. Man nennt das einen „konkludenten Vertragsabschluss", der sich aus dem Handeln der Beteiligten ergibt. Macht zum Beispiel ein Handwerker ein Angebot, und der Bauherr macht einen Termin für die Erledigung der Arbeiten mit ihm aus, ist daraus konkludent der Rechtsbindungswille zu entnehmen. Erst recht gilt das, wenn der Bauherr die Rechnung anschließend bezahlt. Dann folgt rechtlich schon aus den Umständen, dass er das Angebot annehmen wollte, ohne dass er sich ausdrücklich dazu erklärt oder das gar zu Papier gebracht hätte.

Besonderheiten für den konkludenten Vertragsabschluss gibt es bei den Architekten und Ingenieuren. Planerleistungen werden nicht immer als vergütungspflichtig eingestuft. Nach ständiger Rechtsprechung des BGH können Tätigkeiten eines Planers auch reine Akquisitionsleistungen sein, die nicht zu vergüten sind. Durch Auslegung der Erklärungen der Parteien ist dann zu ermitteln, ob die Tätigkeit des Planers bereits im Rahmen eines bestehenden Auftrags erfolgte oder ob dieser sich noch als Planer beworben hat.

Die weithin verbreitete Meinung, ein Planer leiste planerische Arbeiten im Regelfall entgeltlich, habe also regelmäßig einen Auftrag, ist so pauschal nicht richtig. Nicht einmal aus dem Einreichen einer vom Bauherrn gegengezeichneten Baugenehmigungsplanung beziehungsweise Bauvoranfrage muss zwingend auf eine entgeltliche Auftragserteilung geschlossen werden. Die Entgeltlichkeitsvermutung des § 632 Abs. 2 BGB bezieht sich nur auf die Vergütungspflicht, nicht aber auf die Beauftragung selbst.

Ob der Bauherr erkennen konnte, dass die Leistung bereits die aus einem Vertragsschluss resultierende Vergütungspflicht auslösen sollte, ist im Einzelfall zu ermitteln. Daher sind Planungsleistungen auch bei ihrer Entgegennahme durch den Bauherrn als Indiz für einen Vertragsabschluss eher ungeeignet, wenn der Planer diese in Eigeninitiative erstellt hat, um einen Auftrag zu bekommen. Die bloße Entgegennahme dieser Leistungen begründet hier noch keine Vermutung für einen Vertragsabschluss.

Ist aber ein Vertrag geschlossen, gilt der Grundsatz „pacta sunt servanda", was heißt, dass jede Seite die eingegangene vertragliche Verpflichtung erfüllen muss. Wenn die eine Seite die beschriebene Leistung erbringt, muss die andere Seite den vereinbarten Lohn zahlen. Von einem erst einmal geschlossenen Vertrag können sich die Parteien dann nur durch Rücktritt, Kündigung und Anfechtung lösen (→ „Das Ende der vertraglichen Beziehungen", Seiten 222 ff.). Der Auftragnehmer kann sich ohne Grund zur außerordentlichen Kündigung nicht vom Vertrag lossagen.

Eine Besonderheit beim Vertragsschluss gibt es für Sie als Verbraucher. Verbraucher ist jede natürliche Person, die ein Rechtsgeschäft zu Zwecken abschließt, die überwiegend weder ihrer gewerblichen noch ihrer selbständigen beruflichen Tätigkeit zugerechnet werden können. Bei der Planung und Errichtung Ihres Hauses werden Sie regelmäßig als Verbraucher auftreten. Durch die Umsetzung der EU-Verbraucherrechterichtlinie 2011/83/EU (VRRL), sind seit dem 13. Juni 2013 nun nicht mehr nur für Fernabsatzverträge, sondern allgemein bei Verbraucherverträgen Informationspflichten der Unternehmer zu beachten. Zu den Unterneh-

mern gemäß § 14 BGB gehören Planer wie ausführende Unternehmen jeglicher Art.

Bei der Frage des Umfangs der Informationspflicht ist zwischen allgemeinen Verbraucherverträgen – wozu jeder mit einem Verbraucher geschlossene Vertrag gehört – und außerhalb von Geschäftsräumen des Vertragspartners geschlossenen Verbraucherverträgen (AGV) zu unterscheiden. Ein AGV ist im Grunde ein allgemeiner Verbrauchervertrag, der aber außerhalb der Geschäftsräume des Unternehmers geschlossen wurde und an den daher besondere Ansprüche zu stellen sind. Als „außerhalb von Geschäftsräumen abgeschlossener Vertrag" (AGV) gilt gemäß Art. 2 Nr. 8 der EU-Richtlinie – wortgleich in § 312b BGB – jeder Vertrag zwischen dem Unternehmer und dem Verbraucher,

1 der bei gleichzeitiger körperlicher Anwesenheit des Unternehmers und des Verbrauchers an einem Ort geschlossen wird, der kein Geschäftsraum des Unternehmers ist (z.B. in Ihrem augenblicklichen Zuhause);

2 für die der Verbraucher unter den in Absatz 1 genannten Umständen ein Angebot abgegeben hat,

3 die in den Geschäftsräumen des Unternehmers oder durch Fernkommunikationsmittel geschlossen werden, bei denen der Verbraucher jedoch unmittelbar zuvor außerhalb der Geschäftsräume des Unternehmers bei gleichzeitiger körperlicher Anwesenheit des Verbrauchers und des Unternehmers persönlich und individuell angesprochen wurde; …

Bei allgemeinen Verbraucherverträgen wie auch AGV besteht eine vorvertragliche Informationspflicht. Allerdings werden die im Rahmen dieser Informationspflicht gemachten Angaben nur bei AGV zum Vertragsinhalt, es sei denn, die Parteien vereinbaren ausdrücklich etwas anderes (§ 312d Abs. 1 Satz 2 BGB). Sollen später AGB verwendet werden, so dürfen sich diese und die übermittelten Informationen nicht widersprechen.

Zu informieren ist insbesondere über:
▶ die Identität des Unternehmers, also den Namen oder die Firmierung des Vertragspartners mit vollständigen Kontaktdaten

(inkl. Telefonnummer und bei AGV ggf. Fax-nummer und E-Mail-Adresse);

► bei Gesellschaften: Angabe der Rechtsform;

► bei Niederlassungen: ggf. von dem Firmen-hauptsitz abweichende Anschrift;

► die wesentlichen Eigenschaften der Dienst-leistung, also die vom Büro im konkreten Fall angebotenen Leistungen;

► den Gesamtpreis oder die Art der Preisbe-rechnung, also z. B. die Honorarberech-nung nach der Verordnung über die Hono-rare für Architekten- und Ingenieurleistun-gen (HOAI) für das konkrete Bauvorhaben, mitsamt Nebenkosten. Der Auftraggeber, der sich aufgrund dieser Auskunft auf ein Schlusshonorar einrichtet, ist besonders schutzbedürftig, wenn der Planer nach Durchführung der Leistungen nach Min-destsätzen abrechnen will, die über dem zuvor angegebenen Gesamtpreis liegen.

► ggf. die Zahlungs- und Leistungsbedingun-gen sowie Termine;

► die Tatsache, dass der Unternehmer vom Verbraucher die Leistung einer finanziellen Sicherheit verlangen kann, also die Möglich-keit, dass der Vertragspartner seine Hono-rarforderung gegen den Auftraggeber absi-chern kann (z. B. durch die Einräumung ei-ner Sicherungshypothek an dem Baugrund-stück des Verbrauchers, vgl. § 648 f. BGB).

Die Informationen sind dem Verbraucher vor Vertragsschluss in klarer und unmissverständli-cher Weise zu übergeben. Bei AGV hat dies in Papierform zu erfolgen, es sei denn, der Ver-braucher erklärt sich mit einer anderen Form der Übermittlung (z. B. per E-Mail oder Fax) einverstanden. Auch bei allgemeinen Verbrau-cherverträgen führt eine Verletzung der Infor-mationspflicht ggf. zu Schadenersatzansprü-chen des Verbrauchers.

Bei Verbraucherverträgen steht dem Ver-braucher zusätzlich ein Widerrufsrecht von 14 Tagen zu, über welches er schriftlich zu be-lehren ist. Zudem muss der Verbraucher auf das Muster-Widerrufsformular hingewiesen werden.

Die Beweislast für die umfassende Informa-tion sowie – sofern erforderlich – die Belehrung zum Widerrufsrecht trägt Ihr Vertragspartner.

DIE VERTRÄGE MIT DEN BAUBETEILIGTEN

Es verwundert in der Praxis immer wieder, dass die Verträge mit den ausführenden Unter-nehmen umfangreiche Regelungen und kon-krete Bestimmungen zur Beschaffenheit der Leistungen enthalten, nicht jedoch solche mit den Planern. Dabei macht es wenig Sinn, den ausführenden Unternehmen Fertigstellungsfris-ten in die Verträge hineinzuschreiben, die diese gar nicht erfüllen können, weil die durch den Bauherrn beizubringenden Pläne seines Archi-tekten viel zu spät bereitgestellt werden. Eben-so wenig macht es Sinn, hinsichtlich der Kos-ten nur die ausführenden Unternehmen im Au-ge zu haben. Genauso klare Regelungen über die zur Verfügung stehenden Gelder gehören in die Verträge mit den Planern.

Warum? Alle Vertragspartner wollen bezahlt werden, also gehören in alle Verträge Bestimmungen zur Zahlung hinein. Alle Vertragspartner können vertragsuntreu werden, mangelhaft leisten oder während der Durchführung der Baumaßnahme insolvent werden. Also sind auch diese Aspekte in allen Verträgen gleichermaßen zu regeln. Wir beschreiben im Folgenden, welche Minimalregelungen in die Verträge mit allen Vertragspartnern hineingehören.

Dafür ist zwischen zwei Gruppen von Vereinbarungen zu unterscheiden, den Individualvereinbarungen und den Allgemeinen Geschäftsbedingungen.

Individualvereinbarungen sind solche, die sich im Regelfall nur auf die eine Baumaßnahme, also nur auf den konkreten Vertrag beziehen. Solche Vereinbarungen können beinahe jeglichen Inhalt haben. Ihre Wirksamkeitsgrenze finden Individualvereinbarungen allein in der Sittenwidrigkeit.

Die meisten beim Bauen benutzten Verträge sind allerdings vorformuliert und standardisiert. Wenn sie für eine Vielzahl von Verträgen bestimmt sind, wie das bei Mustern von Architektenverträgen oder Bauverträgen regelmäßig der Fall ist, so handelt es sich um Allgemeine Geschäftsbedingungen. Die bekannteste Form Allgemeiner Geschäftsbedingungen beim Bauen stellt die Vergabe- und Vertragsordnung für Bauleistungen (VOB) dar. Im dortigen Teil B findet man eine Vielzahl von Regelungen, die typische Bausituationen betreffen. Allgemeine Geschäftsbedingungen sind nicht uneingeschränkt wirksam. Sie unterliegen Einschränkungen insbesondere dort, wo sie gegen den Leitgedanken des Gesetzes verstoßen. Geregelt ist das in den Paragraphen ab § 305 BGB.

Es ist wichtig zu wissen, dass der Verwender von Allgemeinen Geschäftsbedingungen sich niemals auf die Unwirksamkeit von Klauseln berufen kann. Wenn also Ihr Architekt Ihnen vorformulierte Vertragsmuster für Bauverträge zur Verfügung stellt, können Sie als sogenannter Verwender sich später nicht auf die Unwirksamkeit für Sie ungünstiger Klauseln gegenüber dem ausführenden Unternehmen berufen. Stellt dagegen der Architekt den von ihm immer verwendeten Architektenvertrag, auf dessen Grundlage Sie die geschäftliche Beziehung vereinbaren, so ist der Architekt Verwender und muss sich im Zweifelsfalle eine Überprüfung seiner Klauseln gefallen lassen. Stellt das Bauunternehmen einen Vertrag unter Einbeziehung der VOB/B, so können diese allgemeinen Geschäftsbedingungen Ihnen als Verbraucher nur dann wirksam werden, wenn diese Ihnen bei Vertragsabschluss vollständig übergeben wurde.

Unser Tipp: In der Abwicklung ist es immer sinnvoller, sich die Vertragswerke durch den Auftragnehmer vorlegen zu lassen. Diese können dann immer noch an den kritischen Stellen angepasst werden.

Der Leistungsinhalt

In einem Vertrag muss der Leistungsinhalt geregelt werden. Er stellt das Kernstück für den werkvertraglichen Erfolg und die Grundlage für die gewährte Vergütung dar. Die Leistungsbestimmung für das bauausführende Unternehmen ist relativ einfach. Das Unternehmen wird zu dem Zeitpunkt beauftragt, zu dem eine ausführungsreife Planung und ein Leistungsverzeichnis vorliegen. Erst auf dieser Grundlage wird das ausführende Unternehmen aufgefordert, seine Leistungen anzubieten. Die Leistungsbestimmung erfolgt im Vertrag also durch die zur Ausführung vorliegenden Pläne und die dazu gehörigen Leistungsverzeichnisse.

Beim Fertighaushersteller oder Bauträger sind die Leistungsbeschreibungen durch Ihren Vertragspartner bereits vorgefertigt und im Grundsätzlichen unveränderlich. Beide Verträge erhalten Bauleistungsbeschreibungen, die festlegen, was baulich umzusetzen ist. Die Leistungen können im beiderseitigen Einverständnis vertraglich abgeändert werden. Bei dem Bauträgervertrag muss das allerdings notariell beurkundet werden. Regelmäßig enthalten diese Leistungsaufstellungen auch alle erforderlichen planerischen Leistungen.

Unser Tipp: Wer genau nachliest, wird feststellen, dass häufig keine Bodengutachten geschuldet sind. Auf diese sollten Sie aber niemals verzichten!

Für die Verträge der Fachplaner berät Sie der Architekt, welche Fachplaner im konkreten Fall beauftragt werden müssen. Er weiß auch, welche Leistungen diese zu erbringen haben, damit seine eigene Planung vervollständigt wird. Wenn diese beauftragt werden, liegt im Regelfall schon die Vorplanung des Architekten vor, sodass lediglich noch Standards festgelegt werden müssen.

Am schwersten ist die Bestimmung des Leistungsinhalts eines Architektenvertrags beziehungsweise Generalübernehmervertrags, die beide quasi bei Null anfangen. Denn bei Vertragsabschluss werden die Parteien im Regelfall nicht wissen, wo die Reise genau hingeht. Erst während des Planungsprozesses wird das eigentliche Planungsziel ermittelt und dann immer weiter konkretisiert, bis es in der Ausführungsphase schließlich realisiert wird.

In der Praxis führt das oftmals dazu, dass die Vertragsparteien einen Planervertrag mit unvollständiger, unklarer oder dem konkreten Fall nicht angemessener Leistungsbeschreibung abschließen und offen davon ausgehen, dass sich das Weitere später im Verlaufe des Planungsprozesses konkretisieren werde. Im Streitfall muss dann ermittelt werden, welche Leistungen beziehungsweise Leistungsziele nach den Erklärungen der Parteien und deren Interessen zum Inhalt der zwischen ihnen abgeschlossenen Vereinbarung geworden sind.

Treffen die Parteien keine andere Festlegung, sind im Zweifel alle Planungsleistungen geschuldet, die erforderlich sind, um den vereinbarten werkvertraglichen Erfolg zu erbringen. Einfacher ist es dort, wo die Fortführung einer bereits bestehenden Planung zur Grundlage des Leistungsinhalts gemacht wird (zum Beispiel Umsetzung der vorliegenden Genehmigungsplanung in eine Ausführungsplanung).

Daher wird in der Praxis üblicherweise nicht gleich der gesamte Leistungsinhalt komplett vertraglich vereinbart, sondern es werden die Arbeitsschritte dorthin zum Leistungsinhalt gemacht. Man hat sich daran gewöhnt, auf die „Leistungsbilder" der HOAI Bezug zu nehmen. Die Rechtssprechung geht davon aus, dass bei einem entsprechenden Verweis auf die Leistungsbilder der HOAI all das geschuldet ist, was

dort an Leistung beschrieben ist. In diesem Fall reicht es nicht, wenn der Architekt eine mangelfreie Planung abliefert. Er muss auch die in der HOAI aufgelisteten Zwischenschritte, also die Teilleistungen erbringen, da dies zu der vertraglich vereinbarten Leistung gehört.

Um Anspruch auf seine vollständige Vergütung zu haben, muss der Planer die Erbringung dieser Zwischenschritte nachweisen. Die Idee dahinter ist, dass die Einhaltung aller Grundleistungen dazu führt, dass die Leistung qualitativ hochwertiger ist.

Festlegung des Objektbilds

Zunächst ist festzulegen, in welchem Umfang der Planer für Sie tätig werden soll. Dazu dienen die Objektbilder. Als Objektbilder sind zum Beispiel die Planung für Gebäude und Innenräume, Freianlagen, Tragwerksplanung, technische Ausrüstung, thermische Bauphysik, Vermessung etc. definiert.

Diese Beschränkung auf einzelne Objektbilder ist für den Vertrag allerdings nicht zwingend vorgeschrieben. Erfolgt sie nicht, bestimmt sich der Leistungsinhalt nach dem vertraglich vereinbarten werkvertraglichen Erfolg. Dieser kann zum Beispiel sein: „Neubau eines Einfamilienhauses auf dem Grundstück XY in XX". Ist das Leistungsziel derart grob bestimmt, schuldet der Planer alle Planungsleistungen aus Objektbildern, die erforderlich sind, um eine funktional mangelfreie Planung zur Erreichung dieses Leistungsziels zu gewährleisten. Gleiches würde für die Planungsverpflichtung des Generalübernehmers gelten. Das wird im Regelfall bedeuten, dass Leistungen aus verschiedenen Objektbildern erbracht werden müssen. So wird der Ausbau eines Dachgeschosses im Regelfall nicht nur Leistungen zur Architektur, sondern auch solche zur technischen Gebäudeausrüstung (Heizung, Sanitär, Elektrik) verlangen.

Einen Planer, der alle Planungsleistungen erbringt, nennt man Generalplaner. Der muss alle genannten Fähigkeiten im eigenen Büro vereinigen oder muss sich die Leistungen über Dritte hinzukaufen. Für Generalübernehmer gilt dieser Leistungsumfang übrigens erst recht.

Die Vergabe- und Vertragsordnung für Bauleistungen in der Druckfassung 2012

Beauftragung nach Leistungsphasen

Im Weiteren ist dann festzulegen, in welchem Umfang Planungsschritte beauftragt werden. Hier erfolgt meist eine Orientierung an der in der HOAI verwendeten Aufteilung nach Leistungsphasen.

Bei Aufstellung der HOAI ging der Verordnungsgeber davon aus, dass bestimmte ingenieurtechnische Schritte für die Umsetzung der Planung in der Regel erforderlich sein werden. Diese einzelnen Schritte sind in den Leistungsphasen beschrieben. Die Leistungsphasen der Anlage 10 für das Leistungsbild „Gebäude und Innenräume sowie Freianlagen" sind:

1 Grundlagenermittlung,
2 Vorplanung,
3 Entwurfsplanung,
4 Genehmigungsplanung,
5 Ausführungsplanung,
6 Vorbereitung der Vergabe,
7 Mitwirkung bei der Vergabe,
8 Objektüberwachung (Bauüberwachung) und Dokumentation sowie
9 Objektbetreuung.

Zu den einzelnen Leistungsphasen zählt die HOAI dann bestimmte Grundleistungen auf, die typischerweise in dieser Leistungsphase erbracht werden. Entsprechende Beschreibungen nach Leistungsphasen und zugehörigen Grundleistungen gibt es für alle in der HOAI beschriebenen Objektbilder. Diese können durch Inbezugnahme der Paragraphen der HOAI zum Vertragsinhalt gemacht werden (vgl. „ Leistungsinhalt", Seite 191).

Wenn die Vertragspartner nicht explizit ein Leistungsspektrum vereinbaren, gibt es juristisch ausgedrückt keine Vermutung dahingehend, dass eine Vollarchitektur (also die Leistungsphasen 1 bis 9 nach der HOAI) beauftragt wurde. Ebenso wenig gibt es eine Vermutung dahingehend, dass mit der ausdrücklichen Beauftragung einer Leistungsphase auch die dafür notwendigen Vorarbeiten mitbeauftragt sind. Das heißt, dass es für einen Planer schwierig werden wird, Leistungen abzurechnen, für die er keinen Auftrag nachweisen kann, selbst wenn diese Leistungen notwendig waren.

▶ LEISTUNGSPHASE 1 – GRUNDLAGENERMITTLUNG:

Wird die Leistungsphase 1 des Objektbilds Planung für Gebäude (§ 34 HOAI) übertragen, ist es Aufgabe des Planers, die Grundlagen für seine Planung zu ermitteln. Er hat mit dem Bauherrn die Aufgabenstellung zu besprechen, also in Erfahrung zu bringen, was für Vorstellungen der Bauherr hat, welche Nutzung vorgesehen ist und welche Gelder zur Verfügung stehen. Der Architekt muss bereits in dieser frühen Phase den Bauherrn dahingehend beraten, welche Sonderfachleute durch den Bauherrn hinzugezogen werden müssen. Im Regelfall sind das diejenigen, die über Fachkenntnisse verfügen, die er selbst nicht hat. Es empfiehlt sich, die anderen an der Planung fachlich Beteiligten im Vertragswerk ausdrücklich zu benennen und sei es nur ihrer Funktion nach.

▶ LEISTUNGSPHASE 2 – VORPLANUNG:

In dieser Phase bereitet der Architekt die Planung des Projekts vor. Auf der Grundlage der Angaben des Bauherrn ermittelt er, was unter Beachtung der vorgegebenen Randbedingungen möglich ist. Hier spielen Fragen wie baurechtliche Zulässigkeit, Überbaubarkeit des Grundstücks, Flächenbedarf, konkrete Nutzungszwecke und natürlich wieder der finanzielle Rahmen eine Rolle. Der Planer erarbeitet ein Konzept und untersucht dies nach alternativen Lösungsmöglichkeiten bei gleichen Anforderungen. Die Anforderungen sind dabei durch die gerade erst eruierten Vorstellungen des Bauherrn definiert. Sofern der Vertrag an dieser Stelle keine Einschränkung vorsieht, hat der Architekt eine unbegrenzte Zahl von Varianten vorzulegen, aus denen der Bauherr wählen kann. Das heißt allerdings nicht, dass der Bauherr hier die Planungsvorgaben willkürlich ändern kann. Andererseits ist im Streitfall der Architekt verpflichtet nachzuweisen, dass es konkrete Vorgaben bereits gegeben hat.

Unser Tipp: Es empfiehlt sich, zunächst nur die Leistungsphasen 1 bis 2 zu beauftragen und zu schauen, ob Kreativität und wirtschaftlicher Sinn des Architekten mit Ihren Vorstellungen übereinstimmen. Ist das der Fall, sollte der Vertrag eine einseitige Abrufoption weiterer Leistungen zu Gunsten des Bauherrn vorsehen. Anderenfalls bietet dieses Konstrukt die Möglichkeit, sich mit geringen finanziellen Einbußen vom Architekten wieder zu trennen.

Bereits in dieser Phase hat der Architekt die Grundlagen dafür zu schaffen, dass seine später umzusetzende Planung allen öffentlich-rechtlichen Vorschriften entspricht. Werden diese nicht eingehalten, droht im Extremfall die Nutzungsuntersagung des Hauses.

Sind diese Festlegungen getroffen worden, hat der Architekt den Grundstein für die Kosten zu legen. Er hat eine Kostenschätzung nach DIN 276 und einen ersten Terminplan aufzustellen. Die DIN 276 ist ein Regelwerk, in dem die während des Bauens anfallenden Kosten nach Kostengruppen aufgelistet sind. Die für die konkrete Baumaßnahme anfallenden Kosten hat der Architekt in einem ersten Schritt nach Erfahrungswerten zu schätzen (Kostenschätzung) und die so ermittelten Kosten mit dem Bauherrn zu diskutieren. Der Bauherr muss nunmehr überprüfen, ob sein wirtschaftlicher Rahmen noch eingehalten ist oder nicht. Dieser Planungsschritt mündet in der Entwurfsplanung (Leistungsphase 3).

▶ LEISTUNGSPHASE 3 – ENTWURFSPLANUNG:

Die in der Vorplanung von dem Bauherrn gewählte Variante ist nunmehr zu verfeinern und bis zu einem vollständigen Entwurf durchzuarbeiten. Spätestens hier sind auch die Leistungen der anderen an der Planung fachlich Beteiligten (Fachplaner) zu berücksichtigen. Die so gewonnenen planerischen Ergebnisse sind zeichnerisch darzustellen und mit dem Bauherrn durchzusprechen. Es folgt der zweite wesentliche Schritt im Hinblick auf die Wirtschaftlichkeit der Baumaßnahme, die sogenannte Kostenberechnung nach DIN 276. Diese wird

auch später regelmäßig Grundlage für die Vergütung des Architekten sein. In der Kostenberechnung werden die Kosten der Kostenschätzung weiter verfeinert und aufgegliedert. Der Architekt hat die so ermittelten Kosten mit der Kostenschätzung zu vergleichen und abermals festzustellen, ob der wirtschaftliche Rahmen des Bauherrn noch gewahrt bleibt.

▶ LEISTUNGSPHASE 4 – GENEHMIGUNGSPLANUNG:

Die Genehmigungsplanung betrifft im Wesentlichen das öffentlich-rechtliche Genehmigungsverfahren. Wie in „Das Baugenehmigungsverfahren" ab Seite 236 beschrieben, gibt es verschiedene Genehmigungsverfahren. Nur bei wenigen Objekten muss eine Baugenehmigung eingeholt werden. Wesentlich an dieser Leistungsphase ist, dass die zuvor entwickelte Planung allen öffentlich-rechtlichen Vorschriften entsprechen muss. Ein Architekt schuldet hier die Realisierbarkeit seiner Planung und haftet auch, wenn eine bereits erteilte Baugenehmigung später widerrufen wird. Die Genehmigungsplanung ist die einzige Planerleistung, für deren Erbringung die Beauftragung eines bauvorlageberechtigten Architekten oder Bauingenieurs erforderlich ist.

▶ LEISTUNGSPHASE 5 – AUSFÜHRUNGSPLANUNG:

Im Regelfall fängt der Architekt mit der Ausführungsplanung (Leistungsphase 5) an, bevor die Baugenehmigung vorliegt oder die Voraussetzungen für den Beginn der Baumaßnahme gegeben sind. Die Ausführungsplanung führt die zuvor gewonnenen Planungsergebnisse gerade unter Berücksichtigung der Leistungteile anderer Planungsbeteiligter bis zu einer ausführungsreifen Lösung weiter. Der Terminplan ist fortzuschreiben.

Wird diese Leistungsphase vereinbart, schuldet der Architekt die zeichnerische Darstellung des Objekts mit allen für die Ausführung notwendigen Einzelangaben. Auf Grundlage dieser Darstellungen muss eine bauliche Umsetzung möglich sein. Andernfalls ist die Planung unvollständig und daher mangelhaft. Es ist aber auch möglich, den Planer hier nur mit einem Teil der Ausführungsplanung, den sogenannten Regeldetails zu beauftragen. Auf dieser Grundlage muss dann das ausführende Unternehmen, der Generalübernehmer, die Ausführungsplanung vervollständigen. Das ist generell aber nur möglich, wenn sämtliche Bauleistungen an einen Generalübernehmer vergeben werden.

Architekten erbringen Leistungen über die reine Planung hinaus. Auch diese sind in der HOAI einzelnen Leistungsphasen zugewiesen.

▶ LEISTUNGSPHASEN 6 UND 7:

Nach der Ausführungsplanung soll der Architekt in den Leistungsphasen 6 und 7 seine Planung in eine Leistungsbeschreibung „übersetzen", im Rahmen einer Ausschreibung hierfür geeignete Firmen suchen und seinen Bauherrn bei der Beauftragung unterstützen. Dazu hat er zunächst bepreiste Leistungsverzeichnisse zu erstellen und abermals diese mit der Kostenberechnung zu vergleichen. Auf dieser Grundlage sind Angebote einzuholen, die vom Architekten in technischer und finanzieller Sicht zu bewerten sind.

▶ LEISTUNGSPHASE 8:

Die Koordination und Überwachung der Ausführung der Bauleistungen sowie die Dokumentation und schließlich die Kostenfeststellung sind Gegenstand der Leistungsphase 8 der HOAI

▶ LEISTUNGSPHASE 9:

Inhalt der Leistungsphase 9 schließlich ist die Beseitigung von Mängeln. Die Überwachung der Mängel in der Gewährleistungszeit der ausführenden Firmen muss seit 2013 gesondert vereinbart werden.

Zum Leistungsinhalt können neben den genannten Leistungen der Leistungsphasen auch Umstände gemacht werden, die in der HOAI nicht beschrieben sind. So empfiehlt es sich, für die Bauüberwachung (LP 8) zu vereinbaren, dass der Bauüberwacher eine gewisse Berufserfahrung vorweisen muss, die ihm die Beurteilung der baulichen Vorgänge überhaupt erst ermöglicht. Diese Vorgabe (zum Beispiel Baupraxis von 5 Jahren) ist dann zu erfüllen. Ebenso könnte als besondere vertragliche Verpflichtung vereinbart werden, dass der Architekt für die Beantragung von Fördergeldern zuständig ist.

Darüber hinaus können die Parteien aber auch jede andere Beschaffenheit vereinbaren. Sie können festlegen, dass die Planung bestimmte Förderungsvoraussetzungen einzuhalten hat (zum Beispiel KfW 153) oder jegliche andere Vorstellungen (Beschaffenheiten). Eine häufig anzutreffende „Beschaffenheit" ist die Vereinbarung, dass bestimmte Baukosten (Baukostenlimit) eingehalten werden müssen. Durch den Abschluss einer Beschaffenheitsvereinbarung über die Kosten werden diese Kostengrenzen zum Gegenstand des werkvertraglichen Erfolgs gemacht. Die einseitige Vorstellung des Bauherrn über die Kosten reicht hierfür aber nicht. Ebenso wenig reicht die Angabe der voraussichtlichen Baukosten in einer ersten Kostenschätzung oder im Bauantrag. Damit wird keine Vereinbarung geschlossen, aus der ein Wille beider Vertragsparteien erkennbar wird, dass die Höhe der Baukosten einzuhalten ist. Wenn Sie als Bauherr bei Vertragsschluss jedoch eindeutig darauf verweisen, dass nur eine Summe in bestimmter Höhe für den Bauauftrag zur Verfügung, und Sie erklären, dass damit das Bauvorhaben verwirklicht werden muss, liegt dann eine Bausummenvereinbarung vor, sobald der Planer in dieser Kenntnis den Vertrag mit Ihnen abschließt.

Die geringste Abweichung von der Kostenvorgabe führt dann zur Mangelhaftigkeit des Architektenwerks. Es kommt auch grundsätzlich nicht darauf an, ob der Planer eine Ursache für die Baukostenüberschreitung gesetzt hat oder ihn gar ein Verschulden trifft. Wird die Kostengrenze nicht gehalten, kann der Bauherr unter Fristsetzung die Einhaltung der vereinbarten Kostengrenze verlangen und nach Fristablauf kündigen. Dann kann er entscheiden, ob er die bereits erbrachten planerischen Leistungen entgegennehmen will. Ist die Planung im Hinblick auf die Kostengrenze mangelhaft, ist der Bauherr regelmäßig nicht verpflichtet, diese zu verwenden. Verwendet er die Planung nicht, steht dem Architekten keine Vergütung zu, da er den werkvertraglichen Erfolg nicht erbracht hat. Das führt dazu, dass sämtliche Vorauszahlungen zurückverlangt werden können. Neben den unmittelbar auf das Honorar wirkenden Folgen kann der Architekt haftbar gemacht werden. Die Haftpflichtversicherung des Architekten tritt für einen solchen Mangel nicht ein.

Die Parteien sollten allerdings vor dem Vertragsabschluss offen darüber reden, was realistisch ist. Unrealistische Leistungsziele gehören in keinen Vertrag. Ist die Definition des Leistungsziels oder des Weges dorthin gelungen, ist das Schwierigste beim Vertragsabschluss bereits geschafft.

Neben den vertraglich vorgesehenen Pflichten hat der Bundesgerichtshof für den Planer Sachwalterpflichten herausgearbeitet, die auch ohne gesonderte Vereinbarung als Leistungspflicht bestehen. Unter diesen ordnet man umfassende Aufklärungs-, Beratungs-, Hinweis- und Prüfpflichten sowie die sonstige Wahrnehmung der Interessen des Bauherrn durch den Planer ein. Wesentlichste Sachwalterpflicht ist die Kostenkontrolle. Diese ist auch

geschuldet, wenn sie nicht ausdrücklich vereinbart wurde. Hinsichtlich der Kosten hat der Planer eine umfassende Beratungspflicht gegenüber dem Bauherrn.

Der Architekt schuldet auch die Beachtung der wirtschaftlichen Ziele des Bauherrn und damit eine Kostenfortschreibung, also die Information des Bauherrn über den Verlauf der Kosten. Die vom Bauherrn vorgesehene Nutzung in technischer, wirtschaftlicher und rechtlicher Hinsicht ist aufgrund der Sachwalterstellung auch dann zu berücksichtigen, wenn es keine explizite Abrede dazu gibt.

Eine der wesentlichsten Pflichten des Architekten ist es, den Bauherrn während der Bauphase umfassend über die Ursachen von Baumängeln und die sich daraus ergebende Rechtslage aufzuklären. Diese Verpflichtung besteht selbst dann, wenn daraus ein Verschulden des Architekten aufgrund fehlerhafter Bauüberwachung offen zu Tage tritt.

Als Rechtsfolgen aus der Verletzung der Sachwalterpflichten kommen zum einen Schadenersatzansprüche, bei schwerwiegender oder wiederholter Pflichtverletzung auch ein Recht zur Kündigung des Vertrags aus wichtigem Grund in Betracht. Die entsprechend zu Grunde liegende Rechtsprechung gilt nicht für Bauträger und Fertighausanbieter.

Spätere Änderung der Leistung

Haben die Parteien die geschuldete Leistung festgeschrieben und vertraglich vereinbart, kann sich keine Partei einseitig davon lösen. Weder kann der Bauherr die Vergütung reduzieren, noch kann der Vertragspartner des Bauherrn seine Leistung einseitig abändern, weil sie zum Beispiel zu aufwändig würde. Selbst wenn die Umsetzung einer Baumaßnahme aus öffentlich-rechtlichen Gründen nicht möglich ist, befreit das den Vertragspartner nicht von seiner vertraglichen Verpflichtung; diese wird damit nicht hinfällig. Natürlich müssen Sie dann im beiderseitigen Einvernehmen eine Lösung finden, wie es in der Praxis weitergehen soll.

Änderungen und Zusatzleistungen liegen vor, wenn die Leistungen nicht bereits im abgeschlossenen Vertrag vereinbart waren. Beim Bau muss ein Bauherr die Möglichkeit haben,

Zu den Aufgaben des Architekten gehören auch die Entdeckung und rechtlich korrekte Reklamation von Baumängeln.

den Bauentwurf nach seinen Wünschen zu ändern. Das setzt ein entsprechendes Anordnungsrecht des Bauherrn voraus. Das BGB kennt das einseitige Anordnungsrecht nicht. Daher ist eine entsprechende Regelung in die VOB/B (§ 1 Abs. 3/4 VOB/B) aufgenommen worden. Grundsätzlich besteht danach ein Recht zur Anordnung von Änderungsleistungen, es sei denn, der Betrieb des Auftragnehmers ist darauf nicht eingerichtet.

Für Planer gibt es keine vergleichbare Regelung. Eine Anordnungsbefugnis wird hier nur dann angenommen, wenn die Planungsleistung erst wenig vorangeschritten ist und die gewünschten Veränderungen den Kern der Planung nicht tangieren. Eine Verweigerung der Umplanung durch den Planer müsste treuwidrig erscheinen.

Unser Tipp: In jeden Architektenvertrag gehören Regelungen zum Anordnungsrecht des Bauherrn.

Voraussetzung ist jedoch, dass der vorausgegangene Leistungsschritt tatsächlich auch beendet war. Gerade in der Leistungsphase 2 gehört die mehrfache Planung zum originären Leistungsinhalt, sodass eine individuelle Anordnung nicht notwendig ist. Der Planer hat hier solange die Varianten zu erbringen, bis der Bauherr eine davon zur Weiterentwicklung freigibt. Liegt jedoch bereits die Genehmigungsplanung vor, und wünscht der Bauherr dann nachträglich Änderungen, so muss man davon ausgehen, dass sich die Planung schon so verfestigt hat, dass im Hinblick auf die Änderungen neue vertragliche Vereinbarungen geschlossen werden müssen. Das gilt besonders dann, wenn die Änderungswünsche den Kern der Planung verändern, indem sie zum Beispiel der erneuten Genehmigung bedürfen.

Wenn die Änderungswünsche so weitreichend sind, dass eine vollständige Neuplanung notwendig wird, werden sich die Parteien auf einen neuen Vertrag einigen müssen. Sie können als Bauherr nicht einfach einseitig „zurück auf Los" anordnen und vom Planer verlangen, dass er alle seine Leistungen ohne Zusatzhonorar wiederholt. Wird die zu erbringende Leistung geändert, führt das auch zu einer neuen Vergütungsstruktur und Nachträgen.

In der Praxis bemüht man sich, das Problem dadurch zu regeln, dass vereinbart wird, dass sämtliche zum Leistungsziel erforderlichen Arbeitsschritte erbracht werden müssen, gleich ob in der HOAI oder im Leistungsverzeichnis beschrieben oder nicht. Dieses sogenannte funktionale Element einer Leistungsbeschreibung hilft allerdings nur unzureichend, wie die Rechtsprechung der Gerichte belegt. Empfehlenswert ist eine solche Klausel bei Planerleistungen gleichwohl. Berechtigte Mehrvergütungsansprüche für Mehraufwand wegen ursprünglich nicht vereinbarter Leistungen können und sollten Sie durch Vertragsklauseln aber nicht wirksam ausschließen.

INFO

SPÄTE ZUSATZWÜNSCHE WERDEN TEUER: Es ist ein weitverbreiteter Irrtum zu glauben, dass Zusatzwünsche am besten erst dann geäußert werden, wenn feststeht, dass doch noch etwas Geld zur Verfügung steht. Solche Zusatzwünsche sind häufig schlecht in die Gesamtbauausführung zu integrieren und führen daher zu höheren Kosten, als wenn sie von Anfang an geäußert worden wären.

Vergütungsregelungen

Gleich welche Leistung mit wem vereinbart wird, gibt es immer bestimmte Modelle, nach denen die Vergütung vereinbart werden kann.

▶ Beim Einheitspreisvertrag erfolgt die Vergütung nach Einheitspreisen und den tatsächlich ausgeführten Leistungsmengen. Einheitspreise werden in Leistungsbeschreibungen vorgesehen. Die Vergütung erfolgt dann zum Beispiel wie folgt: „XX €/m² Wandputz, YY €/m² Parkettboden Eiche Fischgrät" usw.

▶ Wer das Mengenrisiko vergütungstechnisch nicht übernehmen will, muss eine Pauschale vereinbaren. Beim Pauschalvertrag richtet sich die Vergütung nicht nach den tatsächlich ausgeführten Mengen, sondern nach einem vereinbarten Pauschalpreis. Dieser kann entweder auf Grundlage eines zuvor erstellten und mit Preisen versehenen detaillierten Leistungsverzeichnisses erfolgen (Detailpauschalvertrag). Dann sind allerdings nur diese Leistungen von der Pauschale umfasst. Ändert sich der Leistungsumfang, ist auch eine zusätzliche Vergütung zu zahlen. Das sieht selbst die VOB/B in § 2 Abs. 7 Ziffer 2 vor.

Es wird jedoch in der Praxis immer wieder versucht, eine Veränderung der Pauschalvergütung dadurch zu vermeiden, dass „Schlüsselfertigbau-Klauseln" vereinbart werden. Dann sollen mit der Pauschalvergütung alle erforderlichen Leistungen abgegolten sein (Globalpauschalvertrag). Typisch hierfür ist dann eine Klausel, nach der „weiterhin alle Leistungen und Lieferungen, die zur funktionsgerechten, technisch einwandfreien, termingerechten Ausführung erforderlich sind, auch wenn sie in den Vertragsunterlagen nicht ausdrücklich erwähnt sind …" von der Vergütung erfasst sind. Änderungswünsche des Bauherrn, die nicht erforderlich sind, führen aber auch hier zu einer Anpassung der Vergütung.

Grundsätzlich gilt auch bei einer Pauschalierungsabrede, dass von ihr keine Leistungen erfasst sind, die ursprünglich nicht vom vereinbarten Leistungsumfang umfasst waren. Für alle zum Zeitpunkt der Pauschalhonorarabrede noch nicht geschuldeten Leistungen kann der Auftragnehmer eine zusätzliche Vergütung verlangen. Maßgebliches Kriterium zur Ermittlung des von der Vergütungsabrede erfassten Vertragssolls ist die Vorhersehbarkeit der Leistungen. Was als erkennbares (vorhersehbares) Leistungssoll zu erwarten ist, hängt von den vertraglichen Vorgaben ab. Eine Pauschalpreisabrede ist also keinesfalls als Allheilmittel gegen Nachträge zu verstehen. Gleichwohl ist sie geeignet, das Risiko von Nachträgen zu reduzieren, wenn sich der Auftragnehmer auf eine solche Vergütungsabrede einlässt.

Hinsichtlich der Vergütung der ausführenden Unternehmen ist es Aufgabe des Architekten, den Bauherrn beim Vertragsabschluss zu beraten, welches von den zuvor genannten Vergütungsmodellen das vorteilhafteste ist.

Besonderheit: Der Bauherr und die Mindestvergütung des Architekten

Die Vergütungsregeln für Architekten und andere Planer sind kompliziert. Sie müssen hier umfassend dargestellt werden, weil das der erste Vertragsabschluss Ihres Baugeschehens sein kann, bei dem Sie keine professionelle Unterstützung erhalten, wenn Sie keinen Anwalt einschalten. Machen Sie hier einen Fehler, kann Sie das viel Geld kosten und die ganze Kalkulation Ihres Bauvorhabens in Frage stellen.

Auch im Rahmen der HOAI kann eine Honorarpauschale vereinbart werden. Aber sie muss hier zwingend innerhalb eines bestimmten Preisrahmens bleiben, sonst kann eine Pauschale unwirksam sein. Anders als für Bauleistungen hat der Gesetzgeber verordnet, dass für in der HOAI genannte Planerleistungen die dort definierten Mindest- und Höchstvergütungen zu zahlen sind. Werden diese Grenzen nicht eingehalten, sind die Vergütungsregelungen grundsätzlich wegen eines Verstoßes gegen diese gesetzliche Vorgabe nichtig (§ 134 BGB). Betroffen von der Unwirksamkeit ist allerdings nur die Vergütungsabrede, nicht der gesamte Vertrag. Das hat zur Folge, dass die unwirksame Honorarvereinbarung durch die Mindestsätze der HOAI ersetzt wird, was zu höheren Kosten führen wird.

Eine nicht unerhebliche Zahl von Rechtsstreitigkeiten zwischen Bauherren und Planern resultiert daraus, dass der Planer mit dem Bauherrn zunächst ein niedrigeres Honorar vereinbart hat und später ein höheres Mindesthonorar nach HOAI einfordert. Nicht selten gibt es dann für den Bauherrn ein böses Erwachen. Das gilt selbst dann, wenn sich die Parteien einig sind, ein Honorar unterhalb der Mindestsätze vereinbaren zu wollen.

Wenn Sie als Bauherr dem Honorarangebot Ihres Architekten nicht blind vertrauen wollen, müssen Sie wissen, wie sich das Honorar des Architekten ermittelt. Im Internet finden Sie dazu Honorarrechner für Leistungen gemäß der HOAI. Im Folgenden beschreiben wir, was Sie zur sinnvollen Anwendung darüber wissen müssen.

WANN MUSS DIE HOAI BEACHTET WERDEN?

Die erste Frage ist: Kaufe ich Leistungen ein, deren Vergütung nicht frei vereinbart werden darf? Die HOAI gilt keineswegs für alle von Architekten und Ingenieuren erbrachte Leistungen, sondern nur für die in der HOAI als verbindlich bestimmten. Soweit Leistungen nicht im verbindlichen Teil der HOAI (§§ 1– 58 HOAI) beschrieben sind, können die Vertragsparteien ihr Honorar frei vereinbaren.

Die Preisregeln gelten nur für die Grundleistungen. Das sind die Leistungen, die Sie gegebenenfalls bereits im Rahmen der Leistungsbestimmung durch Inbezugnahme zum Leistungsinhalt gemacht haben (→ „Leistungsinhalt", Seite 191).

Daneben gibt es Besondere Leistungen. Diese fallen nicht unter das Mindest- und Höchstpreisrecht. Besondere Leistungen sind exemplarisch, aber nicht abschließend in den Anlagen zu den Leistungsbildern der HOAI in der rechten Spalte geregelt.

Als Faustformel kann sich der Bauherr hier merken, dass für alle Leistungen, die nicht in den Grundleistungskatalogen aufgeführt sind, das Honorar frei vereinbart werden kann.

Ebenfalls keine Anwendung findet die HOAI in Fällen kombinierter Leistungen eines Bauträgers oder Generalübernehmers, selbst wenn dieser „verbindliche Leistungen" im Sinne der HOAI (zum Beispiel Objektplanung) erbringt. Gleiches gilt für Planungs- und Überwachungsleistungen, die zum Beispiel durch ein bauausführendes Unternehmen im Rahmen seiner vertraglichen Verpflichtungen erbracht werden.

Die HOAI findet ferner keine Anwendung bei kleinen Aufträgen unterhalb der sogenannten „Tafelwerte". Plant der Architekt für Sie zum Beispiel eine Gartenmauer, und liegen die Kosten hierfür unter 25 000 €, kann das Honorar frei vereinbart werden.

Gilt die HOAI nicht, kann das Honorar frei vereinbart werden. Finden die Parteien keine Einigung, steht dem Architekten regelmäßig ein ortsübliches Honorar nach § 632 Abs. 2 BGB zu.

WIE ERMITTELT MAN DIE MINDESTSÄTZE?

Ist das Honorar nicht frei vereinbar, stellt sich die Frage, welche Forderungen den Bauherrn erwarten. Dafür ist auszuloten, welche Mindestvergütung dem Planer für die vertragliche Leistung zusteht. Die HOAI selbst stellt lediglich Berechnungsparameter für eine Vergleichberechnung auf, aus der sich Mindest- und Höchstsätze berechnen lassen. Dann muss sich jede Vereinbarung über das Honorar innerhalb dieser Mindest- und Höchstsätze der HOAI bewegen. Der Mindestsatz ermittelt sich gemäß § 6 Abs. 1 HOAI objektiv nach:

▶ den anrechenbaren Kosten für das Objekt
▶ den Prozentsätzen des Leistungsbilds (prozentuale Anteile an der Gesamtleistung)
▶ der Honorarzone
▶ der Honorartafel

Als erstes sind die anrechenbaren Kosten des Objekts zu ermitteln. Dazu muss man sich Folgendes bewusst machen: Die Honorare der Planer steigen mit der Höhe der anrechenbaren Kosten einer Kostenberechnung. Das heißt: Je teurer der Planer kalkuliert, desto höher ist sein Honorar.

Was ein Objekt ist, definiert § 2 Ziffer 1 HOAI. Dort sind alle Bereiche genannt, die nach der HOAI Objekt von Planungsleistungen sein können und dort verbindlich geregelt sind (z.B. Architektur, Tragwerk, etc.). Objekte im Sinne der HOAI sind nicht nur Gebäude; mit „Objekt" meint die HOAI Abrechnungsobjekte. Auch eine Zufahrt oder eine Sichtschutzwand kann danach ein Objekt sein. Soweit die Objekte verschiedenen Leistungsbildern, also etwa Gebäuden und Freianlagen zuzuordnen sind, erfolgt stets eine gesonderte Abrechnung.

Schwieriger gestaltet sich die Abgrenzung, wenn mehrere Objekte des gleichen Leistungsbilds beauftragt sind. Im Fall eines Doppelhauses liegen bei gleichzeitiger Errichtung dann mehrere Objekte vor, wenn diese bei der Errichtung durch einen Zwischenraum getrennt sind.

Ist das nicht der Fall, kommt es auf das Vorliegen einer nach funktionalen und technischen (konstruktiven) Kriterien zu beurteilenden Einheit der Gebäude an. Besteht diese

Einheit, ist von einem einzelnen Objekt auszugehen. Von einer fehlenden Trennung wird im Regelfall auszugehen sein, wenn eine gemeinsame Trennwand, eine gemeinsame Heizung und Schornsteinanlage vorliegen.

Sind die Baukörper trotz der gemeinsamen Nutzung von Heizung und Haustechnik getrennt zu errichten, führt das regelmäßig zur Annahme mehrerer Gebäude. Allein die gemeinsame Nutzung einer Bodenplatte führt ebenso nicht zwingend zur Begründung einer Gebäudeeinheit. Ob getrennte Grundbücher vorliegen, ist dafür unerheblich, da sowohl auf einem Grundstück mehrere Gebäude als auch auf zwei Grundstücken nur ein Gebäude errichtet werden kann. Das ist zum Beispiel für Bauherrengruppen zu beachten, die mit einem Planer mehrere Häuser planen und dabei die Synergieeffekte nutzen wollen.

Die anrechenbaren Kosten sind in Bezug auf das jeweilige Objekt zu ermitteln. § 6 Abs. 1 HOAI bestimmt zunächst, dass für die Ermittlung der anrechenbaren Kosten die Kostenschätzung und Kostenberechnung maßgeblich sind. Das sind Begriffe, die der DIN 276 entnommen und dort auch näher definiert sind. Dort finden sich Bestimmungen, welche Kostengruppen es gibt und wie eine Kostenschätzung/ -berechnung aufzustellen ist.

Die aktuelle Fassung der HOAI verzichtet damit auf die Kostenfeststellung als Berechnungsgrundlage für die Ermittlung der anrechenbaren Kosten.

Im Verordnungstext finden Sie immer noch den § 6 Abs. 3 HOAI. Danach sollten sich die Parteien anstelle der Kostenberechnung als Abrechnungsgrundlage über anrechenbare Kosten vereinbaren können. Diese Regelung hat der Bundesgerichtshof für unwirksam erklärt (Urteil vom 24.04.2014 – VII ZR 164/13). Daher sollte sie nicht mehr angewendet werden. Wenn Sie den Planer auf fiktive Baukosten festlegen wollen, verwenden Sie die folgend besprochene Beschaffenheitsvereinbarung über Baukosten. Die Idee hinter dem Kostenvereinbarungsmodell ist viel einfacher zu realisieren. In der Rechtsprechung ist anerkannt und vielfach bestätigt, dass die Parteien eine Beschaffenheitsvereinbarung über die Baukosten ver-

einbaren können. Deren Einhaltung ist dann Bestandteil des Leistungsziels und muss umgesetzt werden, soll die Planung als mangelfrei anzuerkennen sein (s. Seite 195).

Die Baukostenvereinbarung hat auch zur Folge, dass der Planer niemals nach höheren anrechenbaren Kosten abrechnen kann. Allenfalls können die anrechenbaren Kosten nach Kostenberechnung noch darunter liegen. Die Parteien müssen dazu allerdings eine klare Abrede treffen. An dieser Stelle rechtfertigt sich die Einschaltung eines Juristen, der die Anforderungen der Rechtsprechung umsetzen kann. Eine Besonderheit bringen Fälle mit sich, in denen unter Einbeziehung vorhandener Bausubstanz gebaut wird. Die sogenannten Kosten mit verarbeiteter Bausubstanz sind angemessen zu berücksichtigen (§ 2 Abs. 7, 4 Abs. 3 HOAI). Dabei sind ortsübliche Kosten unter Berücksichtigung eines Abschlags für Erhaltungszustand und des Umfangs festzulegen und bei der Planung zu berücksichtigen.

Tipp: Treffen Sie dazu in jedem Fall eine vertragliche Vereinbarung. Tun Sie das nicht, kann der Planer diese anrechenbaren Kosten honorarwirksam geltend machen. Daneben fällt ein Umbau-/Modernisierungszuschlag in Höhe von 20 % zum Grundhonorar an, wenn die Parteien hierzu keine Einigung getroffen haben. Der Zuschlag darf aber schriftlich auch unter 20 % vereinbart werden.

Prozentuale Verteilung des Honorars: Die HOAI geht davon aus, dass sich ein Planer sein Gesamthonorar verdient, indem er bestimmte Leistungsschritte erbringt. Diese Schritte sind in der HOAI in den Leistungsphasen zusammengefasst. Das Gesamthonorar verteilt die HOAI prozentual auf diese Leistungsphasen. Diese prozentuale Verteilung ist aber je nach Leistungsbild verschieden. So bekommt zum Beispiel ein Statiker für seine Leistungen zur Genehmigungsplanung (LP 4) einen anderen Anteil an seinem Gesamthonorar als zum Beispiel der Architekt für seine Genehmigungsplanung. Es muss daher zunächst festgestellt werden, welches Leistungsbild angesprochen ist.

Für jedes Leistungsbild gibt es in der HOAI eine Anlage (Anlagen 2 bis 15), in der die Leistungen aufgelistet sind, die für 100 % des Honorars zu erbringen sind. Jeder Leistungsphase ist ein Prozentsatz des Gesamthonorars für das vollständige Leistungsbild zugeordnet. Die Prozentsätze sind verbindlich für die vollständige Erbringung der Leistungen verordnet. Dabei werden nur die in den Leistungsbildern ausdrücklich genannten Leistungen vom Preisrecht der HOAI erfasst. Die Aufzählung ist für die Honorarbestimmung abschließend. Ob und in welchem Umfang die Prozentsätze abgerechnet werden können, hängt vom Auftragsumfang und den tatsächlich erbrachten Leistung ab. Werden nicht alle Leistungen beauftragt oder erbracht, muss eine Bewertung der einzelnen Leistungen erfolgen. Da nach § 8 Abs. 2 HOAI die Bewertung der einzelnen Leistungen notwendig ist und diese in der HOAI nicht mit einem Prozentsatz versehen sind, wurden Splittingtabellen ausgearbeitet, in denen die Einzelleistungen mit Prozentsätzen versehen sind. Die Verwendung dieser Tabellen hat der BGH anerkannt. Die bekanntesten Tabellen von Simmendinger, Siemon und Steinfort lassen sich im Internet finden.

INFO

BEWERTUNG VON TEILLEISTUNGEN

Hier finden Sie Tabellen und Muster, wie Teilleistungen bei der Bestimmung von Architektenhonoraren zu bewerten sind:

► Siemon: www.abg-plus.de/abg2/ebuecher/ acroread/alle/arch_r/splittertabelle%20HOAI.pdf

► Steinfort wird bei diversen öffentlich zugänglichen Berechnungsmustern z. B. auf www.inge nieurversicherung.de/content/steinforttabelle-stein fortsche-tabelle verwandt.

► Unter Verwendung der Tabelle von Steinfort veröffentlicht Simmendinger unter www.hoai-gutachter.de/pdf/Teilleistungstabellen.pdf „eigene" Bewertungstabellen;

► Wer ein Teilhonorar berechnen möchte, findet Hilfe in verschiedenen als Freeware angebotenen Tools zur HOAI-Berechnung, z. B. www.free ware.de/download/hoai-detail_25468.html (nur für Honorare bis 100 000 €).

Es wird eine Spanne angegeben, mit welchem Prozentsatz des Gesamthonorars die einzelne Leistung bewertet werden kann. Eine schematische Anwendung von Tabellenwerken verbietet sich allerdings, da jedes Bauvorhaben andere Anforderungen stellt. Werden nicht alle Leistungen übertragen, können die Parteien selbst eine Bewertung der nicht übertragenen Leistungen vornehmen. Solange diese Vereinbarung nicht völlig willkürlich ist, kann ein Gericht keine andere Wertung vornehmen.

Die prozentuale Aufteilung des Honorars gewinnt vor allem bei der Kündigung des Architektenvertrags Bedeutung. In diesem Fall sind die erbrachten von den nicht erbrachten Leistungen abzugrenzen. Da die Beendigung des Vertrags vielfach im Verlauf einer Leistungsphase und nicht genau nach deren Beendigung erfolgen wird beziehungsweise die Leistungsphasen fließend ineinander übergehen, muss hier eine finanzielle Bewertung der Teilleistungen erfolgen.

BESTIMMUNG DER HONORARZONE: Hat man das Leistungsbild und die anrechenbaren Kosten festgestellt, muss als letzter Parameter zur Ermittlung des Mindesthonorars die Honorarzone ermittelt werden. Für jedes Leistungsbild regelt je ein Paragraph der HOAI die Honorarzone. Zur unverbindlichen Voreinordnung des Objekts in die Honorarzone im Bereich der Objektplanung und der Technischen Ausrüstung steht in den Anlagen für jedes Leistungsbild eine sogenannte Objektliste zur Verfügung. Es empfiehlt sich, zunächst in diese Objektliste zu schauen. Für die einzelnen Honorarzonen werden dort Beispiele genannt, die im Regelfall in dort aufgeführte Honorarzonen einzuordnen sind. Die Objektlisten ermöglichen eine vorläufige Einordnung. Sie stellen Regelbeispiele zur Verfügung, deren Gültigkeit im konkreten Fall widerlegt werden kann. Die Planung eines Wohnhauses fällt danach regelmäßig in Honorarzone III oder IV. Die in den Objektlisten enthaltenen Beispielobjekte können im Einzelfall auch höhere oder niedrigere Anforderungen stellen. Beispielsweise kann ein Haus mit einem hohen technischen Standard auch in die Honorarzone IV eingeordnet werden.

Die Objektlisten sind jedoch unverbindlich. Behauptet ein Vertragspartner eine vom

Regelbeispiel abweichende Einordnung, kann eine Ermittlung der Honorarzone auch nach Bewertungsmerkmalen (§ 5 Abs. 3 HOAI) erfolgen. Die jeweiligen Bewertungsmerkmale sind in den Vorschriften zu den einzelnen Leistungsbildern aufgeführt. Die bei den Leistungsbildern genannten Bewertungsmerkmale müssen hinsichtlich ihrer Schwierigkeit bewertet werden. Es ist also hinsichtlich aller Bewertungsmerkmale zu beurteilen, wie hoch die Anforderungen sind. Es kommt beim genannten Beispiel eine Beurteilung von „sehr geringe Planungsanforderungen" bis „sehr hohe Planungsanforderungen" in Betracht.

Auf die ebenfalls bei den Leistungsbildern niedergelegte Bewertung nach Punkten kommt es bei der Beurteilung anhand der Bewertungsmerkmale nur „gegebenenfalls", also nachrangig an.

Im Rahmen dieses Prüfungsschritts werden den einzelnen Bewertungsmerkmalen gemäß deren Schwierigkeit bestimmte Punkte zugewiesen. Aus der Addition der Bewertungspunkte kann dann die Honorarzone abgelesen werden. Welche Punkte welcher Honorarzone entsprechen, ist ebenfalls bei den jeweiligen einschlägigen Leistungsbildern geregelt.

Die Honorarzone ist grundsätzlich objektiv zu beurteilen. Es spielt dabei keine Rolle, für wie schwierig der Bauherr oder der Architekt die Planungsaufgabe hält. Vielmehr ist auf die Schwierigkeit für einen durchschnittlich ausgebildeten Planer abzustellen. Der BGH hat jedoch eine Ausnahme von der objektiven Ermittlung der Honorarzone zugelassen, wenn die Parteien „im Rahmen des ihnen durch die HOAI eröffneten Beurteilungsspielraums eine vertretbare Festlegung der Honorarzone vorgesehen haben". In diesem Fall soll die Vereinbarung der Parteien vom Richter zu berücksichtigen sein und nicht seiner Kontrolle unterliegen. Um Streit zu vermeiden, ist im Vertrag immer zu einer Festlegung der Honorarzone zu raten.

Unser Tipp: Die Honorartafeln weisen für eine Honorarzone oben die selben Werte aus, wie für die darüber liegende Honorarzone unten; also III oben = IV unten.

HONORARTAFELN / INTERPOLATION: Sind nunmehr alle Parameter bekannt, kann das Mindesthonorar errechnet werden. Dieses lässt sich aus den in der HOAI für jedes Leistungsbild enthaltenen Honorartafeln ablesen. Allerdings sind in den Honorartafeln die Honorarsummen immer nur für bestimmte „glatte" anrechenbare Kosten (zum Beispiel 100 000 €, 150 000 €, 200 000 €) ausgewiesen.

Die Honorare bei Zwischenwerten der Honorartafeln sind durch die Interpolation zu ermitteln. Diese ergibt sich wie folgt: Der Anteil, um den der konkret vorliegende Bezugsgrößenwert über den zuletzt erreichten Tafelwert dieser Bezugsgröße hinausgeht, steht im gleichen Verhältnis zur Differenz der aufeinander folgenden Tafelwerte der Bezugsgröße, zwischen denen sich der konkret vorliegende Betrag bewegt, wie der zu addierende Honoraranspruch (zum Honorarwert des zuletzt erreichten Tafelwertes) zur Differenz der aufeinanderfolgenden Honorarbeträge, die den zuvor benannten Bezugsgrößenwerten der jeweiligen Tafel entsprechen. Das sind die in der Verordnung angesprochenen Zwischenstufen der jeweils in den Honorartabellen festgehaltenen Vergütungsansprüche für exakt zugewiesene anrechenbare Kosten und Honorarsätze.

Es hat sich die folgende abstrakte Berechnungsformel durchgesetzt:

Gesamthonoraranspruch = a + (b x c : d)

a ist der Tafelhonorarwert für die nächstniedrige / zuletzt erreichte Stufe der Bezugsgröße in der anwendbaren Tafel

b ist die Differenz des tatsächlichen Wertes der Bezugsgröße und dem nächstniedrigen / zuletzt erreichten Wert der entsprechenden Bezugsgröße in der Honorartafel

c ist die Differenz der beiden Tafelhonorarwerte für den nächstniedrigen / zuletzt erreichten Tafelbetrag der entsprechenden Bezugsgröße und dem nächsthöheren / noch nicht erreichten Tafelbetrag der Bezugsgröße

d ist die Differenz der Tafelwerte der Bezugsgröße, in deren Zwischenbereich sich der tatsächlich vorliegende Wert der Bezugsgröße befindet.

Was das heißt, soll folgendes Anwendungsbeispiel zeigen: Bei einem Neubau eines unterkellerten Einfamilienhauses betragen die anrechenbaren Kosten 135 000 €. In der maßgeblichen Honorartabelle (§ 34 HOAI) sind die Unter- und Obergrenzen der Vergütung bei den verschiedenen Honorarzonen nur für anrechenbare Kosten von 100 000 € beziehungsweise 150 000 € angegeben.

Nach § 35 HOAI beträgt das Mindesthonorar für die Planung eines Gebäudes in der Honorarzone II bei 100 000 € anrechenbaren Kosten 12 644 € und bei 150 000 € anrechenbaren Kosten 18 164 €. Unter Verwendung der genannten Formel muss bei der Honorarermittlung für die hier konkret anrechenbaren Kosten von 135 000 € wie folgt gerechnet werden:

a entspricht dem Mindesthonorar für 100 000 € anrechenbare Kosten (zuletzt erreichte Stufe) und beträgt 12 644 €;

b beträgt 35 000 € und ist die Differenz der konkret anrechenbaren Kosten (135 000 €) zu dem Wert der zuletzt erreichten Stufe in der Tabelle des § 35 HOAI (100 000 €);

c beträgt 5 520 € und ist die Differenz der beiden Mindesthonorare für 150 000 € anrechenbare Kosten (18 164 €) und 100 000 € (12 644 €);

d beträgt schließlich 50 000 € und ist die Differenz der benachbarten Tabellenwerte der anrechenbaren Kosten (150 000 € und 100 000 €).

Die Berechnung lautet also:

	12 644 €
+	(35 000 € x 5 520 € : 50 000 €)
= Mindestnettohonorar	**16 508 €**

Unter Beachtung der mathematischen Grundregel „Punktrechnung geht vor Strichrechnung" errechnet sich ein Ergebnis von 16 508 € als Mindestnettohonorar für die Planung des konkreten Bauvorhabens. Ist der Mindestsatz ermittelt, darf dieses Honorar nicht unterschritten werden. Eine anders lautende Vereinbarung wäre unwirksam.

Honorarsatz / Schriftlichkeit

Frei vereinbar zwischen den Parteien ist immer der Honorarsatz. Die Honorartafeln der HOAI weisen den Von-Satz (= Mindestsatz) und den Bis-Satz (=Höchstsatz) aus. Üblich in der Praxis ist der Mindestsatz. Es können aber auch alle anderen Sätze zwischen Mindest- und Höchstsatz vereinbart werden.

Allerdings gibt es eine ganz wesentliche Einschränkung. Der Planer kann immer nur die Mindestsätze verlangen, solange ein darüber hinausgehender Honorarsatz nicht bei Auftragserteilung schriftlich vereinbart wird. Die Mindestsätze gelten also, wenn

▶ die Vereinbarung über höheres Honorar nicht bei Auftragserteilung getroffen wurde, oder

▶ die Schriftlichkeit nicht eingehalten wurde.

Mit Auftragserteilung ist der Zeitpunkt des Vertragsabschlusses gemeint. Wollen die Parteien also eine von den Mindestsätzen nach der HOAI abweichende Vereinbarung zum Honorar treffen, so ist diese Vereinbarung spätestens zu dem Zeitpunkt schriftlich zu fixieren, zu dem Einigkeit über alle Vertragspflichten erzielt wurde. Eine später getroffene Vereinbarung ist nicht „bei Auftragserteilung" erfolgt. Eine bei Auftragserteilung versäumte Honorarvereinbarung kann nicht nachgeholt werden.

Ist die Honorarvereinbarung nicht schriftlich festgehalten, ist sie unwirksam. Gemeint ist hier die gesetzliche Schriftform gemäß § 126 BGB. Dazu sind die eigenhändigen Namensunterschriften beider Parteien notwendig, die elektronische Form im Sinne des § 126 Abs. 3 BGB (keine E-Mail) oder eine notarielle Beurkundung des Vertrags.

Ein unterschriebenes Angebot und eine separate, mit einer Unterschrift versehene Annahmeerklärung reichen nicht aus. Beide Vertragspartner müssen auf derselben Urkunde unterschreiben oder jeweils das für den Vertragspartner bestimmte Exemplar, wenn mehrere gleichlautende Vertragsurkunden aufgenommen werden (§ 126 Abs. 2 BGB). Es reicht also aus, wenn jede Partei die für die andere Partei bestimmte Urkunde unterzeichnet. Das gilt auch für Honorarvereinbarungen per Telefax. Die Schriftform ist nur erfüllt, wenn eine Vertragspartei ein Angebot übermittelt und die andere auf dem erhaltenen Telefax unterzeichnet und dieses zurücksendet. Der Zugang der Originale ist nicht notwendig. Wechselseitige Telefaxe für Angebot und Annahme erfüllen hingegen ebenso wenig die Schriftform wie ein Briefwechsel. Gleiches gilt für ein Angebot und ein diesem folgendes separates Auftragsschreiben. Dies gilt erst recht für E-Mails.

Die gesetzliche Schriftform ist ferner nicht gewahrt, wenn das schriftliche Angebot nur mit Änderungen angenommen wird.

Honorarvereinbarung zwischen Mindest- und Höchstsatz nach der HOAI

Sinn der HOAI ist es, Mindest- und Höchstpreise für Leistungen vorzuschreiben. Es kommt daher nicht darauf an, ob die Parteien beim Abschluss einer Honorarvereinbarung einzelne Berechnungsparameter richtig vereinbaren. Allein entscheidend ist, ob die vereinbarte Vergütung zwischen Mindest- und Höchstsatz liegt. Innerhalb dieses Rahmens können Vereinbarungen über das Honorar als solches wie auch über die Berechnungsparameter getroffen werden. Es können vertragliche Bestimmungen zur Honorarzone, der Bewertung des eingeschränkten Leistungsumfangs und über § 6 Abs. 3 HOAI zu den anrechenbaren Kosten geregelt werden. Die HOAI beschränkt die Vertragsfreiheit also nicht generell, sondern schafft über eine Vergleichberechnung lediglich Vergütungsgrenzen nach oben und unten.

Die Rechtsprechung neigt dazu, getroffene Vereinbarungen über die Einstufung einzelner Berechnungsparameter als wirksam zu erachten, wenn sie nicht völlig abwegig sind. Danach können sich die Parteien zum Beispiel darüber verständigen, ob es eine Honorarzone III oder IV ist, oder ob die nicht beauftragte Teilleistung mit 0,5 % oder 1,0 % zu bewerten ist.

Es ist zudem in der Rechtsprechung anerkannt, dass auch andere Vergütungsstrukturen gewählt werden können. Innerhalb des vorgeschriebenen Korridors der Mindest- und Höchstsätze darf jedwede Abrede getroffen werden (zum Beispiel ein Pauschalhonorar, ein Zeithonorar nach Stunden oder die Abrechnung nach festgestellten Kosten).

Alle diese Vereinbarungen unterliegen aber dem Schriftformgebot und müssen bei Auftragserteilung abgeschlossen werden. Praktisch relevant ist die Pauschalvereinbarung, die erst einmal Kostensicherheit gibt, wenngleich nie ganz ausgeschlossen werden kann, dass die Abrechnung nach erstellter Kostenberechnung doch niedriger liegt. Die Pauschale kann zwangsläufig nur auf der Grundlage einer Vergleichsrechnung mit geschätzten Kosten erfolgen. Auch die Pauschale kann nicht bestehen bleiben, wenn es nachträglich Änderungen im Leistungsumfang gibt.

Honorarvereinbarung unter den Mindestsätzen

Allzu häufig werden Pauschalhonorare vereinbart, die die Mindestvergütungssätze für den Planer unterschreiten. Das Unterschreiten der Mindestsätze ist gemäß § 7 Abs. 3 HOAI nur in Ausnahmefällen und nur mit einer schriftlichen Vereinbarung bei Auftragserteilung möglich. Solche Ausnahmefälle können nur dann vorliegen, wenn aufgrund der besonderen Umstände des Einzelfalls unter Berücksichtigung des Zwecks der Mindestsatzregelung ein unter den Mindestsätzen liegendes Honorar angemessen erscheint.

Sind die Vertragsparteien zum Beispiel familiär oder sozial miteinander verbunden oder wirtschaftlich miteinander verstrickt, wird im Einzelfall das als Grund für eine Unterschreitung der Mindestsätze als ausreichend erachtet. Darüber hinaus wurden vereinzelte Ausnahmen vom Mindestsatzgebot im Falle der deutlichen Unterdurchschnittlichkeit der plänerischen Leistungen, wie beispielsweise bei standardisierten Planungen oder der mehrfachen Verwendung einer Planung, akzeptiert, soweit das nicht bereits im System der HOAI ausreichende Berücksichtigung finden konnte.

Eine Unterschreitung der Mindestsätze kann in vielfältigen Konstellationen gegeben sein, sie muss nicht ausdrücklich und unmittelbar erfolgen, sie kann auch in verdeckter Form vorliegen. Zum Beispiel können durch die Vereinbarung die Bemessungsgrundlagen des Honorars manipuliert werden, um dadurch den sich ergebenden Honoraranspruch zu mindern. Häufig versuchen Parteien die Mindestsätze dadurch zu umgehen, dass zum Beispiel voneinander zu trennende Kosten verschiedener Objekte zu anrechenbaren Gesamtkosten, insgesamt zu niedrige anrechenbare Kosten, eine zu niedrige Honorarzone oder die Bewertung der Leistungen nach zu niedrigen Prozentsätzen vereinbart werden. Auch solche Umgehungsversuche sind unwirksam.

Vergütung für Besondere Leistungen

Besondere Leistungen sind beispielhaft in den Anlagen zu den Leistungsbildern aufgeführt. Sie sind von den Grundleistungen, die in den Anlagen der einzelnen Leistungsbilder beschrieben sind, abzugrenzen.

Nach der Rechtsprechung des BGH ist, soweit sich aus dem Vertrag keine Besonderheiten ergeben, grundsätzlich davon auszugehen, dass die Parteien lediglich die Grundleistungen – also nicht die Vielzahl der möglichen Besonderen Leistungen – zu dem von der Vergütungsvereinbarung erfassten Vertragsgegenstand erheben.

Die Besonderen Leistungen sind danach grundsätzlich besonders zu vergüten. Die Vergütung für Besondere Leistungen unterliegt nicht dem Mindestsatzgebot. Die Honorare dafür können unabhängig von einer ausdrücklichen Nennung in der Anlage 2 frei vereinbart werden.

Ob es für weitere von der HOAI nicht erfasste Leistungen tatsächlich eine gesonderte Vergütung gibt und in welcher Höhe diese berechtigt ist, hängt aber von der konkreten Vertragssituation ab.

Grundsätzlich wird dabei zu gelten haben, dass allein der vertragliche Verweis auf die Leistungsbilder und die dortigen Leistungsphasen im Regelfall nicht ausreichend sein wird, um auch Besondere Leistungen oder zusätzliche Leistungen zum bereits vergüteten Vertragsgegenstand zu machen.

Treffen die Parteien keine andere Vereinbarung, betrifft eine Vergütungsvereinbarung immer nur die Grundleistungen. Sind daneben auch Besondere Leistungen zu erbringen, hält die HOAI für diese keine eigene Vergütung bereit. Ohne vertragliche Regelung dazu ist für diese weitergehenden Leistungen im Regelfall auch eine zusätzliche Vergütung zu leisten.

Anders ist das nur dann, wenn eine Pauschalabrede vorliegt, die sich auf alle Leistungen bezieht, welche für die Umsetzung des Bauvorhabens erforderlich sind. Eine Pauschalabrede kann so formuliert werden, dass die Vergütung für Leistungen außerhalb des zwingenden Preisrechts der HOAI mit umfasst sein sollen.

Vergütung der Baubeteiligten bei veränderter Leistung

Die Ausführungsplanung und die darauf aufsetzende Erstellung der Vergabeunterlagen (Leistungsbeschreibung) sind Grundlage für die Bestimmung des Leistungssolls des/der ausführenden Unternehmen/s. Für den Bauträger und Fertighaushersteller erfüllt die Bauleistungsbeschreibung die gleiche Funktion. Diese ist auf Grundlage einer vorhergehenden Planung regelmäßig vor Vertragsabschluss entstanden.

Ist die Planung gründlich erfolgt, sollten später keine Nachträge entstehen. Stellt sich allerdings während der Baumaßnahme heraus, dass es technische Probleme in der Umsetzung gibt, oder sind aus anderen Gründen Änderungs- und/oder Zusatzleistungen erforderlich, muss mit Nachträgen durch die Ausführenden gerechnet werden. Diese können auch durch zusätzliche Wünsche des Bauherrn während der Bauausführung begründet sein.

Grundsätzlich richtet sich der Vergütungsanspruch aller Werkunternehmer nach dem Werkvertragsrecht des BGB. Für alle Baubeteiligten gilt gleichermaßen: Der Vergütungsanspruch verändert sich, wenn der Leistungsumfang des Auftragnehmers sich ändert. Denkbar sind zusätzliche Wünsche, denkbar sind Einsparungen, denkbar sind Fälle, in denen für die bereits geschuldete Leistung keine Vergütung vereinbart wurde.

Nur für veränderte oder zusätzliche Bauleistungen gibt es eine ausdrückliche Regelung in den §§ 2 Abs. 5 und Abs. 6 VOB/B – wenn die VOB/B einbezogen worden ist. Ist die VOB/B nicht vereinbart, folgt der Anspruch für Bauunternehmen wie Planer aus § 632 Abs. 2 BGB. Die Ausgangslage bleibt jedoch dieselbe.

Grundsätzlich ist das als Vergütung geschuldet, was vertraglich vereinbart wurde. Das wiederum ist gegebenenfalls durch Auslegung zu ermitteln. Wenn die Preisabrede zum Beispiel für ein vom Bauherrn beauftragtes zusätzliches Dachflächenfenster war „wie gehabt", käme es darauf an, wie der Auftragnehmer seine übrigen Vertragsleistungen kalkuliert hat. Setzt sich hier der Angebotspreis für die übrigen Dachflächenfenster aus dem

Nachträgliche Änderungsanordnungen des Bauherrn für dem verbindlichen Preisrecht unterliegende Leistungen können dazu führen, dass sich die Baukosten in der Folge erhöhen.

Großhandelspreis, einer Einbaupauschale von 80,00 € und 10 % Zuschlag für allgemeine Geschäftskosten, Wagnis und Gewinn zusammen, gilt das dann auch für das vom Bauherrn zusätzlich beauftrage Fenster.

Bei einer geänderten Leistung ist danach der ursprüngliche Preis der vertraglich vereinbarten Leistung anhand der durch die Leistungsänderung entstehenden Mehr- oder Minderkosten anzupassen. Auch für eine zusätzliche, also im Vertrag so noch gar nicht vorgesehene Leistung bleibt bei Anwendung der VOB/B das ursprüngliche Preisniveau maßgeblich („guter Preis bleibt guter Preis und schlechter Preis bleibt schlechter Preis").

Ist keine Vergütungsabrede getroffen und auch nicht durch Auslegung zu ermitteln, was eigentlich nicht sein dürfte, ist zu prüfen, ob es eine „Taxe" gibt. Eine Taxe ist ein hoheitlich nach Bundes- oder Landesrecht festgelegter Preis. Für Bauleistungen bestehen keine Taxen. Baupreisindizes oder von Verlagen herausgegebene Baukostentabellen sind keine Taxen.

Existiert also weder eine Vergütungsabrede noch eine Taxe, ist für eine beauftragte Leistung die übliche Vergütung zu zahlen. Das ist die Vergütung, die zum Zeitpunkt des Vertragsabschlusses für Leistungen dieser Art und Güte

nach allgemeiner Auffassung der beteiligten Kreise am Ort der Werkleistung üblicherweise gezahlt wird. Anhaltspunkte dafür, was üblich ist, können regional gewichtete Baukostentabellen darstellen. Kommt es zu keiner Einigung, wird notfalls ein Gericht die übliche Vergütung durch einen Sachverständigen ermitteln lassen.

Für Architekten und Ingenieure entspricht der Mindestsatz der HOAI als verordnetes Preisrecht einer Taxe. Ist die Leistung eines Architekten auf Anordnung des Bauherrn zu ändern, erfolgt die Vergütung dafür in Anlehnung daran, welche Wertigkeit diese Leistungen nach dem System der HOAI haben anteilig. Bei der Bewertung helfen die sogenannten Splittingtabellen (→ Seite 201).

Eine gesonderte Regelung zur Honoraranpassung enthält die HOAI nur in § 10 für den Fall, dass Veränderungen für dem verbindlichen Preisrecht unterliegende Leistungen zu Baukostenveränderungen oder Wiederholung von Grundleistungen führen. Dann ist der bestehende Vertrag anzupassen. Das Honorar ist nach dem Verhältnis der durch Veränderung erhöhten Kosten zu den Kosten bei Vertragsschluss anzupassen. Der Honorarsatz bleibt auf diese Weise unangetastet. Wiederholte Leistungen können nach ihrer in Splittingtabellen vorgesehenen Wertigkeit wiederholt abgerechnet werden.

Schriftform ist keine Anspruchsvoraussetzung. Der Architekt muss allerdings nachweisen können, welche Leistungen bei Vertragsschluss zu welchen Kosten vorgesehen waren, um die Erhöhung darlegen zu können. Können die Parteien eine Einigung nicht herbeiführen, ist der Mehrvergütungsanspruch notfalls vom Gericht zu bestimmen.

Die Bauzeit

„Zeit ist Geld" – das gilt insbesondere für die Bauzeit. Dieser kommt für alle Baubeteiligten große wirtschaftliche Bedeutung zu, wird aber nicht für alle Beteiligten gleichermaßen gehandhabt. Das Thema Zeit ist also in jedem Vertrag mit Blick auf die konkret zu erbringende Leistung zu berücksichtigen.

▶ **FÜR DEN BAUHERRN** bedeuten Verzögerungen, dass bereitgestellte Finanzierungsmittel nicht abgerufen werden können und Bereitstellungszinsen gezahlt werden müssen. Eine Überschreitung des geplanten Fertigstellungstermins kann beim Bauherrn schließlich Kosten für längere Miete beziehungsweise Ersatzwohnraum verursachen. Sind Verzögerungen durch einen Umstand entstanden, den der Bauherr zu vertreten hat, kann das Mehrvergütungsansprüche der Beteiligten auslösen.

▶ **FÜR DAS AUSFÜHRENDE UNTERNEHMEN** können durch Verschiebungen, Unterbrechungen oder Verlängerungen Mehrkosten entstehen, die nicht kalkuliert sind. Während der Stillstandszeiten, in denen das Bauunternehmen Leistungen vorzuhalten hat, laufen die Kosten weiter. Der Polier oder der Bauzeichner können nicht einfach nach Hause geschickt werden, wenn die Bauaufsicht auf Intervention des Nachbarn die Baustelle hat stilllegen lassen.

Ein ausführendes Unternehmen muss seinen Verzug nicht rechtfertigen, wenn vorangegangene Arbeiten anderer Unternehmen, auf deren Leistung aufgebaut wird, verspätet fertig wurden. Die dadurch entstehenden Mehrkosten kann das nachfolgende Unternehmen gegenüber dem Bauherrn geltend machen! Dabei ist aber darauf zu achten, dass nicht jede Störung zwangsläufig zu einem Mehraufwand führt. Häufig können Störungen in einem Bereich durch vorgezogene Arbeiten anderer Stellen kompensiert werden. Nur dort, wo Arbeiten insgesamt nicht weiter geführt werden können, entsteht mit Sicherheit ein Mehraufwand.

So kann zum Beispiel der Parkettleger oder die Heizungs- und Sanitärfirma, die wegen nicht erledigter Vorarbeiten erst zwei Monate später anfangen kann, dadurch entstehende Mehrkosten abrechnen. Und die durch solche Baubehinderungen entstehenden terminlichen Verwerfungen sind Grund genug für das behinderte Unternehmen, sich an die vertraglich vereinbarten Fristen nicht mehr halten zu müssen. Selbst durch juristisch findige Konstrukte lässt sich außerdem das nachfolgende Unternehmen in diesen Fällen seinerseits nicht mehr hinreichend an Ausführungsfristen binden.

Eine etwa vereinbarte Vertragsstrafe wird dann sogar hinfällig, wenn das später ausführende Unternehmen seinerseits auch noch zu langsam arbeitet, da die ursprünglichen Vertragsfristen durch den verspäteten Anfang der Arbeiten ihre Geltung bereits verloren hatten.

Aber selbst wenn es auf der Baustelle für den Bauunternehmer zur geplanten Zeit an anderer Stelle etwas zu tun gibt, kann die Effektivität leiden, so zum Beispiel wegen wiederholter Einrichtung der Arbeitsbereiche, kleinteiligem Arbeiten, längeren Transportwegen etc. Ein Bauunternehmer wird in der Regel versuchen, diese Mehrkosten seinem Bauherrn in Rechnung zu stellen. Verschiebungen der Bauausführung in die kalte Jahreszeit können weitere Kosten für Winterbaumaßnahmen verursachen, die bislang nicht nötig gewesen wären. Führen vom Bauunternehmer nicht verschuldete Verzögerungen zu einer deutlichen Verlängerung der Ausführungszeit, ist das regelmäßig mit Kosten verbunden. Das gilt zum Beispiel für eine längere Vorhaltung der Baustelleneinrichtung, Lohn- und vor allem Materialpreissteigerungen während der Bauzeit und das Auslaufen von Preisbindungen seiner Lieferanten und Nachunternehmer.

Soll die Verzögerung durch Beschleunigungsmaßnahmen des Bauunternehmers (Einsatz von zusätzlichem Personal, Wochenendarbeit, Einsatz schneller härtenden Estrichs, Bautrockner etc.) kompensiert werden, müssen diese zusätzlichen Leistungen dem Bauunternehmer jedenfalls dann bezahlt werden, wenn er selbst die Verzögerung nicht zu vertreten hat.

▶ **FÜR DEN ARCHITEKTEN** sind in erster Linie Verlängerungen bei der Bauausführung mit höheren Kosten für die Bauüberwachung verbunden. Mehrkosten, die durch zusätzliche oder wiederholte Planungen entstehen, sind bei den dafür verlangten Honoraren bereits zu berücksichtigen.

Es gibt aber auch Verzögerungen, die durch fehlende Produktivität des ausführenden Unternehmens entstehen. Diese bedeuten für den Architekten mehr Baustellenbesuche. Allerdings ist die Leistung der Bauüberwachung nach der HOAI (Leistungsphase 8) zeitlich nicht eingeschränkt. Seltsamerweise spielt hier die Zeit keine Rolle, das heißt, der Architekt bekommt in dieser Konstellation ohne individuelle vertraglichen Regelungen zur Bauzeit immer das gleiche Honorar, selbst wenn sich die Bauzeit verlängert. Der Architekt hat also das Interesse daran, Regelungen zur Vergütung über einen zeitlich zu definierenden Rahmen hinaus in den Vertrag einzubringen und der Bauherr mit Blick auf die Vergütung des Architekten ein Interesse daran, dass es solche Regelungen nicht gibt. Allerdings wird er im Vertrag mit dem ausführenden Unternehmen einen Fertigstellungszeitpunkt vereinbaren, um den Einzug planen zu können.

Realistische Zeitplanung

Wichtig ist es, überhaupt einen Zeitplan aufzustellen und Ausführungsfristen für Beginn und Fertigstellung zu vereinbaren. Bei einer überschaubaren Baumaßnahme sollte es aber mit der Terminsteuerung nicht übertrieben werden. Jedes Bauvorhaben lässt nur eine bestimmte Menge an Arbeitsleistung zeitgleich zu. Sind zu viele Bauarbeiter gleichzeitig auf der Baustelle, sinken Effektivität und Qualität. Werden einem Bauunternehmer daher zu kurze Fristen abverlangt, wird er sich diesen Zeitdruck entweder bezahlen lassen oder durch Behinderungsanzeigen die vereinbarten Fristen auszuhebeln versuchen. Mit beidem ist auch Ihnen als Bauherrn nicht gedient.

Vertragsfristen

Um Rechtswirkungen zwischen den Beteiligten zu entfalten, müssen die Parteien bei Vertragsabschluss zumindest Vorstellungen über die Bauzeit gehabt haben. Im Regelfall heißt das, dass dafür die Bauzeit vereinbart wurde.

Allein die Existenz eines Bauzeitenplans heißt noch nicht, dass der Auftragnehmer auch die Einhaltung der dort genannten Termine schuldet! Vielmehr müssen im Vertrag konkrete Fristen, die „Vertragsfristen" vereinbart sein.

Während Angaben in einem Bauzeitenplan lediglich der Koordination dienen und allenfalls eine Fälligkeit der Leistung begründen, bewirkt die schuldhafte Überschreitung von Vertragsfristen Verzug. Das ist wichtig, weil nur bei Verzug das Vertragsverhältnis notfalls gekündigt und/oder Ersatz des Verzögerungsschadens verlangt werden kann. Als Vertragsfrist wird im Regelfall ein Anfangstermin und ein Endtermin vereinbart. Ist die Einhaltung weiterer Termine dazwischen von Bedeutung, können diese als „Zwischenfristen" vereinbart werden. Das kann zum Beispiel sinnvoll sein, wenn ein Werkunternehmer eine Vorleistung erbringen soll, auf die ein anderer Werkunternehmer zu einem bestimmten Termin aufzubauen hat. Die VOB/B sieht zu Terminen eine Regelung in § 5 VOB/B vor.

Die Vereinbarung von Vertragsfristen ist für den Bauherrn ein zweischneidiges Schwert. Er benötigt diese zwingend, um andere Beteiligte in Leistungsverzug setzen zu können, wenn die Baustelle einfach nicht weitergehen will. Das gilt für den Planer ebenso wie für das ausführende Unternehmen. In beide Verträge gehören Fristen, bis wann einzelne Leistungsteile (Zwischenfristen) beziehungsweise die vollständigen Leistungen (Fertigstellungsfrist) beizubringen sind. Es ist eine durchaus übliche Erfahrung, dass manch ein Bauunternehmer oder Architekt, der gleichzeitig mehrere Baustellen hat, dort vorrangig arbeitet, wo er am meisten Druck hat. Diesen Druck müssen Sie als Bauherr notfalls auch für Ihr Bauvorhaben aufbauen können, und dafür benötigen Sie Vertragsfristen.

Zwingen Ablaufstörungen zu einer Neuordnung des Bauablaufs, kann das den Verlust der vereinbarten Zwischen- und Fertigstellungsfristen bedeuten. Dann müssen neue Fristen vereinbart werden. Kommt eine Einigung auf neue Fristen nicht zustande, ist eine Inverzugsetzung im weiteren Bauverlauf mit erheblichem Aufwand und rechtlicher Unsicherheit (Prognoserisiko) verbunden und nur möglich, wenn der Bauzeitenplan realistisch fortgeschrieben wurde. Erfahrungsgemäß führen Verzögerungen zu weiteren Verzögerungen im späteren Bauablauf.

Andererseits muss sich auch ein Bauherr an vereinbarten Fristen festhalten lassen. Liegt zum Beispiel die Baugenehmigung oder die ausführungsreife Planung nicht vor und kann das Bauunternehmen deshalb nicht beginnen, spricht man von Behinderung. Liegen die Umstände für die Bauablaufstörungen im Verantwortungsbereich des Bauherrn, wird er sich regelmäßig mit dem Anspruch auf Mehrvergütung wegen derartiger Behinderungen durch die Bauausführenden konfrontiert sehen.

Es ist wesentlicher Teil der Arbeit des Architekten, bei der Vergabe von Aufträgen Zwischen- und Endfristen in die Verträge der anderen Beteiligten aufzunehmen, welche die Einhaltung des von ihm aufzustellenden Bauablaufsplans gewährleisten. Bei dem Vertrag mit dem Architekten selbst ist es Ihre Aufgabe zu vereinbaren, wann welche Planung vorzuliegen hat. Ebenso sollten für jeden anderen Vertragspartner terminliche Vorgaben gemacht werden. Das gilt natürlich genauso für den Fertighausanbieter und den Bauträger.

„Alles zu seiner Zeit"

Häufige Ursachen für Verzögerungen während eines Bauvorhabens sind insbesondere:

▶ Die Planung ist nicht rechtzeitig fertig, weil der Bauherr den Architekten nicht rechtzeitig beauftragt, seinem Architekten nicht die richtigen Informationen gibt oder sich zu Vorschlägen und Entwürfen seines Architekten nicht entscheiden kann, etc.

▶ Der vorgefundene Baugrund stellt andere Anforderungen als angenommen.

▶ Die Planung ist nicht rechtzeitig fertig, weil der Architekt nicht rechtzeitig und richtig arbeitet.

Nichts geht mehr, wenn der Bau zu Winterbeginn in einer temperaturkritischen Phase festhängt.

▶ Die Baugenehmigung wird verspätet erteilt.
▶ Die Übergabe des Grundstücks verzögert sich.
▶ Bauleistungen werden nicht rechtzeitig beauftragt.
▶ Das Wetter lässt bestimmte Arbeiten nicht zu.
▶ Vorunternehmerleistungen werden nicht rechtzeitig fertig.
▶ Die Baustelle wird vom Bauunternehmen nicht angemessen besetzt.
▶ Material wird nicht rechtzeitig beziehungsweise falsch geliefert.
▶ Die Ausführung der Leistung wird wegen Streits über Nachträge oder Abschlagszahlungen verweigert.
▶ Ein Werkunternehmer fällt in Insolvenz.
▶ Bereits ausgeführte Leistungen werden durch Dritte oder nachfolgende Unternehmen wieder beschädigt.
▶ Dem Bauherrn geht das Geld aus, weil die Baumaßnahme teurer wird als geplant.

Vertragsstrafen

Um einen Vertragspartner zur Einhaltung versprochener Fristen zu motivieren und dem Bauherrn im Fall der Überschreitung vereinbarter Fristen den konkreten Schadensnachweis

Checkliste für gutes Gelingen.
Die meisten der hier genannten Risiken sind durch die richtige Vorbereitung der Baumaßnahme, vertragliche Vorsorge und konsequente Überwachung der Einhaltung vertraglicher Verpflichtungen beherrschbar.
Hierzu gehört:

1	✓ **Planer und Bauunternehmen** werden nur in dem Umfang gebunden, der durch die Finanzierung des Bauvorhabens und die Übergabe des Grundstücks gesichert ist.
2	✓ **Die Baumaßnahme** beginnt mit ausreichendem Planungsvorlauf. Mit dem Architekten wird ein Fahrplan vereinbart, der von allen Vertragsparteien einzuhalten ist. Der Architekt hat dazu in der Vertragsanbahnungsphase Angaben dazu machen, welcher Zeitaufwand für die Planung, Ausschreibung und Bauausführung in etwa erforderlich sein wird. Kommt es dann zum Vertragsabschluss mit dem Architekten, sind entsprechende Fristen in den Architektenvertrag aufzunehmen. Auch mit beteiligten Planern und Gutachtern sollten Termine vereinbart werden, bis wann diese welche Leistungen vorzulegen haben.
3	✓ **Der Bauablaufplan** muss realistisch sein und Puffer zum Beispiel für Schlechtwetter und Unvorhergesehenes enthalten.
4	✓ **Die Baugenehmigung** ist rechtzeitig zu beantragen. Idealerweise wird ein Bauunternehmen erst beauftragt, wenn die Baugenehmigung bestandskräftig und die Planung des Architekten abgeschlossen ist. Der Bauherr verbietet sich selbst grundlegende Änderungen an der fertigen Planung.
5	✓ **Die benötigten Bauleistungen** werden auf der Grundlage einer fertigen Planung und rechtzeitig vor dem geplanten Baubeginn ausgeschrieben. Mit den Baufirmen werden auf den Bauablaufplan abgestimmte Vertragsfristen vereinbart.
6	✓ **Schließlich muss die** Einhaltung dieser vertraglichen Verpflichtungen überwacht, eingefordert und notfalls durchgesetzt werden. Das beinhaltet gegebenenfalls auch die Kündigung eines Unternehmers, wenn andernfalls die ganze Baustelle aus dem Terminplan gerät.

zu erlassen, kann eine Vertragsstrafe vereinbart werden. Derartige Vertragsstrafen können an die Überschreitung von Zwischen- oder Fertigstellungsterminen geknüpft werden. Geschieht dies durch vorformulierte Klauseln, bestehen nach der Rechtsprechung aber strenge Anforderungen an die Wirksamkeit entsprechender Vertragsstrafregelungen:

▶ Danach muss sich die Vertragsstrafe nach der Dauer der Vertragsfristüberschreitung bemessen.

▶ Ferner muss sie der Höhe nach begrenzt sein. Nach dem gegenwärtigen Stand der Rechtsprechung ist zumindest eine Vertragsstrafe in Höhe von 0,1 % der Nettoauftragssumme je Kalendertag der Überschreitung des Gesamtfertigstellungstermins und eine Begrenzung des Gesamtvertragsstrafenanspruchs auf 5 % der Nettoabrechnungssumme unkritisch.

Eine Vertragsstrafe kann auch für die Überschreitung von Zwischenfristen vereinbart werden. Bei einer privaten Baumaßnahme raten wir hiervon aber eher ab; erst recht, wenn Eigenleistungen erbracht werden. Das Risiko, dass eine derartige Klausel unwirksam ist und zum Wegfall des gesamten Vertragsstrafeversprechens führt, ist groß. Der Streit über den Anfall von Vertragsstrafen für Zwischenfristen kann zudem bereits lange vor Fertigstellung entbrennen und die Baumaßnahmen lähmen.

==Achtung:== Unbedingt zu beachten ist, dass sich der Bauherr die Vertragsstrafe bei der Abnahme der Bauleistung vorbehalten muss. Tut er das nicht, verliert er seinen gesamten Anspruch auf Vertragsstrafe. Dies gilt auch dann, wenn es nicht zu einer förmlichen Abnahme kommt, sondern die Abnahmewirkungen durch eine Abnahmefiktion anfallen oder die Parteien auf die Abnahme verzichten. Bestenfalls kann hier vertraglich vereinbart werden, dass die Vertragsstrafe mit der Schlusszahlung geltend gemacht werden kann.

Verzug des Auftragnehmers

Überschreitet der Bauunternehmer schuldhaft eine Vertragsfrist, kommt er mit seiner Leistung in Verzug. Setzt der Bauherr ihm dann eine angemessene Nachfrist, die geschuldete Leistung zu erbringen, und kommt der Auftragnehmer diesem Verlangen binnen der gesetzten Frist nicht nach, kann der Bauherr den Vertrag oder gegebenenfalls Teile davon kündigen. Eine derartige Vertragsbeendigung hat aber für beide Seiten erhebliche Auswirkungen. Sie sollten daher nur nach Rücksprache mit einem Rechtsanwalt ausgesprochen werden (vgl. „Vorzeitige Beendigung durch Anfechtung", Seite 222).

Aber auch ohne Kündigung oder Rücktritt hat der Auftragnehmer seinem Bauherrn den Schaden zu ersetzen, der diesem durch den Verzug entsteht. Dieser Schadenersatzanspruch ist der Höhe nach nicht begrenzt. Er besteht unabhängig davon, ob eine Vertragsstrafe vereinbart oder der Vertrag durch Kündigung beendet wurde. Allerdings muss sich der Bauherr eine angefallene Vertragsstrafe auf seinen Schadenersatzanspruch anrechnen lassen.

Zu ersetzen sind alle Schäden, welche auf den Verzug des Auftragnehmers zurückzuführen sind. Das können zum Beispiel Kosten für die längere Miete einer Ersatzwohnung, Zinsen, vom Bauherrn anderen Bauunternehmern wegen des Verzugs zu erstattende Stillstandskosten, Mehrkosten der Bauüberwachung oder die Kosten einer wegen des Verzugs notwendigen juristischen Beratung sein.

Aber: Die Zeit, die Sie als Bauherr zur Abwendung des Verzugs und Geltendmachung des Verzugsschadens aufwenden, also der Schriftverkehr mit den Mahnungen an den säumigen Unternehmer, das Zusammenstellen der Unterlagen mit den Verzugsschäden oder Besprechungen mit Ihrem Rechtsanwalt, stellen hingegen keinen ersatzfähigen Schaden dar. Darauf bleiben Sie dann sitzen.

Zahlungen

Nach dem Werkvertragsrecht des BGB sind die Werkunternehmer vorleistungspflichtig. Das heißt, sie erbringen grundsätzlich zunächst ihre Leistung und rechnen diese dann ab.

Üblicherweise ist aber weder ein Architekt noch ein Bauunternehmer in der Lage, alle seine Bauvorhaben entsprechend vorzufinanzieren. Für Material, Löhne und Nachunternehmerleis-

tungen benötigt ein Bauunternehmer bereits lange vor Fertigstellung seiner Leistung Geld. Auch ein Architekt muss seine laufenden Kosten für Büro, Mitarbeiter und den eigenen Lebensunterhalt abdecken und kann nicht ein halbes Jahr und länger auf die erste Zahlung des Bauherrn warten.

Allerdings kann keinem Bauherrn empfohlen werden, seinen Architekten und die Bauunternehmen bereits vor Leistungserbringung zu bezahlen. Denn damit würde er deren Insolvenzrisiko übernehmen. Und das ist gerade in der Bauwirtschaft keineswegs nur theoretischer Natur. Fällt ein Baubeteiligter vor Fertigstellung in Insolvenz, hat das für den Bauherrn erhebliche Konsequenzen. Nicht selten ist die Leistung dann auch mangelhaft, und es fehlt das Geld für die Fertigstellung.

Wenn Vorauszahlungen an ein Bauunternehmen geleistet werden, sollten diese daher immer durch eine Vorauszahlungsbürgschaft abgesichert werden. Derartige Vorauszahlungen werden zum Beispiel vereinbart, wenn ein Bauunternehmer für ein Bauvorhaben in großem Umfang Material einkauft oder die Anfertigung spezieller Teile in Auftrag gibt. Da ein Bauunternehmer aber nicht unbegrenzt Bürgschaften von seiner Bank erhält und mit der Bürgschaft zudem Kosten und administrativer Aufwand verbunden sind, kommt eine vollständige Vorausbezahlung praktisch nicht vor. Eine Ausnahme bilden bestimmte Bauträgerkaufverträge, wenn auch in Ihrem Interesse aus steuerlichen Gesichtspunkten bis zu einem bestimmten Zeitpunkt eine vollständige Zahlung gewollt ist.

Um einen angemessenen Ausgleich zwischen dem Finanzierungsbedürfnis der Auftragnehmer und dem Sicherungsbedürfnis des Bauherrn zu schaffen, ist eine Zahlung des Werklohns nach Planungs- und Baufortschritt üblich. Derartige Abschlagszahlungen kann sowohl der Planer als auch der Bauunternehmer nach § 632 a BGB, § 15 Abs. 2 HOAI beziehungsweise § 16 Abs. 1 Nr. 1 VOB/B in der Höhe des Wertes der dem Bauherrn bereits zugeflossenen Leistung verlangen.

Die vorher zu klärende Frage ist jedoch, was die für den Bauherrn bereits erbrachte Leistung

Hat der Dachdecker seine Arbeit mangelfrei erledigt, hat er Anspruch auf Bezahlung seiner Leistungen.

wert ist. Hier werden der Planer und Bauunternehmer ihren Leistungen häufig einen höheren Wert beimessen als der Bauherr.

Um Streit hierüber zu vermeiden, werden in Bauträgerverträgen anteilige Zahlungen nach Leistungsstand vereinbart. Welche Zahlung ab welchem Leitungsstand hier vereinbart werden darf, ist in der Makler- und Bauträgerverordnung (MaBV) geregelt.

Abschlagsrechnungen
der Vertragspartner

Wenn Sie einen Architekten beauftragt haben, gehört die Kontrolle von Zahlungsplänen und Abschlagsrechnungen der Bauunternehmen zu den ihm obliegenden Grundleistungen. Macht der Architekt hierbei einen Fehler, und erleiden Sie als Bauherr hierdurch einen Schaden (zum Beispiel weil ein Nachtrag in unzutreffender Höhe freigegeben wird oder sich eine Überzahlung des Bauunternehmers bei dessen Insolvenz nicht mehr zurückholen lässt), haftet der Architekt hierfür Ihnen gegenüber.

Gleichwohl sollten Sie selbst auch ein aktives Interesse daran haben, Ihre Bauunternehmen nicht zu überzahlen. Das schon deshalb, weil mit der letzten Zahlung die Bereitschaft von Bauunternehmern, überhaupt noch auf die Baustelle zu kommen, schlagartig abnimmt.

Relativ unproblematisch ist die Frage nach der angemessenen Höhe der Abschlagszahlung, wenn vom Bauunternehmer mit der Abschlagszahlung komplette Teilleistungen abgerechnet werden, für die im Vertrag ein Einheitspreis ausgewiesen ist (zum Beispiel ein Stück Fenster). Hier kann ein Zwischenaufmaß (→ „Kostenkontrolle", Seite 231) vorgenommen werden. Mit diesem kann die Berechtigung des verlangten Abschlags geprüft werden.

Schwieriger wird die Bewertung teilweise erbrachter Leistungen, wenn für die Leistung eine Pauschale vereinbart wurde, wenn der Preis für eine Leistung mehrere Teilleistungen enthält (zum Beispiel Fenster liefern, einbauen und Laibungen verputzen) oder wenn diese ein Aufmaß voraussetzen, welches mit größerem Aufwand verbunden ist. Um Diskussionen über den Wert erbrachter Teilleistungen zu vermeiden, empfiehlt sich auch hier, bereits mit Vertragsabschluss Zahlungspläne zu vereinbaren.

Beim Generalübernehmer beziehungsweise Fertighaushersteller wird regelmäßig kein Architekt zur Seite stehen. Hier haben sich in der Praxis Baubetreuer etabliert, die den Zahlungsplan überwachen. Darin wird eine Zahlung an den Abschluss und die Abnahme eines definierten Leistungsstands geknüpft (Bodenplatte, Kellergeschoss, Rohbau, Dachstuhl, Ausbau etc.). Gesetzliche Vorgaben für die zu bestimmenden Leistungsabschnitte gibt es nicht, sie ergeben sich aber in der Praxis aus einfach zu definierenden Zwischenschritten im Bauprozess.

Lediglich beim Bauträgerkauf sind in § 3 Abs. 2 der Makler- und Bauträgerverordnung Anknüpfungspunkte für eine entsprechende Zahlungsregelung zwingend vorgegeben.

Bei der Vereinbarung eines Zahlungsplans wird jeder Vertragspartner Ihnen gegenüber versuchen, möglichst früh bereits möglichst viel von der Gesamtvergütung abrechnen zu dürfen. Hierdurch verschafft er sich Liquidität und stärkt seine Verhandlungsposition, wenn es im späteren Verlauf des Bauvorhabens zu Streit kommt.

Bei der Vereinbarung eines Zahlungsplans müssen Sie sich als der Bauherr daher immer fragen, was bei Erreichen eines bestimmten Leistungsstands an noch zu erbringender Leistung fehlt und ob der verbleibende Restwerklohnanspruch ausreicht, um die fehlenden Leistungen noch verlangen zu können. Anderenfalls droht einem Bauherrn im Falle der Kündigung oder Insolvenz des Bauunternehmers eine böse Überraschung. Denn oftmals sind die Kosten für die Fertigstellung durch Dritte deutlich höher, als das, was der Bauunternehmer nach dem Vertrag noch an Restvergütung

---

Zahlungspläne an Leistungen binden

Zahlungspläne nach festen Kalenderterminen machen keinen Sinn und sollten nicht abgeschlossen werden. Sie geben keine Sicherheit, dass für die zu leistende Zahlung bis zum festgesetzten Termin auch eine angemessene Gegenleistung erbracht wurde.

---

zu bekommen hätte. Sie müssen dann also kräftig draufzahlen.

Das gilt insbesondere dann, wenn sich an der erbrachten Leistung noch Mängel befinden, die erst beseitigt werden müssen. Üblich ist es daher, Abschlagszahlungen nur in Höhe von 90 oder 95 % der erbrachten und nachgewiesenen Leistungen des Bauunternehmers zu leisten. Ein derartiger Einbehalt von den Abschlagszahlungen muss aber vereinbart werden.

Für Verbraucher (§ 13 BGB) ist in § 632 a Abs. 3 BGB auf jeden Fall gesetzlich geregelt, dass der Bauherr Anspruch auf Sicherheit in Höhe von 5 % der Gesamtvergütung hat. Stellt ein Bauunternehmer diese Sicherheit auf Verlangen nicht, kann der Bauherr gegenüber der Abschlagsrechnung jedenfalls ein entsprechendes Zurückbehaltungsrecht geltend machen und diese entsprechend kürzen.

Abschlagsrechnungen des Architekten

Bei Architektenleistungen ist es üblich, Abschlagsrechnungen an die Fertigstellung der einzelnen Leistungsphasen der HOAI zu knüpfen. Eindeutig ist dies aber nur bei dem Abschluss der Leistungsphase 4 – mit Erteilung der Baugenehmigung – und der Leistungsphase 8 – mit der Fertigstellung, Abnahme und Rechnungsprüfung der Bauleistungen.

Es empfiehlt sich daher, mit dem Architekten einen differenzierten Zahlungsplan zu vereinbaren – das schon deshalb, weil ein guter Architekt nicht sklavisch die einzelnen Leistungsphasen der HOAI abarbeiten wird. So wird er zum Beispiel bereits in der Entwurfsphase Details entwerfen, die zur Ausführungsplanung gehören. Auch die Leistungen der Leistungsphasen 6 und 7 (Vorbereitung und Mitwirkung bei der Vergabe) lassen sich nicht sinnvoll trennen.

Die ungefähre Höhe des Architektenhonorars wird aufgrund der Kostenvorgaben des Bauherrn beziehungsweise mit der Kostenberechnung des Architekten bereits relativ früh feststehen. Das Honorar kann daher bereits im Vertrag betragsmäßig aufgeteilt werden. Da ein Architekt sich in seinem Vertrag zur Erbringung bestimmter Leistungen bis zu bestimmten Zeitpunkten verpflichten soll, kann die Einhaltung dieser Verpflichtungen daher auch mit der Zahlung bezifferter Abschlagszahlungen belohnt werden. Auch den Architekten wird das motivieren.

Einbehalte des Bauherrn

Dem Anspruch des Werkunternehmers auf Zahlung eines Abschlags auf bereits erfolgte Teilleistungen kann ein Zurückbehaltungsrecht des Bauherrn entgegenstehen. Ein Zurückbehaltungsrecht gegenüber einer Abschlagsrechnung steht einem Bauherrn dann zu, wenn die Leistung Mängel aufweist. Das ist völlig unabhängig davon, welcher Leistungsbereich betroffen ist. Das Zurückbehaltungsrecht kann sogar hinsichtlich verschiedener Vertragspartner bestehen, etwa wenn die fehlerhafte Abdichtung der Terrasse durch fehlerhafte Ausführung des Bauunternehmers und fehlerhafte Überwachung des Architekten entstanden ist.

Um zu einer schnellen Mangelbeseitigung zu motivieren, darf der Bauherr das Doppelte (§ 641 Abs. 3 BGB) der für die Mangelbeseitigung erforderlichen Kosten bis zur Mangelbeseitigung (sogenannter Druckzuschlag) einbehalten und eine Abschlagsrechnung entsprechend kürzen. Naturgemäß wird ein Bauunternehmern seine Mängel und den Aufwand für ihre Beseitigung deutlich geringer einschätzen als der Bauherr. Aber auch hier sollte sich der Bau-

Warnzeichen für finanzielle Probleme

▶ Lassen Sie sich nicht zu Zahlungen hinreißen, wenn es ersichtlich wird oder der Auftragnehmer offenbart, dass er dringend weitere Zahlungen braucht, um weiter für Sie tätig sein zu können. Sie können die missliche Situation nicht dadurch heilen, dass Sie weiteres Geld in die Hand nehmen.

▶ Gibt es Anzeichen für eine drohende Zahlungsunfähigkeit des Werkunternehmers, muss vor weiteren Zahlungen der erreichte Leistungsstand unbedingt kritisch überprüft werden. Dabei dürfen nur die Leistungen bewertet werden, die bereits durch Einbau in das Eigentum des Bauherrn übergegangen sind.

▶ Anhaltspunkte für eine drohende Insolvenz des Bauunternehmers können zum Beispiel die Bitte von Nachunternehmern des Bauunternehmers um Direktzahlung (anstatt Zahlung über den Bauunternehmer), überhöhte Abschlagsforderungen des Bauunternehmers, schleppender Leistungsfortgang oder das Abholen von bereits geliefertem Material sein. Kündigt sich eine Insolvenz des Bauunternehmers an, muss geprüft werden, ob der Werkvertrag noch vor Insolvenzeröffnung gekündigt werden muss. Das deshalb, weil nach Eröffnung der Insolvenz der Insolvenzverwalter zunächst ein Wahlrecht hat, ob er den Vertrag weiter erfüllen will oder nicht. Bis zur Ausübung des Wahlrechts geht es auf der Baustelle nicht weiter. Zudem ist sehr fraglich, ob im Falle der Erfüllung des Vertrags durch den Insolvenzverwalter die Gewährleistung tatsächlich gesichert ist. Kündigungsgrund wird in der Regel die Leistungseinstellung beziehungsweise der Verzug des Werkunternehmers mit seiner Leistungserbringung sein. Die Kündigung sollte aber vom Bauherrn nur mit rechtlicher Beratung ausgesprochen werden.

herr auf die Empfehlung seines Architekten verlassen können. Einerseits wird kein vernünftiger Architekt durch überzogene Einbehalte einem Bauunternehmer die wirtschaftliche Möglichkeit für die weitere Leistungserbringung nehmen. Andererseits weiß ein Architekt, dass er für einen Mangel, den er im Rahmen der Bauüberwachung hätte vermeiden müssen, eventuell selbst mit in der Haftung ist. Er wird daher nicht leichtfertig Zahlungen an den Bauunternehmer freigeben, um dann selbst dafür zu haften. Mit Blick auf das Insolvenzrisiko des Bauunternehmers wird er daher Einbehalte dann nicht zu niedrig ansetzen, wenn der Umfang eines Mangels noch nicht absehbar ist.

Exkurs: Sicherungsverlangen des Auftragnehmers nach § 648 a BGB

Architekten wie auch Bauunternehmen haben grundsätzlich die Möglichkeit, ihrerseits Sicherheit für die Vergütung ihrer Leistungen zu verlangen (§ 648a BGB). Von diesem Verlangen wird häufig dann Gebrauch gemacht, wenn eine Mangelbeseitigung verlangt wird, die Leistung aber noch nicht vollständig bezahlt ist. Bringt der Bauherr die geforderte Sicherheit nicht, ist der Auftragnehmer seinerseits nicht mehr in der Pflicht, die Mängel zu beseitigen. Er kann bis zur Bereitstellung der Sicherheit von seinem Zurückbehaltungsrecht Gebrauch machen. Dann blockieren sich beide Seiten solange, bis der Bauherr die Sicherheit bringt oder der Auftragnehmer kündigt.

Es ist daher wichtig zu wissen, dass § 648a BGB nicht auf jeden Bauherrn Anwendung findet. Lässt eine natürliche Person (also zum Beispiel Sie) lediglich ein Einfamilienhaus herstellen, kann von dieser eine Sicherheit nach § 648 a BGB nicht verlangt werden. Es kann aber individuell vertraglich eine entsprechende Pflicht zur Sicherheitsleistung vereinbart werden. Für Sie als Bauherr bietet das im Grunde keinen Vorteil.

Insolvenz des Auftragnehmers

Wie wichtig eine Zahlung entsprechend dem tatsächlichen Leistungsfortschritt ist, zeigt sich im Falle der Insolvenz des Bauunternehmers. In diesem Fall darf sich ein Bauherr keine Hoff-

Bei der Abnahme der Fenster müssen sowohl die Rahmen als auch die Scheiben sauber geputzt sein.

nung machen, aus der Insolvenzquote noch nennenswerte Zahlungen zu erhalten. Ansprüche gegen den Bauunternehmer sind im Falle von dessen Insolvenz regelmäßig wirtschaftlich wertlos. Was Sie hier an den Bauunternehmer bereits überzahlt haben, ist verloren.

Wird ein Insolvenzverfahren eröffnet, können zudem bestimmte vor Insolvenz getroffene Abreden unwirksam oder anfechtbar sein. Hier besteht sogar die Gefahr, doppelt zahlen zu müssen. Um das Insolvenzrisiko zu beseitigen, kann dem Bauunternehmer eine sogenannte Vertragserfüllungsbürgschaft abverlangt werden. Diese muss so vereinbart werden, dass die Bürgschaft neben Schadenersatzansprüchen auch Rückforderungsansprüche aus Überzahlung absichert. Allerdings kostet dieses Mehr an Sicherheit auch zusätzliches Geld. Der Werkunternehmer wird die Kosten regelmäßig dem Bauherrn unmittelbar oder verdeckt in Rechnung stellen.

Regelungen zur Abnahme

Sind die Leistungen des Auftragnehmers vollständig und mangelfrei ausgeführt, hat dieser einen Anspruch auf Abnahme seiner Leistun-

gen, um damit die Fälligkeit seiner Vergütung herbeizuführen. Die Abnahme ist eine rechtsgeschäftliche Erklärung des Bauherrn. Sie als Auftraggeber erklären damit, die Leistung als vertragsgerecht entgegennehmen zu wollen. Mit der Abnahme sind zahlreiche Konsequenzen verbunden.

Das ausführende Unternehmen trägt bis zur Abnahme regelmäßig das Risiko, dass die erbrachte Leistung untergeht (zum Beispiel: durch einen Wasserrohrbruch quillt das Parkett auf, durch einen Dachstuhlbrand wird die Dachdeckung vernichtet). Bis zur Abnahme hat der Auftragnehmer daher die Leistung auch dann neu zu erbringen, wenn diese ohne sein Verschulden untergegangen, gestohlen oder beschädigt wurde (sogenannte Leistungsgefahr), es sei denn, der Bauherr wäre bereits zur Abnahme verpflichtet gewesen!! Somit entfällt auch die Schutzpflicht des Bauunternehmers gemäß § 4 Abs. 5 VOB/B erst nach der Abnahme der Leistung. Diese Regelung ist wesentlich für den Bauherrn, wenn mehrere ausführende Unternehmen auf der Baustelle nebeneinander arbeiten.

Das ausführende Unternehmen trägt ferner bis zur Abnahme grundsätzlich auch die sogenannte Vergütungsgefahr. Das bedeutet, dass durch den Bauherrn keine Vergütung zu zahlen ist, wenn die erbrachten Leistungen vor der Abnahme durch einen nicht vom Bauherrn zu verantwortenden Umstand zerstört oder beschädigt werden. Dies gilt allerdings nur dann, wenn der Bauherr nicht hätte bereits abnehmen müssen, die Leistung aufgrund von Zufall oder Umständen, die allein der Bauherr zu vertreten hat, zerstört oder verschlechtert wird.

Im Unterschied zum BGB-Werkvertrag gilt für den VOB-Bauvertrag, dass der Bauherr ausnahmsweise zahlen muss, wenn die Bauleistung vor der Abnahme durch höhere Gewalt, Krieg, Aufruhr oder andere unabwendbare vom Auftragnehmer nicht zu vertretende Umstände beschädigt oder zerstört wird. In diesem Fall muss der Auftragnehmer die Leistung nicht erneut erbringen und bekommt seine bereits erbrachte aber untergegangene (Teil-)Leistung dennoch vergütet.

Der Vertrag geht mit der Abnahme vom Erfüllungsstadium in das Gewährleistungsstadium

---

Abnahme durch neutrale Experten

In Bauträgerverträgen ist häufig die Abnahme durch einen Sachverständigen oder den TÜV vorgesehen. Lassen Sie sich hier nicht den Sachverständigen aufdrängen, der mit dem Bauträger/Fertighaushersteller schon mehrmals zusammen gearbeitet hat. Ist im Vertrag ein Sachverständiger benannt, der zur Abnahme bevollmächtigt sein soll, widerrufen Sie diese Vollmacht. Dieses Recht haben Sie.

über. Nimmt der Bauherr ein Werk ab, obwohl er einen Mangel kennt, kann er Gewährleistungsrechte allerdings nur dann noch eingeschränkt geltend machen, wenn er sich bei Abnahme diese Rechte nicht vorbehält (§ 640 Abs. 2 BGB). Das heißt, dass Sie bei der Abnahme alle ersichtlichen Mängel schriftlich dokumentieren und sich vom Bauunternehmen die Nachbesserung zusichern lassen müssen. Gehen Sie hier auf Nummer sicher und vertrauen Sie bei der Begehung zur Abnahme nicht

großmütigen Zusagen des Unternehmers „Das bessern wir schnell noch nach, ist klar. Das muss jetzt aber nicht extra schriftlich ins Protokoll…". Was nicht im Abnahmeprotokoll steht, wird später kaum noch nachgebessert werden! Die Abnahme ist für die Beweislast bezüglich möglicher Mängel von großer Bedeutung. Vor der Abnahme muss der Auftragnehmer beweisen, dass seine Leistung keine Mängel hat. Kommt es hierüber zum Streit, muss der Auftragnehmer den Kostenvorschuss für einen Sachverständigen zahlen. Diese Regel gilt selbst dann, wenn der Vertrag gekündigt wurde oder der Bauherr die Selbstvornahme (vgl. „Rechte nach Fristsetzung", Seite 218) durchgeführt hat. Mit der Abnahme müssen Sie nunmehr beweisen, dass ein Mangel vorliegt und den Kostenvorschuss für den Sachverständigen zahlen. Anders ist es nur dort, wo Mängel im Abnahmeprotokoll vorbehalten sind.

Mit der Abnahme beginnt auch die Gewährleistungsfrist für Mängel zu laufen.

Schließlich ist die Abnahme Voraussetzung für die Fälligkeit des Schlussrechnungsbetrags. Der Auftragnehmer kann damit nicht mehr nur eine vorläufige Abschlagszahlung, sondern die volle Vergütung verlangen. Abschlagsrechnungen, die bis zu diesem Zeitpunkt nicht beglichen wurden, verlieren ihre Fälligkeit und ihre Durchsetzbarkeit.

Die Abnahme wird nach der Realisierung der Baumaßnahmen durchgeführt. Wie sie durchgeführt wird, ist in „Fertigstellung und Abnahme" ab Seite 339 beschrieben. Ist eine formelle Abnahme vereinbart, ist ein Protokoll aufzustellen. Das ist schon aus Beweisgründen sinnvoll. Dieses Protokoll muss dann unbedingt einen Vorbehalt hinsichtlich bekannter beziehungsweise erkennbarer Mängel und der Geltendmachung der Vertragsstrafe – soweit eine solche vereinbart ist – enthalten.

Ist keine förmliche Abnahme vereinbart, sind fiktive oder konkludente Abnahmen möglich. Liegen die Voraussetzungen dafür vor, treten die Wirkungen der Abnahme auch ohne Ihre ausdrückliche Abnahmeerklärung ein.

Ist die VOB/B wirksam vereinbart, bestimmt § 12 VOB/B, dass die fiktive Abnahme unabhängig vom Willen des Bauherrn eintritt, wenn binnen 12 Werktagen nach schriftlicher Mitteilung des ausführenden Unternehmens über die Fertigstellung der Leistung keine förmliche Abnahme verlangt oder diese nicht ausdrücklich verweigert wird. Eine entsprechende Fertigstellungsmitteilung ist dabei bereits in der Zusendung der Schlussrechnung zu sehen; das heißt, diese gilt bereits als entsprechende Mitteilung.

Wird die Leistung in Benutzung genommen, ohne dass eine förmliche Abnahme verlangt oder ausdrücklich verweigert wird, tritt die Abnahmefiktion nach § 12 VOB/B bereits nach 6 Werktagen ein, wobei der Samstag als Werktag zählt.

Die Abnahmefiktionen sind für einen Bauherrn deshalb so gefährlich, weil er sich auch im Falle der fiktiven Abnahme seine Ansprüche wegen Mängeln und der Vertragsstrafe vorbehalten muss. Wegen dieser Gefahr soll die Reglung zur fiktiven Abnahme nach VOB/B in einem Verbrauchervertrag AGB-rechtswidrig und damit unwirksam sein. Das gilt allerdings nur dann, wenn der Auftragnehmer die VOB/B in den Vertrag einbezogen hat. Hat der Architekt im Rahmen der Vergabeunterlagen den Vertrag gestellt, ist der Bauherr Verwender der Klausel und muss sich an diese halten. In vom Bauherrn gestellten Verträgen sollte daher immer eine formelle Abnahme verlangt werden.

Eine ähnliche Abnahmefiktion hat der Gesetzgeber in § 640 Abs. 1 Satz 3 BGB vorgesehen. Danach steht es der Abnahme gleich, wenn der Bauherr das abnahmefähige Werk nicht innerhalb einer ihm vom Unternehmer bestimmten angemessenen Frist abnimmt. Welche Frist angemessen ist, hängt von den Umständen des jeweiligen Falles ab.

Ist die VOB vereinbart, wird die Frist des § 12 Abs. 1 VOB/B von 12 Werktagen als angemessen gelten. In diesem Fall nützt es nichts, wenn die formelle Abnahme vertraglich vereinbart ist. Der Bauherr muss einen Abnahmetermin vereinbaren und gegebenenfalls in diesem die Abnahme verweigern oder eben unter Vorbehalt erklären.

Auch beim BGB-Vertrag kann in dem Verhalten des Bauherrn, besonders durch die bestimmungsgemäße Ingebrauchnahme des Werkes, eine schlüssige (= konkludente) Abnahme gesehen werden. Zieht ein Bauherr kommentarlos in das neu errichtete Haus ein und reklamiert nichts, wird nach Ablauf einer gewissen Prüffrist unterstellt, dass er damit zum Ausdruck bringt, die Leistungen als vertragsgemäß anzuerkennen und gegen sich gelten zu lassen.

Das bedeutet nun nicht, dass vor der Beseitigung des letzten Mangels kein Einzug in das neue Heim möglich ist. Jedoch sollten Sie sich im Falle erkennbarer beziehungsweise bekannter Mängel entsprechend eindeutig gegenüber dem verantwortlichen Unternehmer verhalten. Das kann zum Beispiel ein Einschreiben/Rückschein an den Bauunternehmer sein, dass Sie wegen einer gekündigten Mietwohnung schon jetzt einziehen müssen, aber gleichwohl auf eine Abnahme und bestimmte Mangelbeseitigungsarbeiten bestehen. In diesem Rahmen ist auch ein Einzug in ein erheblich mangelhaftes oder unvollständiges und damit gar nicht abnahmefähiges Haus möglich, ohne dass man seine Ansprüche verwirkt.

Die Abnahme der Leistungen von Planern erfolgt so gut wie nie formell. Sie wird im Regelfall angenommen, wenn der Planer seine Schlussrechnung stellt und der Bauherr diese ausgleicht, ohne die Unvollständigkeit oder Mangelhaftigkeit der Leistung zu monieren. In diesem Fall bedeutet Ihre (Schluss-)Zahlung als Entgegennahme und Abnahme der geschuldeten Leistung!

Regelungen zu Mängeln / Gewährleistungsrechte

Die Leistung des Auftragnehmers ist mangelhaft, wenn sie nicht der vertraglichen Leistungsverpflichtung entspricht. Bei Juristen heißt es dann, dass das vereinbarte „Leistungs-Ist" nicht dem geschuldeten „Leistungs-Soll" entspricht. Ist die Leistung des Auftragnehmers mangelhaft, stellt sich die Frage, wie der Bauherr zu einer mangelfreien kommt. Das ist Gegenstand des Gewährleistungsrechts. Die Gewährleistung für Leistungen der Auftragnehmer richtet sich gesetzlich nach dem allgemeinen Werkvertragsrecht, §§ 633 bis 639 BGB. Ausgangspunkt ist immer das konkrete Leistungssoll:

Wurde das erbracht, was vertraglich geschuldet war? Die Vertragsparteien können abweichend vom Gesetz zur Gewährleistung umfangreiche Modifikationen vereinbaren.

Anzeige des Mangels

Um ein Mangelrecht geltend zu machen, muss der Mangel dem Auftragnehmer zunächst angezeigt und eine angemessene Frist zur Mangelbeseitigung gesetzt werden. Dabei muss der Mangel aber nur umschrieben werden. Von dem Bauherrn wird nicht verlangt, dass er dem Auftragnehmer technische Details anzeigt. Die Mangelanzeige muss nur das Symptom des Mangels beschreiben, um alle Rechte wegen der technischen Gründe des Mangelsymptoms zu sichern. Für eine Mangelanzeige wäre also beispielsweise folgende Beschreibung ausreichend:

„Die nördliche Kelleraußenwand ist an zwei etwa ein m² großen Stellen im Bereich unter den Lichtschächten feucht".

Es ist nicht notwendig, dass vom Bauherren erforscht wird, woher das Mangelsymptom kommt. Im Beispielsfall müssen Sie also insbesondere nicht erläutern, ob ein Fehler in der Horizontal- oder Vertikalabdichtung oder der Andichtung der Kellerlichtschächte besteht. Gleichwohl sollten Sie sich bei der Beschreibung des Mangelsymptoms im eigenen Interesse Mühe geben. Beigefügte Fotos des beschriebenen Mangels schaffen immer zusätzliche Klarheit. Die Hilfe eines Sachverständigen muss für die Mangelanzeige aber nicht unbedingt in Anspruch genommen werden.

Wenn Sie keine Frist zur Mangelbeseitigung setzen, wird sich der Gewährleistungsanspruch regelmäßig nicht durchsetzen lassen. Ausnahmen lassen Gesetz und Rechtsprechung nur in äußerst begrenztem Rahmen zu. Die praktisch wichtigsten sind, dass der Unternehmer den Mangel bereits unmissverständlich und endgültig zurückgewiesen hat oder aber der Mangel sich derart im Bauwerk bereits verkörpert hat, dass er sich nicht mehr beseitigen lässt und daher sinnlos ist.

Im Unterschied zu ausführenden Bauunternehmen kann ein Planer bei einem Mangel seiner Leistung nicht mehr nachbessern, wenn sich dieser schon im Bauwerk verkörpert hat. Daher brauchen Sie auch gegenüber dem Planer regelmäßig keine Frist zur Mangelbeseitigung setzen, wenn der Mangel bereits zu einem Bauwerksschaden geführt hat. Nach Ab-

Ursachenforschung: Warum sind diese Dachbalken kurz nach dem Einbau durch Wasser gezeichnet?

schluss der Planerleistung sind Gewährleistungsansprüche gegen den Planer daher direkt als Schadenersatzansprüche durchsetzbar.

Ansprüche können selbstverständlich nur gegenüber demjenigen geltend gemacht werden, der seine vertragliche Leistung nicht richtig erbracht hat. Daher können Sie als Bauherr dem Subunternehmer des Fertighausherstellers keine wirksame Frist setzen. Sie können sich nur an Ihren Vertragspartner direkt wenden, also den Haushersteller.

Das Problem: Ein Mangel muss immer einem der am Bau Beteiligten zugeordnet werden, das heißt, der ursächlich Schuldige muss festgestellt werden. Dabei ist natürlich immer im Blick zu behalten, wer welche Leistung schuldet. Diese Zuordnung kann im Einzelfall schwierig sein. Läuft zum Beispiel der Keller voller Wasser, kann das daran liegen, dass der Bodengutachter den Wasserstand falsch ausgewiesen, der Architekt die Abdichtung falsch geplant, das ausführende Unternehmen die Abdichtung falsch ausgeführt und der Architekt dabei wiederum nicht ordnungsgemäß überwacht hat. Also wer ist dann schuldig und damit haftbar?

Rechte nach Fristsetzung

Bestehen Mängel am Werk sieht das Gesetz in § 634 BGB verschiedene Rechte des Bauherrn vor.

▶ Nach abgelaufener Nachbesserungsfrist kann der Bauherr die vorhandenen Mängel beseitigen. Kommt der Unternehmer dem nicht nach, kann sich der Bauherr überlegen, ob er den Unternehmer gerichtlich auf die Nacherfüllung in Anspruch nimmt oder einen Dritten mit der Mangelbeseitigung beauftragt und die entstandenen Kosten vom Unternehmer ersetzt verlangt. Hierfür kann auch ein Vorschuss in Höhe der zu erwartenden Brutto-Mangelbeseitigungskosten verlangt werden.

▶ Mängelbeseitigungskosten können ebenfalls als Schadenersatz verlangt werden. Bis zur Mängelbeseitigung kann jedoch nur der Nettobetrag verlangt werden. Wenn der Mangel dann tatsächlich beseitigt wird, kann die konkret angefallene Umsatzsteuer

Auch Jahre nach der Abnahme können sich noch Baumängel zeigen, die dann auf Gewährleistung vom Bauunternehmer behoben werden müssen.

nachgefordert werden. Grund hierfür ist, dass der Schadenersatzanspruch unabhängig davon besteht, ob der Mangel tatsächlich beseitigt wird und dass der Anspruchsberechtigte bei Nichtbeseitigung des Mangels nicht an der gesetzlichen Umsatzsteuer profitieren soll.

▶ Statt dem Verlangen nach Mangelbeseitigung und Schadenersatz besteht schließlich die Möglichkeit, wegen vorhandener Mängel die Vergütung zu mindern.

Außerdem kann beim Bestehen von Mängeln die Vergütung des Unternehmens zurückbehalten werden. Anerkannt ist insoweit, dass im Regelfall der doppelte Betrag der Mangelbeseitigungskosten zurückgehalten werden kann. Es ist jedoch nicht möglich, die Vergütung nicht zu zahlen und zusätzlich Schadenersatz für die Mangelbeseitigung in voller Höhe zu verlangen. Denn dann hätte man durch den Mangel sogar noch Geld gewonnen, was die Rechtsordnung aber nicht akzeptiert.

Sind die verursachten Mängel nicht nur unerheblich, und ist die Frist zur Mangelbeseitigung fruchtlos abgelaufen oder wird diese vom Auftragnehmer verweigert, ist damit regelmäßig das Vertrauensverhältnis zwischen Bauherrn und Unternehmer zerrüttet. Es besteht dann die Möglichkeit, den Bauvertrag aus wichtigem Grund zu kündigen beziehungsweise von diesem zurückzutreten. Die VOB/B sieht das ausdrücklich nach §§ 4 Abs. 7, 8 Nr. 3 VOB/B vor. Da sich dadurch für Sie aber erhebliche rechtliche Risiken ergeben können, sollten Sie eine derartige Entscheidung nicht ohne rechtliche Beratung treffen.

Die Wahl, welche Gewährleistungsansprüche Sie in Anspruch nehmen, will gut überlegt sein. Teilweise ergänzen sich die genannten Rechte, teils schließen sie sich aus. Ist ein Gestaltungsrecht ausgeübt worden, kann nicht anschließend doch noch auf eine andere Rechtswahl übergeschwenkt werden.

Achtung: Vielfach wird in Bauverträgen versucht, die gesetzlichen Ansprüche bei Mängeln einzuschränken. Entsprechende Regelungen können sich im notariellen Kaufvertrag selbst, in der Baubeschreibung oder sonstigen Allgemeinen Geschäftsbedingungen (AGB, „Kleingedrucktes") finden.

Auch die VOB/B ist eine Allgemeine Geschäftsbedingung. Dieses Vertragswerk modifiziert das gesetzliche Haftungssystem zum Teil erheblich! Gegenüber Verbrauchern kann die VOB/B nur wirksam vereinbart werden, wenn das Unternehmen ihnen den vollständigen Text übergibt. Selbst wenn die VOB/B aber wirksam in das Vertragsverhältnis einbezogen ist, so ist jede darin enthaltene Klausel nach dem Recht der Allgemeinen Geschäftsbedingungen auf ihre Wirksamkeit hin zu kontrollieren. Gut zu wissen: Eine Vielzahl der in der VOB/B enthaltenen Regelungen ist danach gegenüber Verbrauchern unwirksam. Ob die Einschränkung der Gewährleistungsrechte wirksam ist oder zum Beispiel der Bauherr gegen Ansprüche des beauftragten Unternehmens nicht aufrechnen darf, ist eine Frage des Einzelfalls und muss im Streitfall geprüft werden.

Mangelhaftigkeit des Architekten- beziehungsweise Ingenieurwerks

Die Mangelhaftigkeit des Werkes eines Planers kann schon im Rahmen der Planung, aber auch bei der Bauüberwachung auftreten. Im Wesentlichen können diese die gleichen Mängelkomplexe betreffen.

Typische Fehler in der Planung liegen vor, wenn diese – dauerhaft – nicht genehmigungsfähig ist (zum Beispiel falsche Abstandsflächen, fehlerhafter Brandschutz) oder die Planung lückenhaft ist. Die Planung ist auch fehlerhaft, wenn sie gegen die anerkannten Regeln der Technik verstößt. Die Planung ist aber auch dann mangelhaft, wenn sie an den wirtschaftlichen Vorgaben des Bauherrn vorbei geht oder sogar den vertraglich vereinbarten Vorgaben des Bauherrn nicht entspricht. Kein Bauherr muss sich erklären lassen, das Schlafzimmer müsse 3 qm kleiner werden, die Zimmerdecken 0,20 m niedriger ausfallen und er auf den vereinbarten Wintergarten verzichten, weil das jetzt nicht anders gehe.

Wann eine Bauüberwachung mangelhaft ist, ist in „Qualitätsmanagement" ab Seite 338 beschrieben.

Für den einem Fachplaner übertragenen Leistungsbereich haftet grundsätzlich nur dieser. Eine Haftung des daneben beauftragten Architekten kommt nur dann in Betracht, wenn sich diesem der Fehler des Fachplaners hätte aufdrängen müssen, das heißt, wenn der Fehler erkennbar war und der Architekt diesen auch ohne das Spezialwissen des Fachplaners hätte erkennen können. Aber auch wenn er den Fehler des Fachplaners oder auch des ausführenden Unternehmens hätte erkennen können, ist er nicht voll in der Haftung. Als Bauherr müssen Sie sich hier für das von Ihnen beauftragte, fehlerhaft arbeitende Unternehmen oder den Fachplaner einen Mitverschuldensanteil anrechnen lassen.

Einen Planer können Sie regelmäßig nur auf Minderung oder Schadenersatz in Anspruch nehmen. Er schuldet keinen Vorschuss für die Ersatzvornahme bei Mängeln, die durch fehlerhafte Überwachung zustande gekommen sind, weil seine Leistung nicht in der tatsächlichen Bauausführung liegt.

Vereinbarung der Verjährung

Die im BGB geregelten Gewährleistungsrechte unterliegen der Verjährung. Das bedeutet, dass die Rechte nach einem bestimmten Zeitraum nur noch dann wirksam geltend gemacht werden können, wenn sich der Unternehmer nicht auf die Verjährung beruft. Auf letzteres kann man aber im Regelfall kaum hoffen.

Nach dem gesetzlichen System tritt die Verjährung 5 Jahre nach Abnahme der Bauleistungen ein. Die VOB/B sieht einen Zeitraum von lediglich 4 Jahren nach der Abnahme vor. Unser Tipp: In der Praxis werden auch für Verträge, die unter Einbeziehung der VOB/B abgewickelt werden, 5 Jahre Gewährleistung vereinbart. Erst mit der Abnahme oder der Abnahmeverweigerung trotz Abnahmefähigkeit (§ 640 Abs. 1 Satz 3) beginnt die Verjährung im Hinblick auf Sekundäransprüche (Gewährleistungsansprüche).

Treten Mängel auf und ist zu erwarten, dass diese innerhalb der Verjährungsfrist nicht mehr durch den Unternehmer beseitigt werden, müssen Sie als Bauherr darauf bedacht sein, den Ablauf der Verjährung zu hemmen. Hierfür gibt es mehrere Möglichkeiten.

▶ In Betracht kommt, dass der Unternehmer schriftlich erklärt, auf die Einrede der Verjährung zu verzichten.

▶ Auch Verhandlungen über Mängel und die daraus resultierenden Gewährleistungsrechte können im Einzelfall die Verjährung hemmen.

▶ Weiterhin können im Rahmen eines gerichtlichen Beweisverfahrens die Dokumentation und Begutachtung der Mängel und die Bestimmung der Mangelbeseitigungskosten verlangt werden. Dabei wird durch einen gerichtlich bestellten Sachverständigen festgestellt, ob Mängel am Werk bestehen. Teilweise wird dort auch festgestellt, wer diese Mängel verursacht hat. Denkbar sind Planungs-, Ausführungs- und Überwachungsmängel. Überschneidungen sind dabei nicht ausgeschlossen.

Dieses Verfahren kann der Bauherr auch ohne einen Anwalt selbst dann führen, wenn es in den Zuständigkeitsbereich des Landgerichts fällt, also mehr als 5 000,00 € Mangelbeseitigungskosten zu erwarten sind.

▶ Ebenfalls kann im Rahmen einer Klage Mangelbeseitigung, Schadenersatz oder Kostenvorschuss verlangt werden.

In all diesen Fällen eines gerichtlichen Vorgehens ist der Lauf der Verjährung für die Dauer des Verfahrens gehemmt. Die Hemmung bezieht sich aber immer nur auf den konkret gerügten Mangel. Der Haken an der Sache: Das gerichtliche Verfahren ist im Regelfall mit erheblichen Kosten insbesondere für Sachverständigengutachten etcetera verbunden.

INFO **RECHTSSCHUTZVERSICHERUNG**
Bei Neuverträgen werden Streitigkeiten im Zusammenhang mit der Planung, Errichtung, dem Um- und Ausbau von Immobilien gewöhnlich von keiner Rechtsschutzversicherung abgedeckt, da den Versicherern das finanzielle Risiko zu hoch wäre. Nur alte Rechtsschutzpolicen, die vor 1975 abgeschlossen wurden, beinhalten mitunter noch Rechtsschutz für die Bauherren bei Auseinandersetzungen.

Auch Gewährleistungsansprüche gegen den Architekten oder Ingenieur verjähren gemäß § 634 a Abs. 1 Nr. 2 BGB innerhalb von 5 Jahren nach der Abnahme. Das gilt sowohl für Planungs- als auch Überwachungsleistungen. Bei Übertragung der Leistungsphase 9 an den Planer sind seine Leistungen aber erst dann vollständig erbracht, wenn die Gewährleistung des/der ausführenden Unternehmen/s beendet ist. Das heißt, dass seine Gewährleistung erst fünf Jahre nach Ablauf der Gewährleistung der Bauunternehmen endet.

Vereinbarung von Sicherheiten / Einbehalten

„Recht haben und Recht bekommen" ist bekanntlich zweierlei. Recht bekommen und Geld bekommen auch. Ein leider nicht seltenes Szenario ist Folgendes: Die Arbeiten des Bauunternehmers sind fertig und augenscheinlich in Ordnung. Die Schlussrechnung des Unternehmers wird daher vollständig gezahlt. Einige Zeit später zeigen sich Mängel. Der Unternehmer lehnt eine Verantwortlichkeit ab oder reagiert gar nicht. Der Bauherr nimmt daraufhin den Werkunternehmer wegen der Kosten der erforderlichen Mangelbeseitigung gerichtlich in

Anspruch. Der Bauherr zahlt Anwalts- und Gerichtskosten sowie ein teures, vom Gericht über die Mängel eingeholtes Gutachten.

Nach Jahr und Tag hält der Bauherr endlich ein Urteil in den Händen, das den Bauunternehmer zur Zahlung der Mangelbeseitigungskosten verurteilt. Nunmehr erklärt der Bauunternehmer, dass er leider nicht zahlen könne und meldet Insolvenz an. Das Insolvenzverfahren wird mangels Masse eingestellt.

Das Risiko, beim Bau finanziellen Schaden zu erleiden, weil die Vertragspartner ihren vertraglichen Pflichten nicht nachkommen, lässt sich nicht ausschließen. Es lässt sich aber reduzieren. Neben der sorgfältigen Auswahl der richtigen Vertragspartner, gründlicher Planung und aufmerksamer Überwachung der Leistungserbringung geschieht das vor allem durch die Vereinbarung von Sicherheiten.

Sicherheiten werden üblicherweise gestellt für die rechtzeitige und vollständige Vertragserfüllung (Zeitraum bis zur Abnahme) und für die Erfüllung potentieller Gewährleistungsansprüche (Zeitraum bis Ende der Gewährleistung). Grundsätzlich müssen Sicherheiten bei Vertragsabschluss vereinbart werden. Sollen Vorauszahlungen des Bauherrn für Material oder Planungsleistungen erfolgen, sollten auch diese abgesichert werden.

Einen allgemeinen gesetzlichen Anspruch auf Sicherheitsleistung gibt es nicht. Eine Ausnahme bildet § 632 a Abs. 3 BGB . Danach ist ein Werkunternehmer, der für einen Verbraucher, also eine Privatperson, ein Haus errichtet oder umbaut, verpflichtet, dem Bauherrn bei der ersten Abschlagsrechnung eine Sicherheit für die rechtzeitige Herstellung seines Werkes ohne wesentliche Mängel in Höhe von 5 % des Vergütungsanspruchs zu leisten.

Als Sicherheit dienen in der Praxis hauptsächlich Einbehalte von der Rechnung des Unternehmers oder Bürgschaften einer Bank oder eines Versicherers. Achtung : Ist die VOB/B wirksam vereinbart worden, müssen Sicherheiten und Einbehalte jeweils individuell vereinbart werden, denn sie sind nicht bereits durch Einbeziehung der VOB/B gerechtfertigt! Für die Sicherheiten zu beachten sind dann die Regelungen in

§ 17 VOB/B . Wichtig für den Bauherrn ist dabei die Regelung in § 17 Abs. 6. VOB/B. Danach ist ein als Sicherheit genommener Einbehalt auf ein Sperrkonto bei einer Bank einzuzahlen. Geschieht dies nicht, obwohl der Bauunternehmer hierzu eine Frist setzt, kann der Anspruch auf Sicherheit vollständig entfallen. Ein Bauherr, der die VOB/B vereinbart, muss sich daher rechtzeitig darum kümmern, dass ein derartiges Sperrkonto zur Verfügung steht. Viele Banken bieten diese nämlich nicht an.

Werden Bürgschaften als Sicherheit vereinbart, verpflichtet sich ein Dritter (der Bürge) für die berechtigten Ansprüche des Bauherrn gegen den Sicherungsgeber einzustehen. Zwischen dem Bürgen und dem Bauherrn entsteht damit ein eigenes Vertragsverhältnis. Achtung: Für den Bürgen laufen eigene Verjährungsfristen. Regelmäßig sind das drei Jahre, wenn im Bürgschaftsvertrag nichts anderes vorgesehen ist. Das ist insbesondere dann zu beachten, wenn kurz vor Ablauf der Gewährleistungsfrist Maßnahmen zur Verjährungshemmung ergriffen werden sollen. Hier muss der Bauherr im Zweifel gegenüber dem Bürgen und dem Unternehmer aktiv werden. Es ist daher mit dem Bürgen zu vereinbaren, dass dessen Verjährung nicht vor Ablauf der Gewährleistungsfristen des Werkunternehmers abläuft.

Keine Sicherheit im eigentlichen gesetzlichen Sinne sind die Haftpflichtversicherungen der ausführenden Unternehmen und Planer. Die Haftpflichtversicherungen der ausführenden Firmen sichern in der Regel nur gesetzliche Haftpflichtansprüche ab, also zum Beispiel die Beschädigung eines PKW durch ein vom Handwerker fallen gelassenes Werkzeug. Die Verpflichtung des Werkunternehmers, einen Mangel an seiner Leistung zu beseitigen, ist nicht von seiner Haftpflichtversicherung gedeckt.

Besser sieht es bei den beteiligten Planern aus. So muss ein Architekt eine Haftpflichtversicherung vorhalten. Diese kommt für Schäden auf, die dadurch an dem Gebäude entstehen, dass der Architekt nicht richtig geplant hat oder seiner Bauüberwachungspflicht nicht ordnungsgemäß nachgekommen ist. In Architektenverträgen werden daher üblicherweise keine Gewährleistungssicherheiten vereinbart.

Das Ende der vertraglichen Beziehungen

Nach Beendigung eines jeden Vertrags ist der vom Werkunternehmer erreichte Leistungsstand zu dokumentieren. Im Regelfall wird das der Architekt für den Bauherrn tun. Bauen Sie ohne Architekten, ist jedenfalls jetzt ein Architekt oder Sachverständiger hinzuzuziehen. Gesonderte Vereinbarungen zu der Beendigung des Vertrags müssen Sie nicht treffen. Es gelten die gesetzlichen Folgen, die wir im Folgenden beschreiben. Abweichungen davon können nur individualvertraglich wirksam sein.

Der Normalfall: Erfüllung

Die gegenseitigen auf Erfüllung gerichteten Forderungen erlöschen, wenn die jeweils geschuldeten Leistungen (Vergütung und vertraglich geschuldete Leistung) ausgeführt sind. Die primären Leistungspflichten des Auftragnehmers (hier des Planers oder ausführenden Handwerkers) enden regelmäßig mit der Abnahme, die des Bauherrn mit der vollständigen Zahlung des Werklohns.

Vorzeitige Beendigung durch Widerruf

Wie zur Vertragsanbahnung beschrieben, muss Ihr Vertragspartner Sie zwingend in der dafür vorgesehenen Form über ein bestehendes Widerrufsrecht informieren. Bei Verbraucherverträgen steht dem Verbraucher gemäß § 312g Abs. 1 BGB ein Widerrufsrecht von 14 Tagen zu, über welches er schriftlich zu belehren ist. Zudem muss der Verbraucher auf das Muster-Widerrufsformular hingewiesen werden.

Macht der Verbraucher von seinem Widerrufsrecht Gebrauch, so sind gemäß § 355 Abs. 3 BGB die empfangenen Leistungen unverzüglich zurück zu gewähren. Ein Vergütungsanspruch für bereits erbrachte Leistungen besteht gemäß § 361 BGB nicht. Wurde über das Widerrufsrecht nicht ordnungsgemäß belehrt, so hat dies zur Folge, dass der Verbraucher den Vertrag gemäß § 356 Abs. 3 BGB bis zu einem Jahr und 14 Tagen widerrufen kann.

Die Beweislast für die umfassende Information sowie – sofern erforderlich – die Belehrung zum Widerrufsrecht trägt Ihr Vertragspartner.

Vorzeitige Beendigung durch Anfechtung

Unter den Bauverträgen ist eigentlich nur die Anfechtung von Architektenverträgen wegen des Fehlens der Architekteneigenschaft relevant. Zahlreiche Gerichte nehmen die Möglichkeit zur Anfechtung bereits dann an, wenn ein nicht in die Architektenliste eingetragener Bauingenieur einen Architektenvertrag unterzeichnet, ohne über das Fehlen seiner Architekteneigenschaft aufzuklären. Einer aktiven Täuschung bedarf es hierzu nicht.

Es werden aber auch Einschränkungen gemacht. Die Anfechtung soll immer dann nicht möglich sein, wenn die Interessen des Bauherrn nicht berührt werden, wenn also der beauftragte Bauingenieur bauvorlageberechtigt ist und es nicht gerade um die Erbringung einer besonderen architektonischen (künstlerischen) Leistung geht. In jedem Fall besteht aber eine Anfechtungsmöglichkeit, wenn der Auftragnehmer weder Architekt noch Ingenieur ist.

Vorzeitige Beendigung durch Vertragsaufhebung

Im Rahmen der auch im Architekten- und Ingenieurrecht grundsätzlich bestehenden Vertragsfreiheit ist es möglich, einen Vertrag durch eine Aufhebungsvereinbarung zu beenden, wenn beide Vertragspartner dem zustimmen. Dies kann für die Vergangenheit oder auch für die Zukunft erfolgen. Im Regelfall wird nur eine Vertragsaufhebung für die Zukunft gewollt sein.

Im Zusammenhang mit der Aufhebungsvereinbarung sollten immer die Rechtsfolgen (Restvergütung, Gewährleistung) vereinbart werden. In einem Aufhebungsvertrag darf für die bis dahin erbrachten Leistungen eines Architekten auch ein Honorar unter den Mindestsätzen der HOAI vereinbart werden. Treffen die Parteien keine Regelung über die Vergütung, so wird regelmäßig eine Vergütung für nicht erbrachte Leistungen nach § 649 S. 2 BGB geschuldet , es sei denn, es hat eine Vertragssituation bestanden, die dem Bauherrn das Recht zur fristlosen Kündigung gegeben hätte. Das sollte seitens des Bauherrn vermieden werden, da in diesem Fall die Aufhebungsvereinbarung wie eine ordentliche Kündigung

Wenn es zum Streit über Vertragsauslegungen kommt, bedeutet das im schlimmsten Fall den Stillstand aller Bautätigkeiten.

behandelt wird. Dann muss der Bauherr die volle Vergütung zahlen, lediglich reduziert um das, was der Architekt durch die Kündigung erspart hat.

Lediglich, wenn der Vertrag wegen der vom Auftragnehmer (Architekten) nicht zu vertretenden Unmöglichkeit der weiteren Leistungserbringung aufgehoben worden ist, bekommt er eine Vergütung nur nach dem bis dahin geleisteten Arbeitsteil (z.B. Architekt macht darauf aufmerksam, dass die vom Bauherrn gewollte Planung nur mit Einwilligung des Nachbarn möglich ist, die dieser nicht erteilt).

Vorzeitige Beendigung durch ordentliche Kündigung des Bauherrn

Wenn nichts Anderes vertraglich vereinbart ist, ist nach § 649 S. 1 BGB lediglich der Bauherr berechtigt, das Vertragsverhältnis ganz oder in Teilen jederzeitig und ohne eine Begründung ordentlich zu kündigen.

Als Kompensation für die Kündigung sieht § 649 S. 2 BGB vor, dass der Auftragnehmer in diesem Fall den Anspruch auf die volle Vergütung hat, abzüglich dessen, was er erspart und durch Ersatzaufträge verdient hat. Das Gesetz

sieht in § 649 S. 3 BGB eine Vermutung dafür vor, dass der Auftragnehmer 5 % des Vergütungsanteils für nicht erbrachte Leistungen behalten kann. Diese Vermutung soll den Auftragnehmer davon entlasten, die Berechnung nach § 649 S. 2 BGB vornehmen zu müssen.

Er kann aber einen höheren Anspruch geltend machen. Insbesondere Planer werden das tun, da diese regelmäßig nur geringe Aufwendungen ersparen. Eine ordentliche Kündigung eines Architekten kann für einen Bauherrn daher ruinös sein.

In der Praxis stelle man sich vor: Der Bauherr hat den Architekten mit allen Leistungen zu § 33 HOAI LP 1 – 9 beauftragt. Noch während der Entwurfsphase verstreiten die Parteien miteinander. Der Bauherr kündigt. Ein Streit ist aber regelmäßig kein Grund für eine außerordentliche Kündigung. Der Architekt kann nunmehr nach § 649 S. 2 BGB seine volle Vergütung bis zur LP 9 verlangen und muss sich nur das abziehen lassen, was er erspart hat. Wollte der die weiteren Leistungen selbst oder durch fest angestellte Mitarbeiter erbringen, hat er keine Ersparnis. Er müsste lediglich Fahrkosten etc. abziehen. Der Bauherr muss also in diesem Fall beinahe das komplette Honorar zahlen, das für die Erbringung der vollständigen Leistung vereinbart war. Muss der Bauherr jetzt noch einen weiteren Architekten beauftragen, um zu seinem Haus zu kommen, zahlt er die Leistungen noch einmal.

Unzulässig ist es, in Allgemeinen Geschäftsbedingungen einen bestimmten Prozentsatz der Vergütung für nicht erbrachte Leistungen als Zahlung nach § 649 S. 2 BGB vorzusehen, ohne die Möglichkeit zum Nachweis höherer oder geringerer Ersparnisse zu geben. Dies kann erfolgen:

▶ **DURCH AUSSERORDENTLICHE KÜNDIGUNG DES BAUHERRN.** Der Bauherr kann eine außerordentliche Kündigung beziehungsweise Kündigung aus wichtigem Grund aussprechen. Diese ist zwar gesetzlich nicht geregelt, in der Rechtsprechung aber anerkannt.

Um eine außerordentliche Kündigung aussprechen zu können, bedarf es einer nachhaltigen Verletzung wesentlicher vertraglicher Pflichten. Es genügt nicht jede beliebige Pflichtverletzung oder Mangelhaftigkeit der Leistung. Vielmehr muss diese eine so tiefgreifende Störung des Vertragsverhältnisses bewirken, dass ein Festhalten am Vertrag nicht mehr zumutbar ist (zum Beispiel Verweigerung der Beachtung nachträglich angeordneter Veränderungen bei der Ausführung; Verwendung von vertragswidrigen Baustoffen oder -teilen trotz ausdrücklicher Ablehnung des Bauherrn; unerlaubter Subunternehmereinsatz). Bei Mängeln müssen diese besonders umfassend sein (zum Beispiel überwiegende oder völlige Unbrauchbarkeit der Leistungen des Auftragnehmers).

Eine außerordentliche Kündigung allein aus dem Grund eines Verzugs lässt sich nur in Ausnahmefällen erfolgreich begründen. Im Übrigen muss dem Auftragnehmer im Regelfall die Möglichkeit gegeben werden, zu vertragsgerechtem Verhalten zurückzukehren. Daher ist ihm zunächst eine Nachfrist zu setzen. Dabei ist das vertragswidrige Verhalten zu bezeichnen. Das Abmahnerfordernis gilt gleichermaßen für alle Auftragnehmer, also für das Bauunternehmen so wie für jeden Planer. Nur in den Ausnahmefällen extrem pflichtwidrigen Verhaltens kann das Erfordernis zur Fristsetzung beziehungsweise Abmahnung entfallen.

Spricht der Bauherr eine außerordentliche Kündigung aus, ohne dass ein (ausreichender) Kündigungsgrund vorliegt, ist diese regelmäßig in eine ordentliche Kündigung umzudeuten. Das bedeutet, dass die Vergütung für nicht erbrachte Leistungen geleistet werden muss.

Ist die außerordentliche Kündigung dagegen wirksam, entfallen die Rechtsfolgen des § 649 S. 2 BGB. Für nicht erbrachte Leistungen kann der Auftragnehmer also keine Vergütung verlangen. Der Bauherr hat nur für tatsächlich erhaltenen Leistungen zu zahlen. Selbst das gilt aber dann nicht, wenn diese für den Bauherr unbrauchbar sind.

▶ **DURCH AUSSERORDENTLICHE KÜNDIGUNG DES AUFTRAGNEHMERS.** Wie der Bauherr, so kann auch jeder Auftragnehmer außerordentlich kündigen. Es gelten die gleichen Voraussetzungen wie für den Bauherrn. In Betracht kommt insbesondere eine Kündigung wegen erheblichen Zahlungsverzugs. Diese Kündigung ist für den Auftragnehmer mit erheblichen Risiken verbunden, da dem Bauherrn Zurückbehaltungsrechte zustehen können, wenn über Mängel gestritten wird oder aber auch der abgerechnete Leistungsstand nicht erreicht ist.

Eine unwirksame außerordentliche Kündigung des Auftragnehmers kann nicht in eine ordentliche Kündigung umgedeutet werden. Kündigt der Auftragnehmer unberechtigt, so kann der Bauherr ihn unter Fristsetzung auffordern, die Leistung wieder aufzunehmen und nach fruchtlosem Ablauf seinerseits den Vertrag kündigen. Dem Auftragnehmer drohen dann erhebliche Kosten und Schäden. Kündigt der Auftragnehmer berechtigt, kann er als Schadenersatz die Vergütung auch für die nicht erbrachten Leistungen verlangen, abzüglich ersparter Aufwendungen und anderweitigem Erwerb.

▶ **DURCH KÜNDIGUNG DES AUFTRAGNEHMERS NACH § 642, 643 BGB.** Der Auftragnehmer kann den Vertrag kündigen, wenn der Bauherr vertraglich vereinbarte Mitwirkungspflichten nach § 642 BGB unterlässt und daher der Auftragnehmer an der Leistungserbringung gehindert ist. Das ist zum Beispiel der Fall, wenn eine nachbarrechtliche Zustimmung vom Bauherrn nicht beigebracht wird oder der Bauherr den notwendigen Fachplaner nicht beauftragt. In diesem Fall muss der Auftragnehmer dem Bauherrn eine Nachfrist setzen und die Kündigung androhen. Wird die Leistung binnen der gesetzten Frist nicht nachgeholt, gilt der Vertrag als aufgehoben, ohne dass es einer Kündigungserklärung bedarf (§ 643 BGB). Der Auftragnehmer kann Vergütung in diesem Fall jedoch nur nach § 645 BGB und nicht nach § 649 S. 2

BGB verlangen, das heißt entgangener Gewinn steht ihm regelmäßig nicht zu.

▶ **DURCH KÜNDIGUNG NACH § 648 A ABS. 5 BGB.** Ein besonderer Fall ist das bereits besprochene Sicherungsverlangen des Auftragnehmers, welches Bauunternehmen ebenso wie Architekten und Ingenieuren zusteht. Danach kann der Auftragnehmer bereits bei Vertragsabschluss für die Vergütung sämtlicher noch zu erbringender Leistungen eine Sicherheit verlangen und bei deren Nichtstellung nach Fristsetzung den Vertrag kündigen. Der Bauherr hat hier die Wahl, ob er eine Bürgschaft beibringt, eine Hypothek einräumt oder Geld oder Wertpapiere hinterlegt (§ 232 BGB). Die Vergütung des so kündigenden Auftragnehmers bestimmt sich nach §§ 648 a Abs. 5 Satz 2 BGB wie bei § 649 S. 2 BGB. Das Verlangen ist aber unzulässig, wenn einer der Fälle des § 648 a Abs. 6 BGB greift (zum Beispiel Einfamilienhaus).

▶ **DURCH RÜCKTRITT.** Obwohl das eher selten anzutreffen ist, können auch Verträge am Bau durch Rücktritt beendet werden. Dann sind die wechselseitig empfangenen Leistungen zurück zu gewähren (§ 346 BGB). Es ist jedoch zu beachten, dass der Rücktritt nur dann erklärt werden kann, wenn auch nach Ablauf der Nacherfüllungsfrist das gesamte Werk „wesentlich" mangelhaft ist (§ 323 Abs. 5 S. 2 BGB) und dem Bauherrn das Festhalten an den vertraglichen Vereinbarungen – ähnlich wie bei der Berechtigung zur außerordentlichen Kündigung – nicht zuzumuten ist.

Zu beurteilen ist an dieser Stelle das Ausmaß der Beeinträchtigung des Bauherrn im Verhältnis zur vereinbarten Gesamtleistung des Vertragspartners. Bei der Beurteilung, wie „wesentlich" der Mangel ist, spielt auch der Grad der Verantwortlichkeit des Auftragnehmers eine Rolle. Ausgangspunkt der Erheblichkeitsbewertung wird dabei regelmäßig sein, mit welchem Aufwand eine Beseitigung der Mangelhaftigkeit verbunden wäre und in welchem Verhältnis das zum Gesamtwert der Gegenleistung steht. Nach erklärtem Rücktritt sind auch die vom Unternehmer geleisteten Arbeiten zurückzugewähren, soweit die Leistungen ohne Zerstörung zurückgebaut werden können. Andernfalls ist Wertersatz zu leisten.

DAS WICHTIGSTE ZUM VERTRAGSABSCHLUSS

Sie wissen jetzt vermutlich schon ziemlich genau, wo, wie und mit welchen Partnern Sie Ihr Haus tatsächlich bauen wollen.

Ganz unabhängig davon, in welcher der bisher beschriebenen Konstellationen Sie Ihr Bauprojekt realisieren wollen, empfiehlt es sich, alle erstellten oder vorgelegten Unterlagen vor Vertragsabschluss sehr genau zu prüfen. Die beiden wichtigsten Dokumente sind die Baubeschreibung und die Kostenberechnung (des Architekten). Bei Angeboten für Fertighäuser oder Typenhäuser sind die beiden Inhalte häufig in einem Dokument zusammengefasst. Auch integrieren manche Architekten die wichtigsten Spezifikationen anstelle einer unabhängigen Baubeschreibung in ihre ausführliche Kostenberechnung.

Es kann auch beim Bauen mit Architekten sinnvoll sein, um eine eigenständige Baubeschreibung zu bitten, obwohl sie nicht zu den Grundleistungen des Architekten gehört. Auch hier vermeidet Klarheit über die Fakten spätere Diskussionen über die der Kostenberechnung zugrundeliegenden Ausbaustandards oder Baumaterialien.

Die Baubeschreibung

Der vielleicht wichtigste Bestandteil jedes Vertrags mit einem Generalunternehmer, Generalübernehmer oder Bauträger ist die Baubeschreibung. In ihr sind sämtliche Bauweisen, Materialien, Oberflächen und Ausbaustandards kompakt in einem Dokument zusammengefasst.

Darüber hinaus sollte die Baubeschreibung Angaben über die technischen Eigenschaften, Auflistungen der elektrischen und sanitären Ausstattung und die wichtigsten Eigenschaften der Bauteile, zum Beispiel Wärmedurchgangskoeffizienten von Wänden, Dach und Fenstern sowie den Energie-Standard des gesamten Hauses enthalten.

Für die Prüfung der Baubeschreibung sollten Sie sich ausführlich Zeit nehmen, denn sie enthält die zentralen Informationen zu Ihrem künftigen Haus. Was in der Baubeschreibung nicht vollständig und eindeutig festgelegt ist, können Sie später auch von Ihrem neuen Haus nicht erwarten – und vor allem nicht einfordern. Wenn Sie nach genehmigter Baubeschreibung noch Änderungen vornehmen, werden diese sich auf Kosten, die Sie mit dem Anbieter bereits vereinbart haben, auswirken – selten zu Ihrem Vorteil. Daher sollten Sie von einmal festgelegten Standards nur ausnahmsweise in begründeten Fällen abweichen.

INFO

PRÜFEN SIE DIE UNTERLAGEN
Auf welche Angaben Sie bei der Baubeschreibung besonderen Wert legen müssen.

► **EXAKTE MATERIALANGABEN:** Fordern Sie genaue Angaben zu den Herstellern von Produkten, zu Qualitäten, Oberflächen und Farben von Materialien ein. Der Zusatz „oder gleichwertig" lässt sich nicht immer ganz vermeiden, besser ist aber die eindeutige Benennung der möglichen Alternativen.

► Genaue **FESTLEGUNG DES LEISTUNGSUMFANGS**: In der Baubeschreibung sollte neben der Leistungsbeschreibung auch vermerkt sein, welche Leistungsteile nicht enthalten sind und somit zusätzlich beauftragt oder von anderen Anbietern erbracht werden müssen, sofern sie sich als erforderlich herausstellen.

► Klärung der **KOSTENÜBERNAHME FÜR JEDE LEISTUNG**: Oft entsteht Streit aus der Frage, wer für Kosten und Gebühren für amtliche Prüfungen und Genehmigungen, Baustelleneinrichtung, Baustrom, Entwässerung während der Bauzeit, Müllentsorgung und ähnliches aufkommt.

► **UMFASSENDES VERSTÄNDNIS**: Unterschreiben Sie nie einen Vertrag, den Sie nicht in allen Teilen verstehen! Das heißt für die Baubeschreibung, dass Sie jeden Absatz nachvollziehen müssen. Klären Sie daher geduldig alle offenen Fragen mit dem Ersteller der Baubeschreibung, bis keine Unklarheiten mehr bestehen.

► **KOMPETENTE PRÜFUNG**: Lassen Sie die Baubeschreibung und Kostenaufstellung von einem unabhängigen Fachmann prüfen. Dessen Honorar ist gut angelegt, wenn er Informationslücken oder/und unklare Angaben findet und zu deren Klärung beiträgt.

Kostenzusammenstellung

In diesem Dokument werden die Inhalte der Baubeschreibung mit Kosten hinterlegt. In einer von einem Architekten erstellten Kostenberechnung sind dies Annahmen aus Erfahrungswerten und Datenbanken, in der Kostenaufstellung eines Anbieters von Fertig- oder Typenhäusern nach Möglichkeit konkret bezifferte Angebotspreise.

Die wichtigsten Inhalte einer Baubeschreibung. Die im Folger den aufgelisteten Angaben sollten in einer guten Baubeschreibung enthalten sein – selbstverständlich nur so weit sie bereits ermittelt sind (zum Beispiel kann es sein, dass genaue Angaben zum Baugrund erst im Lauf der Planung ermittelt werden könne Die Baubeschreibung muss zwischen allen Planungsbeteiligter (Architekt, Fachplaner Tragwerk, Heizung/Lüftung/Sanitär und Elektro, gegebenenfalls Bauphysiker) koordiniert sein und dere jeweilige Fachbeiträge in einem Dokument zusammenfassen.

1	**Allgemeines** ✓ Art, Funktion und Dimension des geplanten Gebäudes ✓ Konzept der angebotenen Bauleistung
2	**Örtliche Gegebenheiten und Voraussetzungen** ✓ Standort und Umgebung ✓ Angaben zum Grundstück (Topografie, Baugrund, Grundwasserverhältnisse) ✓ Angaben zu Risiken und Belastungen (Gewässer, Schutzzonen, Immissionen) ✓ Erforderliche Vorarbeiten, die durch den Auftraggeber oder/und andere Unternehmer erbracht werden müssen ✓ Angaben zu zeitgleich laufenden weiteren Baumaßnahmen, soweit bekannt
3	**Festlegungen zur Ausführung** ✓ Vorgesehener Bauablauf ✓ Bauliche und ausführungstechnische Vorgaben ✓ Besonderheiten des Bauvorhabens
4	**Konstruktive und sonstige Merkmale der Bauleistun** ✓ Konstruktiver Aufbau der wichtigen Bauelemente ✓ Energiestandard des gesamten Gebäudes ✓ Energiekenndaten der einzelnen Bauteile ✓ Ausstattungsmerkmale (vor allem in den Bereichen Ausbau und Haustechn
5	**Verwendete Produkte und Materialien** ✓ Hersteller, Fabrikate, Preise je Quadratmeter, Oberflächen, Farben
6	**Anlagen** ✓ Unterlagen zum Grundstück (Katasterauszug oder Amtlicher Lageplan, Schnitte sofern vorhanden) ✓ Entwurfs- oder Ausführungspläne (je nach Planungstand zum Zeitpunkt der Baubeschreibung) ✓ Entwurfs- oder Ausführungspläne der Fachplaner (vor allem Heizung/Lüftung/Sanitär und Elektro) ✓ Wärmeschutznachweis ✓ Nachweise zum Schallschutz, sofern erforderlich ✓ Auszüge aus Katalogen der Hersteller von verwendeten Produkten (z. B. für Beschläge, Ausstattungsgegenstände Sanitär und Elektro) ✓ Kosten- und Flächenberechnungen ✓ Terminpläne, insbesondere Bauzeitenplanung

DEN BAU
PLANEN

DAS ÖFFENTLICHE BAURECHT

Die Hauptbestandteile des bundesgesetzlich geregelten Städtebaurechts sind das Baugesetzbuch (BauGB) und die Baunutzungsverordnung (BauNVO). Sie regeln die Nutzung von Grund und Boden und stellen die gesetzliche Grundlage für die allgemeine Zulässigkeit eines Bauvorhabens an einer bestimmten Stelle dar. Das BauGB wird derzeit relativ häufig überarbeitet. Die hier genannten Informationen beziehen sich auf die Fassung vom 23. September 2004, zuletzt geändert durch Artikel 1 des Gesetzes vom 20.11.2014, die zum Redaktionsschluss gültig ist.

Das landesgesetzlich geregelte Bauordnungsrecht enthält hingegen die relevanten Vorschriften zur Ausführung der baulichen Anlagen auf dem Grundstück. Diese sind in den Landesbauordnungen geregelt, die sich von Bundesland zu Bundesland nicht grundsätzlich, aber doch erkennbar unterscheiden.

 INFO

DARF MAN HIER BAUEN?
Bevor Sie ein Grundstück zum Bau Ihres Hauses kaufen, müssen Sie unbedingt sicherstellen, dass es überhaupt bebaut werden darf. Wenn es ein Bauplatz in einem Neubaugebiet oder auch eine Baulücke zwischen zwei mit Ihren Wünschen vergleichbaren Häusern ist, dürfte dies kein Problem sein.
Befindet sich das ins Auge gefasste Grundstück hingegen in einem Gebiet, das nicht überwiegend mit Wohnnutzung geprägt ist, oder gar außerhalb eines zusammenhängend bebauten Siedlungsbereichs, sind Zweifel an der Bebaubarkeit angebracht. Fragen Sie daher beim Bauamt der Gemeinde oder bei der zuständigen Bauaufsichtsbehörde nach, bevor Sie einen Notartermin vereinbaren!

Das Baugesetzbuch BauGB
Gegenstand des Baugesetzbuchs (BauGB), dessen Vorläufer, das Bundesbaugesetz (BBauG) im Jahr 1960 erstmals erlassen wurde, sind die Nutzung von Grund und Boden, insbesondere die Frage, ob und in welcher Weise ein Grundstück bebaut werden darf.

▶ In seinem ersten – für Ihre Zwecke als Bauherr besonders relevanten – Teil enthält es Vorschriften zu den Themen Bauleitplanung, Nutzung, Bodenordnung, Enteignung und Erschließung.

▶ Der zweite Teil des BauGB beschäftigt sich mit städtebaulichen Sanierungs- und Entwicklungsmaßnahmen, Stadtumbau, der sozialen Stadt, privaten Initiativen zur Stadtentwicklung, Erhaltungssatzungen und städtebaulichen Geboten, Sozialplänen, Miet- und Pachtverhältnissen sowie mit städtebaulichen Maßnahmen zur Verbesserung der Agrarstruktur.

▶ Im dritten Teil geht es um Fragen der Wertermittlung, der Zuständigkeiten und Verwaltungsverfahren sowie um juristische Verfahren in Baulandsachen. In diesem Teil sind die wichtigsten Rechtsgrundlagen für die Bauleitplanung und die Zulässigkeit von Bauvorhaben enthalten.

▶ Im vierten und letzten Teil sind Übergangs- und Schlussvorschriften zusammengefasst.

Die Landesbauordnungen (LBO)
Das Bauordnungsrecht hat die Ausführung der baulichen Anlagen auf ihrem jeweiligen Grundstück zum Gegenstand. Es enthält Anforderungen zur Errichtung, baulichen Änderung, Nutzungsänderung, Instandhaltung und zum Abbruch von Gebäuden.

Zweck dieser Anforderungen sind die Abwehr von Gefahren, die Verhinderung von verunstaltenden baulichen Anlagen, der Schutz des Orts- und Landschaftsbilds und die Wahrung sozialer Belange. Darüber hinaus haben die Landesbauordnungen die Aufgabe, die in den bauaufsichtlichen Genehmigungsverfahren an bauliche Anlagen gestellten öffentlich-rechtlichen Vorschriften durchzusetzen.

Zur Vereinheitlichung der aufgrund ihrer Entstehungsgeschichten unterschiedlichen Bauordnungen hat die Bauministerkonferenz mehrfach (in den Jahren 1981, 1992, 2002 und 2008) Musterbauordnungen erarbeitet, auf die sich die Länder bei den Überarbeitungen ihrer Bauordnungen beziehen können. Letztlich basieren alle Bauordnungen der Länder auf der Musterbauordnung, sie stimmen daher im Wesentlichen überein und unterscheiden sich nur in untergeordneten Punkten. Bei Redaktionsschluss dieses Buches ist eine weitere Musterbauordnung aktuell in Arbeit.

Die Landesbauordnungen eröffnen den Gemeinden die Möglichkeit, durch Satzung örtliche Bauvorschriften zu Bebauungsplänen zu erlassen, die unter anderem genauere Regelungen für die äußere Gestaltung von baulichen Anlagen, für die Zahl, Größe und Beschaffenheit von Stellplätzen für Kraftfahrzeuge sowie für die Begrünung baulicher Anlagen enthalten können. Darüber hinaus können in örtlichen Bauvorschriften in begründeten Fällen Maße für Abstandsflächen zwischen Gebäuden festgesetzt sein, die von den allgemeinen Regelungen der LBO abweichen.

Der Flächennutzungsplan

Der Flächennutzungsplan (FNP) wird als vorbereitender Bauleitplan bezeichnet. Er stellt über das gesamte Gemeindegebiet ein übergreifendes Konzept für die Nutzung von Grund und Boden dar, in dem festgelegt ist, welche Nutzungen in welchen Gebieten der Gemeinde notwendig und zulässig sind. Der FNP macht Angaben zu Bauflächen und Baugebieten, zu öffentlichen Einrichtungen, Flächen für örtlichen und überörtlichen Verkehr, zu Landwirtschaft, Wald, Wasser etc. Er wird meist ergänzt durch einen Landschaftsplan, in dem die um-

Die wichtigsten Begriffe im Bebauungsplan

▶ **Die Bauweise:** Die „offene Bauweise" (gekennzeichnet durch ein „o") schreibt vor, dass die Bauwerke einzeln stehen müssen, das heißt Abstände zwischen ihnen einzuhalten sind. Die „geschlossene Bauweise" schreibt vor, dass Wand an Wand zu bauen ist (Reihenhausbauweise). Zudem kann noch festgelegt sein, ob Einzelhäuser (E) und/oder Häusergruppen (H) zulässig sind.

▶ **Baufenster:** Das Baufenster ist ein im Bebauungsplan festgelegter, von Linien umschlossener Teil innerhalb des Grundstücks. Die Begrenzung des Baufensters kann mittels Baugrenze oder Baulinie definiert werden. Das geplante Bauwerk muss innerhalb dieses Baufensters bleiben.

▶ **Geschosszahl:** Diese bezeichnet die im Baufenster zulässigen Vollgeschosse. Ob und wie ein Dach- oder Hanggeschoss als Vollgeschoss zu rechnen ist und in die Geschossfläche eingeht, regelt die gültige LBO..

▶ **Grundflächenzahl GRZ:** Sie beschreibt das Verhältnis der überbauten Fläche zur Grundstücksfläche. Nehmen z. B. die Gebäude eine Grundfläche von 200 Quadratmetern in Anspruch bei einer Grundstücksgröße von 500 Quadratmetern, beträgt die GRZ 200 / 500 = 0,4. Die Baunutzungsverordnung benennt eine Obergrenze für die GRZ, die in den meisten Wohngebieten bei 0,4 liegt, in Misch- und Dorfgebieten bei 0,6. Das gilt für die Grundfläche des Wohnhauses. Die Grundflächen von Garagen mit Zufahrten, Nebenanlagen und Unterbauungen (zum Beispiel durch Tiefgaragen) müssen zwar grundsätzlich mitgerechnet werden, sie dürfen die Obergrenzen nach BauNVO aber um bis zu 50 % überschreiten.

▶ **Geschossflächenzahl GFZ:** Sie beziffert das Verhältnis der Geschossfläche(n) zur Grundstücksgröße. Hat ein Haus 200 qm Grundfläche, zwei Vollgeschosse und ein Flachdach, beträgt seine Geschossflächenzahl 200 x 2 / 500 = 0,8.

▶ **Gebäudehöhe:** Für die Höhenangaben muss eine eindeutige Bezugshöhe angegeben sein. Diese ist entweder in Abhängigkeit von vorhandenen Höhen (z. B. Höhenlage der erschließenden Straße) festgesetzt oder für jedes Baufeld einzeln in Metern über Normal-Null angegeben. Von dieser Bezugshöhe aus werden alle festgesetzten Höhen (wie Trauf- und Firsthöhen) gemessen.

▶ **Dachvorgaben:** Für das Dach können vorgeschrieben sein: die Ausrichtung des Dachfirsts, das zur Deckung vorgesehene Material und die Dachneigung („DN 18°–28°"). Zu den Dachformen siehe Seiten 25, 26.

weltfachlichen Aspekte aufgearbeitet sind. Das übliche Verfahren sieht vor, dass Bebauungspläne aus dem Flächennutzungsplan entwickelt, das heißt nur für Flächen aufgestellt werden, die im Flächennutzungsplan als Bauland ausgewiesen sind. In Ausnahmefällen kann der Flächennutzungsplan parallel zur Aufstellung des Bebauungsplans angepasst (in relevanten Teilen geändert oder im Ganzen fortgeschrieben) und dadurch mit den Inhalten des Bebauungsplans zur Deckung gebracht werden.

Der Bebauungsplan

Der Bebauungsplan ist ein kommunales Gesetz, das vom Rat der zuständigen Gemeinde in öffentlicher Sitzung beraten und beschlossen wurde. Wenn im Bebauungsplan mindestens Art und Maß der baulichen Nutzung, der Umfang überbaubarer Grundstücksflächen und die örtlichen Verkehrsflächen festgesetzt sind, ist dies ein „qualifizierter" Bebauungsplan (§ 30 Absatz 1 BauGB), andernfalls ein „einfacher" Bebauungsplan (§ 30 Absatz 3 BauGB). Für fast alle Neubaugebiete gilt ein qualifizierter Bebauungsplan, der aus einer Planzeichnung, planungsrechtlichen Festsetzungen und einer Begründung besteht. Rechtsgrundlage ist der erste Teil (§§ 1–13a) des BauGB. Hinzu kommen meistens örtliche Bauvorschriften auf Basis der jeweils gültigen Landesbauordnung.

Von den Vorgaben des Bebauungsplans sollte Ihr Bauvorhaben nach Möglichkeit nur in untergeordneten Punkten abweichen, für die im Plan bereits Ausnahmen vorgesehen sind. Darüber hinausgehende Abweichungen können durch Befreiungen zugelassen werden, sofern folgende Bedingungen erfüllt sind:

▶ Die Grundzüge der Planung werden nicht berührt.
▶ Gründe des Wohls der Allgemeinheit erfordern die Befreiung und
▶ die Abweichung ist städtebaulich vertretbar oder
▶ die Einhaltung des Bebauungsplans würde zu einer offenbar nicht beabsichtigten Härte führen
▶ die Abweichung ist auch unter Würdigung nachbarlicher Interessen mit den öffentlichen Belangen vereinbar.

Über die Befreiung vom Bebauungsplan entscheidet die zuständige Baurechtsbehörde. Wird die Befreiung erteilt, ist sie mit einer Gebühr verbunden.

Der Bebauungsplan in Aufstellung

Grundsätzlich kann eine Gemeinde ein Bauvorhaben schon vor der Rechtskraft des Bebauungsplans genehmigen, wenn für das betreffende Gebiet ein Beschluss zur Aufstellung eines Bebauungsplans gefasst und der Vorentwurf bereits mit den zuständigen Behörden und der Öffentlichkeit diskutiert wurde – und wenn das Vorhaben mutmaßlich den künftigen Festsetzungen des Bebauungsplans nicht entgegensteht.

Manche Gemeinden nützen dieses Instrument ganz bewusst, um bezüglich der Genehmigung von Bauvorhaben flexibel auf sich ändernde Anforderungen reagieren zu können. Meistens finden Sie aber für Ihr Grundstück einen rechtskräftigen Bebauungsplan vor, an dem Sie sich orientieren müssen.

Die Veränderungssperre

Wenn eine Gemeinde den Beschluss zur Aufstellung, Änderung oder Ergänzung eines Bebauungsplans für ein bestimmtes Gebiet gefasst hat, kann sie für dessen geplanten Geltungsbereich eine befristete Veränderungssperre erlassen, die sowohl die Errichtung als auch die Beseitigung baulicher Anlagen sowie andere wertsteigernde Veränderungen von Grundstücken und baulichen Anlagen untersagt. Veränderungssperren sind ebenfalls kommunale Satzungen, gelten zunächst für zwei Jahre und können um bis zu zwei weitere Jahre verlängert werden. Anstelle einer Veränderungssperre oder im Vorgriff auf diese kann die Baugenehmigungsbehörde die Entscheidung über Bauanträge auf Antrag der Gemeinde um bis zu ein Jahr zurückstellen.

INFO **NACH DEM STATUS FRAGEN**
Erkundigen Sie sich bei der Gemeindeverwaltung nach dem planungsrechtlichen Zustand des Gebiets, in dem Sie bauen wollen. Gilt dort ein einfacher oder sogar ein

qualifizierter Bebauungsplan? Wird dieser gerade aufgestellt? Wurde eine Veränderungssperre erlassen? Oder wird das Vorhaben nach seiner Einfügung in die Umgebung (gemäß § 34 BauGB) beurteilt? Diese Fragen kann Ihnen das Bauamt der Gemeinde, auf deren Gemarkung das Gebiet liegt, beantworten.

Nicht überplante Gebiete

Wenn das Grundstück, auf dem Sie Ihr Haus bauen wollen, sich zwar in einer bebauten Ortslage befindet, nicht aber im Geltungsbereich eines qualifizierten Bebauungsplans liegt, kommen für die Beurteilung der Zulässigkeit Ihres Bauvorhabens die Grundsätze der „Einfügung in die nähere Umgebung" nach § 34 BauGB zur Anwendung. Dieser Paragraph ist recht schwammig formuliert und wird von verschiedenen Juristen sehr unterschiedlich ausgelegt, daher haben wir nur die grundlegenden Kriterien für die Beurteilung der Einfügung in im Infokasten rechts zusammengestellt.

Liegt Ihr für den Bau ins Auge gefasstes Grundstück sogar im Außenbereich, also in einer nicht zusammenhängend bebauten Ortslage, die im Flächennutzungsplan auch nicht als Siedlungsfläche markiert ist, dürfen Sie nur in streng begrenzten Ausnahmefällen bauen. Diese „privilegierten" Ausnahmefälle sind in § 35 BauGB genau definiert, die wichtigsten Beispiele dafür sind land- und forstwirtschaftliche Betriebe, Gartenbaubetriebe mit den jeweils zum Betrieb gehörenden Wohngebäuden der Inhaber sowie der Wiederaufbau und die Erweiterung bestehender, zulässigerweise errichteter Wohngebäude. Sofern Ihnen das betreffende Grundstück nicht ohnehin bereits gehört, sollten Sie unbedingt vor dem Kauf prüfen, ob Ihr geplantes Wohnhaus im Außenbereich überhaupt zugelassen werden kann.

Die Erschließung

Das Baugesetzbuch nennt als Grundbedingung für die Zulässigkeit eines jeden Bauvorhabens neben den bereits erwähnten Belangen immer auch die Sicherstellung der Erschließung des Baugrundstücks.

Einfügung in die Umgebung nach § 34 BauGB

Bei der Beurteilung eines Bauvorhabens nach § 34 BauGB gilt, dass das Bauvorhaben „sich nach Art und Maß der baulichen Nutzung, der Bauweise und der Grundstücksfläche, die überbaut werden soll, in die Eigenart der näheren Umgebung einfügt". Für die Einfügung gelten folgende Regeln:

▶ **Art der baulichen Nutzung:** In einem von anderen Wohngebäuden geprägten Gebiet kann ein neues Gebäude mit Wohnnutzung meist problemlos genehmigt werden. Schwieriger wird es, wenn Sie Ihr Wohnhaus in einem Gewerbegebiet oder Sondergebiet bauen wollen.

▶ **Maß der baulichen Nutzung:** Ihr Haus sollte sich auch von seiner Größe und Form harmonisch in seine Nachbarschaft einpassen, das heißt, es sollte weder viel größer noch viel kleiner, weder viel höher oder breiter noch viel niedriger oder schmaler sein als die benachbarte Bebauung. Dabei lassen sich kleinere Vorhaben immer leichter begründen als größere und höhere, da sie die Nachbarhäuser weniger beeinträchtigen können.

▶ Mit der **Bauweise** ist in diesem Zusammenhang nicht etwa Material oder Kostruktion gemeint, sondern die Platzierung des Gebäudes auf dem Grundstück (mit oder ohne Grenzabstand, einzeln stehend oder angebaut) und die Typologie (Einzel-, Doppel- oder Reihenhaus, Geschosswohnungsbau...)

▶ Das Thema **Grundstücksfläche** bezieht sich hier sowohl auf das Maß der Nutzung als auch auf die Lage des Gebäudes auf dem Grundstück im Verhältnis zur Umgebungsbebauung.

Gemeint ist damit der Anschluss an das öffentliche Straßen- und Wegenetz sowie an die Netze der Ver- und Entsorgung (Wasser und Strom). Zur Sicherstellung der Bebaubarkeit braucht Ihr Grundstück daher entweder den direkten Anschluss an eine öffentliche Straße oder ein öffentlich-rechtlich gesichertes Geh-, Fahr- und Leitungsrecht über ein oder mehrere Grundstücke, die sich nicht in Ihrem Eigentum befinden. Diese Sicherung kann erfolgen entweder durch einen Eintrag im Grundbuch oder durch die Eintragung einer Baulast – die der betroffene Nachbar zu Ihren Gunsten übernimmt – im Baulastenverzeichnis der zuständigen Baurechtsbehörde.

Planungsrechtliche Festsetzungen

WA 1	I+D
0,35	(0,6)
–	o
WH 4,00 m	(E)
Örtliche Bauvorschriften	
SD 33-37°	

Planungsrechtliche Festsetzungen

WA 6	II+D
0,4	(0,8)
–	o
WH 6,30 m	
Örtliche Bauvorschriften	
WD 35-40°	

Planungsrechtliche Festsetzungen

WA 5	II
0,4	(0,7)
–	o
WH 6,30 m	(E)
Örtliche Bauvorschriften	
ZD / WD 23-27°	

Planungsrechtliche Festsetzungen

WA 4.2	II
0,4	(0,7)
–	o
WH 6,30 m	(E)
Örtliche Bauvorschriften	
SD 23-27°	

Planungsrechtliche Festsetzungen

WA 4.3	II
0,4	(0,7)
–	o
WH 6,30 m	(E)(D)
Örtliche Bauvorschriften	
SD 23-27°	

Planungsrechtliche Festsetzungen

WA 4.1	II
0,4	(0,7)
–	o
WH 6,30 m	–
Örtliche Bauvorschriften	
SD 23-27°	

Planungsrechtliche Festsetzungen

WA 3.2	A: II B: I
0,45	(0,6)
–	a
A: WH 6,30 m B: WH 3,30 m	
Örtliche Bauvorschriften	
A: FD / SD 17° B: FD	

TEXTLICHE FESTSETZUNGEN MIT PLANZEICHENERKLÄRUNG

A. RECHTSGRUNDLAGEN

Baugesetzbuch (BauGB)	i. d. F. vom 23.09.2004 (BGBl. I S. 2414), zuletzt geändert durch Artikel 1 des Gesetzes vom 21.12.2006 (BGBl. I S. 3316)
Baunutzungsverordnung (BauNVO)	i. d. F. vom 23.01.1990 (BGBl. I S. 133), zuletzt geändert am 24.04.1993 (BGBl. I S. 466)
Planzeichenverordnung (PlanzV)	i. d. F. vom 18.12.1990 (BGBl. I 1991 S. 58, BGBl. III 213-1-6)
Landesbauordnung (LBO) für Baden-Württemberg	i. d. F. 08.08.1995 (GBl. S. 617), zuletzt geändert durch Gesetze vom 14.12.2004 (GBl. S. 884, 895)
Gemeindeordnung (GemO) für Baden-Württemberg	i. d. F. vom 14.02.2006 (GBl. S. 20) m. w. vom 18.02.2006

Mit In-Kraft-Treten des Bebauungsplanes treten im Geltungsbereich alle bisherigen Festsetzungen außer Kraft. In Ergänzung der Planzeichnung wird Folgendes festgesetzt:

B. PLANUNGSRECHTLICHE FESTSETZUNGEN
§ 9 BauGB und §§ 1-23 BauNVO

1. ART DER BAULICHEN NUTZUNG
§ 9 (1) 1 BauGB

1.1 Das Gebiet ist als Allgemeines Wohngebiet (WA) gemäß § 4 BauNVO festgesetzt. Die in § 4 (3) BauNVO genannten Ausnahmen sind nicht Bestandteil des Bebauungsplanes.

2. MASS DER BAULICHEN NUTZUNG
§ 9 (1) 1 BauGB i. V. m. § 16 (2) BauNVO

2.1 Das Maß der baulichen Nutzung wird bestimmt durch die maximal zulässige Grundflächenzahl (GRZ) und die die maximal zulässige Geschossflächenzahl (GFZ) laut Planeintrag sowie über die Festsetzung der Baugrenzen.

2.2 Die maximale Höhe der baulichen Anlagen wird definiert durch die maximale Wandhöhe WH (in m) und der maximale Dachneigung nach örtlicher Bauvorschrift (siehe Planeintrag bzw. Nutzungsschablone). Die Wandhöhe ist das traufseitig gemessene Maß zwischen der Erdgeschoss-Fußbodenhöhe (EFH-Rohfußboden) und dem Schnittpunkt der Außenwand mit der Oberfläche der Dachhaut.

3. BAUWEISE, ÜBERBAUBARE GRUNDSTÜCKSFLÄCHE
§ 9 (1) 1 BauGB

3.1 Die überbaubare und die nicht überbaubaren Grundstücksflächen ergeben sich gem. § 23 (1) BauNVO durch die Baugrenzen (siehe Lageplan).

3.2 Im WA 2.1 und im WA 3.2 (siehe Lageplan) ist abweichende Bauweise festgesetzt.

Im WA 2.1 sind zu den nördlichen Grundstücksgrenzen reduzierte Abstandsflächen bis zu 1,00 m Tiefe zulässig. Im WA 3.2 sind innerhalb der bebaubaren Grundstücksflächen Grenzbebauungen im Rahmen der festgesetzten Wandhöhen zulässig.

3.3 Die Stellung der baulichen Anlagen ergibt sich durch parallele Anordnung des Hauptbaukörpers zu einer der Baugrenzen gemäß Eintragung im Lageplan.

4. FLÄCHEN FÜR NEBENANLAGEN
§ 9 (1) 4 BauGB

4.1 Nebenanlagen, außer Garagen und Carports, im Sinne des § 14 BauNVO müssen einen Mindestabstand von 1,00 m zur Grundstücksgrenze einhalten. Die Größe von Nebenanlagen darf eine Grundfläche von 16 qm und eine Höhe von maximal 3,00 m nicht überschreiten. Im WA 3.2 sind Nebenanlagen nicht zulässig.

4.2 Nebenanlagen für öffentliche Versorgungseinrichtungen sind gem. § 14 (2) BauNVO i.V.m. § 9 (1) 13 auch ohne Grenzabstand auf den nicht überbaubaren Grundstücksflächen zulässig.

5. GARAGEN UND STELLPLÄTZE
§ 9 (1) 4 BauGB

5.1 Garagen und überdachte Stellplätze (Carports) sind nur innerhalb der überbaubaren Grundstücksflächen oder in den dafür gesondert ausgewiesenen Flächen und dort bis zu einer Höhe von maximal 3,00 m zulässig (siehe auch Ziff. C. 1.2.1)

5.2 Stellplätze und deren Zufahrten sind, soweit sie mit wasserdurchlässigen Belägen befestigt sind, auch auf den nicht überbaubaren Grundstücksflächen zulässig.

6. ANZAHL DER WOHNUNGEN IN WOHNGEBÄUDEN
§ 9 (1) 6 BauGB

6.1 In den Baugebieten sind je Gebäude maximal zwei Wohneinheiten zulässig. Abweichend hiervon sind im WA 6 insgesamt 6 Wohneinheiten zulässig.

7. VERKEHRSFLÄCHEN
§ 9 (1) 11 und 26 BauGB

7.1 Öffentliche Verkehrsfläche
Hinweis: Die dargestellte Aufteilung der Verkehrsfläche (Straßenfläche/ Gehweg) ist unverbindlich.

7.2 Verkehrsfläche besonderer Zweckbestimmung (verkehrsberuhigter Bereich).
Hinweis: Die dargestellte Aufteilung der Verkehrsfläche ist unverbindlich.

7.3 Verkehrsgrün / Flächen für Müllsammelbehälter
mit Einzelbäumen siehe Planeintrag gem. Artenliste 3 (s. Anlage) (siehe auch Minimierungsmaßnahme M 1 im Grünordnungsplan GOP)

7.4 Höhenlage öffentlicher Verkehrsflächen in m ü.NN.
(Zahlenwert ist Beispiel)

7.5 Öffentliche Parkierungsfläche (Lage unverbindlich)

7.6 Straßenbegrenzungslinie

8. GRÜNFLÄCHEN
§ 9 (1) 15 BauGB

DAS BAUGENEHMIGUNGS-VERFAHREN

Wenn Sie sich mit dem Architekten, dem Typenhausanbieter oder dem Fertighaushersteller bezüglich der Planung für Ihr neues Haus soweit geeinigt haben, dass diese in koordinierten Entwurfsplänen dargestellt werden kann, steht dem Einstieg ins Baugenehmigungsverfahren nichts mehr im Weg.

Das Baugenehmigungsverfahren wird hier – sofern nicht anders vermerkt – auf Basis der Musterbauordnung beschrieben. Erkundigen Sie sich frühzeitig bei Ihrem Planfertiger (Architekt oder Typenhausanbieter) nach den in Ihrem Bundesland gültigen Vorschriften und Verfahrensabläufen. Als Fachmann muss er sich damit auskennen und die darin gestellten Anforderungen bei der Erstellung der Antragsunterlagen sowie im laufenden Verfahren berücksichtigen.

Antragsteller und Entwurfsverfasser

Förmlicher Antragsteller sind Sie als Bauherr. Die Gesetze der Länder verlangen vom Entwurfsverfasser (der in manchen Landesbauordnungen auch als Objektplaner oder Planfertiger bezeichnet wird) eine Bauvorlageberechtigung. Diese haben üblicherweise jeder Architekt und diejenigen Bauingenieure, die bei der Ingenieurkammer in eine entsprechende Liste eingetragen sind.

In manchen Bundesländern gibt es eine eingeschränkte Bauvorlageberechtigung (die nur zur Einreichung von Bauanträgen für kleinere Projekte berechtigt), die Absolventen eines Studiums der Architektur oder des Bauingenieurwesens (vor der Eintragung als Architekt oder Ingenieur, die frühestens nach 2 – 3 Jahren Berufspraxis erfolgen kann) und auch Handwerksmeistern in bestimmten Gewerken

zusteht. Versichern Sie sich daher unbedingt bei Ihrem Planfertiger, dass er über die erforderliche Berechtigung verfügt.

Die Baurechtsbehörde

Welche Bauaufsichtsbehörde für die Bearbeitung des Genehmigungsverfahrens für Ihr Bauvorhaben zuständig ist, können Sie mit einem Anruf bei der Gemeinde feststellen, auf deren Gemarkung sich Ihr Grundstück befindet. Die meisten Städte haben eine eigene Bauaufsichtsbehörde, größere Städte sogar mehrere, die jeweils für einzelne Stadtbezirke zuständig sind. Für viele kleinere Gemeinden hingegen liegt die bauordnungsrechtliche Zuständigkeit entweder bei der Verwaltung des Landkreises oder bei der Bauaufsichtsbehörde einer benachbarten Stadt. Bei dieser Behörde müssen Sie den Antrag einreichen, dort können Sie aber im Vorfeld auch Auskünfte zur Bebaubarkeit des Grundstücks, zum Verfahren und zu den erforderlichen Antragsunterlagen bekommen.

Der zuständigen Unteren Bauaufsichtsbehörde ist als Obere Baurechtsbehörde je nach Verwaltungsaufbau des Bundeslands entweder die Landesmittelbehörde (Bezirksregierung, Regierungspräsidium) oder direkt ein Ministerium der Landesregierung übergeordnet. Mit dieser Behörde haben Sie hoffentlich in Ihrem Baugenehmigungsverfahren gar nichts zu tun – sie wird üblicherweise nur im Fall von Streitigkeiten zwischen Ihnen und der Unteren Bauaufsichtsbehörde oder auf Anforderung der Unteren Bauaufsichtsbehörde bei Streitigkeiten zwischen Ihnen und Ihren künftigen Nachbarn tätig.

Die Bauvoranfrage

Die Bauvoranfrage ist eine Art Vorstufe zum Bauantrag. Mit Hilfe dieses Verfahrens lassen sich sowohl die allgemeine Bebaubarkeit des Grundstücks überprüfen als auch einzelne baurechtlich kritische Themen verbindlich klären. Das Verfahren der Bauvoranfrage ist in den verschiedenen Landesbauordnungen unterschiedlich, meist relativ formlos geregelt.

Der Bauvorbescheid beantwortet nur diejenigen Fragen, die man in der Anfrage konkret gestellt hat, und stellt daher keine vollständige bauordnungsrechtliche Klärung dar. Er ist in verschiedenen Bundesländern zwischen zwei und vier Jahren gültig und kann üblicherweise verlängert werden. Darin gemachte Zusagen sind für das folgende vollständige Baugenehmigungsverfahren bindend.

INFO

VORGESPRÄCHE VOR ANTRAGSTELLUNG

Vereinbaren Sie mit der zuständigen Baurechtsbehörde einen formlosen Gesprächstermin, bevor Sie einen förmlichen Bauantrag stellen, und nehmen Sie zu diesem Gespräch die bis dahin vorliegenden Pläne und möglichst auch deren Verfasser (im Regelfall den Architekten) mit. Im Gespräch werden Ihnen die Mitarbeiter der Baubehörde zwar keine rechtsverbindlichen Zusagen machen, aber viele nützliche Auskünfte erteilen. Diese ersetzen selbstverständlich nicht den eigentlichen Bauantrag, machen aber vielleicht eine Bauvoranfrage (und den damit verbundenen Zeit- und Kostenaufwand) überflüssig.

Ähnliches gilt für die Kommunikation mit Ihren künftigen Nachbarn, sofern diese schon bekannt sind oder sogar bereits neben Ihrem Grundstück wohnen: Wenn Sie alle Nachbarn in Gesprächen davon überzeugen können, dass sie Ihrem Vorhaben zustimmen und Ihnen dies schriftlich bestätigen, kann diese Ihnen das Genehmigungsverfahren vereinfachen und beschleunigen.

Der Bauantrag

Das Verfahren für Ihren Bauantrag ist in der an Ihrem künftigen Wohnort gültigen Landesbauordnung vorgegeben. Darin finden Sie auch die erforderlichen Hinweise zum Verwaltungsverfahren und zu den einzureichenden Unterlagen. Üblicherweise muss ein vollständiger Bauantrag mindestens die folgenden Bestandteile enthalten:

▶ **BAUANTRAG** auf behördlich vorgegebenem Formular mit Angaben zum Bauvorhaben, den Beteiligten und zu den eingereichten Unterlagen

▶ **AMTLICHER LAGEPLAN** (gefertigt von einem Vermessungsingenieur), bestehend aus einem zeichnerischen (Planzeichnung) und einem schriftlichen Teil (Formular mit Angaben zu überbauten Flächen, den städtebaulichen Kennzahlen, den Eigentümern der Nachbargrundstücke sowie den Rechtsgrundlagen)

▶ **BAUBESCHREIBUNG** auf behördlich vorgegebenem Formular mit groben Angaben zum Grundstück, zum Vorhaben und seiner Nutzung, Konstruktion und technischen Ausstattung

▶ **ENTWURFSPLÄNE** (Grundrisse aller Geschosse, Ansichten von allen Seiten sowie zum Verständnis notwendige Schnitte), vollständig vermaßt und üblicherweise im Maßstab 1:100 gezeichnet

▶ Zeichnerische Darstellungen der **ENTWÄSSERUNG** (Dachwasser und Schmutzwasser) des Gebäudes

▶ Berechnung der **WOHNFLÄCHEN**

▶ **BAUTECHNISCHE NACHWEISE** oder Hinweise, wer diese erstellt

Achten Sie darauf, dass Ihr Bauantrag auf den neuesten Formularen gestellt wird – sonst laufen Sie Gefahr, ihn aus formalen Gründen unmittelbar zurückgeschickt zu bekommen. Die meisten Bauaufsichtsbehörden bieten die aktuellen Formulare auf ihren Seiten im Internet als ausfüllbare PDF-Dateien zum Download an.

Die meisten Unterlagen müssen von den jeweiligen Verfassern im Original unterschrieben werden. Sie selbst müssen Ihre Unterschrift nur auf den eigentlichen Bauantrag setzen –

es ist allerdings üblich, dass Sie darüber hinaus auch die Entwurfspläne durch Ihre Unterschrift bestätigen. Üblicherweise muss zusammen mit dem Bauantrag ein Formular für die statistische Erhebung des Bauvorhabens ausgefüllt und abgegeben werden.

INFO

SPÄTERE BAUABSCHNITTE MIT BEANTRAGEN

Wenn Sie Ihr Bauvorhaben in mehreren Abschnitten realisieren (zum Beispiel aus Kostengründen den Carport oder einen Wintergarten erst später bauen) wollen, sollten Sie trotzdem im Bauantrag gleich das Gesamtprojekt darstellen. Damit sichern Sie sich ab, dass die späteren Bauabschnitte überhaupt baurechtlich genehmigungsfähig sind, und sparen sich späteren Ärger und Zeitverzögerungen. Eine formlose Verlängerung der Baugenehmigung ist dazu noch erheblich billiger als ein weiteres Genehmigungsverfahren.

Im Rahmen des regulären Bauantragsverfahrens prüft die Bauaufsichtsbehörde die allgemeine Zulässigkeit des Vorhabens nach §§ 29 – 38 BauGB, die Einhaltung der Regelungen aus der Landesbauordnung und ausgewählte weitere öffentlich-rechtliche Vorschriften. Sie hört diejenigen Fachbehörden, deren Zuständigkeitsbereich vom Vorhaben berührt sein könnte, zum Beispiel die für Tiefbau, Wasserwirtschaft, Naturschutz oder Denkmalpflege zuständigen Ämter und integriert deren Stellungnahmen. Sie führt auch eine förmliche Beteiligung der Eigentümer benachbarter Grundstücke durch, sofern Sie nicht mit Ihrem Antrag bereits schriftliche Einverständniserklärungen der Nachbarn eingereicht haben.

Optionen für vereinfachte Verfahren

Für bestimmte Bauvorhaben bietet die Musterbauordnung eine Genehmigungsfreistellung an. Sofern diese in der gültigen LBO enthalten ist, können Sie anstelle eines vollständigen Baugenehmigungsverfahrens ein sogenanntes „Kenntnisgabeverfahren" durchlaufen. Voraussetzung dafür ist allerdings, dass das Vorhaben im Geltungsbereich eines Bebauungsplans

liegt und dessen Festsetzungen nicht widerspricht. Auch dafür müssen die erforderlichen Unterlagen bei der Baurechtsbehörde eingereicht werden – allerdings muss man nicht auf die Genehmigung warten, sondern darf ein Monat nach Einreichung mit dem Bau beginnen, sofern die Baurechtsbehörde dem nicht widersprochen hat.

Dieses Verfahren dürfte auf die meisten Ein- und Zweifamilienhäuser anwendbar sein, sofern sie nicht mehr als dreigeschossig sind (genauer gesagt, der Fußboden des obersten Wohngeschosses im Mittel nicht höher als sieben Meter über der Geländeoberfläche liegt) und weniger als 400 qm Bruttogrundfläche (Wohnfläche und Konstruktionsgrundfläche) aufweisen.

Die Verantwortung für den Inhalt Ihrer Pläne verbleibt beim Kenntnisgabeverfahren allerdings vollständig bei Ihnen und Ihrem Planfertiger, weil keine rechtsverbindliche Prüfung stattfindet. Diesem Nachteil steht der Vorteil erheblich geringerer Gebühren gegenüber.

Eine etwas gründlichere Alternative zum Kenntnisgabeverfahren ist das Vereinfachte Baugenehmigungsverfahren, in dem die Behörden nur die allgemeine Zulässigkeit des Vorhabens nach §§ 29 – 38 BauGB, die Abstandsflächen nach der LBO und ausgewählte weitere öffentlich-rechtliche Vorschriften prüfen. Dadurch geht das Vereinfachte Verfahren üblicherweise etwas flotter über die Bühne als ein vollständiges Verfahren.

Fachliche Nachweise

Im Rahmen des Baugenehmigungsverfahrens müssen auch die am Projekt beteiligten Fachplaner die Ergebnisse ihrer Arbeit einreichen, sofern diese öffentlich-rechtliche Fragen berühren. Das ist zum Beispiel der Fall bei der Vermessung des Hauses auf dem Bauplatz, der statischen Berechnung und der Haus- und Grundstücksentwässerung.

Die statische Berechnung für Ihr neues Haus wird auf Basis der Entwurfs- und Ausführungspläne vom Tragwerksplaner erstellt. Im Rahmen des Baugenehmigungsverfahrens reicht dieser einen Standsicherheitsnachweis bei der Bauaufsichtsbehörde ein, der die Tragfähigkeit und Dauerhaftigkeit der Konstruktion unter den zu erwartenden Belastungen und Einwirkungen dokumentiert. Dazu gehören neben der Eigenlast des Hauses, den Gebrauchslasten (den Gewichten von Menschen und Möbeln) und den Schnee- und Windlasten auch besondere Belastungen wie beispielsweise Erdbeben. Neben der eigentlichen Standsicherheit muss auch die Gebrauchstauglichkeit nachgewiesen werden, die unter anderem an der dauerhaften Vermeidung von Verformungen, Schwingungen und ähnlichem hängt.

Bei komplizierteren Bauvorhaben (zu denen allerdings nur die wenigsten Ein- oder Zweifamilienhäuser gehören dürften) muss im Rahmen des Baugenehmigungsverfahrens die statische Berechnung durch einen Prüfingenieur kontrolliert werden. Dieser ist ein Statiker mit besonderer Zulassung, der von der Baurechtsbehörde direkt beauftragt wird – üblicherweise auf Vorschlag des von Ihnen beauftragten Tragwerksplaners oder Architekten und immer auf Ihre Kosten. Der Prüfstatiker bekommt von Ihrem Tragwerksplaner die statischen Unterlagen vorgelegt, prüft diese und gibt sie entweder unverändert frei oder fordert Änderungen. Erst nach Abschluss dieser Prüfung kann das Bauvorhaben zur Ausführung freigegeben werden.

Nachweise zum Brandschutz sind bei üblichen Einfamilienhäusern nicht gefordert, da die Behörden davon ausgehen, dass die Bewohner angesichts der geringen Höhe das Haus im Brandfall schnell verlassen können. Trotzdem ist es selbstverständlich sinnvoll, so weit wie irgend möglich nicht brennbare oder zumindest schwer entflammbare Baustoffe zu verwenden. Nähere Informationen zu den Eigenschaften einzelner Bauteile bezüglich Brandschutz sind in den folgenden Kapiteln zur Bautechnik aufgeführt.

Baurechtliche Auflagen für den internen Schallschutz innerhalb Einfamilienhäusern gibt es nicht, obwohl dieser durchaus ein wichtiges Kriterium für den Wohnkomfort ist (→ „Was ist Wohnkomfort?", Seite 34). Hingegen gelten bei Doppelhäusern hohe Anforderungen an den Schallschutz der gemeinsamen Trennwand, die üblicherweise nur mit zweischaligen Wandkonstruktionen und einer durchgehenden Zwischen-

In solchen Lagen wird der Lärmschutz für die Bewohner der Wohnhäuser existenziell wichtig.

dämmung erreicht werden können. Nähere Informationen zu den Schallschutzeigenschaften bestimmter Bauteile finden Sie in den folgenden Kapiteln zur Bautechnik.

Es kann darüber hinaus durchaus sein, dass im Genehmigungsverfahren Anforderungen an den Schutz Ihres Hauses gegen Umgebungslärm, zum Beispiel von größeren Straßen in der Nähe des Grundstücks, gestellt werden – oft enthält schon der Bebauungsplan Festsetzungen zu diesem Thema. Schallschutznachweise erstellt im Regelfall der Tragwerksplaner – bei schwierigen Umgebungsbedingungen kann es sich auch lohnen, einen Fachmann für Bauphysik hinzuzuziehen.

Das Entwässerungsgesuch stellt dar, wohin die Abwässer Ihres Hauses fließen sollen. Dabei ist streng zu unterscheiden zwischen Oberflächenwasser (Regenwasser von den Dächern der Gebäude und aus den nicht überbauten Freiflächen des Grundstücks) und Schmutzwasser (aus den Küchen, Bädern und sonstigen sanitären Anlagen), die in den meisten Neubaugebieten und vielen Bestandsgebieten in verschiedene Kanäle oder Gräben entsorgt oder auch auf dem Grundstück versickert oder zurückgehalten werden müssen. Nähere

Angaben zur Entwässerung finden Sie in Kapitel „Kanalisation" (→ Seite 292). Das Entwässerungsgesuch wird entweder vom Architekten oder vom Fachplaner für die sanitären Anlagen erstellt.

Die Baugenehmigung

Da im Baugenehmigungsverfahren nur die Einhaltung ausgewählter öffentlich-rechtlicher Vorschriften geprüft wird, bescheinigt die Baugenehmigung Ihrem Vorhaben nur eine eingeschränkte Unbedenklichkeit und überlässt Ihnen und Ihrem Planverfasser die Verantwortung für die Übereinstimmung des Vorhabens mit anderen Vorschriften des öffentlichen Rechts.

Die Baugenehmigung kann bestimmte Auflagen enthalten, die Sie bei der Ausführung des Bauvorhabens erfüllen müssen, zum Beispiel zu den Themen Brandschutz, Parkierung und Entwässerung. Die Auflagen müssen im Genehmigungsbescheid exakt beschrieben sein.

Wenn Sie sich an unsere bis hierher formulierten Empfehlungen gehalten haben, ist es zwar sehr unwahrscheinlich – aber: Falls Ihr Bauantrag abgelehnt wird, steht Ihnen ein Widerspruchsrecht zu, dessen Bedingungen (Schriftform, Fristen und ähnliches) in der dem Ablehnungsbescheid beigefügten Rechtsbehelfsbelehrung aufgeführt sein müssen. Besprechen Sie aber mit Ihrem Planfertiger und nötigenfalls auch mit einem Rechtsanwalt vorab die Erfolgsaussichten Ihres Widerspruchs.

Falls die Untere Bauaufsichtsbehörde auch den Widerspruch ablehnt, geht die Sache zur übergeordneten Instanz (Obere Baurechtsbehörde). Wenn diese die Ablehnung bestätigt, bleibt Ihnen nur noch die Möglichkeit einer Klage beim Verwaltungsgericht, die allerdings zusätzliche Kosten verursacht und den Baubeginn erheblich verzögern kann. Wenn es so weit kommt, sollten Sie auch prüfen, ob die strittigen Punkte auf Planungsfehler zurückzuführen sind. In diesem Fall können Sie versuchen, den Planfertiger für die entstehenden Mehrkosten verantwortlich zu machen.

Wenn die Baugenehmigung hingegen nur einzelne Auflagen enthält, die Sie für nicht gerechtfertigt halten, empfiehlt es sich, direkt mit

der Bauaufsichtsbehörde zu verhandeln und nach Möglichkeit zu einer einvernehmlichen Lösung zu kommen.

Nach Erteilung der Baugenehmigung müssen Sie in einem vorgegebenen Zeitraum, üblicherweise innerhalb von drei Jahren mit der Umsetzung Ihres Bauvorhabens beginnen und dürfen dessen Ausführung nur maximal ein Jahr lang unterbrechen, sonst verliert die Baugenehmigung ihre Gültigkeit. Sie kann allerdings auf schriftlichen Antrag um ein Jahr oder mehr (je nach zuständiger LBO) verlängert werden. Dies könnte für Sie insbesondere wichtig werden, wenn Sie Teile des Bauvorhabens (zum Beispiel den Carport oder einen angebauten Wintergarten) zwar beantragt haben, aber aus finanziellen Gründen erst nach einigen Jahren realisieren können.

Die Baufreigabe

Zusammen mit der Baugenehmigung wird üblicherweise gleich die Baufreigabe zugestellt. Sie ist dokumentiert auf dem Baufreigabeschein, meist ein Blatt im Format DIN A4 mit einem darauf gedruckten roten oder grünen Punkt, auf dem die wichtigsten Informationen zum Bauvorhaben sowie die Ansprechpartner auf der Baustelle (nicht aber Sie als Bauherr – dies verbietet der Datenschutz) aufgelistet sind. Diesen Schein muss Ihr Bauunternehmer gut sichtbar an der Baustelle anbringen.

Schließlich müssen Sie den bevorstehenden Baubeginn mindestens eine Woche vor dem tatsächlichen Start der Ausführung der Bauarbeiten bei der Bauaufsichtsbehörde schriftlich anzeigen. Dann kann´s endlich losgehen.

BAUREALISIERUNG

In den folgenden Kapiteln wollen wir Ihnen die wichtigsten Informationen zur Umsetzung Ihres Bauvorhabens geben. Dabei ist nicht beabsichtigt, Sie im Schnellkurs zum „Bauexperten" auszubilden oder gar eine Anleitung zum Selbstbau von Häusern zu geben. Vielmehr sollen Ihnen die folgenden Erläuterungen in kompakter Form die wichtigsten Informationen vermitteln, damit Sie mit Planern, Fachleuten und Handwerkern über alle Leistungsbereiche sinnvoll reden und die anstehenden Entscheidungen auf guter Grundlage treffen können.

Wir beginnen mit der Unterscheidung zwischen Rohbau und Ausbau und beschreiben die wichtigsten Anforderungen an bestimmte Bauteile, die je nach Konstruktionsprinzip von verschiedenen Gewerken hergestellt werden können. Anschließend stellen wir die grundlegenden Alternativen für den tragenden Baustoff und das Konstruktionsprinzip Ihres geplanten Hauses vor. Schließlich bekommen Sie für jedes einzelne Gewerk, das für den Bau eines üblichen Einfamilienhauses gebraucht wird, einige zentrale Informationen zu Materialien, Systemen und Konstruktionen sowie die Inhalte der wichtigsten Normen.

Der Rohbau

Grundsätzlich unterscheidet man bei jedem Bauvorhaben zwischen den Leistungsbereichen Rohbau und Ausbau. Der Rohbau enthält üblicherweise alle Gewerke bis zur Wetterfestigkeit

Bis zur Fertigstellung des Rohbaus fehlt hier noch die Dacheindeckung.

der Baustelle, das heißt vom Herrichten des Grundstücks und den Erd-, Beton- und Maurerarbeiten bis zur Eindeckung des Daches einschließlich der dazu erforderlichen Blecharbeiten.

Die Abgrenzung zwischen Rohbau und Ausbau ist allerdings nicht eindeutig geregelt und hängt von regionalen Gegebenheiten, von der Bauweise und den ausführenden Firmen ab. In der „Grauzone" zwischen Rohbau und Ausbau befinden sich beispielsweise die Fenster und die Haustür als Teil der Schreinerarbeiten.

Was gehört zum Rohbau?

► Erdarbeiten einschließlich Baugrundverbesserung und Verfüllarbeiten
► Dränage mit Verfüllung
► Betonarbeiten wie Fundamente, Bodenplatte, Decken, Fenster- und Türstürze sowie gegebenenfalls Rollladenkästen
► Mauerarbeiten vom Keller bis zum Dach, tragendes Mauerwerk außen und innen
► Abdichtungsarbeiten am Kelleraußenmauerwerk, außen mit Perimeterdämmung und Schutzschicht
► Schornsteine (Kamine) bis übers Dach einschließlich Verkleidung
► Dachkonstruktion (Dachstuhl) mit allen Verbindungen und Dachgauben
► Dachklempner-(Spengler)-arbeiten, Dachfallrohre bis vor Einbindung ins Erdreich
► Dacheindeckung, zum Beispiel mit Dachziegeln, einschließlich Unterspannbahn oder Regenschutzschicht

Folgende Bauteile werden zwar von Rohbaugewerken erstellt, werden aber dem Ausbau zugerechnet:

► Innentreppen – auch wenn sie aus Stahlbeton bestehen
► Innenwände in Mauerwerk- oder Holzständerbauweise

ABGRENZUNG KLÄREN

Wenn Sie in einem Bauvertrag mit einem Anbieter den fertigen Rohbau als Ziel angeben, sollten Sie unbedingt den genauen Leistungsumfang sowie die darin enthaltenen Gewerke exakt schriftlich festlegen – sonst sind spätere Meinungsverschiedenheiten kaum zu vermeiden.

Gelegentlich wird im Rahmen der Baugenehmigung eine eigene Abnahme des Rohbaus zur Auflage gemacht. In diesem Fall müssen Sie, Ihr Architekt oder der beauftragte Unternehmer die Fertigstellung des Rohbaus rechtzeitig bei der zuständigen Behörde anzeigen. Falls dieser Schritt in Ihrem Fall gefordert ist, sollten Sie die Zuständigkeit dafür unbedingt schriftlich festlegen.

Bauteile

Im Bereich Rohbau können manche Bauteile von verschiedenen Gewerken ausgeführt werden. Daher beschreiben wir hier zunächst die Anforderungen an einzelne Bauteile, bevor wir uns den Bauweisen und anschließend den einzelnen Gewerken zuwenden.

Gebäudehülle allgemein

Die Gebäudehülle ist gewissermaßen die Haut Ihres Hauses, die gleichzeitig die Abtrennung von und die Verbindung mit der Außenwand bildet. In dieser Abgrenzungsfunktion muss die Gebäudehülle das Innere des Hauses vor zahlreichen Umwelteinflüssen zwar schützen, ohne es aber dabei vollständig von der Welt abzuschotten.

UMWELTEINFLÜSSE AUF DIE GEBÄUDEHÜLLE

Die wichtigsten Einflüsse, denen die Gebäudehülle ausgesetzt ist, sind:

► **TEMPERATUR**: Oft liegt zwischen der Innentemperatur des Hauses und der Umgebungstemperatur eine Differenz von über 30 Grad Celsius. Ziel ist, dass es innerhalb des Hauses bei minimalem Energieaufwand für die Bewohner möglichst immer angenehm temperiert bleibt.

▶ **WIND:** Häuser müssen heute schon aus energetischen Gründen sehr luftdicht sein. Das ist eine Herausforderung an jedes einzelne Bauteil der Gebäudehülle, vor allem aber an die Kanten, wo die Bauteile aneinanderstoßen.

▶ **WASSER:** Wasser findet seinen Weg in jedes nicht fachgerecht gebaute Haus und kann dort erhebliche Schäden anrichten. Insbesondere das Dach hat die Aufgabe, Wasser konsequent am Eindringen zu hindern, aber auch Fenster, Türen und die Stöße zur Wand erweisen sich häufig als Schwachpunkte.

▶ **SCHALL:** Bei allen Haustypen muss der Schall von umliegenden Lärmquellen wie vielbefahrene Straßen oder Industrieanlagen durch die Gebäudehülle auf ein für die Bewohner dauerhaft gesundes Maß reduziert werden, vor allem in den Schlafräumen. Bei Doppelhaushälften und Reihenhäusern kommt noch die akustische Trennung von den Nachbarhäusern hinzu.

▶ **UNGEBETENE GÄSTE:** Schließlich muss die Gebäudehülle sowohl lästiges Getier als auch unerwünschten menschlichen Besuch aus dem Haus fernhalten.

Das Dach muss auch bei starkem Wind noch regendicht bleiben. Kritisch sind immer Durchstoßstellen, z. B. für Kamin und Dachflächenfenster.

Die Gebäudehülle besteht aus verschiedenen Bauteilen: den Wänden, dem Dach, den Fenstern – und auch der Bodenplatte des Hauses zum Erdreich hin. Sie wird von mehreren Gewerken hergestellt, deren Besonderheiten in den folgenden Kapiteln beschrieben sind.

Die Bodenplatte

Nach dem Ausheben der Baugrube und dem Verdichten der Baugrubensohle wird die Bodenplatte direkt auf eine Sauberkeitsschicht aus Kies und einer Folie betoniert. Wenn der Keller beheizt werden soll, müssen unter der Bodenplatte noch druckfeste Dämmplatten eingebracht werden, die dann einen Teil der umlaufenden Wärmedämmung bilden. Da die Temperatur des Erdreichs schon in wenigen Metern Tiefe im Jahresverlauf nahezu konstant ist, sind die Anforderungen an die Dämmung der Bodenplatte geringer als an die der Gebäudehülle oberhalb des Geländes.

Wichtig ist hingegen die Dichtigkeit der Bodenplatte und der Kellerwände. Insbeson-

dere, wenn Ihre künftige Wohngegend einen hohen Grundwasserstand aufweist (dies findet man häufig, aber nicht ausschließlich in der Nähe von fließenden Gewässern), können dafür technische Vorkehrungen erforderlich werden, die im Kapitel „Betonarbeiten" (→ Seiten 256 ff.) erläutert sind.

INFO

NATÜRLICH KÜHLER KELLER

Wenn die Verhältnisse auf Ihrem Bauplatz es zulassen, können Sie in einem Kellerraum die Bodenplatte aussparen und sich die feuchte Kühle des Erdreichs zum Lagern von Vorräten und Wein zunutze machen. Auch kann man zu diesem Zweck Gewölbekeller in Ziegelbauweise aus dem Katalog bestellen, die vorgefertigt auf die Baustelle geliefert und in das Untergeschoss integriert werden. Lassen Sie aber vorher unbedingt durch Untersuchungen sicherstellen, dass der Boden weder mit Schadstoffen verunreinigt ist noch das Grundwasser auf diesem Weg in den Keller hineindrücken kann.

Wände

Tragende Gerüste und/oder Wände können in Einfamilienhäusern grundsätzlich aus verschiedenen Materialien bestehen: Beton, Mauerwerk, Holz, Stahl… Vom Material hängt auch ab, welches Gewerk sie baut: Wände aus Mauerwerk und Beton werden vom Gewerk Beton- und Maurerarbeiten, Stahlskelett-Wände vom Stahlbauer (Schlosser), Holzwände aller Art vom Zimmerer hergestellt.

Die Auswahl zwischen diesen Systemen treffen Sie schon bei einem früheren Schritt – im Rahmen der Entscheidung für eine Bauweise und das Material zum Tragwerk. Unabhängig vom System sollten Sie allerdings darauf

achten, dass die Anforderungen eingehalten werden. Dies sind nicht viele:

▶ Wände müssen in den meisten statischen Systemen die Lasten von Dach und Decken aufnehmen und in die Fundamente übertragen.
▶ Sie müssen den externen und internen Schallschutz gewährleisten.
▶ Die Außenwände müssen den Wärmeschutz gewährleisten.

Früher bestand fast jede Außenwand durchgehend aus einem Material wie Holz (Blockbauweise), Mauerwerk (aus Natursteinen oder Ziegeln) oder Lehm, das alle Aufgaben der Wand erfüllte.

Heute sind die Vorgaben (vor allem zum Wärmeschutz) so streng geworden, dass sie sich nur noch durch die Kombination verschiedener Materialien erfüllen lassen. Zum Beispiel sind schwere Baustoffe gut beim Tragen von Lasten, Speichern von Wärme und Schutz vor Lärm, leichte Baustoffe eignen sich hingegen tendenziell gut zur Wärmedämmung. Daher wird heute bei den meisten Häusern die Dämmschicht wie ein Pullover auf allen Seiten um die tragende Wand gelegt. Dadurch fallen sie meist relativ dick aus, insbesondere im Massivbau. Das stellt besondere Anforderungen an die Öffnungen, da durch die hohe Laibungstiefe weniger Licht in den Raum fällt. Daher sollten Sie sich lieber für weniger, aber größere Öffnungen entscheiden als für viele kleine – das bringt Ihnen auch Kostenvorteile.

Außenwänden, vor allem aber Haustrennwänden zwischen Doppelhaushälften und Reihenhauseinheiten, kommt eine hohe Bedeutung beim Schallschutz der Wohnung zu. Gelegentlich sind passive Schallschutzmaßnahmen (Schutz vor Schalleintrag ins Gebäude) sogar im Bebauungsplan bindend vorgeschrieben und müssen dann sowohl an den geschlossenen Bauteilen als auch an den Fenstern umgesetzt werden. Wenn Ihr Haus in einer durch Lärm belasteten Lage gebaut werden soll, zum Beispiel an einer stark belasteten Verkehrsstraße, einer Bahnlinie oder im Anflugkorridor eines Flughafens, kann ein auf Schallschutz spezialisierter Bauphysiker den Aufbau der Gebäudehülle (Wände, Dach und Fenster)

Holz, Beton und Mauersteine werden heute auch im Außenbereich kombiniert, wie es den Bauherren gefällt.

daraufhin überprüfen, ob der passive Schutz gegen Außenlärm in ausreichendem Maße gewährleistet ist.

Bei Haustrennwänden sollte man sich nicht mit dem nach DIN geforderten Mindestschallschutz zufriedengeben, sondern auf dem erhöhten Schallschutz nach der Richtlinie des VDI bestehen, sonst sind nachbarschaftliche Streitigkeiten schon vorgezeichnet. Diese Wände müssen zweischalig mit einer dazwischenliegenden flächigen Schalldämmung ausgeführt werden.

Akustische Kennwerte und Schallschutzstufen (SSt) für den Schallschutz innerhalb von Wohngebäuden

		Öffentlich-rechtliche Mindestanforderung nach DIN 4109 zur Vermeidung von Gesundheitsgefahren: unzumutbare Belästigungen werden vermieden, aber wechselseitige Beeinträchtigungen treten auf.	Erhöhter Schallschutz nach dem Beiblatt zu DIN 4109: geringfügig höherer Standard als die Mindestanforderung, Beeinträchtigungen sind vermindert, aber noch vorhanden.	Weiter erhöhter Schutz nach SSt III der VDI-Richtlinie 4100 (2007): Schallschutz ist im Vergleich zur DIN mindestens verdoppelt, wechselseitige Beeinträchtigungen sind stark reduziert.
Luftschallschutz zwischen fremden Aufenthaltsräumen	Subjektive Wahrnehmung am Ort des Schalleintrags	Laute Sprache verstehbar, laute Musik hörbar	Laute Sprache bedingt verstehbar, laute Musik hörbar	Laute Sprache nicht verstehbar, laute Musik bedingt hörbar
Minimal zulässiges bewertetes Schalldämmmaß horizontal (Wand)	R'_w in dB [1]	53	56	59
Minimal zulässiges bewertetes Schalldämmmaß vertikal (Decke)	R'_w in dB [1]	54	57	60
Luftschallschutz zwischen Aufenthaltsräumen und fremden Treppenhäusern / Fluren	Subjektive Wahrnehmung am Ort des Schalleintrags	Laute Sprache verstehbar	Laute Sprache bedingt verstehbar	Laute Sprache nicht verstehbar
Minimal zulässiges bewertetes Schalldämmmaß	R'_w in dB [1]	52	56	59
Trittschallschutz zwischen Aufenthaltsräumen und fremden Räumen	Subjektive Wahrnehmung am Ort des Schalleintrags	Gehgeräusche störend	Gehgeräusche bedingt störend	Gehgeräusche nicht störend
Maximal zulässiger bewerteter Norm-Trittschallpegel	L'_{nw} in dB [2]	53	46	39
Trittschallschutz zwischen Aufenthaltsräumen und fremden Treppenhäusern	Subjektive Wahrnehmung am Ort des Schalleintrags	Gehgeräusche störend	Gehgeräusche bedingt störend	Gehgeräusche nicht störend
Maximal zulässiger bewerteter Norm-Trittschallpegel	L'_{nw} in dB [2]	58	53	46

1 Das bewertete Schalldämmmaß R'_w beschreibt die luftschalldämmende Eigenschaft trennender Bauteile wie Wände, Decken und Dächer einschließlich darin eingebauter Komponenten (Fenster, Türen) durch die Differenz des Schalldrucks zwischen Sende- und Empfängerraum. Je höher die Zahl, desto besser ist der Luftschallschutz.

2 Der bewertete Norm-Trittschallpegel L'_{nw} wird im Empfängerraum gemessen, während unter normierten Bedingungen auf dessen Decke geklopft wird. Eine niedrige Zahl zeigt eine gute Trittschalldämmung an.

Quellen: DIN 4109, VDI-Richtlinie 4100, kommentierende Artikel von W.-D. Kötz in IKZ-Fachplaner 1/2008 und Bundesbaublatt 12/2000

Satteldach mit vielen Durchstoßstellen, die besondere Sorgfalt bei der Abdichtung erfordern. Die frei liegenden Sparren sind ohne Blechabdeckung witterungsanfällig und müssen konsequent gepflegt werden.

Das Dach

Dächer müssen folgende Anforderungen erfüllen:

▶ Dem Dach als oberem Abschluss des Hauses kommt sowohl beim Schutz gegen Witterungseinflüsse als auch beim Wärmeschutz eine besondere Bedeutung zu.

▶ Es muss neben seinem Eigengewicht und eventuellen Aufbauten wie Photovoltaik- und Solarthermie-Elementen im Winter zusätzlich die Schneelasten tragen und in die Wände oder Stützen überführen.

▶ Es muss den externen Schallschutz gewährleisten.

Das Dach als oberer Abschluss hat eine besondere Bedeutung für die Gestalt Ihres Hauses. Die Dachform ist meistens im Bebauungsplan festgesetzt und wirkt sich auf den Grundriss des darunter liegenden Baukörpers aus: So sind Häuser mit Satteldächern meistens längs rechteckig, Zeltdächer passen gut auf quadratische Grundrisse, nur Flachdächer eignen sich für jede denkbare Grundrissform.

Geneigte Dächer werden in den meisten Fällen als Holzdachstühle erstellt und mit Dachsteinen oder Platten belegt. Grundsätzlich ist es auch möglich, geneigte Dächer in Massivbauweise in Stahlbeton zu gießen oder aus Fertigteilen (zum Beispiel aus Porenbeton) zu erstellen – dies ist angesichts höherer Kosten aber nur dann sinnvoll, wenn das Dach einen hohen Schallschutz erzielen soll.

Tragwerke für Flachdächer lassen sich ebenfalls aus Holz konstruieren – allerdings bietet es sich oft an, auch die oberste Decke – also das Dach – massiv als weitere Geschossdecke auszubilden.

Bei der Dachdeckung und Dachabdichtung unterscheidet man grundsätzlich zwischen gedeckten und gedichteten Dächern.

Gedeckte Dächer eignen sich ausschließlich für geneigte Dachflächen. Hier dient die Eindeckung als wasserabführende Schicht, die hinterlüftet ist und in ihrer Dichtungswirkung durch eine unter der Luftschicht angeordneten Folie ergänzt wird. Die verschiedenen, meist schuppenförmig überlappten Deckungssysteme erfordern jeweils eigene Schichtenaufbauten und Unterkonstruktionen, die im Kapitel „Zimmererarbeiten" (Seiten 263 ff.) beschrieben sind.

Die Dichtigkeit von ebenen und flach geneigten Dächern wird hingegen von flächigen Abdichtungen sichergestellt, die bahnförmig verlegt und an den Stößen miteinander verschweißt werden. Man spricht daher von gedichteten Dächern . Damit die Abdichtung nicht direkt der Witterung (insbesondere der Sonnenstrahlung) ausgesetzt ist, liegt in den meisten Fällen eine Deckschicht darüber, die entweder aus Kies, Betonplatten oder Ähnlichem besteht oder mit Erdreich·und Vegetationsschichten als Dachbegrünung aufgebaut ist. Begrünte Flachdächer haben sich neben ihren ökologischen Vorteilen auch als widerstandsfähig und dauerhaft bewährt.

Decken und Treppen

Die Anforderungen an Decken unterscheiden sich nur in den Zahlenwerten von denen an Wände. Im Geschosswohnungsbau werden Decken heutzutage meistens nicht mehr nur nach den statischen Erfordernissen, sondern vielmehr nach den Anforderungen des Schallschutzes dimensioniert. Das führt im Massivbau meist zu dickeren Bauteilen, als dies nur für die Tragfähigkeit erforderlich wäre, im Holz- und Stahlbau sind mehrschichtige Decken mit schalltechnisch wirksamen Fußbodenaufbauten und abgehängte Decken die Folge.

Innerhalb von Einfamilienhäusern gibt es keine derartigen Richtlinien – falls Sie aber daran denken, Ihr Haus später in zwei Wohnungen aufzuteilen, sollten Sie diese Anforderungen gleich einhalten, denn Nachbesserungen sind aufwändig.

▶ Decken müssen die Lasten aus der Nutzung (von Möbeln und Menschen) tragen und in die Wände oder Stützen überführen.
▶ Sie müssen den internen Schallschutz gewährleisten.
▶ Sie sollten aus nicht brennbaren oder zumindest schwer entflammbaren Baustoffen bestehen (Brandschutz).

Treppen können in Einfamilienhäusern sowohl im Rohbau (vom Betonbauer) als auch von Ausbaugewerken (im Holz- oder Stahlbau) erstellt werden – die letzteren Optionen werden im Kapitel „Schreinerarbeiten" (→ Seite 279) beschrieben.

Betontreppen werden heute öfter als Fertigteile aus der Fabrik bestellt als vor Ort gegossen. Insbesondere bei Fertigteilen ist neben der tragfähigen Befestigung besonders darauf zu achten, dass die Treppenläufe und das Podest von Wänden und Decken konstruktiv entkoppelt werden, da sie sonst als Schallbrücken wirken können. Dafür muss man die Treppen an ihren Auflagerpunkten elastisch auflagern und kraftschlüssige Verbindungen mit Wänden vermeiden. Alternativ dazu kann man die Schallübertragung durch schwimmend aufgebrachte Stufenelemente oder weiche Beläge verringern.

Fenster

Fenster werden oft als die Augen des Hauses bezeichnet. Das Sprichwort stimmt in mehrfacher Hinsicht: Fenster bestimmen maßgeblich die äußere Gestalt des Hauses mit, sie lassen das Licht hinein und die Blicke der Bewohner hinaus – und sie sind relativ empfindlich. Zu den bereits genannten allgemeinen Anforderungen an die Gebäudehülle kommen bei Fenstern noch die Punkte Lichteinfall, Sonnen- und Überhitzungsschutz hinzu.

Fenster bestehen üblicherweise aus einem im Tragwerk oder der Fassade verankerten Anschlagrahmen und einem beweglichen verglasten Flügelrahmen . Sie können als einzelne Öffnungen in geschlossenen Wänden (sogenannte Lochfassade), als horizontale oder vertikale Bänder oder auch als offene Flächen zwischen geschlossenen Flächen gestaltet werden. Dies wirkt sich auf das Erscheinungsbild aus und hat auch Folgen für die Konstruktionsweise und die Öffnungsart. Über Eck verglaste Gebäudekanten sind konstruktiv sehr anspruchsvoll, können aber besonders reizvolle Ausblicke ins Freie ermöglichen.

Es gibt nicht nur zahlreiche Materialien, aus denen Fenster hergestellt werden, sondern auch eine große Auswahl von Öffnungsarten. Beson-

Verschiedene Fenster-Öffnungssysteme

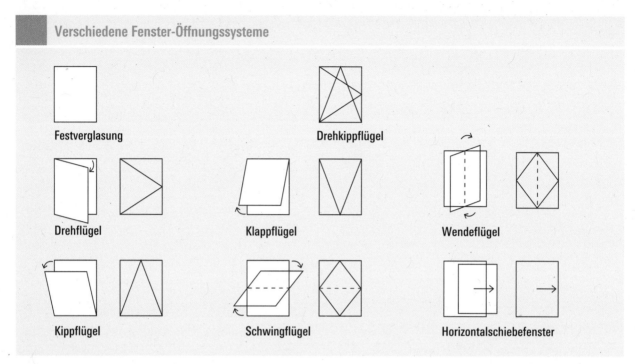

Drehkippflügel, also die Kombination von Kipp- und Drehflügelfenstern – sind in Deutschland traditionell am weitesten verbreitet.

Lage der Fenster in der Wand

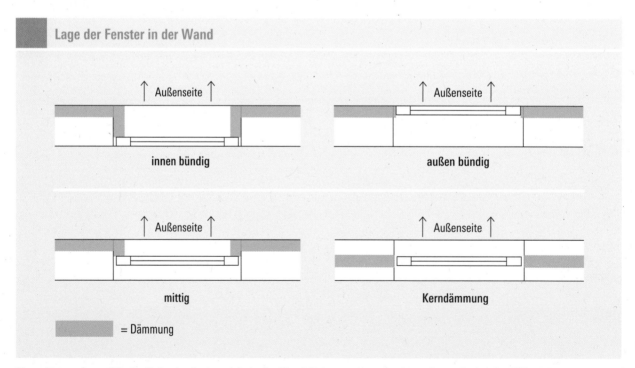

Sitzen Fenster innen bündig (links oben) oder mittig in der Wand (links unten), muss eine außen aufgebrachte Wärmedämmung über Eck in die Laibungen hineingezogen werden. Besser korrespondieren Fensterlage und Dämmung in den Beispielen rechts.

ders preiswert sind Festverglasungen ohne die Möglichkeit, das Fenster zu öffnen. Durch den Verzicht auf einen Flügelrahmen kann hier die Verglasung maximal groß sein. Festverglasungen eignen sich aber nur dann, wenn die Gläser zur Reinigung von außen zugänglich sind – oder sie werden mit mattierten Scheiben verglast.

Fenster können zum Öffnen um verschiedene Achsen geklappt oder gefaltet werden, die Öffnung ist nach innen oder außen möglich. Hierzulande ist der kombinierte Dreh-Kippbeschlag am weitesten verbreitet.

Darüber hinaus gibt es Schiebefenster mit senkrechter oder waagerechter Schieberichtung und Schiebetüren. Wir haben die wichtigsten Möglichkeiten in der Grafik links zusammengestellt.

Die Positionierung des Fensters in der Wand ist abhängig von der tragenden Konstruktion, an der das Fenster verankert werden muss, und von den gestalterischen Absichten. Die verglasten Elemente müssen als Teil der gedämmten Gebäudehülle in die Dämmebene integriert werden, ohne dass dabei Wärmebrücken entstehen. Wenn die Fenster außen in der Wand liegen, ergibt sich von außen ein ruhiger, weitgehend ebener Baukörper, die Befestigung der Fenster ist aber nur über Abstandhalter möglich. Sitzen die Fenster mittig oder gar innenbündig in der Wand, muss eine außenliegende Dämmung über Eck in die Laibungen hineingezogen werden.

Die Tiefenlage der Fenster hat auch einen erheblichen Einfluss auf die Optionen für den Sonnenschutz. Sitzen sie außenbündig, fehlt der Platz für integrierte Jalousien oder Rollläden, diese können nur außen aufgesetzt werden. Wenn die Fenster mittig oder innenbündig angeordnet sind, ergibt sich das Erscheinungsbild einer Lochfassade. Sonnenschutzanlagen aller Art können dann problemlos in der Nische geführt werden.

Türen

Türen markieren und regulieren den Übergang: vom Außenraum ins Haus, aber auch innerhalb des Hauses von Raum zu Raum. Sie bestehen aus einem beweglichen Türblatt, das mittels

Klassische Drehflügeltür im Innenbereich

Beschlägen in eine in der Wand verankerte Zarge (Rahmen) befestigt ist.

Die Öffnungsarten sind weniger zahlreich als bei Fenstern, am häufigsten sind Drehflügel, in schmalen Öffnungen einflügelig, bei breiteren Öffnungen auch zweiflügelig zu öffnen. Schiebetüren sind konstruktiv aufwändiger, nehmen aber im geöffneten Zustand keinen Platz weg. Asymmetrisch angeschlagene Schwenktüren oder auch Drehtüren spielen in Einfamilienhäusern keine nennenswerte Rolle.

Zusätzlich zu ihrer Funktion als Raumabschluss und zu den geforderten Eigenschaften hinsichtlich Wärme- und Schallschutz werden an Türen auch Anforderungen in Sachen Rauchdichtigkeit und Brandschutz gestellt. Dies kommt in üblichen Einfamilienhäusern meist nur bei Technikräumen vor, spielt aber im Falle einer späteren Aufteilung in mehrere Einheiten möglicherweise im Treppenhaus eine Rolle. Da Brandschutztüren relativ teuer sind, empfiehlt sich hier aber eher später die bedarfsgerechte Nachrüstung.

Die Haustür ist Teil der klimatisch wirksamen Gebäudehülle, für sie gelten besondere technische Anforderungen hinsichtlich der Wärmedämmung, die in Klimaklassen für Türblätter festgelegt sind. Ähnlich wie bei Fenstern gibt es auch für die Lage der Eingangstür in der Außenwand verschiedene Möglichkeiten, die auf den Verlauf der Dämmebene abgestimmt sein müssen.

Bauweisen

Holz, Ziegel, Beton, Stahl – aus jedem dieser Materialien kann man Häuser bauen, und zwar sowohl nach individueller Planung als auch in den verschiedensten Bauweisen von teilweiser bis vollständiger Vorfertigung.

Die Produkte unterscheiden sich nicht notwendigerweise im Erscheinungsbild oder bei den Kosten, folgen aber ganz unterschiedlichen baukonstruktiven und fertigungstechnischen Gesetzmäßigkeiten.

Eine Vermischung der unterschiedlichen Baustoffe und Systeme in einem Baukörper ist meist nicht (oder nur nach eingehender Beratung durch einen Tragwerksplaner) ratsam, da aufgrund der verschiedenen Materialeigenschaften bezüglich Trocknung, Schwund und

Der Klassiker: Die Wände werden vor Ort gemauert.

Setzung die Bildung von Rissen dann kaum zu vermeiden ist. Im Folgenden haben wir die wichtigsten Unterschiede für Sie zusammengestellt.

Massivbauweisen (Mauerwerk, Beton)

Den meisten Bauherren gilt das massiv gebaute, betonierte oder/und gemauerte Haus immer noch als der Inbegriff einer dauerhaften und wertbeständigen Immobilie. Als Massivbau bezeichnet man üblicherweise das Bauen mit Stahlbeton und/oder Mauerwerk. Die zweite Bedeutung des Wortes Massivhaus, die synonym mit dem Begriff Typenhaus verwendet wird, haben wir bereits auf Seite 42 vorgestellt.

Massiv heißt meistens auch schwer. Das hat Vor- und Nachteile. Einen gewichtigen Vorteil kann eine hohe Masse beim Schallschutz ausspielen – gegen den Lärm der Außenwelt, aber auch innerhalb des Hauses. Dies kann dann wichtig werden, wenn Sie das Haus später in mehrere Einheiten aufteilen wollen.

Andererseits macht das Gewicht massiver Bauteile eine höhere Tragfähigkeit der Gründung erforderlich, die bei ungünstigen Baugrundverhältnissen zu erheblich höheren Kosten führen kann. Daher werden Aufstockungen bestehender Gebäude meist auch in der leichten Skelettbauweise aus Holz oder Stahl erstellt.

Bei massiv gebauten Häusern denkt man hierzulande zunächst an Mauerwerk. Hier tragen die Wände als Ganzes das Gewicht der darüber liegenden Decken und des Daches. Die Wände erhalten Öffnungen für Türen, Fenster, Leitungsführungen und Ähnliches, die üblicherweise durch Stürze überbrückt werden, um die darüber liegenden Lasten abfangen zu können.

Mauerwerk wird auf der Baustelle aus einzelnen Steinen hergestellt und benötigt daher relativ lange Erstellungszeiten. Allerdings kommen immer größere Mauersteine auf den Markt, die sich zwar aufgrund ihres Gewichts nicht mehr mit Muskelkraft, sondern nur noch mit mechanischen Hilfsmitteln versetzen lassen, aber dadurch wiederum kürzere Bauzeiten ermöglichen. Auch Mauerwerkswände lassen sich grundsätzlich in der Werkstatt vorfertigen, dieses Verfahren stößt allerdings aufgrund des

Fertighäuser sind keine windigen Konstruktionen mehr, sondern sind genauso langlebig und stabil wie individuell erstellte Häuser.

hohen Gewichts der Bauteile schnell an Grenzen der Machbarkeit.

Mauerwerk ist in der Senkrechten sehr druckfest, kann aber horizontale Kräfte (wie seitlichen Druck) nur sehr begrenzt aufnehmen. Daher werden die Mauern üblicherweise über Eck kraftschlüssig verbunden oder auf andere Weise ausgesteift, in manchen Fällen auch mit Baustahl bewehrt. In erdbebengefährdeten Gebieten sind gemauerte Wände nur sehr begrenzt einsetzbar.

Häuser in Mauerwerksbauweise sind aus den genannten konstruktiven Gründen in ihren Raumzuschnitten von vornherein stark festgelegt. Auch im äußeren Erscheinungsbild hat man nur einen begrenzten Gestaltungsspielraum – meistens ergeben sich Fassaden, die von Wänden mit verschieden großen Löchern geprägt sind.

Das Baumaterial Beton ist durch seinen Herstellungsprozess besonders gut und frei dreidimensional formbar. Tragwerke aus Beton werden (ob vor Ort auf der Baustelle oder im Fertigteilwerk) immer gegossen und können sowohl als Skelette als auch als flächige Konstruktionen ausgebildet werden. Im Wohn-

hausbau kommen häufig Mischformen zur Anwendung, die man als „Raumgerüste aus scheiben- und stabförmigen Elementen" bezeichnen könnte. Insofern ist mit Beton nahezu alles möglich, von nahezu monolithisch gegossenen Häusern über scheibenförmig konstruierte Tragwerke bis hin zu Lochfassaden wie im Mauerwerksbau.

Stahlbeton-Tragwerke lassen sich auch aus Fertigteilen oder Halbfertigteilen zusammensetzen, die in Fabriken vorgefertigt werden. Dadurch kann man einerseits die Erstellungszeit auf der Baustelle verringern, andererseits die Betonoberflächen sichtbar lassen, da die Oberflächenqualität im Fertigteilwerk besser kontrollierbar ist als vor Ort auf der Baustelle. In diesem Fall muss man über die erforderliche präzise Planung und Herstellung der Fertigteile hinaus schon in der Planung die Anordnung und Ausbildung der Fugen berücksichtigen. Nachträgliche Änderungen sind in allen Betonkonstruktionen nur mit erheblichen Schwierigkeiten möglich.

Trotz intensiver Entwicklungsarbeit der Betonindustrie ist es weiterhin praktisch unmöglich, Häuser mit monolithischen Außenwänden

Für den Dachstuhl von Eigenheimen sind Holzbalken auch heute noch das meistverwendete Material.

aus Stahlbeton zu realisieren, die den gültigen Bestimmungen zum baulichen Wärmeschutz genügen. Außenwände aus Beton müssen daher mit einer eigenen Schicht aus Dämmstoffen überzogen werden, die wiederum mit einer wetterfesten Bekleidung (Putz, Fassadenplatten o. ä.) umhüllt sein muss. Wenn die Gebäudehülle von außen in sichtbarem Beton erscheinen soll, bleibt nur die außerordentlich aufwändige Ausbildung einer möglichst wärmebrückenfreien Kerndämmung.

Holzbauweisen
(Ständer-, Rahmen-, Blockhausbau)

Holzhäuser haben in Mitteleuropa eine lange Tradition, insbesondere in waldreichen Gegenden, wo Holz als Baumaterial reichlich zur Verfügung stand und steht. Viele Menschen bringen das Wohnen in holzverkleideten Räumen mit natürlichem Charme und Gemütlichkeit in Verbindung. Darüber hinaus hat Holz als Baumaterial auch einige handfeste Vorteile:

Holz ist als einziges der gängigen Materialien für Tragwerke ein nachwachsender Rohstoff, der CO_2-neutral gewonnen werden kann und dessen Verarbeitung zu Baustoffen relativ wenig Energie benötigt. Darüber hinaus steht Holz in den meisten Gegenden Mitteleuropas reichlich zur Verfügung. Insofern kann Holzbau an sich bereits als ökologische Maßnahme bezeichnet werden.

Neben der ökologischen Wertigkeit besteht ein weiterer Vorteil des Bauens mit Holz darin, dass die Bauteile zeitlich parallel zu den Erdarbeiten und dem Bau des Kellers bzw. der Fundamente weitgehend in der Werkstatt (und somit wetterunabhängig) gefertigt werden können, was die anschließende Aufstellung des Hauses vor Ort erheblich verkürzt. Dadurch kann die Bauzeit insgesamt verringert werden.

Zudem lässt sich in Holzkonstruktionen der geforderte (oder gewünschte) Wärmeschutz mit dünneren Wänden realisieren, da die tragenden Teile aus Holz schmaler sind und auch in sich einen besseren Dämmwert aufweisen als vergleichbare Bauteile aus Mauerwerk oder Beton. Das im Vergleich zum Massivbau geringere Gewicht von Holzkonstruktionen kann ebenfalls von Vorteil sein, wenn durch schwierigen Baugrund die maximale Lastaufnahme der Fundamente begrenzt ist. Ähnliches gilt für die Aufstockung bestehender Wohngebäude.

Das relativ geringe Gewicht der Bauteile bringt allerdings den Nachteil mit sich, dass ein erhöhter Schallschutz – nach außen und innerhalb des Hauses – meist nur mit Zusatzmaßnahmen wie Vorsatzschalen oder schweren Estrichen zu erreichen ist. Zudem erfordern Holzhäuser aufgrund der Vorfertigung ihrer Bauteile eine relativ genaue Planung sowie eine exakte Ausführung zur Sicherstellung geringer Maßabweichungen, da auftretende Fugen nicht einfach mit Putz überzogen werden können.

Holzhäuser hatten lange Zeit den Ruf, weniger langlebig zu sein als massiv gebaute Steinhäuser. Dabei zeigen die vielen uralten Fachwerkhäuser, die sich teilweise unverändert seit dem Mittelalter erhalten haben, dass diese Einschätzung so nicht zutrifft. Grundbedingungen für den dauerhaften Werterhalt eines Holzhauses sind allerdings der konstruktive Schutz der tragenden Teile schon bei der Planung sowie die regelmäßige gute Pflege zum Bauunterhalt.

Auch muss das Bauholz vor dem Einbau gut vorgetrocknet sein, um ein späteres Schwinden und Setzungen der Bauteile weitestmöglich zu vermeiden.

Schließlich führen manche Skeptiker die Brennbarkeit als Argument gegen den Bau von Holzhäusern ins Feld. Sie spielt aber bei kleinen Gebäuden aufgrund der kurzen Fluchtwege keine nennenswerte Rolle für die Sicherheit der Bewohner.

Bei Tragwerken aus Holz unterscheidet man drei grundsätzlich unterschiedliche Prinzipien: den Skelettbau, den Rahmenbau und den Massivbau.

Da Hölzer in ihrem Wuchs als Stämme entstehen, können sie besonders gut als stabförmige Bauelemente (Balken, Bretter) verarbeitet werden. Daher eignet sich Holz besonders gut für skelettförmige Tragwerke aus Stielen und Balken. Durch den Aufbau der Tragkonstruktion aus relativ schlanken stabförmigen Elementen können bei Skelettbauten der Grundriss, der Schnitt der Räume und die Fassade vergleichsweise frei gestaltet werden. Dies ermöglicht eine weitgehend freie Einteilung der Räume und große Flexibilität bei der Gestaltung der Gebäudehülle. Allerdings erfordern klassische Zimmermannskonstruktionen im Vergleich zum Rahmenbau eine sehr exakte Planung und Ausführung des meist wenigstens teilweise sichtbaren Tragwerks als auch eine etwas längere Erstellungszeit auf der Baustelle.

Im Holzrahmenbau werden Wände, Decken und Dächer als ganze Scheiben in der Werkstatt vorgefertigt, oft sogar einschließlich Oberflächenverkleidung, Fenster und Installationselemente. Diese Wandelemente kommen

Holz an der witterungsexponierten Außenwand muss alle paar Jahre regelmäßig gepflegt und vor Verrottung geschützt werden.

komplett auf die Baustelle und müssen dort nur noch gesetzt und miteinander verbunden werden. Wenn die Planung und Herstellung der Elemente mit der nötigen Präzision durchgeführt wurde, geht dieser Vorgang üblicherweise sehr schnell und problemlos vonstatten. Da sie aus in sich ausgesteiften ebenen Elementen bestehen, genießen Holzrahmenbauten nicht ganz dieselben großen Freiheiten wie Skelettbauten, der Gestaltungsspielraum ist aber auch bei diesem Konstruktionssystem sehr hoch.

Seit einiger Zeit erlebt auch der Hausbau aus massivem Holz eine Renaissance. Neben den traditionellen Blockhausbau, der inzwischen aufgrund der bauphysikalischen Anforderungen in zweischaliger Bauweise mit innenliegender Dämmschicht ausgeführt wird, ist als moderne Alternative das Bauen mit massiven Wänden aus Holzwerkstoffen getreten, das mit der guten alten Blockhütte nicht mehr viel gemeinsam hat. Vielmehr werden bei der modernen Massivholzbauweise mehrschichtige Bauteile aus Holzwerkstoffen (sinngemäß überdimensionale Sperrholzplatten) in Fabriken auf Maß gefertigt, zur Baustelle geliefert und dort passgenau zusammengesetzt. Konstruktiv hat diese Bauweise viel mit dem Massivbau aus Betonfertigteilen gemeinsam, sowohl was die Verarbeitung betrifft, als auch dahingehend, dass zusätzliche konstruktive Maßnahmen zur Wärmedämmung und Abdichtung nötig sind, die außen auf den hölzernen Rohbau aufgebracht werden müssen.

Holzwerkstoffe finden nicht nur in tragenden Teilen von Häusern Verwendung, sondern auch in vielen anderen Bereichen des Bauwesens. Angefangen bei Fassadenbekleidungen über Dämmstoffe und -platten, Fensterrahmen und Türen bis hin zum Innenausbau und Möbelbau ist Holz aus dem Hausbau nicht wegzudenken.

Stahl im Wohnhausbau

Der Stahlbau spielt derzeit bei kleineren Wohngebäuden keine große Rolle, wird aber vereinzelt angeboten. Dies hängt einerseits mit den in den letzten Jahren stark gestiegenen Preisen für den Rohstoff Stahl zusammen, andererseits mit dem hohen Planungsaufwand für Stahlkonstruktionen. Da man Stahl außerhalb der Werkstatt kaum schweißen und anschließend mit Rostschutz versehen kann, lässt er sich bei Einfamilienhäusern nur als vorgefertigtes Traggerüst verwenden, das auf der Baustelle verschraubt wird. Die Bauteile müssen aufgrund der sehr geringen Maßtoleranzen sehr präzise geplant und hergestellt sein, zudem stellen sie hohe Anforderungen an die Genauigkeit der Ausführung im Rohbau (Keller und Fundamente).

Ansonsten gelten für Stahlskelette ähnliche Vorteile wie im Holzskelettbau, vor allem die große Freiheit in der Gestaltung von Grundriss und Gebäudehülle, die aufgrund der hohen Tragfähigkeit von Stahl nur durch wenige und relativ schlanke Stützen und Träger eingeschränkt wird. Allerdings muss hier besonders auf die Wärmedämmung geachtet werden, damit durch die Stahlträger keine Wärmebrücken entstehen. Auch dem inneren Schallschutz muss man besondere Beachtung schenken, da die inneren Wände sehr häufig in Leichtbauweise erstellt werden.

Die Gewerke am Rohbau

Am Rohbau sind nur relativ wenige Gewerke beschäftigt. Erd- und Betonarbeiten sind immer dabei, Abdichtung und Klempnerarbeiten ebenso. Mauerarbeiten und Zimmererarbeiten gibt es – in Abhängigkeit von der Bauweise – jeweils nur auf manchen Baustellen.

Die Erdarbeiten, Beton- und Mauerarbeiten sowie die Abdichtung des Kellers kann meistens derselbe Handwerksbetrieb erledigen, sie werden daher im Paket ausgeschrieben.

Erschließung und Vorbereitung

Der erste Schritt zum Hausbau ist die Grobplanie des Bauplatzes. Dabei wird zunächst der wertvolle humöse Oberboden (sofern Sie einen solchen vorgefunden haben) vorsichtig zur Seite geschoben und am Rand des Grundstücks gelagert, damit er später als Pflanzschicht für den Garten wiederverwendet werden kann. Erhaltenswerte Bäume müssen gegebenenfalls geschützt werden, damit die Rinde und tiefhängende Äste durch die Baumaßnahmen nicht leiden. Dann können das Einmessen des Hauses durch den Vermesser und der Aushub der Baugrube beginnen.

Erdarbeiten und Baugrube

Die wichtigste Voraussetzung für die Erdarbeiten ist eine möglichst genaue Kenntnis der Baugrundverhältnisse. Ist der Boden tragfähig – und wenn ja, ab welcher Tiefe? Sind die Böden weich (nicht bindig) oder fest (bindig)? Auf welcher Höhe steht das Grundwasser an?

Diese Kenntnisse sind üblicherweise nur durch ein Baugrundgutachten zu bekommen, das von einer Fachperson mittels Probebohrungen oder/und Ramm- oder Drucksondierungen erstellt wird. Durch das Gutachten erhalten Sie Informationen zum Schichtenverlauf, zu den hydrologischen Verhältnissen, vor allem aber zur Tragfähigkeit des Bodens, die sowohl der Architekt als auch der Tragwerksplaner für ihre Arbeit brauchen.

BAUGRUNDUNTERSUCHUNG MIT DEN NACHBARN

Wenn Sie in einem Neubaugebiet bauen, lohnt es sich meistens, das Baugrundgutachten gemeinsam mit einigen Nachbarn in Auftrag zu geben. Das spart dem Gutachter Arbeit (meist genügt eine Bohrung für mehrere Bauplätze) und Ihnen bares Geld.

Zudem muss entweder einer der Planer (Architekt, Fachplaner Tragwerk) oder Sie selbst herausfinden, wo die Leitungen für Wasser, Abwasser und – sofern vorhanden – Gas oder Fernwärme liegen und ob vielleicht sogar Leitungen Ihr Grundstück unterirdisch kreuzen. Wer das Leitungskataster führt, kann Ihnen die Bauaufsichtsbehörde sagen. Sie müssen das ohnehin wissen, um später die Grundleitungen Ihres Hauses an der richtigen Stelle anschließen zu können.

Diese Informationen sind essenziell wichtig nicht nur für die Statik des Hauses, sondern auch für die Ausbildung der Baugrube.

Folgende Bestimmungen haben mit der Arbeitssicherheit der Handwerker auf der Baustelle zu tun und müssen daher penibel eingehalten werden.

Von der Bodenbeschaffenheit hängt ab, in welchem Winkel das Erdreich angeschnitten werden kann – und die Menge des Aushubs ist ein nicht unwichtiger Kostenfaktor. Bei weichen Böden darf die Böschungsneigung maximal 45 Grad betragen, bei festeren (bindigen) Böden sind 60 Grad möglich, steiler geht's nur bei sehr festen, felsigen Böden. Ist die Baugrube tiefer als zwei Meter, muss die Böschung in Stufen angelegt werden, bei mehr als fünf Metern wird sogar ein Standsicherheitsnachweis für die Böschung erforderlich.

Die Baugrube muss rund um den Grundriss Ihres künftigen Hauses hinaus einen Arbeitsraum von mindestens 0,50 Metern (besser sind 0,80) aufweisen, in dem man um die Fundamente und Kellerwände herumgehen kann. Auch am oberen Rand der Baugrube ist ein Arbeitsraum von mindestens 0,60 Metern freizuhalten.

Bei dieser Baugrube gibt es keine Probleme mit der Bodenqualität und dem Grundwasser.

Soll Ihr Haus nahe an einer Grundstücksgrenze oder an der Straße stehen? Dann müssen Sie vermeiden, dass die Baugrube aus Ihrem Grundstück auf diese Flächen ausgreift – oder sich vom Nachbarn und/oder der Gemeinde schriftlich bestätigen lassen, dass Sie sein/ihr Grundstück für Ihre Baugrube befristet nutzen dürfen. Achtung: Besondere Vorsicht ist geboten, wenn die Grube in der Nähe von bestehenden Fundamenten ausgehoben wird. Dann geht nichts ohne die Beratung eines Tragwerksplaners.

Wenn eine übliche Böschung auf Ihrem Grundstück gar keinen Platz hat, müssen Sie die Baugrube durch eine senkrechte Wand vor dem Abrutschen sichern. Diese Wand wird Verbau genannt und kann aus vorgefertigten Spundwänden, Bohrpfählen oder einer Kombination aus Stahlträgern und Holzbohlen (sogenannter „Berliner Verbau") bestehen. Auch hierfür ist die Beratung und Berechnung durch einen Tragwerksplaner unerlässlich.

BEWEISSICHERUNG BEI NACHBARHÄUSERN

Falls Ihr Haus in unmittelbarer Nähe von bestehenden Nachbarhäusern gebaut werden soll, empfiehlt es sich, vor Beginn der Erdarbeiten zusammen mit Ihren Nachbarn deren Häuser kurz in Augenschein zu nehmen und auf vorhandene Risse zu untersuchen. Nehmen Sie nach Möglichkeit Ihren Tragwerksplaner mit und dokumentieren Sie vorhandene Risse fotografisch. Dadurch können Sie verhindern, dass Nachbarn später vorhandene Schäden Ihrer Baustelle anlasten und versuchen, Sie für die Sanierung verantwortlich zu machen.

Wenn das energetische und technische Konzept Ihres Hauses eine Wärmepumpe mit Erdwärmekollektoren, einen gedämmten Wassertank als Wärmespeicher oder auch eine Zisterne vorsieht, müssen die dafür erforderlichen Bauteile schon bei den Erdarbeiten berücksichtigt und ihr Einbau vorbereitet werden, sofern sie nicht im oder unter dem Haus vorgesehen sind.

Gebäude müssen „frostfrei" gegründet werden, um das Risiko zu minimieren, dass im Boden unter dem Haus Wasser zu Eis gefriert, dadurch sein Volumen vergrößert und die tragenden Bauteile nach oben drückt. In Deutschland liegt die sogenannte frostfreie Tiefe je nach Region bei 0,80 bis 1,20 Meter unter der Geländeoberfläche. Wenn Ihr Haus einen Keller erhalten soll, ist eine frostfreie Gründung kein Problem – bei nicht unterkellerten Häusern müssen entweder die tragenden Fundamente in frostfreie Tiefe gegründet oder eine umlaufende Frostschürze bis zu dieser Tiefe ausgebildet werden.

Betonarbeiten

Kaum ein Haus kommt heutzutage ohne Beton aus. Selbst Holzhäuser brauchen Fundamente und eine Bodenplatte, die meist aus Stahlbeton hergestellt werden. Auch oberhalb des Kellers ist Beton weit verbreitet als Material für Decken, Stützen, Treppen, Fensterstürze und ähnliches. Besonders in Gebieten mit hohem Erdbebenrisiko kommt es häufig vor, dass selbst einfache Wohnhäuser komplett aus Beton gebaut werden, damit das Tragwerk im Erdbebenfall die horizontalen Kräfte der Erdstöße auf-

Sichtbeton ist im Wohnbereich von Eigenheimen immer noch selten anzutreffen, weil er eine eher kühle Raumatmosphäre schafft.

fangen kann. Beton ist als Werkstoff frei formbar, weil er in Schalungen mit nahezu beliebiger Form gegossen werden kann. Konstruktiv eignet er sich sowohl für scheibenförmige (aus Wänden bestehende) als auch für skelettförmige (aus Stützen und Balken zusammengesetzte) Tragsysteme.

Von den vielen verschiedenen Arten von Beton, die sich durch die Zusammensetzung des Zements, der Gesteinskörnung und Zusatzstoffe, vor allem aber durch Material und Konstruktionsprinzip der Bewehrung unterscheiden, spielen nur zwei im Bau von Einfamilienhäusern eine nennenswerte Rolle: der normale Stahlbeton (den wir in diesem Buch einfach Beton nennen) und der Leichtbeton. Spannbeton, Faser- und Textilbeton sind aufgrund der geringen Spannweiten selten erforderlich und meist zu aufwändig.

Durch poröse Gesteinskörnung aus Blähton oder Blähschiefer ist Leichtbeton nicht nur leichter als Normalbeton, sondern hat auch erheblich bessere Wärmedämmeigenschaften. Dies macht ihn für Gebäude mit bis zu zwei Geschossen zu einer interessanten Alternative auch für tragende Wände und Decken.

Über die Materialeigenschaft hinaus gibt es große Unterschiede in der Verwendungsweise von Beton. Alle aus Beton hergestellten Bauteile können vor Ort auf der Baustelle in eigens angefertigten Schalungen mit Stahlmatten bewehrt und dann gegossen werden – man nennt dieses übliche Verfahren Ortbeton. Nach Möglichkeit sollte die Umgebungstemperatur beim Betonieren nicht unter fünf Grad Celsius liegen, sonst müssen besondere Zuschlagstoffe verwendet werden.

Dieses Problem tritt nicht auf, wenn man Bauteile in Fabriken vorfertigen und als Fertigteile auf die Baustelle liefern lässt. Die mögliche Größe der Fertigteile bemisst sich nicht aus der Fertigung selbst, sondern aus der Transportfähigkeit – der maximalen Zuladung und Breite der Transportfahrzeuge. Durch ihre Vorfertigung unter kontrollierten Bedingungen weisen Betonfertigteile üblicherweise eine glatte, homogene Oberfläche auf, die man entweder sichtbar belassen oder kostengünstig spachteln und streichen lassen kann.

SICHTBARE BETON-OBERFLÄCHEN SCHÜTZEN

Achen Sie darauf, dass alle Betonoberflächen, die später sichtbar bleiben sollen, während der Bauzeit gut geschützt sind. Dies können Sie zum Beispiel durch Abdecken mit Folien (bei begehbaren Treppen besser mit Sperrholz) erreichen – oder Sie hängen zumindest warnende Schilder auf. Anderenfalls lässt sich kaum vermeiden, dass Handwerker (versehentlich) Kanten abschlagen oder (unwissend) auf Sichtbetonwänden zeichnen oder schreiben.

Eine gängige Mischform sind die sogenannten Halbfertigteile, die im Werk einseitig oberflächenfertig hergestellt werden, während auf der Gegenseite die Bewehrung aus dem Bauteil herausragt. Halbfertigteile (manchmal auch Filigranplatten genannt) werden entweder als Decken horizontal verlegt und anschließend auf der Oberseite mit flüssigem Beton auf die gewünschte Deckenstärke aufgefüttert. Vertikal kann man sie als doppelte Wände aufstellen und mittig mit Beton ausgießen. Halbfertigteile bringen weniger Feuchtigkeit in die Baustelle ein als Ortbeton, sparen Bauzeit und weisen

Baustoffkunde Beton

Beton ist ein Gemisch aus Zement, Gesteinskörnung (früher Zuschlag genannt), Wasser und Zusatzstoffen. Der Zementleim (die Mischung aus Zement und Wasser) ist für die Festigkeit des Baustoffs zuständig, indem er in die Lücken zwischen den beigemischten Steinkörnern fließt und dort zu hochfestem Zementstein abbindet. Die Zuschläge von Kies, Splitt oder Sand werden in ausgewogenen Körnungen beigemischt, um den Porenanteil im Beton zu minimieren. Der Wasseranteil ist für jede Betonsorte vorgeschrieben, denn zu viel Wasser vermindert die Festigkeit, zu wenig kann zur Vertrocknung führen und ebenfalls die Festigkeit einschränken. Durch Anpassung der Rezeptur sind die technischen Eigenschaften des Betons planbar. Beton wird üblicherweise in Mischanlagen hergestellt und mit Mischfahrzeugen auf die Baustelle geliefert und dort in vorbereitete Schalungen eingebracht.

durch ihre Vorfertigung unter kontrollierten Bedingungen üblicherweise eine glatte, homogene Oberfläche auf, die man sichtbar lassen oder kostengünstig spachteln und streichen lassen kann. Trotz ihrer allgemein guten Eigenschaften sind sie nicht jedermanns Geschmack.

Erste Verwendung von Beton auf Ihrer Baustelle dürften die Fundamente sein, die sinngemäß verbreiterte Wand- oder Stützenfüße darstellen, die in eigens ausgehobenen Gräben oder Gruben (oft ohne Schalung) betoniert werden. Die muss Ihr Tragwerksplaner vor Baubeginn in ihrer Größe und (sofern erforderlich) Bewehrung genau berechnen, damit sie die Lasten aus dem geplanten Haus aufnehmen und in den Boden ableiten können. Je nach Konstruktion Ihres Hauses kommen streifenförmige (unter Wänden) oder punktförmige Fundamente (unter Stützen) zum Einsatz. Dazwischen wird die Bodenplatte auf einer Sauberkeitsschicht auf den Baugrund betoniert. Nur bei schlechtem Baugrund und besonders großen Lasten (die im Einfamilienhausbau üblicherweise nicht auftreten) lohnt sich ein Plattenfundament, in dem Fundamente und Bodenplatte in einem flächigen Bauteil zusammengefasst sind.

Die Bodenplatte und die Kellerwände, die häufig aus Gründen der konstruktiven Homo-

genität ebenfalls aus Beton erstellt werden, müssen gegen Regenwasser am Gebäudesockel und gegen drückendes Wasser aus dem Erdreich abgedichtet werden. In den meisten Fällen genügen dafür die üblichen äußeren Abdichtungsmaßnahmen, die im nächsten Kapitel ab Seite 259 näher erläutert sind.

Eine wasserundurchlässige Betonwanne ist nur dann erforderlich, wenn das Haus im Grundwasser gegründet werden soll (Achtung: in diesem Fall brauchen Sie für die Gründung eine wasserrechtliche Genehmigung von der zuständigen Behörde) oder mit dauerhaft stehendem Schichtenwasser zu rechnen ist. Die dafür übliche Bauweise heißt „Weiße Wanne", sie übernimmt in einem Bauteil vereint die Trag- und die Dichtungsfunktion. Sie besteht aus einer Kombination aus besonders hochwertigem und stark bewehrtem Beton und speziell ausgebildeten Fugen (insbesondere zwischen Bodenplatte und Wänden), die nur von Fachfirmen hergestellt werden sollten.

Trotz intensiver Entwicklungsarbeit der Betonindustrie mit dem Ziel, durch Zuschlagstoffe wie Blähton gute Wärmedämmwerte zu erzielen, ist es weiterhin nahezu unmöglich, Häuser mit monolithischen Außenwänden aus Stahlbeton zu realisieren, die den gültigen Bestimmungen zum baulichen Wärmeschutz genügen. Außenwände aus Beton müssen daher mit einer eigenen Schicht aus Dämmstoffen überzogen werden, die wiederum mit einer wetterfesten Bekleidung (Putz, Fassadenplatten o.ä.) umhüllt sein muss. Um die tragende Massivwand als baulichen Speicher für Wärme und Kühle nutzen zu können, sollte die dämmende Schicht außerhalb der tragenden Schicht zu liegen kommen. Diese Art von mehrschichtigen Aufbauten muss genau aufeinander abgestimmt sein, um Schäden zu vermeiden. Wenn die Gebäudehülle von innen und außen in sichtbarem Beton erscheinen soll, bleibt nur die sehr aufwändige Ausbildung einer möglichst wärmebrückenfreien Kerndämmung.

Geschossdecken und horizontale Dachplatten werden sehr häufig aus Beton gebaut, da die hohe Masse gute Schallschutzeigenschaften hat und sich mit dem monolithischen Material Beton auch schwierige Grundrissgeo-

Frisch gegossene Geschossdecke aus Beton

metrien leicht überspannen lassen. Allerdings ist die Erstellung von horizontalen Platten in Ortbeton relativ aufwändig, da sie vor dem Betonieren vollflächig eingeschalt, von unten mit verstellbaren Stahlständern gesichert und auf der Schalung mit Stahlmatten bewehrt werden müssen. Daher bewährt sich besonders bei massiven Decken der Einsatz von Fertigteilen oder Halbfertigteilen, durch den sich oft Kosten und Bauzeit einsparen lassen.

Bei Häusern mit Flachdächern wird oft die Dachplatte wie die darunterliegenden Decken im Massivbau erstellt. Dafür sprechen sowohl die einfachere Statik als auch der Umstand, dass man dann auf das Gewerk Zimmererarbeiten ganz verzichten kann und dadurch Kosten und Zeitaufwand für Ausschreibung, Baustelleneinrichtung etc. spart. Dagegen spricht hingegen einerseits das höhere Gewicht der Konstruktion und die Tatsache, dass der Dachaufbau aufgrund der Dämmung dicker werden muss.

Auskragende Bauteile wie Balkone und Wintergärten müssen entweder rundum gedämmt oder mit wärmegedämmten Sonderkonstruktionen (bekannt unter dem Namen Isokorb) in die Deckenstirn verankert werden, damit die auskragende Platte nicht als Wärmebrücke wirkt. Wenn der Balkon oberhalb eines geheizten Aufenthaltsraums liegt, muss er mit einem vollständigen Flachdach-Aufbau belegt werden, der die Wärmedämmung und Ableitung des Oberflächenwassers sicherstellt.

Abdichtungsarbeiten

Die Abdichtungsarbeiten werden üblicherweise zusammen mit den Betonarbeiten von derselben Firma erledigt. Das Ziel ist es, den Keller gegen den Eintritt von Wasser abzudichten, das bei Regenfällen, als Schichtenwasser oder Grundwasser gegen die Kellerwände drücken kann.

Gegen normale Beanspruchungen durch kurzzeitigen schwachen Wasserdruck verwendet man üblicherweise entweder einen Deckanstrich auf Bitumenbasis oder eine ein- bis zweilagige Beschichtung aus Bitumenbahnen oder Kunststoff-Dichtungsbahnen. Der Untergrund muss eben sein (gemauerte Wände brauchen dafür eine Lage Putz), die Außenfläche müssen gegen mechanische Beanspruchung geschützt werden, zum Beispiel durch eine Bautenschutzmatte .

Bei stärkeren hydrostatischen Beanspruchungen, die durch anstehendes Grundwasser oder stehendes Schichtenwasser auftreten können, lässt sich das Eindringen von Wasser nur durch besondere Maßnahmen verhindern. Als Alternative zur „Weißen Wanne" aus Beton, die wir bereits besprochen haben (→ Seite 258), steht die „Schwarze Wanne" zur Verfügung, bei der die Dichtigkeit über mehrere Lagen Bitumenbahnen (optional in Kombination mit Kunststoff-Dichtungsbahnen) sichergestellt wird, die von außen auf die Kellerwände aufgebracht werden. Zusätzlich gelten besonders hohe Anforderungen an die Eindichtung von Anschlüssen, Bewegungsfugen und Durchdringungen. Achten Sie darauf, bevor die Dämmung aufgebracht wird!

Anschließend werden die gedichteten Kellerwände – sofern sie nicht aus wärmedämmenden Materialien gebaut sind – mit einer Perimeterdämmung aus druck- und wasserbeständigen Dämmstoffen (geeignet sind vor allem Polystyrol-Hartschaum und Schaumglas) beklebt. So können sie sich nicht verschieben, wenn rund um den Keller die Drainagerohre verlegt werden und die Baugrube aufgefüllt wird – direkt am Haus mit wasserdurchlässigem Kies, weiter außen mit der seitlich gelagerten Erde.

Mauerarbeiten

Mauerwerk ist eine Verbundkonstruktion aus Steinen und Mörtel. Da die Steine (mit Ausnahme von Natursteinmauern) in Fabriken hergestellt und zur Baustelle geliefert werden, kann man von einer teil-vorgefertigten Bauweise sprechen, die auf einer jahrtausendealten Tradition beruht. Das Erscheinungsbild von Mauerwerkswänden hängt ab vom Steinmaterial mit seiner Farbe, Größe und Proportion sowie von der Art der Fügung. Wir haben die wichtigsten Sorten von Mauersteinen in der Tabelle rechts zusammengefasst.

Die ökologischen Unterschiede der gängigen Materialien bestehen vor allem im Energieaufwand zu ihrer Herstellung. Schädliche Einflüsse von Wandbaustoffen auf die Gesundheit bei Nutzung des Wohnhauses sind nicht bekannt. Als Entscheidungsgrundlage sollten Sie neben persönlichen Vorlieben vor allem die bauphysikalischen Eigenschaften wie Gewicht, Wärmeleitfähigkeit und Schallschutz bedenken, was sich auch auf die Baukosten deutlich auswirken kann.

Mauersteine und -ziegel aus allen genannten Materialien werden in zahlreichen Abmes-

Dicke Außenwände aus gebrannten Hochlochziegeln wurden hier vor Ort gemauert.

Mauerwerk

Mauerstein	Rohstoffe	Anwendungen	Tragfähigkeit	Bauphysik	Besonderheiten
Vollziegel	Ton	Wände aller Art	Mittel bis hoch	Gute Wärmespeicherung, Schalldämmung und Feuchteregulierung	Sehr breite Auswahl
Hochlochziegel	Ton	Wände aller Art; besonders Außenwände	Niedrig bis mittel	Gute Wärmedämmung	Auch als Langlochziegel erhältlich (horizontale Löcher)
Gefüllte Hochlochziegel	Ton, Füllung Perlit o.ä.	Wände aller Art; besonders Außenwände	Niedrig bis mittel	Sehr gute Wärmedämmung	In monolithischer Bauweise für Passivhausstandard geeignet
Klinker	Ton	Sichtbare Außenwand-Verblendungen	Hoch bis sehr hoch	Gute Wärmespeicherung und Schalldämmung, schlechte Wärmedämmung	Frostbeständig und sehr widerstandsfähig
Kalksandstein	Kalziumoxid, Sand	Wände aller Art; Außenwände nur mit Zusatzdämmung; dann auch sichtbare Außenwandverblendungen	Hoch bis sehr hoch	Gute Wärmespeicherung, Schalldämmung und Feuchteregulierung, schlechte Wärmedämmung	Hohes Gewicht, gute Ökobilanz durch geringen Ressourcenverbrauch
Porenbetonstein	Kalk- oder Zementmörtel	Wände aller Art	Niedrig bis mittel	Schlechte Schalldämmung; gute Wärmedämmung	Relativ geringes Gewicht
Mauerstein aus Beton	Beton	Wände aller Art	Mittel bis sehr hoch	Gute Wärmespeicherung und Schalldämmung, schlechte Wärmedämmung	Als Beton-Werkstein auch mit hochwertigen Sichtoberflächen erhältlich
Mauerstein aus Leichtbeton	Beton	Wände aller Art	Niedrig bis mittel	Schlechte Schalldämmung; gute Wärmedämmung	Relativ geringes Gewicht
Naturstein	Naturstein	Gartenmauern; sichtbare Außenwand-Verblendungen	Je nach Gesteinsart sehr unterschiedlich	Meist schlechte Wärmedämmung	Für tragende Wände nur in Ausnahmefällen geeignet

sungen mit verschiedenen Druckfestigkeiten, Rohdichten und Wärmeleitfähigkeiten angeboten. Das traditionelle oktametrische Maßsystem (ein Meter wird horizontal und vertikal in acht gleiche Teile eingeteilt, jede Fuge hat eine festgelegte Breite – daraus ergeben sich die Abmessungen des einzelnen Steins) geht aus von menschlichen Maßen: Der Verarbeiter soll in einer Hand den Stein, in der anderen die Kelle halten können. Es hat eine lange Tradition, ist auch weiterhin gebräuchlich – allerdings sind durch höhere Anforderungen an Wanddicken zusätzliche Steintiefen hinzugekommen, die sich nicht am oktametrischen Maßsystem orientieren. Die ebenfalls angebotenen überhohen Mauersteine (unter anderem aus Kalksandstein) lassen sich zwar sehr schnell aufschich-

ten – aber aufgrund ihres hohen Gewichts geht das oft nur mit der Hilfe eines kleinen mechanischen Krans, den die Maurer auf jedes Geschoss mitnehmen.

Die konstruktiv einfachste Massivbauweise ist das Bauen mit einschaligem, beidseitig verputztem Mauerwerk. Zu den Vorteilen gehören ein homogener Wandaufbau, gute bauphysikalische Eigenschaften und eine einfache Verarbeitung. Allerdings kann diese Bauweise die gültigen Vorschriften zur Wärmedämmung nur bei Verwendung bestimmter Materialstärken und Konstruktionsweisen einhalten. Alternativen dazu sind Hohlblocksteine aus Porenbeton und Leichtbeton, die allerdings aufgrund ihrer geringen Rohdichte Schwächen beim Schallschutz aufweisen.

Vorgefertigte Elemente für Ziegeldächer werden hier montiert.

Zur Verbesserung der Wärmedämmeigenschaften und zur Gewichtsreduktion wurden von der Ziegelindustrie gelochte Mauersteine entwickelt, die unter dem Namen Hochlochziegel weite Verbreitung gefunden haben. Durch Optimierungen der Zuschlagstoffe – die für die Porosität des Materials sorgen – und der Lochstruk-

Den Schornstein rechtzeitig planen!

Braucht Ihre Heizungsanlage einen Schornstein? Oder träumen Sie von einem offenen Kamin, einem Kaminofen oder Kachelofen? Dann müssen Sie bei der Planung so früh wie möglich den Platz dafür festlegen und den Rauchabzug einplanen – auch wenn der Ofen erst später kommen soll. Schornsteine müssen senkrecht nach oben geführt werden (sonst „ziehen" sie nicht) und brauchen daher auch in den darüberliegenden Geschossen ihren Platz. Wie groß der Schornstein wird und welchen Aufbau (ein- oder zweizügig? Mit oder ohne Dämmung?) er sinnvollerweise hat, hängt davon ab, welche Art von Feuerstätte Sie später daran betreiben wollen. Lassen Sie sich frühzeitig beraten, sowohl von Ihrem Heizungs- oder Ofenbauer als auch vom zuständigen Schornsteinfeger (die Adresse hat Ihre Bauaufsichtsbehörde), der den Schornstein auch im Rohbau abnehmen muss.

tur lassen sich mit einschaligen Außenwänden aus diesen Ziegeln gute Wärmedämmwerte erreichen.

Eine weitere Verbesserung des Wärmeschutzes bietet die neueste Generation gelochter Ziegel, bei denen die Hohlräume mit Perlit oder Mineralfaser gefüllt sind. Diese kön-

nen in einschaliger Bauweise sogar die Anforderungen für Niedrigenergiehäuser erfüllen.

Da die Mörtelfugen wärmetechnische Schwachpunkte darstellen, eignen sich für Außenwände ohne zusätzliche Dämmschicht allerdings nur solche Steine, die horizontal im Dünnbett vermörtelt werden und deren vertikaler Verbund über verzahnte Stoßfugen funktioniert.

Wenn Sie auch von außen das Bild von sichtbarem Mauerwerk erreichen wollen, müssen Sie mit einem zweischaligen Wandaufbau arbeiten: Vor die innere Mauerwerksschale kommt eine Kerndämmung, davor dann eine (meist recht dünne) Verblendung, die nur sich selbst trägt und mit rostfreien Stahlankern durch die Dämmschicht hindurch in der tragenden Wand verankert werden muss. Für die Verblendung sind normale Mauerziegel allerdings aufgrund ihrer Feuchtigkeitsaufnahme nicht geeignet. Man verwendet stattdessen Klinker – Ziegel, die bis zur Sinterung gebrannt sind, dadurch eine hohe Rohdichte aufweisen und kaum Feuchtigkeit aufnehmen, was sie frostbeständig macht. Sie sind sehr druckfest und widerstandsfähig gegen mechanische und chemische Belastungen und eignen sich daher besonders gut für stark beanspruchte Fassaden.

Die Suche nach zeit- und kostensparenden Bauweisen hat auch vor dem Mauerwerk nicht Halt gemacht. Es wurden Methoden entwickelt, ganze Wände in Fabriken voll- oder halbautomatisch vorzufertigen (oft einschließlich eingelegter Leitungskanäle) und zum Einbau auf die Baustelle zu liefern. Der Vorteil handlicher Bauteile geht dabei verloren zugunsten von zeitsparender Herstellung, die nicht wie andere Mauerarbeiten auf gutes Wetter auf der Baustelle angewiesen sind. Nicht alle Materialien eignen sich für die Vorfertigung.

Es klingt zunächst erstaunlich, aber auch Geschossdecken lassen sich in Mauerwerk erstellen. Dabei werden entweder schmale Deckenplatten (zum Beispiel aus Porenbeton) auf Wände aufgelegt oder armierte Betonrippen von Wand zu Wand gespannt und mit Hohlkörpern (wie Langlochziegeln) belegt, danach die Zwischenräume mit Beton ausgegossen. Vorteile dieser Bauweise sind neben der allgemeinen Eigenschaften der Baustoffe die relativ kurze Bauzeit und das geringe Gewicht der einzelnen Bauteile – dadurch eignen sich diese Decken auch für schlecht zugängliche Baustellen.

Die Mauerarbeiten können auch im Innenausbau noch beschäftigt sein, wenn Sie sich bei den nicht tragenden Wänden für Mauerwerk entscheiden. Dafür eignen sich sowohl alle Arten von Mauersteinen, die wir aufgezählt haben, als auch Gips-Wandbauplatten (bekannt unter dem Namen Gipsdielen), die in Außenwänden üblicherweise nicht zum Einsatz kommen.

Aufgrund ihres relativ hohen Gewichts müssen die Lasten aus gemauerten Innenwänden schon im statischen System berücksichtigt werden, insbesondere bei der Dimensionierung der Decken. Leichtbauwände sind flexibler einsetzbar (→ Seite 277).

Zimmererarbeiten

Alle beschriebenen Holzbausysteme werden von Zimmereibetrieben aufgestellt, aber nicht jede Zimmerei kann alle Systeme anbieten. Bei der Auswahl helfen Ihnen erfahrene Architekten oder Recherchen im Internet – leider gibt es derzeit keinen zentralen Ansprechpartner der Holzindustrie, der Kontakte zu Handwerksbetrieben herstellen kann.

Holz ist ein organischer Werkstoff und insofern nicht unbegrenzt haltbar. Es muss vor dem Einfluss von Witterung, Feuchtigkeit sowie dem Angriff von Pilzen und Insekten geschützt werden. Wo die Holzfeuchte über längere Zeit oberhalb von 20 Prozent liegt, ist die Gefahr von schädlichem Pilzbefall besonders hoch. Holzschutz kann sowohl durch sinnvolles Kon-

struieren als auch durch physikalischen Oberflächenschutz oder durch chemische Behandlung erreicht werden. Sinnvoll ist eine Kombination aus allen Verfahren. Die zuständige Norm legt den Schwerpunkt auf den konstruktiven Holzschutz und verfolgt das Ziel, den Einsatz von physikalischen und chemischen Holzschutzmitteln auf ein Minimum zu reduzieren.

Gut gebaute Dachstühle sehen schon im Rohbau so schön aus, dass man sie am liebsten gar nicht mehr verkleiden würde.

▶ Der vorbeugende **KONSTRUKTIVE HOLZ-SCHUTZ** verfolgt das Ziel, die Konstruktion vor Feuchte zu schützen und Verformungen tragender Teile durch Quellen und Schwinden möglichst auszuschließen. Zu den üblichen Maßnahmen gehören neben der Auswahl der richtigen Holzsorte und des Holzbestandteils (man sollte widerstandsfähiges Kernholz bevorzugen) die Abdichtung der Bauteile von außen und innen sowie die konsequente Hinterlüftung des Wetterschutzes.

Der Witterung ausgesetzte Bauteile (wie freistehende Stützen im Außenbereich) dürfen keinen direkten Bodenkontakt haben, was durch Aufständerung der Stützenfüße in Schuhen aus verzinktem Stahl erreicht werden kann. Darüber hinaus haben sich der Einsatz von Dachüberständen, die Vermeidung horizontaler Fugen, die Abdeckung gefährdeter Bauteile durch Bleche

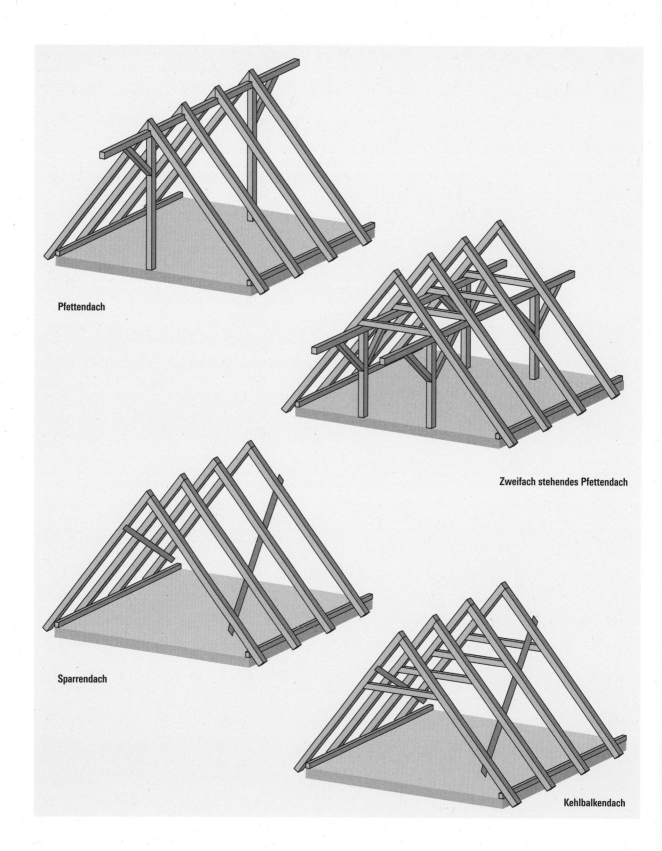

Pfettendach

Zweifach stehendes Pfettendach

Sparrendach

Kehlbalkendach

und die Verwendung von schrägen An-schnitten als Tropfkanten bewährt.

▶ Als **PHYSIKALISCHEN HOLZSCHUTZ** be-zeichnet man Imprägnierungen, Lasuren und Lacke, die den Feuchtehaushalt von hölzernen Bauteilen regulieren helfen und sie vor ultravioletter Strahlung schützen. Darüber hinaus können sie für die farbliche Gestaltung des Hauses eingesetzt werden. Sie enthalten in der Regel keine Biozide und sind daher kein chemischer Holz-schutz.

▶ Der vorbeugende **CHEMISCHE HOLZ-SCHUTZ** hat sich in den vergangenen Jahr-zehnten stark gewandelt und ist hinter den konstruktiven Holzschutz zurückgetreten. Er kommt nur noch zum Einsatz an Stellen, wo die Holzfeuchte langfristig über 20 Pro-zent liegt oder ein Befall durch Insekten nicht dauerhaft zu verhindern ist. Die Holz-schutzmittel enthalten Biozide (Gifte) und sollten daher streng zweckgebunden und nur von Fachfirmen verarbeitet werden.

Ebenso wie Wände und Decken können auch Dachtragwerke in jeder der beschriebenen Holzbauweisen erstellt werden. Am weitesten verbreitet sind Dachstühle im Holzskelettbau, die sich wiederum nach verschiedenen Prinzi-pien konstruieren lassen: Sparrendächer und Kehlbalkendächer (siehe links) haben begrenzte Einsatzmöglichkeiten bezüglich Dachneigung und -spannweite und sind daher im Einfamili-enhausbau selten geworden. Üblich sind Pfet-tendächer, deren Haupttragwerk parallel zu First und Traufe konstruiert ist. Sie sind gleich-zeitig flexibel und wirtschaftlich und bieten gu-te Voraussetzungen für Aufbauten und Öffnun-gen. Da diese aber ins Geld gehen (→ „Kosten-günstig bauen", Seite 30) sollte man versuchen, sie auf ein Minimum zu begrenzen.

Aufgrund des Schichtenaufbaus eines übli-chen Pfettendachs ist es sinnvoll, die Längs-pfetten im Dachgeschoss sichtbar zu lassen. Sichtbare Sparren sind hingegen nur möglich, wenn die Dämmung oberhalb der Sparren sitzt – dadurch wird das Dach dicker und teurer.

Der Dachstuhl ist fertig erstellt: Zeit für das Richtfest.

Das Richtfest

Mit dem Richtfest (in manchen Gegenden auch Hebefest oder Aufschlagfeier genannt) feiern gemäß einer jahrhundertealten Tradition alle am Bau Beteiligten gemeinsam, dass das Aufstellen des Dachstuhls fertiggestellt und da-mit ein wichtiger Meilenstein im Rohbau er-reicht ist.

▶ **WER FEIERT?** Gastgeber ist der Bauherr – in doppeltem Sinne: Er lädt zum Richtfest ein und bezahlt es auch vollständig (meist wird sogar der Richtbaum oder -kranz ei-gens in Rechnung gestellt). Gäste sind die Architekten und Fachplaner, die bis dahin beschäftigten Handwerker und natürlich Verwandte und Freunde der Bauherrschaft. Es ist darüber hinaus eine gute Idee, Ihre künftigen Nachbarn einzuladen und sich damit schon im Wohngebiet positiv be-kannt zu machen.

▶ **WANN WIRD GEFEIERT?** Als Termin hat sich der erste Freitagnachmittag nach Fertigstellung des Dachstuhls bewährt, die Uhrzeit direkt nach dem üblichen Feier-abend der Zimmerleute. Wenn das nicht möglich ist, kann es auch ein anderer Wo-chentag sein.

▶ **WO WIRD GEFEIERT?** Die eigentliche Zeremonie mit dem Richtspruch hat ihren natürlichen Platz auf der Baustelle: Die Handwerker stehen auf dem Dach, die Bauherrschaft mit ihren Gästen unten vor dem Haus. Der anschließende Richtschmaus sollte nach Möglichkeit ebenfalls im Haus stattfinden – im Winter oder bei schlechtem Wetter entweder im Keller oder in einem mit Planen geschützten Wohnraum, den Sie jeweils mit Heizlüftern auf eine erträgliche Temperatur bringen sollten. Nur wenn das gänzlich unmöglich erscheint, sollten Sie in ein nahegelegenes Gasthaus ausweichen.

▶ **WIE LÄUFT ES AB?** Vor der Zeremonie befestigen die Zimmerleute einen mit bunten Bändern oder Tüchern geschmückten kleinen Richtbaum oder Richtkranz am höchsten Punkt des Daches. Nach einer Begrüßung durch den Bauherren spricht ein Zimmermann (üblicherweise der Firmeninhaber oder der Polier) den Richtspruch, prostet den Gästen zu und wirft das geleerte Glas mit Schwung auf den Boden, damit die Scherben der Baustelle Glück bringen. Dann versammeln sich alle Beteiligten und essen und trinken gemeinsam. Zwischendurch freut man sich über (möglichst kurze und freundliche) Reden von Bauherr und Architekt, die das bisher Geschaffte würdigen.

▶ **WAS GIBT'S ZUM ESSEN UND TRINKEN?** Das bleibt natürlich den Vorlieben der gastgebenden Bauherrschaft überlassen. Üblich sind Fleischkäse, Würstchen, Kartoffelsalat oder ähnliche einfache Hausmannskost sowie Bier, Sprudel und Limonade, danach vielleicht noch Kaffee und Kuchen.

Meistens verlassen die Zimmerleute nicht gleich nach dem Richtfest die Baustelle, sondern bringen noch die Wärmedämmung des Dachstuhls sowie die Unterkonstruktion für die Dachdeckung an. Die Unterkonstruktion hängt von der gewählten Dachdeckung ab, wie wir im folgenden Kapitel zeigen. Die für geneigte Dächer geeigneten Dämmstoffe haben wir in der Tabelle unten aufgelistet.

Viele Zimmerer arbeiten auch als Dachdecker und können Ihnen daher die eigentliche Deckung mit anbieten. Manchmal ist das Zimmerergewerk auch am Ausbau mit der Erstellung von Leichtbauwänden in Holzkonstruktion beteiligt.

Dachdämmung

Dämmstoffe	Materialien	Anwendungen	Besonderheiten
Mineralwolle	Glaswolle Steinwolle	Bei geneigten Dächern als Zwischensparrendämmung	Gefahr von nachträglicher Expansion (Aufquellen)
Kunstschäume	Expandiertes Polystyrol extrudierter Polystyrolschaum Polyurethan-Hartschaum Phenolharzschaum	Bei gedeckten Dächern als Zwischensparren- oder Aufsparrendämmung	Brennbar, aber schwer entflammbar (Baustoffklasse B1)
		Bei gedichteten Dächern (meist als Gefälledämmung)	
	Schaumglas	Bei gedichteten Umkehrdächern als druckfeste Wärmedämmung	Druckfest, daher begeh- und befahrbar, dampfdicht, nicht brennbar (Baustoffklasse A1)
Umweltfreundliche Dämmstoffe	Holzwolle Holzfasern Expandierter Kork Blähton Zellulose	Bei geneigten Dächern als Zwischensparrendämmung (als Matten oder in die Hohlräume eingeblasen)	Günstige Energiebilanz, anfällig für Verrotten und Befall durch Insekten; bei Schüttung Gefahr des Schwindens (Schrumpfens)

Dachabdichtungsarbeiten

Geneigte Dächer werden üblicherweise nach dem Prinzip des gedeckten Daches konstruiert. Dabei wirkt die Eindeckung als wasserführende Schicht, allerdings muss zum Schutz gegen kleinere Mengen von Flugschnee und Regenwasser darunter noch eine diffusionsoffene Unterspannbahn vorgesehen werden. Zwischen Eindeckung und Unterspannbahn verbleibt eine Luftschicht zwischen in Sparrenrichtung verlegten Dachlatten als Hinterlüftungsebene. Bei geringer Neigung oder hoher Beanspruchung kann unter der Eindeckung auch eine vollständige Abdichtung eingebaut werden, die einem gedichteten Dach entspricht.

Die Auswahl von Baustoffen für die Dacheindeckung ist vielfältig. Man unterscheidet grundsätzlich zwischen geschuppten Deckungen (Ziegel, Schindeln und ähnliches), plattenförmigen Bauteilen (Wellplatten aus Faserzement oder Kunststoff) und bahnenförmig verlegten Blechen. Die verschiedenen Deckungsarten haben jeweils eigene Anforderungen an die Unterkonstruktion. Wir haben die gebräuchlichsten Deckungsarten, die zugehörigen Baustoffe mit ihren Eigenschaften und konstruktiven Anforderungen in der Tabelle auf Seite 268 zusammengestellt.

Manche Dacheindeckungen haben eine regional begrenzte Tradition zum Beispiel Reet und Schilf in Friesland, Steinschindeln im Alpenraum oder kleinformatige Holzschindeln im Schwarzwald. Aus Gründen von Kosten und bautechnischer Normierung sind sie selten geworden und sollten nur in ihrer Ursprungsregion verwendet werden, wo die handwerklichen Kenntnisse noch vorhanden sind.

 INFO

DACHDECKUNG BEVORRATEN
Wenn Ihr Dach mit Ziegeln, Betonsteinen oder anderen Plattenmaterialien gedeckt wird, sollten Sie sich Material für zwei bis drei Quadratmeter Dachfläche zurücklegen. Sie können dann später kleinere Schäden entweder schnell selbst beheben – oder eine beauftragte Firma muss die Platten nicht eigens bestellen.

Biberschwanzziegel

Flachdachziegel

Reformziegel

Falzziegel

Großflächenverschiebeziegel

Dachflächenfenster lassen sich in Holzdachstühle recht einfach integrieren, auch eine spätere Nachrüstung ist meist ohne große Umbaumaßnahmen möglich. Sie lassen sich bei Regen und Schnee aber nur bedingt zur Raumlüftung nutzen. Für den außenliegenden Sonnenschutz haben die meisten Hersteller inzwischen Systemlösungen im Programm.

Dachaufbauten wie Gauben und Quergiebel stellen an ihren Rändern zur Dachfläche immer Herausforderungen für die Eindichtung dar. Sie erfordern Blechverwahrungen in allen Kehlen, die am aufsteigenden Bauteil etwa 15 Zentimeter hochgezogen werden müssen.

Ähnliches gilt für die inneren Kanten von Dacheinschnitten. Zudem müssen auf den ins Dach eingeschnittenen Balkonen oder Terrassen vollständige Flachdachaufbauten eingebracht werden – einschließlich Dämmung, sofern sich darunter ein geheizter Raum befindet.

FLACHDÄCHER folgen dem Prinzip des gedichteten Daches. Sie dürfen nach den aktuellen Richtlinien nicht mehr ganz eben ausgeführt werden, sondern müssen ein Gefälle von mindestens zwei Prozent haben, das den Ablauf von Niederschlagswasser in Richtung Entwässerung gewährleisten soll. Aufgrund der üblichen Maßtoleranzen auf dem Bau sollte man besser mit drei Prozent Gefälle rechnen. Wenn die Dachplatte eben gebaut ist, erreicht man das Gefälle mit Hilfe einer Gefälledämmung, die bereits in leichter Keilform hergestellt und geliefert wird. Die Gefälleverläufe müssen genau geplant werden, um sowohl den Abfluss des Wassers als auch eine möglichst gleichmäßige Dämmstärke sicherzustellen.

Die wichtigste Komponente gedichteter Dächer ist die Abdichtung. Dafür kommen meistens Polymer-Bitumenbahnen zum Einsatz, die zweilagig verlegt und an den Kanten verschweißt werden. Aufgrund ihrer hohen Plastizität und Beständigkeit bieten sie einen sehr guten Schutz gegen Undichtigkeiten, sind robust gegen Beschädigungen während der Bauzeit und können durch eingelegte Vliese zusätzlich verstärkt werden. Als Alternative

Dachdeckungen

Deckungsart	Materialien	Mindestneigung	Besonderheiten
Ziegeldeckung	Tonziegel Betondachsteine	30° 22° mit speziell geformten Flachdachpfannen	Befestigung durch Einhängen, Nägel oder Klammern nur bei Bedarf
Wellplattendeckung	Faserzement Kunststoffe Metall	7°	Befestigung durch Nageln oder Schrauben
Metallbahnendeckung	Kupfer Titanzink Aluminium	5° 3° mit gedichteten Falzen	Flächige Unterkonstruktion erforderlich
Schindeldeckung	Bitumen Faserzement Holz	15°–30° (je nach Material)	In der Regel flächige Unterkonstruktion erforderlich
Schieferdeckung	Schiefer	30° 22° in Doppeldeckung	Befestigung durch Nageln oder Schrauben
Reet- und Strohdeckung	Schilfrohr (Reet) Stroh	45°	Befestigung durch Anbinden
Gründach	Vegetationsschicht	0° (siehe Flachdach)	Flächige Abdichtung und Wurzelschutzfolien erforderlich (gedichtetes Dach)

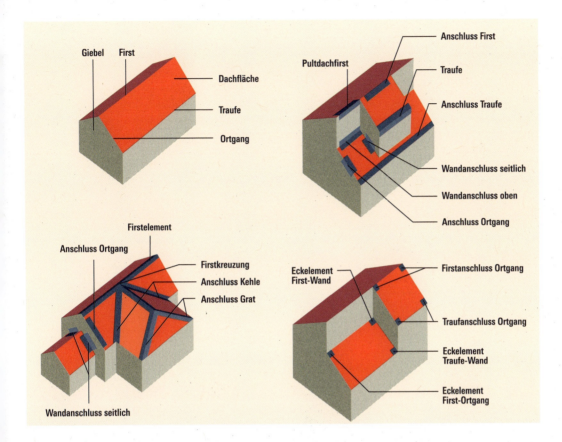

kommen Kunststoff- und Kautschukbahnen in Betracht, die weitgehend witterungsunabhängig verarbeitet werden können.

Nur noch in Ausnahmefällen werden Dächer ganz ohne Neigung (Nullgraddächer) gebaut, für sie gelten höhere Anforderungen zur Sicherung gehen stehendes Wasser. Eine weitere, im Einfamilienhaus ebenfalls seltene Sonderkonstruktion ist das Umkehrdach, bei dem die Abdichtung direkt auf der Dachplatte und somit unter der Wärmedämmung liegt. Umkehrdächer kommen meist bei Dächern mit hoher Druckbelastung, zum Beispiel befahrbaren Flachdächern, zum Einsatz.

Die Dachabdichtung sollte nicht direkt von der Sonne beschienen werden, da die ultraviolette Strahlung und die extremen Temperaturunterschiede (von −30 °C im Winter bis fast +100 °C im Sommer) die Dichtungsbahnen beschädigen könnten. Daher werden gedichtete Dächer mindestens mit eingefärbten oder mit Feinsplitt oder Aluminiumpulver beschichteten

Dichtungsbahnen ausgeführt. Dauerhafter sind Abdeckungen aus Kies, Betonplatten, Gussasphalt oder eine Dachbegrünung, deren Flächengewicht bei der Dimensionierung der Dachplatte berücksichtigt werden muss. Insbesondere das Gründach, das je nach Schichtaufbau extensiv oder auch intensiv begrünt sein kann, setzt sich aufgrund seiner positiven Eigenschaften wie Schall- und Wärmeschutz, Verbesserung des Kleinklimas und Speicherung des Regenwassers immer mehr durch. In manchen neuen Bebauungsplänen ist die Begrünung von flachen oder gering geneigten Dächern sogar verbindlich festgesetzt.

Klempnerarbeiten
Die Klempner (in manchen Regionen auch Flaschner oder Blechner genannt) sind bei geneigten und flachen Dächern gleichermaßen gefragt: Sie müssen Dachränder und Attiken abdichten, Durchdringungen der verschiedensten Bauteile und Leitungen (von Sanitärentlüf-

tern über Dachausstiege, Belüftungsöffnungen, Antennenleitungen bis hin zu Schornsteinen und Dachgauben) an ihren Rändern verwahren und den Ablauf des Regenwassers vom Dach aufs Grundstück oder in die Grundleitung sicherstellen. Die Blechteile werden mit verschiedenen Löt- und Falztechniken geformt und verbunden. Die Blecharbeiten zur Abdichtung müssen vor allem sorgfältig ausgeführt sein, denn Mängel in diesem Gewerk führen oft zu Undichtigkeiten, Wassereintritt und dann fast immer zu größeren Schäden.

Leider nimmt eintretendes Wasser oft erstaunliche Wege und kommt an einer völlig anderen Stelle zum Vorschein, als es eingetreten

Eine klassische Aufgabe für den Bauklempner

ist. Daher erweist sich die Schadensdiagnose meist als sehr schwierig. Es gibt zwar inzwischen zahlreiche Fachfirmen, die sich auf Leckage-Ortung spezialisiert haben – aber besser ist, wenn man die nicht braucht.

Die Materialien, aus denen sichtbare Teile der Klempnerarbeiten wie Dachrinnen und Fallrohre hergestellt werden, können Sie nach Geschmack und Geldbeutel auswählen. Zur Verfügung stehen Titanzink, verzinktes Stahlblech, Edelstahl, Aluminium und Kupfer. Während die erstgenannten Materialien sich in ähnlichen Preisbereichen bewegen, ist Kupfer derzeit erheblich teurer. Wichtig ist, dass Sie sich auf ein

Material für alle Bleche festlegen, denn die verschiedenen Metalle vertragen sich nicht miteinander und können sich schlimmstenfalls an den Verbindungspunkten gegenseitig chemisch beschädigen und korrodieren.

Regenrinnen und Fallrohre sind nicht nur funktional sehr wichtige Bauteile, sondern wirken auch auf das Erscheinungsbild des Hauses. Ihre Lage und Führung sollte daher frühzeitig durchdacht werden. Innenliegende Dachentwässerungen sind zwar an der Fassade unsichtbar, haben aber dann erhebliche Nachteile, wenn sie undicht werden und repariert werden müssen. Zudem sollte man bei hochgedämmten Häusern vermeiden, dass im Winter das kalte Dachwasser durch den gedämmten Baukörper geführt wird und dort unter Umständen die Bildung von Tauwasser hervorruft.

Orientierung für den Ausbau

In der Arbeit der Rohbaugewerke finden sich oft erhebliche Maßtoleranzen (zum Beispiel müssen Decken und Fußböden nicht ganz exakt plan sein). Ein maßhaltiger Ausbau braucht aber eine eindeutige Bezugshöhe. Im fertigen Rohbau sollte deshalb ein Vermessungstechniker einen „Meter-Riss" anbringen. Das ist eine durchgehende Linie auf allen Innenwänden, mit der eine präzise Höhe definiert wird (üblich ist 1 Meter über dem Fertigfußboden) und an der sich der Innenausbau (von den Fenstern bis zu den Einbaumöbeln) orientieren kann.

Der Ausbau

Der Ausbau eines Hauses dauert in der Regel deutlich länger als die Erstellung des Rohbaus. Im Gegensatz zum Rohbau, wo die Gewerke meist aufeinander aufbauend und somit nacheinander tätig werden, sind während der Ausbauphase oft mehrere Gewerke gleichzeitig auf der Baustelle tätig. Daher kommt der genauen Zeit- und Ablaufplanung beim Ausbau eine besondere Bedeutung zu. Sie sollten die Koordination der verschiedenen Handwerksbetriebe und die Terminüberwachung einem professionellen Planer überlassen, zum Beispiel dem Architekten oder dem Bauleiter des Generalunternehmers.

INFO **ZEITPLAN EINHALTEN BEI EIGENLEISTUNGEN**
Wenn Sie Eigenleistungen erbringen, sollten Sie unbedingt im Zeitplan Ihre Arbeit abschließen. Wenn Sie sich verspäten und die folgenden Firmen deswegen nicht termingerecht anfangen können, können sich die Verzüge aufschaukeln – und daraus entstehende Kosten gehen zu Ihren Lasten!

INFO **DIE RICHTIGE VERGLASUNG AUSWÄHLEN**
Welche Verglasung sich für Ihr Haus eignet, hängt von den anderen im Haus verbauten Bauteilen ab, weil die Wärmedämmeigenschaften der gesamten Gebäudehülle aufeinander abgestimmt sein müssen. Wenn die Fenster viel besser dämmen als die geschlossene Wand, wird diese zur bauphysikalischen Schwachstelle.

Fensterbau

Normale Fenster bestehen aus Glasscheiben in Flügelrahmen, die in fest am Haus montierte Anschlagrahmen eingehängt sind und sich darin bewegen lassen. Für die Herstellung der Rahmen werden verschiedene Materialien verwendet: im Einfamilienhausbau sind Holz, Kunststoff und eine Kombination aus Holz mit einem äußeren Wetterschutz aus Aluminium am weitesten verbreitet, reine Metallfenster findet man dagegen eher selten. Die wichtigsten Eigenschaften der Materialien haben wir auf Seite 272 in einer Tabelle zusammengestellt.

Die Scheiben sind in sich aufgebaut aus mehreren Gläsern, die je nach Anforderung in unterschiedlichen Schichtaufbauten und mit verschiedenen Füllungen erhältlich sind. Die aktuellen Wärmeschutzvorschriften lassen sich zwar meist noch mit gasgefüllten Zweifachverglasungen einhalten, der Marktanteil von Dreifachverglasungen steigt aber stetig.

Während früher die Gläser den thermischen Schwachpunkt der Fenster bildeten, ist dies heute der Rahmen – aus energetischer Sicht sollten Sie daher möglichst große Fensterformate mit wenigen Rahmenhölzern („Sprossen") wählen. Die Entwicklung der Verglasungen verläuft derzeit so schnell, dass die Nennung der zu Redaktionsschluss gültigen U-Werte wenig Sinn ergibt. Lassen Sie sich von Fachleuten wie Architekten, Energieberatern oder Fensterbaubetrieben über den aktuellen Stand der Technik beraten, bevor Sie sich Angebote für Ihre Fenster machen lassen.

Man unterscheidet grundsätzlich zwischen Einzelfenstern (die in eigenen Wandöffnungen sitzen) und großflächigen Verglasungen aus mehreren Fenstern. Große Fensterfronten lassen sich sowohl aus einzelnen Fensterelementen zusammensetzen, wie es sich seit vielen Jahrzehnten bewährt hat, als auch als sogenannte Pfosten-Riegel-Fassade bauen. Ersteres ist meist wesentlich kostengünstiger, letzteres aufgrund der schmaleren Profile zwischen den Gläsern deutlich eleganter.

Pfosten-Riegel-Fassaden erlauben optisch nahezu unterbrechungsfrei gestaltete Glasfronten.

Materialien für Fensterrahmen

	Kunststoff	Holz	Holz/Aluminium
Einsatzbereich	Überall	Überall	Überall
Lebensdauer	Relativ lang	Sehr lang bei regelmäßiger Pflege	Sehr lang bei guter Ausführung
Witterungs-beständigkeit	Oberfläche glatt und porenfrei; Kunststoff verrottet nicht; Vergilben ist möglich	Natürliche Oberfläche benötigt Witterungsschutz durch geeignete Anstriche und Lasuren.	Holzfenster mit Witterungsschutz aus Aluminium (z. B. nur Wetterschenkel) und Holzanstrich.
Stabilität	Aussteifung mit Stahlprofilen; Ausreichende Elastizität; bei größeren verglasten Flächen Verstärkungen erforderlich	Gute Elastizität und Stabilität; bei größeren verglasten Flächen breitere Rahmen erforderlich	Gute Elastizität und Stabilität; bei größeren verglasten Flächen breitere Rahmen erforderlich
Rahmenreinigung	Gut möglich; organische Lösemittel vermeiden; scharfe/spitze Hilfsmittel vermeiden; Herstellerangaben beachten!	Gut möglich; Empfehlungen für die verwendeten Lacke und Lasuren beachten; scharfe/spitze Hilfsmittel vermeiden	Gut möglich; innen (Holz): Empfehlungen für die verwendeten Lacke und Lasuren beachten; scharfe/spitze Hilfsmittel vermeiden
Farben	Standardfarbe weiß, andere Farben möglich (gegen Mehrpreis); nachträgliche Änderung der Farbe nicht möglich	Freie Farbwahl durch Anstrich; spätere Veränderung der Farbe problemlos möglich	Empfehlungen für die verwendeten Lacke und Lasuren beachten
Kosten	Günstig	In der Regel günstig	Teurer als Kunststoff und Holz
Instandsetzung	Kaum oder schwer möglich	Gut möglich	Aluminium kratzempfindlich
Reparaturen	Aufwändig	Problemlos möglich	Innen (Holz) gut möglich; außen (Aluminium) konstruktionsabhängig
Verbesserung des Wärmeschutzes	Austausch der Verglasung schwierig (in der Regel nur durch Hersteller möglich)	Austausch der Verglasung relativ einfach möglich	Austausch der Verglasung konstruktionsabhängig möglich (holzseitig relativ einfach)
Recycling	Grundsätzlich möglich	Aufgrund von Anstrich und Holzschutz schwierig	Aluminiumrecycling problemlos möglich, sonst siehe Holz
Entsorgung	Entsorgung teuer und mit Umweltbelastungen verbunden	Entsorgung je nach Anstrich einfach oder schwierig; Weiterverwendung am Ort durch Aufarbeitung und Instandsetzung	Entsorgung nach Materialtrennung meist einfach; Weiterverwendung am Ort durch Aufarbeitung und Instandsetzung

Viele Bauherren träumen von einem Wintergarten, einem zwei- oder dreiseitig verglasten Wohnraum für Mensch und Pflanzen mit gläsernem Dach. Man kann ihn entweder für ein fertiges Haus aus dem Katalog bestellen oder gleich beim Hausentwurf berücksichtigen. Beheizte Wintergärten müssen sämtlichen Anforderungen der EnEV genügen und werden dadurch relativ teuer. Erheblich günstiger und für die Zucht und Pflege von Pflanzen besser geeignet sind ungeheizte Wintergärten außerhalb des gedämmten und geheizten Gebäudevolumens, deren Hülle aus Fenstern ohne Wärmeschutzverglasung besteht. Sie sind am besten nutzbar in den Übergangszeiten Frühjahr und Herbst und können im Winter der Aufbewahrung von kälteempfindlichen Pflanzen dienen. Auch für den Bau von Wintergärten kommen sowohl elementierte Fenster wie Pfosten-Riegel-Fassaden in Betracht. Achtung: Ein Wintergarten ist rechtlich gesehen eine bauliche Anlage und braucht somit eine Baugenehmigung!

Hier ist der Sonnenschutz integrierter Bestandteil der fantasievollen Dachkonstruktion.

Sonnenschutz

Auf einen außenliegenden Sonnenschutz können Sie fast nirgends verzichten, wenn Sie die sommerliche Überhitzung Ihrer Wohnung vermeiden wollen. Dies ist eine wichtige Voraussetzung für den Wohnkomfort (→ „Was ist Wohnkomfort?", Seite 34).

Der einfachste und pflegeleichteste Sonnenschutz sind große Dachüberstände. Aufgrund des im Sommer und Winter unterschiedlichen Sonnenlaufs (→ Grafik Seite 23) lassen sie bei geschickter Anordnung im Winter die flach stehende Sonne ins Haus und sorgen für erwünschte solare Wärmegewinne, im Sommer hingegen werfen sie Schatten und halten die Einstrahlung der steil stehenden Sonne von den Wohnräumen fern. Dies funktioniert natürlich am besten für das oberste Geschoss, allerdings lässt sich ein ähnlicher Effekt auch in darunterliegenden Geschossen erzielen, zum Beispiel durch auskragende Bauteile wie Balkone oder Vordächer.

Alternativ dazu stehen verschiedene mechanische oder mechanisch-elektrische Systeme zur Verfügung, wir haben sie mit ihren wichtigsten Vor- und Nachteilen in einer Tabelle zusammengestellt. Sie finden diese auf der nächsten Seite.

Die Auswahl zwischen diesen Systemen hängt – neben den Herstellungskosten – eng mit Ihren Anforderungen an den Bedienkomfort und die gewünschte Lichtdichtigkeit zusammen:

► Ist eine Bedienung von innen erforderlich, oder kommt ein Öffnen und Schließen durch das geöffnete Fenster in Betracht?

► Soll der Betrieb elektrisch erfolgen oder genügt ein manueller Betrieb?

► Ist eine vollständige Verdunklung (z.B. für ein Heimkino) erforderlich oder reicht eine Verschattung?

Alle beweglichen Bauteile an den Außenfassaden von Häusern sind durch die Einwirkung von Wind, Regen und Schnee einem erheblichen Verschleiß ausgesetzt. Das hat zur Folge, dass Sonnenschutzsysteme relativ häufig kaputt gehen und dann repariert oder ersetzt werden müssen. Die Wartungskosten sollten daher in der Entscheidung für das Sonnenschutzsystem bedacht werden. Zudem hat der Sonnenschutz einen prägenden Einfluss auf

Außenliegender Sonnenschutz

Bezeichnung	Materialien	Anwendungen	Nutzbarkeit	Antrieb	Haltbarkeit	Wartungsaufwand	Besonderheiten
Dachüberstand	Holz Stahl Beton	Universell, ganzes Gebäude	Verschattung; keine Verdunklung möglich	Keiner	Sehr gut	Minimal	Sollte bereits beim Gebäudeentwurf berücksichtigt werden.
Rollläden (außen)	Kunststoff Metall Holz	Einzelfenster, Glasfassaden	Verdunklung (partielle Verschattung schwierig)	Mechanisch oder elektrisch	Gut	Gering	Rollladenkästen schwächen entweder die Dämmung oder ragen aus der gedämmten Fassade heraus.
Jalousien (außen)	Aluminium	Einzelfenster, Glasfassaden	Flexible Lichtlenkung möglich	Mechanisch oder elektrisch	Mittel	Hoch	Relativ empfindlich, für exponierte Lagen nur bedingt geeignet.
Klappläden	Holz Metall	Einzelfenster	Verdunklung (partielle Verschattung schwierig)	Manuell oder mechanisch	Gut	Gering	In der Regel nicht von innen bedienbar.
Schiebeläden	Holz Metall	Einzelfenster	Verdunklung (partielle Verschattung schwierig)	Manuell	Gut	Gering	In der Regel nicht von innen bedienbar.
Vorhänge (außen)	Textilien	Einzelfenster, Glasfassaden	Verschattung; Verdunklung bedingt möglich	Manuell	Gut	Mittel	Empfindlich, für exponierte Lagen nicht geeignet.
Textilrollos (außen)	Textilien	Einzelfenster, Glasfassaden	Verschattung; Verdunklung bei dunklem Stoff	Mechanisch oder elektrisch	Gut	Mittel	Sollten mit Windmelder kombiniert werden.
Markisen	Textilien	Vor allem über Balkonen und Terrassen	Verschattung; keine Verdunklung möglich	Mechanisch oder elektrisch	Gut	Hoch	Sollten mit Windmelder kombiniert werden.

das Erscheinungsbild des Hauses – nicht nur im geschlossenen Zustand. Auch aus diesem Grund sollten Sie diese Auswahl bewusst treffen: Gehen Sie mit offenen Augen durch Ihre Stadt oder Ihr Dorf, achten Sie darauf, welches System andere Bauherren gewählt haben, und fragen Sie diese nach ihren Erfahrungen.

Fassadenbau

Massive Wände werden häufig mit Wärmedämm-Verbundsystemen verkleidet, die in einem Bausystem sowohl den Wärmeschutz als auch den Wetterschutz erledigen. Grundsätzlich können sie auch mit einer mehrschichtigen vorgehängten Fassade bekleidet werden, wie sie bei Holz- und Stahlskelettbauten üblich sind. Umgekehrt sind auch Holzhäuser mit Wärmedämm-Verbundsystemen als äußere Schicht weit verbreitet.

Vorgehängte Fassaden haben den Vorteil, dass jede Schicht im mehrschichtigen Aufbau auf ihre Hauptaufgabe hin optimiert sein kann. So sind die Fassadentafeln aus Faserzement oder Holzwerkstoffen außerordentlich wetterbeständig und langlebig, haben aber keinerlei Dämmwirkung, bei den dahinterliegenden Dämmstoffen verhält es sich umgekehrt. Folien und Pappen sorgen an den richtigen Stellen im Schichtaufbau für Dichtigkeit und sinnvolles Diffusionsverhalten. Wenn irgendwann die Fassade renoviert werden muss, genügt es üblicherweise, nur die äußere Verkleidung abzunehmen und zu ersetzen, da die restlichen Schichten dahinter geschützt waren.

Unabhängig vom Oberflächenmaterial folgt die Unterkonstruktion immer dem gleichen Prinzip: Auf die tragenden Teile (massive Wand oder Stützen) wird eine Lattung aufgeschraubt, dazwischen findet die Wärmedämmung Platz. Senkrecht zur Lattung folgt darauf eine weitere Lattung (Konterlattung genannt), auf der die Fassadenbekleidung von außen mit Schrauben befestigt oder verdeckt in vorgefertigte Haken eingehängt wird. Die Unterkonstruktion besteht üblicherweise aus Holz, Aluminium oder einer Kombination aus beiden Materialien. Unterkonstruktionen aus Holz sind billiger und genügen den Brandschutzanforderungen der meisten niedrigen Einfamilienhäuser.

Bei den Materialien für die sichtbare oberste Schicht sind Ihrem Geschmack kaum Grenzen gesetzt. Von Holzverkleidungen aller Art über Metallbleche und Kunststoffplatten bis hin zu Faserzementtafeln eignen sich zahllose Baustoffe für die Verwendung in hinterlüfteten Fassaden. Lassen Sie sich von ihrem Architekten oder Hausanbieter Materialmuster zeigen, gehen Sie mit offenen Augen durch die Stadt und fragen bei Hausbesitzern nach, wenn Ihnen ein Fassadenmaterial besonders gut gefällt.

Putz und Trockenbau

Verputzte Fassaden sind bei Einfamilienhäusern beliebt und weit verbreitet. Der Putz schützt die darunterliegenden Schichten der Außenwände vor Witterungseinflüssen, schließt kleine Fugen und ist Träger der farblichen Behandlung. Er kann direkt auf die tragende Wand, auf eine darauf angebrachte Wärmedämmung, aber auch auf einer Trägerplatte an einer hinterlüfteten Fassade aufgetragen werden. Durch Variationen im Korn und in der Art des Auftrags bieten Putzfassaden vielfältige gestalterische Möglichkeiten, die von der nahezu beliebigen Farbigkeit noch ergänzt werden.

Im Wohnungsbau kommen vor allem mineralische Putze und Kunstharzbeschichtungen zum Einsatz, seltener sind Kalkputze zu finden. Mineralische Putze ähneln von ihrer chemischen Zusammensetzung dem Mörtel, der Mauersteine verbindet. Sie bestehen aus Wasser, mineralischen Bindemitteln und Zuschlag-

Fassadenelement aus Douglasie „Arizona"

Fassadenmaterial aus gefärbten Weißtannenhölzern

Schindelfassade aus Faserzement in Schieferoptik

Tonziegelplatten

Während rechts im Bild das Mauerwerk der tragenden Wände sichtbar ist, erfolgt der Innenausbau mit neuen Trockenbauwänden.

stoffen (Korn), zu denen für bestimmte Anwendungen weitere Bestandteile (zum Beispiel Blähglas-Granulate für Wärmedämmputz) hinzukommen können. Sie sind wasserdampfdurchlässig und können Regenwasser aufnehmen, speichern und durch Verdunstung wieder abgeben. Mineralische Außenputze werden meist zweilagig aufgetragen, die gesamte Schichtdicke beträgt üblicherweise 15 bis 20 Millimeter.

Kunstharzbeschichtungen sind keine Putze im eigentlichen Sinn, werden aber ähnlich verarbeitet und sind optisch kaum von Putz zu unterscheiden. Sie sind elastischer als mineralische Putze und eignen sich daher besonders für den Einsatz auf Dämmplatten. Die übliche Schichtdicke beträgt nur ungefähr fünf Millimeter. Aufgrund ihres niedrigen pH-Werts sind Kunstharzbeschichtungen anfällig gegen das Wachstum von Algen und Pilzen auf der äußeren Oberfläche, daher werden ihnen häufig vom Hersteller wasserlösliche Biozide zugesetzt.

Wärmedämm-Verbundsysteme auf einschaligen tragenden Wänden sind erfahrungs-

gemäß die in der Herstellung kostengünstigste Möglichkeit, im Massivbau die nach den Erfordernissen der EnEV und den Kreditbedingungen der KfW erforderlichen Wärmedämmwerte zu realisieren. Sie bestehen aus einer Dämmschicht (meistens Hartschaum- oder Mineralfaserplatten, seltener Holzfaserplatten), die direkt auf die tragende Wand geklebt, manchmal auch punktuell verdübelt wird, und einer Deckschicht, meist einem armierten Unterputz mit Kunstharzbeschichtung. Der Name „Verbundsystem" macht deutlich, dass der Aufbau im Ganzen (Dämmschicht, Putz einschließlich Armierung sowie sämtliche Kleber und Dübel) bauaufsichtlich zugelassen sein muss und nur im Paket angeboten und verbaut werden darf. Verschiedene Hersteller haben jeweils eigene Systeme entwickelt.

Der Hauptnachteil der Wärmedämm-Verbundsysteme besteht (neben der erwähnten Neigung zum Befall der Oberfläche durch Algen oder Pilze) in ihrer begrenzten Haltbarkeit, die laut Studien und Erfahrungen bei guten Bedingungen etwa 30 Jahre beträgt. Sie liegt damit weit unter den meisten anderen Fassadentypen, was vergleichsweise kurze Renovierungszyklen bedingt. Dazu kommt die weitgehend ungeklärte Frage, ob und wie die einzelnen Bestandteile im Falle des Rückbaus voneinander getrennt und einer Wiederverwertung zugeführt werden können.

Innenputz wird vor allem auf gemauerte Innenwände oder auf Betonoberflächen aufgetragen. Seine chemische Zusammensetzung unterscheidet sich kaum von Außenputz, aber die übliche Schichtdicke beträgt nur 10 bis 15 Millimeter. Aufgrund der geringeren Anforderungen stehen für die Verwendung in Innenräumen einige weitere Putzmaterialien wie Gips und Lehm zur Auswahl. Innenputz kommt im Bauablauf relativ früh zum Einsatz und muss viele folgende Gewerke aushalten, daher sollte er im richtigen Verhältnis angerührt und solide aufgebracht sein. Wenn Sie darin nicht bereits Erfahrung haben, sollten Sie dies einer Fachfirma überlassen.

Innenwände in Wohngebäuden werden heute überwiegend im sogenannten Trockenbau hergestellt. Dieser hat gegenüber massiv gemauerten Wänden den Vorteil, dass beim Einbau keine Feuchtigkeit in die Baustelle eingebracht wird, und er erreicht bei erheblich geringerem Gewicht vergleichbare Werte für den Wärme-, Schall- und Brandschutz. Daraus ergibt sich eine hohe Flexibilität in der Grundrissgestaltung: Die Stellung der Wände hat kaum Auswirkungen auf die Statik des Hauses und kann daher lange offengehalten und auch nachträglich verändert werden. Ein Nachteil von Trockenbauwänden besteht allerdings darin, dass sie nur bedingt punktuell belastet werden können. Sollen beispielsweise in Küchen schwere Oberschränke aufgehängt werden, werden konstruktive Zusatzmaßnahmen wie eine engere Stellung der Ständer innerhalb der Wände oder/und horizontale Verstärkungen (zum Beispiel durch Holzbalken) erforderlich.

Für Trockenbauwände werden zunächst Ständer aus Holz oder verzinkten Stahlblechprofilen aufgestellt und einseitig mit Plattenmaterialien (üblicherweise Gipskarton) beplankt. Zwischen den Platten (die je nach Art des Rahmenprofils einen Abstand zwischen 5 und 20

Zentimeter haben) werden vollflächig Dämmplatten eingebracht, elektrische Leitungen sowie in begrenztem Umfang auch Wasserleitungen finden ebenfalls dort Platz. Zum Abschluss wird die offene Seite ebenfalls beplankt. Tür- und Fensteröffnungen sowie Durchbrüche für Leitungen können einfach und sauber ausgespart werden. Die Plattenstöße werden verspachtelt und geschliffen und können tapeziert oder direkt gestrichen werden.

INFO

AUF DEN ANSCHLUSS KOMMT ES AN
Die Anschlüsse von Trockenbauwänden an massiv gebaute Außenwände und die Decke erfordern eine spezielle Aufmerksamkeit beim Verarbeiten: Da die Bauteile sich unterschiedlich bewegen, müssen sie durch Fugen getrennt und mit Trennstreifen oder elastischer Fugenmasse geschlossen werden.

Durch Verwendung spezieller Plattenmaterialien und Ständerkonstruktionen lassen sich auch erhöhte Anforderungen an Brandschutz (mit Kalziumsilikatplatten), Feuchteschutz (mit Gipsfaserplatten) und Schallschutz (mit entkoppelten Ständern) erreichen.

Ein weiteres Einsatzgebiet für den Trockenbau sind abgehängte Deckenverkleidungen (die im Holzbau oft zur Erreichung von Schallschutzwerten erforderlich sind) und Vorwandinstallationen für sanitäre Leitungen und die Montage von Sanitärobjekten. Streng genommen gehören auch Trockenestriche (→ Seite 279) zum Trockenbau.

Estrich

Der Estrich ist wird auf die vom Rohbau hinterlassene Oberseite der Geschossdecke aufgetragen und ist in der Regel die Unterlage für den Bodenbelag. Diese Ausgleichsschicht soll auf einem unebenen Rohfußboden eine ebene Unterlage herstellen und die Lasten über den Boden verteilen. Gegossene Estriche verteilen sich im flüssigen Zustand gleichmäßig im Raum und trocknen auf konstanter Höhe ab.

Estriche ohne darunterliegende Dämmung werden als Verbundestriche bezeichnet, weil

Estriche

Bezeichnung	Rohstoffe	Anwendungen	Eigenschaften	Trocknungszeit	Max. Feldgröße	Besonderheiten
Zement-estrich	Zement, Sand	Allgemein verwendbar als Verbundestrich oder schwimmend	Durch Schwinden anfällig für Rissbildung.	Sehr lang; belastbar nach ca. 7 Tagen.	30–40 m²	Darf nicht unter 5 °C eingebracht werden oder trocknen.
Guss-asphalt-estrich	Bitumen, Splitt, Sand	Geringe Wärmeleitung und Schallübertragung, kommt daher bei geringen Anforderungen ohne Dämmung aus.	Probleme bei hohen Punktlasten auf besonnten Böden möglich.	Keine Trocknung, da wasserfrei; belastbar nach einem Tag.	Großflächig	Wird für den Einbau auf ca. 250 °C erhitzt; relativ hohe Kosten.
Anhydrit-estrich	Kalziumsulfat	Gut geeignet für Fußbodenheizungen und für Sichtestriche.	Formbeständig, wenig rissanfällig	Recht lang; belastbar nach ca. 5 Tagen	Großflächig	Darf nicht dauerhaft durchfeuchtet werden.
Magnesit-estrich	Magnesia	Gut geeignet für Fußbodenheizungen und für Sichtestriche	Wenig rissanfällig; leitfähig (d.h. keine elektrostatische Aufladung)	Recht lang; belastbar nach ca. 5 Tagen	Großflächig	Darf nicht dauerhaft durchfeuchtet werden.
Terrazzo	Kalk oder Zement	Dekorative Sichtestriche	Sehr hohe Tragfähigkeit und lange Lebensdauer; kann über die Jahre mehrmals nachgeschliffen werden.	Sehr lang	Relativ klein – sonst Rissbildung wahrscheinlich	Sehr kostspielig und in der Verlegung langwierig.

sie sich mit der darunterliegenden Decke kraftschlüssig verbinden. Sie eignen sich daher für hohe Belastungen, können aber nur wenig zur Schall- und Wärmedämmung beitragen.

Heute kommen Estriche aber meistens in der „schwimmenden" Bauweise zum Einsatz: Sie werden auf eine Dämmschicht gegossen, die für Schall- und/oder Wärmedämmung sorgt. Dies gilt auch für Einfamilienhäuser, in denen zwar keine strengen Auflagen an den internen Schallschutz gelten, wo es sich aber trotzdem bewährt hat, die Standards einzuhalten, um den Familienfrieden zu fördern. Für schwimmende Estriche werden zunächst auf der Rohdecke Dämmplatten verlegt und mit Dämmstreifen von den umlaufenden Wänden abgelöst. Darauf kommt eine Folie, auf die der Estrich gegossen wird. Dadurch soll verhindert werden, dass der Estrich sich kraftschlüssig mit den Wänden verbindet und so den Schall von Raum zu Raum überträgt. Estrich und Trittschalldämmung werden vom Estrichleger im Paket angeboten. Darauf sollten Sie eingehen, denn dann haben Sie bei späteren Proble-

men für den Bodenaufbau nur einen Ansprechpartner.

Estriche werden aus mehreren grundlegend verschiedenen Materialien hergestellt, deren wichtigste Eigenschaften wir in einer Tabelle zusammengefasst haben. Achten Sie besonders auf die Trocknungszeiten, da diese sich stark auf den Bauzeitenplan auswirken.

Sofern Sie sich für eine Fußbodenheizung entschieden haben, müssen im oder auf dem Estrich auch die Heizrohre verlegt werden. In diesem Fall fungiert die Trittschalldämmung gleichzeitig als Wärmedämmung gegen den Untergrund, damit die transportierte Wärme nach oben steigt und den eigenen Räumen zu Gute kommt und nicht nach unten im Keller oder der Einliegerwohnung verschwindet. Für die Dämmung gegen Trittschall- oder Wärmeverluste eignen sich verschiedene Dämmplatten besonders gut, diese sollten je nach Anwendung ausgewählt werden.

In den meisten Fällen kommt auf den Estrich noch ein Bodenbelag. Dabei stellen verschiedene Beläge unterschiedliche Anforderungen an den Untergrund: Für Steinbeläge muss der Estrich eine hohe Verformungsstabilität aufweisen, bei Weichbelägen und Parkett ist die geringe Feuchtigkeit entscheidend. Lassen Sie vor der Verlegung des Bodenbelags von der beauftragten Firma prüfen (und nach Möglichkeit schriftlich bestätigen), dass der Estrich von seiner Festigkeit und Feuchte her belegbar ist, sonst werden sich später im Schadensfall der Estrichleger und der Bodenleger gegenseitig für die Probleme verantwortlich machen.

Es ist auch möglich, Estriche sichtbar zu belassen – dies muss man sich allerdings rechtzeitig überlegen, denn nicht jeder Estrich ist dafür geeignet: Zementestriche geben noch Jahre nach ihrer Einbringung Sand ab und sollten daher in Wohnungen nicht sichtbar bleiben. Anhydrit- und Magnesiaestriche können hingegen mit Zuschlagstoffen versetzt werden, die sie zu attraktiven Bodenbelägen machen. Besonders ansprechend sehen sie aus, wenn sie geschliffen und farbvertiefend eingelassen werden. Dann kosten sie aber nicht immer weniger als ein normaler Estrich plus Bodenbelag, da sowohl die spezielle Rezeptur als auch die Arbeitsschritte Schleifen und Einlassen des Estrichs zusätzlich bezahlt werden müssen.

Als Alternative zum gegossenen Estrich kommen Trockenestriche in Betracht, die allerdings üblicherweise von Zimmerleuten oder Trockenbauern verlegt werden. Bei diesem System werden auf einer Schüttung zur Einebnung des Untergrunds (und bei Bedarf auf einer Schicht Dämmplatten) Plattenmaterialien verlegt (unter anderem Holzspanplatten, OSB-Platten und Gipsfaserplatten), die den Untergrund für den Bodenbelag bilden. Trockenestriche sind nicht normiert und sollten daher nur von Fachleuten geplant und verlegt werden. Sie kommen vor allem im Holzbau sowie bei der Sanierung bestehender Gebäude zum Einsatz. Vorteile des Trockenestrichs sind der Wegfall des Eintrags von zusätzlicher Baufeuchtigkeit und die schnelle Belegbarkeit, da keine Trocknungszeiten anfallen. Allerdings sind Trockenestriche üblicherweise teurer als gegossene Estriche.

Schreinerarbeiten

Das Schreinerhandwerk ist auf der Baustelle für die feinen Holzarbeiten im Ausbau zuständig. Dazu gehören vor allem Türen, Treppen und Einbaumöbel.

Auch wenn eine hochwertige Eingangstür recht teuer ist, sollte man hier nach Möglichkeit nicht sparen: sie ist immerhin das Erste, was Ihre Gäste von Ihrem neuen Haus zu Gesicht bekommen, und somit eine Art Visitenkarte. Die Hauseingangstür ist ein Teil der Gebäudehülle und muss sowohl das schlechte Wetter als auch ungebetene Gäste von Ihrer Wohnung fernhalten, ihr Wärmedämmkoeffizient geht in die Gebäudebilanzierung mit ein. Die Qualität einer Eingangstür können Sie an den in der Normung eingeführten Klimaklassen und den maximal zulässigen Verformungen ablesen.

Wenn an Ihr Haus Anforderungen hinsichtlich des externen Schallschutzes gestellt werden, muss die Haustür dieselbe Schallschutzklasse bieten wie die Fenster.

Hauseingangstüren bestehen meist aus Holz, Aluminium oder Kunststoffen. Haustüren

Einbaumöbel sollten schon bei der Hausplanung mit bedacht werden. Sie können Nischen und schmale Räume optimal ausfüllen.

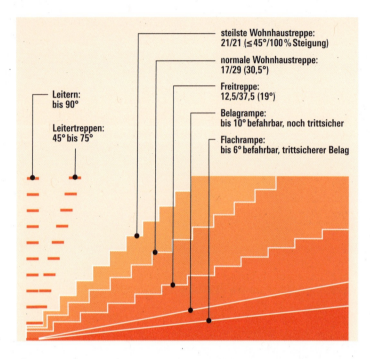

Leitern:
bis 90°

Leitertreppen:
45° bis 75°

steilste Wohnhaustreppe:
21/21 (≤ 45°/100 % Steigung)

normale Wohnhaustreppe:
17/29 (30,5°)

Freitreppe:
12,5/37,5 (19°)

Belagrampe:
bis 10° befahrbar, noch trittsicher

Flachrampe:
bis 6° befahrbar, trittsicherer Belag

Die Anforderungen an Innentüren sind erheblich geringer als an Eingangstüren, sie müssen nur den einfachen Raumabschluss gewährleisten. Für Türen innerhalb des Hauses gelten zwar meist keine gesetzlichen Anforderungen bezüglich Schallschutz, es schadet aber nichts, sich darüber trotzdem Gedanken zu machen. Insgesamt gilt, dass schwere Türen aus hochwertigen Materialien (meist massives Holz oder Holzwerkstoffe) den Schall besser dämmen, länger halten und sich auch solider anfühlen als einfache Bauteile mit Waben- oder Röhrenspankernen. Hier zahlt sich eine höhere Anfangsinvestition oft schnell aus: nicht nur in zusätzlichem Wohnkomfort, sondern auch in längerer Lebensdauer.

Schiebetüren sind einerseits sehr praktisch, weil sie im geöffneten Zustand nicht in den Raum hineinragen, sondern vor oder in der Wand verschwinden. Andererseits ist es selbst bei aufwändiger Konstruktion praktisch unmöglich, Schiebetüren schall- und geruchsdicht auszuführen. Außerdem benötigen Schiebetüren erfahrungsgemäß erheblich mehr Wartung als konventionelle Klapptüren und lassen sich nur schwierig mit abschließbaren Beschlägen versehen. Daher sollte man ihren Einsatz auf geeignete Öffnungen beschränken, zum Beispiel für eine Abtrennung zwischen Essplatz und Wohnzimmer.

Treppen innerhalb von Einfamilienhäusern müssen üblicherweise keine Brandschutzanforderungen erfüllen und können daher problemlos aus Holz gebaut werden. Dafür gibt es verschiedene Traditionen: In manchen Regionen werden Holztreppen überwiegend von Zimmerleuten, in anderen von Schreinern hergestellt. Die Gestaltungsvielfalt ist in jedem Fall grenzenlos, von der Konstruktion (sind die Stufen seitlich oder mittig aufgelagert?) über die Materialien (Hartholz oder Nadelholz mit Belag?) bis hin zur Farbgestaltung.

Vorgeschrieben ist nur, dass die Treppe eine Absturzsicherung in Form eines Geländers von mindestens 90 cm Höhe und mindestens auf einer Seite einen Handlauf haben sowie mindestens 80 cm lichte nutzbare Breite (zwischen den Handläufen, Geländern oder begrenzenden Wänden) aufweisen muss. Für die

aus Holz oder Kunststoff sollten nach Möglichkeit einen Stahlkern im Türblatt aufweisen, der die Verformung und zugehörige Fugenbildung verringert. Weiterhin sollten eine dreifache Dichtung der umlaufenden Kanten sowie eine absenkbare Dichtung im Schwellenbereich vorhanden sein. Die Funktion der Hauseingangstür lässt sich mit baulichen Maßnahmen weiter verbessern: Sie hält besser dicht und kann der Witterung länger widerstehen, wenn sie auf der Außenseite durch ein Vordach geschützt und im Innenraum von einem Windfang ergänzt wird.

Eine weitere wichtige Funktion für Haustüren ist die Gewährleistung der Einbruchsicherheit. Auch hierfür gibt es genormte Widerstandsklassen, die Türen in Abhängigkeit von dem zum Aufbruch erforderlichen Werkzeug einteilen. Entscheidend ist eine stabile Konstruktion der Scharniere und Beschläge, besonders wichtig ist das Metallschild hinter Schloss und Türknauf. Lassen Sie sich beraten – vom Schlosser und von der zuständigen Polizeidienststelle. Bedenken Sie dabei nicht nur die Haustür, sondern auch andere potenzielle Schwachstellen wie Fenster, Kellertüren und Garagentore.

Bemessung der Steigungsmaße hilft Ihnen die Grafik auf Seite 280. Denken Sie daran, dass Sie mit der Zeit nicht jünger werden, und wählen Sie ein bequemes Steigungsmaß.

Der Schreiner baut Ihnen auch gerne Einbaumöbel nach Maß. Dies kann insbesondere dort interessant sein, wo Ihr Haus knapp geschnitten ist – vielleicht zu knapp, als dass Möbel „von der Stange" sinnvoll hineinpassen. Die Anfertigung von maßgeschneiderten Innenausbauten kann auch vom Preis durchaus konkurrenzfähig sein, wenn man auf Extravaganzen verzichtet, beispielsweise mit einfachen Oberflächen zufrieden ist oder sogar die Materialien sichtbar belässt. Maßgeschneiderte Möbel können auch mehrere Funktionen gleichzeitig erfüllen, zum Beispiel kann ein Bücherregal gleichzeitig Geländer oder Trennwand, eine Treppe gleichzeitig Einbauschrank sein.

Metallbauarbeiten

Dieses Gewerk stellt für Gebäude Bauteile aus Stahl und anderen Metallen her und wird landläufig als Schlosserhandwerk bezeichnet. Schlosser haben in den meisten Einfamilienhäusern nicht allzu viel zu tun – es sei denn, Ihr Architekt hat besondere Ideen, für die er sie braucht. Schlosser bauen Geländer und Handläufe für Treppen und Balkone, Vordächer, Briefkästen, Abdeckungen für Lichtschächte und Ähnliches. Sie können darüber hinaus Sonnenschutzanlagen wie Schiebeläden oder Pergolen, Carports und ganze Balkone bauen, wenn Sie das wollen. Treppen aus Metall können filigraner ausgeführt werden als aus Holz oder Stahlbeton, was besonders dann reizvoll ist, wenn die Treppe frei im Raum steht und möglichst transparent wirken soll.

Manche Baustellen kommen allerdings ganz ohne Schlosser aus, weil viele der hier genannten Leistungen auch von anderen Gewerken (dann meist in anderen Materialien) erbracht werden können.

Während Metallteile in Innenräumen wie Treppengeländer vor allem mechanischen Belastungen (Stößen und Schlägen) ausgesetzt sind, die insbesondere die Belastbarkeit der Lackierung betreffen, müssen ähnliche Bauteile im Außenbereich aus verzinktem oder pulver-

beschichtetem Stahl bestehen, das der Witterung widerstehen kann. Verzinkte Geländer können zusätzlich farbig gestrichen werden, dies hat aber nur optische Bedeutung und wirkt sich auf die Haltbarkeit nicht aus.

Ein wichtiges Ausstattungsmerkmal jedes Hauses ist die Schließanlage. Deren Konzept können Sie mit Ihrem Schlosser oder auch direkt mit dem Hersteller besprechen. Denken Sie dabei nicht nur an die aktuell geplante Nutzung, sondern beziehen Sie künftig denkbare Veränderungen wie das Abteilen von Wohnungen, eigene Zugänge für Kinder und Ähnliches in Ihre Überlegungen ein. Da sich Schließanlagen kaum nachträglich erweitern lassen, ist es erfahrungsgemäß erheblich günstiger, die Anlage absichtlich ein wenig zu groß zu planen und einige Schließkreise und Schlüssel auf Vorrat zu bestellen, als bei der ersten Veränderung gleich eine neue Anlage einbauen zu müssen.

Fliesen- und Plattenarbeiten

Im Bad und in der Küche sind auf Böden und Wänden Fliesen allgemein üblich, Steinböden in Wohnbereichen sind dagegen vor allem eines: Geschmackssache. Manche Bauherren halten sie für „fußkalt" oder mögen die abwaschbare Optik mancher Materialien nicht. Andere schätzen die problemlose Pflege und die Dauerhaftigkeit dieser Bodenbeläge, die schon vor Jahrtausenden beliebt waren. Tatsächlich sind

Fliesen an der Wand erweisen sich manchmal als langlebiger, als man sich das zunächst vorgestellt hat.

die meisten Fliesen und Kunststeine und auch viele Natursteine sehr widerstandsfähig und unempfindlich, sie eignen sich auch gut für die Kombination mit Fußbodenheizungen. Die Auswahl bei Fliesen und Stein ist nahezu unbegrenzt: von der einfachen mittelformatigen weißen Spaltplatte bis hin zum edlen Naturstein können Sie alles bekommen. Letztlich entscheiden vor allem der persönliche Geschmack – und der Geldbeutel.

Sachliche Kriterien bei der Auswahl von Fliesen sind neben dem Wasseraufnahmevermögen (von dem die Frostsicherheit abhängt) vor allem die Abriebfestigkeit, die in 6 Klassen

Fliesen einkaufen

Wenn Sie durch den Fliesenfachmarkt gehen und sich das Angebot ansehen, dann denken Sie daran, dass die dort angegebenen Preise nicht den Kosten für die in Ihrem Haus verlegten Fliesen entsprechen, wenn Sie es nicht selbst machen: es kommt das Verlegen hinzu, der Großkundenrabatt Ihres Fliesenlegers wird abgezogen... das heißt, Sie kennen den Endpreis erst dann, wenn Sie ein Angebot des Fliesenlegers bekommen.

Fragen Sie auch nach Sonderposten und Restbeständen – bei den meisten Händlern gibt es günstige Angebote, und vielleicht sind ja Ihre Wunschfliesen dabei. Neben den erforderlichen Eigenschaften müssen Sie nur sicherstellen, dass der Restbestand für Ihre Räume ausreicht. Kalkulieren Sie fünf bis zehn Prozent Überschuss ein, dann sind Sie auf der sicheren Seite und haben Reserven für spätere Reparaturen.

eingeteilt wird, und die Rutschsicherheit, für die es 5 Bewertungsgruppen gibt. Fliesen in stark beanspruchten Räumen wie Küchen, Eingangsbereichen und auf Treppen sollten in beiden Kategorien gute Werte aufweisen (am besten Abriebklasse 4 und Rutschsicherheitsgruppe R11), denn dort sind sowohl der Abrieb als auch die Rutschgefahr relativ groß. In Bädern genügt Abriebklasse 3, die Rutschsicherheit bei Nässe sollte dort aber so hoch wie möglich sein. Für Wandfliesen genügen in beiden Kriterien auch geringere Werte.

Für Fliesen und Platten im Dünnbett muss der Untergrund gut ausgetrocknet sein, da er nach der Verlegung fast gar nicht weiter trocknen kann. Darüber hinaus muss er fest und vor allem eben sein, da die dünne Klebeschicht keine Unebenheiten ausgleichen kann. Estriche, die sich beim Austrocknen an den Ecken abgelöst haben (man nennt diesen Vorgang Schüsselung), dürfen nicht belegt werden. Im Untergrund ausgebildete Bewegungsfugen – insbesondere die Randfugen entlang der Wände müssen im Fliesenbelag ihre Entsprechung finden, sonst bilden sich unweigerlich Risse.

Es gibt chemische Prozesse zwischen dem Untergrund, der Fliese und der Art und dem Material für ihre Verklebung. Diese drei Variablen müssen koordiniert sein, sonst sind Schäden programmiert. Wenn Sie die Fliesen selbst verlegen wollen, müssen Sie sich daher genau informieren, ob die gewählten Baustoffe zusammenpassen und sich für die geplante Verwendung eignen.

Bodenbelagsarbeiten

Zusammen mit den Wänden prägt vor allem der Boden den Charakter eines Raums. Von Teppichböden, die in ungezählten Farben und Mustern auf dem Markt sind, bis hin zu Fliesenböden finden die verschiedensten Materialien in Bodenbelägen Verwendung. Aber vielleicht haben Sie sich ja schon für einen sichtbar belassenen Estrich entschieden und brauchen daher keinen Bodenbelag mehr auszusuchen? Für alle anderen hier ein kurzer Überblick:

▶ **HOLZBÖDEN** werden je nach Zuschnitt der Hölzer Parkett (aus kleinen bis mittelgroßen, horizontal verlegten Hölzern), Holzpflaster (aus kleinen, vertikal verlegten Holzteilen) oder Dielenboden (aus langen, brettförmigen Hölzern) genannt. In Abhängigkeit von den Formaten der verwendeten Hölzer und den Holzsorten variiert der Preis stark: So ist Holzpflaster relativ kostengünstig, Dielenboden relativ kostspielig. Besonders geeignet sind harte Hölzer wie Eiche, Buche, Ahorn und Kirschbaum. Massive Holzböden werden nach der Verlegung geölt oder versiegelt und sind daher sehr pflegeleicht. Sie können mehrmals abgeschliffen und neu versiegelt werden und sind daher sehr langlebig.

▶ Bei **FERTIGPARKETT** wird eine dünne Schicht aus Edelholz auf billigere Nadelhölzer oder Holzwerkstoffplatten aufgebracht und in verlegefertigen Elementen auf die Baustelle geliefert, die dort nach dem Prinzip Nut-und-Feder oder mit Klick-Systemen zusammengesteckt und verlegt werden. Fertigparkett ist erheblich günstiger als massive Holzböden, kann aber nicht oder höchstens einmal abgeschliffen werden.

▶ **WEITERE NATURMATERIALIEN**, die zu Bodenbelägen verarbeitet werden, sind Bambus (als Massivparkett) und Kork (zweischichtig auf Trägermaterialien oder als einschichtiger Plattenbelag). Bambus ist extrem widerstandsfähig, Kork zeichnet sich durch eine warme, angenehme Oberfläche aus, auf der man gut barfuß gehen kann. Beide Materialien sind nicht billig, aber pflegeleicht und dauerhaft.

▶ **LAMINAT** besteht aus einer Trägerplatte, einer dünnen, üblicherweise bedruckten Dekorschicht und einer schützenden Beschichtung. Das Dekor imitiert das Aussehen eines höherwertigen Belags, meistens Holz, seltener Fliesen oder Stein. Laminat ist relativ preisgünstig, widerstandsfähig und leicht zu verlegen, allerdings sollte man sich direkt darunter eine dünne Dämmschicht leisten, da sonst harte Schuhsohlen laut klacken.

▶ **LINOLEUM** ist ein elastischer Bodenbelag, der in einem aufwändigen Verfahren aus Leinöl, Naturharzen, Holzmehl und Pigmenten hergestellt und auf eine Trägerschicht aus Jutegewebe aufgebracht wird. Es wird überwiegend als Bahnenware vertrieben und verlegt. Linoleum ist außerordentlich widerstandsfähig, pflegeleicht und aufgrund seiner chemischen Eigenschaften besonders hygienisch.

Massivholzdielen, Echtholzparkett oder hochwertiges Laminat?

Das lässt sich oft gar nicht mehr so leicht beantworten.

Rechts unter dem Heizkörper sind die Abstandkeile zu sehen, die den Bodenbelag schalltechnisch entkoppeln. Die Sockelleisten decken den Randspalt nachher noch vollständig ab.

▶ Als Alternative zum Linoleum wurden in den 1960er Jahren Bodenbeläge aus **POLY-VINYLCHLORID** (PVC) entwickelt, die in ähnlicher Form als Bahnenware vermarktet werden. Diese hatten zeitweise das Linoleum fast vom Markt verdrängt, konnten ihren Marktanteil aber nicht dauerhaft verteidigen. PVC ist ähnlich pflegeleicht wie Linoleum, aber nur bedingt recyclingfähig.

▶ Bei **TEPPICHBÖDEN** ist die Auswahl besonders groß, sie werden aus Baum- und Schafwolle, Sisal und anderen Naturfasern, aber auch aus zahlreichen Kunstfasern hergestellt. Den positiven Eigenschaften bezüglich Fußwärme, Schalldämpfung und Gestaltungsfreiheit stehen als Nachteile eine im Vergleich zu harten Böden kürzere Lebensdauer und die Empfindlichkeit gegenüber Verschmutzung und Staub gegenüber.

▶ **FLIESEN UND PLATTEN** aus Keramik, Steinzeug, Natur- und Kunststeinen werden von einem eigenen Gewerk, den Fliesenlegern, verarbeitet.

Bei allen Bodenbelägen empfiehlt es sich, den Übergang zur Wand durch eine Sockelleiste (entweder aus dem Material des Bodens oder aus Hartholz) zu schützen. Diese überdeckt die Randisolierung des schwimmenden Estrichs und verhindert, dass die untere Kante der Wand schon nach wenigen Putzdurchgängen mit Staubsauger oder dem Wischmopp fleckig und ungepflegt aussieht.

Malerarbeiten

Die Maler und die Baureinigung sind die letzten Firmen, die vor der Fertigstellung noch auf der Baustelle zu finden ist. Beide Gewerke werden von vielen Bauherren gerne in Eigenleistung ausgeführt, da sie keine hohen handwerklichen Ansprüche stellen. Trotzdem sollten Sie sich rechtzeitig fragen, ob das Einsparpotenzial aus diesen Arbeiten groß genug ist, um Sie von Ihren Umzugsvorbereitungen abzuhalten. Malerarbeiten sind zwar relativ einfach selbst zu erledigen, allerdings lassen sich qualitative Mängel meist auf den ersten Blick erkennen – vom Zeitaufwand ganz abgesehen.

Ist die Außenseite Ihres Hauses verputzt, hat der Gipser vielleicht schon beim Aufbringen des Putzes oder des Wärmedämm-Verbundsystems den Anstrich erledigt. Wenn nicht, sollten Sie vor der Farbauswahl nochmal mit ihm sprechen, denn viele Putze und Dämmsysteme vertragen nur recht helle Farbtöne – bei dunkleren Farben heizen die Wände sich auf, es entstehen Spannungen zwischen Putz und Trägermaterial und dadurch Rissgefahr. Zudem fühlen sich auf manchen Farben in Verbindung mit Wärmedämmung Algen und Tiere recht wohl, die Fassade wird dadurch schnell unansehnlich. Daher lohnt es sich, die Farbe zusammen mit dem Wandaufbau als System zu beauftragen.

Klinkerfassaden und vorgehängte Verkleidungen in mehrschichtigen Systemen sind meist oberflächenfertig und müssen nicht mehr gestrichen werden. Auch Fenster und Türen kommen fast immer fertig gestrichen auf die Baustelle. Daher bleiben für die Maler im Außenbereich meist nur noch die Lackierung von Metallteilen und vielleicht die Imprägnierung von offenen Hölzern. Dies können Sie tatsächlich relativ leicht selbst erledigen – notfalls erst nach dem Einzug.

Die Malerarbeiten im Inneren des Hauses sind meist recht umfangreich: Wände, Decken, Dachuntersichten und Treppen wollen farblich behandelt sein. Entscheidend für den Erfolg der Arbeiten ist die Vorbereitung des Untergrunds, der fest, eben, fettfrei, trocken und möglichst sauber sein sollte. Wenn Sie einen Malerbetrieb beauftragen, muss dieser ein gewisses Maß an Spachtelarbeiten einkalkulieren. Führen Sie möglichst vor Angebotsabgabe eine Besichtigung der betreffenden Räume durch, dann kann der Handwerker sich nicht hinterher auf schlechten Untergrund berufen und zusätzlichen Zeit- und Kostenaufwand geltend machen.

In manchen Regionen ist es üblich, Innenräume vor dem Anstrich mit Tapeten aus strukturiertem Papier zu bekleben – oder im Fall von bedruckten oder textil beschichteten Tapeten ganz auf den Anstrich zu verzichten. Ob man Tapeten mag (und sie vielleicht auch selbst anbringen kann und will), muss jeder Bauherr für sich entscheiden. In jedem Fall ist Tapezieren ein zusätzlicher Arbeitsgang, der Zeit und Geld kostet. Sorgfältiges Arbeiten zahlt sich aus, denn Verlegemängel an Bahnenstößen oder Kanten bleiben deutlich sichtbar.

Die am weitesten verbreiteten Farben für Innenräume sind Dispersionsfarben, mit denen sich glatte und helle Oberflächen nach einem bis zwei Anstrichen deckend einfärben lassen. Dispersionsfarben bestehen typischerweise aus dem Verdünnungsmittel Wasser, Kunstharzen (die meist aus Erdöl gewonnen werden) oder ähnlichen Kunststoffen als Bindemittel sowie aus Pigmenten. Sie sind scheuerbeständig (mit bestimmten Bindemitteln sogar abwaschbar, dann als Latexfarbe bezeichnet, zum Beispiel für Küchen und Bäder), aber bei dünnem Anstrich weitgehend diffusionsoffen und dadurch gut für den Feuchtigkeitsaustausch zwischen Raumluft und Wandoberfläche.

Zur Dispersionsfarbe gibt es zahlreiche Alternativen mit jeweils besonderen Eigenschaften und speziellen Einsatzgebieten: Kalkfarben, Silikonharz-Emulsionsfarben, Silikatfarben… Lassen Sie sich vom Handwerksbetrieb oder im Fachhandel beraten, welche Farbe sich für Ihre Anwendung am besten eignet.

Mit raffiniertem Materialmix Wohlfühlatmosphäre schaffen: Ein Zimmer wie ein Garten mit grünem Rasen und viel Licht.

HAUSTECHNIK HEUTE UND MORGEN

Theoretisch ist es zwar möglich, ein Haus ganz ohne technischen Anschluss an die Außenwelt zu bauen. In der Praxis sind Verbindungen zu diversen öffentlichen Ver- und Entsorgungsnetzen aber wünschenswert und meist auch vorgeschrieben. In diesem Kapitel klären wir nicht nur, wie Energie, Wasser oder Daten ins Haus kommen, sondern wie sie dort optimal verteilt und genutzt werden – es geht also auch um die Technik im Gebäude. Ebenso wichtig ist der Schutz des Hauses und seiner Bewohner.

Hausanschluss und Hauptstromversorgung

Auf Strom und Wasser werden Sie so gut wie nie verzichten können, andere Verbindungsleitungen sind optional. Selbst, wenn Sie Ihren Strom im Haus produzieren: Üblicherweise benötigen Sie einen Anschluss ans öffentliche Stromnetz – zum einen, um eventuell überschüssigen Strom ins Netz einspeisen zu können, zum anderen soll bei einer Flaute oder

Der Mehrspartenanschluss kann durch den Boden oder eine Kellerwand ins Haus geführt werden.

Ausfall Ihrer Technik ja weiterhin Strom im Gebäude sein (→ Seiten 61 ff.).

Ähnliches gilt für die Wasserversorgung: Auch wenn Sie sich aus einem eigenen Brunnen bedienen können – für den Fall der Fälle ist der Anschluss ans öffentliche Wassernetz hilfreich, um nicht im Wortsinne auf dem Trockenen zu sitzen. Auch an der Abwasserleitung mit Anschluss an die Kläranlage kommen Sie in den wenigsten Gemeinden vorbei. Unsere Grafik illustriert die wichtigsten Versorgungsverbindungen zum Haus.

Standard im Neubau: der Mehrspartenanschluss

Falls Sie die Zahl der skizzierten Anschlüsse erschreckt – keine Angst! Sie müssen in den meisten Fällen nicht alle Netzbetreiber einzeln bestellen. Bei einem Neubau oder einer Grundsanierung beauftragen Sie den örtlichen Energieversorger mit der Installation des Mehrspartenanschlusses. Der Energieversorger bestellt in Ihrem Namen eventuell nötige Leitungen von Drittanbietern, koordiniert Erdarbeiten und führt alle Leitungen in einem gemeinsamen Anschlusspunkt zusammen, dem Mehrspartenanschluss. Dieser enthält die Leitungen für Strom, Wasser, Kommunikation und eventuell Gas. Leider gibt es kein bundesweit verbindliches Procedere – als erste Anlaufstelle ist der örtliche Energieversorger meist richtig. Auch Architekt oder Bauunternehmer sind üblicherweise mit den Gepflogenheiten vor Ort vertraut. Falls am geplanten Standort Ihres Hauses kein Versorger bereit ist, den Mehrspartenanschluss (und die dazu gehörende Organisation/Koordination) auszuführen, können Sie ihn selbst beauftragen. Klären Sie in diesem Falle aber vor-

Öffentliche Netze

Gaszähler
Hausanschlusskasten Strom
Telekommunikation

Telekommunikation
Strom

Wasserzähler

Wasser   Gas

Mehrsparten-Hauseinführung

her, ob die Energieversorger ihre Leitungen auch dorthin führen – es gibt immer noch Anbieter, die diese Art Hausanschluss nicht unterstützen. Zwingend ist die einheitliche Zuführung aller Versorgungsleitungen nicht – aber im Idealfall kommt sie günstiger.

Hat Ihr Wunschhaus einen Keller, wird der Mehrspartenanschluss vom Energieversorger dort installiert. Der Mehrspartenanschluss benötigt nicht zwingend einen eigenen Technikraum – allerdings darf er nicht in einem Wohnraum untergebracht sein. Daran müssen Sie und Ihr Architekt denken, falls Sie beispielsweise einen Partykeller wünschen. Falls ein Heizungskeller vorgesehen ist, kann der durchaus den Mehrspartenanschluss mit aufnehmen – allerdings sind Raumtemperaturgrenzen zu beachten. Moderne Heizungen geben üblicherweise die erzeugte Wärme in die ihrerseits isolierten Heizungsrohre ab und nicht in den Aufstellungsraum. Anders ist die Situation, wenn sich in dem Raum ein Blockheizkraftwerk befindet: Hier können dauerhaft zu hohe, ungeeignete Temperaturen herrschen.

Besonders in Norddeutschland haben viele Häuser keinen Keller. Dort muss Ihr Architekt eine sogenannte Hausanschlussnische einplanen – oder einen anderen Raum, der nicht als Wohnraum genutzt wird und in dem die Anschlüsse frei zugänglich sind.

Falls Sie einen Altbau sanieren: Früher wurden alle Versorgungsleitungen einzeln und oft auch an verschiedenen Stellen ins Haus geführt. Üblicherweise gibt es auch keinen Grund, daran etwas zu ändern. Es sei denn, die Zuleitungen von der Straße wären so marode oder für den heutigen Bedarf so unterdimensioniert, dass der oder die Energieversorger entscheiden, diese zu erneuern. Wenn nicht technische Gründe für den Ersatz vorhandener Leitungen durch einen Mehrspartenanschluss sprechen, sondern dieser nur der Optik wegen gewünscht wird, zahlen Sie die Kosten der Neuinstallation.

Die Leitungen zum Mehrspartenanschluss sollten auf geradem Wege zum öffentlichen, üblicherweise in der Straße vor dem Haus verlaufenden Netz führen; die Leitungstrasse darf nicht überbaut oder bepflanzt werden.

In Altbaugebieten wird der Strom sehr häufig über oberirdische Leitungen zu den Dachständern der Häuser transportiert. Das bedeutet: Der Strom wird von oben nach unten durchs Haus verteilt. Der Hausanschlusskasten, also die Grenze zwischen öffentlichem und eigenem Stromnetz, ist in diesem Fall unterm Dach. In dem Kasten sitzen die Hauptsicherungen fürs Gebäude, von dort wird der Strom weiter zum Zählerschrank geführt.

In sehr alten Gebäuden kann der Hausanschlusskasten (und vor allem die darin verbauten Sicherungen) nicht mehr dem Stand der Technik entsprechen. Äußerlich erkennt man solche Modelle an ihrem gusseisernen Gehäuse. Falls Sie unsicher sind, ob Ihr Hausanschlusskasten noch aktuell ist, bitten Sie Ihren Elektriker, einen Blick darauf zu werfen. Erkennt der ein altes Modell, bitten Sie ihn, bei Ihrem Energieversorger einen – unter Umständen kostenpflichtigen – Austausch zu beantragen.

Bei einer Grundsanierung eines Gebäudes mit Dachständer kann der Wunsch aufkommen, diesen durch eine unterirdische Stromzuführung (sinnvollerweise per Mehrspartenanschluss) zu ersetzen. Soweit dies technisch und mit vertretbarem Aufwand machbar ist, erledigt der Energieversorger dies auch – einmal mehr allerdings auf Kosten des Hauseigentümers.

Wie geht es weiter?

Der Mehrspartenanschluss ist Sache des/der Energieversorger. In der Praxis ist damit nur eine gemeinsame Kabel-/Leitungszuführung gemeint. Für das Verlegen der einzelnen Leitungen zu den Übergabepunkten in Keller oder Technikraum sind unter Umständen dann mehrere Unternehmen (oder deren Beauftragte) zuständig. Es führen also aus dem Mehrspartenanschluss einzelne Leitungen zu den Endpunkten der entsprechenden Dienste – hier endet auch die Verantwortung der Energie- oder Telekommunikationsdienstleister. Wasser und eventuell Gas werden zweckmäßigerweise dorthin geführt, wo sie gebraucht werden; die Zähler werden in unmittelbarer Nähe des Mehrspartenanschlusses angebracht. Strom, Telefon und eventuell Kabel-TV werden vom Mehrspartenanschluss zum

Hausanschlusskasten bzw. Abschlusspunkt Linientechnik (APL) geleitet. Von dort führt der Elektriker sie sinnvollerweise in einen zentralen Schaltschrank („Zählerplatzsystem"). Hier finden nicht nur Stromzähler und Sicherungen Platz – hier laufen auch die Leitungen für Telefon, Antenne (auch bei Satellitenempfang) und Computernetzwerk sowie die der eventuell vorhandenen Steuerung der Haustechnik (mehr im Abschnitt „Das intelligente Haus" ab Seite 314) zusammen. Im Zählerschrank bringt man bei Neubauten auch Telefon-, Antennenanlagen und Router übersichtlich und leicht zugänglich unter.

Dass Elektro- und Telekommunikationstechnik in einem Schrank vereint sind, hat nicht nur praktische Gründe: Bei einem neuen Zählerplatz bestehen die Energieversorger auf einer Datenleitung zum Stromzähler. Damit soll nicht nur der Zähler ohne Ihr Zutun oder das des Versorgers exakt abgelesen werden können. Diverse Haussteuersysteme erlauben Ihnen die Kontrolle Ihres Stromverbrauchs auf dem Computer, Mobiltelefon oder TV-Bildschirm. Je nach Anbieter werden auch tageszeit- oder netzabhängige Stromtarife angeboten – auch dann muss der Zähler wissen, welcher Tarif gerade gilt und ob z. B. die Wasch- oder Spülmaschine angeschaltet werden kann.

Hausanschlussnische mit Hausanschlusskasten und Sicherungskasten für die Elektrik, Netzwerkanschluss (NTFA) und Gasanschluss

INFO

GAS IM HAUS?

An der Frage, ob ein Haus ans (üblicherweise Erd-)Gasnetz angeschlossen werden soll, scheiden sich die Geister. Klar: Wenn Sie sich zum Heizen mit Gas entschlossen haben (→ Seite 53), muss der Brennstoff zugeführt werden, ist der Gasanschluss zwingend. Fürs Kochen und das Bereitstellen von warmem Wasser ist Gas nur einer unter vielen möglichen Energieträgern. Wenn Sie nicht mit Gas heizen wollen und zu den ängstlicheren Naturen zählen, verzichten Sie schon auf den Gasanschluss im Keller, geschweige denn, dass Sie die Leitung bis in Küche oder Bad legen ließen. Durch Gas ausgelöste Explosionen (mit meist fatalen Folgen für Bewohner und Haus) sind sehr selten – aber sie kommen vor.

Aber: Profi- wie Hobbyköche schwören auf das Kochen auf dem Gasherd. Falls an Ihrem Wohnort ein Gasanschluss verfügbar ist, sollten Sie ihn zumindest ins Haus legen lassen – ob und wie Sie ihn nutzen, können Sie dann später entscheiden. Wenn Sie gern perfekt kochen, gehört ein Gasanschluss zumindest in die Küche. Falls an Ihrem Bauplatz kein Versorger Gas anbietet, Sie dennoch auf den Gasherd in der Küche nicht verzichten mögen – den können Sie auch mit Gasflaschen befeuern.

FLIESSEND WARM- UND KALTWASSER

Fließendes Wasser im Haus ist eine der ersten Errungenschaften der Zivilisation. Ohne Strom oder Gas kann der Mensch problemlos auskommen, ohne Wasser nur wenige Tage. Weil Wasser- und Abwasserrohre nachträglich deutlich umständlicher zu verlegen sind als etwa Stromleitungen, wollen wir uns zunächst mit ihnen befassen.

Die Hausinstallation beginnt bei der Wasseruhr des örtlichen Versorgers. Hier könnten zusätzliche Wasseraufbereitungsgeräte wie etwa Wasserfilter oder -enthärter eingebaut werden. Trinkwasser in Deutschland ist ein aufwän-

dig aufbereitetes Lebensmittel. Gelegentlich kann es aber durch feine Ablagerungen im Leitungsnetz wie etwa Rost verschmutzt sein. Ein zentraler Wasserfilter hält grobe Partikel zurück. Ein natürlicher, aber im Wasser oft unerwünschter Inhaltsstoff ist gelöster Kalk. Er kann Leitungen und Wasserbehälter allmählich zusetzen und den Geschmack von Speisen und Getränken im Extremfall beeinträchtigen. In Deutschland geben die Wasserwerke den Kalkgehalt in Härtegraden an. Vier Stufen werden unterschieden: Härtegrad 1 bedeutet weiches, also kalkarmes Wasser, 4 steht für sehr

Die meisten Kalt- und Warmwasserzapfstellen eines typischen Einfamilienhauses finden sich im Bad.

hartes, also stark kalkhaltiges Wasser. Wenn das Wasser an Ihrem geplanten Wohnort sehr hart ist (Härtegrad 4), kann es sinnvoll sein, einen zentralen Enthärter zu installieren. Verbreitet sind Enthärter nach dem Ionentauschverfahren. Dort werden Kochsalztabletten eingesetzt, um die gelösten Härtebildner zu binden. Das Salz in der Enthärtungsanlage will regelmäßig erneuert werden. Gelegentlich muss die Anlage gereinigt werden, ansonsten ist sie wartungsarm. In der Literatur werden derartige Anlagen mitunter kritisiert, weil das enthärtete Wasser einen erhöhten Natriumgehalt aufweist. Alternativ werden auf dem Markt magnetische Geräte zur Entkalkung angeboten. Deren Wirksamkeit ist jedoch sehr umstritten.

Die Kaltwasserrohre werden vom zentralen Hauswasserverteiler zu den einzelnen Zapfstellen geführt. Warmwasser, sofern es nicht per Durchlauferhitzer unmittelbar an der Zapfstelle erhitzt wird, nimmt den Umweg über die Heizungsanlage. Bei einfacher Warmwasserversorgung ist nur ein Warmwasserrohr nötig. Planen Sie eine Anlage mit Zirkulation (→ Seite 49), erfordert diese ein zusätzliches Rohr. Beide Warmwasserrohre werden parallel verlegt. Das zweite Warmwasserrohr transportiert das Wasser von der letzten Zapfstelle zur Heizung und damit zur Zirkulationspumpe. Warmwasserrohre werden wie Heizungsrohre im ganzen Haus gedämmt, Kaltwasserrohre überall dort, wo sich an ihnen Tauwasser bilden könnte – in der Regel im Keller.

Wasserrohre werden üblicherweise aus Kunststoff oder Kupfer verbaut. Sie werden geschweißt, gelötet oder verpresst. Ihre Leitungsführung ist abhängig von den jeweiligen Standorten der Zapfstellen. Idealerweise werden die Rohre so verlegt, dass das Wasser den kürzesten Weg nimmt.

Welcher Wasseranschluss wo?

Eine der wichtigsten Zapfstellen im Haus ist die im Heizungsraum. Denn die Zentralheizung benötigt Wasser, um überhaupt zu funktionieren. Zudem soll sie in den meisten Fällen das warme Brauchwasser bereitstellen, braucht also auch dafür eine Wasserzufuhr.

Der Heizkessel wird fest mit der Kaltwasserleitung verbunden; ein zusätzlicher Wasserhahn im Raum sollte für Wartungsarbeiten eingeplant werden. Als Wasserablauf – bei einem Brennwertkessel auch für das Kondensationswasser – ist ein im Boden eingelassener Gitterabfluss ideal. Zu ihm sollte auch das Abflussrohr vom Überdruckventil der Heizung führen.

In unmittelbarer Nachbarschaft des Heizungsraums befindet sich oft die Waschküche. Für den Anschluss der Waschmaschine reicht ein Wasserhahn, für den Wasserablauf ist ein Abfluss in der Wand mit verschraubbarem Anschluss optimal. Auch Wäsche-Kondensationstrockner geben Wasser ab, das am elegantesten durch einen Wand-Abwasseranschluss entsorgt wird. Ergänzt werden sollte er durch einen Abfluss im Boden. Falls Ihre Waschmaschine dafür geeignet ist (→ auch Seite 59), ist ein Warmwasseranschluss für die Waschmaschine sinnvoll. Oft ist die Waschküche zentrale Anlaufstelle für Putzwasser. Ein Ausgussbecken mit Warm- und Kaltwasseranschluss ist hierfür ideal.

Falls Sie für Ihr Haus ein Schwimmbecken, Whirlpool, eine Sauna oder Ähnliches planen, besprechen Sie mit Ihrem Architekt und Klempner die dafür nötigen Wasserzu- und -ableitungen.

Küche

Neben dem Spülbecken brauchen auch viele Küchengeräte Wasserzu- und -abflüsse. Am Spülbecken sind Kalt- und Warmwasser Pflicht. Berücksichtigen Sie bei der Küchenplanung die Lage des Abwasserrohrs in der Wand. Das Spülbecken sollte nicht allzu weit vom Hauptabwasserrohr entfernt montiert werden – hat es zu wenig Gefälle oder ist der Weg vom Becken zum Hauptabflussrohr zu lang, verstopft es schnell durch Essensreste oder Küchenabfälle.

Moderne Kühlschränke mit Eiswürfelbereiter verlangen am Standort nach einem Kaltwasseranschluss. Manche Kaffeemaschinen brauchen ebenfalls einen festen Wasseranschluss. Sinnvoll ist es, diese mit der Warmwasserleitung zu verbinden, um Strom zum Aufheizen des Kaffeewassers zu sparen.

Das gilt noch mehr für den Geschirrspüler in der Küche – für ihn lohnt sich ein Warmwasseranschluss in jedem Fall. Einen Kaltwasseranschluss braucht er dann nicht. Der Abwasserschlauch des Geschirrspülers wird meist mit dem Siphon (Geruchsverschluss) des Spülbeckens verbunden. Liegen beide zu weit auseinander, planen Sie einen eigenen Ablauf für den Geschirrspüler ein.

Bad und Toilette

Für Sanitärräume, die ausschließlich als Toilette dienen, reicht im Prinzip ein Kaltwasseranschluss. Wenn möglich, sollten Sie der Hygiene und des Komforts wegen fürs Waschbecken zusätzlich Warmwasser einplanen. Das Waschbecken wird über einen Siphon mit dem Abflussrohr in der Wand verbunden, die Toilette direkt. Mit Wasser versorgt sie ein Spülkasten, der – sofern der Platz reicht – in die Wand gesetzt wird, ansonsten davor. Als Zulauf dient eine feste Rohrverbindung. Diese wird eventuell von einem zweiten Wasserkreislauf gespeist. Mehr dazu auf Seite 64.

Meist werden auch im Badezimmer eine Toilette und ein oder mehrere Waschbecken gewünscht. Elementarer Bestandteil des Bades ist selbstverständlich die Bade- und/oder Duschwanne. Für die Dusche sind Mischbatterien auf halber Wandhöhe ideal, fürs Bad knapp über der Wanne. Je nach Bau- und Wannentyp sind Hebel für die Handdusche und eventuell den Abfluss in der Wand eingebaut. Der Siphon der Badewanne ist unter der Wanne montiert und führt zum Abflussrohr in Wand oder Boden. Der Fliesenleger baut einen Zugang („Revisionsklappe") in die Ummauerung der Badewanne, damit sie im Falle eines Falles zugänglich bleibt. Bei Duschtassen geht dies in der Regel nicht – hier ist der Siphon von oben zugänglich.

Sogenannte Dampfduschen kombinieren laut Hersteller Sauna, Whirlpool und Dusche. Sie erfordern dieselben Wasser- und Abwasseranschlüsse wie andere Duschen und zusätzlich einen leistungsfähigen Stromanschluss.

Wenn Sie weitere Becken wie Bidet oder Urinal nutzen möchten, benötigen diese Kalt- und im Fall des Bidets auch Warmwasser so-

wie einen Anschluss ans nächste Abflussrohr des Gebäudes.

Außenanschlüsse

Gleich, ob Sie ein Planschbecken befüllen, die Blumen gießen oder die Mülltonne auswaschen möchten: Sie brauchen einen Wasserhahn im Außenbereich Ihres Gebäudes. Dieser sollte für den Winter entweder einen eigenen Absperrhahn im Haus haben oder frostsicher sein. Überlegen Sie bei der Planung Ihres Hauses, wo Wasserhähne außen am zweckmäßigsten angebracht werden sollen. Sind die Hähne für Fremde zugänglich, sichern Sie sie mit einem Schloss. Im Freien benötigen Sie an der Zapfstelle üblicherweise keinen Abfluss – es sei denn, es besteht die Gefahr, dass das Wasser auf dem Grundstück unterhalb des Erdniveaus fließt. Dann ist ein Abfluss etwa an der Garagenabfahrt oder dem Kellerabgang Pflicht.

Wollen Sie Rasen oder Pflanzen komfortabel versorgen, können Sie Bewässerungsleitungen fest im Erdreich verlegen. Sinnvoll werden sie durch eine Dosiereinrichtung ergänzt – meist ist dies ein Zeitschalter. Auch ein Bussystem (siehe „Das intelligente Haus", Seite 314 f.) kann die Gartenbewässerung steuern. Ein Hauptabsperrhahn im Gebäude schützt diese Leitungen vor Frostschäden.

Regenwasser im Haushalt

Das Leitungswasser in Trinkwasserqualität ist teuer und für viele Zwecke eigentlich zu schade. In den meisten Regionen Mitteleuropas fällt genug Regen, um damit selbst durstige Pflanzungen bewässern zu können. Laut Statistik hat Deutschland pro Jahr rund 800 Millimeter Niederschlag. Umgerechnet aufs eigene Grundstück bedeutet dies, dass 800 Liter pro Quadratmeter und Jahr anfallen (800 Millimeter mal ein Quadratmeter = 800 l/m²). Auf dem Hausdach allein landen bei einer effektiven Dachfläche von 100 Quadratmetern 80 000 Liter beziehungsweise 80 Kubikmeter Regen im Jahr. Das entspricht in etwa der Menge Wasser, die ein Zweipersonenhaushalt pro Jahr verbraucht. Die Vernunft gebietet es, soviel wie möglich und nötig davon aufzufangen und zu speichern.

Ein unterirdischer Tank ist ideal, um den Garten zu bewässern. Regenwasser lässt sich auch im Haus nutzen, beispielsweise für die Toilettenspülung.

Um mit Regen den Garten zu bewässern, reicht als Minimallösung ein im Fallrohr eingebauter Regenabzweiger. Er füllt eine bereitgestellte Tonne mit Wasser. Handelsübliche Tonnen fassen 200 bis 500 Liter. Wenn Sie regelmäßig größere Flächen bewässern möchten, ist das zu wenig. Zisternen – ins Erdreich frostsicher eingegrabene Wassertanks – fassen mehrere tausend Liter. Je nach Hersteller und Modell kosten sie ab etwa 1 000 € und sind aus Kunststoff oder Beton hergestellt. Sie werden mit einem oder mehreren Fallrohren verbunden – eine meist im Erdreich verlegte Leitung transportiert das Wasser in den Behälter. Wenn es gebraucht wird, befördert es eine Pumpe mit Saugschlauch oder eine Tauchpumpe wieder in den Garten – beispielsweise zum Rasensprenger oder den Bewässerungsleitungen.

Regenwasser lässt sich aber auch im Haushalt überall dort nutzen, wo keine Trinkwasserqualität gefordert ist – hauptsächlich für die Toilettenspülung. Voraussetzung für die Regenwassernutzung ist einmal mehr die Zisterne. In diesem Fall muss ein zweites Rohrleitungssystem im Haus das Regenwasser an die gewünschten Zapfstellen transportieren. Die vollständige Trennung vom Trinkwassernetz ist aus hygienischen Gründen gesetzlich vorgeschrieben.

Die Zisterne kann Wasser für Garten und Haus speichern – eine Pumpe mit angeschlossenem Druckbehälter („Hauswasserwerk") transportiert das vorgefilterte Nass an alle Zapfstellen. Das Hauswasserwerk stellt sicher, dass ständig ausreichend Wasserdruck in den Leitungen bleibt. Mit Kosten von typischerweise mehreren tausend Euro für den Erdtank samt Technik ist die Anschaffung für einen Zweipersonenhaushalt nicht immer lohnenswert. Bei großen Familien kann sich die Investition indes schnell amortisieren.

Die Nutzung von Regenwasser kann sich – je nach örtlichen Vorschriften – auf Ihre Abwasserkosten auswirken. Eine nur für den Garten genutzte Zisterne kann Ihnen im Einzelfall Abwassergebühren sparen; ihre Anmeldung ist nicht zwingend, aber meist sinnvoll. Wenn Sie Regenwasser im Haus verwenden, ist die Nutzung in jedem Fall meldepflichtig.

Als Alternative zum Auffangen von Regenwasser bietet sich – standortabhängig – der Bau eines eigenen Brunnens an. Dazu müssen Sie ein Loch graben oder bohren und gegebenenfalls durch Mauerwerk oder Beton einfassen. Als natürliche Wasserquelle kann einem Brunnen nur so viel Wasser entnommen werden, wie nachfließt. Je nach örtlichen Bestimmungen müssen Brunnen durch die Behörden genehmigt werden.

Kanalisation

Voraussetzung, um im Haus fließend Wasser nutzen zu können ist, dass es Gebäude und Grundstück wieder verlassen kann. An den meisten Bauplätzen liegt ein Abwassernetz.

Wenn das der Fall ist, müssen Sie sich daran auch anschließen lassen. Liegt einer der Abflüsse im Haus zu tief, befördert eine Pumpe ("Abwasserhebeanlage") die Abwässer in die Kanalisation. In vielen Gemeinden wird Abwasser und Oberflächenwasser (Regenwasser) getrennt abgeführt. Dann stellt die Gemeinde auch zwei unterschiedliche Anschlüsse für die Netze bereit. Ist an Ihrem Wohnort oder Bauplatz kein Abwassernetz installiert, müssen Sie auf dem Grundstück eine Kleinkläranlage ("Dreikammergrube") oder gegebenenfalls eine vollbiologische Klärgrube vorsehen. Die Anlage muss regelmäßig gewartet werden. Maßgeblich dafür ist die DIN 4261.

Im Normalfall kümmern sich bei einem Neubau Bauträger oder Architekt um die technischen Details der Abwasserentsorgung.

Falls Sie einen Altbau sanieren oder selber planen, sollten Sie die Bestimmungen vor Beginn mit den örtlichen Behörden klären. In Gegenden mit hohem Grundwasserspiegel kann es sinnvoll sein, im Keller eine sogenannte Sumpfpumpe zu installieren. Sie pumpt von außen oder über die Kanalisation eindringendes Wasser ab.

Abwasserleitungen im Haus
Die Kanalisation oder Kleinkläranlage nimmt die Abwässer auf, die an den verschiedenen Zapfstellen des Hauses anfallen. Von diesen müssen sie gesammelt und zu den Hauptabwasserrohren geführt werden. Naheliegende Faustregel: Überall dort, wo Sie eine Zapfstelle haben, brauchen Sie auch ein Abflussrohr. Die zur Ableitung nötigen Kunststoffrohre ("HT-Rohre") haben für Waschtische üblicherweise einen Durchmesser von 50 Millimetern, für Duschen 70 Millimeter und für Toiletten 100 Millimeter.

Waschmaschinen können parallel zu Waschtischen am selben Siphon angeschlossen werden oder bekommen ihren eigenen Abfluss.

TELEFON UND INTERNET

Im Mobilfunkzeitalter scheint für viele Menschen ein Festnetz-Telefonanschluss entbehrlich. Es kommt zwar selten vor – aber auch Handynetze können ausfallen. Im Notfall rettet ein funktionierendes Festnetztelefon Leben. Auch ganz banale Gründe sprechen nach wie vor für den Festnetzanschluss: Die meisten Menschen empfinden die Sprachqualität im Festnetz als besser, die Verbindung ist stabiler.

Selbst, wenn Telefonie übers Festnetz für Sie keine Rolle mehr spielt: Fast alle Telefonanbieter sind gleichzeitig auch Internetprovider. Falls Sie ins Netz der Netze wollen, ist der leitungsgebundene Internetzugang fast unumgänglich.

Klassische Telekommunikations- wie Kabel-TV-Betreiber offerieren nominell ähnliche Angebote. Standard sind Mitte 2017 Internetzugänge mit einer Geschwindigkeit zum Nutzer ("Downlink") von 16 bis 200 Megabit/Sekunde (mbps) und einer Geschwindigkeit ins Netz ("Uplink") von 0,5 bis 50 mbps.

Der wesentliche Unterschied: Telefonanbieter stellen den Internetanschluss per ADSL oder VDSL bereit (dies wird meist unter dem Kürzel DSL zusammengefasst), Breitbandan-

In vielen Fällen ist die klassische TAE-Anschlussdose unverzichtbar – und sei es nur fürs Internet.

bieter via Koax-TV-Kabel. Bei den DSL-Varianten steht Ihnen eine einmal zugesicherte Datengeschwindigkeit permanent zur Verfügung (technische Störungen selbstverständlich ausgenommen); den Internetzugang via TV-Kabel teilen Sie sich hingegen mit Ihren Nachbarn. Zu den Stoßzeiten kann die tatsächliche Internetgeschwindigkeit also niedriger sein – je nach Betreiber und den Verhältnissen vor Ort sinkt die nutzbare Datenrate spürbar.

Am TV-Breitbandkabel wird der klassische Telefonanschluss seit jeher nur nachgebildet („emuliert"). An neuen kombinierten Telefon-/Internetzugängen realisieren aber auch die traditionellen Telekommunikationsfirmen die digitale Übertragung per VoIP (Voice over IP – Sprache per Internetprotokoll).

Für die Anbieter hat der Wegfall der althergebrachten Telefonie in ihren Netzen erhebliche Vorteile: Sie sparen Geld; die Netztechnik wird weniger komplex. Für die Kunden springt im besten Fall eine etwas bessere Klangqualität bei Telefongesprächen heraus. Oft genug ist aber bislang die Verbindung schlechter als im herkömmlichen Telefonnetz, auch machten die VoIP-Netze mancher Anbieter in der Vergangenheit durch Ausfälle Negativschlagzeilen.

Zudem finden Telefone jetzt nicht mehr direkt an der gewohnten Anschlussdose Kontakt – nur über eine passende VoIP-Box (oft im Router integriert) ist Telefonieren noch möglich. Je nach Anbieter und Vertrag wird die Box vom Netzbetreiber gestellt oder liegt in der Zuständigkeit des Kunden. Egal, wer sie stellt: Die Box braucht Strom – fällt der aus, ist ohne Notstromversorgung auch das Festnetztelefon tot. Wer Telefax oder Spezialitäten des digitalen ISDN-Anschlusses weiterhin benötigt, sollte sich zudem erkundigen, ob die VoIP-Technik des Netzbetreibers alle nötigen Funktionen unterstützt. Auch der von Rettungsdiensten angebotene Hausnotruf und viele Alarmanlagen setzen einen klassischen Telefonanschluss voraus. Gibt es vor Ort nur noch VoIP-Telefonie, nutzen viele Notrufsysteme schon das Mobilfunknetz. Einen echten (ISDN-)Telefonanschluss liefert zum Redaktionsschluss auf Wunsch noch bis 2019 der Netzbetreiber Vodafone – offiziell allerdings nur für Geschäftskunden.

Unser Tipp: Kombinierte Telefon-/Internet-Neuanschlüsse von Telekommunikations- und Kabel-TV-Anbietern unterscheiden sich nur noch marginal. Sofern an Ihrem Bauplatz DSL und TV-Kabel zu überschaubaren Kosten verfügbar sind, lassen Sie beide Anschlüsse ins Haus legen – sollten Sie mit einem Betreiber unzufrieden sein, können Sie einfacher wechseln.

LTE/UMTS

Nicht immer entsteht Ihr Traumhaus im typischen Neubaugebiet, in dem man schnelle kabelgebundene Internetanschlüsse voraussetzen kann. In per Festnetz schlecht versorgten Gebieten offerieren Mobilfunkanbieter leistungsfähige Internetzugänge über ihre LTE- und/oder UMTS-Funknetze – je nach Tarif und örtlichen Gegebenheiten ist in den Paketen oft ein VoIP-Festnetz-Telefonanschluss enthalten. LTE/UMTS sind besser als nichts – Sie müssen aber deutlich häufiger als im Festnetz mit schwankender Datenrate oder gelegentlichen Totalausfällen rechnen. Zudem begrenzen viele Anbieter (beziehungsweise Ihre Verträge) das tägliche oder monatliche Datenvolumen – schlecht, wenn die ganze Familie rund um die Uhr Internetradio hören oder andere datenintensive Dienste nutzen will. Ein weiterer möglicher Nachteil des Internets via Mobilfunk: Alle Nutzer einer sogenannten Funkzelle teilen sich die verfügbare Bandbreite. Das heißt: Wenn der Nachbarsohn gerade seine 50 besten Freunde zur Party eingeladen hat und deren Smartphones glühen, surfen Sie für den Abend nur gebremst durchs Internet.

Internet via Satellit

Auch LTE und dessen Vorgänger UMTS sind nicht flächendeckend verfügbar oder nur in unzumutbar langsamer Geschwindigkeit. Alternativ helfen Satelliten: Über Astra wie Eutelsat offerieren verschiedene Anbieter einen zeitgemäß schnellen Internetzugang. Zwei Systeme sind im Angebot: Die einfacheren (und günstigeren) Verfahren nutzen den Satelliten nur, um Daten zu Ihnen zu senden. Als Rückleitung fungiert ein ISDN- oder DSL-Anschluss. In dieser Konstellation reicht auch ein – immerhin noch an vielen schlecht versorgten Orten verfügbarer – langsamer DSL-Anschluss („DSL light", typischerweise mit 384 oder 768 Kilobit/Sekunde). Dieses Hybridprinzip lässt sich über dieselbe Antenne realisieren, die Radio und Fernsehen empfängt (siehe auch „Radio, Fernsehen, Unterhaltung", S. 306). Sie zahlen aber für Internet via Satellit sowie den Datentransfer via Telefonanschluss (also ISDN/DSL).

Aufwendigere Verfahren für Internet via Satellit nutzen den Empfangskopf einer Sat-Schüssel, den LNB (Low Noise Block Converter), auch zum Versand der Daten. Diese Technik kommt ohne parallele Telefonverbindung aus. Eine solche Antenne darf aber nur der Fachmann montieren. Ob sie auch zusätzlich für Radio und Fernsehen genutzt werden kann, hängt von den technischen Details des jeweiligen Anbieters ab. Falls nicht, müssen Sie zwei Schüsseln am oder vor dem Haus montieren.

Für reine Satelliten- wie Hybridlösungen gilt: Die Satelliten schweben in 36 000 Kilometer Höhe über der Erde – die Daten sind also rund zwei Sekunden bis zu Ihrem PC unterwegs. Beim üblichen „Surfen", also Aufrufen und Betrachten von Webseiten, stört dies nicht, ebenso wenig, wenn Sie elektronische Post senden oder empfangen wollen. Die Teilnahme an schnellen Onlinecomputerspielen ist via Satelliteninternet aber wenig sinnvoll. Internettelefonie und die Nutzung von Diensten wie Skype sind laut den Anbietern möglich – mit Einschränkungen sollte man aber rechnen.

TV-Breitbandkabel – nehmen oder verzichten?

Die Angebote der Kabelnetzbetreiber für Telefon und Internet sind ein interessanter Zusatznutzen. Ihr Kerngeschäft war aber einst die Bereitstellung Hunderter TV- und Radioprogramme. Die Betreiber kassieren dafür monatliche Gebühren. Zudem schnüren sie mit Programmen abseits des Massengeschmacks gern Sonderpakete, für die weitere Kosten anfallen.

In der Gestaltung ihrer Tarife sind die Anbieter recht frei – welchen Preis sie in Zukunft verlangen, weiß niemand. Seit einiger Zeit streiten die TV-Kabelbetreiber mit ARD und ZDF um Gebühren für die Verbreitung ihrer Programme. Wie dieser Streit endet, ist ungewiss. Bleibt das

Geld dauerhaft aus, werden es sich die Netzbetreiber wohl von den Kunden holen. Damit nicht genug: Ein großer deutscher Anbieter verschlechtert wegen des Streits absichtlich die Bildqualität der öffentlich-rechtlichen Programme und hat diverse regionale ARD-Kanäle ganz aus seinem Angebot gestrichen. Andere Betreiber verbreiten nur wenige der deutlich schärferen HDTV-Kanäle (High Definition Television) von ARD und ZDF in ihrem Netz, auch werden

Allein der Anbieter Astra versorgt Deutschland mit Tausenden Radio- und Fernsehprogrammen.

nicht von allen öffentlich-rechtlichen Sendern alle Tonspuren übertragen. Im typischen Einfamilienhaus ist der TV-Kabelanschluss für das, wofür er einst konzipiert wurde, heute unattraktiv. Da fast alle Kabelbetreiber auch Tarife zur reinen Telefonie- und Internetnutzung offerieren, lohnt es sich dennoch, den Anschluss, wo verfügbar, ins Haus legen zu lassen.

Mit Blick auf Radio und Fernsehen schneidet die Alternative, der Empfang via eigener Satellitenantenne („Schüssel") deutlich besser ab. Das in Deutschland und den angrenzenden Ländern vielfältigste Programm liefert über Satellit die luxemburgische „Astra"-Flotte. Die meisten ihrer Satelliten parken im Orbit auf 19,2° Ost. Tausende Fernseh- und Radioprogramme sind von dort empfangbar. Eine kompakte Antenne mit einem Durchmesser von

60 bis 90 Zentimeter reicht in den meisten Fällen aus. Details zur Verteilung im Haus lesen Sie ab Seite 307 ff.

Der Übergang vom alten Fernsehen in Standardauflösung (SD = Standard Definition bzw. PAL-Auflösung) zu HDTV ist weitgehend vollzogen. Via Astra-Satelliten sind, anders als in den meisten Kabelnetzen, alle HDTV-Angebote der deutschen öffentlich-rechtlichen Sender verfügbar. Zudem rüstet sich Astra bereits fürs UHD genannte HDTV der nächsten Generation – die Kabelbetreiber hielten sich bis Mitte 2017 in dieser Hinsicht bedeckt. Ein kundenunfreundliches Detail teilen sich Kabel und Satellit: Während die HDTV-Angebote von ARD, ZDF, deren digitalen Spartensendern und den Dritten in HD ohne Weiteres zu sehen sind, senden die Privatstationen ihre HD-Programme

mit einer HD+ genannten Verschlüsselung – inklusive jährlicher Gebühren für die Entschlüsselung am Empfangsgerät. Ein ähnliches Geschäftsmodell wollen RTL, Sat 1 & Co. seit Frühjahr 2017 beim terrestrischen „Antennenfernsehen" namens DVB-T 2 HD etablieren. Ob die Zuschauer in großer Zahl bereit sind, für werbefinanzierte Programme Zusatzgebühren zu zahlen, bleibt abzuwarten.

Fazit: Der Empfang via Satellit ist im eigenen Haus die beste Lösung. Die Kosten für Antenne, deren Blitzschutz sowie Verteiltechnik (etwa bis 500 €) sind im Vergleich zu einem Kabelanschluss gering. Falls Ihr Haus aber ungünstig liegt, können Berge, Bäume oder andere Gebäude den Satellitenempfang vereiteln. In diesem Fall bleibt für ein vielfältiges TV- und Radioangebot nur der Kabelanschluss.

ELEKTRIZITÄT – ABER SICHER

Der moderne Mensch ist von Elektrizität und elektrischen Anlagen umgeben. So nützlich Strom ist – so gefährlich kann er sein. Die Sicherheit der elektrischen Anlage (und damit auch Ihre) hat bei Bau oder Renovierung eines Hauses oberste Priorität.

Anschluss an die Fundamenterde

In jedem Haus benötigt man einen Schutzpotentialausgleich. Er sorgt dafür, dass zwischen elektrisch leitfähigen Teilen im Haus – etwa Heizungs- oder Wasserrohren, Gasleitungen sowie dem Schutzleiter (Protective Earth, PE) der Stromanschlüsse im Haus keine gefährli-

chen Spannungsunterschiede auftreten können. Auslöser dafür könnten beispielsweise defekte Geräte sein. Zum Potenzialausgleich werden alle genannten Leitungen mit einer Haupterdungsschiene verbunden.

So sind innerhalb des Hauses Potenzialunterschiede ausgeschlossen. Damit die elektrische Anlage ganz sicher ist, muss zusätzlich die Haupterdungsschiene mit der Erde verbunden sein. Erde meint in diesem Fall wirklich das Erdreich um Ihr Haus. Um die Verbindung herzustellen, gibt es – je nach Bauweise – verschiedene Möglichkeiten. Im einfachsten Fall wird die Bodenplatte Ihres Hauses direkt aufs

Blitze beschädigen jedes Jahr Häuser oder die darin installierte Technik. Bei Neubau oder einer Grundsanierung sollte dem Blitzschutz von Gebäude und Elektroanlagen ausreichend Beachtung geschenkt werden.

Erdreich gegossen. Der Fundamenterder besteht in diesem Fall aus einem verzinkten Bandstahl, der im Beton dem Grundriss folgt. Die Armierung der Bodenplatte muss mit dem Fundamenterder verbunden werden. Ins Haus führende Verbindungsfahnen stellen den Kontakt zum Hauptpotenzialausgleich her.

Besteht die Bodenplatte aus wasserundurchlässigem Beton oder verhindert Dämmung beziehungsweise Isolierung den direkten Kontakt zum Erdreich, bliebe der beschriebene Fundamenterder wirkungslos. In diesen Fällen wird stattdessen im Erdreich ein Ringerder aus Edelstahl der Güte V 4 A ums Haus verlegt. Wichtig: Bei dieser Art Erdung müssen die Verbindungsfahnen ins Haus oberhalb wasserführender Schichten angebracht werden. Nur ausgebildete Fachkräfte dürfen Fundament- und Ringerder bauen; sie müssen zudem den Einbau mit Fotos dokumentieren, die Wirksamkeit des Fundamenterders muss durch Messprotokolle belegt werden. Details dazu regelt die DIN 18014.

Der Fundamenterder sorgt aber nicht nur für Sicherheit im Haus – auch ein eventuell vorgesehener Blitzableiter findet dort Anschluss.

Blitzschutz

Schlägt ein Blitz in Ihr Haus ein, kann es massiv beschädigt werden und sogar abbrennen. Die Blitzableiter, wie sie umgangssprachlich genannt werden, sind für Privathäuser in Deutschland zwar nicht vorgeschrieben. Ein angemessener Blitzschutz senkt aber oft die Prämien für die Gebäudeversicherung. Zudem ist er auch der beste Schutz Ihres Eigentums. Üblicherweise besteht er aus mehreren, an exponierten Gebäudestellen angebrachten Metallstäben („Fangstangen"), die mit dem Fundament- oder Ringerder verbunden sind. Die technischen Einzelheiten regelt die DIN EN 62305.

Überspannungsschutz

Elektrische und in besonderem Maße elektronische Geräte verkraften zu hohe Spannung nur schwer. Überspannungen im Stromnetz können auf zwei Arten entstehen: Ihr häufigster Auslöser ist ein Blitzeinschlag. Aber auch Störungen im Stromnetz können kurzfristige Spannungsspitzen zur Folge haben.

Der im vorangegangen Abschnitt beschriebene Blitzableiter schützt Ihr Haus vor Elementarschäden. Aber er verursacht ein neues Pro-

FI-Schalter lösen aus, wenn ein Gerät im Haus defekt ist.

blem: Schlägt ein Blitz ein, können kurzfristig auf Fundamenterder und Potenzialausgleich Spannungen von mehreren tausend Volt gegenüber dem Stromnetz auftreten. Entscheiden Sie sich für einen Blitzableiter am Gebäude, ist der Überspannungsschutz für Ihr Stromnetz und die daran angeschlossenen Geräte technisch zwingend. Unabhängig von diesen technischen Gegebenheiten gilt seit dem Jahr 2017 die Norm DIN VDE 0100/Teil 443, die für Elektroinstallationen in jedem Fall einen Überspannungsschutz fordert.

Gegen andere auftretende Überspannungen reicht die Schutzwirkung in alle Leitungsrichtungen auf einer Länge von jeweils zehn Metern. Das heißt: Wird der Strom im Haus über eine größere Entfernung verteilt, müssen ein oder mehrere zusätzliche Überspannungsableiter die Elektrik sichern. Dies kann in einem weiteren Verteilerschrank geschehen oder in Form von Steckdosen mit integriertem Überspannungsschutz. Eine solche Steckdose schützt nicht nur das an sie angeschlossene Gerät, sondern alle im selben Stromkreis befindlichen Geräte. Für beide Varianten gilt wieder die Reichweitengrenze von zehn Metern.

Generell sollten alle Leitungen, die von außen ins Haus führen, wie etwa Telefon, Antenne oder das Licht für den Gartenschuppen, mit einem entsprechenden Schutz versehen sein.

Schutz vor Stromschlag

Noch wichtiger als der Schutz der Elektrik und der angeschlossenen Geräte ist der Schutz der Bewohner vor einem elektrischen Schlag. Seit 2007 ist die VDE-Norm 0100/Teil 410 in ihrer aktuellen Fassung in Kraft. Sie legt unter anderem fest, dass in neuen Elektroinstallationen alle für Laien zugänglichen Steckdosen nicht nur durch die altbekannten Sicherungen, sondern zusätzlich mit RCDs (Residual Current protective Device, früher auch FI- oder Fehlerstromschutzschalter genannt) geschützt werden. RCDs erkennen, ob Strom unzulässige Wege nimmt und unterbrechen die Zufuhr, bevor Menschen zu Schaden kommen. In der Theorie reicht ein passend dimensionierter RCD fürs ganze Haus. In der Praxis wäre eine solche Schutzschaltung aber fragwürdig: Löst der

RCD aus, stünden Sie sofort im Dunkeln. Die DIN 18015–2 schreibt deshalb aus gutem Grund vor, dass ein einzelner RCD nicht die Elektrik im ganzen Haus abschalten darf.

Minimum für einen praxistauglichen Schutz sind also zwei RCDs. Besprechen Sie mit Ihrem Elektriker anhand des Gebäudeplans, welche Räume durch gemeinsame RCDs geschützt werden sollen. Ziel muss es sein, bei einer Störung noch auf jedem Stockwerk Licht und Strom zu haben. Beispiele aus der Praxis: Spül-, Waschmaschine und die elektrischen Anschlüsse von Bad und Kinderzimmer sollten nicht mit dem Arbeitszimmer über den selben RCD geschützt sein. Spricht der RCD auf einen Fehlstrom der Waschmaschine an, wäre Ihr Computer ohne Strom – und damit wären unter Umständen die Früchte mehrerer Stunden Arbeit verloren. Je nach Gebäude- und Grundstückszuschnitt empfiehlt es sich, die Elektrik im Außenbereich über einen eigenen RCD zu schützen, um nicht im Haus ohne Strom zu sein, nur weil die elektrische Heckenschere die Schutzschaltung ausgelöst hat.

Sogenannte FI/LS-Schalter vereinen die klassische Sicherungsfunktion mit der eines RCDs und garantieren so maximale Betriebssicherheit: Egal, ob die Sicherung oder der RCD anspricht – es ist immer nur ein Stromkreis betroffen. Im Privathaushalt ist dieser Aufwand, wie geschildert, nicht zwingend – aber unter Umständen praktisch.

Schutz vor durch Strom ausgelösten Bränden

Seit 2016 ist die DIN VDE 0100/Teil 420 in Kraft. Sie regelt einen zusätzlichen Schutz vor Bränden, die durch Elektrogeräte oder -installation ausgelöst werden könnten. Entsprechende Komponenten für den Schaltkasten werden unter dem Namen Brandschutzschalter oder AFDD (für „arc fault detection devices") angeboten. Im Privathaus ist ihr Einsatz zur Zeit nur vorgeschrieben für Bereiche, in denen brennbare Materialien verbaut wurden – beispielsweise Holzhäuser oder ausgebaute Dachböden. Empfehlenswert ist er aber für alle Räume, in denen Bewohner schlafen – vor allem Kinder oder ältere Menschen – sowie Stromkreise, an denen Waschmaschinen, Geschirr-spüler oder Wäschetrockner betrieben werden. Für jeden zu sichernden Wechselstromkreis ist je ein Brandschutzschalter nötig. Für Drehstromverbraucher wie Elektroherde ist eine vergleichbare Technik nicht verfügbar.

Störsicherer Aufbau des Stromnetzes im Haus

Laien sehen auf den ersten Blick keine Berührungspunkte zwischen der 230-Volt-Stromleitung und den Adern für Telefon oder Computernetzwerk. In der Praxis kann es dennoch zwischen beiden Netzen zu Wechselwirkungen kommen. Diese können dazu führen, dass die Telefonanlage und/oder Computer abstürzen oder die Datenverbindung massiv gestört wird.

Um diese Probleme gar nicht erst auftreten zu lassen, achten Sie darauf, bei der Ausschreibung der Elektroinstallation Ihres Hauses festzulegen, dass es im Gebäude nur an einer Stelle eine Verbindung zwischen dem Neutralleiter (N) und dem Schutzleiter (PE) gibt. Diese Verbindung wird am bestem im Hausanschlusskasten hergestellt. Von dort ab benötigen Neu-

tral- und Schutzleiter zwingend getrennte Leitungen. Dies wird von Elektrikern meist als fünfadrige Verkabelung bezeichnet. Sie ist bei Neuinstallationen Stand der Technik; zur Sicherheit sollte dies auch exakt so im Vertrag mit dem Handwerker stehen. Die Normen dazu sind DIN-VDE 0100/Teil 444 und Teil 540.

 INFO

STROMKREISVERTEILER: NUR IM KELLER ODER AUF DEN ETAGEN?

Prinzipiell ist dies eine Frage, die Ihr Planer oder Elektriker zu klären hat. Eventuelle Verteilerschränke auf den einzelnen Etagen brauchen Platz und müssen zugänglich sein. Faustregel: Reicht das Haus über mehrere Stockwerke oder sind am Ende der Leitungen starke Verbraucher geplant (etwa Sauna, Durchlauferhitzer, Solarium, Wäschetrockner oder anderes), ist es sinnvoll, auf jeder Etage Stockwerksverteiler für elektrischen Strom vorzusehen. Fürs typische Einfamilienhaus mit zwei Etagen und Keller reicht in der Regel ein zentraler Verteiler aus, der mit im Zählerschrank untergebracht werden kann.

ZUKUNFTSSICHERE ELEKTROINSTALLATION

Die geschilderten Details der Hauselektrik dienen dem Schutz von Bewohnern und Geräten – im Falle eines Falles sind sie lebenswichtig. Für den Alltag hat aber die vorausschauende Installation von Schaltern, Steckdosen sowie Kontakten für Telefon, Computer und Unterhaltung mehr Bedeutung.

Was die Zukunft wirklich bringt, weiß selbstverständlich niemand. Viele Trends zeichnen sich dennoch ab – entsprechend kann man sie bei der Planung der Elektroinstallation berücksichtigen. Das spart spätere kostspielige Umbauten. Natürlich sollten Sie bei der Projektierung realistisch bleiben – es hat wenig Sinn, allerlei Vorkehrungen beispielsweise für einen Swimmingpool im Keller vorzusehen, wenn es unwahrscheinlich ist, dass er je verwirklicht wird. In den meisten Fällen ist die Mehrausgabe für zukunftssichere Elektrotechnik aber gering und erleichtert die flexible Nutzung Ihres Hauses über viele Jahre. Denn es ist deutlich einfacher, beim Bau eine Leitung mehr in die Wand einzuziehen – auch wenn die zunächst ungenutzt hinter eine Wanddose endet –, als nachträglich dafür Wände aufzuschlagen.

Das Wichtigste: sorgfältige Planung

Überlegen Sie als erstes, wie Sie das Haus und die einzelnen Räume/Bereiche darin nutzen wollen, für welche Geräte Sie wo Anschlüsse benötigen: Spielen Sie in Gedanken typische Wege durch. Wo wollen Sie Licht schalten, wenn Sie beispielsweise in den Keller wollen oder zu Bett gehen? Denken Sie nicht nur an die Nutzung beim Einzug, sondern auch daran, wie sich im Laufe der Jahre die Verwendung eines Raumes ändern kann. Wenn Sie Ihr Haus bauen, weil Sie Platz für sich und Ihre Kinder wollen, sollten Sie überlegen, was Sie mit den Kinderzimmern machen könnten, wenn der Nachwuchs dereinst flügge geworden ist.

Erste Orientierung: HEA/RAL

Bevor Sie im Trüben fischen – viele Installationen ähneln sich, man kann sich also an ihnen orientieren. Die HEA (Hauptberatungsstelle für Elektrizitätsanwendung) Fachgemeinschaft für effiziente Energieanwendung e.V. bietet auf der Internetseite www.elektro-plus.com eine Übersicht von „Ausstattungswerten" – so bezeichnet man unterschiedlich aufwendige Hausinstallationen. Vergleichbar mit der Sterne-Klassifizierung von Hotels werden dort verschieden anspruchsvolle Ausbauvarianten erläutert. Wie für fast alle Dinge in Deutschland gibt es auch dafür DIN-Normen. Der mit „1" bezeichnete Mindeststandard entspricht DIN 18015–2.

Sie können sich auch auf den Internetseiten vieler Hersteller von Schaltern und Steckdosen orientieren. Die offerieren dort Planungshilfen in Form von Checklisten oder Ausstattungslisten für die jeweiligen Räume.

Licht

Nicht nur die Montageorte von Decken- und Wandleuchten wollen bei der Planung der Elektrik berücksichtigt werden – das Licht soll ja auch geschaltet werden. Ein Schalter fürs Deckenlicht an jeder Tür, an der ein Raum betreten werden kann, gehört zu den Selbstverständlichkeiten. Im Schlaf- oder Kinderzimmer will man das Deckenlicht aber meist auch vom Bett aus ein- und ausschalten können, muss sich also bei der Planung der Installation auch grob darüber im Klaren sein, wo im Raum das Bett stehen soll. Auch Nachttisch- oder im Wohnraum Steh- oder weitere Wandleuchten wollen Sie unter Umständen von mehreren Stellen aus steuern. Dafür benötigen sie in der Regel geschaltete Steckdosen. Falls Sie momentan dafür keinen Bedarf sehen, aber auf der sicheren Seite sein wollen, lassen Sie zwischen Steckdose und Schalter eine fünf- oder mehradrige Leitung verlegen.

Überlegen Sie auch, ob und wo statt eines Schalters Bewegungs- oder Anwesenheitsmelder („Präsenzmelder") komfortabler sind. Falls Sie sich für diese entscheiden, besprechen Sie mit dem Elektriker, wo man diese Sensoren am besten montiert. Nicht immer sind sie am üblichen Einbauort des Lichtschalters gut aufgehoben – je nach Raum kann es effektiver sein, sie an der Decke zu montieren.

Wollen Sie die Lichthelligkeit regeln und dazu nicht auf Bustechnik zurückgreifen (Details ab Seite 314), benötigen Sie Dimmer an den entsprechenden Schaltstellen. Falls Sie in manchen Räumen Dimmer nicht beim Einzug wünschen, aber nachrüsten möchten, weisen Sie Ihren Elektriker darauf hin. Denn Dimmer ragen rund zwei Zentimeter tiefer in die Wand als Schalter.

Lange Zeit unterschieden sich klassische Drehregler und moderne Tastdimmer deutlich in der Funktionalität. Drehregler erlaubten feinfühligeres Steuern der Helligkeit, von Tastreglern gab es schon früh programmierbare Ausführungen. Aktuell offerieren Tast- wie Drehdimmer – abhängig vom Modell – vergleichbare Funktionalität; es ist im Wesentlichen Geschmackssache, für welchen Typ man sich entscheidet.

Steck-, Telefon- und Antennendosen

Standard ist in jedem Raum eine Steckdose für Staubsauger unterhalb des Lichtschalters neben der Tür. Auch neben jede Telefondose gehören eine, besser zwei Stromsteckdosen für schnurloses Telefon und Anrufbeantworter – die Zeiten, in denen ein Telefonanschluss zum Betrieb eines Fernsprechers reichte, sind lange vorbei.

Ähnliches gilt für Antennendosen: Zum Betrieb von Radio und/oder Fernsehen sollten Sie jeweils drei Netzsteckdosen einplanen. Im Wohnzimmer oder anderen Räumen, in denen Sie eine Stereo-/Heimkino-Anlage nutzen möchten, sind auch sechs Steckdosen für Unterhaltungselektronik keinesfalls zu viel. An diesen Stellen ist es sinnvoll, schaltbare Steckdosen vorzusehen für alle Geräte, die über Nacht oder bei Abwesenheit vom Stromnetz getrennt werden können – so brauchen sie nicht unnötig Strom, während sie in Bereitschaft („Standby") sind. Geräte wie Video-/Festplattenrecorder, aber auch moderne Fernseher, die über Nacht ihre elektronische Programmzeitschrift (EPG, Electronic Programme Guide) aktualisieren, verbinden Sie mit Steckdosen, die ständig Strom führen. Auch manch exotische, stromhungrige HiFi-Komponente ist wegen ihres hohen Einschaltstroms an ungeschalteten Steckdosen besser aufgehoben.

Um Steckdosen zu schalten, kombiniert Ihr Elektriker handelsübliche Schalter mit ebenso gewöhnlichen Steckdosen. Die Schalter sind für Ströme bis zu zehn Ampere zugelassen und müssen mit einer 10-Ampere-Sicherung geschützt werden.

Auch in Räumen, die als Arbeitszimmer gedacht sind, ist eine Aufteilung der Steckdosen in solche, die permanent mit Strom versorgt werden, und solche, die abgeschaltet werden können, sinnvoll. Viele moderne Computerperipherie wie Drucker, externe Festplatten und Scanner kommen mit Steckernetzteilen. Diese verbrauchen auch dann Strom, wenn das angeschlossene Gerät nicht in Betrieb ist. Mit geschalteten Steckdosen legen Sie diese heimlichen Verbraucher „trocken". Andere Komponenten wie Netzwerkrouter, Fax oder Anrufbeantworter hingegen sollten ständig mit dem Stromnetz verbunden sein. Für Computer, Bildschirm und Drucker sind drei Steckdosen Mindeststandard, weitere Steckdosen für die genannten Geräte sollten Sie ebenfalls einplanen, um nicht mit Steckdosenleisten hantieren zu müssen.

Viele modernen Mobilgeräte werden über den USB-Kontakt aufgeladen. Von diversen Haustechnikherstellern gibt es Wand-USB-Ladekontakte – auch in Kombination mit einer Steckdose. Diese empfehlen sich überall dort, wo Tabletcomputer, Mobiltelefone oder MP3-Spieler genutzt und geladen werden sollen.

In Keller oder Garage ist es sinnvoll, eine getrennt abgesicherte Drehstromsteckdose vorzusehen. Hier finden nicht nur Bastler die passende Stromversorgung beispielsweise für eine Kreissäge oder ein Schweißgerät. Auch, um in Zukunft Elektroautos zu laden, könnte dieser Anschluss wichtig werden. Manche Hersteller behaupten in ihrer Werbung, eine Standard-Netzsteckdose tauge als Ladeanschluss. Das ist nur die halbe Wahrheit: Über diese Verbindung dauert es Stunden, den leeren Auto-Akku wieder aufzuladen. Zudem kann der Ladevorgang Steckdose und Stromleitung überlasten. Schnell und zuverlässig geht es nur, wenn Sie eine Stromleitung in die Garage vorsehen, die für eine Leistung von mindestens elf Kilowatt geeignet ist. Des Weiteren ist es sinnvoll, eine PC-Netzwerkverbindung ins Haus vorzusehen sowie eine fünfadrige Installationsleitung (Leiterquerschnitt: 1,5 Quadratmillimeter). Diese tauschen Informationen beispielsweise zwischen sogenannten Gateways des Stromanbieters oder dem Photovoltaik-Wechselrichter und dem Garagen-Wandanschluss („Wallbox") aus.

Diese Ausstattung ist ausreichend für die zügige Ladung eines Pkw. Sollten mehrere Familienmitglieder Elektroautos nutzen und gleichzeitig laden wollen, kann die für Einfamilienhäuser typische Elektroinstallation an ihre Grenzen stoßen. Wenn diese Konstellation absehbar ist, sollten Sie mit Ihrem Elektriker im Vorfeld sprechen: Es ist dann seine Aufgabe, Zähler, Schaltschränke und Leitungen ausreichend zu dimensionieren.

STECKDOSE – NICHT SO TRIVIAL, WIE SIE SCHEINT

Auf den ersten Blick scheinen Netzsteckdosen ein Thema ohne Variationen zu sein. Tatsächlich können sich die Strom-Zapfstellen im Detail deutlich voneinander unterscheiden. Noch einigermaßen bekannt dürften Steckdosen mit integrierter Kindersicherung („erhöhter Berührungsschutz") sein. Sie verhindern, dass Gegenstände in die Dose gesteckt werden können und mit der Netzspannung in Kontakt kommen. Falls Sie Kleinkinder im Haus haben, sollten Sie nicht nur fürs Kinderzimmer entsprechende Steckdosen einplanen, sondern für alle Plätze, die Kinderhände erreichen könnten. Die scheinbar günstigeren Alternativen sind unsicher oder unpraktisch. Kindersicherungen, die nachträglich in die Steckdosen geklebt werden sollen, benötigen Platz. Dadurch können Stecker nicht mehr so weit wie vom Hersteller vorgesehen in die Dose geschoben werden. Mögliche Folgen: schlechterer Kontakte; im Extremfall sogar Feuer. Andere Nachrüst-Kindersicherungen verschließen die Steckdose mit einem Kunststoffeinsatz. Dies ist technisch einwandfrei, aber unpraktisch, denn die Einsätze müssen jedes Mal mehr oder weniger umständlich aus der Dose entfernt und an anderer Stelle aufbewahrt werden, wenn daran ein Gerät betrieben werden soll. Nach dessen Gebrauch muss man daran denken, die Kunststoffbarrieren wieder in die Steckdose einzusetzen.

Überall dort, wo es etwas ruppiger zugehen kann, vermeiden Objektsteckdosen größeres Ungemach. Sie bieten sich für Stellen an, an denen Geräte mit langer (und damit stolperträchtiger) Zuleitung betrieben werden, also etwa Staubsauger. Stolpert jemand über die Leitung, gibt die Objektsteckdose den Netzstecker frei und vermeidet so Unfälle und/oder Schäden am Gerät.

Mit ihr verwandt ist die Senioren- oder Servicesteckdose: Sie wirft auf Knopfdruck den eingesetzten Netzstecker aus, was die Bedienung erleichtert und Schäden an Gerätestecker und -kabel verhindert. Steckdosen mit Zeitschalter dienen ebenfalls der Sicherheit: Sie drehen angeschlossenen Geräten nach einer vorwählbaren Zeit den Saft ab. Solche Steckdosen sind ideal beispielsweise an der Stelle, an der eine Kaffeemaschine betrieben werden soll. Immer wieder setzen vergessene oder defekte Kaffeemaschinen Küchen in Brand.

Für Keller und andere Örtlichkeiten, an denen mit Spritzwasser gerechnet werden muss, sind Steckdosen mit Abdeckklappe Standard. Aber auch für die Küche sind optisch zu den anderen Steckdosen passende Modelle mit Klappe lieferbar. Sinnvoll sind sie beispielsweise in der Nähe des Herdes. Besonders für Flure und andere Gänge empfehlen sich die seit einiger Zeit verfügbaren Steckdosen mit integrierten Leuchtdioden. Sie fungieren als Stromquelle und gleichzeitig als dezentes Nachtlicht für den Gang zur Toilette.

Weitere Schalter und Stromanschlüsse

Sei es aus Bequemlichkeit, sei es, um potentielle Diebe abzuschrecken oder aus technischer Notwendigkeit: Rollläden, Markisen oder Fenster werden heutzutage oft elektrisch bedient. Wenn Sie von vornherein diese Option im Haus nutzen wollen, besprechen Sie mit dem Elektriker, wo die Schalter, Sonnen- und Regensensoren oder Schaltuhren angebracht werden sollen. Wollen Sie Ihr Haus nur dafür vorbereiten, sollte eine Stromleitung zu einer Unterputzdose an jedem Fenster führen, und von dort eine mindestens vieradrige Leitung oder ein Leerrohr weiter zum Rollladenkasten oder zur Außenfassade.

Die Küche – ohne Strom geht nichts

Beauftragen Sie ein Küchenstudio mit der Planung Ihres Kochbereichs, kümmert dieses sich üblicherweise darum, Ihrem Elektriker die entsprechenden Unterlagen für die nötigen Stromanschlüsse bereitzustellen. In diesem Fall müssen Sie das Studio nur nach den Plänen fragen. Gestalten Sie Ihre Kücheneinrichtung alleine, sollten Sie für die Elektrik einige Besonderheiten berücksichtigen.

Der Elektroherd will mit Drehstrom versorgt werden. Entscheiden Sie sich für einen klassischen Einbauherd (also Backofen und Kochfeld übereinander und elektrisch als Einheit), reicht ein Drehstromanschluss. Heutzutage können diese Bestandteile des Herds aber auch unabhängig platziert und betrieben werden. Falls Sie sich für diese Lösung entscheiden, braucht es an den vorgesehenen Stellen je einen Drehstromanschluss.

Sehen Sie für große Verbraucher wie Dampfgarer, Mikrowelle, Grill und Spülmaschine eigene Steckdosen mit eigener Sicherung vor. Denken Sie an ausreichend Steckdosen für Küchengeräte wie Toaster, Mixer, Kaffeemaschine und so weiter. Die Steckdose für den Kühlschrank sollte an derselben Sicherung hängen wie das Küchenlicht – so fällt schneller auf, wenn diese Sicherung beziehungsweise der FI-Schutzschalter angesprochen hat. Auch für die Dunstabzugshaube (Fachbegriff: Wrasenabzug) sollte an einen Stromanschluss gedacht werden, sofern Sie eine betreiben möchten. Zieht die Dunstabzugshaube Luft aus der Küche und betreiben Sie im Haus beispielsweise einen Kaminofen ohne Außenluftzuführung, muss sie mit einem Magnetschalter kombiniert werden, der feststellt, ob das Küchenfenster geöffnet ist. Ist es geschlossen, lässt sich die Esse nicht einschalten. So verhindert man eine Rauchvergiftung, denn die Esse könnte den Unterdruck des Kamins überwinden und die Abgase des Rauchabzugs ins Haus ziehen (siehe „Zusatzheizung", Seite 60).

Anschlüsse fürs Computernetzwerk und Telefon

Grundsätzlich ist der richtige Platz für Telefonanlage und PC-Netzwerkverteiler („Switch") der Zählerschrank im Technikraum. Von dort führen Telefon- und Netzwerkleitungen sternförmig in alle Räume. Pro Raum sollten Sie in einem Neubau mindestens zwei Netzwerkleitungen (und entsprechend viele -dosen) planen. Nicht nur Computer, sondern immer mehr Unterhaltungselektronikgeräte wie Fernseher und Radios nehmen mit dem Internet oder hausinternen Servern Kontakt auf (siehe „Unterhaltung aus dem Internet", Seite 309).

In einem Neubau sollte drahtlose Netzwerktechnik („WLAN") drahtgebundenes Netzwerk nur ergänzen. Denn drahtgebundene Netzwerke sind immer noch deutlich schneller, betriebssicherer und unproblematischer als ihre WLAN-Gegenstücke. Während über Netzwerkkabel jedem angeschlossenen Gerät die nominale Übertragungsrate – zum Redaktionsschluss

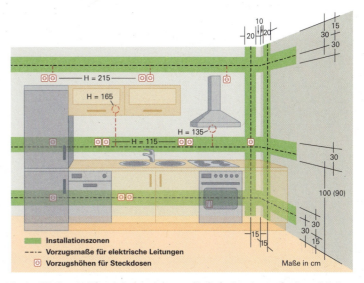

In der Küche sind Steckdosen nicht nur für fest eingebaute Geräte wichtig. Auch für Kleingeräte wie Mixer, Kaffeemaschine oder Toaster sollen ausreichend Anschlüsse bereitstehen, die in den genormten Installationszonen platziert sind.

gängig: ein Gigabit pro Sekunde (Gbps), also eine Milliarde Ja-/Nein-Informationen – garantiert zur Verfügung steht, teilen sich in einem WLAN alle vorhandenen Geräte die verfügbare Bandbreite. Neueste Router kennen diese Beschränkung zwar nicht mehr und offerieren nominell sogar eine größere Bandbreite als per Kabel. Unter realen Bedingungen liegt der effektive Datendurchsatz dann aber doch oft unter dem per Kabel möglichen; gerade im typischen Einfamilienhaus mit zwei oder mehr Stockwerken kann auch die WLAN-Reichweite kritisch sein. Ob Sie auch in Räume wie Küche oder Bad Netzwerkanschlüsse führen wollen, ist eine Frage Ihrer persönlichen Vorlieben. Um beim Zähneputzen Internetradio zu hören, reicht WLAN. Für fest installierte Geräte wie Kühlschränke oder Waschmaschinen, die vermehrt mit Netzwerkfunktionen auf dem Markt erscheinen, ist eine Verkabelung die betriebssicherere Alternative.

Auch für Telefone sollte zu jedem Raum mindestens eine Telefonleitung mit vier Doppeladern führen. Die Basisstationen von schnurlosen Telefonen oder konventionelle, drahtgebundene Modelle werden dann an die Telefondosen in den einzelnen Räumen ange-

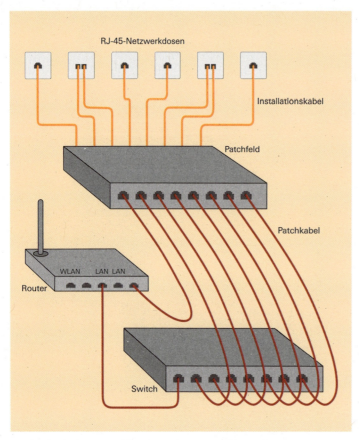

RJ-45-Netzwerkdosen

Installationskabel

Patchfeld

Patchkabel

WLAN LAN LAN

Router

Switch

Der Router (links) sorgt dafür, dass alle netzwerkfähigen Geräte im Haus ins Internet kommen und untereinander Daten tauschen können. Der Switch stellt zusätzliche Anschlüsse bereit – am Router finden sich üblicherweise nur vier Kontakte. Beide werden im Schaltschrank platziert. Dort beginnen am Patchfeld (oben) auch die Leitungen zu den Netzwerkdosen im Haus. Patchfeld und Switch verbinden handelsübliche Netzwerkkabel.

1 Sie können Telefon-, Datenleitungen und Multifunktionsgerät nicht im Keller, sondern beispielsweise im Arbeitszimmer bündeln. Das geht grundsätzlich problemlos – nur müssen dann alle Netzwerk- und Telefonleitungen des Hauses sternförmig zum Arbeitszimmer und eben nicht in den Keller geführt werden.

2 Zweite Möglichkeit: Sie führen vom DSL-Splitter im Keller eine Netzwerkleitung zur Fritz-Box im Arbeitszimmer; von dort führt eine Netzwerkleitung zurück zu Switch und Patchfeld im Keller, die dann die anderen Räume des Hauses mit Netzwerk versorgen. Falls Sie kabelgebundene Telefone über eine Telefonanlage im Keller bedienen wollen, müsste von der Fritzbox auch noch eine ISDN-Leitung in den Keller führen.

3 Dritte Variante: Sie nutzen im Haus an strategisch günstigen Stellen für WLAN und/oder Schnurlostelefon („DECT") geeignete Signalverstärker („Repeater") oder versorgen zusätzliche WLAN-Access-Points in jeder Etage per Kabel.

Telefondosen – heute noch notwendig?

In vielen Haushalten ist das Standardtelefon am Festnetzanschluss ein schnurloses Modell nach dem DECT-Standard. Multifunktionsgeräte wie die erwähnte Fritz-Box können direkt mit DECT-Handapparaten kommunizieren. Der Telefonanschluss für die üblicherweise mitgelieferten Basisstationen wäre also überflüssig; die Basis braucht in dieser Konstellation nur eine Stromnetz-Steckdose, um bei Bedarf die Akkus des Handapparats zu laden. Der Gedanke, auf Telefondosen in den Wohnräumen zu verzichten, ist da durchaus naheliegend.

Dennoch sollte man ihn nicht weiter verfolgen. Je nach Baumaterial und Gebäudegrundriss könnte einmal mehr die Funkreichweite ein Problem werden, welches durch Verstärker („Repeater") behoben werden müsste. Kleinkinder und ältere Menschen können zudem konventionelle Telefone sicherer bedienen als Schnurlosmodelle. Aufwand und Kosten sind minimal – sofern Sie nicht komplett auf Festnetztelefonie verzichten möchten, sollten Sie sich für Telefondosen entscheiden.

schlossen. Telefon- und Netzwerkkabel sollte der Elektriker in Leerrohren verlegen – mehr zu diesem Thema auf Seite 304.

Viele Internet- und Telefonanbieter versorgen ihre Kunden mit Multifunktionsgeräten, die Netzwerkrouter, WLAN-Sender und Basisstation für Schnurlostelefon in Einem sind. Populäre Vertreter dieser Produktgattung sind die beliebten Fritz-Boxen. In einer Etagenwohnung sind sie ideal, im Einfamilienhaus aber problematisch, wenn sie, wie es eigentlich sinnvoll wäre, im Zählerschrank im Keller montiert werden – dort verpufft ein Großteil ihrer Funkleistung für PC-Netzwerk und Telefon. Drei Lösungen für diese Konstellation gibt es.

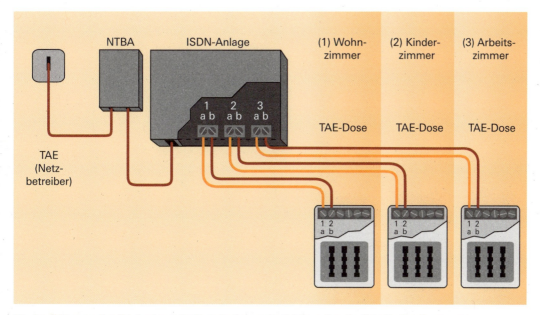

Die Anschlüsse zu den Telefondosen im Haus laufen an der Telefonanlage im Schaltschrank zusammen.

Leerrohre

In den Wänden verlegte Leerrohre sind überaus praktisch, wenn es gilt, im Nachhinein zusätzliche Leitungen zu verlegen oder defekte beziehungsweise nicht mehr dem Stand der Technik entsprechende Kabel auszuwechseln. Warum werden dann nicht standardmäßig in Neubauten ausschließlich Leerrohre verbaut? Ganz einfach: Es ist meist mit mehr Aufwand und damit auch höheren Kosten verbunden, statt Elektroleitungen Leerrohre in den Wänden zu verlegen. Eine intelligente Bauplanung sieht daher für alle Räume und deren voraussichtliche Nutzung die nötigen Stromleitungen, -schalter und -anschlüsse vor und plant nur dort Leerrohre ein, wo zu erwarten steht, dass sich Raumnutzung oder die Technik im Laufe der Jahre ändern kann.

Nicht nur die Frage „Leerrohre oder nicht?" ist eine Kostenfrage. Auch der Durchmesser der Rohre entscheidet über den Preis. In dünne Leerrohre passt meist nur eine Telefonleitung oder ein TV-Kabel. Leerrohre mit größerem Durchmesser, die sich auch für die Aufnahme von Hauptstromleitungen eignen, sind teurer, garantieren aber maximale Flexibilität beim Aus- oder Umbau.

In der Praxis hat sich folgende Vorgehensweise bewährt: Stromleitungen werden, wo sinnvoll, fest in der Wand verlegt. Telefon-, Daten- und Fernsehleitungen finden in Leerrohren Platz. Nur darin lassen sie sich richtig verlegen und sind optimal vor nie auszuschließenden Beschädigungen geschützt. Zudem ist es wahrscheinlicher, dass diese Leitungsarten in naher Zukunft nicht mehr dem Stand der Technik entsprechen und ausgetauscht werden müssen. So ist beispielsweise denkbar, dass für Computerdaten Lichtleiter und nicht mehr Kupferkabel zum Einsatz kommen. Es kann also gut sein, dass Sie diese schon in wenigen Jahren für maximale Leistung durch einen anderen Typ ersetzen wollen.

Die Verlegung von Leerrohren hat nur Sinn, wenn die darin verlegten Kabel beweglich bleiben. Die DIN 18015 sieht deswegen vor, dass nach zwei Bögen in der Rohrführung ein Zugang existiert, über den sich Leitungen beim Einziehen beziehungsweise Austauschen erreichen lassen. Diese kann in Form eines Unterputzkastens realisiert sein; es kann aber beispielsweise auch dadurch erreicht werden, dass die Leerrohre hinter einer Wandverkleidung zugänglich bleiben.

RADIO, FERNSEHEN, UNTERHALTUNG

Radio- und Fernsehprogramme können Ihr Haus auf verschiedenen Wegen erreichen – die wichtigsten Verbreitungswege sind: terrestrischer Funk (über erdgebundene Sendemasten), Breitbandkabel oder Satellit. Für alle Sendemöglichkeiten benötigen Sie die passende Empfangstechnik im Haus, also geeignete Antennen, Antennenleitungen und natürlich die Empfänger, also Radio oder Fernseher.

In Deutschland werden terrestrisch Fernsehprogramme digital ausgestrahlt – meist DVB-T2 HD, an manchen Orten noch bis 2019 im alten DVB-T-Verfahren. DVB steht für Digital Video Broadcast – das T für terrestrisch. Radio gibt es analog als UKW-Hörfunk sowie das Digitalradio-Angebot DAB+ (Digital Audio Broadcast). Je nach Standort kann schon eine im Radio- oder Fernsehempfänger eingebaute Stab- oder Wurfantenne ausreichend sein. Saubere Klangqualität und maximale Versorgung gibt es aber meist nur, wenn auf dem Dach installierte Antennen die Signale einfangen. Über eigene Kabel werden sie dann an die installierten Antennendosen in die Räume im Haus verteilt.

Ob Sie auf terrestrische Versorgung setzen, hängt von Ihren Ansprüchen ans Programmangebot und dessen Bild- und Tonqualität ab. Die Zahl der gesendeten TV-Programme ist bei DVB-T 2 HD am niedrigsten – das Angebot variiert je nach Bundesland und Standort. Die Bildqualität ist bei DVB-T 2 HD den anderen Verteilwegen ebenbürtig oder sogar überlegen. Aktuelle Fernseher haben die DVB-T-2-HD-Technik bereits eingebaut, allerdings erst ab etwa dem Modelljahr 2015. Ältere Modelle lassen sich aber mit einem Zusatzempfänger („Set-Top-Box") nachrüsten. Die werbefinanzierten Privat-TV-Sender (RTL, Sat 1, Pro 7 und andere) sind in DVB-T 2 HD verschlüsselt und nur gegen Gebühr zu sehen.

Wenn Sie, wie bereits erwähnt, für den TV-Empfang auf eine Satellitenschüssel setzen, ist

Die verschiedenen Verbreitungswege von Radio- und Fernsehprogrammen unterscheiden sich im Angebot, aber auch dem Aufwand bei der Hausinstallation und den benötigten Endgeräten.

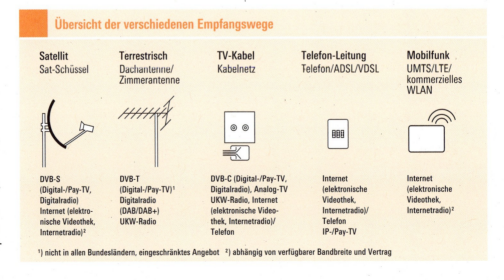

Übersicht der verschiedenen Empfangswege

Satellit Sat-Schüssel	**Terrestrisch** Dachantenne/ Zimmerantenne	**TV-Kabel** Kabelnetz	**Telefon-Leitung** Telefon/ADSL/VDSL	**Mobilfunk** UMTS/LTE/ kommerzielles WLAN
DVB-S (Digital-/Pay-TV, Digitalradio) Internet (elektronische Videothek, Internetradio)[2]	DVB-T (Digital-/Pay-TV)[1] Digitalradio (DAB/DAB+) UKW-Radio	DVB-C (Digital-/Pay-TV, Digitalradio), Analog-TV UKW-Radio, Internet (elektronische Videothek, Internetradio)/ Telefon	Internet (elektronische Videothek, Internetradio)/ Telefon IP-/Pay-TV	Internet (elektronische Videothek, Internetradio)[2]

[1] nicht in allen Bundesländern, eingeschränktes Angebot   [2] abhängig von verfügbarer Bandbreite und Vertrag

eine DVB-T-Antenne im Prinzip entbehrlich. Praktiker empfehlen sie dennoch als Schlechtwetterreserve: Bei starkem Regen oder Schnee kann der Sat-Empfang bis zum völligen Ausfall gestört werden – dann ist DVB-T 2 HD besser als ein dunkler Bildschirm. Handelsübliche Multischalter (siehe Bild, Seite 308) bieten deshalb einen Antenneneingang für DVB-T 2 HD.

Das UKW-Hörfunkangebot ist standortabhängig mittelmäßig bis gut – Kabel und Satellit bieten aber auch bei der akustischen Unterhaltung deutlich mehr Auswahl. Das Digitalradio DAB+ ist für Mobilgeräte und Autoradios optimiert. Selbstverständlich können Sie es mit geeigneten Radios auch im Haus nutzen – im Idealfall ist das Programmangebot etwas abwechslungsreicher als via UKW. Zudem bietet DAB+ Mehrwert in Form von Zusatzinformationen – zum Beispiel Wetter- und Verkehrsnachrichten oder etwa Details zu Interpret und Musiktitel.

Die richtige Dachantenne

In Deutschland wird DVB-T 2 HD im UHF-Frequenzband gesendet. Eine für dieses Band optimierte Antenne reicht für den Empfang. In vielen Bundesländern werden die DVB-T-2-HD-Signale vertikal polarisiert, um den Mobilempfang zu verbessern. Ihre Dachantenne muss dann ebenfalls vertikal ausgerichtet sein.

Für UKW-Radioempfang reicht im einfachsten Fall ein Kreuz-Dipol – eine Antenne mit vier kreuzförmig angeordneten Metallstäben. Sie empfängt UKW-Signale aus allen Richtungen. Das reicht, wenn die an Ihrem Standort verfügbaren Stationen alle ungefähr gleich stark senden. Ist der Empfang eines Senders (oder einer Senderkette) aber gestört, müssen Sie mehrere Richtantennen installieren, die jeweils auf die Senderstandorte zeigen. Ähnlich ist die Situation bei DAB+. Da sich die Radio- und TV-Antennen üblicherweise am höchsten Punkt des Daches befinden, muss der Installateur für geeigneten Blitzschutz sorgen – in der Regel reicht es, den Antennenmast zu erden.

Die Signale der TV- und Radioantennen fasst ein unter dem Dach montiertes, Einschleusweiche genanntes Bauteil zusammen. Je nach verfügbarer Signalstärke und der Länge des Wegs zum Schaltschrank im Keller wird es mit einem Verstärker kombiniert Vom Keller führen Koaxialkabel (Kupferkabel mit Innen- und abschirmendem Außenleiter) in die einzelnen Räume und Stockwerke zu Antennendosen. Diese trennen TV- und Radiosignale und stellen sie an zwei Buchsen bereit.

Falls Sie sich für einen Breitbandanschluss („Kabelfernsehen") entscheiden: Dessen Signale werden im Haus ab dem Keller auf demselben Wege transportiert. Zum Redaktionsschluss ist das Angebot im Breitbandkabel zweigleisig: Eine kleinere Auswahl an Radio- und TV-Programmen wird mit analoger Technik übertragen. Das heißt: Jedes Radio mit Antennenbuchse und jedes Uralt-TV-Gerät empfängt und spielt diese Programme. Immer stärker wird aber der Anteil der Stationen, die nur noch digital zu empfangen sind. Um sie sehen oder hören zu können, ist eine externe Empfangsbox nötig. Fachbegriff für die kabeltauglichen Digitalgerätschaften: DVB-C. DVB steht für Digital Video Broadcast, C für Cable. In vielen modernen Flachfernsehern ist die Technik integriert – dann reicht auch hier die Antennenleitung zur Kabeldose. Alle deutschen Kabelanbieter wollen aber spätestens im Jahr 2018 die letzten Analog-TV-Programme abschalten – dann benötigen Sie für TV zwingend einen Fernseher mit DVB-C-Empfänger oder die beschriebene externe Box.

Der Vorteil des Breitbandkabelanschlusses ist: Er benötigt keinerlei Antennen auf dem Dach. Dem stehen allerdings monatliche Gebühren gegenüber, die typischerweise bereits nach zwei Jahren die Kosten für eine Satellitenantenne übersteigen.

Satelliten-TV und -radio

Die meisten TV- und Radioprogramme zu den niedrigsten Kosten bringt Ihnen eine Satellitenantenne („Schüssel") ins Haus. Um sie zu sehen oder zu hören, ist für Altgeräte ein externer Empfänger erforderlich – oft wird die Gerätegattung als „Sat-Receiver" bezeichnet. Viele, aber nicht alle modernen Flachfernseher haben das entsprechende Empfangsteil bereits an Bord – die Bezeichnung dafür ist DVB-S (wie Satellit).

Sat-Signale für zwei Geräte liefern Antennendosen mit doppeltem Satellitenkontakt.

Die Satelliten kreisen auf festen Umlaufbahnen beziehungsweise -positionen und verteilen die Programme in die Zielregion. Für deutsche Zuschauer ist in erster Linie die auf der Orbitalposition 19,2° Ost platzierte Astra-Flotte relevant. Für den Empfang ihrer Signale reicht eine Schüssel mit 60 bis 90 Zentimetern Durchmesser. Falls Ihnen das Astra-Angebot nicht genügt: „Schielende" Schüsseln (diese müssen dann 90 bis 120 Zentimeter Durchmesser haben) können auch die Eutelsat-Flotte auf 13° Ost anpeilen – hier gibt es viele fremdsprachige Programme. Beide Flotten stehen über dem Äquator – von Europa aus gesehen muss die Schüssel also freie Sicht Richtung Süden haben. In wenigen, ungünstigen Fällen können hohe Bäume, Gebäude oder Berge den Sat-Empfang vereiteln.

Wieso gibt es unterschiedliche Größenangaben für den Schüsseldurchmesser? Der kleinere Wert gibt jeweils die Mindestgröße an. Bei sehr schlechtem Wetter kann es jedoch vorkommen, dass der Empfang gestört ist. Deshalb wählt man besser eine größere Schüssel. Damit haben Sie bei schlechtem Wetter Reserven. Stichwort schlechtes Wetter: Wird die Schüssel auf dem Dach montiert, ist ein Blitzschutz vorgeschrieben – die Erdung der Antennenhalterung reicht üblicherweise. Falls die Satellitenantenne mindestens zwei Meter vom Dach entfernt ist und nicht weiter als eineinhalb Meter vom Gebäude entfernt, geht's auch ohne Blitzschutz.

Den niedrigeren Kosten des Sat-Empfangs im Vergleich zu Kabel-TV steht ein etwas höherer Aufwand für die Verteilung der Signale in alle Räume gegenüber. Zwar kann man es sich einfach machen und den Sat-Receiver oder einen geeigneten Fernseher direkt mit dem Empfangskopf (LNB) der Schüssel verbinden, dies ist aber weder technisch sauber noch ausbaufähig. Auch sogenannte Einkabel-Systeme sind wegen ihrer technischen Beschränkungen eher als Nachrüstlösung interessant.

Wenn für Sie das Angebot der Astra-Flotte ausreichend ist, besteht Ihre Sat-Empfangs- und Verteilanlage aus folgenden Komponenten: der Schüssel, einem Vierfach-Empfangskopf (Quattro-LNB, Low Noise Block Converter,

nicht zu verwechseln mit einem Quad-LNB beziehungsweise einem Quattro-Switch-LNB) und vier Koaxleitungen von den LNB-Ausgängen zu einem im Zählerschrank montierten Multischalter (auch „Multiswitch"). Von dort führen sternförmig die Koaxkabel zu den Sat-Antennendosen in die gewünschten Räume.

Der Typ des Multischalters richtet sich nach der Zahl der zu versorgenden Antennendosen. Eine Sat-Antennendose hat neben den üblichen Buchsen für terrestrische Radio- und Fernsehsignale zusätzlich einen oder zwei Sat-Ausgänge. Hat sie zwei Sat-Ausgänge, müssen Sie vom Multischalter aus auch zwei Kabel zur Dose führen. Dieser sogenannte Twin-Empfang ist dann sinnvoll, wenn Sie parallel zum Fernseher einen Festplatten-Recorder betreiben wollen. Nur wenn zwei Leitungen in den Raum führen, können Sie ein Programm aufnehmen und gleichzeitig ein anderes anschauen.

Ein typischer Multischalter für den Astra-Empfang hat fünf Eingänge (vier für die Schüssel-LNBs und einen, um optional Signale terrestrischer Radio- und TV-Antennen einspeisen zu können) sowie acht Ausgänge für Antennendosen und wird deshalb als 5/8-Schalter bezeichnet.

Konventionelle UKW- oder DAB-Radios können mit den Signalen von der Sat-Schüssel nichts anfangen. Nur digitale Sat-Receiver eignen sich dafür. Zur Wiedergabe müssen sie mit der HiFi-Anlage, Aktivboxen oder anderen Audio-Komponenten verbunden werden.

Beispiel für einen Satelliten-Multischalter mit Eingängen für die Schüssel sowie Terrestrik und Ausgängen für acht Antennendosen im Haus.

Wollen Sie zum Astra- auch das Eutelsat-Angebot im Haus verteilen, benötigen Sie folgende Technik: die passende „schielende" Schüssel, zwei Quattro-LNB, einen Multiswitch mit neun Eingängen (acht für die LNBs plus den optionalen für terrestrische Signale) und der gewünschten Anzahl Ausgänge. Eine Alternative zur Sat-Sternverkabelung stellt seit einiger Zeit die Einkabeltechnik („Unicable", als EN 50494 normiert) dar. Das Haus kann hierbei mit je einer Leitung pro Dose und baumförmiger Verteilung auf den Etagen so verkabelt werden, wie man es auch für einen Breitband-Kabelanschluss vorsehen würde.

Dies setzt ein Unicable-LNB in der Schüssel voraus. Direkt können bis zu vier TVs versorgt werden; mit Hilfe eines Unicable-Multischalters bis zu acht. Neben LNB und dem eventuellen Multischalter müssen auch die Empfangsgeräte unicable-tauglich sein. Aktuelle Modelle unterstützen diese Verkabelungsvariante meist, ältere Sat-Empfänger nicht.

Unicable spart Geld und erleichtert die Verdrahtung der Antennendosen. Maximale Flexibilität und Ausbaumöglichkeiten bietet aber die klassische sternförmige Sat-Verteilung – in einem Neubau sollte man also vorzugsweise darauf setzen.

Mit Sat-IP steht eine Technik zur Verfügung, welche Sat-Signale ins hauseigene PC-Netzwerk speist. Das ist attraktiv, um auch auf Tablet-PCs oder Smartphones das Sat-TV-Programm sehen zu können, seit einiger Zeit gibt es auch Fernseher, die Sat-IP-Signale verteilen und/oder empfangen. Konventionelle Sat-Empfänger können mit diesen Signalen aber nichts anfangen. Bis auf Weiteres ist Sat-IP daher kein Ersatz für Multischalter und Antennenleitung, sondern eine Ergänzung – zumindest, wenn man etwa per Festplattenrecorder auch mal eine Sendung aufzeichnen will.

Antennenkabel in Leerrohren verlegen

Wir haben es im Abschnitt „Leerrohre" (Seite 304) bereits erwähnt: Idealer Platz für alle Arten von Antennenleitungen sind Leerrohre. Dort sind sie bestens geschützt; sollten technische Änderungen oder Defekte einen Austausch erfordern, ist dies problemlos möglich. Leerrohre

Ein modernes TV-Gerät mit Zugriff auf Internet-Mediatheken.

für Antennenkabel sollten so dimensioniert sein, dass bei Bedarf eine weitere Koaxleitung in sie passt.

Unterhaltung aus dem Internet

Immer mehr Programme finden übers Internet den Weg in die Lautsprecher und auf die Bildschirme. Schon seit Jahren warten Tausende Internet-Radiostationen auf Hörer, bei Youtube finden Nachwuchskünstler wie etablierte Stars eine Videoplattform. Seit einiger Zeit etablieren sich zudem auch in Deutschland Dienste, die die Videothek des 21. Jahrhunderts darstellen: Statt mühsam in ein Geschäft zu laufen oder zu fahren, reicht ein Knopfdruck am Computer oder auf der TV-Fernbedienung, um den Wunschfilm zu sehen (VOD, Video on demand, Video auf Abruf).

Alle genannten Angebote werden übers Internet realisiert; genauer: über einen DSL- oder Kabel-Internetzugang mit Pauschaltarif und unbegrenztem Datenvolumen. Für Internetradio reichen in der Praxis Zugänge ab zwei Megabit/Sekunde (mbps); um auch Videos via Internet möglichst unterbrechungs- und ruckelfrei sowie in hoher Qualität sehen zu können, sollte es schon ein Zugang mit mindestens sechs mbps sein. Mehr schadet keinesfalls – vor allem, wenn mehrere Familienmitglieder gleichzeitig Programme aus dem Netz nutzen wollen. Internetradio und -video sind ein weiterer Grund, in jedem Raum des Hauses mindestens zwei PC-Netzwerkanschlüsse vorzusehen.

Beispiel eines modernen Universalradios mit Empfangsteilen für UKW sowie drahtlosem und drahtgebundenem PC-Netz und Internet.

Insbesondere für hochauflösende Videos (HDTV und UHD) sind WLAN-Zugänge noch nicht ausreichend schnell und betriebssicher. Um die Netzangebote hören oder sehen zu können, ist keineswegs ein Computer nötig: Spezialisierte Radios bringen nicht nur ein UKW-Empfangsteil mit, sondern auch eines fürs weltweite Datennetz. Auch in TV-Geräten ist der Netzwerkanschluss ab der Mittelklasse Standard.

Gehen wir vom auf Seite 304 beschriebenen Netzwerkaufbau in Ihrem Haus aus, landen die Daten vom Internetprovider zunächst in Router und Switch – die verteilen sie an die Netzwerkdosen im Haus. Dort empfangen moderne Radios und TVs die Angebote aus dem WWW genauso wie auf herkömmlichem Weg gesendete Programme. Es empfiehlt sich also, in allen Räumen die PC-Netzwerk-Anschlussdosen neben denen für die Antenne zu montieren.

Übers PC-Netzwerk kommen aber nicht nur Bewegtbilder und Klänge aus allen Teilen der Welt in Ihr Haus: Sie können auch Ihre eigene Musiksammlung per Internet-Radiogerät abspielen oder auf einem netzwerktauglichen Fernseher, einem Tablet-PC oder Smartphone eigene Filme und Fotos betrachten. Das Zauberwort heißt DLNA. Das steht für Digital Living Network Alliance. Hinter dem diffusen Begriff verbirgt sich ein Herstellerkonsortium. Sein Ziel: Computer- und Unterhaltungselektronik einfach miteinander zu vernetzen.

Damit Ihre eigene Musik- oder Fotosammlung jederzeit im Haus verfügbar ist, muss ein Gerät als Server fungieren. Das kann ein Computer sein, auf dem ein dafür geeignetes Programm die DLNA-Serverrolle übernimmt. Auch

ein auf diese Funktion spezialisiertes Gerät, ein NAS (Network-attached storage = Netzwerkspeicher) kann als Server arbeiten. PCs sind in der Nutzung flexibler, verbrauchen aber mehr Strom und sind meist nicht übermäßig betriebssicher. NAS sind buchgroße Geräte, die wenig Strom verbrauchen. Sie können nur eines: Daten aus dem Netzwerk speichern und allen Teilnehmern im Haus wieder zur Verfügung stellen – dies meist sehr zuverlässig.

Immer mehr Unterhaltungselektronikgeräte wie DVD-/Blu-ray-Recorder und Fernseher bringen selbst Festplatte und Netzwerkanschluss mit – und meistens auch DLNA-Serverfunktionen. Diese Geräte wie auch Server-PC oder NAS werden einfach an einer beliebigen Netzwerkdose mit dem Haus-Computernetz verbunden. Meist über eine Webbrowser-Bedienoberfläche legen Sie fest, welche Dateien im heimischen Netz zur Verfügung stehen sollen. Ist dies erledigt, spielt jedes Netzradio im Haus Ihre Musiksammlung, jeder dafür gerüstete Fernseher Ihre Videos oder Fotos ab.

Die bisherigen Beispiele gingen davon aus, dass vorhandene Musik- oder Videoaufnahmen per Netzwerk im Haus verteilt werden können. Viele netzwerkfähige Unterhaltungselektronikgeräte oder mit einer passenden Empfangskarte ausgestattete Computer erlauben es zusätzlich, auch ein laufendes Radio- oder TV-Programm per Netzwerk anderen Geräten im Haus zuzuspielen („streamen").

IP-TV

Die erwähnten Video-on-demand-Dienste sollen das herkömmliche TV-Angebot via Terrestrik, Kabel oder Satellit nicht ablösen, sondern nur ergänzen. Anders sieht es bei dem von einigen Telekommunikationsanbietern beworbenen Internetfernsehen („IP-TV") aus: Hier wird das gesamte Programmangebot über Ihren Internetanschluss transportiert. Am bekanntesten dürfte das „Entertain" genannte Angebot der Deutschen Telekom sein. Aber auch Stadtwerke und andere Versorger bieten Telefon, Internet sowie Radio und Fernsehen aus einer Hand, im Branchenjargon: „Triple Play". An Standorten mit entsprechend leistungsfähigen Internetzugängen (ADSL 2/VDSL oder Glasfaser) übernimmt der Internetanschluss die Funktion des TV-Breitbandkabels.

Allerdings: Herkömmliche Radio- und TV-Geräte haben mit IP-TV nichts am Hut. Nur spezielle, meist vom Netzbetreiber zur Verfügung gestellte Empfangsboxen taugen als Empfänger. Sie müssen mit Fernseher und optional der HiFi-Anlage verbunden werden. Voraussetzung für die stressfreie Nutzung von IP-TV ist eine Gigabit-Netzwerkverkabelung in jedem Raum, in dem das Angebot genutzt werden soll. Zwar haben die Set-Top-Boxen mancher Betreiber eine Festplatte eingebaut, können also Aufnahmen speichern. Diese lassen sich aber nicht oder nur umständlich auf andere Geräte übertragen und nicht auf Video-DVD oder Blu-ray-Disc speichern. Das Hantieren mit der Fernbedienung von TV-Gerät und zusätzlichem IP-TV-Empfänger ist auch weniger komfortabel.

Mit anderen Worten: Nichts gegen einen schnellen Internetzugang. Im eigenen Haus bietet IP-TV aber keine echten Vorteile. Zudem: Welche Sendungen Sie via Kabel-TV oder Satellit schauen, erfährt niemand. Bei IP-TV sind Sie für den Netzbetreiber ein gläserner Teilnehmer – er weiß, was Sie hören oder sehen.

Heimkino

Seit den späten 1980ern halten sogenannte Heimkinosysteme in Deutschlands gute Stuben Einzug. Gemeint ist hiermit nicht Großvaters Schmalfilmprojektor, sondern die Kombination von Video- mit Mehrkanal-Tontechnik. Im 21. Jahrhundert ist das dafür geeignete Programmangebot üppig: Video-DVDs und Blu-ray-Discs bringen Ihre Wunschfilme mit Rundumton in die eigenen vier Wände; per Digital-TV übertragen viele TV-Stationen Filme und Shows mit Mehrkanalton („Dolby Digital"). Ein Mehrkanalverstärker mit passendem Decoderchip (AV-Verstärker / AV-Receiver) sowie mehrere Lautsprecher machen aus dem Flachbildschirm ein High-Tech-Pantoffelkino.

Mindestens zwei Lautsprecher müssen dazu hinter den Zuschauern oder seitlich von ihnen platziert werden. Das heißt: Sollen nicht Lautsprecherkabel stolperträchtig im ganzen Raum liegen, hilft es, bei der Raumplanung schon ans Heimkino zu denken. Dies gilt umso mehr, wenn man sich für die edlere Variante entscheidet: Statt eines Flachbildschirms übernehmen dann Videoprojektor („Beamer") und Leinwand die Rolle der Bildquelle.

Typische Räume für die Installation von Heimkino-Ton- und Bildtechnik sind das Wohnzimmer und geeignete Dach- oder Kellerräume. Entscheiden Sie sich bei der Planung, wo Sie Blu-ray-Spieler, Verstärker und sonstige Audiokomponenten unterbringen wollen, wo Bildschirm oder Leinwand und wo die Lautsprecher. Gängige Boxenanordnungen arbeiten mit drei Lautsprechern vor den Zuschauern – sie können also gemeinsam mit Bildschirm und Audiotechnik in einem großen Regal untergebracht werden – sowie mindestens zwei Rücklautsprechern. Die Zuleitungen zu den drei Frontlautsprechern können Sie in den meisten Fällen problemlos zwischen Regal und Wand lose verlegen – für sie bedarf es im Normalfall keiner besonderen Vorkehrungen.

Anders die Rückboxen: Sollen diese optisch gar nicht in Erscheinung treten, müssen Sie schon beim Bau entsprechende Aussparungen in den Wänden einplanen – dann können Sie die Lautsprecher bündig mit dem Putz montieren. Entsprechende Einbaumodule gibt es von diversen Anbietern. Natürlich müssen auch Lautsprecherleitungen vom Aufbauort der Audioanlage durch Decke, Wand oder Fußboden zu den Einbauöffnungen der Rückboxen geplant werden. Einmal mehr empfehlen sich Leerrohre für deren Unterbringung.

Mehr Flexibilität bei der Wahl (und einem eventuell einmal gewünschten Tausch) der Lautsprecher bringt es, wenn Sie nur die Lautsprecherkabel durch Leerrohre an die gewünschten Aufstellungs- beziehungsweise Montageorte der Rückboxen führen. An Anfang und Ende der Verbindung werden Einbaudosen mit Lautsprecherklemmen montiert, die es im Sortiment diverser Schalterhersteller gibt.

In den meisten Fällen werden für die Wiedergabe der rückwärtigen Tonsignale kompakte Regalboxen genutzt, die man oberhalb der Zuhörer anbringen kann. Dann sollten auch die in der Wand verlegten Lautsprecherkabel ungefähr auf dieser Höhe (in der Praxis meist um zwei Meter) enden.

Minimum für Mehrkanalton sind zwei rückwärtige Lautsprecher. Diverse Verfahren nutzen aber bis zu vier Rückboxen. Wollen Sie diese nutzen oder zumindest darauf vorbereitet sein, planen Sie entsprechend viele Lautsprecherleitungen (Leerrohre) und Wanddosen zum Anschluss der Boxen ein. Einige Hersteller bieten sogar Verfahren und Komponenten an, die

mit zusätzlichen Front-Höhenkanälen arbeiten. Falls Sie ein solches Mehrkanalsystem nutzen wollen, benötigen Sie auch Lautsprecherleitungen an der Vorderwand des Raums samt Anschlussdosen.

Die im Kinoton führenden Firmen Dolby und DTS arbeiten seit einiger Zeit an Tonformaten mit zusätzlichen Höheninformationen (Dolby Atmos und DTS:X). Die ersten AV-Receiver oder -Verstärker, sind bereits für die neue Technik vorbereitet. Für die Wiedergabe sind bis zu vier Deckenlautsprecher vorgesehen. Ob sich diese Tonformate durchsetzen, bleibt abzuwarten – zudem sind sie abwärtskompatibel, lassen sich also auch über konventionelle Heimkino-Lautsprechersysteme mit beispielsweise nur zwei Rücklautsprechern wiedergeben. Die entsprechenden Lautsprecherkabel und -buchsen sollte man bei einem Neubau in jedem Fall verlegen – ob man daran tatsächlich Lautspre-

Das größte Problem bei der Installation eines Heimkinos ist die Verkabelung der Lautsprecher. Sehen Sie, wenn möglich, auch Anschlüsse für einen Videoprojektor („Beamer") im Heimkinoraum vor. Wer den Raum schon beim Bau darauf vorbereitet, hat damit später keine Probleme. Der De-facto-Standard für Rundumton kommt mit 5.1 Kanälen aus. Die mit „optional" gekennzeichneten Lautsprecher nutzen nur wenige Filmquellen.

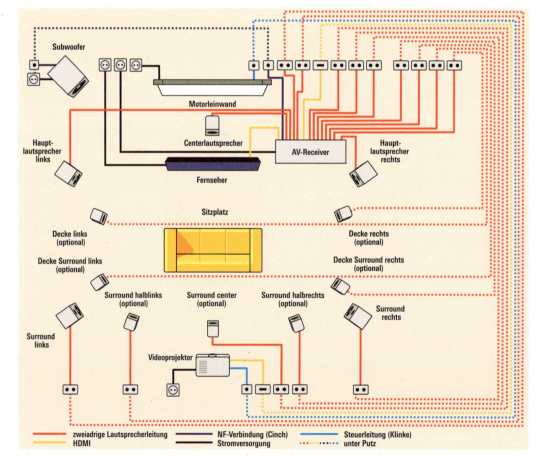

Subwoofer — Motorleinwand — Hauptlautsprecher links — Centerlautsprecher — AV-Receiver — Hauptlautsprecher rechts — Fernseher — Sitzplatz — Decke links (optional) — Decke rechts (optional) — Decke Surround links (optional) — Decke Surround rechts (optional) — Surround halblinks (optional) — Surround center (optional) — Surround halbrechts (optional) — Surround rechts — Surround links — Videoprojektor

zweiadrige Lautsprecherleitung — NF-Verbindung (Cinch) — Steuerleitung (Klinke) — HDMI — Stromversorgung — unter Putz cher anschließt, kann man später in Ruhe entscheiden.

Selbst, wenn Sie fürs Erste mit einem Flachbildfernseher als Bildquelle des Heimkinos zufrieden sind: Das Bessere ist bekanntlich der Feind des Guten. Bezogen aufs Heimkino heißt das: Der Wunsch nach einem Videoprojektor als Bildquelle kommt oft schneller auf, als man denkt. Führen Sie deshalb in jedem Fall ein Leerrohr an einen möglichen Montageort für einen Beamer. Dort sollte sich auch eine Netzsteckdose finden. Fürs Erste können Sie durchs Leerrohr die zum Redaktionsschluss gängigen HDMI-Kabel führen. Die Anforderungen an die HDMI-Verbindung sind mit der Einführung von 3D und UHD deutlich gestiegen; konventionelle Kupferstrippen können bei den für die Verbindung vom Wandanschluss zum Projektor nötigen Kabellängen das Signal beeinträchtigen oder gar nicht mehr funktionieren. Seit einiger Zeit gibt es deshalb HDMI-Kabel auf Lichtwellenleiterbasis, mit denen sich auch größere Entfernungen störungsfrei überbrücken lassen.

Dort, wo eine Leinwand angebracht werden könnte, sollten Sie ebenfalls eine Steckdose oder eine mit 230 Volt versorgte Unterputzdose vorsehen – dann lässt sich die Leinwand motorisch aus- und einfahren. Zusätzlich können Sie eine Steuerleitung (also ein vieradriges Telefonkabel) vom Beamer zur Leinwand in der Decke verlegen – viele Beamer geben beim Einschalten einen Impuls ab, der die Motorleinwand automatisch aktiviert.

Zu einem guten Heimkino gehören ein oder zwei Tiefbasslautsprecher („Subwoofer"). Die haben meist einen eingebauten Verstärker, weshalb man auch von „aktiven" Subwoofern spricht, und werden vom Surround-Verstärker per Cinchkabel mit dem Tonsignal gefüttert. Falls Sie Subwoofer in Ihrem Heimkino nutzen möchten und diese abseits der anderen Audiokomponenten stehen sollen, planen Sie am Standpunkt der Audiokomponenten eine mit Cinchbuchsen bestückte Wanddose ein und am Standort des oder der Subwoofer einen entsprechenden Wandauslass. Die Verbindungsleitung zwischen den Anschlussdosen sollte wieder in einem Leerrohr verlegt werden.

Aktive Subwoofer benötigen auch Strom aus einer Netzsteckdose.

Das Multiroom-Konzept

Viele der erwähnten AV-Receiver oder AV-Verstärker bringen nicht nur Lautsprecheranschlüsse für die Boxen in Ihrem Wohnzimmer mit. Sie können darüber hinaus oft einen weiteren Raum mit Zweikanal-Stereoton versorgen. Ein zusätzliches Lautsprecherpaar im zweiten Raum reicht dann, um auch ihn zu beschallen. Einfache Modelle spielen im zweiten Raum dieselbe Musik wie im Wohnzimmer; besser ausgestattete Geräte erlauben es optional, im zweiten Raum auch eine andere Musikquelle zu hören. Meist findet sich diese Funktion als „Multiroom" (auch „Zone 2-" oder „B-Lautsprecher" genannt) in den Datenblättern. Komfortabel lässt sich diese nutzen, wenn das entsprechende Gerät entweder einen Anschluss für einen zweiten Fernbedienungssensor mitbringt oder sich per Funk von einem Smartphone aus steuern lässt.

Auch diese Einfachst-Multiroomtechnik lässt sich am elegantesten nutzen, wenn Sie für die jeweiligen Räume Leerrohre vorsehen, in denen Lautsprecher- und Fernbedienungsleitungen Platz finden.

Flexibler und bedienfreundlicher ist die Mehrraumversorgung per Netzwerk, wie bereits geschildert: Auch über die Datenleitungen im Haus können Sie Musik, Fotos und Videos verteilen. Als Empfänger taugen internetfähige Radiogeräte für Musik; netzwerkfähige TVs zeigen Videos und Fotos und spielen selbstverständlich auch Musik.

Schließlich lassen sich auch per KNX-System (ab Seite 314) oder herstellergebundene Bussysteme komplexe Multiroom-Installationen realisieren. So können Sie Videosignale zu jedem Fernseher im Haus verteilen und bei Bedarf sogar die Kamera der Haussprechanlage ins Fernsehbild einkoppeln. Falls Sie sich zu dieser „großen Lösung" entschließen, sollten Sie sich schon bei der Hausplanung mit dem liefernden Händler beziehungsweise Installateur zusammensetzen und die technischen Details besprechen.

DAS INTELLIGENTE HAUS

Schon seit einigen Jahren erwarten Internetkonzerne, Hausgerätehersteller und natürlich vor allem die Anbieter von Gebäudetechnik eine sprunghaft steigende Nachfrage nach „intelligenten Häusern" – neudeutsch gern auch „Smart Home" tituliert. Allerdings ist der Begriff nicht klar definiert: Bei vielem von dem, was insbesondere große Strom- und Internetkonzerne als intelligente Gebäudetechnik anbieten, handelt es sich um Insellösungen. Die Komponenten spielen meist nur mit Produkten des jeweiligen Herstellers zusammen. Da sie überwiegend bestehende Technik mit „smarten" Fähigkeiten nachrüsten, ist oft schon bei der Steuerung des Deckenlichts Schluss – denn Laien sollen aus gutem Grund nicht an der Elektrik basteln. Diese Produkte haben ihre Berechtigung in Mietwohnungen, fürs neu gebaute Eigenheim sind sie aber in der Regel uninteressant. Auch die von den Technologiekonzernen Apple und Google (vom Tochterunternehmen „Nest") vorgestellten Komponenten fallen zum Redaktionsschluss in die Kategorie „Nachrüstlösung".

Für Ihr Haus ausgelegte Gebäudeautomation kann und sollte wesentlich mehr bieten: Mit entsprechender Technik lassen sich beispielsweise von jedem gewünschten Punkt des Hauses Licht, Rollläden und die Heizung steuern sowie überwachen. Sie können an zentralen Stellen sehen, ob Fenster, Türen und Tore offenstehen oder die Waschmaschine im Keller ihr Programm beendet hat. Auch über Computernetzwerke lassen sich Smart Homes steuern – wenn Sie mögen, kontrollieren Sie Ihre Haustechnik per Smartphone. Das heißt, dass Sie etwa auf dem Nachhauseweg per Smartphone die Heizung einschalten können. Der Fantasie sind kaum Grenzen gesetzt – in der Praxis entscheiden Zweckmäßigkeit und Ihr Budget, wie Sie die Technik nutzen.

Falls Ihnen die Beispiele noch wenig nutzbringend erscheinen: Denken Sie daran, dass Sie selbst oder Familienangehörige in einigen Jahren nicht mehr so beweglich sein könnten wie im Augenblick. Dann ist es eine große Hilfe, wenn sich beispielsweise die Dachfenster bei Regen automatisch schließen oder Sensoren das Licht automatisch schalten. Neben vorausschauender Gebäudeplanung entscheidet die richtige Haustechnik darüber, ob alte Menschen im Haus eigenständig und komfortabel leben können.

Viele Hersteller von Smart-Home-Lösungen werben mit bis zu 40 Prozent Einsparung bei den Heizkosten. In einem gut gedämmten, mit moderner Heiztechnik versehenen Neubau oder grundsanierten Altbau dürfte sich der Spareffekt aber in engsten Grenzen halten. Zudem muss es zur Heizkostenoptimierung kein komplexes Smart-Home-System sein – jede konventionelle Heizung bringt Thermostate, Zeitschaltuhren und andere Regler mit, durch die sich der Verbrauch optimieren lässt.

Eher kann sich ein intelligentes Haus auf den Stromverbrauch auswirken, wenn es beispielsweise alle unnötigen Geräte vom Stromnetz trennt, sobald der letzte Bewohner das Haus verlassen hat. Auch hier dürften aber die Einsparungen die Kosten fürs Smart Home nicht aufwiegen – die wesentlichen Argumente sind „mehr Komfort" und „mehr Sicherheit".

Trotz noch überschaubaren Interesses des Publikums herrscht bei den Anbietern Goldgräberstimmung – entsprechend unübersichtlich ist der Markt. Hinzu kommt: Das eine, für jeden Wunsch und Geldbeutel passende System gibt es nicht. Wir wollen Ihnen Hinweise geben – letztlich entscheiden sollten Sie sich aber nach einem Gespräch mit einem Fachmann. Eine eindeutige Systemempfehlung wäre in einem Buch ohnehin sinnlos: Der Markt ist in Bewe-

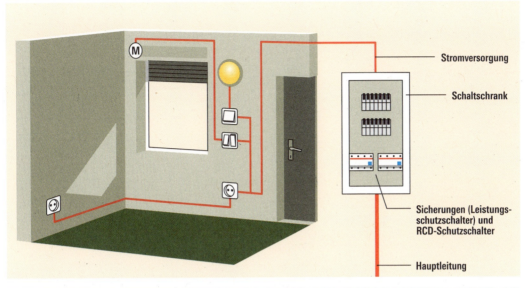

Stromversorgung

Schaltschrank

Sicherungen (Leistungs-
schutzschalter) und
RCD-Schutzschalter

Hauptleitung

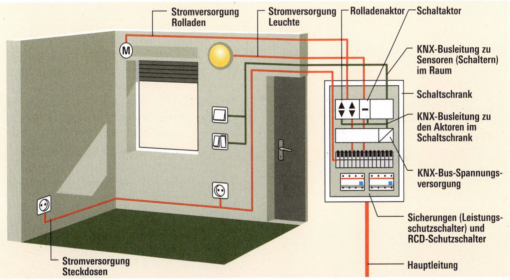

Stromversorgung
Rolladen

Stromversorgung
Leuchte

Rolladenaktor

Schaltaktor

KNX-Busleitung zu
Sensoren (Schaltern)
im Raum

Schaltschrank

KNX-Busleitung zu
den Aktoren im
Schaltschrank

KNX-Bus-Spannungs-
versorgung

Sicherungen (Leistungs-
schutzschalter) und
RCD-Schutzschalter

Hauptleitung

Stromversorgung
Steckdosen

Die Unterschie-
de in der Praxis.
Bei konventio-
neller Verkabe-
lung (oben) wer-
den die Schalter
unmittelbar mit
dem Verbrau-
cher verbunden;
bei Bussystemen
wie KNX (unten)
führen Buslei-
tungen zu den –
meist im Schalt-
schrank platzier-
ten – Aktoren.
Vorteil der zu-
nächst aufwen-
dig erscheinen-
den Verdrah-
tung: Alle per
Bus bedienbaren
Verbraucher las-
sen sich von be-
liebiger Stelle
aus steuern –
auf Wunsch so-
gar per Mobil-
telefon.

gung; immer wieder werden Produkte um
neue Fähigkeiten ergänzt oder deutlich im
Preis reduziert.

Funk oder Kabel?

Der wesentliche Unterschied zwischen kon-
ventioneller Elektrotechnik und der intelligenter
Häuser ist: Klassisch sitzt etwa der Lichtschalter in der Stromleitung zur Leuchte, im Smart
Home gibt der Lichtschalter einen Befehl an
die Technik in Schaltschrank oder Unterputzdose, das Licht einzuschalten (siehe Grafik oben).

Dieser Befehl kann per Funk oder Kabel übermittelt werden. Ähnlich wie bei PC-Netzwerken
verhält es sich aber auch bei der Gebäudesteuerung mit den Vor- und Nachteilen von
Funk und Kabel: Die Befehlsübermittlung per
Leitung ist zuverlässiger. Diverse Smart-Home-
Funkkomponenten brauchen zudem Batterien,
was über die Jahre durchaus erkleckliche Kosten produziert und nicht so betriebssicher ist.
In einem Neubau sollte für intelligente Gebäudetechnik also vorzugsweise auf drahtgebundene Systeme gesetzt werden und Funk nur

dort zum Einsatz kommen, wo es nicht anders geht. Einige funkbasierte Systeme sind allerdings rückkanalfähig („bidirektional"); solange ihre Signale den gewünschten Empfänger erreichen, werden Steuerbefehle quittiert. So erreichen sie in der Praxis dennoch eine hohe Betriebssicherheit.

Für die Befehlsübermittlung per Funk existieren drei herstellerübergreifende Systeme: EnOcean, ZigBee und Z-Wave. Leider heißt identische Funktechnik nicht, dass sich alle Komponenten auch verstehen. Man muss also trotz einheitlicher Technikbasis prüfen, welche Systembestandteile zusammenspielen.

Bei den drahtgebundenen Gebäudesteuerungen gibt es zwei Herangehensweisen: Das etablierte KNX-System setzt auf eine eigene, „Busleitung" genannte Strippe. Andere Hersteller nutzen die ohnehin vorhandene Stromleitung für ihre Datentelegramme („Power Line"). Bestimmte Elektrogeräte können die Übertragung stören; unter ungünstigen Umständen könnte eine Elektroinstallation für den Transport dieser Datentelegramme auch völlig ungeeignet sein. Falls Sie sich für ein solches System interessieren, klären Sie im Vorfeld mit dem Elektriker, ob es sich mit Ihrer Hauselektrik verträgt.

Was soll die Technik können?

Wichtig für die Wahl der intelligenten Haustechnik ist, ob ein System alle von Ihnen gewünschten Funktionen bietet. Es hilft also, sich im Vorfeld eine Art Pflichtenheft zu erstellen. Das hilft auch zu klären, wie teuer das Smart Home mit welcher Technik letztlich wird.

Ein wesentlicher Punkt bei der Entscheidung für eine bestimmte Gebäudesteuerung ist die Frage, ob es sich um Technik handelt, die nur von einem Anbieter verfügbar ist („proprietär") oder um ein herstellerübergreifendes System. Proprietäre Systeme sind unter Umständen leichter einzurichten und betriebssicher („Alles aus einer Hand") – wenn für eine bestimmte Funktion die nötige Komponente aber nicht im Sortiment des Herstellers verfügbar ist oder er gar die Produktlinie einstellt, wird es schwierig.

In der Praxis ist es nicht ganz so dramatisch: Einige Anbieter von Insellösungen haben ab Werk an ihren Produkten Schnittstellen für andere Systeme, etwa den KNX-Bus. Zudem gibt es von diversen Drittanbietern Produkte (siehe Tabelle „Brückensysteme", Seite 317), die verschiedene Gebäudesteuerungssysteme unter einen Hut bringen. Es ist also durchaus möglich, sich aus jedem System die fürs eigene Haus günstigsten und passendsten Komponenten herauszupicken. Umgekehrt kann es, wie bereits kurz im Abschnitt Funk erläutert, durchaus passieren, dass auch Komponenten

Smart Home – die Checkliste

▶ Welche Gebäudetechnik soll sich fernsteuern/automatisieren lassen? Licht, Fenster, Jalousien/Rollläden, (Garagen-) Türen, Heizung/Lüftung/Klima, Alarmsensoren, Überwachungskameras/Türsprechstelle, Unterhaltungselektronik?

▶ Soll das System nur mehr Komfort bieten oder wollen Sie dadurch auch Heizenergie und/oder Strom einsparen?

▶ Von wo aus soll sich das System bedienen/überwachen lassen? Nur vor Ort oder auch von unterwegs?

▶ Welche Bus-/Signalleitungen oder sonstigen Anschlüsse benötigen die jeweiligen Komponenten eines Smart-Home-Systems?

▶ Wollen Sie das System selbst installieren oder das einem Fachmann überlassen?

▶ Wer soll steuern dürfen? Nur eine Person oder auch andere Familienmitglieder und Kinder?

▶ Lässt sich das System von den Bewohnern einrichten/anpassen? Braucht es zu seiner Steuerung – kostenpflichtige – Software?

▶ Funktioniert das Wunschsystem autark oder ist zu seinem Betrieb eine Internetverbindung nötig?

▶ Fallen monatliche Gebühren an?

▶ Bleiben Daten zum Nutzverhalten im eigenen Haus?

▶ Haben Sie mögliche Erweiterungen bedacht?

Bei entsprechendem Ausbau kann das Klima im Haus von allen Terminals aus komfortabel gesteuert werden.

herstellerübergreifender Standards nicht miteinander funktionieren, die offenen Systeme in der Praxis also nicht ganz so offen sind.

Ein weiterer wichtiger Aspekt: Wie komplex oder simpel sind die Inbetriebnahme und Wartung des Systems? Manche Systeme verlangen nach spezieller, kostenpflichtiger Software, um sie programmieren und einrichten zu können, an anderen lässt sich dies übersichtlich per Webbrowser oder App erledigen. Viele Benutzeroberflächen sind zudem so komplex, dass sie nur der Fachmann durchschaut, ande-

re sind so gehalten, dass Sie als Hauseigentümer Änderungswünsche im System leicht selbst einpflegen können.

Aktuell werben viele Anbieter intelligenter Haustechnik damit, dass sich die Gebäude per Smartphone überwachen und steuern lassen. Diese Option sollte man aber hinterfragen: Selbstverständlich ist es hilfreich, wenn die Technik beispielsweise ein Problem mit der Heizung meldet, man also sofort einen Mechaniker beauftragen kann. Den Alltagsbetrieb soll ein intelligentes Haus aber ja gerade ohne

Brückensysteme

Anbieter	Unterstützte Protokolle/Produkte	Internet
Homee	EnOcean, WLAN, Z-Wave, ZigBee .	www.hom.ee
Mediola	Elro Home Control, FS 20, HomeEasy, HomeMatic, Intertechno, Kopp Free-control, McPower Multi Comfort, Roiscock, X10, dazu Infrarotunterstützung zur Steuerung von Unterhaltungselektronik, bei der Premiumvariante zusätzlich Abus Privest, EnOcean-Aktoren, Insta-Funkbus, I-tec-Jalousien , Warema EWFS und Infrarot-Unterstützung für B&O	www.mediola.com
myGekko	EnOcean/WiFi. Unterstützte Bussysteme: Bacnet, DALI, eKey, GMS, KNX, M-Bus, Modbus RTU/ASCII/TCP-IP, myfare. Schrack-/Telenot-Alarmanlagen, Aktoren, Sensoren und Taster von Beckhoff, Elsner, myGekko, Phoenix, Thies und Wago, Barix-/Bose-/RTI-/Sonos-Audioanlagen	www.my-gekko.com
Qivicon	Home-Matic, ZigBee (nur Telekom), weitere per USB-Stick möglich, unterschiedliche Produkte, unterschiedliche Oberflächen	www.qivicon.com
WiButler	Zahlreiche Kompononenten von Afriso, Eltako, Peha, Permundo, Thermokon, Wilo, Winkhaus	www.wibutler.com

ständiges Zutun der Bewohner bewältigen. Zudem kann eine vollständige Gebäudekontrolle per Smartphone zum Sicherheitsrisiko werden, wenn das Telefon in fremde Hände fällt. Grundsätzlich gilt: Zugriff übers Internet und Steuerung der Gebäudetechnik per App sind ein netter Zusatznutzen – die wesentlichen Dinge müssen aber auch ohne Netz und App einstell- und regelbar sein. Zudem muss der Fernzugriff nach dem Stand der Technik geschützt sein – dazu gehört beispielsweise auch, dass Außenleuchten, Bewegungsmelder und ähnliches so gesichert sind, dass Übeltäter nicht einfach die dorthin führenden Strom- oder Datenleitungen anzapfen und dann die Haussteuerung kapern können.

Unabhängig von Sicherheitsaspekten: Manches Smart-Home-System funktioniert ausschließlich über Internetserver des Herstellers. Üblicherweise lassen sich die Anbieter ihre Dienste bezahlen; sollten diese an dem System kein Interesse mehr haben, verwandeln sich die teuren Smart-Home-Komponenten in wertlosen Elektroschrott. Zudem spekulieren die Hersteller auf Nutzerdaten, um damit weitere Geschäfte zu machen. Wer auf Privatsphäre Wert legt, sollte entsprechende Systeme nicht in die engere Wahl nehmen.

Die wichtigsten Haussteuerungssysteme im Überblick

Wir gehen etwas ausführlicher auf Smart-Home-Systeme ein, die sich besonders für Neubauten eignen und/oder zum Redaktionsschluss verbreitet sind. Eine Übersicht bietet die Tabelle „Smart-Home-Systeme im Überblick" auf Seite 319. Sie erhebt keinen Anspruch auf Vollständigkeit und kann nicht alle individuellen Besonderheiten und Einsatzgebiete berücksichtigen. Zudem ist der Markt dynamisch; es kann also durchaus vorkommen, dass Systeme Fähigkeiten bekommen, die zur Drucklegung noch nicht verfügbar waren.

Comexio

Hierbei handelt es sich um ein proprietäres System des gleichnamigen Herstellers aus Rheinland-Pfalz. Zentrale Komponente ist der sogenannte „Server" für den Schaltschrank. Er erhält seine Befehle per Steuerleitung – es reichen aber einfache Lichtschalter oder sogenannte Taster und (bei der Neuinstallation) Klingeldrähte zum Server. Der hat bereits eine Schnittstelle zum herstellerübergreifenden KNX-System, über Zusatzkomponenten lässt er sich um den Funkstandard Enocean erweitern. Für ausgefeilte Lichtsteuerung muss der Server um eine passende Dimmerkomponente ergänzt werden. Comexio hebt die Fähigkeit des Servers hervor, bis zu 16 Ampere pro Relais-Kanal schalten und auf allen Kanälen den Stromverbrauch messen zu können.

Digitalstrom

Das proprietäre System des gleichnamigen Schweizer Herstellers arbeitet leitungsgebunden, die Systeminformationen werden per Stromleitung („Power-Line-Technik") transportiert. In den jeweiligen Unterputzdosen sitzen wie Lüsterklemmen aussehende Kleinstcomputer, die die gewünschten Befehle ausführen.

Mit Digitalstrom lassen sich unter anderem Licht, Heizung/Klima, Jalousien/Rollläden und viele andere Geräte steuern. Die Digitalstrom-Kernkomponenten für den Schaltschrank haben keine direkte Brücke für andere Bussysteme; mit optionalen Bauteilen findet das System aber an andere Gebäudesteuerungsprodukte Anschluss.

HomeMatic

Dieses proprietäre System arbeitet mit Funk. Hergestellt und vertrieben wird es von EQ-3. Funk und proprietär – das klingt beides nicht eben vorteilhaft. Dennoch ist das System verbreitet, da sich mit ihm vergleichsweise günstig ein Smart Home realisieren lässt.

KNX

Für die umfassende Steuerung und Fernsteuerung von Haustechnik existiert seit 1990 ein herstellerübergreifender Standard namens KNX. Die Buchstaben haben keine konkrete Bedeutung, sondern kürzen nur den Begriff „Konnex" ab. Gelegentlich taucht statt KNX in der Literatur noch der alte Begriff EIB (für Europäischer Installationsbus) auf.

Smart-Home-Systeme im Überblick

Name	Typ	Kurzbeschreibung	Wichtige verfügbare Komponenten	Wichtige Anbieter	Bidirektional	Bei Funk: Aufbau vermaschter Netze möglich	Anmerkungen	Internet
Comexio	Proprietär	Drahtgebunden	Aktoren, Heizungssteuerung, Jalousiensteuerung, Photovoltaik, Sicherheitstechnik, Sensoren, Taster	Comexio	•		Schnittstelle zu KNX ab Werk, Erweiterungen für EnOcean und intelligente Stromzähler verfügbar	www.comexio.com
Crestron	Proprietär	Drahtgebundenes Bussystem, Funkerweiterung möglich	Multiroonaudio/video, Gebäudesteuerung, Licht, Klima Heizung, Sensoren/Aktoren	Crestron	•	•	Brücken zu DMX, KNX, DALI, Lon, RS-232/485 u.a. vom Hersteller erhältlich	www.crestron.de
DALI	Herstellerübergreifend	Drahtgebundenes Bussystem, primär für gewerbliche/öffentliche Gebäude konzipiert	Betriebsgeräte für Leuchtmittel, Sensoren	ABB, Fagerhult, Helvar, Jung, Mean Well, Osram, Panasonic, Philips, Tridonic, Zumtobel	•		Brücken zu diversen anderen Bus-/Steuerungssystemen verfügbar	www.dali.ag.org
Digitalstrom	Proprietär	Drahtgebunden, Datenübertragung per Stromleitung	Aktoren, Heizungssteuerung, Jalousiensteuerung, Rauchmelder, Sensoren, Server, Taster, Türsprechstellen	Digitalstrom	•		Brücken zu DALI, EnOcean und Hue vom Hersteller erhältlich	www.digitalstrom.com
eNet	Proprietär	Funkbasiertes System (868 MHz), eigenes, IP-basiertes Protokoll	Aktoren, Funksteckdosen, Licht, Jalousiensteuerung, Sensoren, Taster	Gira/Jung	•	•		www.gira.de, www.jung.de
EnOcean	Herstellerübergreifend	Funkbasiertes System (in Europa 868 MHz), viele Komponenten kommen ohne Batterien aus, Energie wird per Piezoelement oder Solarzelle erzeugt	Aktoren, Heizungssteuerung, Jalousiensteuerung, Rauchmelder, Sensoren, Taster, Zugangskontrolle	AlphaEOS, Eltako, Eon, Jäger Direkt, Kieback&Peter, Omnio, Peha, Somfy, Sys-Tec, Thermokon, Viessmann, Wago, Zumtobel	•	-		www.enocean.com, www.enocean-alliance.org
HomeMatic	Proprietär	Funkbasiertes System (868 MHz), drahtgebunden	Aktoren, Alarmtechnik, Funksteckdosen, Heizungsventile, Jalousiensteuerung, Lüftungssteuerung, Sensoren	ELV	•	-		www.homematic.com
KNX	Herstellerübergreifend	Drahtgebundenes Bussystem, Funkerweiterung möglich	Aktoren, Heizungssteuerung, Jalousiensteuerung, Rauchmelder, Sensoren, Taster, Türsprechstellen – umfangreichstes Sortiment im Markt	Berker, Busch-Jaeger, Gira, Hager, Jung, Lingg&Janke, MDT, Merten, Sys-Tec, Theben, Zennio	•	-		www.knx.org
Loxone/ Loxone Air	Proprietär	Drahtgebunden (funkbasiertes System (868 MHz))	Aktoren, Heizungssteuerung, Jalousiensteuerung, Musikserver, Rauchmelder, Sensoren, Taster, Türsprechstelle, Zugangskontrolle	Loxone	•	•	Schnittstelle zu KNX ab Werk, Erweiterungen für DMX, EnOcean, ModBus u.v.a. verfügbar, eigene Funkerweiterung „Air"	www.loxone.com
Z-Wave	Herstellerübergreifend/ proprietäres Protokoll	Funkbasiertes System (in Europa 868 MHz)	Aktoren, Heizungssteuerung, Jalousiensteuerung, Rauchmelder, Sensoren, Taster, Zugangskontrolle	Buffalo, D-Link, Danfoss, Develo, Diehl, Duco, DuneHD, Enerwave, FlexControl, LG Electronics, Merten, Motorola, NEC, Rademacher, Sharp, Zyxel		•		www.z-wavealliance.org
ZigBee	Herstellerübergreifend	Funkbasiertes System (in Europa 2,4 GHz und 868 MHz)	Aktoren, Heizungssteuerung, Jalousiensteuerung, Rauchmelder, Sensoren, Taster, Zugangskontrolle	Belkin, Buffalo, Cisco, Comcast, Epson, Huawei, LG Electronics, Motorola, Oki, Panasonic, Philips, Plugwise, Samsung, Siemens, Sony, Texas Instruments, Toshiba	•	•		www.zigbee.org

Wie bereits kurz angeschnitten, setzt KNX zur Befehlsweiterleitung auf eine separate Busleitung , es sind allerdings auch Funkkomponenten erhältlich. Fachleute schätzen an KNX, dass Komponenten verschiedener Hersteller nicht nur in der Theorie, sondern auch in der Praxis reibungslos miteinander funktionieren. Zur Inbetriebnahme von KNX-Systemen ist die sogenannte ET-Software (ETS) nötig, die für umfangreiche Projekte kostenpflichtig ist. Einige Anbieter hat das nicht ruhen lassen: Von Hager gibt es eine „KNX easy" genannte Produktlinie, die sich per App einrichten lässt, die KNX-Quick-Reihe des Herstellers Lingg & Janke wird per Schraubendreher programmiert. Theben bietet mit „Luxor Living" Komponenten an, die sich mit hauseigener Software vergleichsweise leicht einrichten lassen, aber KNX-kompatibel sind. Fürs zweite Halbjahr 2017 werden von verschiedenen Anbietern KNX-Komponenten mit integrierter ETS erwartet, die auch Laien per Tablet oder Smartphone programmieren können sollen. Diese Produkte sind mit „ETS inside" gekennzeichnet.

Für Sie als Hausbauer oder -sanierer ist bei der Vorbereitung und Planung der Elektroinstallation wichtig: Setzen Sie gleich auf KNX-Technik, bereiten Sie Ihr Haus nur für die Businstallation vor oder entscheiden Sie sich für ein anderes System?

Im typischen Einfamilienhaus schlägt die KNX-Vorbereitung mit etwa 2 000 € für die Verlegung von Busleitungen zu Buche; die Kosten für mehradrige Stromleitungen sind mit etwa 100 € zu vernachlässigen. Es ist günstiger, die Busleitungen gleich beim Bau beziehungsweise der Sanierung zu verlegen, als für sie Leerrohre einbauen zu lassen. Damit keine Missverständnisse entstehen: Der Betrag umfasst die Kosten, um KNX-Technik einbauen zu können, nicht das eigentliche Steuerungssystem. Entscheiden Sie sich dafür, Ihre Haustechnik gleich per KNX zu kontrollieren, klären Sie mit Ihrem Elektriker rechtzeitig, ob er diese Technik anbietet – nicht jeder Betrieb hat das nötige Wissen zur Businstallation.

Ausgewachsene KNX-Installationen werden meist durch einen zentralen Computer (oft „Server" genannt) ergänzt. Dennoch ist KNX seiner Struktur nach kein zentral gesteuertes System: Sensoren und Aktoren, also Befehlsgeber und -ausführer, arbeiten miteinander, sobald sie per Busleitung verbunden sind und mit Strom versorgt werden. KNX gilt als zuverlässig, aber teuer. So pauschal stimmt dies nicht mehr – gerade die Preise für Schaltschrankkomponenten sind in den letzten Jahren deutlich gesunken. Dennoch muss man für ein komplett per KNX kontrolliertes Einfamilienhaus mit mindestens vierstelligen Summen rechnen.

Loxone

Der gleichnamige österreichische Anbieter setzt bei seinem proprietären System auf eine Zentrale („Miniserver") im Schaltschrank. Die typischen Befehle (Licht an/aus) werden über Kabel zu ihr übertragen. In Neubauten reicht dafür ein Klingeldraht; anders als andere drahtgebundene Systeme übermittelt Loxone keine Datentelegramme, sondern nur die Information, dass ein Schalter geöffnet oder geschlossen ist. Das System eignet sich unter anderem zur Steuerung/Kontrolle von Licht, Heizung, Tür/Sprechanlage, Alarm, Jalousien/Rollläden, Energie und Unterhaltungselektronik.

Der Miniserver hat bereits eine KNX-Schnittstelle integriert, über von Loxone lieferbare Erweiterungen lassen sich zahlreiche weitere Steuerprotokolle einbinden, etwa das Funksystem EnOcean.

 INFO

SMART HOME – IST DIE TECHNIK ZUKUNFTSSICHER?

Die PC-Netzwerktechnik durchdringt immer mehr Bereiche des täglichen Lebens. Ein aktuelles Schlagwort lautet: Internet der Dinge oder neudeutsch Internet of Things (IoT). Der Gedanke dahinter: Mit dem im Jahr 2012 offiziell eingeführten Internetformat IPv6 stehen eindeutige Adressen für jedes beliebige technische Gerät in Hülle und Fülle zur Verfügung. Gleichzeitig werden die für drahtgebundene oder drahtlose Netzwerkverbindungen erforderlichen Bauteile immer leistungsfähiger und günstiger. Technisch ist es also kein Problem, wirklich jedes Gerät durch die alle Bereiche erobernde Computernetzwerktechnik zu kontrollieren. Schon stellen die ersten Anbieter preiswerte Lampenfassungen mit WLAN-Empfänger vor – darüber lassen sie sich prinzipiell ohne Busverkabelung vom Smartphone aus steuern. Wie aber bereits bei der Netzwerkverkabelung erwähnt: Drahtlose Netzwerkverbindungen sind nie so betriebs- und datensicher wie drahtgebundene Verbindungen. Umgekehrt wäre es für die geringen Datenmengen, die für die Haussteuerung typischerweise benötigt werden, völlig übertrieben, zu jedem Lichtschalter die betriebssicheren Netzwerkkabel zu legen – Buskabel und andere Techniken sind deutlich günstiger.

Wer eine digitale Haussteuerung plant, kann und sollte zum jetzigen Zeitpunkt (2017) ruhig auf die verfügbaren Produkte setzen. Wahrscheinlich werden aber drahtlose wie drahtgebundene Netzwerktechniken die klassischen Smart-Home-Systeme in Zukunft ergänzen; die Schnittstellen zwischen PC-Netz und und Gebäudesteuerung zahlreicher.

Türöffner/-sprechanlagen

Elektrische Türöffner und Sprechanlagen sind ein willkommener Komfortgewinn. Man weiß, wer an der Tür ist und muss nicht hinlaufen, um sie zu öffnen. Die einfachsten Türsprechanlagen übertragen nur die Sprache von Hausbewohner und -besucher. Wie Sie das „Gespräch" im Haus annehmen – darin unterscheiden sich die Modelle der Hersteller.

Leistungsfähigere Varianten bringen auch eine Kamera für die Haustür mit und einen Bildschirm in der Sprechstelle. Sie hören also nicht nur, wer Einlass begehrt, sondern sehen es auch. In der höchsten Ausbaustufe hat die Sprechstelle einen Schacht für handelsübliche Speicherkarten – so können Sie anhand der aufgezeichneten Videos nachvollziehen, wer wann Einlass begehrte – auch während Ihrer Abwesenheit.

Ob mit oder ohne Bild: Sprach,- Video- und Türöffnersignale werden über übliche Telefonleitungen digital übertragen. Vom Steuergerät – meist im Schaltschrank im Keller – sollten zur Pforte zwei Telefonleitungen führen: eine mit zwei Doppeladern zum Türöffner und eine mit vier Doppeladern zur Türstation. Ist die Kamera nicht in der Türstation integriert, benötigt sie

eine modellabhängige Zuleitung; für Licht oder andere Zwecke sollte auch eine 230-Volt-Leitung zur Tür führen. Vom Steuergerät zu der oder den Sprechstellen im Haus führt eine Telefonleitung mit vier Doppeladern.

Die Hersteller von Türsprechanlagen kochen jeweils ihr eigenes Süppchen – nur mit Adaptern, im Branchenjargon „Gateway" genannt, erscheinen Ton und optional Bild der Türstation auf Telefonen im Haus oder anderen Bildschirmen (auch dem Panel einer KNX-Haussteuerung, einem Smartphone oder PC). Ob das Smartphone als Türöffner fungiert, sollte man gründlich überlegen: Wird es gestohlen, kann der Dieb unter Umständen ohne jedes Werkzeug Ihre Haustür öffnen.

Sprechanlagen mit Videokamera bieten maximale Sicherheit.

 INFO

PRAKTISCH: SPRECHANLAGE AUFS TELEFON UMLEITEN

Wenn Sie nach unseren Empfehlungen in fast jedem Raum des Hauses einen Telefonanschluss installiert haben, ist es praktisch, die Türsprech- und Telefonanlage zu kombinieren. Klingelt jemand an der Haustür, läutet eines oder läuten mehrere Telefone; per Hörer kann man dann mit dem Besucher von jedem Raum aus sprechen und gegebenenfalls per Ziffernkombination die Tür öffnen.

Alarmanlagen

Eine Alarmanlage kann mechanische Sicherungen eines Gebäudes nie ersetzen, sondern nur ergänzen. Diebe haben es eilig – sie suchen sich das Objekt aus, in das sich in möglichst kurzer Zeit eindringen lässt. Wer ihnen die Arbeit so schwer wie möglich macht, erhöht die Wahrscheinlichkeit, dass Langfinger die Lust am Einbruch verlieren. Besprechen Sie schon bei der Planung Ihres Hauses mit Architekt oder Bauträger, gegebenenfalls auch mit einer Beratungsstelle der Kriminalpolizei, wie Sie am sinnvollsten verhindern, dass Einbrecher ins Haus gelangen.Bei der Altbausanierung bezuschusst die KfW zum Redaktionsschluss den Einbau sicherer Türen und Fenster. Für Neubauten gibt es keine Zuschüsse für einbruchhemmende

Der beste Schutz gegen Einbrecher sind eine angemessene Umzäunung des Grundstücks und vor allem Fenster und Türen mit soliden Sperren.

Türen oder Fenster – die KfW fördert aber energiesparende Modelle, die in vielen Fällen erhöhte Sicherheitsstandards erfüllen.

Eine Alarmanlage bietet zusätzliche Sicherheit oder Hilfe. Falls Sie im Haus versicherte Wertsachen aufbewahren, kann schon die Assekuranz auf einer Alarmanlage bestehen. Meist sind dabei die Richtlinien des VdS (ursprünglich Verband der Sachversicherer) bindend. Die Planung einer solchen Anlage ist Sache des Fachmanns. Die VdS-Klasse A regelt den Schutz für Wohnhäuser. Sicherheit garantieren auch diese Systeme nur, wenn sie regelmäßig gewartet werden.

Überlegen Sie, wo ein eventueller Alarm enden soll: Eine Sirene am Gebäude mag die Heißsporne unter den Einbrechern vertreiben. Profis bleiben aber oft gelassen, denn sie wissen, dass sich in vielen Nachbarschaften niemand um den Lärm schert und sie ein paar Minuten Zeit haben, bevor Wachdienst oder Polizei auf dem Plan sind. Umgekehrt gefährdet eine Sirene oft den Nachbarschaftsfrieden – auch die beste Technik ist nicht gegen Fehlalarme gefeit. Wenn ein stiller Alarm Sie auf Ihrem Handy über ein Problem im Haus informiert, ist das auch nur dann hilfreich, wenn Sie sich zufällig in der Nähe aufhalten.

Unabhängig davon kann es hilfreich sein zu wissen, was im Haus passiert. Alarmanlagen können ja nicht nur einen Einbruchsversuch erkennen, sondern beispielsweise auch, dass Wasser ins Gebäude eindringt oder ein Feuer ausgebrochen ist. Auch hier stellt sich aber wieder die Frage: Wo endet der Alarm sinnvollerweise?

Viele Smart-Home-Komponenten (etwa Sensoren, die registrieren, ob Fenster oder Türen offen sind oder etwa Bewegungsmelder), können auch als Teil einer Alarmanlage fungieren. Um zu sehen, was in Ihrem Haus gerade vor sich geht, reicht die Technik – nur die wenigsten erfüllen aber die VdS-Anforderungen.

Unter Umständen ebenfalls hilfreich können andere Systeme sein: Mit Webcams – internetfähigen Videokameras – können Sie sehen, wer sich auf dem Grundstück oder in Ihrem Haus bewegt. Webcams allein können Einbrüche nicht verhindern, aber dokumentieren und damit bei der Erfassung und Überführung von Tätern helfen. Ideal ist, wenn die Kameras die Überwachungsbilder nicht nur auf Rechnern im Haus sichern – die könnten gestohlen oder zerstört werden –, sondern die Fotos gleich an einen Server im Internet schicken. Sofern Webcams ihre Bilder nicht per WLAN funken, benötigen sie einen Netzwerkanschluss, was unsere Empfehlung untermauert, für jedes Zimmer des Hauses mindestens je zwei Netzwerkanschlüsse vorzusehen. Wenn eine Webcam-Nutzung geplant ist, empfiehlt es sich, die Netzwerkdose auf Kamerahöhe einzubauen. Der entsprechende Kontakt sollte die Kamera auch gleich mit Strom versorgen können ("PoE", Power over Ethernet).

Für alle Arten von Überwachungskameras gelten gesetzliche Vorschriften: Die Kameras dürfen nur Ihr Grundstück kontinuierlich überwachen, nicht aber die Straße vor dem Haus.

Heizungssteuerung

Je nach Art Ihrer Heizungsanlage sind unterschiedlich viele Temperaturfühler, -regler und Thermostate erforderlich; eventuell zusätzlich elektrisch gesteuerte Ventile. Klären Sie mit dem Heizungsbauer bereits bei der Planung, an welchen Stellen diese angebracht werden müssen und ob sie dort Strom und/oder Anschluss an eine Steuerleitung benötigen.

Falls Sie die Raumtemperatur(en) über ein Gebäudesteuerungssystem kontrollieren wollen, müssen an die betreffenden Stellen Bus- und/oder Stromleitungen verlegt werden.

LICHTTECHNIK

Dem Architekten Le Corbusier wird das Zitat zugeschrieben: „Das richtige Licht zur richtigen Zeit und in der richtigen Menge." Denn ausreichend helles und zweckmäßig verteiltes Licht erleichtert die Arbeit, hilft beim Lesen von Gedrucktem oder am Computerbildschirm und fördert Leistungsfähigkeit sowie Stimmung. Umgekehrt macht falsches Licht einen Raum ungemütlich und beeinträchtigt die Konzentrationsfähigkeit.

Aber was ist richtiges Licht? Mit dieser Frage haben sich zahllose Wissenschaftler beschäftigt. Die Ergebnisse ihrer Untersuchungen flossen in DIN-Normen ein, die bei der Beleuchtung öffentlicher oder gewerblicher Räume beachtet werden müssen. Ihr Privathaus können Sie prinzipiell beleuchten, wie Sie wollen. Es hilft aber, die Kriterien für gutes Licht zu kennen, um in allen Räumen klar zu sehen.

Das beste Licht ist das Tageslicht. Oberstes Ziel der Gebäudeplanung sollte es also sein, es wo immer und wann immer möglich zu nutzen. Es ist Aufgabe Ihres Architekten, bei der Planung das Gebäude lichttechnisch optimal auszurichten und möglichst große Fenster und Türen vorzusehen. Das stößt selbstverständlich an Grenzen. Eine Möglichkeit, ohne Leuchten Licht in dunkle Ecken zu bringen, sind sogenannte Lichtkamine. Bei ihnen handelt es sich um verspiegelte Röhren, die – etwa vom Dach – Tageslicht an die gewünschte Stelle transportieren. Statt eines wuchtigen Rohres empfehlen sich alternativ schlankere, als Sonnenleuchten oder „Light Pipe" angebotene Vorrichtungen. Dabei handelt es sich um dünnere Kunststoffrohre, die im Inneren mit transparentem und gleichzeitig reflektierendem Material beschichtet sind. Sie fangen das Tageslicht an der Fassade mit Fresnellinsen ein und können es über mehrere Meter transportieren und abgeben.

Der Charme der Sonnenleuchten: Bei trübem Wetter und Nacht kann eine künstliche Quelle die Rolle des Sonnenspenders übernehmen. Ist das Leuchtmittel und dessen Regelung fachkundig gewählt, sehen die Bewohner kaum, ob gerade Sonnen- oder künstliches Licht den Raum flutet. Bei Nacht und in der dunklen Jahreshälfte helfen aber weder Lichtkamin noch Sonnenleuchte. Elektrisches Licht muss dann die Räume erhellen. Wichtig ist, sich bei der Lichtplanung darüber klar zu werden, was in dem Raum hauptsächlich gemacht werden soll. Ans heimische Büro werden andere Anforderungen gestellt als an das Wohnzimmer oder die Küche. Auch wenn kein künstliches Licht exakt das natürliche nachbilden kann: Mit dem geeigneten Wissen und der richtigen Technik kann man das Original weitgehend kopieren.

Aber mindestens genauso wichtig ist der Raum selbst, konkret: Welche Materialien und Farben Decken, Wände und Böden dominieren. Dunkle Materialien schlucken Licht, ein weißer Boden oder eine weiße Wand hingegen lassen den selben Raum deutlich heller wirken.

Zurück zum künstlichen Licht: Drei Faktoren bestimmen, welches Licht in einem Raum herrscht (und inwieweit es dem Tageslicht ähnelt): das Leuchtmittel (auch Lampe oder umgangssprachlich Birne genannt), die Leuchte, in der die Lampe arbeitet, und der Anbringungsort der Leuchte.

INFO

LAMPEN UND LEUCHTEN – DAS ENDE EINES LANGEN MITEINANDER?
Die Zeit der Koexistenz von Leuchte und Leuchtmittel könnte mittelfristig dem technischen Fortschritt zum Opfer fallen. Denn LEDs und die kommenden organischen Leuchtdioden (OLEDs) sind einerseits langlebig (in der Praxis dürf-

ten sie um 15 Jahre halten), andererseits so flexibel, dàss sie die klassische Kombination von Lampe und Leuchte ablösen könnten. Schon jetzt bieten diverse Hersteller komplette Leuchten auf LED-Basis

Noch sind Lichtelemente auf OLED-Basis ein teures und exklusives Vergnügen. In den nächsten Jahren dürften die Preise aber deutlich sinken.

an, die aller Voraussicht nach eher der wechselnde Publikumsgeschmack als der Ausfall einer Lampe zu Müll werden lässt. Insbesondere OLED erlaubt auch gänzlich neue Arten der Lichterzeugung und -verteilung. Mit dieser Technik lassen sich Leuchtflächen in fast beliebigen Bauformen realisieren – etwa als Teil eines Möbels oder direkt in die Wand integriert. Zum Redaktionsschluss waren diese OLED-Leuchten mit Stückpreisen um 150 € noch extrem teuer. Wenn die OLED-Preise aber ebenso rasant fallen wie die von LEDs, dürften sich auch fürs knapp kalkulierte Eigenheim recht bald völlig neue Wege der Lichtplanung und -gestaltung ergeben.

Den größten Einfluss haben das Leuchtmittel und dessen Eigenschaften. Eines der wichtigsten Kriterien bei natürlichem wie künstlichem Licht ist die Lichtmenge. In den Morgen- und Abendstunden ist es dunkler als mittags; die Wattage und/oder ein Dimmer bestimmen, wie viel Helligkeit ein Leuchtmittel liefert. Je nach Raumnutzung und im Idealfall passend zur Tageszeit sind unterschiedliche Lichtmengen richtig. Zu Glühlampenzeiten wusste der

Kunde bei einem Blick auf die Wattzahl, welche Lichtmenge ein Leuchtmittel bereitstellt – obwohl der Wert, technisch gesehen, nur den Stromverbrauch beschreibt. Im Zeitalter moderner, sehr viel effizienterer Leuchtmittel wird die Wattage zwar oft noch als Vergleichsmaßstab genannt. Die technisch korrekte und aussagekräftigere Angabe ist aber Lumen (lm). Sie gibt die Lichtleistung an, also wie hell eine Lampe ist. Auf die Details früherer wie aktueller Leuchtmittel gehen wir im nächsten Abschnitt und in der Tabelle auf Seite 325 im Detail ein.

Das zweite wichtige Kriterium bei Licht ist dessen Farbe oder genau, seine Farbtemperatur. Tagsüber dominieren die Blauanteile im Licht, morgens und abends die Rotanteile. Die für die Farbtemperatur relevante Angabe bei Leuchtmitteln ist der Wert in Grad Kelvin. Je niedriger er ist, desto rötlicher ist das Licht, je höher, desto bläulicher wird es.

Drittes Kriterium ist die Unterscheidung zwischen gerichtetem und diffusem Licht. Scheint die Sonne, ist das Licht brillant, erzeugt Reflexe und wirft Schatten. Das technische Gegenstück dazu bilden Leuchtmittel mit klarem Glaskolben. Bei bewölktem Himmel verteilt sich das Licht gleichmäßig, wirkt matt und wirft keine Schatten. Das künstliche Gegenstück zum Wolkenhimmel sind Leuchtmittel mit mattiertem Glaskolben.

Ein weiterer Faktor ist die Lichtrichtung. Steht die Sonne tief über dem Horizont oder eine Lampe auf Augenhöhe, blendet sie und wirft lange Schatten. Steht die Sonne im Zenit oder ist eine Lichtquelle an der Raumdecke angebracht, blendet sie nicht und wirft nur kurze Schatten. Übertragen auf künstliches Licht heißt das: Der Anbringungsort der Leuchte spielt eine entscheidende Rolle bei der Lichtwirkung.

Die wichtigsten Leuchtmittel im Überblick

Der Markt der Leuchtmittel ist in den letzten Jahren geradezu explodiert – immer neue Techniken werden als Lichtquelle praktikabel. Sie unterscheiden sich nicht nur in Stromverbrauch und Haltbarkeit von der klassischen

Glühlampe, sondern auch in der Art des Lichtes, das sie abgeben. Glühlampen sind faktisch aus dem Handel verschwunden, auch Halogenlampen sollen ab 2018 teilweise nicht mehr verkauft werden dürfen.

Ungeliebter Ersatz waren lange Zeit kompakte Leuchtstofflampen („Energiesparlampen"). Seit einigen Jahren sind Leuchtdioden (LEDs) ausreichend leistungsstark, um mit Glühlampen zu konkurrieren. Zudem werden sie immer ausgefeilter und erschwinglicher – seit etwa 2016 sind Filament-LED-Lampen von vielen Herstellern erhältlich, die in herkömmliche Fassungen passen und klassische Birnen mit sichtbarem Glühfaden verblüffend gut imitieren.

Sparsamer als die Glühlampe sind alle Alternativen. Im Detail unterscheiden sich Halogen-, LED- und Leuchtstoff-Energiesparlampen aber deutlich. Keine der alternativen Lampentechniken vereint alle Eigenschaften der

klassischen Glühlampe in einem Produkt, jeder Lampentyp hat seine Vor- und Nachteile.

Noch liefern nur Halogenlampen ein Licht, das dem klassischer Glühlampen entspricht. Auch sie verändern ihr Licht ins Rötliche, wenn die Leistung gedimmt wird. Andere Lampentypen eignen sich nur fürs Dimmen, wenn sie explizit dafür freigegeben sind, auch Lampen mit LED-Technik müssen ausdrücklich fürs Dimmen deklariert sein. Und nur spezielle LED-Modelle passen wie Glühfadenlampen mit sinkender Spannung ihre Farbe an. Die mittlerweile vergleichsweise günstigen Energiesparlampen auf Leuchtstoffbasis hingegen ändern, sofern sie dimmbar sind, ihr Licht mit abnehmender Helligkeit nicht ins Rötliche – sie werden nur dunkler und wirken dadurch fahler. Beim Einschalten lassen sich Leuchtstoff-Energiesparlampen deutlich mehr Zeit als alle anderen Typen. Je nach Hersteller, Modell und Temperatur kann es einige Sekunden oder Minuten

	Glühlampe	Halogenglühlampe	Leuchtstofflampe	LED-Lampe
Energieverbrauch	60 Watt	46 Watt	14 – 15 Watt	8 – 9 Watt
Lichtstrom	710 Lumen	700 Lumen	740 – 900 Lumen	806 Lumen
Farbtemperatur	2700 Kelvin	2700 Kelvin	2500 – 6500 Kelvin	2700 Kelvin
Lichtverteilung	Gleichmäßig	Gleichmäßig	Je nach Modell fast gleichmäßig bis stark seitlich	Fast gleichmäßig
Lichtqualität	Brilliant (klare Modelle)	Brilliant	Diffus	Je nach Modell klar oder diffus
Größe		Entspricht Glühlampe	Modellabhängig – kompakte Typen wie Glühlampen, die meisten Modelle sind größer	Entspricht Glühlampe
Mittlere Lebensdauer	1000 Stunden	2000 Stunden	6000 bis 10000 Stunden (je nach Modell)	Bis 15000 Stunden
Typischer Preis Markenprodukt	Nur noch Restposten; Preis früher um 1,20 €	2,00 €	7,00 €	7,00 €
Einschaltverzögerung	Nein	Nein	Ja – je nach Modell von einigen Sekunden bis Minuten	Nein
Für häufiges Ein-/Ausschalten geeignet	5000	5000	10000 – 30000	10000
Dimmbarkeit	Ohne Einschränkung	Keine Einschränkung, sollte nur bis 60% der Maximalhelligkeit gedimmt werden	Nur mit geeigneten Lampen und Dimmern	Nur mit geeigneten Lampen und Dimmern

dauern, bis die Lampe ihre maximale Helligkeit erreicht hat. Das macht sie beispielsweise fürs Treppenhaus wenig geeignet. Allerdings offerieren einige Markenhersteller speziell für diese Anwendung entwickelte Typen, die etwa mit dem Zusatz „Facility" versehen sind.

Ein weiteres Thema ist der Lichtstrom, also die Helligkeit der Lampe. Wir haben in der Tabelle auf Seite 325 für verschiedene Arten energiesparender Lampen eines Herstellers die Werte in Lumen zusammengetragen.

Wie Sie da auch sehen können, bieten Energiesparlampen auf LED-Basis das höchste Stromsparpotential. Ihre Preise sind zwischenzeitlich fast auf das Niveau der älteren Energiesparlampen gesunken. Nur für die Lampenfassungen, für die es noch keine LED-Leuchtmittel gibt, erscheinen diese daher noch interessant. Lampen auf Leuchtstoffbasis eignen sich eher für Arbeits- als Wohnräume. Möchten Sie weiterhin auf das warme Licht der Glühlampen nicht verzichten, aber trotzdem Energie sparen, verwenden Sie Eco-Halogenglühlampen.

Vor dem Kauf empfiehlt es sich kurz zu überschlagen, wie lange die jeweilige Lampe tatsächlich brennt: Das Licht im Keller eines Einfamilienhauses wird vermutlich nur wenige Stunden pro Jahr benötigt. Hier muss es nicht die teure Leuchtstoff- oder LED-Energiesparlampe sein – das Halogenmodell reicht.

Viele Energiesparlampen auf Leuchtstoffbasis enthalten – wie klassische Leuchtstoffröhren – hochgiftiges Quecksilber. Sie müssen als Sondermüll entsorgt werden. LED-Lampen enthalten zwar kein Quecksilber, aber viel Elektronik, und haben, falls sie dereinst den Geist aufgeben, ebenfalls nichts im normalen Hausmüll verloren.

INFO

LAMPENDATEN UND WAS SIE BEDEUTEN
Die Verpackungen moderner Leuchtmittel sind mit technischen Angaben übersät – hier deren Bedeutung:

LUMEN (lm) gibt die Lichtleistung an, also wie hell eine Lampe ist. Je höher der Wert, desto heller das Licht. Eine klassische klare 60-Watt-Glühlampe liefert etwa 710 Lumen.

KELVIN (K) gibt die Lichtfarbe an. Je niedriger der Wert, desto rötlicher, also wärmer ist das Licht. Eine klassische 60-Watt-Glühlampe hat eine Farbtemperatur von 2 700 K. Folgende Angaben auf Verpackungen sind gängig:
► **warmweiß** (2 500 – 4 000 Kelvin), geeignet für Wohnräume
► **neutral** (4 000 – 6 500 Kelvin), geeignet für Kellerräume/Garage
► **kaltweiß** (über 6 500 Kelvin), geeignet für Arbeitsplätze, die besonders helles Licht erfordern.

Manche Firmen verwenden nach der Wattangabe alternativ beispielsweise den Schlüssel „827". Wichtig sind die letzten beiden Ziffern – sie entsprechen im Beispiel 2700 Kelvin, ein Modell mit der Zifferfolge „840" hat eine Farbtemperatur von 4 000 Kelvin.

DER FARBWIEDERGABEINDEX (R_a-Wert) gibt an, wie gut sich Farben im Licht der Lichtquelle erkennen lassen. Als Referenz mit dem Index 100 gilt Sonnenlicht; je dichter der Wert des Leuchtmittels daran liegt, desto besser ist es geeignet, um darin Farben erkennen und beurteilen zu können.

DIMMEREIGNUNG: LED- und Leuchtstoff-Energiesparlampen lassen sich nur an Dimmern betreiben, wenn sie explizit dafür freigegeben sind.

WATT (W) gibt die Leistungsaufnahme an, also wie viel Energie die Lampe im Betrieb benötigt.

Im **ENERGIELABEL** ist angezeichnet, welche Energieeffizienzklasse A bis E die Lampe hat.

YEARS/H (hours) gibt die ungefähre Lebensdauer in Stunden und Jahren an.

SCHALTZYKLEN gibt an, wie oft eine Lampe an- bzw. ausgeschaltet werden kann.

ANLAUFZEIT gibt den Zeitraum an, den eine Lampe benötigt, um 60 Prozent des angegebenen Helligkeitswerts zu erreichen.

HG (Hydrargyrum) gibt an, ob und wie viel Quecksilber eine Lampe enthält. Zusätzlich muss eine Internetadresse genannt werden, die über die fachgerechte Entsorgung informiert bzw. erklärt, was bei versehentlichem Glasbruch zu tun ist.

MASSE geben Lampenlänge und -durchmesser in Millimeter an.

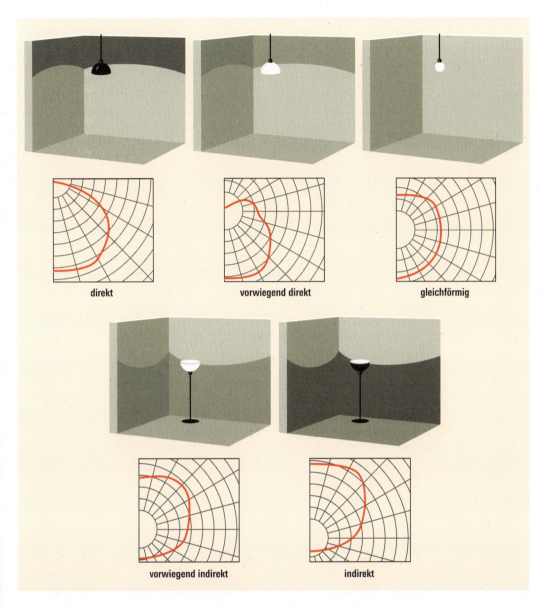

direkt

vorwiegend direkt

gleichförmig

vorwiegend indirekt

indirekt

Leuchtdioden ermöglichen völlig neue Leuchten-Bauarten, die besonders kompakt, sparsam und dennoch hell sind.

Die Platzierung macht den Unterschied

Mit an der Decke montierten, nach allen Seiten strahlenden Leuchten lässt sich ein Raum gleichmäßig erhellen. Ein solches Licht ist ideal, um alle Ecken und Flächen eines Raumes mit Grundhelligkeit zu versorgen, beispielsweise in der Küche. Im Wohnzimmer würde man ein solches Licht zumindest abends wohl als unangenehm und unnatürlich empfinden – die meiste Zeit seiner Existenz war es der Mensch gewohnt, dass es abends dunkel ist und Licht bestenfalls von einem Feuer am Boden kommt.

Strahler, die einzelne Bereiche erhellen, setzen Lichtakzente. Steh- und Tischlampen liefern zusätzlich gezielt Licht, um beispielsweise auf der Couch ein Buch ohne Anstrengung lesen zu können. Ein so erleuchteter Raum kommt der Lagerfeuersituation, wie sie unsere Vorfahren kannten, behaglich nahe.

Nicht nur der Anbringungsort entscheidet darüber, ob wir Licht als angenehm oder lästig empfinden – auch die Lichtverteilung spielt eine wichtige Rolle. Hier gilt es, zwei sich widersprechende Forderungen zu berücksichtigen:

Arbeitsflächen oder beispielsweise Schränke sollen gleichmäßig erleuchtet sein, damit man alles gut erkennt. Werfen beispielsweise auf dem Schreibtisch falsch angebrachte Lichtquellen lange Schatten, stört dies und strengt die Augen beim Lesen an. Andererseits: Ist der ganze Raum gleichmäßig erleuchtet, wirkt dies steril und ermüdend. Ein gut gestaltetes Licht sorgt, wo nötig, für gleichmäßige Ausleuchtung, schafft aber in größeren Räumen Zonen unterschiedlicher Helligkeit.

Lichtsteuerung/-szenen

Die einfachste Form der Lichtsteuerung ist der Lichtschalter. Logisch – mit ihm lässt sich die Lichtquelle nur aktivieren oder abschalten. Ein stufenloser Regler („Dimmer") bietet in Verbindung mit dafür geeigneten Leuchtmitteln bereits feinere Möglichkeiten, stimmungs- und tageszeitabhängig das richtige Licht einzustellen.

Um situationsabhängig komplexe Lichtszenen reproduzierbar aufzurufen, gibt es verschiedene Möglichkeiten. Wollen Sie ohnehin Ihr Haus „smart" steuern (→ Seite 314), kann die Bustechnik auch für die Kontrolle des Lichts genutzt werden. Wenn es Ihnen aber ausschließlich um Lichtsteuerung geht: Viele Hersteller bieten entsprechende Technik an, die Lichtszenen speichert und reproduziert. Je nach Leuchtmittel, Leuchten und Steueranlage regeln solche Systeme nicht nur die Lichthelligkeit, sondern können auch verschiedene Farben aufrufen.

AUSSEN- UND NEBENANLAGEN

Viele Bauherren verschieben das Thema „Gestaltung und Bau der Außenanlagen" angesichts „dringenderer Probleme" bis nach dem Einzug ins neue Haus. Dabei ist es durchaus angebracht, sich schon während der Planung des Hauses auch über den Außenbereich Gedanken zu machen und mit der Umsetzung schon während der Bauzeit zu beginnen. Denn während man vielleicht bereit ist, für einige Wochen und Monate auf die Nutzung des eigenen Gartens zu verzichten, macht ein befestigter und beleuchteter Zugangsweg bereits den Umzug erheblich bequemer.

Hauseingang und Wege zur Straße

Der Vorplatz mit Zugangsweg und der Hauseingang sind das Erste, was sowohl die Bewohner als auch Besucher vom Haus wahrnehmen – sie sind gewissermaßen die Visitenkarte des Hauses.

Daher kommt dem Zugangsbereich zum Hauseingang eine große gestalterische Bedeutung zu. Wer möchte sich schon auf dem Weg ins Haus an Fahrrädern, Mülltonnen und Ähnlichem vorbeidrängeln und vor der Haustüre beim Aufschließen oder Warten auf das Öffnen der Türe im Regen stehen?

Erst durch die Kombination mehrerer Leuchten mit unterschiedlichen Richtcharakteristiken entsteht in einem Wohnraum praktisches, gleichzeitig augenfreundliches und angenehmes Licht.

Zunächst muss die Hausnummer von der Straße aus deutlich lesbar, das heißt auffällig angebracht, groß genug und abends beleuchtet sein. Beides dient der Auffindbarkeit des Hauses, die nicht nur für Gäste und Paketboten wichtig ist, sondern im Notfall auch dem Rettungswagen wertvolle Minuten der Suche spart.

Dass von der Straße aus entweder die Eingangstür direkt sichtbar oder zumindest der Weg dorthin zweifelsfrei erkennbar sein sollte, liegt auf der Hand. Ein wichtiger Punkt ist hier die Beleuchtung der Vorzone des Hauses, die den Zugangsweg vollständig ausleuchten und so sicherstellen soll, dass das Haus gefahrlos erreicht werden kann. Die dafür erforderlichen Leuchten können entweder (bei schmalen Vorgärten) direkt am Haus angebracht oder auch (bei tieferen Vorgärten) als Pollerleuchten frei stehend angeordnet werden.

Für die Schaltung der Außenbeleuchtung haben sich Bewegungsmelder bewährt, die das Licht nur bei Bedarf einschalten. Dadurch erübrigen sich auch Lichtschalter im Außenbereich. Achten Sie beim Ausrichten darauf, dass der Bewegungsmelder nicht von Passanten oder im Wind schwankenden Zweigen, sondern wirklich nur von Menschen auf Ihrem Grundstück aktiviert wird.

Der Zugang zum Haus sollte unbedingt befestigt, also gepflastert oder asphaltiert werden. Dies erleichtert ganzjährig die Reinigung des Weges und hilft zu verhindern, dass Schmutz an den Schuhsohlen ins Haus getragen wird. Im Winter freut man sich, wenn ein stabiler Belag das Entfernen von Schnee und Eis möglichst leicht macht und das Haus dadurch auch bei widrigem Wetter gefahrlos erreichbar bleibt.

Apropos Wetter: Wer schon einmal im strömenden Regen mit dem Schlüssel im Schloss gestochert hat, weiß den Komfort eines Vordachs zu schätzen. Falls der Hauseingang vom Zugangsweg aus erhöht angeordnet ist, sollte der obere Absatz der Treppe groß genug sein, dass mehrere Personen gleichzeitig darauf stehen können – und unter dem Vordach vor Regen geschützt sind.

Wenn Sie allerdings alters- oder krankheitsbedingt schlecht zu Fuß sind oder regelmäßig einen Kinderwagen schieben, freuen Sie sich über einen barrierefreien, also ebenerdigen und stufenlosen Zugang ins Haus. Dabei muss aber unbedingt beachtet werden, dass auch bei starken Regengüssen kein Wasser durch die Haustür in die Wohnung gelangen kann. Dafür muss entweder der Weg zum Haus hin ansteigen oder eine ausreichend dimensionierte Gitterrinne direkt vor der Haustür ankommendes Wasser aufnehmen und ableiten. Am sichersten ist eine Kombination beider Maßnahmen.

Im Allgemeinen sollen Wege am Vorplatz und im Garten nach Möglichkeit nicht mehr als zehn bis zwölf Prozent Steigung aufweisen, sonst wird das Gehen beschwerlich. Wenn sie auch für Gehbehinderte und Rollstuhlfahrer benutzbar sein sollen, beträgt die zulässige Steigung höchstens sechs Prozent (laut DIN 18024 bzw. 18040) beziehungsweise acht Prozent (Empfehlung von Behindertenverbänden für Gebiete mit steilen Hanglagen), außerdem sind bei ansteigenden Wegen in jeweils sechs Metern Abstand ebene Podeste zum Ausruhen erforderlich.

Darüber hinaus müssen alle Wege im Freien ein gewisses Quergefälle (zirka ein bis zwei Prozent) oder ein gewölbtes Profil aufweisen, damit das Regenwasser zur Seite hin abläuft und auf dem Weg keine Pfützen entstehen.

Garage, Carport und/oder Stellplatz

Nach geltenden Landesbauordnungen müssen auf jedem Grundstück für die darauf vorhandenen Wohneinheiten genügend Stellplätze für Autos vorhanden sein. Die erforderliche Anzahl legt die zuständige Kommune per Satzung fest – üblich sind ein bis zwei Stellplätze pro Wohneinheit, oft auch in Abhängigkeit von deren Wohnfläche. Diese Stellplätze müssen Sie nicht unbedingt baulich herstellen, grundsätzlich dürfen Sie auch auf Ihrer eigenen Wiese parken, wenn sie eine Zufahrt aufweist. In der Regel wird man allerdings den geplanten Stellplatz mindestens mit einer sparsamen Befestigung des Untergrunds versehen, zum Beispiel mit einem Splitbelag oder mit Betonpflaster.

Die meisten Bauherren wollen aber neben dem Haus nicht nur einen offenen Stellplatz haben, sondern wünschen sich eine Möglichkeit, das Auto unter einem Dach zu parken: einen Carport oder eine Garage. Für beides ist eine Baugenehmigung erforderlich, die Sie bei der zuständigen Baurechtsbehörde unter Angabe des Standorts und der genauen Abmessungen beantragen müssen.

Als Carport bezeichnet man eine Stellplatz-Überdachung ohne Tor, die nicht rundum durch Wände abgeschlossen ist. Carports sind in der Erstellung günstiger als Garagen und sehen im Straßenbild meist weniger massiv und dadurch harmonischer aus. Untersuchungen der Automobilindustrie haben darüber hinaus ergeben, dass Carports für die Langlebigkeit des Autos sogar günstiger sind als Garagen, da der Tauvorgang von Schnee und Eis sich über längere Zeit vollzieht und daher schädliche Rückstände von Streusalz schlechtere Chancen haben, das Blech anzugreifen.

Die Garage punktet dagegen mit den Vorteilen Schutz vor Dieben, Vandalen und Mardern sowie mit der Möglichkeit, neben und hinter dem Auto Dinge wie Kinderspielzeug, Gartenutensilien, Fahrräder oder auch Autoreifen zu lagern. Viele Baurechtsbehörden genehmigen Garagen nur dann, wenn zur Straße hin ein ausreichender Abstand verbleibt, auf dem Sie Ihr Auto abstellen können, während Sie das Garagentor öffnen. Manchmal können Sie auf diese Aufstellfläche verzichten, wenn Sie das Garagentor mit einer Fernbedienung ausstatten.

Wohin mit den Mülltonnen?

Bei der Planung der Freibereiche vor und neben dem Haus darf man nicht vergessen, einen sinnvollen Platz für die Müllbehälter vorzusehen. Diese sind üblicherweise nicht gerade hübsch anzusehen und riechen im Sommer oft unangenehm, daher sollte ihr Standort nicht direkt beim Eingang liegen. Die Nähe zur Straße ist trotzdem wichtig, damit die Tonnen oder Säcke mühelos zur Abholung an den Straßenrand gestellt werden können. Ein Stellplatz in der Nähe von Carport oder Garage hat sich daher bewährt.

Zunächst ist es allerdings wichtig, bei der Stadt, der Gemeinde oder dem beauftragten Entsorgungsunternehmen anzufragen, welche Tonnen in welchen Größen erhältlich sind und wie oft diese geleert werden – erst dann lassen sich sowohl der Platzbedarf für ihre Unterbringung als auch der Aufwand für das Bewegen der Tonnen am Abholtag realistisch abschätzen.

Die Außenbeleuchtung ist hier sehr großzügig und betont die Eingangsbereiche. Nur die zwei Stufen zur Eingangstür stellen für Rollstuhlfahrer und Kinderwagen ein Hindernis dar.

Die Terrasse

Zwischen Haus und Garten befindet sich meistens eine Terrasse, die den Wohnbereich ins Freie erweitert und eine befestigte Aufenthaltsfläche an der frischen Luft darstellt. Terrassen (der Begriff kommt vom lateinischen Wort terra: die Erde) sind üblicherweise direkt auf dem Erdreich erbaut und können ohne großen Aufwand einen schwellenlosen Übergang sowohl ins Haus als auch in den Garten erhalten. Auch hier ist dann für eine sichere Ableitung von Regenwasser zu sorgen.

Die Lage der Terrasse hängt vom Grundriss des Hauses und der Besonnung des Grundstücks ab: Nicht immer ist die Fläche direkt am Haus am besten geeignet, oft bieten sich in der Tiefe des Gartens Plätze an, die mehr Sonne und besseren Schutz vor Wind und Einblick bieten. Überlegen Sie sich im Vorfeld, ob Sie die Terrasse vorwiegend morgens, mittags oder abends nutzen – und ob Sie dann lieber in der Sonne oder im Schatten sitzen.

Auch die Größe der Terrasse wird sinnvollerweise schon bei der Planung des Hauses festgelegt. Überlegen Sie, wie viele Menschen sich gleichzeitig auf der Terrasse aufhalten wollen, und bestimmen Sie die Größe entsprechend: 15 bis 20 Quadratmeter sollten es schon sein, die Grenze nach oben bestimmt der Grundstückszuschnitt. Es hat sich bewährt,

neben beziehungsweise hinter der Terrasse ein Stück Rasen oder Wiese anzuschließen, das zum Beispiel bei Festen als Erweiterung der Terrasse genutzt werden kann.

Für den Terrassenbelag können Sie aus vielen Materialien und Ausführungsarten wählen, wir stellen im Folgenden die häufigsten vor. Allgemein gilt, dass Terrassenböden nach Möglichkeit nicht vollständig versiegelt sein sollten, damit das Regenwasser durch die Fugen direkt versickern kann. Wenn das Material nicht selbst wasserdurchlässig ist, muss die Art des Verlegens für die Durchlässigkeit sorgen.

▶ **NATURSTEINE** sind als Terrassenbelag besonders beliebt. Die Auswahl an Steinsorten ist inzwischen riesengroß, allerdings eignen sich nicht alle für die Verlegung im Freien, weil dafür Frostsicherheit eine Voraussetzung ist. Wir empfehlen, regional abgebauten Steinen den Vorzug zu geben, sich aber jedenfalls auf europäische Steine zu beschränken – auch wenn diese meist teurer sind als Material aus Übersee (zum Beispiel China oder Südamerika). Es erscheint aber ökologisch wenig sinnvoll, Steine um die halbe Welt zu transportieren, um sie in einem deutschen Garten zu verlegen – zudem ist schon in wenigen Jahren vermutlich kein Ersatz mehr zu bekommen.

▶ Ein Pflaster aus **BETONSTEINEN ODER -PLATTEN** ist der am weitesten verbreitete Belag für Terrassen. Es gibt sie in zahllosen Farben, Formen und Formaten, so dass für (fast) jeden Geschmack etwas dabei ist. Denken Sie bei der Auswahl immer auch an die Farben und Materialien Ihres neuen Hauses. Beim Aussuchen sollten Sie darauf achten, dass die Steine breitfugig verlegt werden können, damit das Wasser durch die Fugen abfließen kann. Als Rasenfugen kann dies auch sehr attraktiv aussehen. Ein weiteres Auswahlkriterium ist die Oberfläche: Je glatter die Oberfläche, desto einfacher können Sie Ihre Terrasse reinigen – andererseits rutscht man auf rauen Betonsteinen weniger leicht aus.

▶ Die „**WASSERGEBUNDENE DECKE**" ist eine weitere Option. Darunter versteht man eine stark verdichtete Schicht aus feinem Splitt, durch die das Wasser direkt ins Erdreich durchsickern kann. Diese Beläge werden heute oft im öffentlichen Raum auf Plätzen verwendet, sie eignen sich aber auch für den eigenen Garten. Das Problem dabei: Es lässt sich fast nicht vermeiden, dass in den Schuhsohlen kleine Steine ins Haus eingetragen werden, wo sie dann den Bodenbelag verkratzen können. Daher kommen wassergebundene Decken besonders für Terrassen in Betracht, die nicht direkt ans Haus angrenzen.

▶ **HOLZDECKS** sind als Beläge für Balkone sehr beliebt, eignen sich aber grundsätzlich auch für Gartenterrassen. Durch seine natürliche Oberfläche kann ein Holzdeck den Wohnraum besonders attraktiv in den Garten erweitern. Hierbei ist besonders zu beachten, dass die Belaghölzer nicht direkt auf dem Unterbau oder gar dem Erdreich aufliegen dürfen, da sie sonst über längere Zeit von unten nass werden, sich dadurch verziehen und faulen können. Bewährt hat sich ein Auflager aus Kanthölzern mit Unterlagen. Besonders gut eignen sich wetterfeste Holzarten wie Lärche, Douglasie und Robinie, von Tropenhölzern ist abzuraten.

Ein neues Produkt für diese Anwendung ist das Dauerholz, ein mit Wachs tiefenimprägniertes Nadelholz. Die genannten Holzarten müssen bei sinnvoller Konstruktion nur alle 15 bis 20 Jahre ersetzt werden. Je nach Holzart und -qualität eignen sich Holzdecks aber nur bedingt zum Barfußlaufen, da man sich dabei leicht Spreißel in die Fußsohle einziehen kann. Zudem können nasse Holzböden sehr rutschig sein.

Wichtig ist – ganz unabhängig von Art und Material des Bodenbelags – eine solide Gründung der Terrasse, damit sie möglichst dauerhaft eben bleibt und sich nicht allmählich senkt. Zu diesem Zweck sollte das Erdreich unter der Terrasse flächig gut verdichtet werden (wenn möglich maschinell), bevor der Belag verlegt wird.

Insbesondere in abschüssigem Gelände ist es darüber hinaus erforderlich, die Ränder von Terrassen besonders zu befestigen – und zwar sowohl gegen abfallendes als auch gegen ansteigendes Gelände. Dafür eignen sich meistens Stützmauern besonders gut, die auf tragfähigen Fundamenten aus Beton gegossen, aus Steinen und Mörtel gemauert oder aber aus Formsteinen, Natursteinen oder ähnlichem ohne Mörtel (als sogenannte „Trockenmauern") aufgeschichtet werden können. Dabei sollte man darauf achten, dass die Mauern nicht zu hoch werden: lieber mehrere kleinere als eine große Geländestufe. Eine kleinteilige Terrassenlandschaft gliedert den Garten in überschaubare Bereiche.

Auch bei der Planung der Terrasse sollten Sie über die Beleuchtung des Außenraums nachdenken. Am Haus muss man entsprechende Stromauslässe vorsehen, sonst auch die Beleuchtung der Wege mit einplanen. Sehr attraktiv sind Leuchten in der Tiefe des Gartens, die zwischen Büschen versteckt werden und zum Beispiel einen Baum dekorativ von unten anstrahlen. Eine Terrassenbeleuchtung soll primär nicht über einen Bewegungsmelder, sondern über einen Schalter im Inneren des Hauses ein- und ausgeschaltet werden. Am Haus angebracht kann man die Terrassenbeleuchtung über einen Bewegungsmelder allerdings zur Einbruchsicherung einbinden.

Terrassen, Sonnenplätze und Wege ums Haus sollten von Anfang an eingeplant und gebaut werden.

Der Traum vieler Eigenheimbesitzer mit großem Garten: Ein naturnah gestalteter Schwimmteich.

Umgang mit Oberflächenwasser

In neu erschlossenen Baugebieten ist es fast überall vorgeschrieben, dass das im Garten und Vorgarten sowie auf den Dächern anfallende Regenwasser auf dem Grundstück versickert oder zurückgehalten wird und somit nicht in den Abwasserkanal gelangt. Ziele dieser Bestimmung sind einerseits die sparsame Bemessung von Kanalsystemen, andererseits die Verbesserung des Kleinklimas und der Luftqualität im Wohngebiet durch die regelmäßige Durchfeuchtung des Bodens. Die Gemeinden haben dazu flächendeckend „gesplittete" Wasser- beziehungsweise Abwassergebühren eingeführt: Die Nutzung des Regenwassers auf eigenem Grund und Boden zahlt sich seither auch finanziell aus.

Selbst wenn dies für Ihren Bauplatz nicht vorgeschrieben ist, empfehlen wir trotzdem, möglichst viel Wasser in Ihrem Garten in eigens angelegte Teiche oder Behälter wie Zisternen zu leiten, wo es gespeichert werden kann. Das gesammelte Regenwasser kann dann nicht nur für die Bewässerung des Gartens bei Trockenheit verwendet werden, sondern auch über ein zweites Leitungsnetz Toiletten und Waschmaschinen im Haus versorgen.

Einzäunung

Wenn möglich, sollten Sie auf eine Einfriedung Ihres Grundstücks mit Zäunen oder Mauern verzichten. Das spart nicht nur Kosten, sondern trägt auch zur optisch großzügigen Gestaltung des Gartens bei – was bei den heute üblichen kleinen Grundstücken eine große Bedeutung haben kann. Wenn Sie bestimmte Bereiche Ihres Gartens (zum Beispiel die Terrasse) vor neugierigen Blicken Ihrer Nachbarn schützen wollen, eignet sich ein Sichtschutz aus Stauden oder Heckensträuchern in deren Nähe besser als ein hoher Zaun an der Grundstücksgrenze.

Wenn Ihnen ein Zaun trotzdem wichtig ist (zum Beispiel weil Sie Ihren Hund auf dem Grundstück frei laufen lassen wollen), prüfen Sie die Bestimmungen im Bebauungsplan und beschränken sich auf eine maximal hüfthohe Abgrenzung, die den Ausblick nicht einschränkt.

Zäune aus Holz fügen sich optisch meist recht harmonisch in Gärten ein, müssen allerdings (sofern sie nicht aus witterungsbeständigen Holzarten bestehen) gelegentlich neu gestrichen werden. Die Zaunpfosten brauchen in jedem Fall Fundamente, damit der Zaun nicht nach kurzer Zeit krumm dasteht. Zäune aus verzinktem Metall halten zwar sehr lange ohne Pflege, stellen aber optisch meist einen deutlichen Fremdkörper dar.

Als reizvolle Alternative zu Zäunen sind niedrige Hecken zunehmend populär, die trotz der Abgrenzungswirkung für Menschen kleinen Tieren den Durchgang ermöglichen oder sogar einen eigenen Lebensraum bieten.

Der Hausgarten

Viele Bauherren meinen, dass sie die Gestaltung und Bepflanzung des Gartens nach dem Einzug Schritt für Schritt selbst erledigen können. Dabei sind allerdings einige Punkte zu beachten:

▶ Prüfen Sie den **BEBAUUNGSPLAN** bezüglich der Gartengestaltung: Er enthält häufig Festsetzungen zu Belagmaterialien und Einfriedungen (Zäunen etc.), manchmal auch Pflanzgebote und Artenlisten für größere Pflanzen.

▶ Verwenden Sie weitestmöglich **HEIMISCHE PFLANZEN**, insbesondere bei Bäumen und Sträuchern – sie gedeihen in den Boden- und Klimaverhältnissen Ihrer Region am besten und fügen sich in die rundum vorhandene Natur harmonisch ein.

▶ Beachten Sie beim Pflanzen von Sträuchern und Bäumen, dass diese meist erheblich in die Breite wachsen, und sehen Sie entsprechende **PFLANZABSTÄNDE** vor. Denken Sie vor allem an die Pflanzabstände zur Terrasse, den Gartenwegen und den Grundstücksgrenzen zu Ihren Nachbarn hin, sonst ist späterer Ärger wegen überhängender Zweige programmiert.

▶ Ein sattgrüner, gepflegter **RASEN** ist der Stolz vieler Hausbesitzer – manch einer ist aber überrascht, wie viel Arbeit dessen Pflege letztlich macht. Eine einfache Wiese, in der sich Gras und Blumen mischen, bietet sich als pflegeleichtere Alternative an.

 INFO

GARTENGESTALTUNG PLANEN LASSEN

Es kann sich durchaus lohnen, einen Landschaftsarchitekten mit einem Vorentwurf für Ihren Garten zu beauftragen, den Sie dann entweder von einer Gartenbaufirma realisieren lassen oder selbst über einen längeren Zeitraum in die Tat umsetzen können. Landschaftsarchitekten kennen sich nicht nur mit den hier beschriebenen Gegebenheiten aus, sondern können auch ein auf die Topografie und Besonnung Ihres Grundstücks maßgeschneidertes Pflanzkonzept erstellen. Sofern sie nicht über den Vorentwurf hinausgeht, ist diese Dienstleistung übrigens erstaunlich preiswert.

VON BAUBEGINN BIS BAUABNAHME

VORBEREITUNGEN

Haben Sie einen Vertrag mit einem Fertighaushersteller, Bauträger oder einem Generalübernehmer abgeschlossen, sind zur Vergabe und Bauüberwachung keine weiteren Vorkehrungen zu treffen. Diese Auftragnehmer müssen in Eigenverantwortung dafür sorgen, dass die Arbeitsschritte, die ansonsten ein Architekt für den Bauherrn erledigt, durch sie erfüllt werden.

Den wesentlichsten Unterschied werden Sie allerdings beim Qualitätsmanagement, also bei der Bauüberwachung finden. Wie die Abnahme zu bewerkstelligen ist, bleibt aber für jeden Baubeteiligten relevant.

Beim individuellen Bauen ist die Planung als solche beendet. Spätestens jetzt beginnt die Vorbereitung der Bauausführung durch die Ausschreibungen, die sich manchmal bis in die ersten Phasen der Bauausführung hinein erstrecken können.

Die Vorbereitung der Vergabe ist Gegenstand der Leistungsphase 6 zu § 34 HOAI. Der Architekt hat hier zunächst die Pflicht, ein fehlerfreies und lückenloses Leistungsverzeichnis aufzustellen. Die in der Planung des Architekten niedergelegten baulichen Maßnahmen werden in Textform ausgewählten Unternehmen zugeschickt und diese zur Abgabe eines Angebots aufgefordert.

Sie als Bauherr haben in dieser Phase verhältnismäßig wenig zu tun. Die Architektur und die Qualität der Ausführung haben Sie zuvor bereits mit dem Architekten besprochen. Wenn das nicht bereits erfolgt ist, müssen Sie lediglich auf Grundlage der Beratung des Architekten die Frage entscheiden, ob Sie eine Einzelvergabe getrennt nach Gewerken (Rohbau, Innenausbau, Fensterbau, Gas, Heizung, Sanitär etc.) durch mehrere Einzelunternehmen oder die Beauftragung eines Generalunternehmens wünschen. Dabei ist es an dieser Stelle zunächst erst einmal unerheblich, ob das Angebot auf Grundlage eines Einheitspreises (→ „Vergütungsregeln", Seite 197) oder eines Pauschalpreises abgefordert wird. Maßgeblich sind vielmehr der Umfang der abgeforderten Leistungen und deren Vollständigkeit.

Ein Generalunternehmer muss nicht immer die günstigere Variante sein. Für ihn kann aber das bereits angesprochene Schnittstellenrisiko sprechen: Treten am Bau Mängel auf, kommt es in der Praxis nicht selten vor, dass der Verursacher nicht eindeutig zuzuordnen ist und die beteiligten Einzelunternehmen ihre Verantwortung leugnen. Insbesondere, wenn ein solcher Mangel erst nach der Abnahme aufgetreten ist, können Sie als Bauherr auf den Folgen sitzenbleiben, wenn der Mangel nicht eindeutig einem der ausführenden Unternehmen zugeordnet werden kann. So kann zum Beispiel der mit einer Bitumendickbeschichtung isolierte Keller deshalb undicht geworden sein, weil diese durch den Rohbauunternehmer von vornherein mangelhaft ausgeführt wurde. Sie kann allerdings auch erst später beschädigt worden sein, während eine Kiesschicht angelegt und das Gelände durch ein Drittunternehmen verfüllt wurde.

Dieses Risiko besteht beim Generalunternehmer nicht, da es unerheblich ist, durch welche seiner Arbeiten der Mangel hervorgerufen wurde. Der Generalunternehmer trägt die Verantwortung für sämtliche Leistungen und haftet daher so oder so. Dieses Argument ist unter Abwägung der zusätzlichen finanziellen Lasten zwischen Bauherr und Architekt zu besprechen und abzuwägen.

Ferner hat der Architekt bestehende planerische Vorgaben anderer Fachplaner (Tragwerksplaner, Planer für technische Gebäudeausrüstung etc.) zu berücksichtigen. Mit diesen hat er die Leistungsbeschreibungen abzustimmen und zu koordinieren.

AUFTRÄGE ERTEILEN

Im nächsten Schritt werden die zuvor aufgestellten Leistungsverzeichnisse mit den Vertragsunterlagen versehen. An dieser Stelle berät der Architekt den Bauherrn zu den entscheidenden Fragen des Vertrags mit den weiteren Bauunternehmen.

Es ist zu entscheiden, ob die VOB/B mit einbezogen wird, welche Gewährleistungsfristen vereinbart werden sollen, welche Vertragsfristen vorzugeben sind, ob diese eventuell mit einer Vertragsstrafe zu versehen sind sowie ob und in welcher Höhe Sicherheiten und Einbehalte zu vereinbaren sind.

Zur Gestaltung der Verträge mit den Baupartnern verweisen wir auf die Ausführungen in „Die Vertragspartner beim Bau" (→ Seiten 177 ff.).

In der Tat erwartet die Rechtsprechung von dem Architekten, dass er in der Lage ist, unter Berücksichtigung des geltenden Rechts Vertragswerke vorzugeben und zu verhandeln. In der Praxis zeigt sich immer wieder, dass gerade dieser Bereich mit vielen juristischen Untiefen versehen ist. Es empfiehlt sich daher, für das Abfassen von Vertragswerken einen Juristen hinzuzuziehen. Jeder Bauherr, der im Ernstfall mit einer unwirksamen Klausel zur Vertragsstrafe oder unwirksam vereinbarten Sicherheiten zu kämpfen hatte, wird das bestätigen.

Der Bauherr darf sich hier auf die Sachkunde seines Architekten verlassen. Wesentliche Mitwirkungspflichten bei der Abfassung der Verträge treffen ihn an dieser Stelle nicht. Auch die terminlichen Festlegungen, die sich in den Fertigstellungs- und eventuellen Zwischenfristen des Vertrags niederschlagen, zum Beispiel im Hinblick auf die Kündigung des bestehenden Mietverhältnisses, hat der Architekt im Auge zu behalten.

Im Folgenden hat der Architekt dann Angebote einzuholen. Eine typische Fehlerquelle an dieser Stelle ist es, wenn nicht für alle Gewerke jeweils mehrere Angebote eingeholt werden. Dann ist ein echter Preisvergleich nicht möglich. Darauf sollten Sie in der Zusammenarbeit mit dem Architekten achten. Denn der Architekt muss die eingegangenen Angebote prüfen und bewerten. Das gilt insbesondere deshalb, weil ausführende Unternehmen nicht selten sogenannte Sondervorschläge unterbreiten, die geeignet sein können, Baukosten zu sparen. Sondervorschläge sind solche, die von den Planungsvorgaben beziehungsweise der Ausschreibung des Architekten abweichen, gleichwohl aber zum angestrebten Erfolg führen (z.B. eine andere Form der Abdichtung). Dann muss der Architekt prüfen und bewerten, ob der Sondervorschlag tatsächlich technisch tauglich ist und Kosten spart und dieses Angebot in Bezug zu den übrigen Angeboten setzen.

Angebote, die dem Planungsbereich anderer Fachplaner zuzuordnen sind, muss der Architekt mit diesen absprechen und von diesen auch bewerten lassen.

Am Ende dieses Prozesses muss der Architekt dem Bauherrn einen Preisspiegel zur Verfügung stellen. Die abschließende Entscheidung, wer beauftragt wird, trifft der Bauherr. Dabei ist es im Regelfall nicht ungewöhnlich, Details der Ausführung und die Kosten neu zu verhandeln. Das kann der Bauherr in Anwesenheit des Architekten machen. Im Regelfall wird er es aber diesem allein überlassen.

Bei der Auswahl der Bauunternehmen sollten Sie keinesfalls versuchen, den Architekten dahingehend zu beeinflussen, bei der Einzelvergabe Unternehmen zu berücksichtigen, die zwar Ihnen, nicht aber dem Architekten bekannt sind. Natürlich haben Sie als Bauherr ein solches Weisungsrecht. In der Praxis hat sich allerdings immer wieder gezeigt, dass ein gutes Zusammenwirken der verschiedenen Baubetei-

Wichtig während der Bauphase ist, dass Sie nach Abschluss und Abrechnung von Teilarbeiten immer auch den Kostenstand aktualisieren (lassen), um bei erheblichen Überschreitungen frühzeitig korrigierend eingreifen zu können.

ligten zwingend erforderlich ist. Oft greifen Architekten auf eingespielte Unternehmen zurück, mit denen sie besonders gute Erfahrungen gemacht haben. Kommunikation und Bereitschaft zur Konfliktlösung funktionieren unter diesen Umständen besonders gut.

Wesentlicher Leistungsinhalt des Architekten ist es, dass er auch im Rahmen der Vergabe die finanziellen Interessen des Bauherrn wahrt. Zunächst hat er Leistungsverzeichnisse zu erstellen, die er mit Preisen zu versehen hat. Dabei sind die in der Kostenberechnung vorgesehenen Beträge weiterhin zu berücksichtigen. Nach Vorlage der Angebote sind diese Preise mit den Angebotspreisen zu bewerten und ein Preisspiegel zu erstellen. Diese Vorgehensweise macht einen bis 2013 zu erstellenden Kostenanschlag entbehrlich.

Dem Bauherrn soll damit noch vor Baubeginn ein fundierter Einblick in die Kostenentwicklung und die Möglichkeit zum Gegensteuern gegeben werden. Die Kosten sind fortzuschreiben, so etwa in späteren Phasen der

Ausschreibung und Vergabe, wenn erste Ausführungsleistungen bereits schlussgerechnet sind und der abschließende Preis damit feststeht.

Da nunmehr konkrete Angebote vorliegen, wird eine höhere Kostensicherheit erreicht. An dieser Stelle hätte der Bauherr die Möglichkeit korrigierend einzugreifen, wenn die Angebote nicht mehr mit der Kostenberechnung übereinstimmen. Den Architekten treffen hier Aufklärungspflichten gerade im Hinblick auf die in der Kostenberechnung vorgesehenen Kostenpunkte. Haben Sie zuvor mit dem Architekten vertraglich eine Beschaffenheitsvereinbarung über die maximalen Kosten vereinbart, kann Ihre Intervention an dieser Stelle nicht einmal als Änderungsanordnung zur Planung verstanden werden.

In jedem Fall begründen hier ausgewiesene Kosten, die die vereinbarte Kostengrenze überschreiten, eine Mangelhaftigkeit des Architektenwerks (Kostenplanung). Es ist dann Sache des Architekten, diesen Mangel auf seine eigenen Kosten durch Planoptimierung oder erneute Ausschreibung zu beheben.

Die Möglichkeit zum Eingreifen ist natürlich erschwert, wenn aus terminlichen Gründen mit der Umsetzung der Baumaßnahme begonnen wird, bevor die abschließenden Angebote für alle Gewerke vorliegen. So ist es nicht ungewöhnlich, dass mit den Tiefbauarbeiten begonnen wird, während die Angebote für Heizung, Lüftung und Sanitär noch nicht vorliegen. An dieser Stelle wirkt es sich aus, wie vollständig und gründlich der Architekt die Leistungsverzeichnisse aufgestellt hat.

Denn erst während der Umsetzung der Ausführungspläne und der Leistungsbeschreibungen stellt sich heraus, ob etwas vergessen oder fehlerhaft bewertet wurde. Erst in dieser Phase werden Nachträge offenbar. Wie bereits dargestellt, lassen sich Nachträge aufgrund eines unvollständigen Leistungsverzeichnisses auch nicht durch Pauschalabreden verhindern. Pauschalpreisabreden betreffen allenfalls das Mengen- und Massenrisiko.

Während der gesamten Zeit hat der Architekt die Kosten fortzuschreiben. Um an dieser Stelle juristische Interpretationsspielräume zu schließen, sollten Sie auf jeden Fall mit dem Architekten vereinbaren, in welchen Abständen er die Fortschreibung (zum Beispiel alle zwei Wochen) vorzulegen hat. So bleibt Ihnen als Bauherr selbst die Möglichkeit zur Kontrolle und Steuerung, soweit infolge von Nachträgen oder abgerechneten Zwischenleistungen erkennbar wird, dass die Endbausumme von der Finanzierung nicht abgedeckt ist.

Man muss sich an dieser Stelle klar machen, dass nur wenige Architekten die Neigung verspüren, Fehler, die im Rahmen ihrer Ausschreibung aufgetreten sind, sofort gegenüber dem Bauherrn offenzulegen. Häufig haben sie noch die Hoffnung, an anderer Stelle Einsparungen vornehmen und die Mehrkosten so kompensieren zu können – oft vergeblich, wie sich dann später herausstellt.

Die Kostenfortschreibung ersetzt nicht die Kostenfeststellung, die der Architekt dem Bauherrn am Ende der Baumaßnahme vorlegen muss. Sie stellt das gängige Instrument zur Überwachung des Architekten dar, der seinerseits die Kostenkontrolle schuldet.

BAUÜBERWACHUNG

Bis die endgültigen Kosten nach Abnahme aller Gewerke durch die Kostenfeststellung feststehen, geht allerdings noch einige Zeit ins Land, während derer Architekt und Bauherr verschiedene Pflichten zu erfüllen haben. Neben der weiter fortzuführenden finanziellen Überwachung legt die Rechtsprechung dem Architekten insbesondere die Verpflichtung auf, die Fachplaner wie auch die verschiedenen ausführenden Unternehmen so zu koordinieren,

dass der Bauzeitenplan eingehalten werden kann und eine mangelfreie Leistung entsteht.

Kostenkontrolle

Mengen- und Massenüberschreitungen stellen sich in der Regel ebenfalls erst während der Bauausführung heraus, etwa wenn das ausführende Unternehmen zusammen mit den Architekten ein Zwischenaufmaß oder das Endaufmaß nimmt.

Das Aufmaß dient der Feststellung der Mengen und Massen zur Berechnung eines Abschlags oder zur Feststellung der abzurechnenden Leistung. Das Aufmaß sollte dazu gemeinsam genommen werden (§ 14 Abs. 2 VOB/B). Es ist in diesem Fall auch bindend, da es als anerkannt zu werten ist. Entsenden Sie als Bauherr Ihren Architekten zu dieser Aufmaßnahme, müssen Sie das Ergebnis gegen sich gelten lassen.

Bei einer fairen Abwicklung eines Bauvertrags haben beide Parteien ein Interesse daran, ein gemeinsames Aufmaß zu nehmen, insbesondere um Streitigkeiten zu vermeiden. Beide Seiten haben auch einen Anspruch darauf.

Allerdings kann auch ein einseitiges Aufmaß dem Auftragnehmer zur Durchsetzung seiner Forderung dienen. Der Auftragnehmer trägt im Streitfall allerdings die Beweislast dafür, dass die von ihm abgerechneten Mengen richtig sind. Ist ein Aufmaß nicht mehr möglich, zum Beispiel weil die entsprechende Teilleistung überbaut ist, kann ein Richter, gegebenenfalls unter Zuhilfenahme eines Sachverständigen, die Mengen schätzen.

INFO

RECHNUNGSPRÜFUNG

Streit gibt es in der Praxis immer wieder darüber, was es heißt, wenn ein Architekt des Bauherrn die vom Auftragnehmer einseitig erstellten Massen während der Rechnungsprüfung als fachlich und rechnerisch richtig abhakt. In diesem Fall ist der Prüfvermerk des Architekten lediglich die Bestätigung seiner Rechnungsprüfung. Anders als beim gemeinsamen Aufmaß liegt darin kein Anerkenntnis durch den Bauherrn beziehungsweise seines Bevollmächtigten.

Die Mengen und Massen sind nicht nur für das Gesamtbudget relevant, sondern auch für die Zahlungsflüsse. Obwohl nach der Grundkonzeption des Gesetzes der Werkunternehmer erst einmal vorleistungspflichtig ist, hat dieser in der Praxis immer einen Anspruch auf Vergütung der erbrachten (Teil-)Leistung. Entweder vereinbaren die Parteien bereits bei Vertragsabschluss einen Zahlungsplan oder die Ansprüche auf Abschlagszahlungen folgen aus § 16 VOB/B oder § 632a BGB.

Auch bei einem Zahlungsplan brauchen die vereinbarten Abschläge nur dann gezahlt werden, wenn der für den Abschlag vorgesehene Leistungsstand auch mangelfrei erreicht ist. Dies hat der Architekt zwingend zu überprüfen. Gibt er Zahlungen frei, die dem Leistungsstand nicht entsprechen, und fällt das ausführende Unternehmen später in Insolvenz, sodass eine Rückforderung nicht möglich ist, haftet er dafür.

Abschläge sind nur dann zur Zahlung freizugeben, wenn die abgerechnete Teilleistung schon erbracht ist. Einer Teilabnahme bedarf es dagegen für die Durchsetzung der Abschlagsrechnung nicht. Dem Bauherrn sind rechtsgeschäftliche Teilabnahmen auch nicht anzuraten, selbst wenn er dazu aufgefordert wird. Dies würde zu einem vorzeigten Beginn des Laufs der Gewährleistungsfristen für die in Teilen abgenommenen Leistungen führen!

Anders verhält es sich bei der technischen Abnahme, die sich als bloße Überprüfung während der Bauausführung dort empfiehlt, wo die Leistungen überbaut werden (Keller in WU-Beton, Fußbodenheizung im Estrich etc.).

Zu beachten ist ferner, dass Abschlagsforderungen eines ausführenden Unternehmens sich immer an der Mangelfreiheit seiner Leistungen messen lassen müssen. So wie beim Nichterreichen des vertraglich vorgesehenen Leistungsstands kann es selbstredend auch dann nicht den vollen Abschlag geben, wenn die Leistung zwar insgesamt erbracht, aber noch nicht mangelfrei ist.

Hier ist es Aufgabe des Architekten, die Mangelbeseitigungskosten zu schätzen und den Abzug unter Berücksichtigung des Druckzuschlags durchzusetzen. Parallel dazu ist es seine Aufgabe, dem ausführenden Unternehmen eine Frist zur Beseitigung des Mangels zu setzen. Dabei wird von dem Architekten erwartet, dass er die notwendigen rechtlichen Kenntnisse hat, um diese Frist rechtlich wirksam zu setzen. Leugnet das ausführende Unternehmen den Mangel oder kommt es aus anderen Gründen der Pflicht zu einer ordnungsgemäßen Mangelbeseitigung nicht nach, so

Das Aufmaß dient der Feststellung der Mengen und Massen zur Berechnung eines Abschlags oder zur Feststellung der abzurechnenden Leistung eines Unternehmers. Um spätere Konflikte zu vermeiden, sollte das gemeinsam durchgeführt werden.

hat der Architekt den Bauherrn über seine Rechte aufzuklären.

Allerdings müssen Sie als Bauherr selbst entscheiden, welches Recht Sie ausüben wollen. An dieser Stelle hat nicht der Architekt, sondern der Bauherr gegenüber seinem Vertragspartner die entsprechenden Erklärungen abzugeben. Neben den Einbehalten wegen unvollständiger oder mangelhafter Leistung hat der Architekt auch die im Rahmen des Vertragsabschlusses vereinbarten Einbehalte zu berücksichtigen.

Daneben hat er die ohnehin vertraglich vereinbarten Einbehalte (Strom-, Wasser- und Bauschuttpauschalen) abzuziehen.

Fristenkontrolle

Der Architekt hat den eigens aufgestellten Bauablaufplan im Hinblick auf die vertraglichen Termine umzusetzen und bei Behinderungen fortzuschreiben. Der Terminplan muss aber realisierbar sein.

Die VOB gibt dem Bauherrn die Möglichkeit, im Falle von Verzögerungen bei den Bauleistungen vom ausführenden Unternehmen

Abhilfe zu verlangen und eine „Verstärkung" der Baustellenbesetzung zu begehren (§ 5 Abs. 3 VOB/B). Wird diese Aufforderung vom Architekten gegenüber dem Unternehmen ausgesprochen und mit einer Frist nebst Kündigungsandrohung versehen, kann der Bauherr nach Ablauf der Frist dem ausführenden Unternehmen den Vertrag ganz oder in Teilen entziehen und daneben Schadenersatz geltend machen (§ 8 Abs. 3 VOB/B).

Zum Abschluss der Baumaßnahme hat der Architekt dann zu klären, ob die vertraglichen Fristen eingehalten wurden. Dabei hat er zu überprüfen, ob es während der Bauzeit ordnungsgemäß angezeigte Behinderungen gegeben hat, die die Ausführungszeit des Unternehmens verlängert haben. Die Fristeinhaltung wird stets an den vertraglich vereinbarten Fertigstellungszeiten gemessen. Hat der Architekt Verzögerungstage ermittelt, ist bei der Abnahme die Vertragsstrafe vorzubehalten, soweit eine solche vereinbart ist. Diesen Betrag hat der Architekt im Rahmen der Schlussrechnungsprüfung von der Vergütung des Auftragnehmers abzuziehen.

Für die End-
abnahme sind
rechtlich immer
die Bauherren
zuständig. Sie
können sich al-
lerdings durch
fachkundige
Experten dabei
unterstützen
lassen.

Qualitätsmanagement

Die dritte wesentliche Pflicht des Architekten
während der Bauüberwachung ist die Einhaltung und Überwachung der vertraglich festgelegten Standards und Qualitäten. In der Rechtsprechung gibt es keine expliziten Vorgaben,
wann und wie oft der Architekt die Baustelle
besuchen muss. Die Intensität der Bauüberwachung folgt hier dem Schwierigkeitsgrad der
Arbeiten und ihrer Bedeutung. Gibt es dazu
keine Vorgaben im Vertrag, verlangt die Rechtsprechung vom Architekten lediglich dann die
Anwesenheit, wenn es um besonders kritische
und schadensträchtige Ausführungen geht.
Besondere Gefahrenquellen können in Abdich-
tungs- und Isolierarbeiten liegen, oder in solchen, die eine besondere Bedeutung für das
Bauwerk haben, wie Schallschutz, Wärmedämmung, Brandschutz, Feuchtigkeitsisolierung etc. Besondere Aufmerksamkeit muss er
auch dann erbringen, wenn das ausführende
Unternehmen bereits fehlerhafte Arbeiten erbracht hat.

Bei einfachen und gängigen Arbeiten muss
der Architekt nicht ständig auf der Baustelle
sein. Er hat lediglich bei Beendigung der Arbei-

ten, spätestens also mit der Abnahme durch
den Bauherrn die ordnungsgemäße Ausführung der Arbeiten zu überprüfen. Übrigens hat
der Architekt auch die Pflicht zur Überwachung
der Eigenleistungen des Bauherrn. Vergleichbare Anforderungen gibt es an Bauträger und
Fertighaushersteller nicht.

Die Umstände der Baudurchführung hat
der Architekt z. B. durch das Führen eines
Bautagebuchs zu dokumentieren. Der Architekt hat die Verpflichtung, dieses zu führen. Es
hat den Zweck, das Baugeschehen mit allen
wesentlichen Einzelheiten zuverlässig und be-
weiskräftig zu dokumentieren. Neben den ter-
minrelevanten Umständen wie Witterung, Behinderung etc. muss daraus auch hervorgehen,
wann der Architekt auf der Baustelle anwesend
war und welche Arbeiten währenddessen
durchgeführt wurden.

Stellt der Architekt während der Bauüberwachung Baumängel der ausführenden Unternehmen fest, muss er selbst zur Nacherfüllung
auffordern und gegebenenfalls auch mehrfach
mahnen. Er hat dafür Sorge zu tragen, dass die
vor und bei der Abnahme festgestellten Mängel tatsächlich auch beseitigt werden und das

ordnungsgemäß zu überwachen. Ist eine Ursache für einen Mangel nicht festzustellen, ist er verpflichtet, diese zu erforschen.

Mit der Übernahme der Objektüberwachung trifft den Architekten die Pflicht, nicht nur seinen Bauherrn, sondern auch Dritte vor Schäden zu bewahren, die im Zusammenhang mit der Errichtung des Bauwerks entstehen können. Ohne gesonderte Vereinbarung ist der Architekt allerdings nicht verpflichtet, die Aufgabe des sogenannten Sicherheits- und Gesundheitskoordinators zu übernehmen. Der Architekt hat Sie als Bauherrn allerdings darüber aufzuklären, wenn ein solcher erforderlich ist. Auf einer Baustelle, auf der mehrere Unternehmen anwesend sind, muss immer ein Sicherheits- und Gesundheitskoordinator bestellt werden, ohne dass es darauf ankommt, ob für die Arbeiten eine Baugenehmigung erforderlich ist oder ob die Baustelle mit besonderen Gefahren verbunden ist.

Fertigstellung und Abnahme

Nachdem in „Regelungen zur Abnahme" (→ Seite 215) besprochen wurde, welche Rechtswirkungen die Abnahmen auslösen, geht es nunmehr darum, wie die Abnahme vonstatten geht, wenn die Leistung zum Zeitpunkt des Abnahmeverlangens vollständig und im Wesentlichen mangelfrei ist.

Insbesondere, wenn der Bauherr nach Fristsetzung und (Teil)Kündigung die Ersatzvornahme (Mangelbeseitigung) selbst durchgeführt hat, wird das ausführende Unternehmen Probleme haben, den Nachweis der Mangelfreiheit noch zu führen. Die Gewähr dafür bleibt trotzdem im Risikobereich des ausführenden Unternehmens, wenn der Bauherr vor Durchführung der Ersatzvornahme den Mangel gerügt hat. Genau diese Rüge hat der Architekt im wohl verstandenen Interesse seines Bauherrn auszusprechen.

Dazu hat er mit den anderen an der Planung und Bauüberwachung beteiligten Fachplanern festzustellen, ob es Mängel gibt. Ferner muss der Architekt dort, wo behördliche Abnahmen notwendig werden, diese herbeiführen, bevor die rechtsgeschäftliche Abnahme erfolgt. Denn im Regelfall schuldet das ausführende Unternehmen auch die Einhaltung der öffentlich-rechtlichen Vorschriften.

Zur Abnahme selbst ist der Architekt allerdings nicht berechtigt, es sei denn, eine solche Regelung beziehungsweise Beauftragung findet sich im Bauvertrag oder im Architektenvertrag. Im Regelfall wird das allerdings ausgeschlossen sein. Daher ist es fast immer zwingend erforderlich, dass der Bauherr die Abnahme selbst vornimmt.

Bei der formellen Abnahme wird mit dem ausführenden Unternehmen ein Termin vereinbart und ein förmliches Protokoll geführt, in dem die Mängel, der Vorbehalt der Vertragsstrafe und häufig auch die Gewährleistungsfristen festgehalten werden. Am Ende des Abnahmetermins muss der Bauherr entscheiden, ob die Leistung dem entspricht, was vertraglich geschuldet war beziehungsweise nur unwesentlich davon abweicht. In diesem Fall ist er verpflichtet, die Abnahme zu erklären.

Weigert er sich, und stellt sich in einem späteren gerichtlichen Verfahren heraus, dass nur unwesentliche Mängel vorgelegen haben, kann das ausführende Unternehmen direkt auf Vergütung klagen. Die fehlende Abnahmeerklärung des Bauherrn steht dann nicht entgegen.

Für die im Abnahmeprotokoll vorbehaltenen Mängel verbleibt es bei der dargestellten Beweislastverteilung. Werden bei der Abnahme bekannte oder erkennbare Mängel nicht „vorbehalten", das heißt ausdrücklich gerügt und zu erkennen gegeben, dass die Leistung insoweit nicht als vertragsgerecht anerkannt wird, können Ansprüche auf Nachbesserung, Kostenerstattung und Vorschuss, Minderung oder Rücktritt nicht mehr geltend gemacht werden.

Praxistipp: Expertenblick für Baumängel

Als Baulaie werden Sie im Regelfall nicht alle Mängel erkennen. Lassen Sie sich also fachkundig unterstützen. Bestellen Sie selbst einen sachkundigen, vereidigten und öffentlich bestellten Sachverständigen mit dem Bestellungsgebiet „Schäden an Gebäuden". Diese bekommen Sie von der IHK oder der Architektenkammer benannt. Auf diese Weise werden Ihre Rechte am besten gewahrt.

Solange der Vorbehalt allerdings erfolgt, bleiben diese Rechte weiterhin bestehen.

Daher ist es Aufgabe eines beauftragten Architekten, sämtliche von ihm erkannten Mängel in das Abnahmeprotokoll aufzunehmen und den Bauherrn zu beraten, ob er die Gesamtleistung abnehmen kann oder nicht (Abnahmeempfehlung). Ist kein Architekt beauftragt oder soll die Leistung desselben abgenommen werden, ist der Bauherr hier auf sich allein gestellt.

Abnehmen muss der Bauherr die Leistung dann, wenn die vorgefundenen Mängel unwesentlich sind. Die Beurteilung der (Un-)Wesentlichkeit von Mängeln hängt dabei immer von den Umständen des konkreten Einzelfalls ab. Maßstab ist stets der Grad der Beeinträchtigung der Funktionsfähigkeit des Gesamtwerks durch die vorhandenen Mängel.

Dabei ist eine Gesamtschau unter Beachtung aller Mängel vorzunehmen. Bei der Einschätzung der Erheblichkeit sind auch die Kosten der Mangelbeseitigung im Verhältnis zum Werklohn zu berücksichtigen.

Ist die Abnahme erfolgt, wird das ausführende Unternehmen auf Basis eines einseitig oder gemeinsam erstellten Aufmaßes die Rechnung vorlegen. Ist die VOB/B vereinbart, ist neben der Abnahme die sogenannte Prüffähigkeit der Rechnung Voraussetzung für die Fälligkeit der Schlusszahlung. Der Architekt muss die Rechnung als sachlich und rechnerisch geprüft an den Bauherrn weitergeben. Er hat in diesem Zusammenhang zu prüfen, ob die Leistung vollständig erbracht ist, insbesondere ob die Nachweise über die Leistungserbringung vorliegen. Dazu gehören bisweilen auch schriftliche Unterlagen, etwa Dokumentationen zur Bedienung des Heizkessels, der Außenbeschattung, Prüfprotokolle und Ähnliches. Besondere Vorsicht ist bei der Überprüfung von Nachträgen angebracht, die zusätzliche Kosten auslösen. Hier hat der Architekt durch das ausführende Unternehmen den kalkulatorischen Nachweis führen zu lassen, dass die im Ursprungsleistungsverzeichnis nicht vorgesehenen Leistungen entsprechend dem vereinbarten Preisgefüge abgerechnet werden. Damit soll der weit verbreiteten Praxis entgegenge-

treten werden, dass Bauunternehmer im Wesentlichen durch die Nachträge erhebliche Gewinne generieren. Gelingt dem ausführenden Unternehmen dieser Nachweis nicht, so wird die Vergütung für Nachtragsleistungen mangels Prüffähigkeit nicht fällig.

INFO PRÜFFRISTEN BEACHTEN
Prüft der Architekt die Rechnungen nicht, kann eine noch so unsinnige Schlussrechnung des ausführenden Unternehmens nicht mehr mit dem Einwand abgewehrt werden, diese sei nicht fällig geworden, wenn nach Zugang der Rechnung eine Prüffrist von zwei Monaten abgelaufen ist (BGH IBR 2011, 188). Im Regelfall sollte der Architekt so lange allerdings nicht abwarten.

Hat der Architekt oder der Bauherr mit dem ausführenden Unternehmen die befristete Gewährung eines Skontos (Rabatts) für das Zahlen der Schlussrechnung vereinbart, muss der Architekt die Rechnung so rechtzeitig prüfen, dass der Bauherr noch die Gelegenheit hat, den Skonto durch rechtzeitige Zahlung zu ziehen. Gelingt dem Architekten das nicht, haftet er für den daraus entstehenden Schaden. Für die fehlerhafte Rechnungsprüfung haftet der Architekt nach § 634a BGB über einen Zeitraum von fünf Jahren.

Im letzten Schritt reicht der Architekt dann die von den ausführenden Unternehmen abgeforderten Unterlagen, Dokumentationen und so weiter an den Bauherrn weiter. Er hat die Unterlagen zur Abnahme zusammenzustellen, die daraus resultierenden Verjährungsfristen für die Mängelgewährleistung aufzulisten und dem Bauherrn zur Verfügung zu stellen.

Endlich geschafft! Mit ein wenig Glück ist damit die abgenommene und bezahlte bauliche Maßnahme zur Zufriedenheit aller Beteiligten abgeschlossen.

NACH DER ABNAHME

Wir empfehlen, mit dem ausführenden Unternehmen immer die zulässige Gewährleistungsfrist von fünf Jahren vertraglich zu vereinbaren. Für einige Maßnahmen wie eine „weiße Wanne" im Keller oder die Dachabdichtung ist es auch nicht ungewöhnlich, eine zehnjährige Gewährleistungsfrist zu vereinbaren. Diese Fristen beginnen mit dem Tag der Abnahme.

Unser Tipp: Sie müssen als Bauherr die – möglicherweise unterschiedlich lang dauernden – Gewährleistungszeiten im Blick behalten und einige Monate vor deren Ablauf nochmal gezielt einen kritischen Blick auf die Bauteile werfen, deren Gewährleistungszeit bald ausläuft.

Hat ein Architekt in diesem Fall auch noch die Objektbetreuung (Leistungsphase 9 der HOAI) übernommen, wird er dem Bauherrn in der Gewährleistungszeit bei der Mängelfeststellung beziehungsweise beim Beseitigen in dieser Frist aufgetretener Mängel unterstützen und ihn letztendlich bei der Freigabe oder Verwertung von Sicherheitsleistungen beziehungsweise -einbehalten beraten. Das gehört in diesem Fall zu den Leistungspflichten des Architekten.

Hat dieser selbst keine Teilabnahme seiner Leistungen nach Abschluss der Bauüberwachung vereinbart, ist seine Leistung erst dann vollständig erbracht, wenn die Gewährleistungzeit des ausführenden Unternehmens abgelaufen ist. In diesem Fall beginnt erst dann seine eigene fünfjährige Gewährleistungsfrist.

Aus Sicht des Bauherrn ist die Beauftragung der Leistungsphase 9 gemäß § 34 HOAI vorteilhaft, da er den Architekten für Mängel in der Planung und Bauüberwachung bis zu zehn

Jahre nach Abnahme der mangelhaften Leistung noch in die Haftung nehmen kann. Da sich viele verdeckte Mängel erst innerhalb einer längeren Zeitspanne zeigen, ist dies für den Bauherrn hilfreich, zumal der Architekt für eine mangelhafte überwachungspflichtige Bauausführung neben dem ausführenden Unternehmen gesamtschuldnerisch haftet und für die korrekte Erbringung seiner Leistungen auch versichert ist. Er haftet auch dann, wenn das ausführende Unternehmen daneben aufgrund von Verjährung nicht mehr in die Haftung genommen werden kann. Für den Architekten endet somit die Verantwortung für die Baumaßnahme später als für alle anderen am Bau Beteiligten.

SERVICE

GLOSSAR

A

ABDICHTUNG Maßnahmen, die zum Schutz von Bauwerken und Bauteilen gegen die Einwirkung von Wasser und Feuchtigkeit ergriffen werden. Dabei wird unterschieden zwischen der Abdichtung gegen bloße Bodenfeuchtigkeit (regelt die DIN 18 195–4), gegen nichtdrückendes Wasser (geregelt in DIN 18 195–5) und der Abdichtung gegen drückendes Wasser von außen (behandelt die DIN 18 195–6) oder von innen (normiert die DIN 18 195–7).

ABFANGUNG Sicherung im Falle, wenn Gefahr besteht, dass Bauwerke oder Bauteile einstürzen oder umkippen. Die Abfangung erfolgt meist durch spezielle Konstruktionselemente.

ABNAHME (§ 640 BGB beziehungsweise § 12 VOB/B) ist die Entgegennahme des Bauwerks als vertragsgemäße Leistung, bestätigt dies und führt zum Übergang der Gefahr der Zerstörung oder Beschädigung des Werkes. Im Zeitpunkt der Abnahme beginnt außerdem die Gewährleistungsfrist zu laufen. Die Abnahme kann durch eine förmliche Erklärung gegenüber dem Hersteller und Vertragspartner oder auch konkludent durch die Ingebrauchnahme des Werkes erfolgen. Bei einem Vertrag nach der VOB/B führt auch die Überschreitung einer 12-tägigen Frist nach der Mitteilung über die Fertigstellung des Bauwerks zu den Wirkungen der Abnahme.

ADSL Asymmetric Digital Subscriber Line, etwa: asymmetrische digitale Standleitung. Dieser für Privathaushalte gängige Internet-/Datenanschluss wird als asymmetrisch bezeichnet, weil die Daten wesentlich schneller zum Kunden transportiert („Downstream") werden als von ihm weg („Upstream").

AKTOR in der Technik ein Befehlsempfänger, der Kommandos entgegennimmt und in die gewünschte Aktion umsetzt, beispielsweise Lampen schaltet oder Rollläden bewegt.

ANNUITÄTENDARLEHEN Darlehen, für die während der vereinbarten Zinsbindung gleichbleibende Raten aus Zins und Tilgung zu zahlen sind. Da die Restschuld durch die Tilgung abnimmt, sinkt der Zinsanteil der Rate mit zunehmender Laufzeit, während der Tilgungsanteil steigt.

ANRECHENBARE KOSTEN umfassen denjenigen Teil der Gesamtkosten des Bauvorhabens, der nach der Honorarordnung für Architekten und Ingenieure (HOAI) bei der Berechnung des Honorars zu Grunde gelegt wird.

ANSCHLUSSFINANZIERUNG Finanzierung im Anschluss an das Auslaufen der Zinsbindung für ein Annuitätendarlehen. Die Anschlussfinanzierung kann sich wiederholen, wenn die Darlehensschuld am Ende der Laufzeit des Anschlusskredits noch nicht vollständig getilgt ist (siehe auch: Forwarddarlehen).

AUFLASSUNG Einigung zwischen Verkäufer und Käufer über die Eigentumsübertragung bei Immobilien (gem. § 925 BGB). Die Auflassung ist von der notariellen Beurkundung des Grundstückskaufvertrags gemäß § 313 BGB zu unterscheiden. Nach § 873 BGB geht das Eigentum an einem Grundstück erst durch Einigung (Auflassung) und Eigentumsumschreibung im Grundbuch über.

AUFLASSUNGSVORMERKUNG Vormerkung in der II. Abteilung des Grundbuchs zur Sicherung des schuldrechtlichen Anspruchs des Käufers auf Eigentumsübertragung bei Immobilien (auch Eigentumsvormerkung genannt). Oft dauert es nach Abschluss des Kaufvertrags eine Weile, bis der Käufer als neuer Eigentümer in das Grundbuch eingetragen wird. Eine Auflassungsvormerkung im Grundbuch schützt ihn davor, dass der bisherige Eigentümer das Grundstück an jemand anderen verkauft. Ein mit einer Auflassungsvormerkung belastetes Grundstück darf weder an Dritte verkauft noch beliehen werden.

AUFMASS bezeichnet das Vermessen von Bauteilen beziehungsweise erbrachten Bauleistungen. Es dient vorrangig beim Einheitspreisvertrag der Feststellung der tatsächlich ausgeführten Leistungsmengen vor Ort und wird regelmäßig von Auftragnehmer und Auftraggeber gemeinsam unter Beachtung der VOB/C erstellt. Es dient üblicherweise als Grundlage für die spätere Bauabrechnung und außerdem zum Erstellen der Bestandsunterlagen.

AV-RECEIVER/AV-VERSTÄRKER Die Schaltzentralen eines Heimkinos. Sie schalten zwischen den verschiedenen Bild- und Tonquellen um, regeln die Lautstärke und versorgen die Lautsprecher.

B

BAUGENEHMIGUNG ist die Erlaubnis der öffentlichen Baubehörde, ein bestimmtes Vorhaben zu verwirklichen. Das Verfahren zur Regelung der Formalitäten vom Bauantrag bis zur Genehmigung ist in den verschiedenen Landesbauordnungen geregelt.

BAUGESETZBUCH Zusammenfassung von Bundesbaugesetz und Städtebauförderungsgesetz; aktuell gültig in der Bekanntmachung vom 23.09.2004; zuletzt geändert am 22.7.2011. Die Regelungen reichen über das allgemeine Städtebaurecht (Bauleitplanung, Regeln der baulichen und sonstigen Nutzung, Bodenordnung, Erschließung u.a.) bis hin zur städtebaulichen Sanierung und Entwicklung, dem Erlass von Erhaltungssatzungen und anderen städtebaulichen Geboten.

BAUHERR ist der Veranlasser und Verantwortliche einer Baumaßnahme. Er trägt die Verantwortung für die Einhaltung der Vorgaben aus dem öffentlichen Baurecht. Er beauftragt üblicherweise den Planer (Baugenehmigung),

gegebenenfalls einen Bauleiter und die ausführenden Unternehmer.

BAUKOSTEN Die Baukosten bestehen aus den reinen Baukosten, den Baunebenkosten und den Kosten für Außenanlagen. Die reinen Baukosten werden aus der Multiplikation des umbauten Raumes (in m³) oder der Wohnfläche (in m²) mit den Kubik- oder Quadratmeterpreisen berechnet. Dabei teilen sich die reinen Baukosten etwa je zur Hälfte auf den Rohbau und für den Ausbau auf.

BAULAST in einigen Bundesländern als grundstücksbezogene Verpflichtung eines Eigentümers gegenüber der Baubehörde (zum Beispiel Verzicht auf die Einhaltung von Abstandsflächen) vorgesehen. Dabei werden sogenannte Baulastenverzeichnisse geführt.

BAUNEBENKOSTEN betreffen nicht die eigentliche Bauausführung, sondern Kosten insbesondere für die Vorbereitung, Planung, Genehmigung und Abnahme einer baulichen Maßnahme.

BAUSPARDARLEHEN Annuitätendarlehen der Bausparkasse, das nach Erfüllung von bestimmten Voraussetzungen wie Mindestsparguthaben und Erreichen der Zielbewertungszahl zugeteilt wird. Bauspardarlehen dürfen nur für wohnungswirtschaftliche Zwecke eingesetzt werden, also vor allem zum Bau, Kauf oder zur Modernisierung von Häusern und Wohnungen, zum Erwerb von Bauland oder zur Ablösung von Altschulden. Die Höhe des Bauspardarlehens ergibt sich aus der Differenz zwischen erreichtem Bausparguthaben und abgeschlossener Bausparsumme.

BAUSPARVERTRAG Vertrag mit einer Bausparkasse, mit dem ein Bausparguthaben angesammelt werden kann inklusive Zinsen, eventuell Wohnungsbauprämie und Arbeitnehmersparzulage. Nach Ablauf der Sperrfrist von sieben Jahren kann der Bausparer über das Guthaben frei verfügen. Nach Zuteilung des Bausparvertrags kann die gesamte Bausparsumme, bestehend aus Mindestsparguthaben und Bauspardarlehen, für wohnungswirtschaftliche Zwecke verwandt werden, also für Bau, Kauf oder Modernisierung einer Immobilie.

BAUTRÄGER errichtet auf seinem eigenen Grundstück und auf eigene Rechnung Bauwerke, die danach einschließlich des Grund und Bodens veräußert werden.

BEBAUUNGSPLAN regelt die Art und Weise und das Maß einer möglichen Bebauung von parzellierten Grundstücken in Form einer gemeindlichen Satzung. Dabei können auch Umfang und Art der Nutzung der in diesem Zusammenhang stehenden, von einer Bebauung frei zu haltenden Flächen vorgeschrieben werden. Der Bebauungsplan ist in der Regel aus dem Flächennutzungsplan zu entwickeln.

BELASTUNG AUS KAPITALDIENST Ausgaben des Darlehensnehmers für Zinsen und Tilgung beziehungsweise Tilgungsersatz. Zusätzlich muss der Eigentümer die laufende Belastung aus Bewirtschaftung tragen. Zusammen ergeben diese die Bruttobelastung.

BELASTUNGSQUOTE Monatliche Belastung aus Kapitaldienst in Prozent des monatlichen Nettoeinkommens. Diese Kennziffer zeigt neben der Eigenkapitalquote die finanziellen Grenzen für potentielle Selbstnutzer von Wohnimmobilien auf.

BELEIHUNGSGRENZE Teil des Beleihungswerts, bis zu dem eine Immobilie beliehen werden kann. Als Grenze für den Realkredit (erstrangige Darlehen, 1a-Hypothek) werden bei Banken üblicherweise 60 beziehungsweise 80 Prozent des Beleihungswerts angesetzt. Die Beleihungsgrenze soll sicherstellen, dass die Bank im Falle des freihändigen Verkaufs oder der Zwangsversteigerung keinen Verlust erleidet. Die günstigen Zinskonditionen gelten meist nur für eine Beleihungsgrenze von 60 Prozent des Beleihungswerts.

BELEIHUNGSWERT Wert, der vom Kreditgeber für Beleihungszwecke festgesetzt wird. Der Beleihungswert liegt bei Immobilien in der Regel 10 bis 20 Prozent unter dem Kaufpreis beziehungsweise den Gesamtkosten. Der Beleihungswert soll ein dauerhaft erzielbarer Wert sein, der bei einem späteren freihändigen Verkauf unter normalen Umständen jederzeit erzielt werden kann. Der Beleihungswert wird bei selbstgenutzten Immobilien aus dem Sachwert und bei Mietobjekten meist aus dem Ertragswert der Immobilie ermittelt.

BEREITSTELLUNGSZINSEN Zinsen, die ein Kreditinstitut für einen bereitgestellten, aber vom Kreditnehmer noch nicht abgerufenen Kredit verlangt. Häufig berechnen Kreditinstitute ab dem dritten Monat nach der Darlehenszusage 0,25 Prozent Zinsen pro Monat auf den noch nicht ausgezahlten Teil des Gesamtkredits, andere erst nach dem sechsten Monat oder sogar erst nach einem Jahr.

BESONDERE LEISTUNGEN sind beim Architekten- und Ingenieurvertrag solche Leistungen, die nicht zu den Leistungen gehören, für die die HOAI ein Honorar vorgibt, die aber trotzdem erbracht werden müssen, um eine Planung zu realisieren. Beim Bauvertrag nach der VOB/B nennt man besondere Leistungen diejenigen übertragenen Aufgaben, die weder zu den Hauptleistungen noch zu den Nebenleistungen gehören; die Pflicht zur Leistungserbringung setzt eine gesonderte Vereinbarung voraus.

BETRIEBSKOSTEN Laufende Kosten, die dem Eigentümer durch den bestimmungsgemäßen Gebrauch einer Immobilie entstehen. Hierzu gehören insbesondere Grundsteuer, Müllabfuhr, Feuerversicherungsprämie, Heiz- und Warmwasserkosten.

BEWIRTSCHAFTUNGSKOSTEN Regelmäßig anfallende Kosten, die zur Bewirtschaftung eines Gebäudes erforderlich sind. Dazu zählen neben den Betriebskosten auch Verwaltungs- sowie Instandhaltungskosten.

BLOCKHEIZKRAFTWERK ist ein von einem Verbrennungsmotor angetriebener Generator. Er erzeugt gleichzeitig elektrische Energie und Wärme.

BONITÄT Kreditwürdigkeit des Kredit- beziehungsweise Darlehensnehmers, die der Kreditgeber (Bank, Versicherung, Bausparkasse) durch Prüfung der persönlichen und wirtschaftlichen Verhältnisse ermittelt. Bei Privatpersonen wird besonderer Wert auf die Einkommens- und Vermögensverhältnisse gelegt, also auf ein gesichertes Einkommen und auf vorhandenes Eigenkapital.

BRENNWERTTECHNIK/-THERME/-KESSEL ein besonders effizienter Heizkessel für Warmwasserheizungen. Er nutzt auch die Kondensationswärme des im Abgas enthaltenen Wasserdampfes, die in konventionellen Heizkesseln ungenutzt entweicht.

BUSLEITUNG allgemein eine elektrische Verbindung, die Daten in digitaler Form transportiert. Im Zusammenhang mit Hausautomation ist meist die Steuerleitung gemeint, die Befehle an Sensoren und Aktoren überträgt.

C

COP kurz für Coefficient of Performance, deutsch: Leistungszahl. Sie beschreibt bei Wärmepumpen das Verhältnis zwischen der zum Betrieb aufzuwendenden elektrischen Energie und der gewonnenen Wärmeenergie.

D

DACHSTÄNDER der für die Zuführung von Haushaltsstrom über oberirdische Leitungen nötige Freileitungsmast.

DECKUNGSRATE Beitrag einer Solarthermieanlage zur Gebäudeheizung

DECT/DECT ULE Digital Enhanced Cordless Telecommunications/Ultra low energy. Ursprünglich für digitale Schnurlostelefone entwickeltes Übertragungsverfahren, das auch in der Hausautomation zum Einsatz kommen soll.

DIN (Deutsches Institut für Normung) ist ein eingetragener Verein mit Sitz in Berlin. In Zusammenarbeit von Herstellern, Händlern, Verbrauchern, Handwerkern, Dienstleistungsunternehmen, Wissenschaftlern und auch staatlichen Stellen wird regelmäßig der jeweilige Stand der Technik ermittelt und in „Deutschen Normen" niedergeschrieben. Diese Arbeitsergebnisse sind Empfehlungen. Einige der Normen werden von einzelnen Bundesländern im Rahmen der Bauaufsicht für verbindlich erklärt und müssen dann bei allen Bauaufgaben beachtet werden. Die DIN-Normen haben ferner Relevanz bei der Bestimmung der „Regeln der Technik."

DLNA kurz für Digital Living Network Alliance, ein herstellerübergreifendes Konsortium, das Standards für den Transport von Bildern,

Musik und Filmen in Computernetzwerken definiert

DTS kurz für Digital Theater Systems. Im Heimkino steht es für eine Reihe digitaler Tonformate, die selten auf DVD, häufiger auf Blu-ray-Disc, zum Einsatz kommen.

DVB-C/-S/-T Digital Video Broadcast, eine Familie in Europa gängiger Techniken zur digitalen TV- und Radioübertragung. Je nach Sendeweg unterscheidet man zwischen C (Breitbandkabel), S (Satellit) und T (Terrestrik).

E

EFFEKTIVZINS tatsächliche Verzinsung eines Darlehens unter Berücksichtigung verschiedener Kostenbestandteile wie Sollzins, Zinsbindungsdauer, Kosten der Grundschuldbestellung und -eintragung und Art der Zins- und Tilgungsverrechnung. Der anfängliche Effektivzins gibt die tatsächlichen Kosten für die vereinbarte Zinsbindungsfrist an, also den „Preis" eines Kredits. Er ist der beste Maßstab, um Kreditangebote mit gleicher Zinsbindung zu vergleichen.

EIGENKAPITALERSATZMITTEL Selbsthilfe (auch Eigenleistung oder „Muskelhypothek" genannt) sowie Fremdmittel, die nicht von Banken oder anderen Finanzierungsinstituten gewährt werden (zum Beispiel Verwandtendarlehen, Arbeitgeberdarlehen, Landesmittel als öffentliche Baudarlehen und Familienzusatzdarlehen).

EIGENKAPITALQUOTE Eigenkapital in Prozent der Gesamtkosten. Bei der Finanzierung von Eigenheimen sollte die Eigenkapitalquote in der Regel mindestens 20 Prozent betragen. Zum Eigenkapital zählen das reine Eigenkapital sowie sogenannte Eigenkapitalersatzmittel (zum Beispiel Verwandtendarlehen, Selbsthilfe).

EIGENTÜMER Wirtschaftlich erwirbt der Bauherr oder Käufer einer Immobilie Eigentum mit der Abnahme oder dem im Kaufvertrag vereinbarten Eigentumsübergang (Übergang von Nutzen und Lasten). Erst mit Eintragung im Grundbuch wird der Bauherr oder Käufer auch rechtlicher Eigentümer.

EINHEITSPREIS meint den Vergütungssatz für eine Mengeneinheit einer konkreten Teilleistung einer Baumaßnahme (zum Beispiel €/qm Putz; €/lfd. m Kabel). Werden alle oder ein wesentlicher Teil der verschiedenen Teilleistungen eines Bauvorhabens mit einer derartigen Vergütungsstruktur vereinbart, spricht man von einem Einheitspreisvertrag.

ENERGIEEINSPARVERORDNUNG (EnEV) schreibt bautechnische Standardanforderungen zum effizienten Energieverbrauch eines Gebäudes oder Bauprojekts vor. Aktuell gilt die EnEV 2014 mit Stand der letzten Änderung vom 28.10.2015. Der Geltungsbereich erstreckt sich auf Wohn-, Büro- und gewisse Betriebsgebäude. Bekanntester Ausfluss der EnEV ist der sogenannte Energieausweis.

ENERGIESPARFÖRDERUNG Förderung des Einsparens von Energie bei Immobilien insbes. durch zinsgünstige Darlehen und Zuschüsse der staatlichen Kreditanstalt für Wiederaufbau (KfW).

ERSATZVORNAHME liegt vor, wenn Arbeiten durch einen anderen als den ursprünglich Beauftragten fertiggestellt oder fortgeführt werden, wenn dieser das nicht (mehr) selbst kann. Die dabei entstehenden Kosten gehen regelmäßig zu Lasten des ursprünglich Beauftragten (bei Schlecht- oder Nichtleistung). Der Auftraggeber kann dafür einen Kostenvorschuss fordern.

F

FERTIGHAUS nennt man ein Gebäude, welches auf der Baustelle überwiegend aus vorgefertigten Montageelementen hergestellt wird und bei dem wesentliche Ausbauarbeiten bereits bei der Montage der einzelnen Elemente durchgeführt werden.

FESTDARLEHEN Feste Darlehenssumme, die erst am Ende der Laufzeit fällig wird (auch Festbetrags- oder Fälligkeitsdarlehen genannt). Da während der Laufzeit des Darlehens nur Zinsen gezahlt werden, wird die Tilgung ersetzt durch den Abschluss einer Kapitallebensversicherung oder einen Bausparvertrag. Die endfällige Tilgung beim Kombinationsmodell Festdarlehen/Kapitallebensversicherung erfolgt auf einen Schlag am Ende der Versicherungslaufzeit, sofern die tatsächliche Ablaufleistung mit der Darlehenssumme übereinstimmt. Für die Finanzierung von selbstbewohnten Eigenheimen ist dieses Kombinationsmodell aber nicht geeignet.

FESTPREISVERTRAG kommt grundsätzlich bei allen Vertragstypen in Betracht und ist vom Pauschalpreisvertrag zu unterscheiden. Der Festpreis, zu dem ein meist „schlüsselfertiges" Haus erstellt wird, wird bei Vertragsabschluss festgelegt. Wichtig ist, dass zu einem Festpreisvertrag eine sehr detaillierte Bau- und Leistungsbeschreibung gehört, in der ganz genau bestimmt ist, welche Leistungen in welcher Qualität und Quantität Sie von Ihrem Bauunternehmer erwarten dürfen.

FESTZINS Zins, der für einen vereinbarten Zeitraum (Zinsbindungsfrist) oder für die gesamte Laufzeit eines Darlehens vertraglich festgeschrieben ist. Ist die Zinsbindungsfrist länger als zehn Jahre, kann der Darlehensschuldner dennoch nach Ablauf von zehn Jahren unter Einhaltung einer Kündigungsfrist von sechs Monaten kündigen.

FINANZIERUNGSPLAN Plan, der Auskunft gibt über die Art und Weise der Geldbeschaffung für Bau, Kauf oder Modernisierung einer Immobilie. Im Finanzierungsplan sind die Mittel auszuweisen, die zur Deckung der Gesamtkosten dienen (Finanzierungsmittel), und zwar sowohl das Eigenkapital als auch das Fremdkapital. Außerdem enthält der Finanzierungsplan die künftig zu zahlenden Zins- und Tilgungsbeträge. Der Finanzierungsplan soll mindestens bis zum Ende der vereinbarten Zinsbindungsfrist gehen.

FORWARDDARLEHEN VORGEZOGENE Anschlussfinanzierung, bei der bereits bis zu fünf Jahre vor Ablauf der Zinsbindungsfrist ein neues Darlehen aufgenommen wird (forward, engl. vorwärts). Hierfür berechnen die Banken Zinsaufschläge, die umso höher ausfallen, je länger noch die Zinsbindung läuft. Ein Forwarddarlehen lohnt sich in Tiefzinsphasen und bei Erwartung steigender Zinsen in der Zukunft.

FREMDKAPITAL Kapital, das aus Fremdmitteln aufgebracht wird. Die Kapital-, Darlehensbeziehungsweise Kreditgeber sind Gläubiger, bei Immobilien sind dies Geldinstitute (Banken, Sparkassen, Bausparkassen, Versicherungen) oder andere Stellen (Bund, Länder, Gemeinden, Arbeitgeber, Verwandte, Bekannte). Das Fremdkapital muss zurückgezahlt werden und wird zumindest bei Fremdmitteln der Geldinstitute auch verzinst.

FREMDKAPITALQUOTE Fremdkapital (Hypothekendarlehen, sonstige Kredite) in Prozent der Gesamtkosten. Das Verhältnis von Fremdkapital zu Eigenkapital wird auch Verschuldungsgrad genannt. Bei selbstgenutzten Eigenheimen sollte die Fremdkapitalquote und damit der Verschuldungsgrad deutlich geringer sein als bei vermieteten Immobilien.

FUNKTIONALE LEISTUNGSBESCHREIBUNG ist eine Art, die vertraglich zu vereinbarenden Leistungen nicht an einem detaillierten Leistungskatalog zu orientieren, sondern über Rahmenbedingungen nach dem zu erreichenden Ziel zu bestimmen (zum Beispiel Abdichtung gegen drückendes Wasser – die Bauweise und das Material sind dabei nicht vorgegeben).

G

GESAMTKOSTEN Gesamte Kosten für den Bau oder Kauf eines Hauses oder einer Wohnung (auch Investitionskosten genannt). Beim Bau setzen sich die Gesamtkosten aus den Grundstücks- und Baukosten zusammen, beim Kauf aus dem Kaufpreis des Objekts plus Kaufnebenkosten.

GEWÄHRLEISTUNGSFRIST ist der Zeitraum, in dem der Auftragnehmer für die Mangelfreiheit seiner Leistungen einzustehen hat. In dieser Frist auftretende und geltend gemachte Mängel hat er abzustellen beziehungsweise sich für daraus entstehende Nachteile zu verantworten. Die Frist beträgt für Bauwerke nach der VOB/B vier Jahre und im Falle eines BGB-Bauvertrags fünf Jahre. Die Gewährleistungsfristen beginnen mit der Abnahme des erbrachten Werkes.

GRUNDBUCH ist ein regelmäßig beim örtlichen Amtsgericht als Grundbuchamt geführtes öffentliches Verzeichnis über Grundstücke, wobei die Eigentumsverhältnisse, etwaige Rechte und auf dem Grundstück liegende Lasten ausgewiesen werden. Die Einsicht in das Grundbuch ist bei Nachweis eines bestehenden Interesses für jedermann möglich.

GRUNDERWERBSTEUER Beim Kauf eines Grundstücks wird Grunderwerbsteuer in Höhe von 3,5 bis 6,5 Prozent des Kaufpreises fällig. Erst wenn die Steuer gezahlt ist, erteilt das Finanzamt eine Unbedenklichkeitsbescheinigung, ohne die der Käufer nicht in das Grundbuch eingetragen wird.

GRUNDLEISTUNGEN sind nach der Honorarordnung für Architekten und Ingenieure (HOAI) Leistungen, die der zwingenden Preisbindung dieses Gesetzes (HOAI) unterliegen und deshalb stets in der gesetzlichen Mindesthöhe („Mindestsatz") zu vergüten sind.

GRUNDPFANDRECHT Zur Sicherung eines Kredits können Grundstücke mit einem Pfandrecht belastet werden. Kommt der Kreditnehmer seinen Verpflichtungen nicht nach, kann der Grundpfandrechtgläubiger das Grundstück zum Beispiel versteigern lassen. Das Grundpfandrecht wird ins Grundbuch eingetragen und wird als Hypothek oder Grundschuld bezeichnet. Lasten mehrere Grundpfandrechte auf einem Grundstück, wird eine Rangfolge festgelegt. Eine erstrangige Hypothek oder Grundschuld bietet dem Kreditgeber die höchstmögliche Sicherheit.

GRUNDSCHULD Das am häufigsten vorkommende Grundpfandrecht, das in der III. Abteilung des Grundbuchs eingetragen wird. Die Grundschuld ist eine dingliche Kreditsicherheit, der im Gegensatz zur Hypothek keine konkrete Forderung des Grundschuldgläubigers zugrunde liegen muss. Daher ist auch die Eintragung von Eigentümergrundschulden möglich. Mit der Tilgung reduziert sich die Schuld gegenüber dem Kreditgeber, die im Grundbuch eingetragene Grundschuld bleibt jedoch unverändert. Sie kann deshalb auch nach der (Teil-) Rückzahlung eines Darlehens für ein neues Darlehen verwendet werden, ohne dass erneut eine Grundschuld bestellt werden muss.

GRUNDSTEUER fortlaufende Steuer auf Haus- und Grundbesitz, die sich nach dem Einheitswert bemisst, auf den eine Steuermesszahl angewandt wird. Der sich so ergebende Grundsteuermessbetrag wird vom Finanzamt ermittelt und dem Eigentümer mitgeteilt. Die Gemeinde wendet auf diesen Steuermessbetrag den von ihr festgelegten Hebesatz an und setzt die Grundsteuer fest. Der jeweilige Eigentümer muss die Grundsteuer vierteljährlich an die Gemeinde zahlen.

H

HAUSANSCHLUSSKASTEN Übergabepunkt des örtlichen Stromlieferanten von seinem Kabelnetz ins Hausnetz

HAUSANSCHLUSSNISCHE wird in Häusern ohne Keller vorgesehen, um Versorgungsleitungen und Zähler unterzubringen

HAUSWASSERWERK eine Pumpe mit angeschlossenem Druckbehälter, die über ein eigenes Leitungssystem Regenwasser zu Zapfstellen in Haus und Garten transportiert.

HDMI High Definition Multimedia Interface – digitale Schnittstelle zur Bild- und Tonübertragung, geeignet für 3D und HDTV. Gebräuchlich an Flach-TVs, aktuellen Heimkinokomponenten und Computern.

HERSTELLUNGSKOSTEN alle Aufwendungen, die für die Fertigstellung des Gebäudes erforderlich sind, also insbesondere die typischen Bau- und Baunebenkosten. Vergleichbar mit dem steuerlichen Begriff Herstellungsaufwand, der bei vermieteten Immobilien nur über die Abschreibungen auf die Jahre der Laufzeit verteilt werden kann im Gegensatz zum sofort abzugsfähigen Erhaltungsaufwand für Instandhaltungskosten.

HOAI Die Honorarordnung für Architekten und Ingenieure enthält gesetzlich zwingende Vorgaben für die Vergütung bestimmter Architekten- und Ingenieurleistungen. Es werden Mindest- und Höchstpreise festgelegt.

HONORARTAFEL bezeichnet einen Mechanismus in der Honorarordnung für Architekten und Ingenieure (HOAI), mit dem unter Kenntnis der anrechenbaren Kosten und der Honorarzone das zu zahlende Mindest- oder Höchsthonorar ermittelt werden kann.

HONORARZONE dient bei der Honorarermittlung nach der Honorarordnung für Architekten und Ingenieure (HOAI) der Bewertung der Schwierigkeit einer Baumaßnahme und wirkt sich direkt auf die Honorarhöhe aus.

HYPOKAUSTUM/HYPOKAUSTE eine Fußboden- oder Wandheizung, die mit Warmluft arbeitet. Zeitgemäße Varianten werden beispielsweise durch einen Kachelofen mit Wärme versorgt. Der Begriff kommt aus dem Griechischen: „von unten heizen".

HYPOTHEKENDARLEHEN Sammelbegriff für Kredite, die grundpfandrechtlich über eine Grundschuld oder Hypothek gesichert sind.

I

INSTANDHALTUNG laufende bauliche Unterhaltung von Immobilien, die den Zweck hat, das Objekt in einem für die Nutzung geeigneten Zustand zu erhalten. Beispiele: Fassadensanierung, Fensteraustausch, Austausch von Heizkessel und Brenner zwecks Energieeinsparung. Instandhaltungsmaßnahmen sind im Gegensatz zur Instandsetzung eher vorbeugender Natur.

INSTANDHALTUNGSKOSTEN Kosten, die während der Nutzungsdauer eines Gebäudes zur Erhaltung des bestimmungsgemäßen Gebrauchs aufgewendet werden müssen, um die durch Abnutzung oder Alterung entstehenden baulichen oder sonstigen Mängel ordnungsgemäß zu beseitigen. Als Instandhaltungsrücklage sind sechs bis zwölf Euro pro Quadratmeter Wohnfläche im Jahr üblich. Bei Eigentumswohnungen wird die Höhe der Instandhaltungsrücklage von der Eigentümerversammlung nach Vorschlag des Hausverwalters festgelegt.

INVESTITIONSKOSTEN Gesamtkosten einer Investition. Beim Neubau sind dies die gesamten Grundstücks- und Baukosten einschließlich Bau- und Finanzierungsnebenkosten, beim Kauf der Kaufpreis einschließlich der Kauf- und Finanzierungsnebenkosten.

IP-TV kurz für Internet Protocol Television. Von vielen Providern angebotene Fernsehübertragung via Internet

ISDN Integrated Services Digital Network, etwa: dienstübergreifendes digitales Telefonnetz. Ermöglicht zwei gleichzeitige Telefongespräche auf nur einer physischen Leitung, Rufnummernanzeige/-weiterleitung, Konferenzen und die Nutzung von bis zu zehn Rufnummern.

J

JAHRESARBEITSZAHL (JAZ) bei einer Wärmepumpe das aufs Jahr gemittelte Verhältnis zwischen eingesetzter elektrischer Energie und von ihr erzeugter Wärmeenergie. Siehe auch COP

K

KALKULATION stellt eine im Vorfeld des tatsächlichen Anfalls vorgenommene Berechnung der Kosten und Festlegung der Preise für Bauleistungen dar, die laut Vertragsunterlagen vorgegeben beziehungsweise voraussichtlich auszuführen sind.

KAPITALDIENST laufende Ausgaben aus Zins und Tilgung zur Bedienung der Darlehen beziehungsweise Schulden (daher auch als Schuldendienst bezeichnet). Die monatliche Belastung aus Kapitaldienst wird auch monatliche Darlehensrate genannt.

KAPITALLEBENSVERSICHERUNG Kombination aus langfristigem Sparvertrag und Risikolebensversicherung. Stirbt der Versicherte während der Vertragslaufzeit, zahlt die Versicherung die Versicherungssumme und die angesammelten Überschüsse an die Hinterbliebenen aus. Im Erlebensfall erhält der Versicherte am Ende der Vertragslaufzeit die Ablaufleistung ausgezahlt. Kapitallebensversicherungen können zur indirekten beziehungsweise endfälligen Tilgung eines Hypothekendarlehens verwendet werden. Ein tilgungsfreies Darlehen wird dann mit einer fälligen Lebensversicherung auf einen Schlag getilgt. Die Lebensversicherung dient in erster Linie dazu, das für die Rückzahlung erfor-

derliche Kapital anzusparen. Nur ein kleiner Teil der Prämie wird für Absicherung der Hinterbliebenen im Todesfall benötigt.

KATASTERKARTE ist eine kartographische Darstellung von Grenzzeichen (Grenzstein, Pfahl, Marke), Grundstücksgrenzen, Grundstücksnummern (Flurstücksnummern) sowie gegebenenfalls Gebäuden mit Hausnummern, Straßennamen usw. für den Bezirk des jeweiligen Katasteramts. Je nach Dichte der Bebauung werden die Karten in den Maßstäben 1:500, 1:1000 und 1:2000 angefertigt. Zusammen mit dem Liegenschaftsbuch bildet die Katasterkarte das Liegenschaftskataster.

KAUFNEBENKOSTEN Kosten, die mit dem Kauf einer Immobilie im Zusammenhang stehen und daher zu den Anschaffungskosten zählen. Dazu gehören Grunderwerbsteuer, Notargebühren für die Beurkundung des Kaufvertrags, Grundbuchgebühren für die Eigentumsumschreibung und eine Maklerprovision für die Vermittlung des Kaufobjekts.

KAUFVERTRAG Vertrag zwischen Verkäufer und Käufer. Bei Grundstücken bedarf der Kaufvertrag nach § 313 BGB der notariellen Beurkundung. Der vom Notar angefertigte Kaufvertragsentwurf sollte sorgfältig geprüft werden, bevor man den Notartermin wahrnimmt. Eine Reservierungsvereinbarung kann den potentiellen Kaufinteressenten nicht zum Kauf verpflichten.

KLEINKLÄRANLAGE („Dreikammergrube") fängt die im Haus entstehenden Abwässer auf und reinigt diese. Vorgeschrieben, wenn am Bauplatz kein Abwasserkanal verfügbar ist.

KNX lautmalerisch „Konnex". Bussystem zur Hausautomation; gelegentlich wird noch der alte Begriff EIB (Europäischer Installationsbus) verwendet.

KONDITIONEN Bedingungen über Zins und Tilgung von Darlehen. Man unterscheidet zwischen Standardkonditionen für erstrangige Darlehen bis zu 60 Prozent des Beleihungswerts sowie Individualkonditionen, die auch im Kreditgespräch zwischen Bank und Darlehensnehmer ausgehandelt werden können.

KONKLUDENT nennen Juristen Vertragsumstände, die auf einen rechtsgeschäftlichen Willen schließen lassen, wenn der Wille nicht explizit geäußert wird (zum Beispiel Kopfschütteln = nein).

KONVEKTION Luft- oder Flüssigkeitsbewegung durch unterschiedlich warme Luft- oder Flüssigkeitsschichten in einem Raum

KOSTENBERECHNUNG dient der genaueren Ermittlung der angenäherten Gesamtkosten der Baumaßnahme (im Vergleich zur Kostenschätzung) und ist regelmäßig eine Voraussetzung für die Entscheidung, ob die Baumaßnahme wie geplant durchgeführt werden soll. Sie wird in der Regel als Grundlage für die erforderliche Finanzierung herangezogen (es gilt DIN 276).

KOSTENFESTSTELLUNG dient nach Abschluss der Baumaßnahmen zum Nachweis der tatsächlich entstandenen Kosten und ist Voraussetzung für Vergleiche und Dokumentation (DIN 276).

KOSTENSCHÄTZUNG dient zur überschlägigen Ermittlung der Gesamtkosten einer konkret zu benennenden Baumaßnahme und ist eine vorläufige Grundlage für Finanzierungsüberlegungen (es gilt die DIN 276).

KOSTENVORANSCHLAG ist eine zunächst unverbindliche Schätzung der voraussichtlich entstehenden Kosten für Baumaßnahmen, die mangels genauer Planungen oder Vorgaben nur unvollständig oder wenig genau beschrieben werden können.

KREDITANSTALT FÜR WIEDERAUFBAU (KfW) staatliche Bank, die zinsgünstige Darlehen und Zuschüsse insbesondere für selbstgenutzte Häuser und Wohnungen bereitstellt. Förderungsfähig sind bei Erfüllung der Vergabebedingungen die Kosten für Bau, Kauf, Modernisierung und energiesparende Maßnahmen.

KREDITNEBENKOSTEN Nebenkosten bei der Finanzierung, die nicht im Effektivzins enthalten sind. Dazu zählen außer den Kosten der dinglichen Absicherung (Bestellung und Eintragung von Grundschulden) unter Anderem Wertschätzungsgebühren, Bereitstellungszinsen, Zinsaufschläge für Teilauszahlungen und Kontoführungsgebühren.

KREDITRAHMEN maximale Höhe des Kredits beziehungsweise Darlehens zur Finanzierung von Bau oder Kauf eines Eigenheims. Der Kreditrahmen hängt von der Jahresbelastung aus Kapitaldienst sowie dem Zins- und Tilgungssatz des Darlehens ab.

KREDITSICHERHEITEN Bei Hypothekendarlehen stehen die dinglichen Sicherheiten wie beispielsweise Grundschulden im Vordergrund. Hinzu kommt laut Unterwerfungsklausel die volle persönliche Haftung. Mögliche Zusatzsicherheiten sind: Abtretung von Versicherungs- beziehungsweise Bausparverträgen, Verpfändung von Wertpapierguthaben oder Bürgschaft. Bei Ehegatten, die nicht in Gütertrennung leben, wird üblicherweise die Unterschrift von beiden Ehegatten unter den Darlehensvertrag oder eine Mitverbindlichkeitserklärung des Ehegatten verlangt, der die Immobilie nicht selbst erwirbt.

KREDITWÜRDIGKEIT persönliche und wirtschaftliche Verhältnisse des Kredit- beziehungsweise Darlehensnehmers (auch Bonität genannt). Man unterscheidet die persönliche Kreditwürdigkeit (Familienstand, Beruf, Dauer des Beschäftigungsverhältnisses) von der sachlichen Kreditwürdigkeit (Einkommens- und Vermögensverhältnisse).

L

LAN Local Area Network. Drahtgebundenes Computernetzwerk

LANDESMITTEL zinsgünstige öffentliche Baudarlehen und Familienzusatzdarlehen sowie eventuell Aufwendungsdarlehen der Länder für die Wohnraumförderung bei selbstgenutzten Häusern oder Wohnungen. Gefördert werden vor allem Familien mit Kindern, sofern die Einkommensgrenzen unterschritten werden. Einen Rechtsanspruch auf Landesmittel gibt es nicht.

LASTENBERECHNUNG Berechnung der Belastung eines Eigentümers eines selbstgenutzten Eigenheims. Zur Belastung gehören die Belastung aus dem Kapitaldienst sowie aus der Bewirtschaftung. Eine Lastenberechnung wird bei Anträgen auf Wohnraumförderung (zum Beispiel Landesmittel) durchgeführt.

LASTENZUSCHUSS staatlicher Zuschuss zur Belastung eines Eigentümers, der Haus oder Wohnung selbst bewohnt. Zur zuschussfähigen Belastung zählen der Kapitaldienst und die Bewirtschaftungskosten. Ob und wie hoch ein Lastenzuschuss gewährt wird, hängt insbesondere von der Höhe des Familieneinkommens und der monatlichen Belastung ab. Der Lastenzuschuss des Eigentümers stellt eine besondere Form des Wohngelds dar und ist mit dem Mietzuschuss für Mieter vergleichbar.

LEISTUNGSBESCHREIBUNG ist das zentrale Element eines Bauvertrags. Dabei sollen die zu erbringenden Leistungen so eindeutig und erschöpfend beschrieben werden, dass alle Bewerber ihre Preise sicher und ohne weitere Nachfragen berechnen können. Für die Leistungsbeschreibung wird regelmäßig ein Leistungsverzeichnis erstellt. Zusammen mit einer Baubeschreibung, technischen Erläuterungen, Zeichnungen und sonstigen sachdienlichen Unterlagen sollte sich so ein umfassendes und hinreichend genaues Bild der im Einzelnen zu erbringenden Tätigkeiten und Erfolge ergeben.

LEISTUNGSVERZEICHNIS nennt man eine katalogartige Zusammenstellung aller in einem bestimmten Bereich des Vorhabens erforderlichen Teilleistungen, gegliedert nach verschiedenen Angaben (zum Beispiel über den zu verwendenden Baustoff, das betroffene Bauteil, die jeweiligen Abmessungen und Ausführung). Dabei können auch weitere Angaben wie eine Abgrenzung zu anderen Teilleistungen oder die Abrechnungsmodalitäten aufgenommen werden. Das Leistungsverzeichnis erleichtert die Vergleichbarkeit der darauf abgegebenen Angebote verschiedener Unternehmen sowie die Überprüfung der vollständigen Leistungserbringung.

LICHTSZENEN Programmierte, abrufbare Einstellungen der Raum-/Hausbeleuchtung. Je nach Leuchten und Leuchtmittel können Helligkeit, Farbe oder auch Lichtrichtung geändert werden. Zur Steuerung eignet sich → KNX; viele Hersteller bieten aber auch eigene Systeme an.

LNB Low Noise Block Converter, der Empfangskopf in einer Satelliten-TV-Antenne („Schüssel")

M

MAKLERPROVISION Vermittelt ein Makler ein Objekt, fällt eine Provision von 3,57 bis 7,14 Prozent des Kaufpreises an, die in der Regel der Käufer zahlen muss (regional unterschiedlich).

MANGEL nennt man die Abweichung der abgeschlossenen Baumaßnahme (Ist-Zustand) von der vereinbarten oder vertraglich vorausgesetzten Beschaffenheit dieser Leistung (Soll-Zustand).

MEHRSPARTENANSCHLUSS gemeinsame Zuführung mehrerer Versorgungsleitungen durch eine Wand- oder Bodenöffnung.

MENGENBERECHNUNG ist ein Berechnungsverfahren zur Feststellung der auszuführenden (dann zum Zweck der Ausschreibung, Kalkulation oder Ausführung) oder bereits ausgeführten (dann zum Zweck der Abrechnung) Leistungsmengen.

MINDERUNG meint als juristischer Begriff eine Reduzierung der Vergütung wegen mangelhafter beziehungsweise nicht vertragsgerechter Leistungserbringung. Die Minderung ist als sogenanntes Gestaltungsrecht geregelt und bedarf – anders als im Mietrecht – der Erklärung. Die Höhe der Minderung richtet sich nach dem Anteil, in dem die erbrachten Leistungen gegenüber dem vertraglich vereinbarten Leistungssoll zurückbleiben.

MINDESTSÄTZE benennt Vergütungssummen nach der Honorarordnung für Architekten und Ingenieure (HOAI), welche nach den konkret vorliegenden Parametern (zum Beispiel anrechenbare Kosten) für eine unter die HOAI fallende Grundleistung mindestens zu zahlen sind.

MULTISCHALTER/MULTISWITCH Bestandteil einer Satelliten-Verteilanlage, der sicherstellt, dass alle Teilnehmer Zugriff auf alle empfangbaren Signale haben.

N

NACHTRAG ist eine nach Abschluss des ursprünglichen Vertrags vorgenommene Änderung der Vereinbarungen. Meist handelt es sich dabei um Erweiterungen des Leistungsspektrums (Leistungsbeschreibung beziehungsweise -verzeichnis) sowie die entsprechenden Ergänzungen des Vergütungsanspruchs.

NACHTRAGSKALKULATION betrifft die nach Abschluss des Ausgangsvertrags zu erstellende Kalkulation für Leistungen, die ursprünglich nicht vereinbart waren oder für den Fall, dass sich für vertraglich vereinbarte Leistungen die Grundlagen der Preisermittlung geändert haben. Im letzteren Fall kommt es nur auf der Seite der Vergütungsregelungen zu einem „Nachtrag."

NAS kurz für Network Attached Storage (Netzwerkspeicher). Eine um Netzwerktechnik ergänzte Festplatte, die allen an ein Computernetzwerk angeschlossenen Geräten Dateien bereitstellen kann.

NEBENLEISTUNG nennt man Bauleistungen, die auch ohne gesonderte vertragliche Vereinbarung im Zusammenhang mit der jeweiligen Hauptleistung (zum Beispiel Auf- und Abbau von Bockgerüsten bei Maurerarbeiten) zu erbringen sind (es gilt die DIN 18 299). Sie sind Bestandteil der vertraglich geschuldeten Leistung. Ein gesonderter Vergütungsanspruch besteht regelmäßig nicht.

NIEDERTEMPERATURHEIZUNG/-THERME ein Heizsystem, das mit niedriger Vorlauftemperatur und deshalb besonders wirtschaftlich arbeitet

NOTARIELLE BEURKUNDUNG von einem Notar in einem Schriftstück niedergelegte Bestätigung, dass er die Abgabe von Willenserklärungen selbst wahrgenommen und richtig wiedergegeben hat. Notarielle Beurkundungen werden kraft Gesetzes verlangt für den Abschluss von Grundstückskaufverträgen und die Auflassung. Von den Kreditgebern und Gläubigern wird regelmäßig auch die notarielle Beurkundung bei der Bestellung von Grundschulden und Hypotheken gefordert.

NOTARKOSTEN Kosten für die notarielle Beurkundung des Grundstückskaufs sowie die Bestellung und Eintragung von Grundschulden. Die Kosten zahlt der Käufer und Darlehensnehmer. Sie betragen inklusive Grundbuchkosten zirka 1,5 % des Kaufpreises (für den Kauf und die Eigentumsumschreibung) beziehungsweise 0,5 % der Darlehenssumme (für die Grundschuldbestellung und -eintragung).

O

ÖFFENTLICHE BAUDARLEHEN zinsgünstige oder zinslose staatliche Darlehen zur Förderung des Wohnungsraums und der Eigentumsbildung. Höhe und Voraussetzungen der Förderung sind in den einzelnen Bundesländern sehr unterschiedlich festgelegt. Für Auskünfte und Anträge ist in der Regel die Gemeinde- oder Kreisverwaltung zuständig.

P

PASSIVHAUS ist ein Gebäude mit weniger als 15 kWh Jahresheizwärmebedarf pro qm. Durch eine extreme Wärmedämmung, die Rückgewinnung von Wärme aus Abluft sowie andere Maßnahmen kann bei Passivhäusern regelmäßig auf den Einsatz eines konventionellen Heizsystems verzichtet werden. Der tatsächliche Restwärmebedarf wird durch interne Wärmegewinnung und die Nutzung von passiv gewonnener Solarenergie oder regenerativer Energiequellen gedeckt.

PHOTOVOLTAIK Die direkte Umwandlung von Sonnen- in elektrische Energie mittels entsprechender Panele.

PHOTOVOLTAIK-(PV)FEUERWEHRSCHALTER ein leicht zugänglich angebrachter Schalter, der im Notfall eine Photovoltaikanlage vom Stromnetz trennt.

Q

QUERLÜFTUNG Lüftung, die so dimensioniert ist, dass sich die Luft quer durch eine Etage bewegt.

R

RANGVERHÄLTNIS Bestimmung der Reihenfolge, in der mehrere an einem Grundstück bestehende Rechte wie zum Beispiel Grundschulden zueinander stehen. Der Rang ergibt sich aus der zeitlichen Reihenfolge der Eintragungsanträge im Grundbuch. Man unter-

scheidet zwischen erstrangigen Hypothekendarlehen (zum Beispiel Bankdarlehen bis zu
60 Prozent des Beleihungswerts) und zweitrangigen Darlehen (zum Beispiel Bauspardarlehen). Bedeutung erlangt der Rang vor
allem in der Zwangsversteigerung, da die
Rechte der Gläubiger nicht anteilig wie bei
der Insolvenz eines Unternehmens, sondern
nacheinander entsprechend dem Rangverhältnis berücksichtigt und befriedigt werden.

RAUCHABZUG umgangssprachlich auch Kamin
genannt. Er transportiert Abgase von Feuerungsanlagen aus dem Gebäude.

RCD kurz für Residual Current protective Device, früher auch FI- oder Fehlerstromschutzschalter genannt. Schützt Anwender vor einem elektrischen Schlag, der durch defekte
Geräte ausgelöst werden könnte.

REALKREDIT Kredit, der durch Grundpfandrechte wie Grundschulden dinglich gesichert
ist und im Rahmen der Beleihungsgrenze
liegt. Im Unterschied zum Personalkredit
liegt die Sicherheit im Beleihungsobjekt und
nicht in erster Linie in der Kreditwürdigkeit
(Bonität) des Kreditnehmers.

REGELN DER TECHNIK sind technische Baubestimmungen oder Normen, die sich nach
allgemeinen Erfahrungen und Untersuchungen in der Praxis gegebenenfalls in Verbindung mit bewährten Baukonstruktionen und
-verfahren bewährt haben und in der Fachliteratur als aktueller Standard anerkannt sind.
Die Regeln der Technik sind bei der Bauausführung auch ohne besondere Vereinbarung
einzuhalten.

RESTSCHULD Höhe des noch zu tilgenden
Darlehens nach Ablauf der Zinsbindungsfrist.
Die Restschuld errechnet sich, indem man
die bereits erfolgten Tilgungen von der Darlehenssumme abzieht.

RESTSCHULDVERSICHERUNG Risikolebensversicherung mit fallender Versicherungssumme, die im Todesfall für die Restschuld
eines Darlehens aufkommt. Eine Restschuldversicherung ist besonders Selbstnutzern
von Eigenheimen, die eine Familie zu versorgen haben, dringend zu empfehlen.

RISIKOLEBENSVERSICHERUNG Lebensversicherung für den Todesfall mit zeitlich begrenzter Versicherungsdauer, die vor allem
zur Absicherung von Hypotheken- und
Bausspardarlehen dient. Passt sich die Versicherungssumme laufend der Restschuld
mit fallenden Beträgen an, liegt eine sogenannte Restschuldversicherung vor.

ROUTER ein Gerät, dass den Datentransport
in einem Computernetzwerk steuert. In der
Praxis ist er meist mit einem Switch kombiniert, um ohne Zusatztechnik mehrere Computer bedienen zu können; auch die Kombination mit drahtloser Netzwerktechnik
(„WLAN" oder „WiFi") ist gängig. Oft haben
sie bereits ein Kabel- oder ADSL-Modem eingebaut und auch Anschlüsse für Telefone.

S

SACHVERSTÄNDIGER ist eine Person, die über
besondere Fachkunde und Erfahrung auf
dem jeweiligen Sachgebiet verfügt. Er ermöglicht durch Beratung und/oder Begutachtung dem nicht fachkundigen Laien, sich
ein eigenes Urteil zu bilden. In Gerichtsver-
fahren wird regelmäßig auf die von den In-
dustrie- und Handelskammern sowie den
Handwerkskammern bestellten und vereidigten Sachverständigen zurückgegriffen.

SCHLÜSSELFERTIG bedeutet, dass die gesamte
Bauleistung für das „schlüsselfertig" zu erstellende Vorhaben an einen verantwortlichen Auftragnehmer (Generalunternehmer)
übertragen wird. Teilleistungen, die der Generalunternehmer nicht erbringen kann oder
will, vergibt er durch Unterverträge an Subunternehmer.

SCHNELLTILGERDARLEHEN Tilgung eines Annuitätendarlehens innerhalb einer kurzen
Zeit, was eine höhere Tilgung voraussetzt.
Wird das Erst- oder Anschlussdarlehen innerhalb der Zinsbindungsfrist von zehn oder
15 Jahren vollständig getilgt, spricht man
auch von Volltilger. In beiden Fällen gewähren einige Banken einen Zinsrabatt bis zu
einem halben Prozentpunkt.

SCHUFA Schutzgemeinschaft für allgemeine
Kreditsicherung, der nur Banken, Sparkassen, Versandhäuser und andere warenkreditgebende Unternehmen angeschlossen sind.

Der Kredit- beziehungsweise Darlehensnehmer unterschreibt regelmäßig die Schufa-Klausel, die es dem Kreditgeber erlaubt, eine Auskunft bei der Schufa einzuholen.

SCHUTZLEITER auch Protective Earth (PE) genannt. Bezeichnet eine eigene, grün-gelb markierte Leitung der Stromversorgung, die bei Fehlern in Geräten gefährliche Spannungen ableitet.

SELBSTAUSKUNFT Auskunft des Kredit- beziehungsweise Darlehensnehmers gegenüber dem Kreditgeber oder des Mieters gegenüber dem Vermieter über seine persönlichen und wirtschaftlichen Verhältnisse (Einkommens- und Vermögensverhältnisse).

SELBSTHILFE eigene Arbeitsleistung des Bauherrn, seiner Angehörigen oder anderer (zum Beispiel Nachbarn, Freunde, Bekannte) als Teil des Eigenkapitals. Die Selbsthilfe wird mit dem Betrag als Eigenleistung anerkannt, der gegenüber den üblichen Kosten der Unternehmerleistung erspart wird. Die Hilfe von Nachbarn oder Bekannten (sog. Nachbarschaftshilfe) ist keine Schwarzarbeit, wenn sie auf Gegenseitigkeit oder unentgeltlich geleistet wird. Die Bauhelfer müssen der zuständigen Berufsgenossenschaft gemeldet werden. Die Selbsthilfe (auch Eigenleistung oder „Muskelhypothek") kann so fehlende Geldmittel ersetzen und zählt daher zu den Eigenkapitalersatzmitteln.

SELBSTNUTZUNG Nutzung einer Immobilie zu eigenen wohnlichen oder gewerblichen Zwecken (auch Eigennutzung genannt). Selbstgenutzte Wohnimmobilien werden als Eigenheime steuerlich wie Konsumgüter behandelt im Gegensatz zu vermieteten Wohnimmobilien, die als Investitionsgüter gelten und daher zu steuerpflichtigen Einkünften aus Vermietung führen.

SENSOR deutsch: Fühler. Ermittelt je nach Bauart beziehungsweise gewünschter Aufgabe Werte (zum Beispiel Temperatur, Helligkeit, Bewegung, Tastendruck usw.) und gibt diese an andere Geräte, etwa einen Aktor, weiter.

SICHERHEITSEINBEHALT ist ein meist prozentual berechneter beziehungsweise vereinbarter Abzug von Abschlagsrechnungen beziehungsweise der Schlussrechnung, um Ansprüche bezüglich der Fertigstellung der Leistungen oder wegen Mängeln (Gewährleistungseinbehalt) abzusichern.

SICHERHEITSLEISTUNG ist ein im Interesse des jeweiligen Gläubigers (Bauleistung oder Vergütung) stehendes Instrument zur Sicherung seiner zukünftigen Forderungen (weitere Leistungserbringung/Gewährleistung, weiteres Honorar). Sicherheitsleistungen beruhen zum Teil auf gesetzlichen Regelungen (Bauhandwerkersicherungshypothek § 648 BGB, Bauhandwerkersicherung § 648a BGB) und zum Teil auf vertraglichen Vereinbarungen (Gewährleistungseinbehalt § 17 Abs. 2 und 6 VOB/B, Gewährleistungsbürgschaft § 17 Abs. 2 und 4 VOB/B).

SOLLZINS früher Nominalzins genannt. Jährlicher Zinssatz, der vom vereinbarten Darlehensnennbetrag (Nominal- beziehungsweise Bruttodarlehen) berechnet wird. Falls das Darlehen zu 100 Prozent ausgezahlt wird, liegt der Effektivzins ca. 0,1 bis 0,2 Prozentpunkte über dem Solllzins, da die Zinszahlungen meist in monatlichen Raten erfolgen. Außerdem werden im Effektivzins auch noch andere Kreditkosten berücksichtigt, aber nicht Bereitstellungszinsen und Wertschätzungsgebühren.

SOLARKOLLEKTOR fängt Sonnenenergie ein und heizt damit Wasser.

SONDERTILGUNG Zahlung des Kreditnehmers, die über die im Vertrag vereinbarte regelmäßige Tilgung hinausgeht. Bei Hypothekendarlehen sind Sondertilgungen vor Ablauf der Zinsbindung nicht vorgesehen. Das Recht auf Sondertilgung muss im Vertrag ausdrücklich vereinbart werden, sonst kann die Bank Sondertilgungen ablehnen oder eine Vorfälligkeitsentschädigung verlangen. Die meisten Banken sind bereit, eine Sondertilgung von fünf bis zehn Prozent der Darlehenssumme pro Jahr während der Zinsbindungsfrist vertraglich zu vereinbaren.

T

TEILAUSZAHLUNG Bei einem Bauvorhaben zahlen Kreditinstitute das Darlehen meist in Teilbeträgen nach Baufortschritt aus. Die erste Tilgung beginnt in der Regel nach vollständiger Auszahlung des Darlehensbetrags.

TEILAUSZAHLUNGSZUSCHLAG Bis zur Vollauszahlung des Darlehens verlangen einige Banken und Versicherungen einen erhöhten Sollzinssatz auf den bereits ausgezahlten Kreditbetrag. Andere berechnen ab der dritten oder vierten Auszahlung eine feste Gebühr von beispielsweise 100 Euro pro Teilauszahlung

TEILUNGSERKLÄRUNG Erklärung eines Grundstückseigentümers gegenüber dem Grundbuchamt, dass das Eigentum an dem Grundstück in Miteigentumsanteile aufgeteilt und mit jedem Miteigentumsanteil des Sondereigentum an bestimmten Räumen verbunden sein soll. Voraussetzung für die bei Eigentumswohnungen erforderliche Teilungserklärung, die fast immer mit notarieller Beurkundung erfolgt, ist die Abgeschlossenheitsbescheinigung der zuständigen Behörde.

TEMPERATURMISCHER Vorschaltgerät beispielsweise für Waschmaschinen, mit denen sich das im Haus produzierte Warmwasser auf die für den Waschvorgang nötige Temperatur bringen lässt.

TILGUNG Anteil der Rate, mit dem ein Darlehen zurückgezahlt wird. Der Tilgungssatz beträgt bei Kreditinstituten anfangs häufig nur ein bis zwei Prozent der Darlehenssumme im Jahr. Da die Schuld durch die Tilgung ständig kleiner wird, sinkt der Zinsanteil der Rate, während der Tilgungsanteil steigt.

TILGUNGSDAUER Laufzeit des Darlehens bis zur völligen Entschuldung. Bei Annuitätendarlehen hängt die Tilgungsdauer von der Höhe des Sollzinses und des Tilgungssatzes ab. Bei Festdarlehen mit Tilgungsersatz erfolgt die endfällige Tilgung erst am Ende der Laufzeit beispielsweise durch eine fällig gewordene Kapitallebensversicherung oder einen zugeteilten Bausparvertrag.

TILGUNGSERSATZ Ersatz der regelmäßigen Tilgung durch Abtretung von Kapitallebensversicherungen oder Bausparverträgen. Weitere Möglichkeiten des Tilgungsersatzes: Verpfändung von Wertpapierdepots, Abtretung von privaten Rentenversicherungen oder

fondsgebundenen Lebensversicherungen, Fondssparpläne.

TILGUNGSSATZVARIANTEN vertragliche Vereinbarung, dass der zunächst gewählte Tilgungssatz während der Zinsbindungsfrist mehrmals gewechselt werden kann. Bei einer Erhöhung oder Verminderung des Tilgungssatzes wird die monatlich zu zahlende Rate aus Zins und Tilgung nach oben oder unten angepasst.

TV-KABELANSCHLUSS („Breitbandkabel") Gebührenpflichtiger, von einem privaten Betreiber organisierter Dienst zum Empfang von Radio- und TV-Programmen. Oft offerieren die Anbieter auch Telefon und Internet.

V

VALUTA Wertstellung, bei Darlehen Festlegung des Datums, an dem Belastungen und Gutschriften wirksam werden. Die Wertstellung ist vor allem für die Zinsberechnung wichtig. Bei der Valutabestätigung handelt es sich um die verbindliche Erklärung eines Kreditgebers über die Höhe der noch bestehenden Restschuld an einem bestimmten Zeitpunkt.

VARIABEL VERZINSLICHES DARLEHEN Das Kreditinstitut kann den zunächst vereinbarten Zinssatz jederzeit der Zinsentwicklung auf dem Kapitalmarkt anpassen. Steigende Zinsen kann sie an den Kunden weitergeben. Auf der anderen Seite ist sie verpflichtet, den Darlehenszins bei Zinssenkungen herabzusetzen. Kredite mit variablen Zinsen kann der Darlehensnehmer jederzeit mit einer Frist von drei Monaten kündigen.

VDSL „Very High Speed Digital Subscriber Line" – digitale Hochgeschwindigkeits-Standleitung. Erweiterung der ADSL-Technik, die Übertragungsraten bis zu 200 Megabit/Sekunde ermöglichen soll. Anders als bei ADSL steht die Geschwindigkeit in beide Richtungen zur Verfügung, also zum und vom Nutzer.

VERKEHRSWERT Wert eines Grundstücks oder Gebäudes, der im Falle eines freihändigen Verkaufs jederzeit zu erzielen ist. Der Verkehrswert wird durch den Preis bestimmt, der zum Zeitpunkt der Wertermittlung im gewöhnlichen Geschäftsverkehr nach den rechtlichen Gegebenheiten und tatsächlichen Eigenschaften, der sonstigen Beschaffenheit und der Lage des Grundstücks ohne Rücksicht auf ungewöhnliche oder persönliche Verhältnisse zu erzielen wäre.

VERWALTUNGSKOSTEN Kosten der zur Verwaltung des Gebäudes erforderlichen Arbeitskräfte und Einrichtungen, die bei Eigentumswohnungen an den Hausverwalter gezahlt werden müssen. Die Verwaltungskosten zählen zu den Bewirtschaftungskosten.

VOB (Vergabe- und Vertragsordnung für Bauleistungen) ist eine Zusammenstellung bauspezifischer und praxisgerechter Regelungen in Ergänzung zu §§ 631 ff BGB. Bei der vertraglich vereinbarten Anwendung der VOB sind die Regelungen als Allgemeine Geschäftsbedingung (AGB) zu qualifizieren. Die VOB besteht aus Teil A – Allgemeine Bestimmungen für die Vergabe von Bauleistungen (DIN 1960), Teil B – Allgemeine Bestimmungen für die Ausführung von Bauleistungen (DIN 1961) und Teil C – Allgemeine Technische Vertragsbedingungen für Bauleistungen (DIN 18 299 ff.). Die Anwendung der VOB durch öffentlich-rechtliche Auftraggeber ist haushaltsrechtlich vorgeschrieben.

VOLLTILGERDARLEHEN Vollständige Tilgung beziehungsweise Entschuldung eines Darlehens bis zum Ende der vereinbarten Zinsbindungsfrist.

VORAUSDARLEHEN Darlehen in Kombination mit einem Bausparvertrag. Im Gegensatz zur Zwischenfinanzierung muss noch das Mindestsparguthaben angespart werden. In dieser Zeit zahlt der Darlehensnehmer Zinsen auf das Vorausdarlehen und Beiträge in den Bausparvertrag. Nach Zuteilung des Bausparvertrags wird das Vorausdarlehen durch die Bausparsumme abgelöst.

VORFÄLLIGKEITSENTSCHÄDIGUNG Ablösegebühr, die eine Bank verlangt, wenn ein Kreditnehmer ein Festzinsdarlehen vor Ablauf der Zinsbindung zurückzahlen will. Die Bank darf dabei allerdings nur den Ausgleich des Schadens verlangen, der ihr durch die vorzeitige Ablösung tatsächlich entsteht.

VORLAUFTEMPERATUR die Temperatur, mit der ein wärmeübertragendes Medium (in Heizungen meist Wasser) den Heizkessel verlässt

VORMERKUNG vorläufige Grundbucheintragung zur Sicherung eines Anspruchs auf Eintragung einer Rechtsänderung (zum Beispiel Auflassungs- beziehungsweise Eigentumsvormerkung). Die Vormerkung bewirkt, dass eine Verfügung, die nach Eintragung der Vormerkung über das Grundstück oder das Recht getroffen wird, insoweit unwirksam ist, als sie den Anspruch vereiteln oder beeinträchtigen würde.

W

WÄRMEPUMPE eine Vorrichtung, die einem Medium (Luft, Wasser oder Erdreich) Wärme entzieht und für das Haus nutzbar macht

WDVS Ist eine Abkürzung für „Wärmedämm-Verbundsystem." Dies wird regelmäßig als Außendämmung bei einschaligen Außenwänden eingesetzt. Der Aufbau der jeweiligen Systeme ist herstellerspezifisch und besteht üblicherweise aus Dämmplatten (verschiedene Materialien), die zunächst auf die Außenwand geklebt und/oder gedübelt werden und anschließend mit Armierungsgeweben nachbehandelt und Putz oder ähnlichen Beschichtungen versehen werden (es gilt die DIN 18345).

WERTERMITTLUNG Ermittlung des Verkehrswerts von Grundstücken und Gebäuden. Dabei sind drei Ermittlungsverfahren üblich: Vergleichswert, Ertragswert (bei vermieteten Immobilien) und Sachwert (bei selbstgenutzten Immobilien). Für Beleihungs- und Finanzierungszwecke wird der Beleihungswert ermittelt, der sich zwar nach dem Verkehrswert richtet, in der Praxis aber 10 bis 20 Prozent unter dem Verkehrswert liegt, da die Geldinstitute Risikoabschläge vornehmen.

WERTSCHÄTZUNGSGEBÜHREN Gebühren für die Schätzung des Beleihungswerts durch Banken und andere Finanzierungsinstitute. Diese betragen bei einigen Banken noch 0,2 bis 0,4 Prozent der Darlehenssumme. Fast alle Banken berechnen inzwischen keine Wertschätzungsgebühren mehr.

WLAN kurz für Wireless Local Area Network – drahtloses Funknetzwerk; im angelsächsischen Raum auch unter dem Kunstbegriff WiFi bekannt

WOHNFLÄCHE anrechenbare Grundfläche einer Wohnung oder eines einzelnen Wohnraums. Die Wohnfläche wird meist nach Wohnflächenverordnung (früher II. Berechnungsverordnung) ermittelt. Danach werden beispielsweise Balkone, Loggien, Dachgärten oder gedeckte Freisitze in der Regel mit 25 % ihrer Grundfläche zur Wohnfläche gerechnet.

WOHNGELD Zuschuss zu den Aufwendungen für Wohnraum in Form des Mietzuschusses (bei Mietern) oder des Lastenzuschusses (bei Eigentümern, die ihr Haus oder ihre Wohnung selbst nutzen). Die Gewährung des Miet- oder Lastenzuschusses ist von der Erfüllung bestimmter Voraussetzungen (zum Beispiel Jahreseinkommen und Höhe der zuschussfähigen Belastung) abhängig.

WOHNRAUMFÖRDERUNG Förderung von selbstgenutzten Häusern und Wohnung durch Landesmittel (zum Beispiel öffentliche Baudarlehen, Familienzusatzdarlehen oder Aufwendungsdarlehen), früher „Wohnungsbauförderung" genannt. Die Bestimmungen zur Wohnraumförderung sind von Bundesland zu Bundesland unterschiedlich.

WOHN-RIESTER-DARLEHEN Für die Tilgung eines zur Eigenheimfinanzierung aufgenommenen Darlehens erhalten Hauseigentümer die gleichen Riester-Zulagen und Steuervorteile wie für einen normalen Riester-Sparvertrag. Voraussetzung ist, dass sie ihr Haus oder ihre Wohnung nach 2007 angeschafft oder gebaut haben und selbst darin wohnen. Das Darlehen muss spätestens bis zum 68. Lebensjahr zurückgezahlt werden. Gefördert werden nur Darlehen, die von der Bundesanstalt für Finanzdienstleistungsaufsicht zertifiziert sind.

Z

ZÄHLERPLATZSYSTEM auch Zählerschrank genannt. Zentraler Anbringungsort für Stromzähler, Sicherungen/RCDs, meist auch Netzwerktechnik und Telefonanlage.

ZAPFSTELLE Fachbegriff für Kalt- oder Warmwasserauslässe

ZINSBINDUNGSDAUER Zeitraum, für den der Zins im Darlehensvertrag festgeschrieben ist. Ist die Zinsbindung länger als zehn Jahre, kann der Darlehensnehmer nach Ablauf von zehn Jahren unter Einhaltung einer Kündigungsfrist von sechs Monaten kündigen. Nach Ablauf der Zinsbindung muss über Zinssatz und neuer Festschreibung neu verhandelt werden.

ZINS- UND TILGUNGSVERRECHNUNG Art der Kontoführung auf dem Kreditkonto. Fast alle Institute verrechnen die Raten des Kunden sofort bei ihrem Eingang. Die Zinsbelastung erfolgt fast immer monatlich und wird von der durch Tilgung verminderten Restschuld berechnet. Im Effektivzins ist die zinserhöhende Wirkung der jeweiligen Zins- und Tilgungsverrechnung bereits berücksichtigt.

ZIRKULATIONSPUMPE Pumpe im Warmwasserkreislauf, die dafür sorgt, dass an den entsprechenden Zapfstellen möglichst schnell Wasser der gewünschten Temperatur bereitsteht

ZUTEILUNG Zeitpunkt, ab dem die Bausparkasse die Bausparsumme zur Auszahlung bereithält. Die Zuteilung erfolgt in der Regel zwei bis neun Monate nach dem Stichtag, an dem Mindestsparguthaben und Zielbewertungszahl des Bausparvertrags erreicht sind.

ZWISCHENFINANZIERUNG Wird die Bausparsumme benötigt, bevor der Bausparvertrag zugeteilt ist, kann diese Lücke mit einer Zwischenfinanzierung geschlossen werden. Für diesen Zeitraum nimmt der Baufinanzierer einen tilgungsfreien Zwischenkredit in Höhe der Bausparsumme auf. Sobald der Bausparvertrag zugeteilt ist, wird der Zwischenkredit durch die Bausparsumme abgelöst. Ist das Mindestguthaben noch nicht angespart, sprechen die Bausparkassen auch von einer Vorfinanzierung. Die Zwischenfinanzierung setzt hingegen das Erreichen des Mindestsparguthabens voraus.

CHECKLISTEN FÜR DIE BAUZEIT

Die folgenden Checklisten können nicht für jedes Bauprojekt lückenlos alle Punkte abfragen, wo es eventuell haken kann und ein kritischer Blick durch den Fachmann angebracht ist. Die detaillierte Kontrolle aller Arbeitsschritte ist die Aufgabe Ihres Bauplaners (Architekt) oder Bausachverständigen, der Ihnen beim Bau zur Seite steht. Die folgenden Listen und Checkpunkte sollen Ihnen aber dabei helfen, in den verschiedenen Bauphasen gezielt zu kritischen Punkten nachzufragen oder sich selbst einen Eindruck von der Qualität der Bauausführung zu verschaffen.

Planung

1	**Entwurfsplanung und Kostenberechnung** ✓ Entspricht die vorgelegte Entwurfsplanung Ihrem Raumprogramm, Ihren Wünschen und den Absprachen mit dem Planfertiger? Haben Sie dies schriftlich bestätigt? ✓ Ist die vorgelegte Kostenberechnung hinreichend detailliert und vor allem vollständig? Enthält sie alle erforderlichen Maßnahmen, Bauteile und Ausstattungsgegenstände? Können Sie sich die Endsumme leisten? ✓ Haben Sie ausreichend Puffer einkalkuliert? Da man auch bei Neubauten gelegentlich unabsehbare Überraschungen erlebt (z. B. verdeckte Verunreinigungen im Baugrund), sollte man ein Haus nie „auf Kante" finanzieren.
2	**Bauantrag** ✓ Hat die zuständige Baurechtsbehörde schriftlich bestätigt, dass der Antrag eingegangen ist und die Unterlagen vollständig sind? Wurden Angaben über die dort üblichen Bearbeitungszeiten gemacht?
3	**Sonstige Anträge** ✓ Sind alle relevanten Anträge gestellt? Neben dem eigentlichen Bauantrag könnten weitere Anträge erforderlich sein, zum Beispiel für den Abbruch bestehender baulicher Anlagen, das Fällen von Bäumen, die Absenkung des Grundwassers (falls dieses höher ansteht als die geplante Fundamentsohle) während der Gründungsarbeiten, für die Absperrung von Verkehrsfläche als Standort für den Kran und Ähnliches.
4	**Ausführungspläne** ✓ Ausführungspläne enthalten Angaben zur Geometrie und den Maßen der wichtigsten Bauteile. Die Materialien sollten darin durch Schraffuren oder Farben (mit Legende) eindeutig definiert sein.

4

✓ Die Übersichtsgrundrisse (sogenannte „Rohwerkpläne" sind üblicherweise im Maßstab 1:50 gezeichnet und enthalten zusätzlich Angaben zu darüber liegenden Bauteilen (Balkone, Dachüberstände, Unterzüge und Ähnliches, jeweils in gestrichelter Linie), Öffnungsrichtungen der Türen, Lage und Größe von Wand- und Deckendurchbrüchen (vor allem für Leitungsführungen).

✓ In den Übersichtsschnitten – meist ebenfalls im Maßstab 1:50 – müssen alle relevanten Höhen von der Baugrubensohle bis zur Attika, die Steigungsverhältnisse der Treppen sowie die Höhen von Brüstungen und Stürzen eindeutig angegeben sein.

✓ Nach Möglichkeit sollte jede Information nur einmal im Plansatz auftauchen (z. B. Höhenmaße in den Schnitten, Längen- und Breitenmaße in den Grundrissen), da sonst nachträgliche Änderungen manchmal nur in einem Plan gemacht und im anderen übersehen werden, was zu Widersprüchen und Unklarheiten führen kann.

✓ Je nach Erfordernis kommen zu den Rohwerkplänen Detailpläne in größeren Maßstäben (1:20 bis 1:1) hinzu, die weiterführende Informationen zur Ausführung und zur Fügung der Bauelemente enthalten.

✓ Sind die Inhalte der Ausführungspläne allgemein verständlich? Lassen Sie sich vom jeweiligen Planfertiger möglichst alle Punkte erklären, die Sie nicht unmittelbar lesen können – das hilft Ihnen nicht nur bei Gesprächen mit den Planern, sondern auch bei Besuchen auf der Baustelle.

Bauzeitenplan

5

✓ Ein genauer Bauzeitenplan zeigt den Ablauf der Bauarbeiten, die Arbeitszeiträume der verschiedenen Gewerke und deren Überlappungen. Er muss übersichtlich gestaltet sein und hilft Ihnen bei der Kontrolle des Bauablaufs und bei der Sicherstellung der termingerechten Fertigstellung des Projekts.

✓ Der Bauzeitenplan sollte nicht nur die für die Ausführung der Arbeiten vorgesehenen Zeiten (rote Balken) darstellen, sondern auch die Vorbereitungszeiten (blaue Balken) enthalten, die Ihr Planer oder Hausanbieter für die Ausschreibung und Vergabe der Arbeiten vorgesehen hat. Detaillierte Bauzeitenpläne können auch Bestellfristen für bestimmte Bauteile, Liefertermine für Planungsstände sowie Abnahmetermine enthalten.

✓ Zeitspannen, in denen die Baustelle nicht begangen werden kann (vor allem Trockenzeiten für Estriche) sowie die örtlich üblichen Bauferien und Schulferien müssen im Bauzeitenplan angegeben sein.

Im Dialog mit anderen Beteiligten

Behörden

1

✓ Sind in Ergänzung zu Baugenehmigung und Baufreigabe die erforderlichen behördlichen Genehmigungen für Abbrucharbeiten, Baumfällung, Wasserhaltung etc. vollständig erteilt?

✓ Wurden die Auflagen aus der Baugenehmigung vollständig in die Planung des Hauses übernommen?

✓ Spätestens eine Woche vor dem Beginn der eigentlichen Bauarbeiten muss der Baubeginn bei der zuständigen Baurechtsbehörde schriftlich angezeigt und ein verantwortlicher Bauleiter benannt werden.

2	**Versorgungsträger** ✓ Wurden die Leitungskataster bei den Versorgungsträgern und den Behörden vom Bauleiter und Unternehmer der Erdarbeiten überprüft? Es muss sichergestellt sein, dass auf dem Grundstück keine Leitungen beim Aushub beschädigt werden. ✓ Steht der genaue Ort fest, an dem Ihr Haus an die Ver- und Entsorgungsleitungen angeschlossen wird? Ist die Terminplanung für die Hausanschlüsse mit den Versorgungsträgern abgestimmt? ✓ Ist in den Bauverträgen eindeutig geregelt, wer sich um die Strom- und Wasserversorgung der Baustelle kümmert und dafür die Kosten trägt? Wir empfehlen, dies dem Unternehmer zu überlassen, der damit Erfahrung hat.
3	**Nachbarn** ✓ Ist ein Beweissicherungsverfahren (ein Gutachten über den Zustand benachbarter Häuser, das vorher vorhandene Schäden auflistet) sinnvoll und wurde es durchgeführt? ✓ Sind Schutzmaßnahmen an benachbarten Gebäuden erforderlich (zum Beispiel wenn Sie dort direkt anbauen)? ✓ Informieren Sie Ihre Nachbarn regelmäßig und nennen ihnen einen Ansprechpartner für den Fall von Problemen, möglichst mit einer Mobilfunknummer.

Ihre Liste für Baustellenbesuche

Wenn Sie die Baustelle besuchen und mit Projektbeteiligten sprechen, sollten Sie dabei haben:

1	**Unterlagen, immer auf dem aktuellen Stand und möglichst vollständig:** ✓ Liste aller Beteiligten (Planer, Handwerksbetriebe, Nachbarn, Behörden etc.) mit Telefon- und Mobilfunknummern ✓ Aktuelle Pläne ✓ Aktueller Bauzeitenplan
2	**Praktisches Zubehör:** ✓ Schlüssel der Bautür ✓ Fenster- und Türgriffe (falls Fenster und Türen schon eingebaut, die Beschläge aber noch nicht montiert sind) ✓ Maßband oder/und Maßstab („Zollstock") ✓ Wasserwaage ✓ Taschenlampe ✓ Schreibmaterial für Notizen oder Diktiergerät ✓ Digitale Kamera mit eingebautem Blitz ✓ Grundausstattung Werkzeug (Hammer, Zange, Schraubenschlüssel etc.) ✓ Feste Kleidung, die möglichst leichte Bewegung ermöglicht ✓ Festes Schuhwerk (möglichst mit Stahlkappen und -sohlen) ✓ Verbandskasten ✓ Papiertücher (trocken und möglichst auch feucht) ✓ Klebeband und Absperrband, wetterfest

Generelle Ratschläge für alle Gewerke

1

✓ Der Bauleiter sollte unbedingt ein möglichst lückenloses Bautagebuch führen, in dem er Angaben zu den anwesenden Firmen, dem Stand der Arbeitsleistung, der Wetterlage (vor allem Temperatur und Niederschlag), Besprechungsergebnissen und angefertigten Fotos niederschreibt.
Dies ist im Rahmen der Bauleitung immer sinnvoll, kann aber noch Jahre später wichtig sein, falls der genaue Bauablauf für die Beseitigung von Mängeln rekonstruiert werden muss.

✓ Wenn ein Unternehmer gegen die von Ihnen und Ihrem Planfertiger vorgesehene Art der Ausführung oder gegen von Ihnen gelieferte Stoffe oder Bauteile Bedenken hat, muss er diese gemäß § 4 VOB/B schriftlich mitteilen – möglichst schon vor Beginn seiner Arbeit. Um hier Ärger zu vermeiden, können Sie sich das Einverständnis des Unternehmers vorab schriftlich bestätigen lassen.

✓ Gleiches gilt, wenn der Unternehmer mit der Ausführung anderer Gewerke nicht einverstanden ist. Auch dazu kann man sich das Einverständnis des Unternehmers vor Beginn der Arbeiten schriftlich bestätigen lassen.

✓ Stellen Sie sicher, dass die Firmen nach dem jeweils aktuellen Planstand arbeiten – am einfachsten, indem Sie Ihren eigenen Planstand aktuell halten und bei Besuchen auf der Baustelle nachschauen, ob die Handwerker dieselben Pläne benutzen.

✓ Lassen Sie sich von Ihrem Planfertiger oder/und den Unternehmern mit Prospekten zu den verwendeten Materialien, Produkten und Konstruktionen versorgen – sofern Sie dies interessiert – und heften Sie diese in einem Aktenordner ab. Dies kann Ihnen nicht nur während der Bauzeit, sondern auch später beim Bauunterhalt von Nutzen sein.

✓ Meist sind in den Leistungsverzeichnissen die Eigenschaften und genauen Bezeichnungen der im jeweiligen Gewerk verwendeten Materialien und Produkte angegeben. Prüfen Sie zumindest stichprobenartig, ob die an der Baustelle gelieferten Baustoffe jeweils den geforderten Spezifikationen entsprechen.

✓ Alle Unternehmer müssen die Baustelle immer in geordnetem Zustand hinterlassen, den von ihnen verursachten Abfall und Bauschutt regelmäßig entsorgen – nicht erst nach Fertigstellung ihrer Arbeiten, sondern auch im Alltag. Dies sollten Sie regelmäßig kontrollieren!

Rohbaugewerke

1

Erschließung und Vorbereitung

✓ Liegt eine Untersuchung des Baugrunds auf Tragfähigkeit (und je nach Lage und vorheriger Nutzung auf Altlasten, Bodenverunreinigungen oder Kampfmittel) vor?

✓ Steht der Bauzaun? Die Baustelle muss vor Eindringlingen gesichert und auf allen Seiten gut sichtbar mit den üblichen Schildern „Betreten der Baustelle für Unbefugte verboten" markiert werden.

✓ Ist der Standort für den Kran festgelegt? Liegt er auf dem eigenen Grundstück? Wenn nicht: Sind die Nutzungsrechte mit der Kommune (als Eigentümerin des öffentlichen Verkehrsraums) oder mit dem betroffenen Nachbarn geklärt?

1

✓ Ist auf dem Grundstück genug Platz vorhanden, um Mutterboden und Aushub zwischenzulagern? Wenn nicht: Gibt es in der Umgebung eine dafür verfügbare Fläche, oder muss die Erde entsorgt werden?

✓ Ist eine Bautoilette vorhanden oder zumindest bestellt? Wenn ja: Wurde sie an einer Stelle aufgestellt, wo sie für den Tankwagen des Entsorgers problemlos erreichbar ist?

2

Erdarbeiten und Baugrube

✓ Hat der Vermessungsingenieur die Lage und Größe der Baugrube auf dem Grundstück eingezeichnet? Hat er die Bezugshöhe an einer geschützten Stelle (möglichst in einem Randbereich des Grundstücks, auf dem nicht gebaut werden soll) eindeutig markiert?

✓ Ist die Baugrube ausreichend gesichert? Zu beachten sind hier vor allem die Bodenbeschaffenheit und die Absturzsicherung sowie der Schutz der Böschung gegen Abrutschen, zum Beispiel bei starkem Regen.

3

Betonarbeiten

✓ Ist das Schnurgerüst vor dem Beginn der Gründungsarbeiten vom Vermessungsingenieur geprüft und eingemessen worden? Dies ist erforderlich, damit der Unternehmer die Fundamente an der richtigen Stelle setzt.

✓ Liegen die Grundleitungen an der richtigen Stelle? Ihre Lage und Gefälle-Richtung sollten vor Beginn der Gründungsarbeiten vom Bauleiter oder dem zuständigen Tiefbauamt kontrolliert und abgenommen werden.

✓ Sind besondere Dichtungsmaßnahmen für das Kellergeschoss erforderlich? Bei hohem Grundwasserstand oder/und geringer Wasserdurchlässigkeit des Bodens (vgl. Bodengutachten!) kann eine besonders abgedichtete Wanne notwendig werden.

✓ Hat der Statiker die Bewehrung der Gründung vor dem Betonieren überprüft und abgenommen? Dies muss bei allen Gründungsarten (Punkt- und Streifenfundamente, Plattengründungen oder Kombinationen) und bei allen tragenden Wänden und Decken erfolgen.

4

Abdichtungs- und Dämmarbeiten

✓ Liegen die Drainageleitungen im Gefälle? Sitzt der tiefste Punkt der Leitungen oberhalb der Unterkante des Fundaments? Haben sie die erforderlichen Reinigungsöffnungen?

✓ Wurden die Kelleraußenwände flächig abgedichtet und mit Dränmatten abgesichert? Ist die Abdichtung ausreichend (etwa 30 cm) über die Geländeoberfläche hochgezogen? Ist die Verfüllung des Arbeitsraums entlang der Wände in wasserdurchlässigen Materialien ausgeführt?

✓ Sind die Rohrdurchführungen für Hausanschlüsse und Abwasserleitungen fachgerecht (mit speziellen Dichtungssätzen oder Leitungseinführungen) eingedichtet?

✓ Verfügen zweischalige Haustrennwände (bei Doppel- oder Reihenhäusern) zwischen den Wandschalen über eine durchgehende, möglichst fugenfreie Lage von Schallschutzmatten, die bis ins Untergeschoss reicht? Dies ist für den Schallschutz unbedingt erforderlich.

5

Mauerarbeiten

✓ Verfügen die gemauerten Wände über die erforderlichen horizontalen Absperrungen gegen aufsteigende Feuchtigkeit (je eine Sperrpappe über dem Kellerboden, unter der Kellerdecke und über der Geländeoberfläche)?

5

✓ Ist das Wetter überhaupt zum Mauern geeignet? Bei Frostgefahr darf nicht gemauert werden, bei großer Hitze und direkter Sonneneinstrahlung müssen die Steine vorgenässt und frisch gemauerte Wände feucht gehalten werden, damit der Mörtel abbinden kann. Schadhafte Mauern müssen abgebrochen und neu erstellt werden.

✓ Weisen die tragenden Wände die richtige Dicke (laut Ausführungsplanung) auf? Sind sie an ihren Ecken sachgemäß miteinander verzahnt?

✓ Verfügen Wände aus Sicht- oder Verblendmauerwerk über die erforderlichen Dehnfugen und (konstruktionsabhängig) über Lüftungs- und Entwässerungsfugen? Sind sie in den vorgeschriebenen Abständen mit rostfreien Verbindungsmitteln in der tragende Wand verankert?

✓ Hält der Schornstein die erforderlichen Mindestabstände von anderen Bauteilen (5–10 cm von Hölzern, 1 cm von Bodenbelägen) ein? Ist sichergestellt, dass er nicht für Leitungsführungen geschlitzt und dadurch geschwächt wird?

✓ Werden die geplanten Raumgrößen und -höhen eingehalten?

✓ Befinden sich alle Fenster- und Türöffnungen an den richtigen Stellen (seitliche Abstände von den Wänden, Höhe über Boden)? Sind die Öffnungen groß genug für die geplanten Fenster und Türen?

Zimmererarbeiten

6

✓ Haben die verwendeten Hölzer die im Leistungsverzeichnis und der Ausführungsplanung vorgegebenen Eigenschaften (sind sie z. B. sägerau oder gehobelt) und sind sie hinreichend ausgetrocknet?

✓ Der Holzschutz muss – sofern erforderlich – flächig aufgetragen sein und darf bei Regen nicht auswaschen. Verlangen Sie anderenfalls die Nachbesserung!

✓ Stellen Sie sicher, dass ausschließlich korrosionsgeschützte Metallteile (verzinkte Balkenschuhe, Verbindungseisen und ähnliches) und Nägel aus Edelstahl verwendet werden – verzinkte Nägel können durch das Hämmern beschädigt werden und rosten.

Dachabdichtungsarbeiten (geneigtes Dach)

7

✓ Lassen Sie sich 2–3 Quadratmeter mehr Dachziegel oder Betonsteine liefern, als Sie für die Eindeckung brauchen, mit denen Sie spätere Schäden ohne Nachbestellung beheben können. Lagern Sie diese an einer geschützten Stelle ein.

✓ Prüfen Sie die Unterspannbahn auf Beschädigungen und ausreichende Überlappung (mindestens 15 cm) an den Bahnenstößen.

✓ Stellen Sie sicher, dass ausschließlich korrosionsgeschützte Metallteile (Befestigungsmittel, Schneefanggitter und ähnliches) und Nägel aus Edelstahl verwendet werden.

✓ Testen Sie den festen Sitz der Ziegel oder Dachsteine stichprobenartig vom Gerüst aus, insbesondere an den Rändern (Ortgang und Traufe) sowie am First.

Dachabdichtungsarbeiten (Flachdach)

8

✓ Achten Sie darauf, dass die Dachkonstruktion vor dem Verlegen der Dampfsperre gesäubert ist und insbesondere keine spitzen Gegenstände wie Nägel darauf liegen.

✓ Jede Dachfläche sollte mindestens zwei Abläufe haben: entweder zwei gleichwertige reguläre Abläufe oder ein regulärer Ablauf und ein Notüberlauf.

✓ Stellen Sie sicher, dass die wasserführende Schicht (die oberste Abdichtungsbahn) zu den Einläufen hin ausreichend (mindestens 2 %) geneigt und der ordnungsgemäße Ablauf sichergestellt ist.

8	✓ Überprüfen Sie, ob aufgehende Bauteile wie Attiken, Entlüftungen und Schornsteine sorgfältig eingedichtet sind. Achten Sie darauf, dass die Dichtungsbahnen keine Knicke aufweisen (z.B. durch den Einbau von Dämmkeilen entlang der Attika).
	✓ Beauftragen Sie bei Dachbegrünungen nicht nur die Aussaat von dafür geeigneten Pflanzen, sondern auch eine Fertigstellungspflege, die mehrmals im Verlauf des ersten Jahres nach Fertigstellung durchgeführt werden sollte.

Klempnerarbeiten

9	✓ Stellen Sie vor der Anbringung von Abdeckblechen sicher, dass die darunter verlegten Abdichtungsbahnen unbeschädigt sind.
	✓ Achten Sie darauf, dass für alle Bleche nur ein Material verwendet wird, da sich verschiedene Materialien an den Verbindungen durch Kontaktkorrosion gegenseitig beschädigen können. Dies gilt insbesondere auch für die Befestigungsmaterialien, die aus demselben Material bestehen müssen.
	✓ Sorgen Sie dafür, dass verzinkte Bleche entweder gar nicht auf der Baustelle geschnitten oder die Schnittkanten gegen Korrosion geschützt werden.
	✓ Prüfen Sie die Funktionsfähigkeit der Regenrinne, insbesondere die Längsneigung (zum Fallrohr hin) und die Querneigung (vom Haus weg, damit bei Verstopfung des Fallrohrs das Wasser nach außen abläuft). Dazu können Sie zum Beispiel vom Gerüst aus Wasser (aus einem Eimer oder Schlauch) hineinschütten und ihm beim Ablauf zuschauen.
	✓ Lange Rinnen und Rohre (mehr als 7 m Länge) benötigen einen Dehnungsausgleich.
	✓ Abdeckbleche aller Art müssen immer in die richtige Richtung geneigt sein, damit das Wasser dorthin abläuft: Fensterbretter nach außen, Attiken nach innen zur Dachdeckung, Brüstungen üblicherweise nach innen zum Balkon hin.
	✓ Blechfensterbretter sollten auf Dämmung gelegt werden, um Wärmebrücken und Belästigung durch Dröhnen bei Regen zu vermeiden.
	✓ Testen Sie stichprobenartig, dass die Blechverwahrungen gut befestigt und gegen Windsog und -druck geschützt sind.

Ausbaugewerke

Fensterbau

1	✓ Vereinbaren Sie mit dem Fensterbauer einen Aufmaßtermin auf der Baustelle und gehen Sie gemeinsam anhand der Ausführungspläne die Öffnungsarten und -richtungen im Detail durch. Besprechen Sie auch die Details an den Rändern, insbesondere die Anschlüsse zum Sonnenschutz und die Schwellen der Fenstertüren.
	✓ Entsprechen die Farben und Oberflächen der Fenster dem, was Sie im Vorfeld ausgewählt haben? Notieren Sie sich bei der Auswahl die gewählten Farbtöne in einem Farbfächer oder lassen Sie sich vom Unternehmer Musterkarten geben, damit Sie sie mit den gelieferten Fenstern vergleichen können.
	✓ Achten Sie darauf, dass die Fensterrahmen rundum wind- und dampfdicht an die umgebende Wand angeschlossen sind.
	✓ Prüfen Sie nach dem Einbau alle Scheiben und stellen Sie sicher, dass sie keine Kratzer und keine erkennbare Feuchtigkeit im Scheibenzwischenraum haben. Dazu müssen die Scheiben vor der Abnahme gründlich gereinigt werden.

1

✓ Prüfen Sie, dass sich die Fenster wie geplant bedienen lassen und dass geöffnete Fensterflügel in der Stellung bleiben, wo sie losgelassen werden (dürfen nicht von alleine weiter aufgehen oder zufallen).

✓ Lassen Sie sich Unterlagen zu den verwendeten Gläsern geben, aus denen die wichtigen Werte (Wärmeschutz, Schallschutz, Licht-Durchlassgrad) hervorgehen.

✓ Sind alle verglasten Brüstungen nachweislich in Sicherheitsglas ausgeführt? Dies ist baurechtlich erforderlich, da sie auch nach Beschädigungen noch als Absturzsicherung funktionieren müssen.

Sonnenschutz

2

✓ Beim außenliegenden Sonnenschutz ist es besonders wichtig, auf die Vermeidung von Wärmebrücken zu achten. Der Aufbewahrungsort des Sonnenschutzsystems für die Zeit, in der es nicht in Benutzung ist (zum Beispiel der Jalousien- oder Rollladenkasten) schwächt häufig die Wärmedämmung, und auch die Durchdringungen für Kurbeln und die Revisionsöffnungen stellen häufig Schwachpunkte dar.

✓ Kann ein elektrisch betriebenes Sonnenschutzsystem im Falle eines Stromausfalls oder technischen Defekts seines Antriebs auch manuell bewegt werden?

✓ Nehmen Sie nach dem Einbau des Sonnenschutzes eine gründliche Funktionsprüfung vor: Lässt er sich an allen Fenstern ohne zu „haken" öffnen und schließen sowie in den wichtigen Stellungen arretieren? Sitzt er stramm in seinen Führungen oder klappert er bei Wind?

Fassadenbau

3

✓ Ist das ausgewählte Material als Fassadenverkleidung überhaupt geeignet? Manche Holz- und Zementwerkstoffe sind für den Einsatz im Außenbereich nicht zugelassen. Lassen Sie sich unbedingt Prospekte der Baustoffe aushändigen, in denen die Anwendungsbereiche eindeutig beschrieben sind.

✓ Entspricht das angelieferte Material für die Fassadenverkleidung dem, was Sie sich im Vorfeld ausgesucht haben? Es ist sinnvoll, sich bei der Auswahl eine kleine Musterplatte geben zu lassen, die Sie zum Vergleich verwenden können.

✓ Sind die Befestigungen der Lattungen und Konterlattungen mit Schrauben aus Edelstahl und Dübeln ausgeführt? Ist sichergestellt, dass die Dübel und Schrauben keine Dichtfolien oder Isolierungen durchstoßen?

✓ Ist eine durchgehende Hinterlüftung der Fassadenverkleidung mit Zu- und Abluftschlitzen in ausreichender Breite sichergestellt? Dies ist erforderlich, damit Feuchtigkeit schnell abgeführt wird.

✓ Verfügen alle Lufteinlässe und -auslässe über Abdeckungsgitter aus Kunststoff oder (besser, weil dauerhafter) Edelstahl als Schutz gegen Insekten und sonstige Kleintiere?

Außenputz

4

✓ Ist die Witterung für Gipserarbeiten geeignet? Bei Frostgefahr oder Regen sollte kein Verputz aufgebracht werden.

✓ Hat die zu verputzende Wand die erforderlichen Eigenschaften? Ist sie trocken genug für den Beginn der Arbeiten? Stellt der vorhandene Putzgrund besondere Anforderungen an das Putzsystem – und wenn ja, welche Maßnahmen (Anbringen von Putzträgermatten oder eines Spritzbewurfs) sind zu treffen?

✓ Sind die Dämmplatten von Wärmedämm-Verbundsystemen nach Herstellervorschriften befestigt und verbunden worden?

4

✓ Verfügen die Ränder der Putzfassade (Außen- und Unterkanten, Laibungen an Türen und Fenstern) über geeignete Profile oder Gewebebänder zum Schutz des Putzes? Sind Fensterrahmen, Türrahmen und sonstige Anschlüsse und Einbauten winddicht an den Putz angeschlossen?

Innenputz

✓ Machen Sie vor dem Verputzen von allen Wänden Fotos, auf denen der Verlauf von Wandschlitzen, Installationen und Ähnlichem sowie die Lage von Leerdosen nachvollziehbar sind! Dadurch können Sie verhindern, dass Sie später Leitungen anbohren.

✓ Achten Sie auf den Zustand des Untergrunds und besprechen Sie bei Bedarf mit dem Unternehmer, ob er vor dem Verputz noch verbessert (gespachtelt oder mit Putzträger überdeckt) werden muss. Das betrifft insbesondere Ecken und Kanten.

5

✓ Sind die nötigen Randprofile an Ecken und Kanten eingearbeitet? Diese müssen aus verzinktem Stahl bestehen und solide auf dem Untergrund befestigt sein. Wenn die Wand nach dem Verputz noch gefliest werden soll, sollten die dafür erforderlichen Schienen schon mit dem Putz angebracht werden.

✓ Sind die verputzten Innenwände eben verputzt? Überprüfen Sie dies sowohl bei Tageslicht als auch bei Kunstlicht mit Hilfe von Streiflicht aus einer beweglichen Leuchte.

Trockenbau

✓ Sind die Ränder der Trockenbauwände richtig verarbeitet? Einige Beispiele: Sind die Innenkanten von Wand zu Wand oder Wand zu Decke elastisch verfugt? Ist in jeder Außenkante ein Metallprofil zum Schutz der Kante eingearbeitet?

✓ Sind die Hohlräume der Ständerwände vollflächig mit Dämmmatten ausgefüllt? Dies ist besonders dann wichtig, wenn die Wand eine Schallschutzfunktion hat.

6

✓ Verfügen die Wände in Bereichen mit höherer Belastung (z. B. durch Hängeschränke) über Verstärkungen durch zusätzliche Trägerprofile oder horizontale Streben?

✓ Sind die Plattenstöße der fertigen Wand sauber verspachtelt? Dies überprüfen Sie am besten mit Streiflicht aus einer beweglichen Leuchte.

✓ Sind abgehängte Decken (insbesondere, wenn sie Schallschutzfunktion haben) auf allen Seiten von den Wänden abgelöst und nur mit elastischen Fugen angeschlossen?

Estrich

✓ Eignet sich die Temperatur zum Verlegen von Estrichen? Unter 5 °Celsius können Trockenestriche oder Gussasphaltestriche verlegt werden, alle anderen Estricharten benötigen höhere Temperaturen.

✓ Ist beim schwimmenden Estrich die Dämmschicht vollflächig mit Folie abgedeckt, damit der Estrich nicht in die Dämmung läuft? Sind ringsum lückenlos Rand-Dämmstreifen eingelegt, die Schallbrücken zwischen Estrich und aufgehenden Bauteilen (Wänden, Stützen) vermeiden?

7

✓ Stimmen die Aufbauhöhen mit der Planung überein? Die Schichtdicke des auf dem Estrich einzubringenden Bodenbelags (im Raumbuch oder Werkplan vermerkt) muss noch unter der Tür Platz haben. Bei Türen mit Anschlägen müssen Sie darauf achten, dass die Estriche beidseits der Türe unterschiedlich hoch zu liegen kommen.

✓ Nach seiner Verlegung sollte der Estrich zwecks kontrollierter Trocknung vor direkter Sonne und großem Luftwechsel geschützt werden (Ausnahme: frisch verlegter Gussasphalt benötigt intensive Lüftung). Während der ersten Trocknungszeit (je nach Estrichsystem sehr unterschiedlich) darf der Estrich nicht begangen werden!

7

✓ Der Aufheizvorgang für Heizestriche muss entsprechend den Angaben des Herstellers langsam und kontrolliert erfolgen und ist genau zu protokollieren!

Schreinerarbeiten

8

✓ Stimmen die Farben und Oberflächen von Türen mit dem ausgewählten Farbton überein? Sind Türblatt und Türrahmen in Farbe und Oberfläche identisch? Markieren Sie sich bei der Auswahl die gewählten Farbtöne in einem Farbfächer oder lassen Sie sich Musterkarten geben, um sie mit den gelieferten Türen vergleichen zu können.

✓ Haben die Türen alle geforderten Eigenschaften (z. B. Lüftungsgitter bei Türen von Sanitärräumen, Absenkdichtungen bei Haustüren, Selbstschließer...)? Sind sie auf der jeweils richtigen Raumseite eingebaut und an der richtigen Rahmenseite angeschlagen?

✓ Lassen sich alle Türen vollständig öffnen und schließen, ohne dass sie am Boden, an der Decke oder an ihrem eigenen Rahmen schleifen?

✓ Sind alle Türschlösser tatsächlich ohne Widerstand abschließbar? Wurden Ihnen für alle Türen die richtigen Schlüssel ausgehändigt?

✓ Lassen Sie sich Produktinformationen (bei vorgefertigten Türen) und Prüfzeugnisse (bei Türen mit Schall- oder Brandschutzeigenschaften) aushändigen.

Metallbauarbeiten

9

✓ Sind alle Bauvorschriften eingehalten? Bei Geländern schreiben die Bauordnungen in Abhängigkeit von der Absturzhöhe Mindesthöhen vor, außerdem gibt es Vorschriften zum Abstand der Geländerstäbe (höchstens 12 cm) und die Empfehlung, sie zur Vermeidung des Überkletterns senkrecht anzuordnen.

✓ Besteht Verletzungsgefahr durch scharfe Kanten, spitz auslaufende Bauteile oder Ähnliches? Grate müssen abgeschliffen, Kanten und Spitzen angemessen entschärft sein. Das gilt nicht nur für die ausführende Firma, sondern ist auch ein Thema der Planung!

✓ Sind alle Metallteile angemessen gegen Rost geschützt? Bauteile, die im Außenbereich eingesetzt werden sollen, müssen entweder aus Edelstahl bestehen oder vollständig verzinkt sein.

✓ Verzinkte Metallteile dürfen auf der Baustelle weder geschnitten noch geschweißt werden, da sich sonst die Schutzschicht nicht mehr hinreichend wiederherstellen lässt.

✓ Grundierte Metallteile (für Anwendung in Innenräumen) sollten auf der Baustelle schnellstmöglich ihren Endanstrich erhalten, da die Grundierung die Metalloberfläche nur kurzfristig schützen kann.

Fliesen- und Plattenarbeiten

10

✓ Entsprechen die gelieferten Fliesen denen, die Sie in der Ausstellung ausgesucht haben? Es ist immer sinnvoll, sich direkt bei der Auswahl Musterfliesen mitgeben zu lassen, damit man dies kontrollieren kann.

✓ Wenn bestimmte Effekte (wie Streifen, Bordüren oder Ähnliches) geplant sind, sollte die ausführende Firma die Fliesen anhand eines Fliesen-Verlegeplans verarbeiten. Diesen können Sie entweder von Ihrem Planfertiger oder vom Unternehmer anfertigen lassen; fragen Sie jedenfalls vorab, ob dafür zusätzliche Kosten anfallen.

✓ Befestigungspunkte wie Konsolen für Heizkörper, Sanitärgegenstände und Ähnliches müssen vor Beginn der Fliesenarbeiten bereits angebracht sein, damit die Fliesen rundum angepasst werden können. Nach den Arbeiten werden Leitungsdurchführungen mit dauerelastischem Material abgedichtet und durch Rosetten abgedeckt.

10

✓ Alle Sanitärobjekte müssen mit Schallentkopplung montiert werden.

✓ Achten Sie auf die sorgfältige Eindichtung von Bodeneinläufen und auf den Feuchtigkeitsschutz der Wände im Bereich von Duschen und Badewannen. Die Wannen selbst muss der Elektriker vor dem Verblenden der Fronten erden.

✓ Innenkanten müssen dauerelastisch verfugt werden, bei Außenkanten ist der Einbau eines Eckprofils aus Kunststoff oder Metall sinnvoll, beides nützt der Haltbarkeit der Kantenausbildung.

✓ Schützen Sie frisch verlegte Fliesen für min. zwei Tage vor Belastung und Begehen!

11

Bodenbelagsarbeiten

✓ Entsprechen die gelieferten Bodenbeläge und Parketthölzer den Mustern, die Sie in der Ausstellung ausgesucht haben? Lassen Sie sich bei der Auswahl Materialproben mitgeben und vergleichen Sie diese mit den Materialien auf der Baustelle.

✓ Ist dem Parkettleger klar, in welcher Richtung oder/und in welchem Muster die Hölzer verlegt werden sollen? Bestehen Sie bei anspruchsvollen Mustern auf der Vorlage eines Parkett-Verlegeplans.

✓ Holzböden dürfen nicht direkt mit Wänden und Stützen in Berührung kommen. Sockelleisten müssen an der Wand befestigt werden, keinesfalls am Boden.

✓ Prüfen Sie Holzböden nach dem Schleifen auf Unebenheiten. Dies geht am besten bei flach einfallendem Streiflicht, also am frühen Morgen oder späteren Abend oder mit einer beweglichen Leuchte.

✓ Sorgen Sie dafür, dass Teppichböden erst nach Fertigstellung aller anderen Bauarbeiten verlegt werden, um sie vor Verunreinigungen durch Staub von anderen Handwerkern zu schützen.

✓ Bestimmen Sie im Voraus die Verlegerichtung von bahnenförmigen Bodenbelägen wie Teppich und Linoleum. Es hat sich bewährt, die Bahnen in länglichen Räumen (wie Fluren) in Längsrichtung, in Wohnräumen senkrecht zu den größten Fenstern zu verlegen.

✓ Lassen Sie sich von der verlegenden Firma Pflegeanleitungen für sämtliche Bodenbeläge aushändigen. Bewahren Sie Materialreste für spätere Reparaturen auf.

12

Malerarbeiten

✓ Wählen Sie rechtzeitig die Farben für alle zu streichenden Oberflächen aus. Für farbige Wände ist es empfehlenswert, sich auf einem nach Osten, Süden oder Westen gelegenen Wandstück relativ große (mindestens 0,5 qm) Farbmuster in verschiedenen Schattierungen der gewünschten Farbe auftragen zu lassen und vor der endgültigen Auswahl sowohl bei Sonne als auch bei Schatten zu betrachten.

✓ Sind alle Böden, Fenster, Heizungs- und Sanitärgegenstände sowie Wandbauteile (z. B. Fensterbretter und Geländer) gut abgedeckt, damit sie nicht mit Farbspritzern verdreckt werden?

✓ Sind die zu streichenden Oberflächen sauber, fettfrei und hinreichend ausgetrocknet für die weitere Bearbeitung? Sind untere Lackschichten vor dem nächsten Anstrich trocken genug um überstrichen zu werden? Beachten Sie hier die vom Farbhersteller empfohlenen Trockenzeiten.

13

Heizung und Wasser

✓ Sind die Absperrventile für Notfälle klar gekennzeichnet, sodass Sie leicht erkennen können, wo die Zuleitung jeweils geschlossen werden kann?

13

✓ Zumindest bei komplexeren Heizungsinstallationen sollen alle Leitungen beschriftet sein, um spätere Wartungsarbeiten zu erleichtern.

✓ Rohrleitungen dürfen keinen direkten Kontakt mit Mauerwerk, Putz, Metall oder Beton haben, damit Vibrationen nicht übertragen werden.

✓ Sind alle Befestigungen von Wasserleitungen mit Schalldämmeinlagen versehen?

✓ Sind die Warmwasserrohre so thermoisoliert, wie es vorgeschrieben bzw. geplant ist?

✓ Bei Heizkörpern ist zu überprüfen, ob die Abstände zu Wand und Boden eingehalten werden und ob die Dimensionen der Heizkörper selbst stimmen.

✓ Bei Fußboden- oder Wandheizungen muss eine Dichtigkeitsprüfung gemacht werden, bevor die Heizelemente eingegossen oder verputzt werden.

✓ Für die Wasserleitungen klären Sie mit dem Sanitärinstallateur, wo Revisionsöffnungen einzubauen sind.

✓ Sind alle Anschlüsse für Warmwasser korrekt? Prüfen Sie die Kalt- und Warmwasserauslässe (bzw. die Mischbatterien) von Waschbecken, Duschen und Badewannen.

Hauselektrik und Datenleitungen

✓ Ist verbindlich festgelegt, wo der Hausanschluss- und -verteilerkasten angebracht wird?

✓ Sind alle Sicherungen im Verteilerkasten beschriftet?

✓ Sind alle Steckdosen und Auslässe angeschlossen (führen sie Strom)?

✓ Funktionieren alle Schalter, auch die für Geräte wie motorisierte Rollläden? Sind die Schalter für die Zimmerbeleuchtung jeweils auf der Öffnungsseite der Tür angebracht?

✓ Sind alle Kabelenden (z. B. für Beleuchtung) erreichbar und die Enden durch Lüsterklemmen gesichert?

✓ Funktionieren alle Antennen- und Telefonanschlüsse?

14

✓ Funktionieren die Türklingel, der elektrische Öffner (für das Gartentor) und die Sprechanlage?

✓ Sind alle Leerrohre vorhanden und so verlegt, wie in der Planung vorgesehen?

✓ Funktionieren alle Elektroanschlüsse in der Küche? Ist zum Beispiel auch der Anschluss für die Dunstabzugshaube richtig platziert?

✓ Sind die Badinstallationen geerdet? Sind im Bad und in weiteren Feuchträumen die Elektroanschlüsse alle an Fehlerstrom-Schutzschaltungen angeschlossen?

✓ Sind alle Außensteckdosen vorhanden? Sie sollten möglichst alle (auch) von innen schaltbar sein.

✓ Wenn (bei Niedrigenergiehäusern) eine aktive Lüftungsanlage installiert wird: Funktioniert die Steuerungselektrik?

✓ Funktioniert die Steuerungselektrik für die Heizungsanlage?

Außenanlagen

1

✓ Eignet sich der vorhandene Boden für die Bepflanzung oder muss er noch aufgelockert oder mit Mutterboden, Humus oder Ähnlichem abgedeckt werden? Wurde der (üblicherweise seitlich gelagerte) Mutterboden wieder auf dem Grundstück verteilt?

✓ Liegen noch Bauschutt oder sonstige Abfälle auf der Baustelle herum? Wenn ja: Sorgen Sie dafür, dass der Verursacher – sofern er bekannt ist oder ermittelt werden kann – die Abfälle entsorgt (wir haben empfohlen, dass diese Leistung Bedingung in den Verträgen sein sollte).

✓ Sind die Wege, Müllentsorgungsplätze und eventuell ein Parkplatz komplett und in der vereinbarten Qualität angelegt?

1

✓ Überprüfen Sie die Ränder der Terrassen- und Wegbeläge auf Standfestigkeit. Sie müssen durch Randprofile oder solide Unterkonstruktionen (z. B. darunterliegende Beton-schultern) gegen Kippen gesichert sein.

✓ Läuft das Wasser kontrolliert in die Richtung ab, wie es geplant war? Dies sollten Sie beim ersten Starkregen nach Ihrem Einzug genau verfolgen, erkennbare Probleme (Rückstau, Wasserabfluss auf das Haus hin, übermäßiges Spritzen auf die Fassade) notieren und umgehend mit der zuständigen ausführenden Firma besprechen.

Technische Ausstattung

✓ Hat Ihr Garten die für Nutzung und Bewässerung erforderlichen Wasseranschlüsse? Jede Gartenwasserleitung muss vor dem Durchgang durch die Gebäudehülle ein Ventil haben, an dem man sie vor dem ersten Frost absperren kann.

2

✓ Sind alle Stromanschlüsse im Garten für Beleuchtung, elektrische Grills oder eine Tür-schließanlage (mit Sprechverbindung) vorhanden und angeschlossen? Stellen Sie sicher, dass diese für die Verwendung im Freien zugelassen sind.

✓ Testen Sie vor der Übergabe auch Türklingeln und Sprechanlagen auf ihre Funktion, insbesondere dann, wenn sie frei vor dem Haus stehen (z. B. Teil des Gartenzauns)

Fertigstellung und Übergabe

✓ Vereinbaren Sie kurz vor dem Einzug einen Termin mit Ihrem Architekten oder Haus-anbieter, um eine förmliche Übergabe des Hauses vorzunehmen. Sprechen Sie in diesem Zusammenhang Punkt für Punkt durch, ob die Ausführung der Baubeschreibung entspricht, und notieren Sie jegliche Abweichung und alle erkennbaren Mängel.

✓ Sind alle Oberflächen gleichmäßig und frei von Beschädigungen?

✓ Schließen und öffnen alle Fenster und Türen reibungslos?

✓ Funktionieren alle elektrisch betriebenen oder gesteuerten Bauteile?

✓ Funktionieren die Heizung und die Warmwasserbereitung an allen Entnahmestellen?

1

✓ Muss die Heizungsanlage vom Schornsteinfeger abgenommen werden? Wenn ja: Liegt die erfolgreiche Abnahme vor?

✓ Haben Sie einen Energiebedarfsausweis für das Haus erhalten?

✓ Legen Sie gleich bei der Übergabe der Schlüssel eine Liste an, auf der die übergebe-nen Schlüssel (mit Nummern und Angaben zu den Türen, die sie schließen) aufgeführt sind. In dieser Liste können Sie anschließend (wenn sie als Tabelle mit einigen leeren Spalten angelegt ist) auch den Verbleib der einzelnen Schlüssel notieren.

✓ Erstellen Sie innerhalb weniger Tage ein ausführliches Protokoll dieser Übergabe (oder lassen Sie dies von der anderen Seite erstellen), das dann von beiden Seiten unter-schrieben werden soll. Sind noch große oder auch zahlreiche kleine Mängel zu bean-standen, warten Sie mit den letzten Zahlungen bis zur erfolgreichen Behebung.

Bestandsunterlagen

2

✓ Bewahren Sie die behördlich relevanten Unterlagen (Bauantragsheft, Baugenehmigung, Vermessungspläne, sonstige Genehmigungen) gut sortiert an einer Stelle auf, wo Sie kurzfristig darauf zugreifen können.

✓ Lassen Sie sich möglichst vollständige Bestandsunterlagen (bei der Haustechnik wird dafür auch die Bezeichnung Revisionspläne verwendet) aushändigen – dann haben Sie es bei späteren Umbauten, aber auch beim Bauunterhalt leichter. Diese Unterlagen bekommen Sie üblicherweise von folgenden Beteiligten:

✓ Architekt (Ausführungspläne und Ausschreibungsunterlagen für alle Gewerke in Rohbau und Ausbau)

✓ Fachplaner der elektrischen Anlagen (oder ausführende Firma): Revisionspläne für Stark- und Schwachstromanlagen sowie Blitzschutz

✓ Fachplaner Heizung/Lüftung/Sanitär (oder, sofern kein Fachplaner beschäftigt wurde, ausführende Firmen): Revisionspläne für die Gewerke Heizung, Lüftung und Sanitär

✓ Ausführende Firmen: Revisionspläne für besondere Bauausführungen, die über das im Hausbau Übliche hinausgehen (z. B. Gewölbekeller, Pfosten-Riegel-Fassaden).

✓ Stellen Sie sicher, dass Ihnen beim Einzug die Bedienungsanleitungen und Garantieunterlagen aller technischen Komponenten des Hauses (Heizung, Lüftung, sanitäre Ausstattung, elektrische Anlagen, Kollektoren usw.) vorliegen. Heften Sie diese möglichst übersichtlich ab, damit Sie im Fall von Problemen direkten Zugriff darauf haben.

Sonstiges

3

✓ Schließen Sie eine gute Wohngebäudeversicherung ab, die alle wichtigen Risiken des Hauses abdeckt. Lassen Sie sich dafür mehrere Angebote machen, und zeigen Sie allen Anbietern vorab die vollständigen Planunterlagen. Wenn Sie eine Photovoltaikanlage haben, lassen Sie sich bestätigen, dass diese im Versicherungsschutz eingeschlossen ist. Wenn Sie die Gebäudeversicherung schon vor Baubeginn abschließen, ist häufig eine Feuer-Rohbauversicherung für die Bauzeit im Leistungsumfang enthalten.

✓ Vergessen Sie nicht, nach dem Umzug (neben dem Abschluss einer angemessenen Wohngebäudeversicherung) auch die Deckungssumme Ihrer Hausratversicherung an das Risiko des neuen Hauses anzupassen.

✓ Ob sich eine Elementarschadenversicherung für Sie rechnen kann, müssen Sie anhand der Risikolage in Ihrem Wohngebiet abwägen.

Bepflanzung im Garten

4

✓ Vergessen Sie nicht: Der Bebauungsplan kann Vorschriften zur Bepflanzung enthalten. Wurden diese eingehalten – vor allem die darin enthaltenen Pflanzgebote?

✓ Machen Sie vor der ersten Bepflanzung einen groben Pflanzplan oder lassen Sie ihn von einem Landschaftsarchitekten oder einer Fachfirma für Garten- und Landschaftsbau machen. Dieser Plan sollte neben den Standorten der Pflanzen auch deren ungefähre Dimension im ausgewachsenen Zustand darstellen – so vermeiden Sie zu enge Pflanzabstände der Pflanzen untereinander und zu den Grundstücksgrenzen.

✓ Lassen Sie sich von einer Fachfirma oder in einer guten Gärtnerei beraten, welche Pflanzen sich gut vertragen bzw. gestalterisch und farblich zueinander passen. Wählen Sie nach Möglichkeit heimische Arten aus, die mit dem Klima gut auskommen.

STICHWORTVERZEICHNIS

Bildnachweis

**Für die freundliche Überlassung
danken wir:**
AXA, 139, 297, 345
Bauherren-Schutzbund e. V., 134, 148, 180,
182, 183, 187, 215, 252, 258, 260, 265, 276,
341, 342
Bausparkasse Schwäbisch Hall, 18, 25, 29,
124, 130, 250
Becher Rottkamp Generalplanung,
Berlin, 19, 279
Beuth Verlag GmbH, 192
BHW Bausparkasse, 122, 143, 146, 150, 157,
119, 273, 243 (Braas), 285 (Caparol/tretford),
329 (Haacke Haus), 331 (Haas Fertigbau), 47
(Kermi), 165 (LK Architekten/Jens Willebrand),
212 (Rathschec), 333 (re natur), 67 (Teichmeis-
ter), 45 (Wagner & Co), 253 (Weber Haus), 239
(Rupert Oberhäuser)
Bosch, 52
Creaton AG, 267
Deutsche Reihenhaus AG, 18
Dipl.-Ing. Peter-Michael Dauner, 31
Ekon GmbH, 317
elko Holz oHG, 275

ETERNIT AG, 275
EWE, 288
Gira, Giersiepen GmbH & Co. KG, 301, 321
Grimm & Kellner Planen und Bauen GmbH, 43
Hornbach Holding AG, 249, 263, 281, 283,
284, 289, 318
KATHREIN-Werke KG Rosenheim, 308
Kern-Haus AG, 251
Landeshauptstadt Saarbrücken, 167, 168
LBS, 159, 246
LEDA Werk GmbH & Co. KG, 60
Liapor, 256
Max Weishaupt GmbH, 53
Mein Ziegelhaus GmbH & Co. KG, 262
OBI, 338
OSRAM/© 2012 Hermann Rupp, 324
Otto Graf GmbH, 292
Paul Bauder GmbH & Co. KG, 68
Philips Deutschland GmbH, 309
RIKA Innovative Ofentechnik GmbH, 59
Roto Dach- und Solartechnologie
GmbH, 33, 34
Schöck Bauteile GmbH, 259
Schüco International KG, 271
SchwörerHaus KG 44, 161, 162
SES – www.ses.com, 295
Siemens-Pressebild, 298

Stadtplanungsamt Ravensburg, 234
Tarkett Holding GmbH, 283
TERRATEC Electronic, 310
Thomas Fütterer, Stuttgart, 36
Ulrich Brunner GmbH Ofen- und Heiztechnik, 59
Uponor GmbH, 48
Vaillant Deutschland GmbH & Co. KG, 55, 63
VELUX Deutschland GmbH, 35, 206
Verband Privater Bauherren, 196, 209, 218,
219, 255, 270
Viessmann Werke GmbH & Co. KG, 54
Wüstenrot, 14, 244
Zehnder Group Deutschland GmbH, 46

Illustrationen
Urte von Bremen, Berlin, 304, 305
Florian Brendel, Berlin, 26, 50, 62, 106, 107,
248, 306
Kati Hammling, Berlin, 303
Michael Römer, Berlin, 13, 21, 23, 51, 56, 61,
264, 269, 280, 286, 312, 315, 327

Fotos
fotolia, 171, 172, 175, 224, 226, 241, 294
Thinkstock, 155, 178

4., aktualisierte Auflage
© **2017 Stiftung Warentest, Berlin**

Stiftung Warentest
Lützowplatz 11–13
10785 Berlin
Telefon 0 30/26 31–0
Fax 0 30/26 31–25 25
www.test.de
email@stiftung-warentest.de

USt-IdNr.: DE136725570

Vorstand: Hubertus Primus
Weitere Mitglieder der Geschäftsleitung:
Dr. Holger Brackemann, Daniel Gläser

Programmleitung: Niclas Dewitz

Autoren: Karl-Gerhard Haas, Rüdiger Krisch, Werner Siepe, Frank Steeger
Projektleitung/Lektorat: Uwe Meilahn
Fachliche Unterstützung: Lukas Kreuz, Elektrotechnikermeister, Dipl.-Ing. (FH) Markus Wölfel
Redaktionelle Mitarbeit: Florian Ringwald
Titelentwurf: Susann Unger, Berlin
Layout: Büro Brendel, Berlin
Grafik, Satz: Silvia Pohling
Bildredaktion: Florian Brendel, Florian Ringwald
Bildnachweis: thinkstock (Titel)

Produktion: Vera Göring
Verlagsherstellung: Rita Brosius (Ltg.), Susanne Beeh
Litho: tiff.any, Berlin
Druck: · CPI – Ebner & Spiegel GmbH

ISBN: 978-3-86851-463-6
Wir haben für dieses Buch 100 % Recyclingpapier und mineralölfreie Druckfarben verwendet. Stiftung Warentest druckt ausschließlich in Deutschland, weil hier hohe Umweltstandards gelten und kurze Transportwege für geringe CO_2-Emissionen sorgen. Auch die Weiterverarbeitung erfolgt ausschließlich in Deutschland.